U0154553

凝煉知識品味閱讀

曾正達——著

海關緝私條例

逐條釋義與實務見解

五南圖書出版公司 印行

自 序

筆者本科法律，學成役畢後即投身海關，轉瞬已逾二十載。其間隨承辦業務更動，蒙獲各方長官先進不吝指教而見識漸長，得知關務之繁瑣複雜，所涉專業領域既廣且深，相關法令亦多如牛毛，關員誠難爲也！於97年底，更直接參與研議海關緝私條例之釋示、疑義解答，甚至法規修正等業務，學以致用。

「依法行政」乃公務員執行職務之基本原則，「依法」之前提乃在先知「法」之存在，亦即先「知法」而後始得「依法」。對身爲公務員之海關而言，應依之「法」，泛指一切有效之規範，包括法律、法規命令、行政規則及一般原理原則。海關緝私條例條文數雖未過百上千，惟查緝走私漏稅及緝案後續之處分（理）所涉法規複雜，非僅侷限於本條例規定，若無適當操作手冊或工具書可循，初接業務（查緝、稽查、分估、核擬處分、行政救濟、強制執行、私貨處理等）之同仁恐難於短時間內輕易上手，臨事勢將因不諳法規，惶恐畏懼，甚或不幸發生違誤，動輒得咎，何其冤哉！

再者，緝私法規多涉及通關實務，而通關程序繁雜，如非從事相關業務之人即難以深入、瞭解；又現今大學法律系，著重於民、刑、商、公法等領域，以致而後成爲律師或法官，對關務之認識多一知半解，若無指引，志士仁人亦難以涉獵，進而阻限關務法規之精進。

前人對於本條例規定固有精闢深論且著專書傳世，本毋庸筆者贅言。然審自90年以降，行政法理論蓬勃躍進，行政行爲之基本法律陸續通過施行，尤以行政程序法及行政罰法之適用爲要，且關務法規與制度亦不斷精進與變革，爭訟實務已多生新異見解，殊值重視，此皆爲前著所不能及，有待增益。

筆者不才，忝爲新進授課，講解緝私法規，對於未能於有限時程內悉數盡授所學所知，除有深憾外，亦憂心臺下諸君之何去何從。感此，竊生仿效先進著書利人之職志，遂將從事業務多年所藏之些微心得及資料加以綜整筆錄，付梓成書，便利時閱，希冀能有因應時需之效；另，亦期盼藉由本書指引，邀各方集思，使關務法規得愈發精進，增益其所不能。

最後，在此感謝一路走來長官同仁之指導與陪伴，特別是臺北關陳前組長富玉引薦使筆者從事緝私法規業務並時時教導，臺北關劉前關務長明珠於緝私領域之教誨，關務署王前副組長若蘭於筆者任職於基隆關法務室時期之指導，廖前署長超祥之提攜，謝前署長鈴媛之關心，在在都有助本書著成，以及各方好友之細心校對，使本書不至錯漏百出，惟諒仍未臻完備、周全，尚祈各界讀者先進賜教，俾日後匡正增補，止於至善。

曾正達 謹誌
2023 年 7 月

目　錄

自序……I

沿革與現況　1

歷史沿革……3
法規現況……13

逐條釋義　15

第一章　總則……17
第1條（緝私法據及主管機關）……17
第2條（通商口岸）……19
第3條（私運定義）……22
第4條（報運定義）……51
第5條（貨價之計算）……52

第二章　查緝……57
第6條（緝私區域）……57
第7條（緝私器械）……63
第8條（緝私命令與射擊阻行）……67
第9條（實施檢查）……70
第10條（勘驗、搜索）……76
第11條（搜索身體）……81

第12條（詢問筆錄） 86
第13條（勘驗、搜索之時間限制） 90
第14條（勘驗、搜索筆錄） 92
第15條（提示身分） 93
第16條（協助緝私與逕行查緝） 94
第16條之1（犯罪之發現及移送） 105

第三章　扣押 115
第17條（扣押貨物） 115
第18條（扣押運輸工具） 131
第19條（扣押物之交付保管） 133
第20條（扣押物之變賣與處理） 134
第21條（提供擔保撤銷扣押） 140
第22條（扣押收據） 144

第四章　罰則 149
第23條（抗不遵照之處罰） 149
第24條（擅入非通商口岸之處罰） 151
第25條（逃避緝獲之處罰） 152
第26條（發遞走私信號之處罰） 155
第27條（利用運輸工具從事私運之處罰） 156
第28條（擅行起卸貨物之處罰） 172
第29條（刪除） 177
第30條（刪除） 177
第31條（未具運送契約載運貨物之處罰） 178
第31條之1（實到貨物與運送契約不符之處罰） 188
第32條（刪除） 201
第33條（刪除） 202
第34條（刪除） 202
第35條（妨害監管之處罰） 203
第36條（私運貨物之處罰） 212
第37條（報運不實之處罰） 234

第38條（郵包走私之處罰）......359
第39條（旅客私運之處罰）......366
第39條之1（報運仿冒、盜版品之處罰）......392
第40條（攜帶或持有空白發票之處罰）......408
第41條（刪除）......410
第41條之1（登載不實之處罰）......411
第42條（緝私之查核調查權）......416
第43條（不正當方法請求減免或沖退稅之處罰）......425
第44條（追徵處罰期間）......437
第45條（再犯之加重處罰）......449
第45條之1（情節輕微之減免處罰）......454
第45條之2（沒入之擴充）......467
第45條之3（主動更正或陳報）......471
第45條之4（沒入物處理費用之負擔）......482

第五章　處分程序......487
第46條（製作處分書及送達）......487
第47條（申請復查）......503
第48條（提起訴願及行政訴訟）......525
第49條（刪除）......557
第49條之1（處分之保全及罰鍰之徵收期間）......558

第六章　執行......601
第50條（保證金抵付或擔保品變價取償）......601
第51條（移送強制執行及停止報運措施）......605
第52條（刪除）......650
第53條（備價購回）......650

第七章　附則......663
第54條（施行日期）......663

建議代結語　665

沿革與現況

歷史沿革

一、海關緝私條例之制定

（一）緣起

自民國 18 年關稅自主，實施「國定稅則」後，進口貨稅負較前爲重，洋貨進口如能逃過海關查緝，即可獲額外暴利，尤於民國 20 年九一八事變後，日本生產之日用品，大量自長城各口及膠東、遼東半島偷運入境，走私情形至爲嚴重。政府乃自民國 20 年起陸續採行各項加強緝私措施，並制定加強查緝規章。嗣復據客觀情勢要求，經就海關各項查緝措施，及各種查緝規章，加以彙編整理增益，擬成海關緝私條例草案，按當時立法程序，呈由行政院轉送中國國民黨中央政治會議通過，函由國民政府轉行立法院審議，經立法院再加修正，於民國 23 年 6 月 19 日公布施行[1]，全文計 35 條。

（二）立法原則[2]

1. 海關緝私應儘速明定範圍及執行程序：進口關稅近年逐漸增高，走私充斥，自應儘速制定海關緝私條例範圍及執行手續，分別明確規定，以保護國家稅收及正當商人之利益。
2. 海關緝私人員應授予充分之職權：奸商走私漏稅變詐百出，對於緝私關員予以充分之職權，方足以防杜走私。
3. 走私貨物、船隻及商人，應就其所犯情節，由海關予以較重之處罰，並爲沒收貨物及對船隻之處分：漏稅私貨或爲大宗數量或係高稅之品，若不從重懲罰，難遏奸商僥倖之念。
4. 海關對走私貨物事後稽查防範之方法宜求嚴密，並應予以制裁與處分之權：圖謀走私設計至爲工巧，如商行拒絕簿冊單據之檢查、空白單據之使用等，均應規定相當之處罰。又船隻抗命行駛，海關得以臨時鳴槍警告並加以處分，此均爲事先預防走私，以期漏稅行爲之減少。
5. 海關緝私處分之案件，得按抗議法聲請救濟。但處分金額在 500 元以下者不予受理，以防濫提抗議：海關辦理罰金及沒收處分之案件爲數甚多，對於抗議必須略加限制，

---

1 立法院公報第 62 卷第 30 期委員會紀錄，第 30 頁。

2 國民政府 22 年 12 月 11 日第 609 號訓令，飭知立法院審議海關緝私條例時所附之立法原則，轉載自周誠南編著，實用查緝走私法規，75 年 3 月，第 193 頁。

以防濫提抗議而感處理之困難。

6. 海關向來通行之章則，其與緝私條例規定不相牴觸者，應仍有效：緝私條例內所規定之條文，係關於海關緝私之主要事項，其詳細手續及有關事項勢難一一臚列。其現行海關通行規章，仍繼續有效，但以不與緝私條例相牴觸者為限。

二、本條例修正沿革

（一）62/08/27修正

1. 修正全文 54 條。
2. 修正重點[3]如下：

(1)配合對外貿易管制

海關緝私條例現行條文專注漏稅之防止及處罰，無法涵蓋現行法令規定之各項貿易管制事宜。第二次世界大戰前後，各國為平衡國際收支及保護國內工業，關稅相繼提高，且以配合經濟政策，增列各項外匯貿易及其他管理措施，近年國際間更倡導以關稅為保護國內工業之主要工具。海關執行國家此類管制事宜，對於違反案件殊乏處理懲罰之依據，爰於修正草案內予以規定（見第 3 條）。

(2)擴大查緝走私範圍

現行條例規定貨運查緝範圍，在貨物方面以一般商貨為主，在運輸工具方面則偏重於船舶。惟近代客貨運輸、航空運輸所占比重日高，陸上運輸亦日趨繁複。故在緝私條例有關運輸工具監管及查緝範圍，除適用於船舶以外，尚應擴及其他運輸工具。至於進出口貨物方面，除一般廠商正式結匯簽證報運者外，對於旅客行李、郵包寄遞及運輸工具服務人員攜帶者，亦應有加強之條款（見第 19 條、第 31 條至第 36 條、第 40 條）。

(3)確定協助查緝機關責任

對進出口貨運之查緝，旨在加強國稅稽徵及有關管制事宜之效果，原為專屬海關之職責。惟我國海岸線綿長，近年國際貿易擴展甚速，海關人力有限，除重要國際港口外，難以經常配置關員於沿海各地執行查緝，勢須仰賴當地駐守軍警協助。故於此次修正條文中，將軍警協助查緝走私予以明確規定（見第 17 條）。

(4)明定貨運查緝業務範圍及查緝工具

原條例缺乏對貨運查緝有關事項之界說條文，以至對該事項應有之範圍，每生疑義或爭論，有礙業務之推行。此次修正特增加「總則」一章共 6 條，以資統攝而臻明確。再者，走私志在獲取暴利，或逃避國家各種法律或行政管制，為達其目的常不擇手

3 立法院公報第 62 卷第 30 期委員會紀錄，第 32-33 頁。

段，甚至有拒捕逞兇或使用武器等行爲，是以國際通例，海關均設置緝私艦艇，或供緝私使用之車輛、航空器。執行緝私之關員並配屬必需武器彈藥等，以利業務之執行。此項專供緝私之機艦，以其任務特殊，其行動並具機密性及機動性，難以按一般商民使用之交通工具管理，須由本部另訂使用辦法，特增訂條文，以資適應（見第8條）。

(5)加強扣押及執行條款

海關緝私條例所訂罰則，分別爲沒入及罰鍰兩種。如發現走私案件，所涉各項貨物及海陸空各項運輸工具，得予扣押。但在適當保證下，仍可撤銷扣押。又案件經處分確定後，處分爲罰鍰以及應追徵之稅款，未於規定限期繳納者，得以保證金抵付，或就扣押物或擔保品取償；如無法直接取償者，則得停執受處分人報運貨物或停止其交通工具進出口，以俟其繳清之日爲止，以保障庫收。以往海關所處罰鍰或應追繳之稅款，受處分人常有延不繳納情事，爲貫徹處分執行之效力，特增訂條文，對於斯類延不繳納案件，得移送法院強制執行，以補海關行政力量之不足。再者，沒入貨物因其種類、品質、規格特殊，或體積巨大笨重，或非市場普遍交易貨物，或有其他因素，常有無法照正常程序拍賣結案。海關雖洽得審計機構，一再降低底價，仍無人問津者，爲免受制於拍賣之承購人，遷延時日使沒入貨物變質損壞，影響國庫收入起見，爰增列有關自行備款價購之條文，以資因應（見第三章扣押及第六章執行各條）。

(6)劃一用語及調整罰鍰標準

本條例公布於23年6月19日，早於24年1月1日刑法公布之前，其所定處罰之用語有與刑罰用詞混淆者，爰照一般行政罰法之通稱，將「沒收」修改爲「沒入」，「罰金」修改爲「罰鍰」，以求一致。又原條例各條之「罰金」係以國幣計算，幣制歷經變動後，原定金額實嫌過低，乃予酌量調整（見第四章罰則各條）。

（二）67/05/29修正

1. 修正第3、8、16、23、27、29、31、37、39、40、49條；並增訂第16-1、49-1條。
2. 修正重點[4]如下：
   (1) 確定私運貨物進出口行爲之範圍，使該條例第36條與第37條有明確之劃分。
   (2) 擴大查緝走私之運輸工具，於車輛與船舶之外，增列航空器。
   (3) 增訂對私運貨物之運輸工具予以行政處分，以加強遏阻走私行爲。訂明走私情節重大者，經過兩次警告後，得停止其在我國通商口岸結關出口，以替代現行船員船東走私處分辦法之有關條文。
   (4) 將第37條原列爲必罰之罰鍰改訂爲得罰，以期彈性運用，對於並非故意申報不實

---

4 立法院公報第66卷第97期委員會紀錄，第34頁。

之案件，可僅沒入貨物，而免除罰鍰。

(5) 於旅客攜帶進口匿未申報物品之私運案件，原規定為「沒入貨物」併科「罰鍰」，失之於過苛，且對國外來臺旅客，罰鍰之處分甚難執行。現修改為「沒入貨物」為必罰，罰鍰則改為得罰，俾可視案情輕重再予決定。

(6) 明定對聲明異議需先繳納保證金或提供擔保之裁定不得聲明不服，以免刁頑者先在程序上一再訴願，拖延時日，以加速案件之處理。

(7) 增訂海關對於緝私案件之處分可行使保全程序，以防止受處分人隱匿或移轉財產，逃避執行。

（三）72/12/28修正

1. 修正第3、6、7、11、20、23、25～27、29～37、40～42、48、49-1、53條；並增訂第31-1、41-1、45-1條。
2. 修正重點[5]如下：

(1)修正私運貨物進口、出口行為之處罰，不以主觀「意圖」為成立要件（修正條文第3條）

行政罰不以故意為要件，為行政法之基本原則，行政法院歷年判例亦持此見解；惟現行條文第3條解釋私運貨物進口、出口，有「意圖」一詞，致行為人每以主觀上並無意圖或不知法令為爭執，易滋紛爭，爰將現行第3條中之「意圖」二字刪除，以符本旨並利查緝作業之執行。

(2)擴充海關緝私海域，以配合海洋法之規定（修正條文第6條、第25條）

現行條例第6條規定海關緝私海域為沿海12海里以內，係本當時我國領海定為3海里，以便與海洋法會議所達成1958年領海及鄰接區公約所定之鄰接區為不得超過自領海基線起12海里之規定相一致。現我國領海寬度業奉總統於68年10月8日令擴充為12海里，現在海運工具航行迅速，原定緝私海域12海里，已不能發揮緝私效果，同時1982年第三次海洋會議亦已修正將鄰接區擴大為24海里，爰將我國現行海關緝私條例有關緝私海域予以配合修正，以維國家權益。

(3)扣押貨物修正為扣押物，有不便保管者，得予變賣保管其價金（修正條文第20條）

扣押之貨物，性質不一，其處理機關亦異，如菸酒之類須移送公賣局處理；武器及危險物品之類，須移送其主管機關處理；有易腐、毀損者，只能先予公告變賣保管其價

5 立法院公報第73卷第14期委員會紀錄，第23-26頁。

金，爰明定其處理方式，除得公告變賣保管其價金外，並得移送有關機關處理。又現行條例規定扣押之貨物，海關認有腐敗或重大損壞之虞者，得於案件確定前拍賣，保管其價金，惟不及於扣押之運輸工具（如車輛、船舶、竹筏等），尚嫌未適，爰將現行條文第 20 條第 1 項中之「扣押貨物」四字改變為「扣押物」，以資涵蓋。

(4) 增訂進口貨物或轉運貨物，與艙口單、載貨清單、轉運艙單或運送契約文件所載不符者之處罰規定（增訂第31條之1）

船舶、航空器、車輛或其他運輸工具所載進口貨物或轉運貨物於交通工具上或存儲於貨櫃集散站期間，經海關查明與艙口單、載貨清單、轉運艙單或運送契約文件所載不符或夾雜其他物品進口，沒入其貨物，但經證明確屬誤裝者，不在此限。

(5) 加強運輸業及倉儲業對於進出口貨物之監管責任，以杜走私（修正條文第35條，並增訂第41條之1）

為防止業者與報關行或貨主之互相串通，對於偽簽進出口倉之證明者，予以處罰規定，藉收監管之效。

(6) 對於情節輕微案件，設免罰之規定（增訂修文第45條之1）

違反海關緝私條例第 36 條第 1 項關於按私貨貨價所處罰鍰及第 37 條第 1 項關於以所漏進口稅額所處罰鍰、第 4 項關於以溢額沖退稅額所處罰鍰等案件，現行條例無免罰規定，如遇情節輕微逃漏稅額在新臺幣 5,000 元以下，亦應處罰，似嫌過苛，爰增訂授權由財政部訂定免罰之標準，以利執行。

(7) 增訂海關行使保全程序之範圍及處分確定後，關稅、罰鍰之追繳期間（修正條文第49條之1）

現行海關緝私條例未如關稅法第 25 條之 1 第 1 項、第 3 項對欠繳關稅、罰鍰之受處分人，得限制其出境、禁止其財產之移轉及設定負擔，並得通知主管機關限制其減資或註銷登記，對於依本條例處分確定之案件，亦未如關稅法第 4 條之 2 對於稅款及罰鍰設有追繳期間，爰增訂準用關稅法第 4 條之 2 及第 25 條之 1 之規定，俾違反海關緝私條例與違反關稅法之案件，得以同等之方式處理，以利緝私工作之執行。

（四）84/01/18修正

1. 修正第 27 條。
2. 修正重點[6]如下：

(1) 現行法所定1萬元至5萬元罰鍰已不足收嚇阻之效，酌予提高至10萬元至50萬元。

---

6 本次修正係立法委員自行提案，並無行政院版修正總說明可參。所列修正重點請參考聯席會議紀錄及院會二讀時協商結論所作，詳參立法院公報第 84 卷第 2 期院會紀錄，第 87、90 頁。

(2) 僅限以載運槍砲、彈藥或毒品爲主要目的之運輸工具，始得沒入，以免處罰過當。

（五）90/01/10修正

1. 修正第47、48條。
2. 修正重點[7]如下：
   (1) 將提起訴願之先行程序「聲明異議」修正爲「申請復查」，延長申請復查之期限，並增列復查機關於必要時得延長審理案件期間之規定：基於簡政便民之考量，有關提起訴願之先行程序宜與內地稅一致，並給予受處分人有合理之期間準備其申訴事宜，查現行條文所定受處分人應於收到處分書之日起10日內提出申訴之期間，似嫌稍短，乃參照稅捐稽徵法第35條規定，除將現行條文「聲明異議」之用語修正爲「申請復查」外，並將申請復查期限予以延長至30日；又爲維護受處分人之權益，明定海關作成復查決定之期間，惟復查案件之審理，常涉及查證事項之蒐集而無法於2個月期間內結案，爲使審理案件之期間較具彈性，故增列於必要時，海關得予延長復查期間之規定（修正條文第47條）。
   (2) 爲配合新訴願法廢除再訴願程序，爰刪除有關再訴願規定，以符新制：本條除配合前條規定將「聲明異議通知書」修正爲「復查決定書」外，另依新訴願法第1條規定，刪除再訴願程序；又本條例有關訴願、行政訴訟之管轄機關或提起救濟期間之特別規定，基於行政救濟之一致性，爰修正依訴願法及行政訴訟法之規定辦理（修正條文第48條）。

（六）94/01/19修正

1. 修正第37條；並增訂第39-1條。
2. 修正重點[8]如下：
   (1) 修正第37條第2項：爲遏阻不肖業者藉由虛報、繳驗不實證明文件等方式規避檢查，矇混出口贓車等非法貨物，爰將現行條文中有關該等不法行爲之罰鍰上限由3萬元提高至100萬元。
   (2) 增訂第39條之1：爲彰顯政府保護智慧財產權之決心，並利海關全面查緝侵害智慧財產權之貿易行爲，明定報運進出口貨物及郵遞或旅客攜帶之進出口貨物，有侵害智慧財產權情事者，處貨價一倍至三倍之罰鍰，並沒入其貨物。

---

[7] 行政院89/07/03台89財字第20116號函附「海關緝私條例」第47條、第48條修正草案總說明，轉載自立法院決議關係文書（院總第944號／政府提案第7144號）。

[8] 立法院公報第93卷第35期委員會紀錄，第81頁。

（七）96/03/21修正

1. 修正第 41、41-1、45-1 條。
2. 修正重點[9]如下：

(1) 修正原則

為鼓勵人民主動申請更正補稅，節省行政稽徵成本，達成稅捐稽徵目的，93 年 5 月 5 日公布修正之關稅法，已增訂第 17 條第 5 項至第 7 項有關報單資料不符主動申請更正之相關規定。惟因現行規定適用主體僅限於納稅義務人及貨物輸出人，不包括報關業者，致該業者向海關遞送報單發現不符主動申請更正補稅，在未涉及其他違反海關緝私條例規定情形下，海關實務上向來多認定其情節輕微，而依同條例第 41 條第 4 項規定，處以較輕之定額罰鍰。然衡諸二者均屬主動申請更正補稅案件，卻有不同之處理，顯對報關業者有不公平待遇，本於衡平及微罪不舉等原則，爰修正相關規定。

(2) 修正內容

A. 修正第 41 條：因修正條文第 45 條之 1 已增列應依本條例第 41 條第 1 項處以罰鍰之案件，情節輕微者，得免予處罰，爰配合刪除現行條文第 41 條第 4 項有關違反同條第 1 項規定，情節輕微仍應處以定額罰鍰之規定。

B. 修正第 45 條之 1：增列報關業者向海關遞送報單涉及不實記載，違反第 41 條第 1 項規定之案件，以及虛報貨物出口，應依本條例第 37 條第 2 項規定處罰之案件，經財政部所定標準認定屬情節輕微者，得免予處罰。

C. 修正第 41 條及第 41 條之 1：配合關稅法用語，將「報關行」、「營業執照」分別修正為「報關業者」、「報關業務證照」。

（八）99/06/15修正

1. 修正第 41、45-1 條。
2. 修正重點[10]如下：

(1) 恢復第 41 條第 4 項：本部[11]為執行海關緝私條例第 45 條之 1 情節輕微免罰規定，訂定「海關緝私條例第四十五條之一情節輕微認定標準」，爰報關業者違反本條例第 41 條第 1 項規定者，必須符合該情節認定標準第 4 條之 2 所定，不實記載事項誤差未逾百分之五，或所漏或溢沖退稅額未逾新臺幣 5,000 元者，始能予以免罰。鑑於近年報關業者因誤繕幣別、錯置申報項目而影響稅捐之徵收案件屢見不

---

9 立法院公報第 96 卷第 16 期委員會紀錄，第 563 頁。

10 本次修正為立法委員自行提案，並無行政院版修正總說明及重點，請參閱立法院公報第 99 卷第 35 期委員會紀錄，第 409-410 頁。

11 指財政部。

鮮，惟因不符該情節輕微認定標準第4條之2所定免罰規定，而應依本條例第41條第1項之規定，處報關業者所漏稅額二倍之罰鍰，處罰似有過重。貴院周守訓等委員提案恢復修正前條文，應可解決報關業者反映處罰過重之爭議，本部原則敬表贊同。

(2) 建議第41條修正條文內容略作修正。

(3) 刪除追溯適用規定：96年間修正本條例時，係同時刪除第41條第4項減罰規定及第45條之1免罰規定。周委員等所提版本，僅針對第41條第4項規定予以追溯適用，而第45條之1並未作相同處理，將導致96年3月21日起至本修正草案完成立法程序生效施行日。

(4) 調整罰鍰單位及部分文字修正：本條例原第41條第4項之罰鍰單位爲銀元，建議修正罰鍰單位爲新臺幣；另第41條第4項前段文字「係因錯誤所致」，因海關實務執行上尚難辨別，爲利執行，建議刪除該等文字。爰本條例第41條第4項文字建議修正爲「第一項之不實記載，情節輕微而足以影響稅捐徵收者，處新臺幣六千元以上三萬元以下罰鍰。但不得逾該項規定所得處罰之數額。」

（九）102/06/19修正

1. 修正第27、41、45-1、46～48、49-1～51條；增訂第45-2條；並刪除第49條。
2. 修正重點[12]如下：

(1) 修正罰鍰下限，符合比例原則：考量部分私運貨物之價值及對社會之危害性較爲輕微，爲避免處罰過於嚴苛，修正罰鍰下限，俾符比例原則。

(2) 擴大「情節輕微」減、免罰規定之適用範圍：參據行政罰法第19條職權不處罰意旨及稅捐稽徵法第48條之2規定意旨，增訂情節輕微得減輕處罰之規定，並採概括授權方式，擴大適用範圍，凡違反本條例而屬「情節輕微」案件，均有減、免處罰規定之適用；另爲避免重複，配合刪除現行報關業情節輕微者得減輕處罰之規定。

(3) 落實貨物邊境管制：考量私貨及運輸工具之所有人常有不詳或遠在國外而無法查證之國際貿易特性，爰增訂此類應裁處沒入之貨物或物品，不以屬受處分人所有爲限，作爲行政罰法第21條之特別規定，俾利貨物邊境管制目的之達成。

(4) 劃一關務行政救濟案件之處理：對於經行政救濟程序確定應退還稅款之案件，參照關稅法第47條第2項內容，增訂自受處分人繳納該稅款之翌日起至填發收入退還書或國庫支票之日止應按日加計利息一併退還之規定，以維護受處分人之權益。

---

12 立法院公報第102卷第24期委員會紀錄，第132頁。

（十）107/05/09修正

1. 修正第 23～28、31、35～37、39-1、40、42、43、53 條；增訂第 45-3、45-4 條；並刪除第 29、30、32～34、41、52 條。
2. 修正重點如下：
   (1) 刪除該條例法定罰鍰最低倍數規定，以使海關得就個案違章情節酌情妥適處罰，並符合比例原則（修正條文第28條、第36條、第37條、第39條之1、第43條）。
   (2) 統一法定貨幣單位，將該條例所定貨幣單位，由「元」統一改以「新臺幣元」之三倍折算之，以利一體適用（修正條文第 23 條、第 25 條、第 26 條、第 35 條至第 37 條、第 40 條、第 42 條、第 53 條）。
   (3) 刪除業者違反運輸工具、貨棧或貨櫃集散站之管理規範，或報關業者於報單上爲不實記載，致有漏稅或溢沖退稅情事之規定，避免與關稅法重複規範（修正條文第 29 條、第 30 條、第 31 條、第 32 條至第 34 條、第 35 條、第 41 條）。
   (4) 增訂主動補報或補繳加計利息及免罰規定，以鼓勵行爲人主動陳報並更正報單錯誤事項，降低海關查緝及稽徵成本（修正條文第 45 條之 3）。
   (5) 增訂沒入貨物處理費用之追償機制，依該條例處分沒入貨物之處理費用逾財政部公告之一定金額者，由受處分人全額負擔（修正條文第 45 條之 4）。

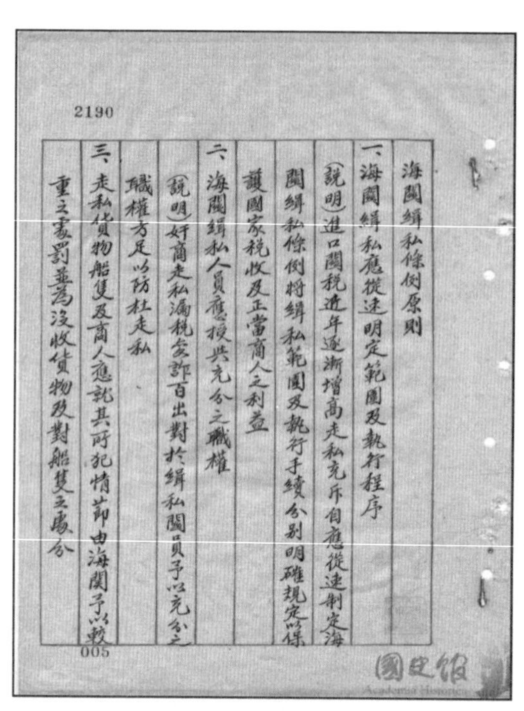
2190

海關緝私條例原則

一、海關緝私應從速明定範圍及執行程序

（說明）進口關稅近年逐漸增高走私亦自應從速制定海關緝私條例將緝私範圍及執行手續分別明確規定以保護國家稅收及正當商人之利益

二、海關緝私人員應授與充分之職權

（說明）奸商走私漏稅変詐百出對於緝私關員予以充分之職權方足以防杜走私

三、走私貨物船隻及商人應就其所犯情節由海關予以較重之處罰並為沒收貨物及對船隻之處分

005

2183

國民政府

中華民國廿三年十二月　日起

海關緝私條例

中華民國　年　月　日止

001

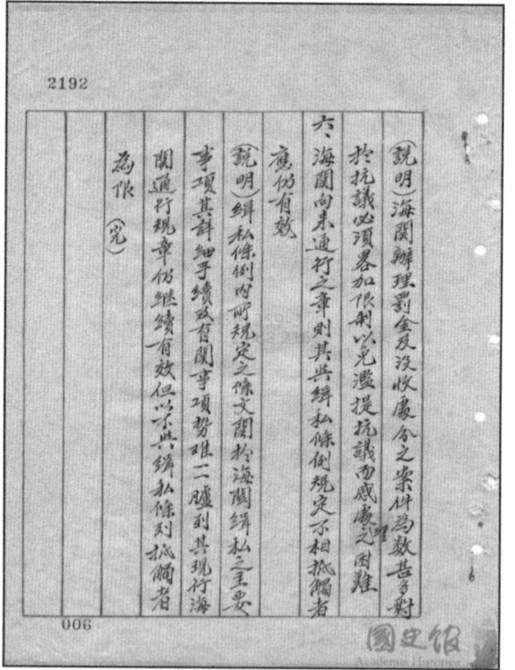
2192

（說明）海關辦理罰金及沒收處分之案件為數甚多對於抗議必須略加限制以免濫提抗議而感處理之困難

六、海關向來適行之章則其與緝私條例規定不相抵觸者應仍有效

（說明）緝私條例內所規定之條文關於海關緝私之主要事項其詳細手續及有關事項勢難一一臚列其現行海關適行規章仍繼續有效但以不與緝私條例抵觸者為限

（完）

006

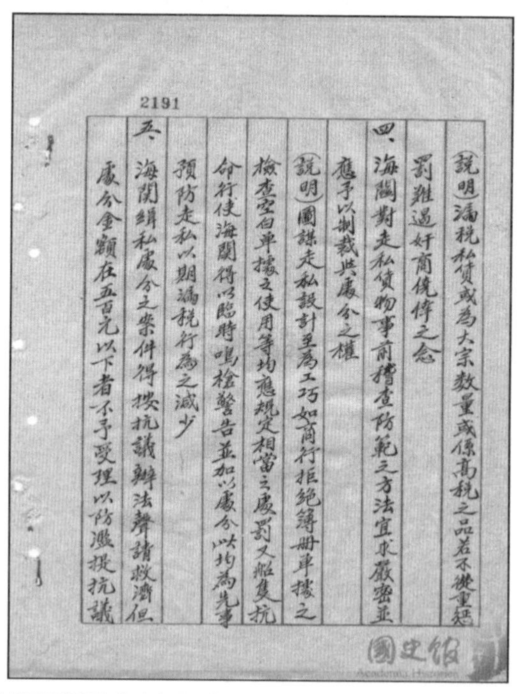
2191

（說明）漏稅私貨或為大宗數量或係高稅之品若不從重懲罰難遏奸商僥倖之念

四、海關對走私貨物事前稽查防範之方法宜求嚴密並應予以制裁與處分之權

（說明）圖謀走私設計至為工巧如商行拒絕簿冊單據之檢查空白單據之使用等均應規定相當之處罰又船隻抗命行使海關得以臨時鳴槍警告並加以處分以均為先事預防走私以期漏稅行為之減少

五、海關緝私處分之案件得提抗議辦法聲請救濟但處分金額在五百元以下者不予受理以防濫提抗議

國民政府函送立法院海關緝私條例原則

資料來源：國史館檔案史料文物查詢系統（https://ahonline.drnh.gov.tw/index.php?act=Archive）。

法規現況

現行本條例共分七章合計 55 條。

第一章「總則」：計 5 條（第 1 條至第 5 條），係一般普遍適用之基本規定，除另有規定外，原則上適用於本條例各章規範之事項，其內容包括本條例之主管機關、通商口岸定義、私運報運之定義、貨價之計算。

第二章「查緝」：計 12 條（第 6 條至第 16 條之 1），係關員執行查緝職務之規定，內容包括緝私區域、緝私器械、檢查標的、勘驗、搜索、詢問、緝私之協助、犯罪之移送。

第三章「扣押」：計 6 條（第 17 條至第 22 條），係關員執行扣押之相關規定。

第四章「罰則」：計 24 條（第 23 條至第 45 條之 4），係本條例之重點，規範各種違反行政法上義務行爲之處罰要件及處罰之相關事項（如第 44 條裁處時效、第 45 條之 1 情節輕微之減免處罰、第 45 條之 2 擴充沒入、第 45 條之 3 免罰事由、第 45 條之 4 沒入物之費用負擔），舉凡走私（第 27 條、第 31 條之 1、第 36 條、第 38 條、第 39 條）或其他違反進出口貨運秩序（如第 28 條擅行起卸貨物、第 31 條貨物未列入艙單、第 35 條擅行變動等）、不法漏稅（如第 37 條、第 43 條）、進出口仿冒品（第 39 條之 1）、妨礙緝私調查（第 42 條）等行爲，均爲本章所規範。

第五章「處分程序」：計 4 條（第 46 條至第 49 條之 1），規定對於違反本條例行爲之處分程序（第 46 條）、處分後之救濟（第 47 條、第 48 條）、保全措施（第 49 條之 1 第 1 項及第 2 項準用關稅法第 48 條規定），及罰鍰之徵收期間（第 49 條之 1 第 2 項準用關稅法第 9 條規定）。

第六章「執行」：計 3 條（第 50 條至第 53 條），係規範處分確定後之執行事項（如第 50 條保證抵付或擔保品變價取償、第 51 條移送強制執行、第 53 條備價購回沒入物）。

第七章「附則」：計 1 條（第 54 條），規範本條例之施行日期。

另，基於本條例第 7 條第 1 項後段、第 45 條之 1 第 2 項之授權，已分別訂定「海關緝私器械使用辦法」及「海關緝私案件減免處罰標準」二則法規命令，用以執行法律之細節性、技術性之次要事項。

逐條釋義

第一章
總則

第 1 條（緝私法據及主管機關）
私運貨物進出口之查緝，由海關依本條例之規定為之。

❖立法（修正）說明❖（62/08/14全文修正一行政院版修正說明[1]）

一、本條係新增，用以表明立法意旨。

二、依各國立法通例及業務成規，進出口貨運查緝，均確認爲海關專屬職掌。

❖條文說明❖

一、私運貨物進出口之查緝（即本條例名稱所言之「緝私」），海關乃主管機關。另本條例第 16 條第 2 項規定：「軍警機關在非通商口岸發覺違反本條例之情事時，得逕行查緝。但應將查緝結果，連同緝獲私貨移送海關處理。」亦呼應本條海關爲查緝私運主管機關之意旨。

二、所謂「查緝」，本條例並未有定義，亦無行政函令解釋，參照教育部重編國語辭典修訂本對「查緝」之釋義，係指「追查緝捕」之意，甚爲貼切，本文採之。質言之，本條乃訂明海關應依本條例規定追查私運行爲並緝捕行爲人及私貨，以防止私貨進出國境。

三、至於查緝手段，本條例則訂有「檢查」（第 9 條）、「勘驗」「搜索」（第 10 條）、「詢問」（第 12 條）等。另，現行實務上，海關基於緝私目的而於通商口岸、碼頭、沿海、機場或一般市面不定期實施之「巡邏」、「巡緝」，雖非本條例明文之查緝手段，惟審究其本質，亦係查緝走私工作之一環，同爲阻止走私或私貨蔓延，故可視爲查緝手段之一種。私運行爲所生行政責任之追究原非本條「查緝」文義所指之範圍，惟本條例既除查緝、扣押設有專章外，亦訂有私運行爲之相

1　立法院公報第 62 卷第 52 期院會紀錄，第 23 頁。

關罰則（第27、36、38、39條參照），故為符合法規範目的，私運行為之處罰，解釋上亦應由海關依本條例規定處分。而進出口貨物違法漏稅行為之查處，本條例雖亦未就此訂明應由海關依本條例規定辦理，惟關稅法第94條規定：「進出口貨物如有私運或其他違法漏稅情事，依海關緝私條例及其他有關法律之規定處理。」當可作為進出口貨物違法漏稅應由海關依本條例規定予以查處之依據。

四、鑑於本條例並未明定為特別法，故對於同一私運行為，如其他法律另有特別之處罰規定（如菸酒管理法第46條[2]）者，基於特別法優先普通法適用之原則，即應依該特別法規定處理，此際，本條例則排除而不予適用；至於其他法規競合情形，則依行政罰法第24條第1項規定：「一行為違反數個行政法上義務規定而應處罰鍰者，依法定罰鍰額最高之規定裁處。但裁處之額度，不得低於各該規定之罰鍰最低額。」從一重處理。

❖司法判解❖

本條例所指貨物，兼指「貨」與「物」二者

海關緝私條例第21條[3]所稱之貨物，係兼指「貨」與「物」二者而言。外幣為物之一種，自有該條規定之適用（最高行政法院62年度判字第29號判例[4]）。

❖釋示函令❖

緝私主管機關與逕行查緝

一、統一查緝事權：（一）機場港口設有海關地區之緝私事宜，海關為主管機關，軍警治安機關應依海關之邀請協助辦理緝私業務，如獲有走私情報，應即通知海關採取行動。（二）軍警治安機關在非通商口岸獲知走私情事，應逕行查緝，並將緝獲私貨移送海關處理，其人犯移送有關主管機關處理。二、簡化查緝組織：（一）機場港口之檢查機構，依照國際慣例，應為海關、證照查驗單位及檢疫所，基於國家安全之重要性，海關及證照查驗單位均已有安全檢查人員參加。（二）港口機場原設之聯合檢查中

---

2 菸酒管理法第46條規定：「販賣、運輸、轉讓或意圖販賣、運輸、轉讓而陳列或貯放私菸、私酒者，處新臺幣三萬元以上五十萬元以下罰鍰。但查獲物查獲時現值超過新臺幣五十萬元者，處查獲物查獲時現值一倍以上五倍以下罰鍰，最高以新臺幣六百萬元為限。配合提供其私菸、私酒來源因而查獲者，得減輕其罰鍰至四分之一（Ⅰ）。前項情形，不適用海關緝私條例之處罰規定（Ⅱ）。」

3 即現行第36條。

4 本則判例雖依據行政法院81年3月份庭長評事聯席會議決議，不予援用，惟所持見解仍為司法實務（例如：臺北高等行政法院99年度訴字第61號判決：「……旅客所攜帶之行李物品【包括外幣】，均屬『貨物』之範圍，原告所稱其所攜帶者係外幣而非貨物云云，係自作狹義之解釋，核係對於法規之誤解…… 」）所採用。申言之，查獲私運外幣，仍構成本條例第3條規定情事，而有本條例第36條規定之適用。

心，應爲一協調單位，其設置辦法應修正爲「國際機場／港口聯合檢查協調中心設置辦法」（行政院 61/10/14 台 (61) 財字第 9963 號令[5]）。

第 2 條（通商口岸）

本條例稱通商口岸，謂經政府開放對外貿易，並設有海關之港口、機場或商埠。

❖立法（修正）說明❖（62/08/14全文修正—行政院版修正說明[6]）

一、本條係新增，用以解釋通商口岸。

二、一國開放對外貿易之地區，包括海運港口、空運機場（或稱空港）以及陸地邊境或河川之商埠，均須設立稅關徵稅及實施貨運查緝。

三、行政法院 46 年判字第 23 號判例，亦指明「所謂通商口岸，係指政府開放國際通商設立海關之口岸而言」，故確定定義如上。

❖條文說明❖

一、本條所謂之「通商」，指對外貿易之意。通商口岸（open port）即我國政府對外貿易並設置海關辦事之港口、機場或商埠。現在，通商口岸於海運部分計有基隆港、臺北港、臺中港、高雄港、蘇澳港、花蓮港、和平工業港、麥寮工業專用港等；空運則有臺北松山機場、桃園國際機場、臺中國際機場、高雄小港國際機場、臺南機場、澎湖機場等。

二、目前金門、馬祖等對大陸地區實施通航之港口，雖亦設置海關辦事，惟因非對「外」貿易之處，原非本條所指之通商口岸，然依據「臺灣地區與大陸地區人民關係條例」第 95 條之 1 第 3 項規定：「前項試辦實施區域與大陸地區通航之港口、

5　本則令釋為財政部關稅總局 85/01/11 台總局緝字第 85100336 號函釋：「主旨：關於地方法院檢察署（註：現為地方檢察署）檢察官開具搜索票及共同扣押筆錄，對存放在貨櫃站之貨櫃（物）搜索扣押後，是否准其將扣押物提領出站乙案。說明：二、查檢察官依刑事訴訟法第 128 條及第 133 條規定有搜索與扣押之權，如係基於偵查犯罪，對存放於貨櫃站尚未正式辦理通關手續之貨櫃及其櫃內之貨物執行搜索並予扣押，海關不宜亦不能拒絕。三、另按行政院 61 年 10 月 14 日頒布之台 (61) 財 9963 號令規定：『機場港口設有海關地區之緝私事宜，海關為主管機關，軍警治安機關應依海關之邀請協助辦理緝私業務，如獲有走私情報，應即通知海關採取行動』。依此規定，海關為查緝走私主管機關，軍警治安機關於通商口岸不得逕行搜索、扣押，應通知海關採取查緝行動或會同查緝。四、嗣後類似案件，如於通商口岸執行且僅涉及查緝走私者，仍應確實依照行政院 61 年台 (61) 財 9963 號令辦理。惟如尚涉及犯罪事項，則檢察官基於行使刑事偵查權，將涉案貨物依法定程序實施扣押並為提領出倉之處置，皆屬檢察官職權，海關不宜干涉或拒絕。五、又各關稅局私貨倉庫受理私貨有其法定程序，須明確涉及私運者，始依規定予以受理，請各關稅局注意辦理」所引用。

6　行政院版修正說明，詳見立法院公報第 62 卷第 52 期院會紀錄，第 23 頁。

機場或商埠，就通航事項，準用通商口岸規定。」及「試辦金門馬祖澎湖與大陸地區通航實施辦法」第 25 條第 1 項、第 4 項規定：「金門、馬祖或澎湖與大陸地區運輸工具之往來及貨物輸出入、攜帶或寄送，以進出口論；其運輸工具、人員及貨物之通關、檢驗、檢疫、管理及處理等，依有關法令規定辦理（Ⅰ）。金門、馬祖或澎湖私運、報運貨物進出口之查緝，依海關緝私條例之規定；離島兩岸通航港口，就通航事項，**準用通商口岸之規定**（Ⅳ）。」故而，目前金、馬所設對大陸地區通航之港口，具「準通商口岸」之性質，爲本條例第 3 條規定向海關申報及貨物進出口之處，亦爲第 6 條規定海關緝私之區域。

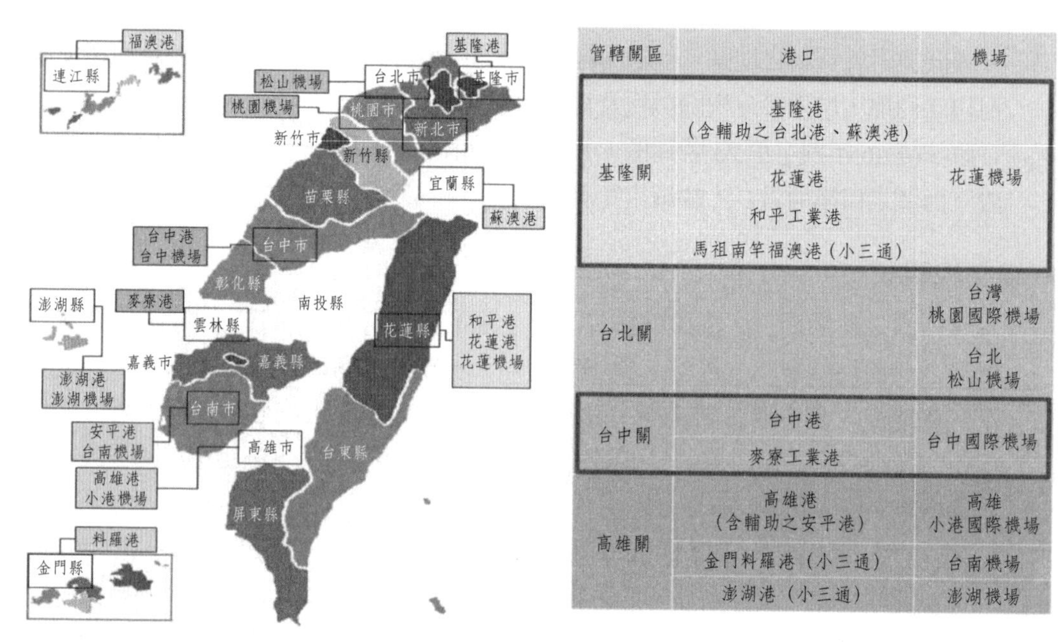

管轄關區	港口	機場
基隆關	基隆港（含輔助之台北港、蘇澳港）	
	花蓮港	花蓮機場
	和平工業港	
	馬祖南竿福澳港（小三通）	
台北關		台灣桃園國際機場
		台北松山機場
台中關	台中港	台中國際機場
	麥寮工業港	
高雄關	高雄港（含輔助之安平港）	高雄小港國際機場
	金門料羅港（小三通）	台南機場
	澎湖港（小三通）	澎湖機場

通商口岸位置圖

三、本條之應用

（一）通商口岸為海關執行緝私之區域

本條例第 6 條規定：「海關緝私，應在中華民國通商口岸，沿海二十四海里以內之水域，及依本條例或其他法律得爲查緝之區域或場所爲之。」通商口岸爲海關執行緝私之區域。

（二）軍警機關於非通商口岸始得逕行查緝

本條例第 16 條第 2 項規定：「軍警機關在非通商口岸發覺違反本條例之情事時，得逕行查緝。但應將查緝結果，連同緝獲私貨移送海關處理。」惟有在非通商口岸，軍警機關始得逕行查緝。

（三）通商口岸為報運貨物進出口之門戶

本條例第 4 條規定：「本條例稱報運貨物進口、出口，謂依關稅法及有關法令規定，向海關申報貨物，經由通商口岸進口或出口。」

（四）擅入非通商口岸屬重大違規應予嚴懲

本條例第 24 條規定：「船舶、航空器、車輛或其他運輸工具，未經允許擅自駛入非通商口岸者，沒入之。但因不可抗力或有其他正當理由，經管領人函報當地有關主管機關核實證明者，不在此限。」自國外進入我國領域之運輸工具，應駛入我國通商口岸，始得進行貿易，如擅入非通商口岸，屬重大違規，依上開規定，原則應沒入該運輸工具。

（五）作為違規卸貨地點之判斷標準

本條例第 28 條規定：「船舶、航空器、車輛或其他運輸工具未到達通商口岸之正當卸貨地點，未經許可而擅行起卸貨物或自用物品者，處管領人貨價二倍以下之罰鍰，並得將該貨物及物品沒入之（I）。擅自轉載、放置或收受前項貨物、物品或幫同裝卸者，依前項規定處罰（II）。」

❖司法判解❖

不能以當地駐軍設立之機構，視同海關

國際貿易船舶駛進非通商口岸者，應沒收其船舶。又未經海關核准，以船舶私運貨物進口者，得將該項貨物或船舶沒收之，爲海關緝私條例第9條上段及第14條所明定。而私運貨物得予沒收，同條例第 21 條第 4 項[7]又有規定。所謂通商口岸，係指政府開放國際通商設立海關之口岸而言。**當地駐軍設立之機構，不能視同海關，尤不能以當地駐軍設有機構，而視同政府開放爲國際通商口岸**。又行政犯不以故意爲要件，更不能以誤解法令而邀免受罰（最高行政法院 46 年判字第 23 號判例）。

7　即現行第 36 條。

❖釋示函令❖

核釋出境旅客於辦理旅客行李物品登機出境之車站託運出口之行李物品，有關查獲管制物品處罰規定

一、辦理旅客行李物品登機出境之車站為海關緝私條例第 2 條所稱「設有海關之港口、機場或商埠」之延伸。

二、旅客於上揭車站託運行李物品，經查獲內含管制物品者，應有海關緝私條例第 39 條第 1 項規定之適用（財政部 104/10/28 台財關字第 1041015071 號令）。

第 3 條（私運定義）

本條例稱私運貨物進口、出口，謂規避檢查、偷漏關稅或逃避管制，未經向海關申報而運輸貨物進、出國境。但船舶清倉廢品，經報關查驗照章完稅者，不在此限。

❖立法（修正）說明❖（72/12/13修正）

依據司法院釋字第 49 號及行政法院 46 年判字第 23 號判例、55 年判字第 254 號判例等，均釋明：「行政罰不以故意為要件」，且行政犯無論故意過失行為均予處罰（行政法院 62 年判字第 30 號判例、71 年判字第 521 號判決）本條例所定，均為行政罰，對於其處罰要件，只須以有違法行為準，爰將現行條文第 3 條私運貨物進口、出口之定義中所定「意圖」一詞予以刪除，以符行政罰之本質。

❖法條沿革❖

原條文	說明
（62/08/14 全文修正） 第 3 條 本條例稱私運貨物進口、出口，謂規避檢查、偷漏關稅或逃避管制，未經向海關申報或申報不實，而運輸貨物進出國境。但船舶之清倉廢品，經報關查驗照章完稅者，不在此限。	一、原案[8]： （一）本條係新增，用以解釋私運貨物進出口。 （二）本條係參照下列行政法院判例之意旨訂定：1. 37 年判字第 2 號：「按私運貨物進口或出口，係指不報海關，私自輸入或輸出而言，如隱匿或闖關之類」。2. 49 年判字第 73 號：「所謂私運貨物，係指逃避管制或課稅，而將貨物運入或運出口岸而言」。

8 此處為行政院版修正說明，詳見立法院公報第 62 卷第 52 期院會紀錄，第 24-25 頁。

原條文	說明
	3. 54年判字第194號：「原告既不按規定報關完稅，即足認為私運進口貨物」。4. 55年判字第293號：「所謂私運貨物進口或出口，係指應稅或管制之貨物，未經檢查，私運進口或出口」。 二、審查案[9]： 本條中「謂為規避檢查」一句，其謂為之「為」，係屬贅字，經修正刪除，並增訂但書規定船舶上之廢品准予照章報關納稅以裕稅收，其文字修正如上。
（67/05/19修正） 第3條 本條例稱私運貨物進口、出口、謂意圖規避檢查、偷漏關稅或逃避管制，未經向海關申報而運輸貨物進出國境。但船舶之清倉廢品，經報關查驗照章完稅者，不在此限。	因本條原規定「申報不實」致造成第36條與第37條於適用上之混淆（如62年7月劉文舉與陳明耀以剎車油名義申報，其中夾藏汽車軸承案，海關原依第36條處分，經行政法院撤銷改適用第37條），爰參照第4條立法意旨，將本條原有「申報不實」一語刪除，以期對申報不實案件能適用第37條規定處分。

❖條文說明❖

一、私運貨物，即一般俗稱之「走私」（英語通稱smuggling；日本稱「密輸」[10]（みつゆ）；大陸地區仍稱爲「走私」[11]）。走私的目的，不外乎偷漏關稅和逃避管制，

9　此處為立法委員聯席審查意見。

10　日本関税法第117条：「法人の代表者又は法人若しくは人の代理人、使用人その他の従業者がその法人又は人の業務又は財産について、第百八条の四から第百十二条まで（輸出してはならない貨物を輸出する罪・輸入してはならない貨物を輸入する罪・輸入してはならない貨物を保税地域に置く等の罪・関税を免れる等の罪・許可を受けないで輸出入する等の罪・密輸貨物の運搬等をする罪）、第百十二条の二（用途外に使用する等の罪）、第百十三条の二（特例申告書を提出期限までに提出しない罪）、第百十四条の二（報告を怠つた等の罪）、第百十五条の二（帳簿の記載を怠つた等の罪）又は前条に該當する違反行為〔同条中第百十三条（許可を受けないで不開港に出入する罪）、第百十四条及び第百十五条（報告を怠つた等の罪）に係るものを除く。〕をしたときは、その行為者を罰するほか、その法人又は人に対して當該各条の罰金刑を科する。」

11　中華人民共和國海關法第82條：「違反本法及有關法律、行政法規，逃避海關監管，偷逃應納稅款、逃避國家有關進出境的禁止性或者限制性管理，有下列情形之一的，是走私行為：（一）運輸、攜帶、郵寄國家禁止或者限制進出境貨物、物品或者依法應當繳納稅款的貨物、物品進出境的；（二）未經海關許可並且未繳納應納稅款、交驗有關許可證件，擅自將保稅貨物、特定減免稅貨物以及其他海關監管貨物、物品、進境的境外運輸工具，在境內銷售的；（三）有逃避海關監管，構成走私的其他行為的。有前款所列行為之一，尚不構成犯罪的，由海關沒收走私貨物、物品及違法所得，可以併處罰款；專門或者多次用於掩護走私的貨物、物品，專門或者多次用於走私的運輸工具，予以沒收，藏匿走私貨物、物品的特制設備，令拆毀或者沒收。」

走私一旦得逞，不僅影響國家稅收，妨礙經濟發展，政府的管制措施也將形同虛設，使得貿易政策受到嚴重的破壞[12]。近年，關稅稅率雖已大幅調降、管制物品亦逐步解除管制，惟仍有高稅率貨物（如菸、酒）及管制物品（如槍、毒、未開放之大陸地區農產品等），致有圖謀暴利之誘因，而且我國四面環海，又距近大陸、港、澳、日地區，地利走私，是以不法走私案件仍層出不窮，有賴海關及相關協助查緝機關共同把關，執行緝私，杜絕不法。

二、私運要件

（一）規避檢查、偷漏關稅或逃避管制

民國72年修正前，於「規避檢查、偷漏關稅或逃避管制」前本訂有「意圖」二字，惟鑑於本條例對於私運行為乃處以行政罰，只須以有違法行為即足構成處罰之要件，毋庸再論有無「意圖」，爰於72年修法將「意圖」一詞予以刪除，以符行政罰之本質；下列三者，僅須滿足其一即足：

1. 規避檢查

指設法躲避海關檢查之意。實務上規避檢查之方式有：「以衣服、報紙包裝管制物品，欲圖偽裝攜入」[13]、「以漁船載運非自行捕獲之漁貨進港」[14]、「船員利用通行港口管制區之機會夾帶貨物」[15]。

2. 偷漏關稅

本條例所稱之「關稅」，即關稅法第2條規定「對國外進口貨物所課徵之進口稅」。同法第3條第1項規定：「關稅除本法另有規定者外，依海關進口稅則徵收之」，簡言之，海關進口稅則所規定應課徵關稅之貨物（即於國定稅率欄內未註明「**免稅**」字樣），如未經向海關申報即運輸進入國境，則將構成本條所稱之「偷漏關稅」。

3. 逃避管制

(1)管制涵義

本條例所稱「管制」，其涵義依財政部112/11/10台財關字第1121027391號令，係指進口或出口下列依規定不得進口或出口或管制輸出入之物品：

A. 關稅法第15條第1款、第2款規定[16]不得進口之物品：(A) 偽造或變造之貨幣、

---

12 財政部關稅總局編撰，中華民國海關簡史，84年2月初版，第113頁。

13 最高行政法院87年度判字第1790號判決。

14 最高行政法院86年度判字第1392號判決。

15 財政部107/03/01台財法字第10713903770號訴願決定書。

16 關稅法第15條規定：「下列物品，不得進口：一、**偽造或變造之貨幣、有價證券及印製偽幣印模**。二、

有價證券及印製僞幣印模。(B) 侵害專利權、商標權及著作權之物品。

B. 關稅法第 15 條第 3 款規定不得進口或禁止輸入且違反相關機關主管法律規定，應予沒收或沒入之物品。所稱「不得進口或禁止輸入」，依關稅法施行細則第 5 條規定：「本法第十五條第三款所稱法律規定不得進口之物品，指法律規定不得輸入或禁止進口之物品。」其範圍本廣泛地包括依法律規定不得輸入、禁止進口（含未符合進口或輸入條件）之物品；惟本則令釋所指「管制」之涵義則僅限於下列九大項之物品，並非所有不得進口之物品即爲管制物品：

(A) 動物用藥品管理法第 4 條及第 5 條[17]之**動物用僞藥、禁藥**。

(B) 農藥管理法第 6 條及第 7 條[18]之**禁用農藥、僞農藥**。

(C) 警械使用條例第 1 條[19]之**警械**。

(D) 菸酒管理法第 6 條[20]之**私菸、私酒**。

(E) 藥事法第 20 條及第 22 條[21]之**僞藥、禁藥**。

侵害專利權、商標權及著作權之物品。三、法律規定不得進口或禁止輸入之物品。」

17 動物用藥品管理法第 4 條規定：「本法所稱動物用偽藥，係指動物用藥品經檢驗認定有左列各款情形之一者：一、未經核准擅自製造者。二、將他人產品抽換或摻雜者。三、塗改或變更有效期間之標示者。四、所含成分之名稱與核准不符者。五、未依第十八條之規定，黏貼合格封緘者。」第 5 條規定：「本法所稱動物用禁藥，指動物用藥品有下列各款情形之一者：一、經中央主管機關公告禁止製造、調劑、輸入、輸出、販賣或陳列。二、未經核准擅自輸入。但旅客或隨交通工具服務人員攜帶第三條第一款以外動物用藥品入境，供自家寵物使用，且符合一定種類、劑型及數量者，不在此限（Ⅰ）。前項第二款之一定種類、劑型及數量，由中央主管機關會同財政部公告之（Ⅱ）。」

18 農藥管理法第 6 條規定：「本法所稱禁用農藥，指經中央主管機關公告禁止製造、加工、分裝、輸入、輸出、販賣、使用之農藥。」第 7 條規定：「本法所稱偽農藥，指農藥有下列各款情形之一者：一、未經核准擅自製造、加工、輸入或仿冒國內外產品。二、摻雜其他有效成分之含量超過中央主管機關所定之限量基準。三、抽換國內外產品。四、塗改或變更有效期間之標示。五、所含有效成分之名稱與核准不符。」

19 警械使用條例第 1 條規定：「警察人員執行職務時得依本條例使用警械；使用時應著制服或出示足資識別之警徽或執行職務之證明文件，但情況急迫時，不在此限（Ⅰ）。前項警械，包含警棍、警刀、槍械及其他器械；其種類，由內政部定之（Ⅱ）。」

20 菸酒管理法第 6 條規定：「本法所稱私菸、私酒，指有下列各款情形之一者：一、未依本法取得許可執照而產製之菸酒。二、**未依本法取得許可執照而輸入之菸酒**。三、菸酒製造業者於許可執照所載工廠所在地以外場所產製之菸酒。四、已依本法取得許可執照而輸入未向海關申報，或匿報、短報達一定數量之菸酒。五、**中華民國漁船載運非屬自用或超過一定數量之菸酒**（Ⅰ）。前項第四款及第五款之一定數量，由中央主管機關公告之（Ⅱ）。第一項第一款之菸酒，不包括備有研究或試製紀錄，且無商品化包裝之非供販賣菸酒樣品（Ⅲ）。」

21 藥事法第 20 條規定：「本法所稱偽藥，係指藥品經稽查或檢驗有左列各款情形之一者：一、未經核准，擅自製造者。二、所含有效成分之名稱，與核准不符者。三、將他人產品抽換或摻雜者。四、塗改或更換有效期間之標示者。」第 22 條規定：「本法所稱禁藥，係指藥品有左列各款情形之一者：一、經中央衛生主管機關明令公告禁止製造、調劑、輸入、輸出、販賣或陳列之毒害藥品。二、未經核准擅自輸入之藥品。但旅客或隨交通工具服務人員攜帶自用藥品進口者，不在此限（Ⅰ）。前項第二款自用藥品之限量，由中央衛生主管機關會同財政部公告之（Ⅱ）。」

(F) 醫療器材管理法第 25 條[22]之**醫療器材**。應予特別注意者，「醫療器材」須俟主管機關責令退運未果後，始得認屬「管制物品」[23]。

(G) 化粧品衛生安全管理法[24]第 5 條第 1 項規定之**特定用途化粧品**。

(H) 植物防疫檢疫法第 14 條及第 15 條規定[25]**禁止輸入之植物、植物產品及物品**。

(I) 動物傳染病防治條例第 33 條[26]之**禁止輸入動物及其產品類之檢疫物**。

---

22 醫療器材管理法第 25 條規定：「製造、輸入醫療器材，應向中央主管機關申請查驗登記，經核准發給醫療器材許可證後，始得為之。但經中央主管機關公告之品項，其製造、輸入應以登錄方式為之（Ⅰ）。醫療器材應依前項規定辦理查驗登記者，不得以登錄方式為之（Ⅱ）。醫療器材之輸入，應由許可證所有人、登錄者或其授權者為之（Ⅲ）。依第一項但書規定應登錄之醫療器材，於本法施行前已取得醫療器材許可證者，由中央主管機關逕予登錄及註銷原許可證，並通知原許可證所有人（Ⅳ）。」

23 財政部關務署 102/09/10 台關緝字第 1021012308 號函釋：「主旨：進口人虛報進口未經核准輸入之醫療器材，衛生主管機關僅依藥事法規定責令進口人將涉案貨物退運出口，或併處定額罰鍰，而未沒入貨物，是否仍構成海關緝私條例第 37 條第 3 項所稱『逃避管制』乙案。說明：二、本案進口未經核准輸入醫療器材雖涉及違章虛報，惟貨品主管機關已准予退運而未沒入涉案貨物，從而不符財政部 101/11/08 台財關字第 10100653890 號令示『管制』涵義所稱『應予沒收或沒入』之要件至明，尚難依海關緝私條例第 37 條第 3 項論罰。」

24 化粧品衛生安全管理法第 5 條第 1 項規定：「製造或輸入經中央主管機關指定公告之特定用途化粧品者，應向中央主管機關申請查驗登記，經核准並發給許可證後，始得製造或輸入。」

25 植物防疫檢疫法第 14 條規定：「中央主管機關得依據有害生物疫情及危害風險，就檢疫物之輸入，公告檢疫規定，採取下列檢疫措施：一、禁止輸入。二、依檢疫條件管理。三、隔離檢疫（Ⅰ）。前項檢疫規定包括檢疫物、有害生物種類、特定國家或地區、檢疫條件、採取之措施方式與內容及其他相關事項（Ⅱ）。政府機關（構）、公營事業機構、學校、法人或依法設立登記之團體，為供實驗、研究、教學、依法寄存或展覽之目的，得申請中央主管機關核准後，輸入、分讓使用第一項第一款禁止輸入之檢疫物；其輸入、分讓使用之申請程序、申報、安全管制措施、處理方式、使用紀錄、報告或著作之製作與保存及其他應遵行事項之辦法，由中央主管機關定之（Ⅲ）。具繁殖力之檢疫物未有自該輸出國家、地區輸入之紀錄者，輸出國、輸入人或其代理人應先檢附風險評估所需相關資料，經植物檢疫機關核准後，始得輸入。風險評估期間，植物檢疫機關得要求輸出國或由輸入人或其代理人洽輸出國植物檢疫機關提供補充資料，或派員前往輸出國查證確認；查證所需費用由輸出國或輸入人負擔，並依相關法令規定辦理。風險評估之申請方式、所需文件、資料、實施方法及程序，由中央主管機關定之（Ⅳ）。輸入第一項第三款應施隔離檢疫之檢疫物，其隔離檢疫之申請程序、隔離作業程序、隔離圃場之設置條件及其他應遵行事項之辦法，由中央主管機關定之（Ⅴ）。」第 15 條規定：「下列物品，不得輸入：一、有害生物。二、用於防治有害生物之天敵、拮抗生物或競爭性生物及其他生物體之生物防治體。但經中央主管機關評估確認無疫病蟲害風險者，或依農藥管理法核准輸入之微生物製劑，不在此限。三、土壤。四、附著土壤之植物、植物產品或其他物品。五、前四款物品所使用之包裝、容器（Ⅰ）。政府機關（構）、公營事業機構、學校、法人或依法設立登記之團體有下列情形之一者，得申請中央主管機關核准輸入前項物品：一、供實驗、研究、教學或展覽之用。二、依法寄存前項第一款、第二款物品。三、以前項第一款、第二款物品為原料，產製不具傳播有害生物風險之物品。四、以通過中央主管機關風險評估之前項第一款授粉昆蟲或前項第二款生物防治體供田間授粉或生物防治。五、符合其他中央主管機關公告之特定目的（Ⅱ）。依前項第一款及第二款規定輸入之物品，為供實驗、研究、教學、依法寄存或展覽之目的，經中央主管機關核准者，得分讓使用（Ⅲ）。第二項輸入及前項分讓使用之申請程序、申報、安全管制措施、處理方式、風險評估方式、使用紀錄、報告或著作之製作與保存及其他應遵行事項之辦法，由中央主管機關定之（Ⅳ）。」

26 動物傳染病防治條例第 33 條規定：「中央主管機關為維護動物及人體健康之需要，應公告外國動物傳染病之疫情狀態，並就應施檢疫物採取下列檢疫措施：一、禁止輸入、過境或轉口。二、指定應施檢疫

C. 行政院依懲治走私條例第 2 條規定公告之「管制物品管制品項及管制方式」。

管制物品管制品項及管制方式 （行政院 101/07/26 院台財字第 1010047532 號公告）	
一、管制進出口物品	（一）槍械、子彈、事業用爆炸物。 （二）偽造或變造之各種幣券、有價證券。 （三）毒品危害防制條例所列毒品及其製劑、罌粟種子、古柯種子及大麻種子。
二、管制進口物品	一次私運原產地為大陸地區而未經主管機關公告准許輸入之海關進口稅則第一章至第八章所列之物品、稻米、稻米粉、花生、茶葉或種子（球），其完稅價格總額超過新臺幣 10 萬元者（外幣按緝獲時之財政部關稅總局公告賣出匯率折算）或重量超過 1,000 公斤者。

D. 臺灣地區與大陸地區貿易許可辦法規定不得輸入之大陸物品：經濟部自 87 年 4 月 1 日起，對於大陸物品輸入之管理，由原先「工業產品採負面列表措施，農產品則仍採正面表列」之方式，改爲依「中華民國輸出入貨品分類表」管理，該分類表內「輸入規定」欄列有「MW0」代號者，爲「大陸物品不准輸入」項目，列有「MP1」代號者，爲「大陸物品有條件准許輸入」項目，其餘未列有「MW0」或「MP1」代號者，爲「大陸物品准許輸入」項目。換言之，進口貨物列有此二代號者，即爲本令釋所稱臺灣地區與大陸地區貿易許可辦法規定不得輸入之大陸物品。另應予注意者，此類管制物品經違法進口後，貨物之違法性將繼續存在，事後攜帶出境時亦屬管制物品[27]。

E. 經濟部依有關貿易法規管制輸入或輸出之物品：

(A) 限制輸入／出貨品表中之「管制輸入／出貨品」：目前經濟部公告之「限制輸入貨品表」及「限制輸出貨品表」包括**管制輸入／出貨品**[28]及**有條件准許輸入／出貨品**[29]兩種。其中「管制輸入貨品」及「管制輸出貨品」所列貨品（輸入／出規定代號爲

物輸入前，輸入人或其代理人應申請核發輸入檢疫同意文件，並於輸入時執行檢疫。三、依檢疫條件繳驗動物檢疫證明書或其他文件，並執行檢疫。四、隔離檢疫（Ⅰ）。中央主管機關尚未訂定檢疫條件之應施檢疫物，其輸入人應於輸入前，向中央主管機關申請發給個案檢疫條件，並依個案檢疫條件向輸出入動物檢疫機關申請檢疫（Ⅱ）。第一項禁止輸入、過境或轉口、輸入檢疫同意文件之申請、檢疫條件、繳驗動物檢疫證明書或其他文件、隔離檢疫、前項之申請程序及其他應遵行事項之準則，由中央主管機關定之（Ⅲ）。中央主管機關得因應國際間緊急疫情，指定公告應施檢疫物之檢疫疾病及檢疫措施（Ⅳ）。物品未經中央主管機關依第五條第二項公告為應施檢疫物，而輸出入動物檢疫機關認為有傳播動物傳染病之虞者，得逕予強制執行檢疫，發現有傳播動物傳染病之虞時，得禁止該物品輸入、過境、轉口或為其他必要之處置（Ⅴ）。」

[27] 最高行政法院 86 年度判字第 14 號判決。

[28] 非經經濟部國際貿易局專案核准發給輸入／出許可證，不得輸入／出。

[29] 有一定之核准條件，進／出口人應依表內所載輸入／出規定（如檢附該項貨品主管機關所核發之同意文

111），即屬本條例管制涵義所及之物，此類貨品非經經濟部國際貿易局專案核准發給輸入（出）許可證，不得輸入（出）。另，限制輸入／出貨品表中「有條件准許輸入／出貨品」及海關協助查核輸入貨品彙總表所列貨品，則非本條例之管制物品，併此指明。

(B) 鰻線、鰻苗、幼鰻：輸出規定代號爲 112（每年 11 月 1 日至翌年 3 月 31 日管制出口）之 C.C.C.0301.92.20.10-9「**鰻線**（白鰻線）（每公斤 5,000 尾以上）」、C.C.C.0301.92.20.20-7「**鰻苗**（白鰻苗）（每公斤 501 尾至 5,000 尾）」、C.C.C.0301.92.20.30-5「**幼鰻**（幼白鰻）（每公斤 11 尾至 500 尾）」等三項貨品[30]，亦爲經濟部依貿易法（第 11 條）公告管制之物品，解釋上亦爲本令釋管制涵義所及，從而亦爲本條例之管制物品。

(C) 暫停及禁止輸出入北韓之貨品：依經濟部國際貿易局 107/02/26 貿管字第 1077004622 號函：「主旨：有關貴署函請釋復本部公告暫停及禁止輸出入北韓之貨品，是否屬貿易法規管制輸入或輸出之物品案。說明：二、本部依貿易法第 6 條公告暫停及依貿易法第 5 條公告禁止輸出入北韓之貨品，均屬本局 95/08/01 貿服字第 09500085410 號函所述『經濟部依有關貿易法規管制輸入或輸出之物品』之範疇。」

<table>
<tr><th>海關緝私條例管制物品項目</th><th>管制方式</th><th colspan="2">相關法據</th></tr>
<tr><td>偽變造之貨幣、有價證券、製偽印模</td><td rowspan="2">入</td><td colspan="2">關 15 ①</td></tr>
<tr><td>侵害專利權、商標權及著作權之物品</td><td colspan="2">關 15 ②</td></tr>
<tr><td>動物用偽／禁藥</td><td rowspan="9">入</td><td rowspan="9">關 15 ③</td><td>動物用藥品管理法 4、5</td></tr>
<tr><td>偽／禁農藥</td><td>農藥管理法 6、7</td></tr>
<tr><td>警械</td><td>警械使用條例 1</td></tr>
<tr><td>私菸／酒</td><td>菸酒管理法 6</td></tr>
<tr><td>偽禁藥</td><td>藥事法 20、22</td></tr>
<tr><td>醫療器材</td><td>醫療器材管理法 25</td></tr>
<tr><td>特定用途化粧品</td><td>化粧品衛生安全管理法 5 Ⅰ</td></tr>
<tr><td>禁止輸入之植物／其產品、物品</td><td>植物防疫檢疫法 14、15</td></tr>
<tr><td>禁止輸入之動物及其產品</td><td>動物傳染品防治條例 33</td></tr>
</table>

件等），經貿易局核發輸入／出許可證後，始得輸入／出。

[30] 經濟部 96/10/30 經貿字第 09604605390 號公告。

海關緝私條例管制物品項目	管制方式	相關法據
槍械、子彈、事業用爆炸物	出／入	懲治走私條例2 Ⅲ及「管制物品管制品項及管制方式」
偽變造之各種幣券、有價證券		
毒品及其製劑、罌粟／古柯／大麻種子		
未公告准許輸入之稅則第一章至第八章之物品、稻米（粉）、花生、茶葉、種子（球），完稅價格總額超過10萬元或重量超過1,000公斤	入	
不得輸入之大陸物品（MW0、MP1）	入	兩岸貿易許可辦法
貿易管制輸出／入物品（111、112）	出／入	貿易法

(2)管制之逃避

即躲藏、逃匿、走避強制管理規制之意。逃避之手段則以私運（本條例第36條第1項）、虛報（第37條第3項）或匿不申報、規避檢查（第39條第1項）爲主。

（二）未經向海關申報而運輸貨物進（出）國境

1. 運輸貨物進出國境苟已向海關申報，則屬本條例第4條規定之報運行爲[31]，縱申報有所不實，不問出於僞報、匿報、短報、漏報，抑或夾帶不報，均不論屬私運，應論以虛報而屬本條例第37條規定處罰之範圍[32]。
2. 所謂「運輸貨物進（出）國境」，指將貨物運進（出）關稅領域[33]內（外）而言。應併予注意者，由於本條例之處罰規定性質爲行政罰，違章行爲無分既遂、未遂，一旦著手於構成要件行爲而達於重要階段[34]者，即得處罰。是以，自國外私運貨物至國內課稅區（如將管制區內尚未放行之貨物私運至課稅區[35]），固然該當「運輸貨物進國境」之要件，而自國外私運貨物至領海外之緝私水域範圍內[36]，縱尚未完成進口，亦得論屬本條所稱「私運貨物進口」；私運出口方面，依上開重要階段之理論，凡有著手於私運貨物出口之重要階段，例如已裝載商貨於漁船，於出港之際即遭查獲，或攜帶管制物品於出境行李檢查時即遭查獲，又或國內線貨輪載運貨物向國外駛去

31 最高行政法院37年判字第2號判例（本則判例因無裁判全文可資參考，已停止適用）。
32 最高行政法院74年4月份庭長評事聯席會議決議。
33 臺中高等行政法院104年度訴字第205號判決以「海關之通關線」稱之。
34 最高行政法院46年度判字第54號判例。
35 最高行政法院100年度判字第938號判決。
36 最高行政法院96年判字第355號判決。

而於 12 海里內即遭查獲，均屬之。

（三）非屬但書規定之情形

1. 本條但書所稱「船舶清倉廢品」，係指壓艙物品或船舶裝載散裝貨物所遺存艙底之物品，於船舶清理船艙時所掃出之廢品，無一定之品類或數量，亦未預先列入艙口單（Manifest），船舶清艙廢品在清出時，依法報關查驗完稅，自與本條前段規定之私運行為有別[37]。本條但書規定，或以為贅文，蓋經報關查驗照章完稅之任何物品，依本條界說，當然不足以構成私運，非僅清倉廢品為然[38]。
2. 實務上，船舶清艙廢品（如仍具經濟價值之包裝用木材、舊艙板、舊空桶、船舶廢油水等）如欲進口，則由船公司或代理行檢附船長或大副出具確屬廢品之證明並填送進口報單，經海關查驗及完納稅捐後即可提領。

三、常見之私運態樣

（一）漁船走私[39]

近年漁船走私來臺者，大多係漁船出港駛至公海與他人交易取得應稅商貨或管制物品（以菸酒及毒品為大宗）後，或藏匿於船內密窩、密艙或夾層（多設置於船艙底部或油艙附近）而夾帶進港起岸；或於海上丟包（先包裝防水袋並綁上浮球以辨識海上位置），伺機安排小型船隻以化整為零方式撈回並趁無人之際搶灘上岸；或將水產品諉稱為自行捕獲之漁貨意欲載運返港；至於私運貨物出口部分，則係以諉稱魚餌載運漁貨較為常見。

（二）工作船走私[40]

工作船利用進行工程進出港口之機會，於船上藏匿貨物進行走私。

（三）倉庫調包[41]

私梟勾結倉（站）人員，在倉庫或貨櫃站內將未放行之貨物調包，再伺機由倉站工

---

37 周誠南，實用查緝走私法規，75 年 3 月，第 184 頁。

38 蘇石磐，關稅論，75 年 12 月，第 325 頁。

39 《進口部分》臺北高等行政法院 89 年度訴字第 318 號判決、90 年度訴字第 79 號判決、90 年度訴字第 6034 號判決、90 年度訴字第 6613 號判決、91 年度訴字第 2878 號判決、92 年度訴字第 1708 號判決、99 年度訴字第 1964 號判決、100 年度訴字第 891 號判決、高雄高等行政法院 93 年度訴字第 599 號判決；《出口部分》臺北高等行政法院 98 年度訴字第 1921 號判決、103 年度訴字第 1835 號判決、最高行政法院 92 年度判字第 307 號判決。

40 高雄高等行政法院 93 年度訴字第 747 號判決、高雄高等行政法院 95 年度訴字第 102 號判決。

41 臺北高等行政法院 94 年度訴字第 4133 號判決。

作人員利用職務出入倉站之便攜帶或載運至課稅區。

（四）貨櫃調包[42]

一般通稱「AB 櫃調包」，即將欲走私之轉口櫃，於管制區內，與出口退關櫃調換，以遂行走私進口目的。

（五）船員夾帶[43]

指貨輪船員利用通行管制區之機會，走私未報關之應稅或管制物品。

（六）郵包走私[44]

郵包走私多爲貴重應稅物品及管制物品（少量毒品爲大宗），係利用郵包簡易通關之特性，遂行走私目的；此種情形，本條例於第 38 條另有規範。

（七）旅客夾帶

旅客將應稅物品或管制物品放置於所攜帶之行李、物品或身上、體內，未向海關申報即進出國境；此種情形，本條例於第 39 條另有規範。

四、私運之處罰

（一）本條例對於構成私運之行為，訂有下列各條之處罰規定

1. 一般私運情形

本條例第 36 條規定：「私運貨物進口、出口或經營私運貨物者，處貨價三倍以下之罰鍰（Ⅰ）。……前二項私運貨物沒入之（Ⅲ）。」

2. 以運輸工具私運貨物進口、出口者

本條例第 27 條規定：「以船舶、航空器、車輛或其他運輸工具，**私運貨物進口、出口**、起岸或搬移者，處管領人新臺幣五萬元以上五十萬元以下罰鍰；其情節經查明前述運送業者有包庇、唆使或以其他非正當方法，使其運輸工具之工作人員私運貨物進口或出口者，除依本條例或其他法律處罰外，並得停止該運輸工具三十天以內之結關出口（Ⅰ）。前項運輸工具以載運槍砲、彈藥或毒品爲主要目的者，沒入之（Ⅱ）。」

---

42 高雄高等行政法院 102 年度訴字第 269 號判決、最高行政法院 100 年度判字第 938 號判決、最高行政法院 100 年度判字第 1149 號判決。

43 財政部 107/03/01 台財法字第 10713903770 號訴願決定書。

44 財政部 94/07/27 台財訴字第 09400124900 號訴願決定書、95/03/16 台財訴字第 09400617310 號訴願決定書。

3. 以郵包方式私運貨物

本條例第 38 條規定：「郵遞之信函或包裹，內有應課關稅之貨物或管制物品，其封皮上未正確載明該項貨物或物品之品質、數額、重量、價値，亦未附有該項記載者，經查明有走私或逃避管制情事時，得沒入其貨物或物品，並通知進口收件人或出口寄件人。」

4. 以旅客攜帶方式私運貨物

本條例第 39 條第 1 項規定：「旅客出入國境，攜帶應稅貨物或管制物品匿不申報或規避檢查者，沒入其貨物，並得依第三十六條第一項論處。」

（二）特別規定及從重處罰

1. 按中央法規標準法第 16 條規定：「法規對其他法規所規定之同一事項而爲特別之規定者，應優先適用之。其他法規修正後，仍應優先適用。」鑑於本條例第 38 條、第 39 條對於郵包及旅客私運分別訂有特別之處罰規定，依上開規定，自應優先適用。
2. 另，按行政罰法第 24 條第 1 項規定：「一行爲違反數個行政法上義務規定而應處罰鍰者，依法定罰鍰額最高之規定裁處。但裁處之額度，不得低於各該規定之罰鍰最低額。」及財政部 82/02/24 台財關字第 820050584 號函釋：「……船長或運輸工具管領人以其船舶或運輸工具自行從事走私或與他人共同走私時，該等行爲如同時違反海關緝私條例第 27 條及 36 條第 1 項及第 3 項之處罰規定，應從一重處斷，即以法定罰較重者處之，……」是以如私運行爲同時違反本條例第 27 條及第 36 條第 1 項規定，則應從一重處斷，亦即視個案貨價三倍之金額是否高於 50 萬元而定適用法據，倘貨價三倍高於 50 萬元，則從重以本條例第 36 條第 1 項規定爲裁處之法據。

五、懲治走私條例之私運

（一）條文規定

懲治走私條例第 2 條規定：「私運管制物品進口、出口者，處七年以下有期徒刑，得併科新臺幣三百萬元以下罰金（I）。前項之未遂犯罰之（II）。第一項之管制物品，由行政院依下列各款規定公告其管制品項及管制方式：一、爲防止犯罪必要，禁止易供或常供犯罪使用之特定器物進口、出口。二、爲維護金融秩序或交易安全必要，禁止僞造、變造之各種貨幣及有價證券進口、出口。三、爲維護國民健康必要，禁止、限制特定物品或來自特定地區之物品進口。四、爲維護國內農業產業發展必要，禁止、限制來自特定地區或一定數額以上之動植物及其產製品進口。五、爲遵守條約協定、履行國際義務必要，禁止、限制一定物品之進口、出口（III）。」

（二）私運管制物品進出口

1. 懲治走私條例第 2 條第 1 項所稱之「私運」，參照現行實務見解[45]，係指未報運管制物品或已報運而有所不實之意，與本條例第 3 條所稱私運，指未經向海關申報並不相同。
2. 至於私運之客體，並非泛指一切貨物，而係以公告列管之「管制物品」爲限；就此，行政院業已依懲治走私條例第 2 條第 3 項規定公告「管制物品管制品項及管制方式」，並規定其範圍爲：「一、管制進出口物品：（一）槍械、子彈、事業用爆炸物。（二）僞造或變造之各種幣券、有價證券。（三）毒品危害防制條例所列毒品及其製劑、罌粟種子、古柯種子及大麻種子。二、管制進口物品：一次私運原產地爲大陸地區而未經主管機關公告准許輸入之海關進口稅則第一章至第八章所列之物品、稻米、稻米粉、花生、茶葉或種子（球），其完稅價格總額超過新臺幣 10 萬元者（外幣按緝獲時之財政部關稅總局公告賣出匯率折算）或重量超過 1,000 公斤者。」申言之，凡未報運或已報運而有所不實，進出口行政院公告列管之管制物品者，即已構

---

45 最高法院 91 年度台上字第 64 號刑事判決：「懲治走私條例第 2 條第 1 項明定處罰私運逾行政院公告數額之管制物品進出口之行為，其成罪與否即在該運送之管制物品有無逾公告數額。基此，如所運送進出口之物品已逾行政院公告之數額者，**未報運**時，固為本法所處罰之對象，即或**已報運有所不實者**，應仍有懲治走私條例第 2 條之適用，不得因其形式上有無報關進出口，而異其處罰之內容。」法務部 89/08/18 法 (89) 檢字第 021873 號函釋：「二、按違反懲治走私條例之規定者，應科以刑事罰；而海關緝私條例對於私運貨物進出口及報運貨物進出口而有虛報之情形者，乃處以罰鍰或沒入貨物，因此，二者並非相同，況海關緝私條例第 3 條所定之『私運貨物進口、出口』，其適用範圍僅該條例而已，是懲治走私條例與海關緝私條例之『私運』，似無必要做相同解釋。又，懲治走私條例第 2 條明定對私運政府管制物品或應稅物品進出口之行為加以處罰，因此其重點在於行為人所運進出口之物品是否『逾政府公告數額之管制物品或應稅物品』，如所運進出口物品中有行政院公告之四類管制物品，不論未報運或報運不實，苟已逾政府公告數額，應均有懲治走私條例第 2 條規定之適用，此非惟經本部前開 87/12/07 法 (87) 檢字第 038722 號函復甚明，復經司法院針對此問題，於 87 年 11 月 6 日以 (87) 秘台廳刑一字第 23059 號函回復在案，因此，**凡運輸管制物品逾公告數額進出國境而未經申報或報運不實，應均有懲治走私條例規定之適用**。至於運輸之貨物如非管制物品時，則應無懲治走私條例之適用，而可視有無向海關申報，分別適用海關緝私條例第 36 條、第 37 條之規定，予以論罰。三、懲治走私條例之適用，係以私運管制物品或應稅物品進出口為前提要件，雖然何謂『私運』，該條例並無立法解釋，惟**凡以非法方式，未經向海關申報而運輸管制物品進口、出口逾公告數額者，應均足當之。因此，未經向海關申報而運輸管制物品進出口，固為懲治走私條例第 2 條所稱之『私運管制物品進出口』，縱經向海關申報，而有虛報生產地等不實事項，以運送管制物品進出國境之情形，應亦屬之**。雖然海關緝私條例第 3 條將規避檢查、偷漏關稅或逃避管制，未經向海關申報而運輸貨物進出國境者，定義為『私運貨物進出口』，以有別於第 4 條之依關稅法及有關法令規定，向海關申報貨物，經由通商口岸進口或出口之『報運貨物進口、出口』，惟如認報運貨物而有虛報之情形者，不屬於『私運貨物』行為，而不適用懲治走私條例之規定，則走私者自可利用此漏洞以規避刑責。」財政部 89/09/28 台財關字第 0890055289 號函釋：「……即凡以非法方式，未向海關申報或申報不實，而運輸管制物品進口、出口逾公告數額者，應均有懲治走私條例之適用，亦即未向海關申報而運輸管制物品進出口，固為懲治走私條例所稱之『私運管制物品進出口』，縱經向海關申報，如有虛報生產地等不實事項，以逃避懲治走私條例所定對貨物之管制，而運送管制物品進出國境，且其數量、價格超過法令公告數額，則仍有該條例之適用。」

成懲治走私條例第2項第1項所稱私運管制物品進出口之要件。

（三）走私行為之處罰比較

	海關緝私條例	懲治走私條例
性質	行政罰	刑罰
行為態樣	私運貨物進口、出口	私運管制物品進口、出口
私運內涵	未經向海關申報 運輸貨物進、出國境	未向海關申報或申報不實
進口範圍	進入沿海24海里之緝私水域	1. 私運既遂[46]：凡由公海私運入領海（12海里）內，犯罪即已成立 2. 私運未遂：於12海里外之公海查獲者屬未遂[47]
貨物種類	應稅、管制及應施檢查之貨物	公告列管之管制物品
責任要件	故意、過失犯皆罰	僅罰故意犯
罰則	**第27條** 以船舶、航空器、車輛或其他運輸工具，私運貨物進口、出口、起岸或搬移者，處管領人新臺幣五萬元以上五十萬元以下罰鍰；其情節經查明前述運送業者有包庇、唆使或以其他非正當方法，使其運輸工具之工作人員私運貨物進口或出口者，除依本條例或其他法律處罰外，並得停止該運輸工具三十天以內之結關出口。 前項運輸工具以載運槍砲、彈藥或毒品為主要目的者，沒入之。 **第36條第1項、第3項** 私運貨物進口、出口或經營私運貨物者，處貨價三倍以下之罰鍰。 前二項私運貨物沒入之。	**第2條第1項** 私運管制物品進口、出口者，處七年以下有期徒刑，得併科新臺幣三百萬元以下罰金。 **第12條** 自大陸地區私運物品進入臺灣地區，或自臺灣地區私運物品前往大陸地區者，以私運物品進口、出口論，適用本條例規定處斷。

❖精選案例❖

《私運貨物進口／類型／漁船走私》

1. 漁船攜帶之日用品數量依預定作業期間及船上作業人員估算，如在合理範圍內，並無海關緝私條例私運貨物之適用。又判斷是否爲船長日用品，可從物品類別、數量及存放位置來加以判斷（財政部100/05/19台財訴字第10000165660號訴願決定書）。

---

[46] 最高法院69年度台上字第264號判決。

[47] 最高法院91年度台上第4001號判決、最高法院88年度台上字第2159號刑事判決。

2. **漁船承載一般商貨進入第 6 條規定之緝私水域，即屬私運貨物進口**

（節錄）本件系爭查獲地點於桃園觀音外海 14 浬（東經 121.59 度、北緯 25.15 度）處，位於我國沿海 24 海里之緝私水域內，屬於海關緝私條例第 6 條所定查緝走私範圍。……再海關緝私條例第 27 條第 1 項所謂私運貨物「進口」係指進入同條例第 6 條規定之緝私水域者即屬之，與懲治走私條例第 2 條規定，係指私運管制物品，進入我國 12 浬領域，成立走私行為既遂者，並不相同。又漁船並非商船，不得承運或裝載一般商貨，若有違法載運，即構成私運行為。本件被上訴人查獲上訴人管領之「東波 32」號漁船上裝載之前揭物品，非屬漁獲，而係一般大陸產製商貨，自不得由漁船載運進口，則上訴人（即船長）以其管領之漁船自行……違法私運貨物進口，於我國緝私水域處被查獲，即應依私運行為論處，……（最高行政法院 96 年判字第 355 號判決[48]）。

3. **客觀上不具備打撈能力之漁船，未能舉證返港所載確屬自行捕獲之漁獲，亦非合法之運搬漁貨者，即構成私運貨物進口**

（節錄）惟查「富○一號」漁船左舷鋼纜滑輪、右舷鋼纜滑輪、左舷鋼纜等均嚴重銹蝕，右攪纜機及鋼纜除均銹蝕外並堆積垃圾，麻繩與滑輪亦因久未拆解而產生嚴重腐蝕氧化等情，有漁船照片在卷足憑，以漁船應具備基本上可供正常使用且具有捕撈漁獲性能之器具之點觀之，該船不具備打撈能力，至為顯然；……又系爭漁獲種類多達 11 項，經採樣送關稅總局進口貨品原產地認定委員會鑑定結果，認魚種棲息水層不同，漁具、漁法亦不同，難於同時捕撈作業及處理，應為海上交易品等語，核與行政院農業委員會漁業署 88/11/25 (88) 漁二字第 88616236 號函所載……研判該船上之魚貨「非自行捕獲」等語，其鑑驗結果相符，是被告以原告不具打撈能力，系爭魚貨非其自行捕獲，而推定原告有自國外載運非自行捕獲之漁貨進口，尚非無據（臺北高等行政法院 89 年度訴字第 318 號判決[49]）。

4. 船長駕駛漁船直航大陸福建省崇武鎮外海，自大陸油輪接駁大陸柴油，並放置於油艙及魚艙中，欲載運返臺販售，而於屏東縣小琉球西北方 3.5 海里處，為警查獲，涉及私運貨物進口（最高行政法院 90 年判字第 1251 號判決）。

5. **於領海內以管筏接駁未稅私菸，涉及私運貨物進口**

（節錄）參照前行政法院（89 年 7 月 1 日改制為最高行政法院）74 年判字第 1851 號判決所示：「……不論其接駁之地點係在我國領海之內或外，其所接續完成

---

[48] 最高行政法院 75 年度判字第 265 號判決、最高行政法院 81 年度判字第 2217 號判決、最高行政法院 88 年度判字第 3655 號判決、最高行政法院 89 年度判字第 1964 號判決均有「漁船並非商船，不得承運或裝載一般商貨」之相同意旨。

[49] 本案業經最高行政法院 91 年度判字第 923 號判決駁回原告上訴而告確定。

者自屬裝載私貨由公海進入我國領海，並企圖起岸之行爲，原告雖僅負責完成其後半部，仍應對全部行爲態樣負責，自仍屬海關緝私條例第 3 條前段之私運貨物進口，應依該條例之有關規定處罰。」是原告主張系爭私菸及未稅洋菸係於鵝鑾鼻外海約 3 海里處向臺灣籍船舶接駁，運送私菸之地點係在我國領域內，並未構成私運貨物進口、出口，自不足採（臺北高等行政法院 92 年度訴字第 3431 號判決[50]）。

6. **於領海內（10 海里處）撈獲走私物品，縱不知走私者爲誰而參與接續完成私運行爲者，仍應按私運貨物進口論處**

（節錄）又關於前述私運貨物進口、出口以規避檢查、偷漏關稅或逃漏管制之違法行爲，雖其主要行爲一般在越過邊界時即告完成，但其整體違法行爲於貨物被放置在特定地點時，該行爲才算結束，故私運貨物進口、出口以規避檢查、偷漏關稅或逃漏管制之違法行爲，在該私運貨物越過邊界，但尚未放置在特定地點前仍有參與之可能；並參與一個行爲，可以在不知道是誰、何時、何地、對誰以及在何種情形下實施行爲，亦得構成參與〔洪家殷著行政秩序罰上之參與者（共犯）一文參照〕。……本件原告既得知悉系爭未稅洋菸爲走私者未完成私運進口行爲之物品，是該等洋菸應是自境外而來，故不論原告是於我國國境內或國境外取得系爭洋菸，原告將之運送入港，並規避檢查，而完成私運貨物進口之行爲，縱原告不知原始走私者爲何人，是在何時丟包，然原告既對他人未完成之私運貨物進口行爲，將之接續完成，依前開所述，自已構成私運貨物進口行爲之參與，而應按私運貨物進口論處（高雄高等行政法院 93 年度訴字第 599 號判決[51]）。

7. 漁船船長按奉核准接駁之大陸漁工人數攜帶大陸地區石獅牌香菸及觀音王茶葉等貨物乙批入境，涉及私運貨物進口（臺北高等行政法院 97 年度簡字第 171 號判決[52]）。

《私運貨物進口 / 類型 / 船員走私》

8. 運輸貨輪之船員，將購自日本之吸塵器 2 臺隨身攜帶下船，於步行離開港區，涉及私運貨物進口（財政部 104/10/01 台財訴字第 10413951250 號訴願決定書）。

《私運貨物進口 / 類型 / 運輸業走私》

9. 於自由貿易港區快遞專區，發現未經報關之貨物，涉及私運貨物進口（臺北高等行政法院 99 年度簡字第 619 號判決[53]）。

---

50 本案查無上訴紀錄。

51 參考案例：高雄高等行政法院 93 年度簡字第 249 號判決。

52 本案業經最高行政法院 97 年度裁字第 4727 號裁定駁回原告上訴而告確定。

53 本案查無上訴紀錄。

《私運貨物進口／類型／調包走私》

10. 申報進口 HONDA 轎車共 4 輛，按先放後核通關並完稅提領，惟事後發現，實際進口者為賓士及 BMW 轎車，進口人事先備妥低價位、低關稅之「HONDA」轎車供查驗，同時將船公司製作之小提單貨名，變造與報單原申報貨名一致而持以報關，俟通過查驗後，再將小提單恢復成賓士及 BMW 轎車資料，並持憑辦理銷艙，然後提領未經查驗之賓士及BMW轎車得逞（最高行政法院89年度判字第1282號判決）。
11. 借用不同名義先後進口名稱相近之貨物，嗣於櫃場內將已查驗放行之貨物調包後來尚未報關之貨物並提領，以遂行走私（最高行政法院 97 年度判字第 144 號判決）。
12. 航空公司與空運倉儲業者聯名申請由交接區轉儲快遞貨物至貨棧，經當場檢視，發現櫃內貨物係整櫃「乾魚翅」44 件，與原申請進儲之貨號件數迥異，嗣在交接區一隅起出原申報之貨號 28 件貨物，惟其空運櫃號並未於艙單申報，經比對空運貨物特別准單及班機貨物艙單，審認航空公司企圖以貨櫃互調方式，私運乾魚翅 1,127 公斤進口（最高行政法院 100 年度判字第 938 號判決）。

《私運貨物進口／類型／小三通中轉走私》

13. 將離島免稅購物商店購得之貨品運回本島，屬境內移動，尚無海關緝私條例關於私運貨物進出口等規定之適用（財政部 103/9/16 台財訴字第 10313948530 號訴願決定書）。

《私運貨物進口／類型／走私保稅貨物》

14. 以 D8 報單報運進口貨物申請進儲保稅倉庫，經准放行進儲提櫃出站後，卻未運至保稅倉庫，而指示運送人將貨物運至課稅區之非保稅倉庫儲存，並拆剪貨櫃上海關電子封條完成卸貨，涉有私運情事（最高行政法院 104 年度判字第 399 號判決）。

《私運貨物進口／類型／走私油品》

15. 漁船船長率同船員等人駕駛該漁船出海，旋即直航香港海域，由船主指示向一艘不知名油輪接載柴油 56 公秉後返航，返抵屏東縣小琉球南方約 2 浬處為水警查獲（最高行政法院 91 年度判字第 223 號判決）。
16. 貨輪船長偕同船員等 7 人駕駛貨輪出港，於高雄港西方 90 浬，自油艙破損漏油之外國籍貨輪抽取柴油 20 萬公升後，私自將柴油載運進口，涉有私運柴油進口（最高行政法院 94 年度判字第 1964 號判決）。

《私運出口》

17. 漁船船長夥同船員將布料裝載於漁船船艙內，並以冰塊覆蓋掩藏後報關出海，擬載運至福建外海交大陸漁船接載而爲警查獲（最高行政法院 89 年度判字第 3124 號判決）。

18. 船長同船員諉稱供作魚餌（已分裝成袋，每包外包裝相同，每包重量一致），未向海關申報即共同裝載甲魚上船，意欲出港之際即遭警查獲（最高行政法院 92 年度判字第 307 號判決）。
19. 漁船佯稱魚餌裝載魚品出港，嗣後返港經安檢所檢查，發現魚餌均已不存在，且船上無任何漁獲，漁具亦無使用跡象（臺北高等行政法院 103 年度訴字第 1835 號判決）。

❖司法判解❖

1. 私運貨物進出口指不報關私自輸出入：按私運貨物進口或出口，係指不報海關，私自輸入或輸出而言，如隱匿或闖越之類。若已經託由報關行報明海關，僅於貨物之品質爲虛僞記載，希圖矇混，則只應對報關行及貨主分別酌量處罰，而不應認爲私運。此徵之海關緝私條例第 21 條[54]及第 27 條[55]分別規定之旨趣，甚爲明顯。本件原告報運藥材，而以棉布矇混，除有漏稅之事實，得另依同條例第 22 條[56]之規定處罰外，當僅得依同條例第 27 條處分之（最高行政法院 37 年判字第 2 號判例[57]）。
2. 海關緝私條例第 21 條[58]規定之貨物，並未明定以新品爲限，其雖屬舊物而依法不能免稅者，如果私運進口，自仍應認爲私運貨物進口（最高行政法院 51 年判字第 369 號判例）。
3. 貨物是否由於私運進口，應以有無海關稅單，或其他證據足以證明其確係完稅進口者爲準：經營私運貨物者，或購買或代銷私運貨物者，依海關緝私條例第 21 條第 1 項、第 3 項及第 4 項之規定，除對行爲人處以罰金外，並得沒收該項私運貨物。是凡屬私運貨物，縱經轉售，自亦得沒收。而**貨物之是否由於私運進口，則應以有無海關稅單，或其他證據足以證明其確係完稅進口者爲準**（最高行政法院 48 年判字第 15 號判例）。
4. 補完私運貨物稅捐，依法應由私運行爲人負責：海關緝私條例第 21 條[59]第 3 項所謂收受、貯藏、購買或代銷，應指收受、貯藏、購買或代銷他人私運之貨物而言。而

---

54 即現行第 36 條。

55 即現行第 41 條。

56 即現行第 37 條。

57 本則判例無裁判全文可資參考，依據民國 108 年 1 月 4 日修正，108 年 7 月 4 日施行之行政法院組織法第 16 條之 1 第 1 項規定，應停止適用。

58 同上註。

59 即現行第 36 條。

補完私運貨物稅捐，依法應由私運行爲人負責。收買他人私運之貨物者，除得依同條第 3 項及第 4 項規定予以處罰外，法律上並責令代完海關稅捐之規定（最高行政法院 49 年判字第 115 號判例）。

5. 未報運或已報運而有所不實，苟進出口之物品已逾行政院公告之數額，即有懲治走私條例之適用：懲治走私條例第 2 條第 1 項規定處罰私運逾行政院公告數額之管制物品進出口之行爲，其成罪與否乃在該運送之管制物品有無逾公告數額。如所運送進出口之物品已逾行政院公告之數額者，未報運時，固爲本法所處罰之對象，即已報運而有所不實，應仍有該條項之適用，不因其形式上有無報關進出口而異（最高法院 91 年台上字第 64 號判例）。

❖釋示函令❖

《管制涵義及範圍》

1. 海關緝私條例所稱「管制」之涵義

一、海關緝私條例第 3 條、第 37 條、第 38 條、第 39 條及第 53 條所稱「管制」之涵義相同，係指進口或出口下列依規定不得進口或出口或管制輸出入之物品：（一）關稅法第 15 條第 1 款、第 2 款規定不得進口之物品，及第 3 款規定不得進口或禁止輸入且違反相關機關主管法律規定，應予沒收或沒入之下列物品：1. 動物用藥品管理法第 4 條及第 5 條規定之動物用僞藥、禁藥。2. 農藥管理法第 6 條及第 7 條規定之禁用農藥、僞農藥。3. 警械使用條例第 1 條規定之警械。4. 菸酒管理法第 6 條規定之私菸、私酒。5. 藥事法第 20 條及第 22 條規定之僞藥、禁藥。6. 醫療器材管理法第 25 條規定之醫療器材。7. 化粧品衛生安全管理法第 5 條第 1 項規定之特定用途化粧品。8. 植物防疫檢疫法第 14 條及第 15 條規定禁止輸入之植物、植物產品及物品。9. 動物傳染病防治條例第 33 條規定禁止輸入之動物、動物產品及物品。（二）行政院依懲治走私條例第 2 條規定公告之「管制物品管制品項及管制方式」。（三）臺灣地區與大陸地區貿易許可辦法規定不得輸入之大陸物品。（四）經濟部依有關貿易法規管制輸入或輸出之物品。二、廠商報運貨物進出口而有違反輸出入規定，或海關就其他機關委託查核事項進行查核，發現有違反該等機關之相關規定者，不論是否依海關緝私條例規定予以處罰，海關均應將其違反規定情事函知有關機關，俾各該機關可依其主管法令規定處理。三、廢止本部 101 年 11 月 8 日台財關字第 10100653890 號令（財政部 112/11/10 台財關字第 1121027391 號令）。

2. 無殺傷力無法供軍事上使用之仿造手槍子彈非屬管制物品

仿造之白朗寧手槍及子彈，如無殺傷力無法供軍事上使用，應非屬行政院依「懲治走私條例」第 2 條第 4 項[60]之規定公告之「管制物品項目及其數額」甲項[61]管制進出口物品中第 1 款之槍械、子彈（財政部 73/10/09 台財關字第 22415 號函）。

3. 專供飛機飛航用發動機滅火瓶內裝之炸藥包非屬管制物品

檢送內政部 87/02/17 台 (87) 內警字第 8770034 號函影本乙份（財政部 87/02/24 台財關字第 870102623 號函）。

> **附件：內政部87/02/17台(87)內警字第8770034號函**
>
> **主旨**：專供飛機飛航用發動機滅火瓶內裝之「炸藥包」一種，是否屬槍砲彈藥刀械管制條例管制物品。
>
> **說明**：二、本案所指專供飛機用發動機滅火瓶，係國際民航規定飛航時必備之安全裝備，其內裝之「炸藥包」，僅供經由電源啓動打破滅火瓶，使滅火液溢出熄滅引擎著火之用，不作其他用途，符合槍砲彈藥刀械管制條例第 4 條第 2 項但書「無法供組成槍砲、彈藥之用」規定，進口時毋庸申請。

4. 沉香非屬管制物品而係屬有條件輸入（出）貨品表之貨品

主旨：關於廠商虛報進口華盛頓公約附錄二列管之植物沉香，事後補具相關進口所需文件，是否屬本部 93/12/06 台財關字第 09300577360 號令[62]規範之管制物品案。

說明：二、案洽據經濟部國際貿易局 95/08/01 貿服字第 09500085410 號函略以，本部 93/12/06 台財關字第 09300577360 號令規範之「管制」涵義，其中**「經濟部依有關貿易法規管制輸入或輸出之物品」，係指「限制輸入（出）貨品表」之管制輸入（出）之貨品**[63]**，不包括「有條件輸入（出）貨品表」**[64]**及「海關協助查核輸入（出）貨品表」之貨品**。另沉香係屬華盛頓公約附錄二列管之物種，沉香木塊及沉香粉等產製品，若使用上述物種，進口時，應檢附出口國核發之華盛頓公約出口許可證，逕向海關報關進口，係屬「有條件輸入（出）貨品表」貨品（財政部 95/08/22 台財關字第 09500384850 號函）。

> **附件：經濟部國際貿易局95/08/01貿服字第09500085410號函**
>
> **主旨**：有關貴部函請就廠商虛報進口華盛頓公約附錄二之沉香，是否屬貿易法規管

---

60 現為第 3 項。

61 現為「管制物品管制品項及管制方式」第 1 項。

62 本令已廢止，並改以財政部 112/11/10 台財關字第 1121027391 號令重新釋示。

63 目前代碼為 111。

64 目前代碼為 121。

制輸入之物品一案。

說明：二、經查本局91/08/12貿服字第09100126641號函說明二所敘「經濟部依有關貿易法規管制輸入或輸出之物品」，其管制輸入或輸出之物品，係指「限制輸入（出）貨品表」之管制輸入（出）之貨品，不包括「有條件輸入（出）貨品表」及「海關協助查核輸入（出）貨品表」之貨品。三、另沉香（學名：Aquilaria spp.、gyrinops spp.）係屬CITES附錄二列管物種，沉香木塊及沉香粉等產製品，若係使用上述物種，依本局公告之「限制輸入貨品、海關協助查核輸入貨品彙總表其他相關輸入規定」，進口時，應檢附出口國核發之華盛頓公約出口許可證，逕向海關報關進口，係屬「有條件輸入（出）貨品表」貨品。

釋示重點說明：

一、經濟部依貿易法第11條第2項規定公告之「限制輸入（出）貨品表」內包括下列兩種限制情形：

（一）**管制輸入（出）貨品**：非經經濟部國際貿易局專案核准發給輸入（出）許可證，不得輸入（出）（代號111）。

（二）**有條件准許輸入（出）貨品**：有一定之核准條件，進（出）口人應依表內所載輸入（出）規定（如檢附該項貨品主管機關所核發之同意文件等），經貿易局核發輸入（出）許可證後，始得輸入（出）（代號112、121、113、114）。

二、華盛頓公約附錄列管之動植物及其產製品係屬上揭「有條件輸入（出）貨品表」之物品，並非「經濟部依有關貿易法規管制輸入或輸出之物品」，除另符合財政部112/11/10台財關字第1121027391號令釋其他管制涵義之規定外，並非海關緝私條例所稱之管制物品。

三、配合貿易法98/12/15修正增訂第13條之1規定[65]，經濟部已於99/08/18以經貿字第09904604830號公告將：（一）「瀕臨絕種野生動植物國際貿易公約」動植物附錄一、二、三物種清單。（二）「限制輸入貨品表」中「其他相關輸入規定：

---

[65] 貿易法第13條之1規定：「瀕臨絕種動植物及其產製品，非經主管機關許可，不得輸出；未經取得出口國之許可文件，不得輸入（Ⅰ）。前項瀕臨絕種動物及其產製品，屬野生動物保育法公告之保育類野生動物及其產製品者，於申請輸出許可或輸入前，應先依野生動物保育法規定，申請中央目的事業主管機關同意（Ⅱ）。第一項瀕臨絕種動植物之物種，由主管機關公告，並刊登政府公報及主管機關所屬網站，免費供民眾閱覽（Ⅲ）。第一項許可之申請資格、條件與程序、許可之撤銷與廢止、輸出入之管理及其他應遵行事項之辦法，由主管機關定之（Ⅳ）。」

一、野生動植物輸入規定及二、輸入野生動植物申請核發華盛頓公約進口許可證規定」。及（三）「限制輸出貨品表」中「其他相關輸出規定：一、野生動植物輸出規定及二、輸出野生動植物申請核發華盛頓公約出口許可證規定」，自「限制輸入貨品表」及「限制輸出貨品表」刪除，並於 99/08/18 以經貿字第 09904604820 號公告訂定「瀕臨絕種動植物之物種」，將原華盛頓公約（CITES）瀕臨絕種動植物及其產製品之輸出入納入管理。就條文文義來看，仍屬有條件輸入（出）之貨品，且相應之罰則（第 28 條）並未較修正前加重，故而所爲之公告，實質上僅法律依據之變更，是以華盛頓公約（CITES）瀕臨絕種動植物及其產製品，尚不因貿易法修正而變更其性質，仍非屬本令釋所引「經濟部依有關貿易法規管制輸入或輸出之物品」，除另符合財政部 112/11/10 台財關字第 1121027391 號令釋其他管制涵義之規定外，並非海關緝私條例所稱之管制物品，自不生本條例第 37 條第 3 項所稱逃避管制之問題。

5. 電擊器彈匣非屬本條例之管制物品

主旨：所報廠商報運出口電擊器彈匣，涉有虛報情事，得否論屬逃避管制一案。

說明：二、按財政部 101/11/08 台財關字第 10100653890 號令[66]（下稱財政部 101 年令，收錄於 103 年版關稅海關緝私法令彙編第 3 條第 8 則，第 238 頁）示略以：「一、海關緝私條例（下稱本條例）……第 37 條……所稱『管制』之涵義相同，係指進口或出口下列依規定不得進口或出口或管制輸出入之物品：（一）關稅法第 15 條……第 3 款規定不得進口或禁止輸入且違反相關機關主管法律規定，應予沒收或沒入之下列物品：（1）……（3）警械使用條例第 1 條之警械。……（四）經濟部依有關貿易法規管制輸入或輸出之物品……」三、查前開令釋所稱「警械使用條例第 1 條之警械」，係指關稅法第 15 條第 3 款所定「不得進口或禁止輸入之物品」，並未含括出口警械在內。另所稱「經濟部依有關貿易法規管制輸入或輸出之物品」，依財政部 95/08/22 台財關字第 09500384850 號函（收錄於 103 年版彙編第 3 條第 6 則，第 236 頁）示意旨，係指「限制輸入（出）貨品表」之管制輸入（出）之貨品，而旨揭貨物經貴關核列貨品分類號列第 9306.30.90.00-8 號「其他槍彈及其零件」，非屬經濟部國際貿易局公告之「限制輸出貨品彙總表」所列貨品，爰非經濟部依有關貿易法規管制輸出之物品。綜上，旨揭貨物非屬財政部 101 年令釋所稱管制物品，縱有虛報情事，惟未涉逃避管制，尚無本條例第 37 條第 3 項轉據同條例第 36 條第 1 項、第 3 項規定之適用（財政部關務署 107/12/03

---

[66] 本令已廢止，並改以財政部 112/11/10 台財關字第 1121027391 號令重新釋示。

台關緝字第 1071014986 號函）。

《未涉私運貨物》

6. 依漁船運搬養殖活魚管理辦法運搬養殖活魚至香港者准免辦理出口報關

主旨：所報行政院農業委員會 96 年 12 月 19 日發布之「漁船運搬養殖活魚管理辦法」有無牴觸關稅法第 16 條第 2 項規定一案。

說明：二、按「出口貨物之申報，由貨物輸出人於載運貨物之運輸工具結關或開駛前之規定期限內，向海關辦理；其報關驗放辦法，由財政部定之。」爲關稅法第 16 條第 2 項所明定。本案活魚運搬船運搬養殖活魚至香港，依據行政院農業委員會漁業署（以下簡稱漁業署）97 年 1 月 15 日檢送之 96 年 12 月 18 日召開「研商因應漁船運搬養殖活魚管理辦法發布應配合辦理事項」會議紀錄，係將該搬運業界定爲漁業生產之延伸，並未將其視爲貨物之出口；經濟部國際貿易局亦認活魚運搬船航至香港，因非由通商口岸出港，不屬國際貿易範疇，爰本案貨物是否須依關稅法辦理出口報關，容有討論空間。三、依據海關緝私條例第 3 條規定及最高行政法院 58 年判字第 120 號判例意旨（本判例業經最高行政法院 102 年度 3 月份第 1 次庭長法官聯席會議決議不再援用），私運貨物進口、出口，應視其是否發生規避檢查、偷漏關稅或逃避管制之情事，非僅因其未向海關申報而運輸貨物進、出國境，即構成私運貨物進出口之行爲。查旨揭辦法業就漁船運搬養殖活魚訂定相關管理規定，責成縣（市）主管機關審查活魚運搬船所運搬之魚貨符合養殖漁業人放養申報書所填報之魚種，並請海岸巡防機關於活魚運搬船出、進漁港前核對所載魚貨與縣（市）主管機關依規定蓋章確認之裝卸清單符合者，始得准其出、進漁港；另涉及走私偷渡者，亦應依相關法令規定處罰。本案活魚運搬船運搬養殖活魚至香港並無關稅課徵問題，且已責成相關機關予以審查後始得出港，「漁港」查緝業務既屬海岸巡防機關之權責，如有涉走私偷渡等情形，宜由該機關依相關法令規定辦理。四、綜上，本案漁業主管機關政策上既認有訂定上述辦法，利用漁船解決養殖活魚運送問題，提升養殖活魚運送效率，以符合業者實際需求之必要性，考量活魚運搬船從漁港運搬養殖活魚至香港並無關稅課徵問題，且已責成相關機關予以審查後始得出港，如有涉走私偷渡等情形，亦由海岸巡防機關依相關法令規定辦理，應可配合漁業主管機關政策，對於凡依上開辦法運搬養殖活魚至香港者，准予免辦理出口報關（財政部 98/02/18 台財關字第 09800026830 號函）。

7. 浮船塢於滯港期間從事與進港預報目的不符之行爲是否涉及違反海關緝私條例釋疑

主旨：所報巴拿馬籍「甲」浮船塢，以「修理」爲由經航政主管機關同意由「乙」拖船拖帶進入高雄港，惟於滯港期間從事與進港預報目的不符之行爲，是否涉及違反海關緝私條例疑義乙案。

說明：二、旨揭浮船塢，其性質特殊，究與一般貨物有別，無論是否自有動力或賴他船拖帶，均在海上航行，且既經航政主管機關核准進港，事先亦向貴關申請船籍資料建檔並取得海關通關號碼在案，自宜認屬船舶之一種，縱未經向海關報運進口，難謂已構成海關緝私條例第3條所稱之私運貨物。三、又，旨揭浮船塢依其特性無從置放於船上（甲板或艙間）成為載運之客體，且其業經航政主管機關核准由旨揭薩船拖帶進港，縱未經薩船列報於艙單內，亦無海關緝私條例第31條規定之適用。四、另，本案固無涉進口貨物，其從事與進港目的不符之行為，應屬航政管理之範圍（據報航政主管機關亦已依商港法裁罰在案可參），惟如進港後確已變更目的而欲進口，仍應完成申報進口之手續，爰請貴關本於職權辦理（財政部關務署105/08/15台關緝字第1051005004號函）。

8.工作船來臺作業未於法定期間內向海關遞送進口報單有無違反海關緝私條例等規定釋疑

主旨：所報貝里斯籍「甲」輪（下稱工作船）來臺作業，未於法定期間內向海關遞送進口報單，有無違反海關緝私條例等規定疑義乙案。

說明：二、旨揭工作船具備船舶之性質，且未符合海關緝私條例第24條或第27條所定沒入船舶之特別處罰要件，又其進港業經航政主管機關核准，不生該條例第3條所稱私運貨物之問題，爰本案請參照本署105/08/15台關緝字第1051005004號函示辦理。三、另，旨揭工作船雖以「補給」為名進港，而實際在國內從事水道工程，應認屬進口貨物，並依加值型及非加值型營業稅法（以下稱營業稅法）第1條規定課徵營業稅。又進口人補報關時申報退運（納稅辦法申報94），稅額填報0，與進口貨物應課徵營業稅之實際情形不符，當認有漏稅事實，從而，應有營業稅法第51條第1項第7款規定之適用（財政部關務署105/11/15台關緝字第1051014084號函）。

9.廠商未報運出口逕將已課稅之中國大陸製無動力平臺船拖離本國海域是否涉犯私運貨物

主旨：所報廠商未向海關申報復運出口，逕將已依關稅法規定課稅之中國大陸製無動力平臺船「舟工駁2005」（下稱平臺船）拖離本國海域，是否涉犯海關緝私條例（下稱本條例）所稱私運貨物一案，請查照。

說明：二、按本條例第3條規定，所謂私運貨物進口、出口，係指規避檢查、偷漏關稅或逃避管制，未經向海關申報而運輸貨物進、出國境而言。是以，本案如欲以私運貨物出口罪名相繩，除有未向海關申報而運輸貨物出口情事外，仍應具體認定個案有「規避檢查」、「偷漏關稅」或「逃避管制」等客觀要件之一，始足當之。三、系爭平臺船既係受租賃在我國領域內工作，即屬關稅法第38條之「進口貨物」，依本署106/08/15台關業字第 1061017323 號函釋意旨，其復運出口應依法向海關申報。該船舶未申報出口即拖離我國海域，雖有「未經向海關申報而運輸貨物出國境」之違章行爲，惟其業依關稅法施行細則第 24 條規定，按適限當時之狀態補徵關稅，案屬出口貨物並無偷漏關稅之疑慮，且非管制出口物品，亦無涉逃避管制情事。四、至本案是否涉有規避檢查之違法，如經貴關查明行爲人爲履行交通部航港局及經濟部國際貿易局責令離境之公法上義務，已於拖離時經交通部高速公路局派員到場監視，並將相關作業流程併同拖離佐證照片函知交通部航港局，堪認其主觀上並無隱匿避免遭查察之意思，客觀上亦無行使難以被發現方式規避邊境查緝之作爲，宜認無規避檢查之情事，尚難謂其構成本條例第 3 條所稱私運貨物出口（財政部關務署 111/02/18 台關緝字第 1101032290 號函）。

《涉及私運貨物》

10. 所載貨物涉有丟包調包走私者雖列入艙口單仍應處罰

一、船舶等運輸工具所載貨物，雖已列入艙口單或載貨清單，惟經查明涉有丟包或調包等私運情事者，應依海關緝私條例第 36 條第 1 項及第 3 項規定論處。

二、廢止本部 82/01/13 台財關字第 810592631 號函（財政部 103/09/04 台財關字第 1031019467 號令）。

11. 報關前擅行移動或搬運進口貨物脫離海關可得控制之運輸工具或其他處所而進入課稅區者，應依海關緝私條例第36條之規定論處

倘非單純在海關可得監管下之運輸工具或其他處所之範圍內擅行移動或搬運，而係另有其他私運或漏稅之情事者，則屬依照同條例第 36 條或第 37 條第 1 項之適用範圍，不得依第 35 條之規定論處，此由上開三法條規定法意比較觀察自明。茲將不同情節應適用不同法條之情形，略舉數例說明如次：（一）**某一進口貨物在未經報關前，擅行移動或搬運脫離海關可得控制之運輸工具或其他處所而進入課稅區者，應依海關緝私條例第 36 條之規定論處**。（二）右述情形，如在報關後尚未驗放前發生時，則應改依同條例第 37 條第 1 項第 4 款之規定處罰。（三）倘該貨物雖在海關可得控制監管下之運輸工具或其他處所之範圍內擅行移動或搬運，惟查獲有調包私運進口之企圖及充分事證者，縱使未遂，仍須按同條例第 36 條論處（海關總稅務司署 66/02/10 密基緝字第 1718 號函）。

12. 廠商進口夾藏物品如實際貨主與進口商不同時如何處罰釋示

主旨：廠商報運貨物進口，夾藏管制物品或其他准許進口類物品，其進口人與實際貨主不同時，對出借牌照之不知情進口商，視其報運進口之貨物內所夾藏之物品類別，分別依海關緝私條例第 37 條第 3 項轉據第 36 條第 1 項或第 37 條第 1 項規定處罰；而對**幕**

後走私之實際貨主則依同條例第 36 條第 1 項及第 3 項規定處罰。

說明：二、爲有效遏止不肖廠商及私梟取巧借用他人進口商牌照虛報貨物進口，以逃避受罰，對不知情之進口人違反眞實申報義務及知情之幕後走私實際貨主，視其報運進口之貨物所夾藏之物品爲管制物品或准許進口類物品，分別依適當之法條予以論處，以昭公允（財政部 84/05/09 台財關字第 840175936 號函）。

13. 外貨放行後未依規定運往保稅倉庫而直接運入課稅區並擅自拆剪封條將貨物提領，應以私運貨物進口論處

主旨：廠商以 D8 報單申請外貨進儲保稅倉庫，惟於放行後未依規定運往保稅倉庫，而直接運入課稅區並擅自拆剪海關封條後將貨物提領，是否以私運貨物進口論處乙案。

說明：二、系案貨物未經報准而直接進入課稅區，並有拆剪封條將貨物提領之情事，已涉及規避檢查及偷漏關稅，爰足認屬私運貨物進口（財政部關務署 102/09/23 台關緝字第 1021013898 號函[67]）。

14. 冒用他人名義報運貨物進口致生違章，應依本條例第36條「私運」論處

主旨：實際貨主冒用他人名義報運貨物進口致生違章情事，應如何論處一案。

說明：二、按財政部 84/05/09 台財關字第 840175936 號函（下稱 84 年部函）核釋略以，廠商報運貨物進口夾藏物品，其進口人與實際貨主不同時，對出借牌照之不知情（按知有借牌一事，惟對於違章行爲並不知情）之進口人，依海關緝私條例（下稱本條例）第 37 條「虛報」論處；對幕後走私之實際貨主，則依同條例第 36 條「私運」處罰，以有效遏止不肖廠商取巧借用他人名義報運貨物進口而逃避受罰。三、依基隆關來函所示，系案實際貨主係情事，該他人對於遭實際貨主借用名義一事並不知情，核其違規情節，顯較 84 年部函所示實際貨主係徵得他人同意據以借牌報關之情形爲重，倘僅依本條例第 37 條「虛報」論處冒名之實際貨主，將造成「借牌」之處罰重於「冒名」，而生裁罰輕重失衡之不合理結果。四、綜上，爲貫徹 84 年部函核釋意旨，實際貨主倘借用不知情（按不知違章行爲）之他人名義報運貨物進口致生違章情事，則無論該他人（按報單所載進口人）對於遭實際貨主借用名義一事係屬「知情（借牌）」或「不知情（冒名）」，該實際貨主均應依本條例第 36 條「私運」論處，以杜取巧借用他人名義報運貨物進口而規避違章裁罰之情形（財政部關務署 109/03/24 台關緝字第 1081022017 號函）。

67　本則釋示最初之適用案例，請參閱最高行政法院 104 年度判字第 399 號判決。

《懲治走私條例》

15. 核釋懲治走私條例有關私運行爲之定義

檢送司法院秘書長及法務部解釋懲治走私條例有關私運行爲之定義影本各乙份（財政部 87/12/14 台財關字第 872678948 號函）。

附件一：司法院秘書長87/11/06秘台廳刑一字第23059號函

主旨：關於查緝走私時，發生應否適用懲治走私條例之疑義一案。

說明：二、查海關緝私條例第四章之罰則純係行政罰，有該條例第 36 條私運貨物進出口，或第 37 條各款報運貨物進出口而不實之情形，應否處罰鍰或沒入貨物，係屬貴部之權責，當事人如不服此行政處分，應循行政程序謀求救濟。至懲治走私條例之處罰規定則屬刑事罰，該條例第 2 條[68]明定對私運政府管制物品或應稅物品進出口之行爲處罰，其重點端在行爲人所運進出口之物品是否「適政府公告數額之管制物品或應稅物品」，如所運進出口物品中有行政院公告之四類[69]管制物品，不論未報運或報運不實，苟已逾政府公告數額，應均有懲治走私條例第 2 條規定之適用，此觀各該法律條文甚明。惟具體個案是否該當於走私罪之構成要件，應由承辦法官依其調查所得之證據，本於法律之確信以作判斷。至於行政法院 74 年 6 月 12 日庭長評事聯席會議係針對海關緝私條例第 37 條之「虛報」定義予以解釋所作之決議，與私運人是否涉及懲治走私條例之刑責無關。

附件二：法務部87/12/07法檢字第038722號函

主旨：關於報運貨物進口中，夾帶或藏匿他種貨物，或以他種貨物矇混報運涉及逃避管制之行爲，是否涉及懲治走私條例刑責乙節。

說明：二、所詢事項，本部意見如下：（一）按違反懲治走私條例之規定者，應科以刑事罰；而海關緝私條例對於私運貨物進出口及報運貨物進出口而有虛報之情形者，乃處以罰鍰或沒入貨物，因此，前者乃刑事法，後者應爲行政法，二者之立法意旨並非完全相同，況海關緝私條例第 3 條所定之「私運貨物進口、出口」，其適用範圍僅該條例而已，是懲治走私條例與海關緝私條例之「私運」，似無必要做相同解釋。（二）懲治走私條例之適用，係以私運管制物品或應稅物品進出口爲前提要件，雖然何謂「私運」，該條例並無立法解釋，惟凡以非法方式，未經向海關申報而運

---

68 即現行第1條。

69 現已改為二類。

輸管制物品進口、出口逾公告數額者，應均足當之。因此，未經向海關申報而運輸管制物品進出口，固爲懲治走私條例第 2 條所稱之「私運管制物品進出口」，縱經向海關申報，而有虛報不實以運送管制物品進出國境之情形，應亦屬之。雖然海關緝私條例第 3 條將規避檢查、偷漏關稅或逃避管制，未經向海關申報而運輸貨物進出國境者，定義爲「私運貨物進出口」，以有別於第 4 條之依關稅法及有關法令規定，向海關申報貨物，經由通商口岸進口或出口之「報運貨物進口、出口」，惟如認報運貨物而有虛報之情形者，不屬於「私運貨物」行爲，而不適用懲治走私條例之規定，是否會有因虛報而有管制物品被夾帶進出口之情形？如謂此行爲不適用懲治走私條例之規定處罰之，則走私者自可利用此漏洞以規避刑責。例如申報廢五金進口，而夾帶槍枝，並無法因已報運廢五金進口，而得解免私運槍枝進口之罪責。（三）因此，凡運輸管制物品逾公告數額進出國境而未經向海關申報者，應即該當懲治走私條例所定之「私運」行爲；至於運輸之貨物並非管制物品時，則應無懲治走私條例之適用，而可視有無向海關申報，分別適用海關緝私條例第 36 條、第 37 條之規定，予以論罰。（四）至於貴部 75 年 2 月 26 日以台財關字第 7534152 號函釋[70]內容，並未提及運輸之貨物是否爲管制物品？是否逾公告數額等問題，況函示案情已依法申報，僅生產地不符而已，因此該函尙難援引爲是否適用懲治走私條例之依據。

16. 未申報或申報不實而非法運輸管制品進出口適用懲治走私條例

二、本部 75/02/26 台財關字第 7534152 號函釋，係依法務部 75/01/28 法 (75) 參字第 1128 號函：「倘係依法申報進口者，當然非屬私運進口之行爲，縱其有虛報生產地以逃避管制而涉及其他違背法令之情事，似亦無適用懲治走私條例之餘地」所爲釋示，茲因法務部 89/08/18 法 (89) 檢字第 021873 號函，既已表示：「……有關本部 75/01/28 法 (75) 參字第 1128 號函，……其前提須貨物係依法申報進口，若有虛報生產地之情形，原則上應依海關緝私條例之規定予以論罰；惟如虛報生產地之目的係在逃避懲治走私條例所定貨物之管制時，……且其數量、價格超過法定公告數額，則仍有懲治走私條例之適用。」基於後令優於前令之法令適用原則，自即日起海關於執行時，請依法務部 87/12/07 法 (87) 檢字第 038722 號函及 89/08/18 法 (89) 檢字第 021873 號函意旨辦理：即凡以非法方式，未向海關申報或申報不實，而運輸管制物品進口、出口逾公告數額者，應均有懲治走私條例之適用，亦即未向海關申報而運輸管制物品進出口，固爲懲治

70 本函釋業經本部 89 台財關字第 0890055289 號函核示不再適用。

走私條例所稱之「私運管制物品進出口」，縱經向海關申報，如有虛報生產地等不實事項，以逃避懲治走私條例所定對貨物之管制，而運送管制物品進出國境，且其數量、價格超過法令公告數額，則仍有該條例之適用。三、至於爲避免實務上移送案件增多及認定之困擾，請依本部 89/04/28 台財關字第 0890021504 號函所釋示，以案件是否具有「相當證據及明顯犯意」爲移送依據，如有疑問時，可請政風單位協助處理。四、本部 75/02/26 台財關字第 7534152 號函，自本函發布日起不再適用（財政部 89/09/28 台財關字第 0890055289 號函）。

附件：法務部89/08/18法(89)檢字第021873號函

二、按違反懲治走私條例之規定者，應科以刑事罰；而海關緝私條例對於私運貨物進出口及報運貨物進出口而有虛報之情形者，乃處以罰鍰或沒入貨物，因此，二者並非相同，況海關緝私條例第 3 條所定之「私運貨物進口、出口」，其適用範圍僅該條例而已，是懲治走私條例與海關緝私條例之「私運」，似無必要做相同解釋。又，懲治走私條例第 2 條[71]明定對私運政府管制物品或應稅物品進出口之行爲加以處罰，因此其重點在於行爲人所運進出口之物品是否「逾政府公告數額之管制物品或應稅物品」，如所運進出口物品中有行政院公告之四類[72]管制物品，不論未報運或報運不實，苟已逾政府公告數額，應均有懲治走私條例第 2 條規定之適用，此非惟經本部前開 87/12/07 法 (87) 檢字第 038722 號函復甚明，復經司法院針對此問題，於 87 年 11 月 6 日以 (87) 秘台廳刑一字第 23059 號函回復在案，因此，凡運輸管制物品逾公告數額進出國境而未經申報或報運不實，應均有懲治走私條例規定之適用。至於運輸之貨物如非管制物品時，則應無懲治走私條例之適用，而可視有無向海關申報，分別適用海關緝私條例第 36 條、第 37 條之規定，予以論罰。三、懲治走私條例之適用，係以私運管制物品或應稅物品進出口爲前提要件，雖然何謂「私運」，該條例並無立法解釋，惟凡以非法方式，未經向海關申報而運輸管制物品進口、出口逾公告數額者，應均足當之。因此，未經向海關申報而運輸管制物品進出口，固爲懲治走私條例第 2 條所稱之「私運管制物品進出口」，縱經向海關申報，而有虛報生產地等不實事項，以運送管制物品進出國境之情形，應亦屬之。雖然海關緝私條例第 3 條將規避檢查、偷漏關稅或逃避管制，未經向海關申報而運輸貨物進出國境者，定義爲「私運貨物進出口」，以有別於第 4 條之依關稅法及有關法令規定，向海關申報貨物，經由通商口岸進口或出口之「報運貨物進口、出口」，惟

71　即現行第 1 條。
72　現改分為二類。

如認報運貨物而有虛報之情形者，不屬於「私運貨物」行爲，而不適用懲治走私條例之規定，則走私者自可利用此漏洞以規避刑責。

17. 未申報輸出之玩具槍經鑑定具殺傷力者即爲觸犯懲治走私條例

主旨：關於依懲治走私條例公布之「懲治走私條例公告管制物品項目及其數額」甲類第1項[73]之槍械是否包括玩具槍，未經申報輸出玩具槍是否觸犯懲治走私條例，抑屬行政罰乙案。

說明：二、本案經函准內政部84/12/14台(84)內警字第8403855號、法務部85/01/11法(84)檢字第00814號函復意見略如下：按槍砲彈藥刀械管制條例第4條第1款規定：「槍砲：指火砲、機關槍、衝鋒槍、卡柄槍、自動步槍、普通步槍、馬槍、手槍、鋼筆槍、瓦斯槍、麻醉槍、獵槍、空氣槍、魚槍及其他可發射金屬或子彈具有殺傷力之各式槍砲。」因之，「懲治走私條例公告管制物品項目及其數額」甲類第1項之槍械是否包括玩具槍，自應依上開槍砲彈藥刀械管制條例之規定以爲解釋。未經申報輸出之玩具槍如經鑑定爲可發射金屬或子彈具有殺傷力者，則應屬該條例所稱槍砲，即爲「懲治走私條例公告管制物品項目及其數額」甲類第1項之槍械（財政部85/01/23台財關字第850022542號函）。

18. 匕首不宜認屬「管制物品管制品項及管制方式」所稱「槍械」之範圍

主旨：所報委由他人虛報進口匕首，處分對象爲何及該匕首是否屬海關緝私條例之管制品疑義乙案。

說明：二、參照目前司法實務見解，本案所涉匕首不宜認屬財政部101/11/08台財關字第10100653890號令示[74]「管制物品管制品項及管制方式」一、管制進出口物品：所稱「槍械」之範圍，難謂爲海關緝私條例之管制物品。三、至旨案處分對象應如何認定乙節，查報運行爲因違反誠實申報義務所生之行政責任，原則上採顯名主義，以報單上所載進出口人爲歸責對象，但有虛捏人頭冒名報關或涉及逃避管制或其他相類情形者，則應另外從實質認定違章行爲人究責，不再以出名爲限。本案所報歐君爲出名委託報關業者報關之人，即爲報單上記載之進口人，既未遭冒名，且案貨匕首非屬海關緝私條例之管制物品，不生認定眞正行爲人或從實追究私運責任之問題，故仍宜適用上開顯名主義論責（財政部關務署105/12/30台關緝字第1051015205號函）。

---

73 現為懲治走私條例公告「管制物品管制品項及管制方式」第1項第1款。

74 本令已廢止，並改以財政部112/11/10台財關字第1121027391號令重新釋示。

第 4 條（報運定義）
本條例稱報運貨物進口、出口，謂依關稅法及有關法令規定，向海關申報貨物，經由通商口岸進口或出口。

❖立法（修正）說明❖（62/08/14全文修正一行政院版修正說明[75]）

一、本條係新增，用以解釋報運貨物進出口。

二、本條係參照關稅法第二章第一節報關之規定訂定。

❖條文說明❖

一、本條爲報運之基本定義。

二、所稱「報運」，應包括船務及貨主報關兩階段之申報行爲在內[76]。「船務報關」係指船長將其管領船舶所載貨物列入艙口單（包括進口艙單、過境艙單、出口艙單及司多單等船務報關文件）內，運入通商口岸，並依規定向海關遞送各該艙單之報關行爲而言；「貨主報關」，則指貨主向海關申報貨物進出口之謂。蓋本條報運定義若僅限狹義之「貨主報關」者，則從事國際貿易船舶載運貨物正常駛入通商口岸即構成未向海關申報之私運情事，難謂合理，故而所稱「報運」應認亦涵蓋「船務報關」在內。

三、本條例有關「報運」之條文除本條外，計有第37條、第39條之1、第51條等條文，前二條爲違法報運之行政處罰規定，該等條文所稱之報運宜採目的限縮解釋，僅指「貨主報關」之情形；至於第51條規定之「報運」則兼指「船務報關」及「貨主報關」二種情形，始符合該條所欲達成督促履行之目的。

❖釋示函令❖

1.轉運申請書（L1）亦屬本條例第4條所稱「報運貨物進口」，如涉虛報及逃避管制，應依本條例議處

主旨：有關廠商於外貨進儲物流中心轉運申請書（L1）內申報不實，是否視同或比照一般進口報單虛報而適用海關緝私條例議處乙案。

說明：二、旨揭進口方式亦屬海關緝私條例第4條規定所稱「報運貨物進口」；本案甲物流股份有限公司以轉運申請書（L1）報運外貨進儲物流中心，如經查明涉有虛報行爲及逃避管制，應依海關緝私條例相關規定議處（財政部101/08/10台財關字第

---

75 行政院版修正說明，詳見立法院公報第62卷第52期院會紀錄，第25頁。

76 洪啟清，緝私法規與緝案處理，財政部財稅人員訓練所編印，79年7月修訂3版，第70-71頁。

10100579860號函）。

2.經核准專兼營漁貨搬運之漁船，受託載運其他漁船自行捕獲水產品可免報關進口

主旨：關於本國漁船經核准專（兼）營漁貨搬運業持有效證明文件者，其自國外受託載運進口其他本國漁船所捕撈之漁貨，擬比照本國漁船在國內捕獲之水產品，無須向海關報關即可提領，並免依海關緝私條例有關規定論處一案。

說明：二、漁船自國外載運水產品經漁港進口，如責令其報關確有困難，則其載運自行捕獲或受託載運其他本國漁船自行捕獲之水產品，未涉及走私行爲者，免報關予以免稅進口，惟若載運非屬上開自行捕獲之水產品以外之其他物品，涉有規避檢查、逃避管制或偷漏關稅等情事，而未經向海關申報者，應以走私論處（財政部80/04/15台財關字第800092124號函）。

第5條（貨價之計算）

依本條例所處罰鍰以貨價為準者，進口貨物按完稅價格計算，出口貨物按離岸價格計算。

❖立法（修正）說明❖（62/08/14全文修正）

參照行政院版修正說明本條係新增，用以定明罰鍰以貨價爲準之計算基礎，以資依據[77]。

❖條文說明❖

一、說明

本條用以定明罰鍰以貨價爲準之計算基礎。本條例規定以「貨價」作爲罰鍰計算基礎之條文計有第28條（擅行起卸貨物）、第36條（私運貨物）、第39條之1（報運仿冒、盜版品）等條文。

二、貨價之計算

本條所稱之貨價，依貨物進、出口之型態而有不同之計算方式：

---

77 立法院公報第62卷第52期院會紀錄，第25頁。

（一）進口貨價

1.類推適用關稅法規定

本條規定，進口貨物係按完稅價格計算。所稱「完稅價格」，本條例並無特別規定其內涵，亦未有準用關稅法之明文，惟本條例第3條既將「偷漏關稅」列為私運定義範圍，且關稅法第1條規定：「『關稅之課徵』……依本法之規定。」故而作為關稅核課基礎之完稅價格，解釋上亦宜依關稅法規定，即依序按關稅法第29條及第31條至第35條所定方法計算本條之完稅價格。另按最高行政法院109年度上字第1022號判決：「固然關稅法第35條規定內容，原係針對進口貨物之稅基量化為規範，因此對本案而言，**無法直接適用**。又因本案非屬稅捐核課案件，也無納保法有關『推計課稅』規定之直接適用。但在事務本質上，推計走私貨物之價格與推計稅基金額，其性質相同，仍得類推適用。」亦肯認推計走私貨物之價格得「類推適用」關稅法規定，併此敘明。

2.貨價核算外幣匯率之基準日

本條例亦未就此細節事項予以明定，惟參據財政部104/10/01台財訴字第10413951250號訴願決定書表示：「……對於進口貨物之申報，如涉有虛報逃避管制之情事，應依海關緝私條例第37條第3項轉據同條例第36條第1項規定，計算貨物完稅價格並據以裁處罰鍰時，均係以『**報關日期**』（按，同時亦為虛報之違章行為發生日）作為核算外幣匯率之基準日（按，指該旬外幣對臺幣之即期賣出匯率，以下同）；復就私運貨物進口之違章類型而言，於依同條例第36條第1項規定，計算貨物完稅價格並據以裁處罰鍰時，因實際上並無『報關日期』存在，此時當應以違章**行為發生日**（按，即未依規定向海關申報而私運貨物進口之日），作為核算外幣匯率之基準日。」似可作為核算基準日之參考。

3.沒入其物之價額

(1) 依本條例所訂處罰規定，多伴隨「沒入」之法律效果（如本條例第36條第3項規定私運貨物沒入之）。如受處罰者於海關裁處沒入前，予以處分、使用或以他法致不能裁處沒入者，依行政罰法第23條第1項規定，即得「裁處沒入其物之價額」以代沒入處分。

(2) 上開「沒入其物之價額」之處分，係依本條例第36條第3項規定所為「沒入私運貨物」處分的代替或補充措施，依體系解釋，所謂「其物之價額」，即係指進口貨物之完稅價格，並非加計進口稅（關稅）及營業稅後的市場價值[78]。

---

78 最高行政法院105年度判字第334號判決。

（二）出口貨價

1. 對於進口貨物完稅價格之計算，如上所述，類推適用關稅法第29條及第31條至第35條規定雖已能因應各種情況而足資適用；惟出口貨物之離岸價格應如何計算，綜觀關稅法規定並未如進口貨物一般而予明確規範。
2. 參照出口貨物報關驗放辦法第10條規定：「出口貨物之價格，以輸出許可證所列之離岸價格折算申報，免除輸出許可證者，以輸出口岸之實際價值申報（I）。前項以實際價值申報者，應於報關時檢附發票或其他價值證明文件（II）。」由於出口貨物之發票因係由出口商自行開具，其金額多寡通常不具客觀性及公信力，若以此金額爲基礎計算罰鍰即難謂允當，自非所宜。又於私運貨物情形，斷無輸出許可證或客觀交易發票可證，如何計算離岸價格即爲實務執行上之一大難事。迄至財政部關務署104/09/24台關緝字第1041020277號函對此作成釋示：「……至於出口私貨離岸價格之具體計算方式，現行法雖未就其細節及內容予以明文規範，惟既係判斷貨物本身之價值，解釋上當與報運之貨物並無二致，即同應以輸出口岸之實際價值爲準。又鑑於私運貨物出口並非經由通商口岸之通關程序，自無出口人自行申報之離岸價格，且亦因礙於難以取得發票或其他價值證明文件而無從判斷貨物之實際價值，爰**實務上**[79]**向參酌關稅法第35條規定，綜合市面上所查得之一般行情價格及前揭行政法院判決**[80]**所示之一切費用，核估該私貨之合理離岸價格並據爲罰鍰之基準**。」是以，不論係私運或報運模式，出口貨物之離岸價格應由海關本於專業並參酌關稅法第35條規定及綜合一般行情價格、一切費用後予以核估合理價格。

❖精選案例❖

1. 進口之毒品得按關稅法第35條及法務部調查局所提供國內毒品買賣平均最低價格爲合理方法核計貨價（最高行政法院100年度判字第971號判決）。
2. **毒品買賣價格會隨買賣雙方往來關係、交易數量及品質純度等因素而變動，無客觀市價可資參照，爲查核系爭毒品完稅價格，考量實際進口日期，參據103年「國內主要毒品買賣平均價格表」，考量對上訴人有利及不利的情形，按表列「折合統一單位價格」的大盤價平均最低價，從低核算其完稅價格，洵屬有據**

   （節錄）系爭毒品於進口時即遭查獲而尚未售出，其完稅價格的核估方法，自應適用關稅法第29條至第35條規定，其適用依法定有先後次序，於無法適用關稅法

---

79 參考案例：最高行政法院96年度判字第1180號判決。

80 最高行政法院67年度判字第129號判決：「……本件涉案貨物所據以估價之離岸價格，係指該項出口貨物發貨地在國內之躉發市價加上內陸運輸費用，發貨人之利潤及出口報運裝船等一切費用之總額而言。與國貨在國內售價，意義迥異，……」

第29條時，應依序適用關稅法第31條至第35條的核估關稅完稅價格方法，與刑事法院依刑法第38條之1第1項前段規定沒收行爲人實際犯罪所得的計算方式不同。又系爭毒品愷他命爲管制進口貨物，係以夾藏方式進口，已涉查驗不符，無關稅法第29條交易價格的適用，且查無適用關稅法第31條至第34條規定的相關資料，被上訴人爰依同法第35條規定，依據查得的資料，以合理方法核定之。因毒品買賣價格會隨買賣雙方往來關係、交易數量及品質純度等因素而變動，無客觀市價可資參照，爲查核系爭毒品完稅價格，考量實際進口日期，參據103年「國內主要毒品買賣平均價格表」，考量對上訴人有利及不利的情形，按表列「折合統一單位價格」的大盤價平均最低價，從低核算其完稅價格，以原處分處貨價一倍的罰鍰，洵屬有據（最高行政法院108年度判字第291號判決）。

3. **查獲之氯假麻黃鹼，參酌他案與氯假麻黃鹼結構及藥理特性類似之「左旋麻黃鹼」標準品，屬類似貨物，按他案報單申報價格，據以核估完稅價格**

（節錄）被告依海關緝私條例第5條及關稅法第35條規定，以本件查獲之氯假麻黃鹼爲管制進口貨物，既非以正常途徑合法進口，且涉查驗不符，並無關稅法第29條之適用，又無同法第31條至第34條規定之相關資料可供核定完稅價格，因而參酌他案與氯假麻黃鹼結構及藥理特性類似之「左旋麻黃鹼」標準品，屬類似貨物，按他案報單申報價格，核算本件氯假麻黃鹼之完稅價格，據以核估完稅價格，亦有另案進口報單在卷可稽。是被告依海關緝私條例第37條第3項轉據第36條第1項規定，處原告貨價（完稅價格）一倍之罰鍰，自非無據（臺北高等行政法院106年度訴字第962號判決）。

4. **經受處分人提供擔保申請撤銷扣押貨物，該擔保自可採憑爲裁處貨價倍數的基礎**

（節錄）惟系爭貨物遭查獲後，上訴人以其與客戶有合約交期，希望以離岸完稅的稅金價格供擔保爲由，向被上訴人申請撤銷扣押系爭貨物，經被上訴人：1. 參據相同貨物或類似貨物出口報單單價資料，並與系爭貨物數量比較後，酌予調整單價；2. 取自網路零售的單價資料，扣除5%營業稅，並與系爭貨物數量比較後，酌予調整單價方式，而以合理方法核估系爭貨物的離岸價格後，已據上訴人繳納同額保證金，並經被上訴人同意放行而由上訴人全數提領完畢，且迄至歷經復查程序及訴願程序長達近二年期間均未對被上訴人核估的系爭貨物離岸價格有任何爭執，可見被上訴人所核估的系爭貨物離岸價格，應屬合理的交易價格，上訴人才會願意提供擔保而提領系爭貨物，且未於復查程序及訴願程序爭執，自可採憑爲裁處貨價倍數的基礎，上訴人事後訴稱其係欲領取系爭貨物，不代表同意被上訴人所核估的系爭貨物價格云云，難謂可信等情，是綜合各種間接證據及情況證據，依據經驗法則及論理法則的研判與推理作用所爲的認定，尙難認有何違誤（最高行政法院108年度判字第320號判決）。

5. **裁罰機關就關係裁罰金額之離岸價格之核定，自應證明其程序合法得信爲切近實際**

（節錄）離岸價格之核定，其不若進口完稅價格有關稅法第29條至第35條核定步驟之詳細規定爲據，在本件又無市場價值可供參考，被告主張參酌關稅法第35條規定「得依據查得之資料，以合理方法核定之」之意旨辦理，則屬推計課稅之議題。推計課稅之情狀爲「對於課稅基礎，經調查仍不能確定或調查費用過鉅時」、推計之程序「應以書面敘明推計依據及計算資料」以確保推計課稅程序透明公開，及推計之方法「應斟酌與推計具有關聯性之一切重要事項，依合理客觀之程序及適切之方法爲之」以**盡可能接近實額課稅之眞實**。又被告爲裁罰機關，就本件關係裁罰金額之離岸價格之核定，自應證明其程序合法得信爲切近實際……反觀被告核定本件離岸價格所憑資料，包括**海關價格檔資料**，爲一紙電腦存檔資料之列印本，固有USD.60之紀錄，惟**未見其憑據**。另所稱國內賽鴿交易網站之拍賣起標價格區間爲每隻1,800元至10,000元，僅係**網站資訊，其內容是否客觀、正確，難以查考**；況其呈現之資訊乃具有特定血統之賽鴿拍賣競價，而本件所查獲者乃血統不明之失格鴿子，性質既有不同，自不足供爲本件推計參考之資料。另所謂由「財政部關務署基隆關詢價專業商名冊」擇定之**專家意見書面紀錄**，所提供合理行情價格區間在美金60元至1,000元，此種**價格區間顯然過大，專家意見似嫌粗略**；復且，被告進一步提出該**專家之專業領域**爲犬貓美容、犬展審查、犬種標準，與本件出口標的爲鴿子，毫無關聯，被告以之爲本件之專家，其**瑕疵至爲明顯**。……被告爲處分機關，在經調查仍不能確定課稅基礎或調查費用過鉅時，固可以推計之方式核課稅捐，惟系爭鴿子已具失格鴿子之性質，此與本件核定離岸價格具有重要關聯性，乃被告進行推計課稅時，並未加斟酌；另其進行核定所參酌之上開資料，難認客觀、合理，故所採用推計之方法，於納稅者權利保護法第14條第2項，及關稅法第35條規定，顯有未合。本件既有前述推計上之瑕疵，其所核定之離岸價格，並據之計算之裁罰金額即難認爲合法（臺北高等行政法院108年度訴字第1437號判決[81]）。

---

81 本案經最高行政法院109年度上字第1022號判決駁回基隆關上訴。

第二章 查緝

第6條（緝私區域）
海關緝私，應在中華民國通商口岸，沿海二十四海里以內之水域，及依本條例或其他法律得為查緝之區域或場所為之。

❖立法（修正）說明❖（72/12/13修正）

查現行條文規定海關緝私海域爲沿海 12 海里以內係依民國 20 年行政院國務會議決定而設（當時領海定爲 3 海里），與聯合國第一屆海洋法會議所達成 1958 年領海及鄰接區公約第 24 條規定之鄰接區（contiguous zone）爲不得超過自領海基線起 12 海里者相符。惟因我國領海寬度業奉　總統於 68 年 10 月 8 日令擴充爲 12 海里，原定緝私海域 12 海里，已難發揮緝私效果，同時 1982 年聯合國第三屆海洋法會議所達成取代上開領海及鄰接區公約之海洋法公約第 33 條將毗連區（即原鄰接區）修正爲自領海寬度之基線起，不得超過 24 海里，則我國現行海關緝私條例有關緝私海域，自有配合修正之必要。

❖法條沿革❖

原條文	說明
（62/08/14 全文修正） 第 6 條 海關緝私應在中華民國通商口岸，沿海十二海里以內之水域，及依本條例或其他法律得為查緝之區域或場所為之。	一、原案[1]： （一）本條係依原條例第 10 條、第 11 條、第 12 條原規定之文意而訂定，以明海關緝私之區域。 （二）領海界限為 3 海里，至今仍為國際間所共認。但若干國家依治案、漁業衛生及關稅等業務需要，擴張行使管轄權，有遠達 200 海里者。

1　立法院公報第 62 卷第 52 期院會紀錄，第 26-28 頁。

原條文	說明
	（三）我國中央政府於民國 20 年 1 月經國務會議議決「沿海岸水落處所現出為起點計算，三海里為領海，十二海里為海關緝私範圍。」當經外交部向有關國家宣布，並在海關緝私條例第 10 條、第 11 條、第 12 條內分別納入規定。茲仍擬維持原有緝私界程之寬度。 二、審查案： 海關緝私應在「通商口岸」，其「通商口岸」文義含混，所指究係本國之「通商口岸」抑為外國之「通商口岸」，予人有界限不清之感，經修正增訂「中華民國」四字，以資明確，並刪除「其他」二字，避免重複，爰修正如上。

❖條文說明❖

一、說明

本條文規範海關或依法賦有查緝權能之其他軍警機關，得實施查緝作爲之口岸、水域、區域或場所。於此範圍內，得依本條例第二章「查緝」所列條文執行緝私職務，並得就查獲違反本條例情事，適用本條例規定加以處罰。

二、緝私範圍

（一）通商口岸

請參考本條例第 2 條之說明。

（二）沿海24海里[2]以內水域

1. 緝私乃國家機關所爲之行政行爲，亦爲國家主權之具體表現，於國家主權所及之領海、領空、領土範圍內實施，乃屬當然，要無疑義。惟走私行爲常具跨境實施之特性，在領土（海、空）範圍外，有時亦有實施查緝之需要。民國 72 年時，本條例即配合 1982 年聯合國海洋法公約第 33 條將毗連區（即原鄰接區[3]）修正爲自領海寬度之基線起，不得超過 24 海里，修法將緝私水域由原 12 海里擴至 24 海里。

---

2 或以「浬」稱之；乃用作航海之長度單位，1 海里等於 1.852 公里。

3 1958 年領海及鄰接區公約第 24 條規定，沿海國得在其鄰接領海之公海區內行使緝私、移民及防疫等必要管制。中華民國領海及鄰接區法第 15 條亦有相類規定。

2. 所稱「沿海二十四海里以內之水域」，承上所述，於修法時採領海及鄰接區之概念，故其範圍，宜依現行中華民國領海及鄰接區法規定確定其範圍。依該法第 3 條、第 14 條規定：「中華民國領海爲自基線起至其外側十二浬間之海域。」「中華民國鄰接區爲鄰接其領海外側至距離基線二十四浬間之海域；其外界線由行政院訂定，並得分批公告之。」是以，領海基線向外側 24 浬（海里）以內之範圍，包括內水[4]、領海及鄰接區，均爲海關緝私之水域。
3. 茲有疑義者，行政院雖於 88 年 2 月 10 日已公告[5]「中華民國第一批領海基線、領海及鄰接區外界線」在案，範圍包括臺灣本島及其附屬島嶼（含釣魚臺列嶼）、東沙群島、中沙群島及南沙群島，惟部分地區（如金門、馬祖等地）仍未有劃定領海基線，因無領海基線作爲起算標準，緝私水域究應如何起算認定範圍，不無疑義。實務上，多數案例[6]係以「○地外（海）○海里」之方式表示案發地位於緝私水域，自此觀之，似以「沿岸」（低潮線）作爲緝私水域之起算基準。

（三）其他法定緝私區域或場所

1. 本條例部分

(1) 本條例第 9 條規定：「海關因緝私必要，得對於進出口貨物、通運貨物、轉運貨物、保稅貨物、郵包、行李、運輸工具、存放貨物之倉庫與場所及在場之關係人，實施檢查。」是以，凡存放進出口、轉運、保稅貨物、郵包、行李之倉庫或場所及運輸工具，均爲海關得執行緝私工作之區域。
(2) 本條例第 10 條規定：「海關有正當理由認爲違反本條例情事業已發生者，得勘驗、搜索關係場所。勘驗、搜索時，應邀同該場所占有人或其同居人、僱用人、鄰人並當地警察在場見證。如在船舶、航空器、車輛或其他運輸工具施行勘驗、搜索時，應邀同其管理人在場見證（Ⅰ）。前項關係場所如係政府機關或公營事業，勘驗、搜索時，應會同該機關或事業指定人員辦理（Ⅱ）。」以違反本條例情事業已發生爲前提，亦得執行緝私工作所需之勘驗、搜索。
(3) 海關緝私器械使用辦法第 4 條第 1 項規定：「海關緝私艦艇、車輛及其人員，爲執行緝私任務，得進出海岸、港區、軍運碼頭、機場等管制區及關係場所。」海岸、港區、軍運碼頭、機場等管制區及關係場所，均屬得執行緝私任務之區域或場所。

4　1982 年聯合國海洋法公約第 8 條規定，領海基線向陸一面的水域構成國家內水的一部分。故凡領海基線向陸之水域均是內水範圍，包括有潮間帶、海岸與領海基線間之海洋、海港、河港、內河、湖泊等。

5　行政院於 98 年 11 月 18 日以院台建字第 0980097355 號令修正。

6　如金門縣烏坵鄉外海 15 海里（最高行政法院 96 年度判字第 1252 號判決）、金門縣古寧頭外 0.5 海里（高雄高等行政法院 93 年度訴字第 682 號判決）、馬祖南竿瀚林角外 1.4 海里（臺北高等行政法院 107 年度訴字第 1645 號判決）。

2. 其他規定部分

(1) 現行法律及法律授權訂定之命令，對於海關得執行法定職務之區域或場所多有規範，其中明文作爲海關實施檢查之依據者，亦得爲本條所稱「其他法律得爲查緝之區域或場所」。

(2) 緝私區域或場所可參考下表所示：

緝私區域／場所	相關規定
貨櫃集散站	海關管理貨櫃集散站辦法第8條第1項、第12條第3項規定：「集散站業者應依海關規定格式，備具貨櫃及貨物存站紀錄簿冊或建置電腦進倉總簿檔，對於貨櫃及貨物之存入、提出、抽取貨樣或其他海關規定之事項，均須分別詳細立即登載，海關得隨時派員前往集散站檢查貨物及簿冊或要求查閱或印取有關資料，集散站業者不得拒絕。」「前項卸船貨櫃之加封，運輸業者應在適當地點設立加封站，並指派足夠人員，專任對船卸下之實貨櫃加封工作，關員不定時巡查或抽核。但卸船碼頭及集散站已實施自動化並經海關核可者，不在此限。」
運輸工具	運輸工具進出口通關管理辦法第16條、第54條規定：「運輸工具負責人及其服務人員，遇海關關員在運輸工具上執行任務時，應予密切協助，並接受檢查。」「船舶在中華民國沿海二十四海里以內之水域時，**海關得隨時派員登船檢查**。」
保稅倉庫	保稅倉庫設立及管理辦法第51條第1項規定：「保稅倉庫業者應依海關規定，設置存貨簿冊經海關驗印後使用，對於貨物存入、提出、自行檢查或抽取貨樣，均應分別詳實記載於該簿冊內。**海關得隨時派員前往倉庫檢查**貨物及簿冊，必要時，得予盤點，倉庫業者及其僱用之倉庫管理人員應予配合。」
保稅運貨工具	海關管理保稅運貨工具辦法第10條、第17條規定：「經完成登記之保稅運貨工具，應依規定使用，並不得任意改變原有構造及裝置，必要時，**海關得隨時派員予以檢查**。」「油駁船應停泊在港區內指定地點，非經海關許可，不得擅行移泊他處，並應備記錄簿，詳細記載注入、提出之油量暨日期以及存油量等，以備海關關員隨時檢查。」
免稅商店	免稅商店設置管理辦法第28條第1款規定：「免稅商店自行停業或經廢止登記者，其保稅貨物依下列規定辦理：一、所有保稅貨物，應由海關封存或與免稅商店聯鎖於該商店之倉庫內，海關應不定期派員巡查，必要時得予保管。」
加工出口區	加工出口區管理處及分處業務管理規則第31條規定：「出入園區之汽車或其他車輛應將出入證懸掛於車前顯著處；出區時，海關及警衛人員得作必要之檢查。」
科技產業園區	科技產業園區設置管理條例第28條第3項規定：「進出園區之人員、車輛，應循園管局或分局指定之地點出入，並須接受海關及警衛人員所為必要之檢查。」

緝私區域／場所	相關規定
	科技產業園區保稅業務管理辦法第50條規定：「自園區內郵局寄出區外之包裹，其屬保稅貨品者，應依園區有關之規定辦理輸出或出區手續（Ⅰ）。海關對於前項寄出區外之包裹，得予以檢查或查驗（Ⅱ）。」
科學園區	科學園區貿易業務管理辦法第19條第2項規定：「前項輸往課稅區貨品應依科學園區保稅業務管理辦法相關規定，接受檢查人員之稽查。」
自由貿易港區	自由貿易港區貨物通關管理辦法第27條第1項規定：「海關有正當理由認為有違反本條例之情事或就自主管理事項認有進行查核之必要者，得隨時派員查核（驗）貨物及其相關文件、帳冊、單據、信件、電腦檔案等資料，被查核人應予配合並給予必要之協助；必要時並得提取貨樣、型錄或說明書等。」

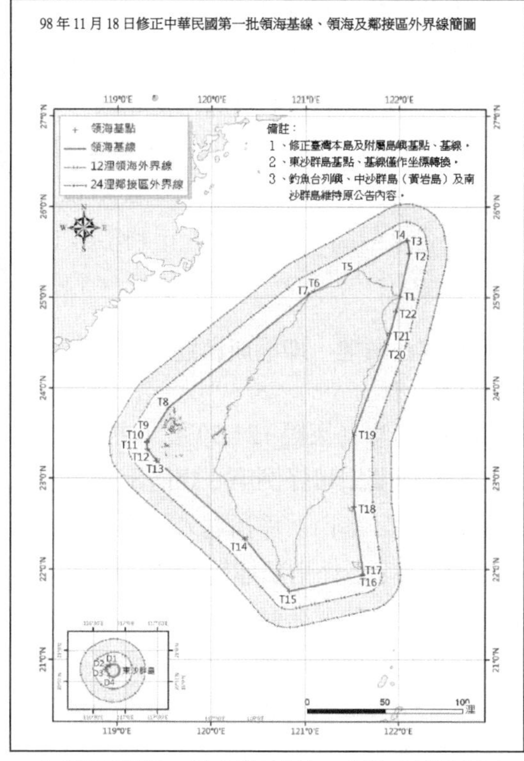

中華民國第一批領海基線、領海及鄰接區外界線簡圖

資料來源：海洋委員會網站，https://www.oac.gov.tw/ch/home.jsp?id=243&parentpath=0,4,242。

中華民國第一批領海基線、領海及鄰接區外界線

中華民國88年2月10日行政院台88內字第06161號令公告
中華民國98年11月18日行政院院臺建字第0980097355號令修正

中　華　民　國　第　一　批　領　海　基　線　表

區域	基點編號	基點名稱	地理坐標（WGS-84坐標系統）		迄點編號	基線種類
			經度（E）	緯度（N）		
臺灣本島及附屬島嶼	T1	三貂角	122° 00′ 27.97″	25° 00′ 29.83″	T2	直線基線
	T2	棉花嶼	122° 06′ 32.79″	25° 29′ 01.87″	T3	直線基線
	T3	彭佳嶼1	122° 05′ 09.69″	25° 37′ 47.51″	T4	正常基線
	T4	彭佳嶼2	122° 04′ 24.24″	25° 37′ 57.44″	T5	直線基線
	T5	麟山鼻	121° 30′ 33.94″	25° 17′ 29.23″	T6	直線基線
	T6	大崛溪	121° 05′ 53.57″	25° 04′ 05.59″	T7	直線基線
	T7	大潭	121° 01′ 58.49″	25° 01′ 57.38″	T8	直線基線
	T8	翁公石	119° 32′ 27.41″	23° 47′ 15.19″	T9	直線基線
	T9	花嶼1	119° 19′ 06.84″	23° 24′ 42.82″	T10	直線基線
	T10	花嶼3	119° 18′ 52.12″	23° 24′ 12.56″	T11	直線基線
	T11	花嶼2	119° 18′ 49.10″	23° 23′ 57.43″	T12	直線基線
	T12	貓嶼	119° 19′ 06.03″	23° 19′ 28.91″	T13	直線基線
	T13	七美嶼	119° 24′ 58.10″	23° 11′ 35.80″	T14	直線基線
	T14	琉球嶼	120° 21′ 13.13″	22° 19′ 25.73″	T15	直線基線
	T15	七星岩	120° 49′ 35.09″	21° 45′ 22.76″	T16	直線基線
	T16	小蘭嶼1	121° 36′ 48.45″	21° 56′ 18.23″	T17	直線基線
	T17	小蘭嶼2	121° 37′ 02.34″	21° 56′ 58.88″	T18	直線基線
	T18	飛岩	121° 31′ 21.17″	22° 41′ 07.53″	T19	直線基線
	T19	石梯鼻	121° 30′ 59.79″	23° 28′ 59.92″	T20	直線基線
	T20	烏石鼻	121° 51′ 43.71″	24° 28′ 49.82″	T21	直線基線
	T21	米島	121° 54′ 11.25″	24° 35′ 57.69″	T22	直線基線
	T22	龜頭岸	121° 57′ 52.78″	24° 50′ 22.24″	T1	直線基線
	―	釣魚台列嶼	―	―		正常基線
東沙群島	D1	西北角	116° 45′ 55.79″	20° 46′ 03.92″	D2	直線基線
	D2	東沙北角	116° 42′ 36.58″	20° 44′ 03.93″	D3	正常基線
	D3	東沙南角	116° 41′ 46.77″	20° 41′ 55.20″	D4	直線基線
	D4	西南角	116° 45′ 16.75″	20° 35′ 41.12″	D1	正常基線
中沙群島	―	黃岩島	―	―	―	正常基線
南沙群島	在我國傳統U形線內之南沙群島全部島礁均為我國領土，其領海基線採直線基線及正常基線混合基線法劃定，有關基點名稱、地理坐標及海圖另案公告。					

中華民國第一批領海基線、領海及鄰接區外界線座標

資料來源：海洋委員會網站，https://www.oac.gov.tw/ch/home.jsp?id=243&parentpath=0,4,242。

❖精選案例❖

1.漁船出海載運私菸，於金門烏坵外海15海里處為海巡署查獲，雖未構成菸酒管理法之輸入私菸罪，惟仍構成本條例之私運貨物進口

（節錄）本件上訴人甲○○係「財進發 66 號」漁船船長、乙○○係該漁船船員，共同基於意圖進口私菸牟利之意思聯絡，僱用大陸籍漁工張○○等為船員，出海載運私菸，嗣行經東經 119 度 43 分、北緯 24 度 50 分，即金門縣烏坵鄉外海 15 海里查緝走私海域內，為海巡署第三海巡隊等組成之聯合查緝小組在該船上查獲仿冒藍星牌、峰牌等香菸，……又前揭香菸之包裝盒並印有「行政院衛生署警告：戒菸可減少健康的傷害」「行政院衛生署警告：吸菸有害健康」「行政院衛生署警告：吸菸害人害己」「行政院衛生署警告：孕婦吸菸易導致胎兒難產及體重不足」等中文繁體字之警語，此為原審所認定之事實，足見其係為私運進口無訛……上訴人共同私運貨物進口，於金門縣烏坵鄉外海 15 海里處為聯合查緝小組查獲，尚未進入我國 12 海里之領域，自與菸酒管理法第 46 條前段規定之輸入私菸罪之構成要件不符，……惟行政罰與刑事罰並不相同，依海關緝私條例第 6 條所定海關緝私海域為 24 海里以內之水域，此緝私海域並非領海範圍，聯合查緝小組於緝私海域查獲上訴人私運貨物，被上訴人依海關緝私條例第 36 條第 1 項、第 3 項之規定共同裁處並併沒入貨物，並無不合（最高行政法院 96 年判字第 1252 號判決）。

2.漁船並非商船，不得承運或裝載一般商貨，若有違法載運，即構成私運行為；凡進入本條例第6條規定之緝私水域者即屬私運貨物進口

（節錄）本件系爭查獲地點於桃園觀音外海 14 海里（東經 121.59 度、北緯 25.15 度）處，位於我國沿海 24 海里之緝私水域內，屬於海關緝私條例第 6 條所定查緝走私範圍。……海關緝私條例第 27 條第 1 項所謂私運貨物「進口」係指進入同條例第 6 條規定之緝私水域者即屬之，與懲治走私條例第 2 條規定，係指私運管制物品，進入我國 12 海里領域，成立走私行為既遂者，並不相同。又漁船並非商船，不得承運或裝載一般商貨，若有違法載運，即構成私運行為。本件被上訴人查獲上訴人管領之「東波 32」號漁船上裝載之前揭物品，非屬漁獲，而係一般大陸產製商貨，自不得由漁船載運進口，則上訴人（即船長）以其管領之漁船自行或與訴外人王○、陳○○、林○○等共同違法私運貨物進口，於我國緝私水域處被查獲，即應依私運行為論處（最高行政法院 96 年判字第 355 號判決）。

第 7 條（緝私器械）

Ⅰ 海關因緝私需要，得配置艦艇、航空器、車輛、武器、彈藥及必要之器械；其使用辦法，由行政院定之。

Ⅱ 海關關員執行緝私職務時，得佩帶武器、械彈。

❖立法（修正）說明❖（72/12/13修正）

一、海關目前緝私艦艇所配屬之員額有限，如遇有緝獲走私船舶，一面須派出人員駕駛操縱走私船舶，一面又須派員看管涉嫌之走私嫌犯，頗有力不從心之感，且艦艇空間狹小，無適當場所可供拘禁走私嫌犯用，爲兼顧艦艇人員之安全，爰於第 1 項增列得配置「必要之器械」（如捕繩、手銬等），俾在緝私艦艇上配備使用，以應實務需要。

二、第 2 項增加「械彈」二字，俾符實際。

❖法條沿革❖

原條文	說明
（62/08/14 全文修正） 第 7 條 海關因緝私需要，得配置艦艇、航空器、車輛、武器及彈藥；其使用辦法，由行政院定之。 海關關員執行緝私職務時，得佩帶武器。	一、原案： （一）本條係新增。 （二）海關為查緝私運，須配置緝私艦艇、航空器、車輛，並配屬適當之武器及彈藥，以期達成任務，固為國際通例及事實需要。 （三）緝私艦艇、航空器、車輛，須具有特殊性能及裝備，且其執行任務具有機密及機動性質，緝私所用之武器、彈藥亦須嚴加管理，固需另行訂定使用辦法。 二、審查案： 本條規定有艦艇、航空器、車輛、武器及彈藥等，與國防、交通兩部皆有關聯，其使用辦法，自非財政部所能單獨訂定，爰將「財政部」修正為「行政院」。

❖條文說明❖

一、說明

緝私區域依前條規定說明，包括通商口岸、緝私水域及陸上之區域場所，其範圍廣大，自有使用運輸工具，輔助緝私之必要，爰本條例規定配置有艦艇、航空器、車輛等，以資運用。另毒品、武器、彈藥等危安物品，爲國家所嚴禁，一旦走私得逞，多有暴利，不法之徒恐爲利忘身、施加暴力，甚至駁火相拚，危及緝私關員之生命、身體，爲求自衛，爰本條規定得配置有武器、彈藥及必要之器械，並允許關員執行緝私時佩帶。

二、緝私之器械

第 1 項規定賦予海關得配置緝私用艦艇、航空器、車輛、武器、彈藥及必要之器械，而此類工具通常具有特殊性能及裝備，且其執行任務具有機密及機動性質，緝私武器、彈藥亦須嚴加管理，爰於本項後段授權行政院訂定相關之使用辦法。行政院於 80 年 3 月 11 日以 (80) 台財字第 8671 號令訂定發布海關緝私器械使用辦法[7]（下稱本辦法）加以規範。

三、緝私器械之購置

依據本辦法第 6 條規定，海關配置之艦艇、航空器、車輛、武器、彈藥及必要之器械，係由財政部關務署所屬「各關」洽請有關機關購置。

四、緝私器械之使用

（一）艦艇、航空器、車輛

1. 目前各關均配有巡邏車輛，機動巡查。於基隆關、臺中關、高雄關並有巡緝艇數艘（詳如下表所示），負責執行轄區內各通商口岸之港區、錨地及鄰近水域之海上緝私工作；航空器則未有配置[8]。

海關巡緝艇配置現況說明表[9]

配置關區	艦艇名稱	噸位	停駁地	備註
基隆關	海隆艇	100	基隆港	※116 年預計增置 100 噸級 1 艘、35 噸級 2 艘，並汰換海恩艇、海清艇及 CL-931、CL-932 關艇。
	CL-931	20		
	海恩艇	100	蘇澳港	
	CL-932	20		
	海清艇	100	花蓮港	
	CL-933	20		

7 民國 104 年 1 月 26 日因應組織改造及機關名稱變更，修正部分條文。

8 海關未來新造巡緝艇已規劃「無人機」停放甲板，將來或可採購「無人機」作為本條之緝私航空器。

9 截至 112 年 7 月 12 日之資料。

海關巡緝艇配置現況說明表（續）

配置關區	艦艇名稱	噸位	停駁地	備註
臺中關	海格艇	100	臺中港	※116年預計增置35噸級1艘，並汰換CL-934關艇。
	CL-934	20		
高雄關	海成艇	100	高雄港	※116年預計增置100噸級1艘、5噸級快艇3艘，並汰換海成艇、海偉艇、CL-1001、CL-1002快艇。
	海鷹艇	100		
	海雄艇	100		
	海偉艇	5（快艇）		
	CL-1001			
	CL-1002			

2. 使用時機—執行緝私任務：本辦法第4條第1項規定：「海關緝私艦艇、車輛及其人員，**爲執行緝私任務**，得進出海岸、港區、軍運碼頭、機場等管制區及關係場所。」

3. 使用限制：

(1) 加漆關別或其他識別標誌。本辦法第3條規定：「海關緝私艦艇、航空器及車輛，應於其顯明處加漆關別或其他識別標誌。但因特殊原因或緝私需要，得予以僞裝或掩蓋。」

(2) 不得乘載與任務無關之人員或物品。本辦法第5條規定：「海關緝私艦艇、航空器及車輛，於執行緝私任務時，不得乘載與任務無關之人員或物品。」

（二）武器、彈藥及必要之器械

1.條文規定

本辦法第2條規定：「本條例第七條第一項所稱武器，指槍、砲、刀、棍及其他經核定之武器（Ⅰ）。所稱必要之器械，指手銬、捕繩、防彈背心及防護安全必需之物品（Ⅱ）。」所稱「防護安全必需之物品」現無相關釋示，應泛指一切可資防護安全之物品，參考有關安全防護設備之其他立法例[10]，應可包括防彈頭盔、反光背心、手電筒、防護型噴霧器、警笛等物品，或可作爲將來購置之參考。實務作業上，海關除海上緝私艦艇、人員配置武器彈藥外，陸上關員執勤時並未佩帶武器及械彈[11]。

10 警察勤務裝備機具配備標準第3條規定：「防護型裝備機具之配備標準如下：一、背心式防彈衣：每人配發一件。二、防彈頭盔：每二人配發一頂。三、反光背心：每人配發一件。四、手電筒：每人配發一具。五、防護型噴霧器：每人配發一瓶。六、警笛：每人配發一個。」

11 簡元勝，我國海關巡緝艇編制之研究，國立臺灣海洋大學商船學系碩士學位論文，100年1月，第53頁。

2. 使用時機

(1) 武器、彈藥：

A. 本辦法第 8 條規定：「海關緝私人員，遇有**下列各款情形**之一者，得使用武器及彈藥：一、有本條例第八條規定[12]之情事時。二、緝私人員爲保護自己或他人之生命、身體、自由、財產遭受危害或脅迫時。三、緝私艦艇、航空器或車輛遭受危害時。四、涉嫌私運之人或運輸工具抗拒檢查、勘驗、搜索、扣押或有脫逃行爲時。」

B. 上揭規定雖未就武器種類區分使用時機，惟爲符行政程序法第 7 條[13]所揭櫫之比例原則，實應基於事實需要，合理審愼使用，不得逾越必要程度，亦即能用棍者，即不用刀槍；又砲之使用，多會造成重大傷亡，影響甚鉅，更應注意，參酌其他立法例規定[14]，宜僅限於緝私關員遭受武力危害或脅迫時，或發現船舶承載人員涉嫌在我國領域內走私槍械、毒品等重大犯罪，經實施緊追、逮捕而抗不遵照或脫逃時，始得使用。

(2) 本辦法第 10 條規定：「海關緝私人員應**視事實需要**，使用必要之器械。」

A. 手銬、捕繩：所稱「視事實需要」，本辦法未明確規範其內涵，亦無行政函令釋示可資遵循，惟參考其他立法例[15]，當指執行緝私任務時，遇有抗拒之行爲時；攻擊緝私關員、毀損緝私關員物品，或有攻擊、毀損行爲之虞時；行爲人有逃亡或有逃亡之虞時；行爲人有自殺、自傷或有自殺、自傷之虞時，即屬有本條之「事實需要」。

B. 防彈背心及防護安全必需之物品：凡有防護安全需要時，即得使用。另執行緝私任務而有著防彈衣、防彈頭盔之需要，通常意謂有遇火力攻擊之虞，此際，實應併依本條例第 16 條第 1 項規定：「海關緝私，遇有必要時，得請軍警及其他有關機關協助之。」商請軍警機關以火力支援緝私任務爲宜。

---

12 海關緝私條例第 8 條規定：「海關因緝私必要，得命船舶、航空器、車輛或其他運輸工具停駛、回航或降落指定地點，其抗不遵照者，得射擊之。但應僅以阻止繼續行駛為目的。」

13 行政程序法第 7 條規定：「行政行為，應依下列原則為之：一、採取之方法應有助於目的之達成。二、有多種同樣能達成目的之方法時，應選擇對人民權益損害最少者。三、採取之方法所造成之損害不得與欲達成目的之利益顯失均衡。」

14 海岸巡防機關器械使用條例第 8 條規定：「海巡機關人員執行職務，遇有下列各款情形之一，經海洋委員會海巡署署長就該情形合理判斷，認已無其他手段制止時，得於必要限度內使用砲：一、遭受武力危害或脅迫時。二、航行海域內之船舶或其他運輸工具，其承載人員涉嫌在我國領域內觸犯內亂、外患、海盜、殺人或走私槍械、毒品之罪，經實施緊追、逮捕而抗不遵照或脫逃時（Ⅰ）。前項第一款情形，於情況急迫或無法有效通聯時，得由現場最高指揮官認定之（Ⅱ）。」

15 海岸巡防機關器械使用條例第 6 條規定：「海巡機關人員執行檢查、搜索、扣押、拘提、逮捕、留置及其他強制措施，遇有下列各款情形之一者，得使用戒具：一、有抗拒之行為時。二、攻擊執行人員或他人、毀損執行人員或他人物品，或有攻擊、毀損行為之虞時。三、逃亡或有逃亡之虞時。四、自殺、自傷或有自殺、自傷之虞時。」

3.使用程序

(1) 警告優先。本辦法第 9 條規定：「海關緝私人員依前條規定使用武器及彈藥時，應事先警告。但情況急迫者，不在此限。」

(2) 注意安全。本辦法第 12 條規定：「海關緝私人員使用武器、彈藥或必要之器械時，應注意他人生命、身體、財產之安全。」

(3) 勿傷及致命。本辦法第 13 條規定：「海關緝私人員使用武器、彈藥或必要之器械，如非情況急迫，應注意勿傷及致命之部位。」

(4) 停止使用。本辦法第 11 條規定：「海關緝私人員使用武器、彈藥或必要之器械，於其原因消滅時，應即停止使用。」

(5) 使用後之報告義務。本辦法第 14 條規定：「海關緝私人員使用武器、彈藥或必要之器械後，應將其使用原因及經過情形即時報告主管長官。但使用防彈背心及防護安全必需之物品，不在此限。」

4.集中保管，定期維護

本辦法第 7 條第 2 項規定：「前項武器、彈藥及必要之器械應分別列冊，集中保管，定期維護檢查，遇有損壞，應隨時修復，並設置集中管理卡片，記載號碼、使用人姓名、職級、射擊彈數及整修情形等項。」

5.不堪之汰換，損耗後添置

本辦法第 7 條第 1 項規定：「海關緝私人員所配置之武器、彈藥及必要之器械，應按季列表報請財政部關務署備查，遇有陳舊不堪修理使用或因執行任務損耗，得依前條規定添置或汰換。」

第 8 條（緝私命令與射擊阻行）
海關因緝私必要，得命船舶、航空器、車輛或其他運輸工具停駛、回航或降落指定地點，其抗不遵照者，得射擊之。但應僅以阻止繼續行駛為目的。

❖立法（修正）說明❖（67/05/19修正）

一、走私不僅限於船舶車輛兩種，其他運輸工具如飛機等，亦可能被用以載運私貨，故修正加列「航空器」及「其他運輸工具」，以免海關於執行時，發生因難。

二、命令停駛方式，已非僅止「鳴放信號」一種，爰刪除「鳴放信號」一語，以資周延。

❖法條沿革❖

原條文	說明
（23/06/01 制定） 第 10 條 船舶在中國沿海十二海里界內，經海關巡輪以鳴放空槍或空砲為信號，令其停駛，而抗不遵照者，得射擊之。 有前項違抗情事者，處船長二千元以下罰金，並得沒收其船舶。	N/A
（62/08/14 全文修正） 第 8 條 海關因緝私必要，得命車輛或船舶停駛，其經鳴放信號，令其停駛而抗不遵照者，得射擊之。但應僅以阻止繼續行駛為目的。	一、港區或其附近時有車輛載運私貨，經緝私人員命令停駛接受檢查而不停駛之情事，故於修正條文內增加車輛一項。 二、原條文第 1 項加訂但書，限制射擊之範圍，以免濫用此項職權，遭致意外損害。 三、將原條文第 2 項之處罰規定移列本草案第 24 條。

❖條文說明❖

一、組私必要

運輸工具於行駛或航行中，相較停止狀態，具一定之危險性，如突令停駛、回航或降落，將增添更多風險，不可不慎，故本條所稱「組私必要」，不宜與第 9 條實施檢查之發動作相同解釋，應以較嚴格標準認定，即須有較高度之組私必要性，方得命令，如此始不致有「大砲打小鳥」違反比例原則之情事發生。至於較高度之組私必要性於個案上應如何認定，或可以運輸工具管理者違反事先申報義務以閃避海關進行貨物查組、規避海關檢查要求，或有發現違反海關組私條例情事時[16]來判斷。

二、命令之傳達

（一）命令種類

1. 停駛：指船舶、車輛停止行進之意。
2. 回航：指船舶、航空器返回起航地點之意。
3. 降落：專指航空器之下降著陸。

[16] 柯得汶，海關緝私條例行政檢查之研究，國立臺北大學法律學系碩士論文，107 年 7 月，第 51 頁。

（二）傳達命令

指發出訊號使運輸工具之實際管領人得以視聽並瞭解所傳達之命令，例如以警示燈、汽笛、警報器、擴音機、廣播、手旗、信號、國際旗號、發光信號等方法[17]傳達命令，苟已傳達而得收受訊息卻抗不遵照，始得以射擊之方式，迫使就範。

三、抗不遵照之效果

（一）射擊阻行

1. 射擊目的：阻止運輸工具繼續行駛。
2. 不得逾越必要之程度：不得藉此殺傷人命（海關緝私器械使用辦法第 13 條規定即有同旨），託言依法行事而阻卻違法。

（二）行政責任

依本條例第 23 條規定：「船舶、航空器、車輛或其他運輸工具，違反第八條規定而抗不遵照者，處管領人新臺幣六萬元以上十二萬元以下罰鍰；經查明以載運私貨爲主要目的者，並沒入該運輸工具。」對於抗不遵照命令之行爲，本條例訂有相應之罰鍰規定，如查明以載運私貨爲主要目的，並將沒入該運輸工具。

（三）刑事責任

運輸工具於受命令後更施加強暴、脅迫之抗拒行爲者，如將方向舵分別向反方向打死、船尾阻擋登船檢查[18]，或以繩索懸放漁船船尾懸掛、漁船蛇行之方式阻撓登船檢查[19]，均應負有刑法第 135 條[20]規定之妨害公務罪責。

❖精選案例❖

1. 緣原告駕駛舢舨載運未稅洋菸，經海巡隊予以追緝後，加速逃逸，並於高雄西子灣搶灘，經高雄關審理違章成立後，依據海關緝私條例第 27 條第 1 項及第 23 條之規

---

17 海岸巡防機關實施檢查注意要點第 4 點第 1 款第 2 目規定：「海岸巡防機關人員實施檢查，應以下列方式為之：（一）海域登臨檢查：2. 發現可疑船舶時，應以警示燈、氣笛、警報器、擴音機、廣播、手旗、信號、國際旗號、發光信號等方法要求其停船。」

18 福建金門地方法院 89 年度連簡字第 29 號刑事判決。

19 臺灣臺中地方法院 106 年度簡字第 264 號刑事判決。

20 中華民國刑法第 135 條：「對於公務員依法執行職務時，施強暴脅迫者，處三年以下有期徒刑、拘役或三十萬元以下罰金（Ⅰ）。意圖使公務員執行一定之職務或妨害其依法執行一定之職務或使公務員辭職，而施強暴脅迫者，亦同（Ⅱ）。犯前二項之罪而有下列情形之一者，處六月以上五年以下有期徒刑：一、以駕駛動力交通工具犯之。二、意圖供行使之用而攜帶兇器或其他危險物品犯之（Ⅲ）。犯前三項之罪，因而致公務員於死者，處無期徒刑或七年以上有期徒刑；致重傷者，處三年以上十年以下有期徒刑（Ⅳ）。」

定，裁處罰鍰並沒入涉案舢舨（高雄高等行政法院 91 年度訴字第 1064 號判決）。

2. 乙○○係漁船船長，與船員許○○等人共同駕駛漁船擬走私洋菸進口，將船駛往澎湖花嶼西南方海域，以無線電聯絡事先等候之商船後，自該商船接駁未稅洋菸。嗣以無線電聯絡擬前來接駁之不詳臺灣漁船之際，爲海巡隊巡防艇發現行跡可疑，經開啓艇上聲光音響等警示警報系統，命令該船停船受檢，惟乙○○抗不停駛，竟加速馬力逃逸，並以蛇行方式高速造浪，規避查緝，經巡防艇追緝至花嶼西南方 34 海里處攔檢，當場查獲未稅洋菸，經高雄關以乙○○於我國緝私水域內以船舶從事走私，且經查緝人員命令船舶停駛受檢，抗不遵照，該漁船案發當時係以載運私貨爲主要目的，乃依海關緝私條例第 27 條第 1 項規定處罰鍰，並依第 23 條規定沒入漁船（高雄高等行政法院 91 年度再字第 8 號判決）。

第 9 條（實施檢查）

海關因緝私必要，得對於進出口貨物、通運貨物、轉運貨物、保稅貨物、郵包、行李、運輸工具、存放貨物之倉庫與場所及在場之關係人，實施檢查。

❖立法（修正）說明❖（62/08/14全文修正—行政院版修正說明）

本條係新增，旨在訂明海關緝私之權限。

❖條文說明❖

一、緝私必要

本條所稱「緝私必要」，基於維護國家之權益，本於國家行使主權，應作較寬鬆之認定，凡能達到防杜應稅或管制物品非法進出國境之目的，均應認有本條所稱之緝私必要性，並未如本條例第10條、第11條所定勘驗搜索應有「正當理由」之前提存在爲限，亦無需達到「認爲有違犯中華民國相關法令之虞」[21]之程度。

二、檢查標的

（一）**進口貨物**：指所有自國外運送至我國之貨物，有無卸放口岸、列載於艙單均非所問。貨物之原產地亦不以外國爲限，縱屬本國產品出口後復行報運進口者，亦

---

21 中華民國領海及鄰接區法第17條第1項規定：「中華民國之國防、警察、海關或其他有關機關人員，對於在領海或鄰接區內之人或物，認為有違犯中華民國相關法令之虞者，得進行緊追、登臨、檢查；必要時，得予扣留、逮捕或留置。」

爲本條所稱之進口貨物[22]。凡屬進口貨物者，均得爲本條實施檢查之標的。

（二）**出口貨物**：本條例未明文定義。參照出口貨物報關驗放辦法第 14 條、第 15 條規定[23]，應解釋係指所有運往國外之貨物。另參照同辦法第 2 條規定，出口貨物應包括進口貨物之復運出口者。

（三）**通運貨物**：所稱「通運貨物」，乃「**過境貨物**」，或指運輸工具載運國外貨物，在本國口岸過境者而言，一般均不卸岸，由原機或原船載運離境[24]。通運貨物應載列於運輸工具之通運貨物艙單（Through Cargo Manifest），並須與起岸貨物分別存放，接受海關檢查[25]。惟參照財政部 103/04/07 台關緝字第 1031005789 號函釋：「實務運作上一般係認爲過境我國口岸之國外貨物，包括不卸岸而由原船（機）載運離境之過境貨物，及暫時卸存貨棧、貨櫃集散站或碼頭專區而將轉由他船（機）載運離境之轉口貨物。」通運貨物之範圍較廣，除不卸岸之過境貨物外，尚包括暫時卸存即將離境之轉口貨物。

（四）**轉運貨物**：所稱「轉運貨物」，乃「**轉口貨物**」（指國外貨物由運輸工具運抵我國口岸後，暫時卸存貨棧，等待轉裝另一運輸工具運送至國外目的地之貨物）及「**轉運貨物**」（指國外貨物由運輸工具最初抵達我國口岸，卸貨後轉往國內其他港口之貨物）之統稱[26]。

（五）**保稅貨物**：保稅貨物係指經核准未辦理納稅手續入境，在境內保稅區[27]儲存、加工、裝配後再運出境之貨物，該等貨物即爲進口稅捐之課稅客體，僅因其具有保稅資格，而以保稅記帳之方式控管，嗣該保稅原料及物料等貨品於製成成品後，無論出口至國外、內銷或進入課稅區，均應向海關辦理報關手續，並遵循及完成貨物進出口通關之法定程序，經保稅區營業人登列於經海關驗印之有關帳冊或以電腦處理之帳冊，以備監管海關查核；保稅之目的在於減省通關及稅捐障礙，以提升事業之外銷競爭力，而享有租稅優惠[28]。

---

22 周誠南，實用查緝走私法規，75 年 3 月，第 224-225 頁。

23 出口貨物報關驗放辦法第 14 條規定：「運往國外修理、裝配或加工之貨物，於出口報關時，應在出口報單上詳列……。」第 15 條規定：「運往國外之貨樣……，於出口報關時，應在出口報單上詳列品名……。」

24 洪啟清，緝私法規與緝案處理，財政部財稅人員訓練所編印，79 年 7 月修訂 3 版，第 85 頁。

25 同上註，第 225 頁。

26 林清和，通關實務與法規，增訂第 2 版，第 182 頁（最高行政法院 105 年度判字第 508 號判決亦加引用）。

27 指政府核定之加工出口區、科學工業園區、農業科技園區、自由貿易港區及海關管理之保稅工廠、保稅倉庫、物流中心或其他經目的事業主管機關核准設立且由海關監管之專區，而保稅區以外之其他地區為課稅區。

28 臺中高等行政法院 103 年度訴字第 4 號判決意旨參照。

（六）**郵包**：依郵包物品進出口通關辦法第 2 條第 1 款規定，指由郵政機構傳遞之進、出口郵遞信函及包裹。

（七）**行李**：指出入境旅客攜帶之行李。

（八）**運輸工具**：指運送進出口貨物之載具，包括船舶、航空器、車輛，或其他得以裝運貨物之載具，如運載貨物之駝獸、專供貨櫃運輸使用之板架[29]、傳送油氣或散裝物料之管線等。

（九）**存放貨物之倉庫與場所及在場之關係人**：

1. 存放貨物之倉庫、場所：指存放上開貨物之倉庫，包括聯鎖倉庫及其所屬得存放貨物之空地、貨櫃集散站、貨櫃調度中心及其他經海關核准得存放貨物之特定場所，例如廢鐵堆置場、原木貯放池等均屬之[30]。
2. 在場之關係人：有論海關緝私條例第 6 條規範海關之查緝區域係於中華民國通商口岸、沿海 24 海里以內之水域，及依該條例或其他法律規定得為查緝之區域或場所，又海關緝私條例之立法目的係為查緝走私而訂定，故條文中之「在場」應屬在海關得為查緝場所，即為限制場所範圍之明文，以避免過於擴張檢查權限。又海關行政檢查標的應以物為主，因為海關之職權乃是對於國境之物流管理之主要行政機關，所以在「關係人」之解釋上，應該要與可能違反進出口貨物之物產生關係之人為出發，即可能為物之所有人，或物之所有人委託進行報關、查驗之人，甚至是運輸工具之駕駛人、協助貨運運輸之人[31]。本文亦採，惟應另予補充者，本條規定檢查客體既包括貨物、郵包、行李、運輸工具及存放場所，則所謂「在場之關係人」，自應指與貨物、郵包、行李、運輸工具、倉庫、存放場所之持有、保管、駕駛及監管行為等有密切關係之人，故應包括旅客及運輸工具、倉庫場所之相關工作人員，科技產業園區設置管理條例第 28 條第 3 項規定：「進出園區之人員、車輛，應循園管局或分局指定之地點出入，並須接受海關及警衛人員所為必要之檢查。」即為適例。

三、實施檢查

（一）性質及目的

本條賦予之海關緝私檢查權，性質上屬「行政檢查[32]」，係基於行政權運作，其制度設計係奠基於**一般性之危害預防**，與屬刑事偵查程序一環之勘驗、搜索、扣押之調查

---

[29] 周誠南，實用查緝走私法規，75 年 3 月，第 227 頁。

[30] 洪啟清，緝私法規與緝案處理，財政部財稅人員訓練所編印，79 年 7 月修訂 3 版，第 86 頁。

[31] 柯得汶，海關緝私條例行政檢查之研究，國立臺北大學法律學系碩士論文，107 年 7 月，第 39 頁。

[32] 最高法院 98 年度台上字第 7216 號刑事判決：「所謂『行政檢查』（或稱『行政調查』），係指行政機關為達成行政上目的，依法令規定對人、處所或物件所為之訪視、查詢、勘驗、查察或檢驗等行為。」

作爲，兩者之立法基礎與法律性質，迥然相異。「行政檢查」之制度目的，在以對人民基本權較小侵害之手段，達成有效之犯罪預防目的，是關於「行政檢查」之立法規範密度，自質輕於具強制處分性質之勘驗、搜索等偵查手段。此觀諸上開海關緝私條例第 9 條規範「行政檢查」之法條內容，並未如同條例第 10 條規範「搜索、勘驗」所定應有場所占有人、管理人等第三人在場，二者相較之下，堪認立法者原即有意將「行政檢查」與性質相近於強制處分之「搜索、勘驗」區別對待自明。究其目的，無非在確保行政權之彈性運作，以避免國家公權力從事一般危害預防之窒礙。**是殊難遞認「行政檢查」之程序，需嚴格類推適用於本質相異之刑事訴訟法強制處分要件**，而驟認倘非通知當事人並使當事人得以在場，其「行政檢查」之程序即有何瑕疵[33]。

（二）檢查方式

1. 一般檢查

視標的之性質、種類、貨物之包裝、裝載方式等情形酌定適當之檢查方式，或以人工進行，或以工具、儀器、動物輔助實施檢查，例如利用 X 光儀器掃描貨櫃（物）[34]、開櫃檢視[35]、開拆郵包[36]、開啓行李[37]、鐵扦探驗[38]（通扦）、採樣查驗貨物[39]、登船檢查[40]（實務上重點檢查範圍包括船艏／艉、機／貨艙、司多間（store room）、船長／員臥室有無與提交之表單所載不符，以敲擊法，利用鐵器敲擊板避疑處，聽其回音是否有中空聲，以判別是否設有密艙或密窩[41]）、引領緝毒犬嗅聞，或請關係人自行掀開或出示口袋、外套、鞋帽、腰帶或技巧性拍打或輕觸身上可能藏有物件之位置等干預基本權較輕之方式，檢視或判別相關人員或貨物是否涉及不法，以達查緝走私之目的。

2. 破壞性檢查

(1) 因貨物之性質、型態或匿藏方式等因素，無法以上開之輕度方式檢查，非採破壞方式無從達到檢查之目的者，爲防杜走私，即得施加破壞以進行檢查。

(2) 依財政部 80/07/01 台財關字第 800229367 號函所引財政部關稅總局 80/05/07 台部組

---

33 臺灣高等法院 97 年度上更（一）字第 226 號刑事判決。

34 進出口貨物查驗準則第 4 條第 1 款規定。

35 臺北高等行政法院 92 年度訴字第 1209 號判決。

36 最高法院 99 年度台上字第 6818 號刑事判決。

37 最高法院 99 年度台上字第 7896 號刑事判決。

38 進出口貨物查驗注意事項第 8 點規定。

39 臺灣高等法院 95 年度上更（一）字第 610 號刑事判決、臺灣高等法院 98 年度重上更（二）字第 145 號刑事判決。

40 運輸工具進出口通關管理辦法第 16 條、第 54 條。

41 駱平沂，漁港安檢工作之簡介，警學叢刊第 28 卷第 1 期，86 年 7 月，第 131 頁。

字第 00466 號函，實施破壞性檢查之原則如下：

A.實施破壞性檢查之要件：(A) 密告走私槍械毒品案件，或雖無密告，但依客觀資料研判有藏匿槍械毒品之可能者。(B) 其他經依現況研析，認爲有予以破壞性查驗之必要，報經一級單位主管核可者。

B.書面註明破壞事實：應於扣押憑單上註明破壞之事實或另付予證明書。

C.查無結果者，應予賠（補）償：經施予之破壞性檢查而查無結果者，對合於國家賠償法規定要件之案件，依同法規定賠償，倘不合於國家賠償法之賠償要件，則仍予適當補償[42]。

(3) 另進出口貨物查驗準則第 13 條之 1：「海關查驗貨物，遇有密、通報案件、儀檢或緝毒犬嗅聞異常或依現況研析確屬可疑，且以實施破壞性查驗爲必要手段時，經報請一級單位主管核可後，得實施破壞性查驗（Ⅰ）。實施破壞性查驗後，應於報單或相關文件註明破壞貨物之事實（Ⅱ）。經實施破壞性查驗，結果與進、出口人原申報內容相符者，納稅義務人或貨物輸出人得向海關請求補償（Ⅲ）。」亦有相類規定。

3.強制力檢查

遇有拒絕或反抗檢查者，本條例雖無同其他立法例[43]得以強制力實施檢查之規定，惟「檢查」本身即帶有強制之性質，應不容拒絕或反抗，且爲達防杜走私之目的，似應解爲海關得以強制力實施檢查。另海關實施強制力檢查，亦屬行政行爲之一種，仍應符合比例原則，不得逾必要之程度，自不待言。

（三）正當程序

1.提示身分

不論執行何種檢查工作，概應依本條例第 15 條規定：「海關關員執行緝私職務時，應著制服或佩徽章或提示足以證明其身分之其他憑證。」身著制服或佩徽章或提示足以證明海關身分之憑證（如現行「中華民國海關職員證」、「中華民國海關關員檢查憑證」）爲之。

---

42 財政部關務署 110/01/18 台關業字第 1101001248 號令訂定「海關實施進出口貨物破壞性查驗補償處理程序」，並就相關補償事項加以規範。

43 海岸巡防法第 6 條規定：「船舶或其他運輸工具之船長、管領人、所有人或營運人對海巡機關人員依第四條第一項規定所實施之檢查、出示文書資料、停止航行、回航、登臨或驅離之命令，不得規避、妨礙或**拒絕**（Ⅰ）。違反前項規定者，海巡機關人員得以**強制力實施**之，但不得逾必要之程度（Ⅱ）。違反第一項規定者，處船長、管領人、所有人或營運人新臺幣三萬元以上十五萬元以下罰鍰（Ⅲ）。」

2.檢查前再提醒確認申報事項

依司法實務見解[44]，海關**在入境紅線檯發動指定查驗前，應「慎重其事地」提醒旅客再確認「書面申報」事項無誤，若未提醒確認（未給予口頭更正之機會），難謂已踐行正當程序。**

❖釋示函令❖

1.通運貨物之意義

海關緝私條例所稱「通運貨物」，本條例及關稅法並未明文定義，惟實務運作上一般係認爲過境我國口岸之國外貨物，包括不卸岸而由原船（機）載運離境之過境貨物，及暫時卸存貨棧、貨櫃集散站或碼頭專區而將轉由他船（機）載運離境之轉口貨物（財政部關務署 103/04/07 台關緝字第 1031005789 號函）。

2.訂定施予破壞性檢查之處理原則

主旨：所報海關因緝私必要及兼顧人民權益，擬訂有關施予破壞性檢查之處理原則乙案。

說明：二、貴總局（即 102 年關務署改制前之財政部關稅總局）原函說明二、所列處理原則（一）、（二）兩點，在何種情形下海關得施予破壞性檢查，以及實施此種檢查時，相關單證處理方式之規定，海關可依海關緝私條例有關規定，本於職權，於實務上權宜認定處理，至於處理原則（三），貴總局建議經施予破壞性檢查而查無結果者，倘不合於國家賠償法之賠償要件仍予適當補償乙節，准予照辦（財政部 80/07/01 台財關字第 800229367 號函）。

---

44 臺北高等行政法院107年度訴更一字第106號判決：「……對於入境選擇紅線檯通關者而言，海關在發動指定查驗程序之前，實應提醒旅客確認所填報的外幣數額無誤，並允許旅客口頭更正，方足以確認旅客並非因使用阿拉伯數字填報時漏寫或誤寫。若被告未提醒旅客確認（未給予口頭更正之機會）即逕予沒入，實難謂已踐行正當程序，亦難謂符合比例原則，此乃就實施外匯管理之公益，與憲法保障人民財產權目的，權衡結果之價值判斷，是被告提出之海關人員執行查驗工作手冊，雖無前揭提醒確認之明文，並不表示被告無須踐行前揭『提醒旅客確認申報無誤』之正當程序。……本院認為海關在入境紅線檯發動指定查驗程序之前，實應提醒旅客確認所填報阿拉伯數字的外幣數額無誤，若海關未提醒旅客確認（未給予口頭更正之機會）即逕予沒入，難謂已踐行正當程序，其沒入亦難謂符合比例原則。……至於提醒確認之方式，不一定要『複誦申報之金額』，只要『慎重其事地』請旅客再確認『書面申報之金額』，給予其口頭更正之機會，即可謂已踐行正當程序，之後再就違規之外幣予以沒入，即未違反比例原則（旅客以阿拉伯數字填寫金額者，提醒時當然由官員或旅客複誦申報金額為佳，至申報酒類之數量、容量、濃度，似無以複誦方式提醒之必要，其提醒方式可由海關依旅客誤寫、漏寫之可能性高低定之），此踐行提醒之結果，當然會造成紅線檯通關時間之拉長，但此為維護人民憲法上權利之必要代價，且此代價可藉由執行方式之科技化而減到最小。」

附件：財政部關稅總局80/05/07台部緝字第00466號函

主旨：海關爲緝私必要及兼顧人民權益，謹擬訂有關施予破壞性檢查之處理原則。

說明：二、查依海關緝私條例第9條規定，海關爲緝私必要，得對進出口貨物……實施檢查。倘接獲密報，確因緝私必要，依法自得對涉案貨物實施檢查，且於實施檢查時，如依涉案貨物之性質、型態或匿藏方式等因素，致非破壞涉案貨物無法達到檢查之目的者，自亦得施予破壞性之檢查。惟據基隆關稅局79年7月至12月之資料顯示，該局密告案件經查驗後成立緝案之比例約爲15%，同時期高雄關稅局密告案件成立緝案之比例，亦僅及10%，故爲兼顧人民權益，爰擬訂海關因緝私必要得施予破壞性檢查之處理原則如下：（一）海關於查驗貨物時，遇有左列情形之一者，得施予破壞性之檢查：1. 密告走私槍械毒品案件，或雖無密告，但依客觀資料研判有藏匿槍械毒品之可能者。2. 其他經依現況研析，認爲有予以破壞性查驗之必要，報經一級單位主管核可者。（二）於施行破壞性檢查時，應於扣押憑單上註明破壞之事實或另付與證明書。（三）經施予之破壞性檢查而查無結果者，對合於國家賠償法規定要件之案件，依同法規定賠償，倘不合於國家賠償法之賠償要件，則仍予適當補償。

第10條（勘驗、搜索）

I **海關有正當理由認為違反本條例情事業已發生者，得勘驗、搜索關係場所。勘驗、搜索時，應邀同該場所占有人或其同居人、僱用人、鄰人並當地警察在場見證。如在船舶、航空器、車輛或其他運輸工具施行勘驗、搜索時，應邀同其管理人在場見證。**

II **前項關係場所如係政府機關或公營事業，勘驗、搜索時，應會同該機關或事業指定人員辦理。**

❖立法（修正）說明❖（62/08/14全文修正一行政院版修正說明）

就原條文第1條文字修正。

❖法條沿革❖

原條文	說明
（23/06/01 制定） 第1條 緝私關員，承主管長官之命，執行職務時，具有正當理由，認為違反本條例情事，業已	N/A

原條文	說明
發生者，得赴關係場所施行勘驗、搜索，當勘驗搜索時，應邀同該場所占有人，或其同居人、僱用人、鄰人、並當地警察，或其他公務人員在場作證，如在船舶，航空機，車輛，施行勘驗搜索時，應邀其管理人在場作證。 前項關係場所，如係其他官署，或公營事業機關，其施行勘驗搜索，應會同該官署或機關辦理。	

❖條文說明❖

一、定義

（一）勘驗

1. 所謂「勘驗」，係對物（不以有體物爲限，含動產及不動產）、人之身體（屍體亦同，包括舉動與精神狀態）、地點（場所）等，由實施勘驗者以自己直接之五官作用，就物體之存否、性質、形狀、作用；就人身之狀態；就地點之情況爲親自之勘查及體驗，藉以獲得證據資料所爲之證據調查程序。
2. 「勘驗」本身並非即爲證據，而係以勘驗之結果供爲證明之用，即以勘驗導出一定結論記載於勘驗筆錄，憑爲事實認定之證據資料。
3. 本條所稱「勘驗」僅限於場所及運輸工具（本條第 1 項後段），亦即僅得對發生違反本條例情事之關係場所於有正當理由之前提下，始得由海關實施勘驗，並不及於人之身體及物件，對人身僅實施檢查[45]及搜索[46]，惟其性質並不相同[47]。
4. 另，行政程序法第 42 條第 1 項規定：「行政機關爲瞭解事實眞相，得實施勘驗。」亦即得對於事實有關之人、地、物實施勘驗，不限場所與運輸工具，其範圍較本條例所定勘驗範圍更廣，實務運作上，如遇有須對人、物實施勘驗之情形，亦可加以援用，以瞭解事實眞相。

---

45 海關緝私條例第 9 條規定：「海關因緝私必要，得對於進出口貨物、通運貨物、轉運貨物、保稅貨物、郵包、行李、運輸工具、存放貨物之倉庫與場所及在場之關係人，實施檢查。」

46 海關緝私條例第 11 條規定：「海關有正當理由認有身帶物件足以構成違反本條例情事者，得令其交驗該項物件；如經拒絕，得搜索其身體。搜索身體時，應有關員二人以上或關員以外之第三人在場。搜索婦女身體，應由女性關員行之。」

47 周誠南，實用查緝走私法規，75 年 3 月，第 230 頁。

（二）搜索

搜索乃爲發現事實及證據之目的，對於違反本條例情事之關係場所及人之身體實施搜查尋索。對人身之搜索屬本條例第 11 條規定之範疇，本條專指對關係場所及運輸工具之搜索。

二、勘驗、搜索之發動

以有「正當理由」認爲違反本條例情事業已發生爲要件，始得爲對基本權較重干預之強制勘驗及搜索。所謂「正當理由」，應以有相關之證據顯示違法情事之存在爲斷，例如至涉嫌走私魚貨之漁船勘驗漁具使用情形，或對於未稅菸品遺失，勘驗案發之司多間現場動線；又或跟監未放行之貨櫃發現未依規劃路線進儲保稅倉庫而進入一般倉庫，或據具體密報可信商家囤售管制物品，或追緝走私現行犯等情事，均應認有本條之「正當理由」。

三、勘驗、搜索之客體

即「關係場所」。所謂「關係場所」指與發生違反本條例情事相關之場所，如私運貨物之運輸工具、起卸、裝運、收受、藏匿、銷售私貨之處所等；與前條列舉業務有關之貨物、場所及關係人不同，尤其在通商口岸以外之地區，或民房、工廠、商店，只能就涉嫌事件臨時進行勘驗搜索，無法經常辦理[48]。如確有緝私必要需勘驗搜索邊境外之關係場所者，因該等關係場所已具有合理隱私期待，一旦海關進入此等區域進行行政檢查時，即有侵害人民隱私權可能，爲實質保護人民基本權，應強化對於人民理由告知及權利告知，甚至提供證明文件，得以確認海關進行勘驗、搜索範圍，並作爲事後救濟審查依據[49]。

四、施行勘驗、搜索

（一）時間限制

不得在日沒後日出前爲之。但於日沒前已開始施行而有繼續之必要，或違反本條例之行爲正在進行者，不在此限[50]。

---

48 蘇石磐，關稅論，75 年 12 月，第 330 頁。

49 柯得汶，海關緝私條例行政檢查之研究，國立臺北大學法律學系碩士論文，107 年 7 月，第 48 頁。

50 海關緝私條例第 13 條規定。

（二）地域限制

1. 軍事上秘密之處所

本條例對於勘驗、搜索之場所並未明文加以限制，故似無地域上之限制（司法實務上曾有判例採此見解[51]），惟刑事訴訟程序上之搜索軍事上秘密之處所，依刑事訴訟法第127條規定應得該管長官之允許（勘驗則依同法第219條準用第127條規定），依刑事訴訟法所爲之司法調查已然如此，依海關緝私條例所爲之行政調查即難謂無此限制，故宜類推適用該規定，亦即，依本條規定搜索軍事上秘密之處所者，亦應得該管長官之允許，而該管長官除認有妨害國家重大利益者外，不得拒絕[52]。

2. 政府機關或公營事業

關係場所，如係政府機關或公營事業，勘驗、搜索時，應會同該機關或事業指定人員辦理（本條第2項規定）。

（三）提示身分

海關關員執行緝私職務時，應著制服或佩徽章或提示足以證明其身分之其他憑證[53]。另，依行政罰法第33條規定，行政機關執行職務之人員，應向行爲人出示有關執行職務之證明文件或顯示足資辨別之標誌，並告知其所違反之法規。

（四）在場見證

1. 勘驗、搜索時，應邀同該場所占有人或其同居人、僱用人、鄰人並當地警察在場見證。如在船舶、航空器、車輛或其他運輸工具施行勘驗、搜索時，應邀同其管理人在場見證（本條第1項中、後段）。
2. 見證人之「**在場權**」解釋上應包括意見表示權，亦即在場見證者得就勘驗、搜索之實施及結果，表示意見並記載於筆錄，以免日後就筆錄記載事項發生爭議。

（五）開啓鎖扃後應為必要之處分

執行搜索得開啓鎖扃、封緘或爲其他必要之處分，搜索中止者，於必要時應將該處閉鎖，並派人看守[54]。

51　最高行政法院28年判字第43號判例：「海關緝私條例第一條於緝私關員赴關係場所施行勘驗搜索無地域時間限制第二十三條於應呈驗關係證據不止發票一端第二十一條於沒收私運貨物不限定出口進口私運商人於購買私運商品亦得行之。」（1. 本則判例，依據行政法院民國81年1月81年1月份庭長評事聯席會議決議，不予援用。2. 本則判例無裁判全文可資參考）。

52　刑事訴訟法第127條第2項規定。

53　海關緝私條例第15條規定。

54　刑事訴訟法第144條規定。

（六）強制力搜索不得逾必要程度

本條雖無明文得施強制力執行勘驗、搜索，惟鑑於本條例之勘驗、搜索兼含強制性檢查性質，與行政程序法第 42 條第 1 項單純為瞭解事實眞相所為之勘驗[55]不同，故如當事人拒絕時，海關應仍得以強制力進行，以達到查緝走私之行政目的[56]，但不得逾必要之程度。

（七）搜索完畢後，應盡可能恢復原狀

執行搜索時，除有不得已之情形外，不得損毀房屋及器物，搜索完畢後，應盡可能恢復原狀。

（八）作成筆錄[57]

勘驗、搜索應將經過情形作成筆錄，必要時，得繪具圖說或攝影，詳細記載，並得以錄音、錄影或其他有關物件附錄，以充實證據資料。最後交被詢問人或在場證人閱覽後，一同簽名或蓋章。如有不能簽名蓋章或拒絕簽名蓋章者，由筆錄製作人記明其事由。

❖釋示函令❖

海關依海關緝私條例第 10 條第 1 項規定執行緝私勤務，須否持搜索票

（節錄）海關依海關緝私條例第 10 條第 1 項規定執行緝私勤務，應邀同該關係場所占所有人或其同居人、僱用人、鄰人並當地警察在場見證。如在船舶、航空器、車輛或其他運輸工具施行勘驗、搜索時，應邀同其管理人在場見證。該等關係場所如係政府機關或公營事業，勘驗、搜索時應會同該機關或事業指定人員辦理，該種勘驗及搜索，尚非刑事訴訟法上之勘驗、搜索，自無需持用檢察官簽發之搜索票（法務部 81/10/16 法 (81) 檢字第 15566 號函）。

---

55 法務部 103/08/18 法律字第 10303509440 號函釋：「主旨：有關主管機關對於農舍實施檢查，農舍所有人拒絕主管機關檢查者，得否依行政程序法第 42 條規定強制實施檢查之疑義一案，復如說明二、三。說明：二、按行政程序法第 42 條規定：『行政機關為瞭解事實真相，得實施勘驗。勘驗時應通知當事人到場。但不能通知者，不在此限。』**上開規定係行政機關為瞭解事實真相，得對待事實有關人、地、物實施勘驗，並未課予當事人配合調查之協力『義務』，故當事人未配合調查時，行政機關不得依上開規定實施強制檢查，而須有其他法律依據，始得為之**（行政程序法第 42 條立法理由、本部 98/11/16 法律字第 0980044879 號函、本部 99/01/12 法律字第 0980046943 號函參照）。……」

56 柯得汶，海關緝私條例行政檢查之研究，國立臺北大學法律學系碩士論文，107 年 7 月，第 25 頁。

57 海關緝私條例第 14 條規定：「勘驗、搜索應將經過情形作成筆錄，交被詢問人或在場證人閱覽後，一同簽名或蓋章。如有不能簽名蓋章或拒絕簽名蓋章者，由筆錄制作人記明其事由。」

第 11 條（搜索身體）

海關有正當理由認有身帶物件足以構成違反本條例情事者，得令其交驗該項物件；如經拒絕，得搜索其身體。搜索身體時，應有關員二人以上或關員以外之第三人在場。搜索婦女身體，應由女性關員行之。

❖立法（修正）說明❖（72/12/13修正）

現行條文規定搜索身體時，應有「關員以外之第三人在場」，執行尚有困難，蓋機場、港口等處，除執行職務之人員外，均禁止他人進入，即在碼頭，如遇深夜，常無關員以外之第三人在場，勢將無法執行搜索工作，爰增列「關員二人以上」，以資因應。

❖法條沿革❖

原條文	說明
（23/06/01 制定） 第 2 條 緝私關員，承主管長官之命，執行職務時，具有正當理由，認有身帶物件，足以構成違犯本條例情事者，得令其交驗該項物件，如經拒絕，得搜索其身體。 搜索身體時，應有第三人，或其他關員在場。 搜索婦女身體，應由女緝私關員行之。	N/A
（62/08/14 全文修正） 第 11 條 海關有正當理由認有身帶物件足以構成違反本條例情事者，得令其交驗該項物件，如經拒絕，得搜索其身體。搜索身體時，應有關員以外之第三人在場。搜索婦女身體，應由女性關員行之。	一、原案： 就原條文第 2 條文字修正。 二、審查案： 人身自由，我國憲法亦有明文規定，故將本條中之「應有第三人或其他關員在場」修正為「應有關員以外之第三人在場」，以重保障。

❖條文說明❖

一、說明

搜索身體乃對人重度之強制處分，影響人身自由及隱私權甚鉅，須嚴格遵守法定搜索之要件並踐行正當法律程序，始得謂爲合法。

二、搜索身體之執行

（一）發動要件

1. 有正當理由認有身帶物件足以構成違反本條例情事

所謂「正當理由」，應以有客觀之事實或證據顯示違反本條例情事之存在爲斷，例如：

(1) 接獲檢察官指揮偵辦之指示。
(2) 接獲相關單位情資通報（實務上多由刑事警察局或調查局等司法警察機關持「入出境檢查通知單」、「通緝處置單」）。
(3) 接獲檢舉且已證實部分重要事實[58]。
(4) 已查獲運輸毒品而追問出同行友人[59]。
(5) 對託運行李實施檢查，已發覺有毒品反應[60]。
(6) 行爲人外觀或行動舉止怪異、外著衣物褲帽等處異常鼓起等明顯露有身帶物件之情形，均屬之。

2. 令其交驗物件後，經拒絕

所謂拒絕，不限積極方式明白表示不交驗，若有消極的不配合之狀態（如沉默不表示或虛應而刻意拖延交驗），亦屬之。

（二）被搜索人

本條雖僅規定「身帶物件而足以構成違反本條例情事」之人爲被搜索之對象，並未限制區域或場所，惟搜索乃查緝之手段，自應解釋限於得查緝之區域或場所始得爲之，以免有濫用行政調查權、侵害權益之嫌。申言之，以身處於海關得查緝之區域或場所而身帶違反本條例之物件之人，方爲本條搜索身體之適用對象。實務上，雖被搜索人通常爲入出境之旅客，惟並不以此爲限，例如進出保稅倉庫之重整貨物人員[61]亦屬之。

（三）搜身程序

依本條規定搜索身體，性質上屬行政檢查，並非刑事訴訟法上之搜索，故不待依刑事訴訟法相關規定聲請搜索票[62]，即得爲之，惟仍應依下列程序進行：

---

58 臺灣桃園地方法院94年度國字第28號民事判決。

59 臺灣桃園地方法院94年度重訴字第87號刑事判決。

60 臺灣桃園地方法院93年度重訴字第49號刑事判決。

61 保稅倉庫設立及管理辦法第34條第3項規定：「貨物所有人或倉單持有人於保稅倉庫內重整貨物前，應向海關報明貨物之名稱、數量、進倉日期、報單號碼、重整範圍及工作人員名單，經海關發給准單後，由海關派員駐庫監視辦理重整。但經海關核准自主管理之保稅倉庫及設於科技產業園區之保稅倉庫，得免派員監視。重整貨物人員進出保稅倉庫，海關認有必要時，得依海關緝私條例第十一條規定辦理。」

62 同前註。法務部81/10/16法(81)檢字第15566號函釋：「海關依海關緝私條例第10條第1項規定執行緝私勤務，應邀同該關係場所占所有人或其同居人、僱用人、鄰人並當地警察在場見證。如在船舶、航空器、車輛或其他運輸工具施行勘驗、搜索時，應邀同其管理人在場見證。該等關係場所如係政府機關或公營事業，勘驗、搜索時應會同該機關或事業指定人員辦理，**該種勘驗及搜索，尚非刑事訴訟法上之勘驗、搜索，自無需持用檢察官簽發之搜索票。**」亦有同旨。

1.提示身分

本條例第 15 條規定：「海關關員執行緝私職務時，應著制服或佩徽章或提示足以證明其身分之其他憑證。」

2.告知執行事由及法據

本條例雖無應告知執行事由及法據之明文，惟參酌司法院釋字第535號解釋[63]「……臨檢進行前應對在場者告以實施之事由…… 」所揭櫫之正當法律程序，本條所為之人身搜索，既與臨檢同屬影響人民行動自由及隱私權等甚鉅之強制力措施，自應有正當法律程序原則適用，亦即，解釋上執行搜身前，應告以搜身之事由及本條規定，方符正當法律程序之要求。

3.注意名譽

按行政程序法第 9 條規定：「行政機關就該管行政程序，應於當事人有利及不利之情形，一律注意。」海關執行搜索身體之對象，大多為被檢舉密報走私或行為舉止明顯異常露有走私痕跡之入境旅客。所欲搜獲之標的，即違反本條例情事之應稅貨物或管制物品（如槍、毒等違禁品）。本條例雖未規定搜身之處所，惟因搜身將影響人格權甚鉅，大庭廣眾下進行搜身，恐有損名譽，不可不慎。依上開規定，實應注意搜身將對其產生不利之情形，實務上多參酌刑事訴訟法第 124 條規定：「搜索應保守秘密，並應注意受搜索人之名譽。」之意旨，通常在隔離之檢查室內實施，並隔絕不必要之人員在場。

4.在場見證

本條規定，應有關員二人以上或關員以外之第三人在場（本條中段規定）。

63　司法院釋字第535號解釋：「警察勤務條例規定警察機關執行勤務之編組及分工，並對執行勤務得採取之方式加以列舉，已非單純之組織法，實兼有行為法之性質。依該條例第十一條第三款，臨檢自屬警察執行勤務方式之一種。**臨檢實施之手段：檢查、路檢、取締或盤查等不問其名稱為何，均屬對人或物之查驗、干預，影響人民行動自由、財產權及隱私權等甚鉅，應恪遵法治國家警察執勤之原則**。實施臨檢之要件、程序及對違法臨檢行為之救濟，均應有法律之明確規範，方符憲法保障人民自由權利之意旨。上開條例有關臨檢之規定，並無授權警察人員得不顧時間、地點及對象任意臨檢、取締或隨機檢查、盤查之立法本意。除法律另有規定外，警察人員執行場所之臨檢勤務，應限於已發生危害或依客觀、合理判斷易生危害之處所、交通工具或公共場所為之，其中處所為私人居住之空間者，並應受住宅相同之保障；對人實施之臨檢則須以有相當理由足認其行為已構成或即將發生危害者為限，且均應遵守比例原則，不得逾越必要程度。**臨檢進行前應對在場者告以實施之事由**，並出示證件表明其為執行人員之身分。臨檢應於現場實施，非經受臨檢人同意或無從確定其身分或現場為之對該受臨檢人將有不利影響或妨礙交通、安寧者，不得要求其同行至警察局、所進行盤查。其因發現違法事實，應依法定程序處理者外，身分一經查明，即應任其離去，不得稽延。前述條例第十一條第三款之規定，於符合上開解釋意旨範圍內，予以適用，始無悖於維護人權之憲法意旨。現行警察執行職務法規有欠完備，有關機關應於本解釋公布之日起二年內依解釋意旨，且參酌社會實際狀況，賦予警察人員執行勤務時應付突發事故之權限，俾對人民自由與警察自身安全之維護兼籌並顧，通盤檢討訂定，併此指明。」

5. 執行人員

搜索婦女身體，應由女性關員行之（本條後段規定）。

（四）搜身方式

1. 實務上執行搜身之方式，通常先令被搜索人褪去外套、手套、帽、腰帶及隨身配件，面壁站直，腳同肩寬，雙手攤開平舉同肩，輕拍或順觸臂、頭、頸、背、胸、腹、臀、大腿、小腿，由上而下，進行搜索；必要時，令其褪去內著衣、褲、鞋、襪，檢查私處、肛門等易於藏匿毒品之身體器官[64]，以尋得身上及外著所帶違反本條例之物件；如遇受搜索人抗拒搜索者，得用強制力搜索之，但不得逾必要之程度。
2. 執行搜身過程中，如發覺被搜索人體內疑似藏有毒品（如將海洛因塞入肛門[65]）者，因涉人身、隱私之重大侵入性檢查，尚非本條行政搜索效力所及，屬刑事訴訟法第205條之1[66]規定檢查身體之鑑定行爲，應報請檢察官核發「鑑定許可書」後，再帶往醫院實施身體檢查（以X光檢驗，施以灌腸，俟自體內排出）。

（五）搜身之後續作為

1. 逮捕現行犯及送交司法警察

搜身如有查獲觸犯刑事法律之物（如槍枝、毒品等），身帶物件者即爲現行犯，緝私關員縱無偵查犯罪權限之司法警察身分，亦得逕行逮捕之[67]，惟依法應即送交檢察官、司法警察官或司法警察。[68]

2. 扣押貨物

依本條例第17條第1項規定，海關查獲貨物認有違反本條例情事者，應予扣押。

3. 作成筆錄

依本條例第14條規定，搜索應將經過情形作成筆錄，交被詢問人或在場證人閱覽後，一同簽名或蓋章。如有不能簽名蓋章或拒絕簽名蓋章者，由筆錄製作人記明其事

---

64 臺灣桃園地方法院94年度國字第28號民事判決。

65 最高法院100年度台上字第777號刑事判決。

66 刑事訴訟法第205條之1規定：「鑑定人因鑑定之必要，得經審判長、受命法官或檢察官之許可，採取分泌物、排泄物、血液、毛髮或其他出自或附著身體之物，並得採取指紋、腳印、聲調、筆跡、照相或其他相類之行為（Ⅰ）。前項處分，應於第二百零四條之一第二項許可書中載明（Ⅱ）。」

67 刑事訴訟法第88條規定：「**現行犯，不問何人得逕行逮捕之**（Ⅰ）。犯罪在實施中或實施後即時發覺者，為現行犯（Ⅱ）。有左列情形之一者，以現行犯論：一、被追呼為犯罪人者。二、因持有兇器、贓物或其他物件、或於身體、衣服等處露有犯罪痕跡，顯可疑為犯罪人者（Ⅲ）。」

68 刑事訴訟法第92條第1項規定：「無偵查犯罪權限之人逮捕現行犯者，應即送交檢察官、司法警察官或司法警察。」

由。目前海關實務，搜索筆錄與扣押收據爲同一單據（以「財政部關務署○○關扣押／扣留貨物運輸工具收據及搜索筆錄」名之），如搜索後發見違反本條例情事而扣押貨物者，亦以作成一份書類即爲已足，毋庸分別製作搜索筆錄及扣押收據。

財政部關務署臺北關扣押/扣留 貨物/運輸工具 收據及搜索筆錄　D/T: 1112235

(　) 字第　　號

Detention/Seizure Ticket and Record of Search by Taipei Customs

所有人、管領人(保管人)、持有人或被搜索人姓名＿＿＿＿　國籍及出生日期＿＿＿＿
Name of Owner, Custodian, Holder or Person Searched　Nationality and the Date of Birth

護照或其他證件編號＿＿＿＿　聯絡電話＿＿＿＿
Passport/Certificate No.　Telephone number

住居所＿＿＿＿
Address

船機名稱及班次＿＿＿＿　申報單號碼＿＿＿＿
Vessel/Airline flight No.　D/F No.

郵包號碼＿＿＿＿　主號＿＿＿＿
Posts' Tracking No.　Master Airway Bill／Bill of Lading No.

分號＿＿＿＿
House Airway Bill／Bill of Lading No.

船機國籍＿＿＿＿　來自＿＿＿＿　開往＿＿＿＿　代理行＿＿＿＿
Flag　From　Bound For　Agent

搜索時間＿＿＿＿　扣押/扣留時間＿＿＿＿　搜索或扣押/扣留地點＿＿＿＿
Time and Date of Search　Time and Date of Detention/Seizure　Place of Search/Detention/Seizure

搜索經過＿＿＿＿
Proceedings of Search

扣押/扣留貨物或運輸工具名稱 Articles/Means of Transport Detained/Seized	數(重)量 Quantity/Weight	單位 Unit	備註 Remarks

☐上述貨物/運輸工具涉嫌違反海關緝私條例規定，依該法第17、18條規定予以扣押。
All articles/means of transport in the above list are suspected in violation of Customs Anti-smuggling Act and have been detained in accordance with Article 17, 18 of this law.

☐上述貨物涉嫌違反＿＿＿＿規定，依＿＿＿＿規定予以扣留。
All articles in the above list are suspected in violation of＿＿and have been seized in accordance with＿＿.

依海關緝私條例第10、11及14條規定執行勘驗、搜索並作成筆錄。
The inspection and search shall be conducted and the record should be made in accordance with Articles 10, 11, 14 of Customs Anti-smuggling Act.

搜索經過情形已於本筆錄內記明，此外並無損壞或失缺財務等情，亦無騷擾或侮辱之事，合併聲明。
The Proceedings of Search has been described in this record. Unless otherwise mentioned in this record, no damage has been done, no loss of property has occurred, and no person has been molested or insulted during the course of this search.

在場證人簽名、蓋章或按指印:＿＿＿＿　所有人管領人(保管人)持有人或被搜索人簽章或按指印:＿＿＿＿
Signature, Stamp or Fingerprint of Witness　Signature, Stamp or Fingerprint of Owner, Custodian, Holder, Person Searched

關員簽名：＿＿＿＿
Signature of Customs Officer

附註：1.在場證人、所有人、管領人(保管人)、持有人或被搜索人如有拒絕簽名、蓋章或按指印者，應記明其事由。
Note: If the witness, owner, custodian, holder or person searched fail to sign or stamp or fingerprint this document, the cause should be recorded.

2.搜索經過欄請關員應就重點詳實填具。
The main point of fact should be documented in the column of Proceedings of Search by a customs officer.

3.本表1式3聯，第1聯發給所有人、管領人(保管人)、持有人或被搜索人收執，第2聯附於緝私報告表上，第3聯作為存根。
This ticket consists of three copies：the first copy is issued to the owner, custodian, holder, or person searched, the second copy is attached to the Seizure Report and the third copy is the stub.

海關扣押／扣留貨物運輸工具收據及搜索筆錄（範本）

第 12 條（詢問筆錄）

Ⅰ 海關因緝私必要，得詢問嫌疑人、證人及其他關係人。

Ⅱ 前項詢問，應作成筆錄，其記載事項，準用刑事訴訟法第三十九條至第四十一條之規定。

❖立法（修正）說明❖（62/08/14全文修正一行政院版修正說明）

就原條文第 3 條文字修正。並增訂第 2 項規定製作筆錄及所載事項。

❖法條沿革❖

原條文	說明
（23/06/01 制定） 第 3 條 緝私關員，承主管長官之命，調查有違反本條例嫌疑事件時，如有必要，得詢問嫌疑人、證人、及該嫌疑人提出之關係人。	N/A

❖條文說明❖

一、緝私必要

凡能藉詢問而達到防杜應稅或管制物品非法進出國境、查明違反本條例情事及釐清當事人責任之目的者，均應認有本條所稱之緝私必要。

二、詢問時機

詢問不以違反本條例之行爲正在進行或即時發見爲限，縱屬事後調查，亦無不可。

三、詢問對象

即違反本條例規定之嫌疑人、證人及其他關係人。

四、詢問順序及技巧[69]

（一）詢問順序

1. 查驗身分

首先應就被詢問人之姓名、年齡、職業或住居所等確認身分所必要的事項爲詢問，並核對身分證明文件；如非本人，應有當事人之委託書或授權書及受委託人之身分證

[69] 摘自「海關查緝關員詢問筆錄製作手冊」所載。

明，俾確認受委託人之身分及授權範圍。

2. 告知案由

告知被詢問人製作本次詢問筆錄之原因及可能違反之法令，並記載於詢問筆錄。

3. 本案詢問

本案相關事實之詢問，先判斷可能違反之規定，後依該規定之構成要件鋪陳所要詢問的問題，注意人、事、時、地、物之關聯。例如：

(1) 如有掣發扣押收據及搜索筆錄時，詢問是否爲被詢問人所簽認。

(2) 說明貨物所有人、貨物來源、來源證明及目的，例如是否有同行者、接機者、應交付對象、旅客攜帶超量藥物入境是否意圖爲販賣等顯非出於自用目的，若涉及洗錢防制案件時，更應確認該批物品於境內外移動之流向及來源等，俾利追查。

(3) 海關緝私條例第 3 條私運貨物進出口之構成要件，例如是否有規避檢查、偷漏關稅或逃避管制，未經向海關申報而運輸貨物進、出國境等情事。

(4) 確認故意或過失責任（是否知情），例如：來臺原因及次數、是否受託幫人攜帶入境、預計交貨時間、地點及酬勞。

(5) 如另涉違反其他法令規定，請一併敘明。例如上列物品另涉違反刑事案件，刑事責任部分連同相關物證一併移送司法警察機關偵辦。

4. 最後陳述

詢問終結前，應給予被詢問人充分陳述意見機會並作成筆錄。

5. 交付閱覽

將所作之紀錄交受詢問者閱讀，若爲不識字者應爲之朗讀，然後詢問所記載內容有無錯誤或應更改者，記錄完畢劃去餘白，並請其簽名、蓋章或按指印；被詢問人拒絕時，應載明拒絕之原因。

五、搭配錄音、錄影[70]

（一）爲確保詢問筆錄製作之正確性及還原詢問過程全貌，應被詢問人要求，或具重大爭議性案件認有錄音、錄影必要者，經告知被詢問人後，以全程錄音或錄影方式爲之。但有應維持調查秘密性之正當理由，且經記明筆錄者，不在此限。

（二）錄音、錄影應自開始詢問前，宣讀詢問之日、時、處所、案號及案由等。詢問過程中，遇有偶發之事由致詢問無法繼續進行時，於恢復詢問並繼續錄音、錄影時，先以口頭敘明中斷之事由及時間。

---

70 摘自「海關查緝關員詢問筆錄製作手冊」所載。

（三）錄音、錄影製作完成後，應妥適採取防護消音、消影之措施，併同案卷妥適保管，必要時應另行備份。

（四）各關應妥適配置並指定專人保管維護相關錄音、錄影設備及儲存錄音、錄影內容之錄音帶、錄影帶或數位磁碟等材料，俾確保詢問筆錄之證據能力及公信力。

六、作成筆錄

（一）準用規定

1. 當場製作（準用刑事訴訟法第 41 條第 1 項序文規定[71]）。
2. 應記載事項：(1) 對於受詢問人之詢問及其陳述。(2) 證人、鑑定人或通譯如未具結者，其事由。(3) 詢問之年、月、日及處所（準用刑事訴訟法第 41 條第 1 項第 1 款至第 3 款規定）。
3. 不得竄改或挖補：如有增加、刪除或附記者，應蓋章其上，並記明字數，其刪除處應留存字跡，俾得辨認（準用刑事訴訟法第 40 條規定[72]）。
4. 朗讀筆錄或令其閱覽：筆錄應向受詢問人朗讀或令其閱覽，詢以記載有無錯誤（準用刑事訴訟法第 41 條第 2 項規定）。
5. 附記請求及命簽章：受詢問人請求將記載增、刪、變更者，應將其陳述附記於筆錄。筆錄應命受詢問人緊接其記載之末行簽名、蓋章或按指印（準用刑事訴訟法第 41 條第 3 項規定）。
6. 製作時間及所屬機關：應記載製作之年、月、日及其所屬機關（準用刑事訴訟法第 39 條規定）。
7. 製作人簽名（準用刑事訴訟法第 39 條規定[73]）。

---

71 刑事訴訟法第 41 條規定：「訊問被告、自訴人、證人、鑑定人及通譯，應當場制作筆錄，記載左列事項：一、對於受訊問人之訊問及其陳述。二、證人、鑑定人或通譯如未具結者，其事由。三、訊問之年、月、日及處所（Ⅰ）。前項筆錄應向受訊問人朗讀或令其閱覽，詢以記載有無錯誤。受訊問人為被告者，在場之辯護人得協助其閱覽，並得對筆錄記載有無錯誤表示意見（Ⅱ）。受訊問人及在場之辯護人請求將記載增、刪、變更者，應將其陳述附記於筆錄。但附記辯護人之陳述，應使被告明瞭後為之（Ⅲ）。筆錄應命受訊問人緊接其記載之末行簽名、蓋章或按指印。但受訊問人拒絕時，應附記其事由（Ⅳ）。」

72 刑事訴訟法第 40 條規定：「公務員制作之文書，不得竄改或挖補；如有增加、刪除或附記者，應蓋章其上，並記明字數，其刪除處應留存字跡，俾得辨認。」

73 刑事訴訟法第 39 條規定：「文書由公務員制作者，應記載制作之年、月、日及其所屬機關，由制作人簽名。」

（二）製作技巧[74]

1. 以二人以上人員進行為原則，被詢問人有二人以上時，得分開進行並分別製作。
2. 掌握問話技巧，態度要和藹誠懇，不得使用要脅、利誘、詐欺或其他不正當方法。
3. 提問應簡短易解，俾免冗長。盡可能採一問一答，避免因多問一答，無法釐清案情。
4. 以發現事實為目的，對被詢問人有利與不利者，均應詢問並記錄，如被詢問人陳述對己有利事項，應請提出證據或證明方法。
5. 應隨時注意就被詢問人之陳述與查得資料核對，遇有不一致或不合理時，應詳細追問其陳述之細節。
6. 詢問筆錄不得竄改或挖補，如有增加、刪除或附記者，應蓋章其上，並記明字數，其刪除處應留存字跡，俾得辨認。
7. 筆錄應記載開始及完成製作之年月日、時間及地點。
8. 被詢問人要求提供詢問筆錄者，應於該筆錄空白處註記被詢問人要求影印之份數及頁數，並由被詢問人簽名或蓋章後，再予影印提供。

七、拒絕詢問

本條雖賦權海關得對嫌疑人、相關人或證人進行詢問，但綜觀本條例全文對於受詢問人（嫌疑人、證人及其他關係人）拒絕配合或保持緘默，並無相應措施或罰則規範，換言之，本條規定原則上並無強制力。惟如本條所列之受詢問人另依相關法規（如報關業設置管理辦法第13條第4項[75]、海關管理承攬業辦法第12條第2項[76]、運輸工具進出口通關管理辦法第17條第1項[77]）而有配合義務者，如有拒絕詢問情事，似可認有違反配合義務，得依該相關規定所訂論處。

---

74 摘自「海關查緝關員詢問筆錄製作手冊」所載。

75 報關業設置管理辦法第13條第4項規定：「海關依關務法規規定，通知報關業應予配合辦理之事項，報關業應切實辦理之。」第35條規定：「報關業違反第十三條第一項至第三項、第二十五條、第三十條規定者，由海關依關稅法第八十四條第一項規定，予以警告或處新臺幣六千元以上三萬元以下罰鍰，並得命其限期改正……。」

76 海關管理承攬業辦法第12條第2項規定：「承攬業遇有海關調查走私案件時，應切實配合協助辦理。」第28條規定：「承攬業者**違反第十一條、第十一條之一第一項及第四項、第十二條或第十三條規定者**，由海關依本法第八十三條之一規定，予以警告或處新臺幣六千元以上三萬元以下罰鍰，並得命其限期改正；屆期未改正者，按次處罰；處罰三次仍未完成改正或違規情節重大者，得停止六個月以下申報貨物艙單及辦理轉運、轉口業務或廢止其登記。」

77 運輸工具進出口通關管理辦法第17條第1項規定：「運輸業遇有海關調查走私案件時，應切實配合協助。」第80條之2規定：「運輸業**違反第十七條**、第十九條、第二十一條規定者，由海關依關稅法第八十三條規定，予以警告或處新臺幣六千元以上三萬元以下罰鍰，並得命其限期改正；屆期未改正者，按次處罰。」

財政部關務署○○關詢問筆錄

詢問時間 Date & Time	自 年 月 日 時 分起 From year/month/day/time 至 年 月 日 時 分止 To year/month/day/time		詢問地點 Place	
案 由 Summary	查獲船員○○○君涉嫌私運 入境案 Crew is seized to shipped into Taiwan .			
涉案物品 Information on contraband	查獲時間 Time of Seizure	年 月 日 時 分 year/month/day/time	物品名稱 Description of Articles	
	查獲地點 Place of Seizure		物品數量 Quantity	
	運輸工具名稱/航次 vessel		船掛	
	包裝方式及匿藏情形 Concealment			
	○○關扣押貨物收據及搜索筆錄號碼 The Receipt of Seized Cargo and Investigation Report of Customs		D/T No.	
被詢問人 person Interrogated	姓 名 Name		身分證統一編號 ID No.	
	出生日期 Date of Birth	年 月 日	護照號碼 Passport No.	
			國籍 Nationality	
	性別 Sex		職業 Occupation	
	戶籍地址 Registered Address		有關本案公文書在台送達代收人資料 Information of agent for service of process	
	現住地址 Current Address		姓 名 Name	
	聯絡電話 Phone Number		地 址 Address	
問1 Question 1	你涉嫌私運上列涉案物品欄所載之物品，未向海關申報，已違反「海關緝私條例」規定，本關依上開條例第12條規定製作筆錄，將供海關審理緝私案件之參考，現在時間是___時___分，請問你是否願意接受詢問？(如果不願意接受詢問，請表明理由) The above articles are suspected in violation of Customs Anti-Smuggling Act. Now the time is _____ (hh) _____(mm). Are you willing to be questioned about the articles ? (If not, please specify your reason.)			
答1 Answer1				

1

答8 Answer 8	
問9 Question 9	你涉嫌私運上列物品，另涉違反其他刑事法律，刑事責任部分，將連同相關物證一併移送司法警察機關偵辦，是否有其他補充意見？ Your articles are also involved in other criminial offence, the articles and the relevant documents will be transferred to the judicial institution . What else would you like to add?
答9 Answer 9	
問10 Question 10	在搜索過程中，有沒有造成任何損壞或財物丟失情形？ Has this search caused any damage or resulted in any missing property ?
答10 Answer 10	
問11 Question 11	以上內容，你是否有其他補充意見？ 以上所說是否實在？是否均出於你本人自由意志？ Do you have anything to supply? Do you certify that the above statements are true and out of your free will?
答11 Answer 11	

以上筆錄共○頁，於____年___月___日___時___分完成製作，經被詢問人親閱（或由某人翻譯、朗讀，並經被詢問人親自聆聽），確認無訛後，始簽捺（印）於后：
After the completion of the transcript, the person interrogated must sign the transcript. The transcript, total___pages, will be signed at_______(time) _______(date).

被詢問人：
Signature of person Interrogated

詢問人：
Signature of Interrogator

筆錄製作人：
Signature of Clerk

現場證人：
Signature of Witness

3

海關詢問筆錄範例

第 13 條（勘驗、搜索之時間限制）

勘驗、搜索不得在日沒後日出前為之。但於日沒前已開始施行而有繼續之必要，或違反本條例之行為正在進行者，不在此限。

❖立法（修正）說明❖（62/08/14全文修正—行政院版說明）

就原條文第 7 條文字修正。

❖法條沿革❖

原條文	說明
（23/06/01 制定） 第 7 條 勘驗搜索，或扣押貨物，不得在日沒後日出前施行，但於日沒前已開始施行，而有繼續之必要，或對於現行違犯者，不在此限。	N/A

❖條文說明❖

一、本條乃規範實施勘驗、搜索之時間限制。

二、依本條規定，依本條例所實施之勘驗、搜索除有但書所列情事外，原則上不得在日沒後日出前爲之，以維商民作業時間及安寧[78]。所稱「日沒後日出前」即夜間之意，應以中央氣象署所頒布之「日出日沒時刻表」爲認定標準。另，此時間上之限制，依司法實務見解[79]，於關係場所及運輸工具之勘驗、搜索，均有其適用，並無例外。

三、夜間勘驗、搜索之事由（本條但書）：

（一）日沒前已開始施行而有繼續之必要：指於日間已開始施行勘驗、搜索，至入夜尚未竣事，如半途而止，殊多不便之意，如獲具體走私情資，於日間開始搜索可疑船隻，惟因船體龐大而不能於日間完竣，有於夜間繼續施行之必要。

113 年日出日沒時刻表

中華民國113年日出日沒時刻表
（西元2024年）

日期	一月		二月		三月		四月		五月		六月	
臺北市	日出	日沒	日出	日沒	日出	日沒	日出	日沒	日出	日沒	日出	日沒
1	06:39	17:15	06:37	17:38	06:17	17:56	05:46	18:10	05:18	18:24	05:04	18:40
2	06:39	17:16	06:37	17:39	06:16	17:57	05:44	18:11	05:17	18:25	05:04	18:40
3	06:39	17:17	06:36	17:39	06:15	17:57	05:43	18:11	05:17	18:25	05:04	18:41
4	06:40	17:17	06:36	17:40	06:14	17:58	05:42	18:12	05:16	18:26	05:04	18:41
5	06:40	17:18	06:35	17:41	06:13	17:58	05:41	18:12	05:15	18:26	05:04	18:41
6	06:40	17:19	06:35	17:42	06:12	17:59	05:40	18:13	05:15	18:27	05:04	18:42
7	06:40	17:20	06:34	17:42	06:11	17:59	05:39	18:13	05:14	18:27	05:04	18:42
8	06:40	17:20	06:33	17:43	06:10	18:00	05:38	18:13	05:13	18:28	05:04	18:43
9	06:41	17:21	06:33	17:44	06:09	18:00	05:37	18:14	05:13	18:28	05:04	18:43
10	06:41	0.724	06:32	17:44	06:08	18:01	05:36	18:14	05:12	18:29	05:04	18:43
11	06:41	17:22	06:32	17:45	06:07	18:01	05:36	18:15	05:12	18:29	05:04	18:44
12	06:41	17:23	06:31	17:46	06:06	18:02	05:35	18:15	05:11	18:30	05:04	18:44
13	06:41	17:24	06:30	17:46	06:05	18:02	05:34	18:16	05:11	18:30	05:04	18:45
14	06:41	17:25	06:30	17:47	06:04	18:02	05:33	18:16	05:10	18:31	05:04	18:45
15	06:41	17:25	06:29	17:48	06:03	18:03	05:32	18:17	05:10	18:31	05:04	18:45
16	06:41	17:26	06:28	17:48	06:02	18:03	05:31	18:17	05:09	18:32	05:04	18:45
17	06:41	17:27	06:28	17:49	06:01	18:04	05:30	18:17	05:09	18:32	05:04	18:46
18	06:41	17:28	06:27	17:49	06:00	18:04	05:29	18:18	05:08	18:33	05:04	18:46
19	06:41	17:28	06:26	17:50	05:59	18:05	05:28	18:18	05:08	18:33	05:05	18:46
20	06:40	17:29	06:25	17:51	05:58	18:05	05:27	18:19	05:07	18:34	05:05	18:46
21	06:40	17:30	06:24	17:51	05:57	18:06	05:26	18:19	05:07	18:34	05:05	18:47
22	06:40	17:31	06:24	17:52	05:56	18:06	05:25	18:20	05:07	18:35	05:05	18:47
23	06:40	17:31	06:23	17:52	05:55	18:06	05:25	18:20	05:06	18:35	05:05	18:47
24	06:40	17:32	06:22	17:53	05:54	18:07	05:24	18:21	05:06	18:36	05:06	18:47
25	06:39	17:33	06:21	17:53	05:53	18:07	05:23	18:21	05:06	18:36	05:06	18:47
26	06:39	17:34	06:20	17:54	05:52	18:08	05:22	18:22	05:05	18:37	05:06	18:47
27	06:39	17:34	06:19	17:55	05:51	18:08	05:21	18:22	05:05	18:37	05:06	18:48
28	06:38	17:35	06:18	17:55	05:50	18:09	05:20	18:23	05:05	18:38	05:07	18:48
29	06:38	17:36	06:18	17:56	05:49	18:09	05:20	18:23	05:05	18:38	05:07	18:48
30	06:38	17:37			05:48	18:09	05:19	18:24	05:04	18:39	05:07	18:48
31	06:37	17:37			05:47	18:10			05:04	18:39		

交通部中央氣象署製表

中華民國113年日出日沒時刻表
（西元2024年）

日期	七月		八月		九月		十月		十一月		十二月	
臺北市	日出	日沒	日出	日沒	日出	日沒	日出	日沒	日出	日沒	日出	日沒
1	05:08	18:48	05:22	18:39	05:35	18:13	05:46	17:41	06:01	17:13	06:22	17:04
2	05:08	18:48	05:22	18:38	05:35	18:12	05:46	17:40	06:02	17:13	06:23	17:04
3	05:09	18:48	05:23	18:37	05:36	18:11	05:47	17:39	06:03	17:12	06:23	17:04
4	05:09	18:48	05:23	18:37	05:36	18:10	05:47	17:38	06:03	17:11	06:24	17:04
5	05:09	18:48	05:23	18:36	05:36	18:08	05:48	17:37	06:04	17:11	06:25	17:04
6	05:10	18:48	05:24	18:35	05:37	18:07	05:48	17:36	06:05	17:10	06:26	17:04
7	05:10	18:48	05:24	18:35	05:37	18:06	05:49	17:35	06:05	17:10	06:26	17:05
8	05:10	18:48	05:25	18:34	05:37	18:05	05:49	17:34	06:06	17:09	06:27	17:05
9	05:11	18:47	05:25	18:33	05:38	18:04	05:49	17:33	06:07	17:09	06:28	17:05
10	05:11	18:47	05:26	18:33	05:38	18:03	05:50	17:32	06:07	17:08	06:28	17:05
11	05:12	18:47	05:26	18:32	05:39	18:02	05:50	17:31	06:08	17:08	06:29	17:06
12	05:12	18:47	05:27	18:31	05:39	18:01	05:51	17:30	06:09	17:07	06:29	17:06
13	05:13	18:47	05:27	18:30	05:39	18:00	05:51	17:29	06:09	17:07	06:30	17:06
14	05:13	18:46	05:28	18:29	05:40	17:59	05:52	17:28	06:10	17:07	06:31	17:07
15	05:14	18:46	05:28	18:29	05:40	17:58	05:52	17:27	06:11	17:06	06:31	17:07
16	05:14	18:46	05:28	18:28	05:40	17:57	05:53	17:26	06:11	17:06	06:32	17:07
17	05:14	18:46	05:29	18:27	05:41	17:56	05:53	17:25	06:12	17:06	06:32	17:08
18	05:15	18:45	05:29	18:26	05:41	17:55	05:54	17:24	06:13	17:05	06:33	17:08
19	05:15	18:45	05:30	18:25	05:41	17:54	05:54	17:23	06:13	17:05	06:34	17:09
20	05:16	18:45	05:30	18:24	05:42	17:52	05:55	17:22	06:14	17:05	06:34	17:09
21	05:16	18:44	05:30	18:23	05:42	17:51	05:55	17:22	06:15	17:05	06:35	17:10
22	05:17	18:44	05:31	18:22	05:43	17:50	05:56	17:21	06:16	17:04	06:35	17:10
23	05:17	18:43	05:31	18:21	05:43	17:49	05:56	17:20	06:16	17:04	06:36	17:11
24	05:18	18:43	05:32	18:20	05:43	17:48	05:57	17:19	06:17	17:04	06:36	17:11
25	05:18	18:43	05:32	18:20	05:44	17:47	05:57	17:18	06:18	17:04	06:36	17:12
26	05:19	18:42	05:32	18:19	05:44	17:46	05:58	17:18	06:18	17:04	06:37	17:12
27	05:19	18:42	05:33	18:18	05:44	17:45	05:58	17:17	06:19	17:04	06:37	17:13
28	05:20	18:41	05:33	18:17	05:45	17:44	05:59	17:16	06:20	17:04	06:38	17:13
29	05:20	18:40	05:34	18:16	05:45	17:43	06:00	17:15	06:21	17:04	06:38	17:14
30	05:21	18:40	05:34	18:15	05:46	17:42	06:00	17:15	06:21	17:04	06:38	17:15
31	05:21	18:39	05:34	18:14			06:01	17:14			06:39	17:15

交通部中央氣象署製表

資料來源：交通部中央氣象署網站，https://www.cwa.gov.tw/Data/astronomy/Timetable_PDF/sun2024_01taipeicity.pdf。

---

78 洪啟清，緝私法規與緝案處理，財政部財稅人員訓練所編印，79年7月修訂3版，第92頁。

79 查海關緝私條例第7條。勘驗、搜索或扣押貨物之時間，無論船宅，均應一律適用。如認為有現行違犯之情形，依同條但書規定，雖在日沒後、日出前亦得施行（司法院院字第1467號解釋）。

（二）違反本條例之行爲正在進行：所稱「違反本條例之行爲正在進行」即現行違犯之意，指違反本條例之行爲正在進行中。爲免私販利用時間隱匿證據起見，在日沒後、日出前即得依本條但書規定施行勘驗、搜索手續。凡違反本條例之行爲仍在持續當中（如運輸毒品於過境臺灣之際[80]），概認屬行爲正在進行，即得依本條規定於夜間施行勘驗、搜索。

❖司法判解❖

如認現行違犯，勘驗、搜索、扣押貨物亦得在日沒入、日出前施行

查海關緝私條例第 7 條，勘驗、搜索或扣押貨物之時間，無論船宅，均應一律適用。如認爲有現行違犯之情形，依同條但書規定，雖在日沒後、日出前亦得施行（司法院院字第 1467 號解釋）。

第 14 條（勘驗、搜索筆錄）

勘驗、搜索應將經過情形作成筆錄，交被詢問人或在場證人閱覽後，一同簽名或蓋章。如有不能簽名蓋章或拒絕簽名蓋章者，由筆錄制作人記明其事由。

❖立法（修正）說明❖（62/08/14全文修正─行政院版修正說明）

就原條文第 8 條文字修正。

❖法條沿革❖

原條文	說明
（23/06/01 制定） 第 8 條 緝私關員，於施行勘驗搜索，或扣押之後，應將經過情形，作成詳細筆錄，此項筆錄，應交在場證人或被詢問人閱看後，一同簽名或蓋章，如有不簽名或不蓋章者，應於筆錄中記明其事由。	N/A

❖條文說明❖

一、本條乃規範實施勘驗、搜索後之筆錄作成義務及其程序。

二、勘驗、搜索筆錄之作成：

---

80 臺灣高等法院 94 年度上訴字第 92 號刑事判決。

（一）**作成時間**：實施勘驗、搜索後。本條例雖無作成之期限規定，惟鑑於勘驗係由實施勘驗者以自己直接之五官作用親自勘查及體驗關係場所或運輸工具，自不宜加以拖延，以免記憶淡失致所作筆錄失眞。

（二）**製作之人**：宜由直接實施勘驗、搜索之關員製作，以避免傳聞失眞之疑慮。

（三）**筆錄內容**：

1. 即勘驗、搜索之經過情形。
2. 必要時，得繪具圖說或拍照、攝影，詳細記載，並得以錄音、照片、錄影或其他有關物件附錄，以充實證據資料。
3. 如於夜間實施者，應記明其事由。
4. 實施之年、月、日及時間、處所
5. 其他必要之事項。

（四）**交付閱覽**：筆錄作成後交被詢問人或在場證人閱覽。

（五）**一同簽章**：交被詢問人或在場證人閱覽後，製作關員與其一同簽名或蓋章。如有不能簽名蓋章或拒絕簽名蓋章者，由筆錄製作人記明其事由。

第 15 條（提示身分）
海關關員執行緝私職務時，應著制服或佩徽章或提示足以證明其身分之其他憑證。

❖立法（修正）說明❖（62/08/14全文修正）

就原條文第 4 條第 1 項文字修正。

❖法條沿革❖

原條文	說明
（23/06/01 制定） 第 4 條 緝私關員，施行勘驗搜索詢問時，應著制服，或佩徽章，或提示足以證明其職務之其他憑證。 緝私關員施行勘驗搜索詢問，遇有必要時，得邀軍警協助之。	N/A

❖條文說明❖

一、海關關員執行緝私職務時，之所以應著制服或佩徽章或提示足以證明其身分之其他憑證，目的應在使民眾從外觀得知係海關關員刻執行職務，避免民眾因不知係關員正在執行職務而採取防衛或抗拒等作為，造成損害結果。如已知悉關員執行職務而仍施強暴脅迫[81]、當場侮辱[82]者，即有刑法妨害公務相關罪責之適用。

二、參照司法院釋字第535號解釋：「……臨檢進行前應對在場者告以實施之事由，並出示證件表明其為執行人員之身分。……」所揭櫫之正當法律程序，本條所訂提示身分義務，實為正當法律程序之具體明文及核心內涵，自應恪遵無違。

三、實務上雖有關員以身著便服方式進行跟監（如對攜帶應稅或管制物品之旅客，跟蹤監視其是否擇由紅線檯申報通關），惟此著便服執行職務為緝私之輔助調查行為，貴在秘密進行，且未直接干預人民基本權，亦未造成任何權益受損，自毋庸令其知悉，應無受本條之限制，惟攔查時，仍應依本條規定提示身分，方符法制，自不待言。

第16條（協助緝私與逕行查緝）

I 海關緝私，遇有必要時，得請軍警及其他有關機關協助之。

II 軍警機關在非通商口岸發覺違反本條例之情事時，得逕行查緝。但應將查緝結果，連同緝獲私貨移送海關處理。

❖立法（修正）說明❖（67/05/19修正）

第1項增訂其他有關機關，以茲完備、周延。

❖法條沿革❖

原條文	說明
（23/06/01制定） 第4條 緝私關員，施行勘驗搜索詢問時，應著制服，或佩徽章，或提示足以證明其職務之其他憑證。 緝私關員施行勘驗搜索詢問，遇有必要時，得邀軍警協助之。	N/A

81 參考案例：臺灣高雄地方法院91年度易字第374號刑事判決、臺灣基隆地方法院95年度基簡字第8號刑事判決、臺灣高雄地方法院109年度簡字第2432號刑事判決。

82 參考案例：臺灣基隆地方法院98年度基簡字第639號刑事判決、福建金門地方法院103年度易字第51號刑事判決、臺灣士林地方法院107年度易字第829號刑事判決。

原條文	說明
（62/08/14 全文修正） 第 16 條 海關緝私遇有必要時，得請軍警協助之。 軍警機關在非通商口岸發覺違反本條例之情事時，得逕行查緝。但應將查緝結果，連同緝獲私貨移送海關處理。	一、就原條文第 4 條第 2 項文字修正。 二、海關業務量不斷擴增，設關地點以外之貨運查緝工作甚難兼顧，實多仰賴軍警機關（治安單位）協助辦理，乃增訂本條第 2 項就現行軍警機關在未設海關地點查緝私運移送海關處理之實況，納入本條例予以規定，俾有法律依據，以加強緝私工作之配合執行。

❖條文說明❖

一、第1項（協助緝私）

（一）通商口岸之查緝走私，除係對走私犯罪發動偵查外，軍警等協緝機關並無逕行查緝之權，應專屬海關固有之查緝權限，但海關執行緝私遇有必要時，仍得依本條第 1 項規定洽請軍警等機關協助查緝。所謂「**遇有必要**」，應依個案之客觀情事綜合判斷，如認發現重大犯罪應配合埋伏、跟監、監聽，或認將遭施加暴力而需以適當武力防衛安全等情事，均當認爲符合本條請求協助查緝之規定。

（二）至於請求協助查緝之費用負擔、拒絕事由及被請求機關拒絕協助時之處理方式等事項，因本條例未有特別規定，爰仍應依行政程序法第 19 條[83]有關行政協助之規定辦理[84]。

---

[83] 行政程序法第19條規定：「行政機關為發揮共同一體之行政機能，應於其權限範圍內互相協助（Ⅰ）。行政機關執行職務時，有下列情形之一者，得向無隸屬關係之其他機關請求協助：一、因法律上之原因，不能獨自執行職務者。二、因人員、設備不足等事實上之原因，不能獨自執行職務者。三、執行職務所必要認定之事實，不能獨自調查者。四、執行職務所必要之文書或其他資料，為被請求機關所持有者。五、由被請求機關協助執行，顯較經濟者。六、其他職務上有正當理由須請求協助者（Ⅱ）。前項請求，除緊急情形外，應以書面為之（Ⅲ）。被請求機關於有下列情形之一者，應拒絕之：一、協助之行為，非其權限範圍或依法不得為之者。二、如提供協助，將嚴重妨害其自身職務之執行者（Ⅳ）。被請求機關認有正當理由不能協助者，得拒絕之（Ⅴ）。被請求機關認為無提供行政協助之義務或有拒絕之事由時，應將其理由通知請求協助機關。請求協助機關對此有異議時，由其共同上級機關決定之，無共同上級機關時，由被請求機關之上級機關決定之（Ⅵ）。被請求機關得向請求協助機關要求負擔行政協助所需費用。其負擔金額及支付方式，由請求協助機關及被請求機關以協議定之；協議不成時，由其共同上級機關定之（Ⅶ）。」

[84] 法務部 98/08/25 法律字第 0980028991 號函釋：「查行政程序法（以下簡稱本法）第 3 條第 1 項規定：『行政機關為行政行為時，除法律另有規定外，應依本法規定為之。』海關緝私條例第 16 條第 1 項規定：『海關緝私，遇有必要時，得請軍警及其他有關機關協助之。』因海關緝私條例前開規定對請求職務協助之費用負擔、拒絕事由及被請求機關拒絕協助時之處理方式等事項均未有規定，則仍有本法第 19 條有關職務協助規定之適用。」

二、第2項（逕行查緝）

（一）軍警機關之逕行查緝

1. 查緝走私本為海關之當然職責，亦為國際通例，固無分通商口岸或非通商口岸，均以海關為查緝走私之主管機關，惟囿於我國非通商口岸海岸線綿延，加上內陸幅員甚廣，而海關實際人力不足，多難分身在廣大範圍內加以查緝走私，確有賴各地軍警機關協助之需要。為免待海關之洽請協助，以延誤查緝機先，禍至不法走私得逞，實有必要賦予軍警等機關於非通商口岸逕行查緝之權。所稱「逕行查緝」，即不待海關之洽請[85]，即得本於職權執行查緝之意，爰於民國62年修法時，增列本條第2 項規定，明定軍警等協緝機關在非通商口岸得逕行查緝走私，俾符實際需要及取得法律依據。
2. 軍警機關：
(1) 依文義解釋，應指軍事機關及警察機關。軍事機關指依軍事系統所組織之機關而言，即國防部及其所屬單位；至於警察機關，應指編制司法警察執行犯罪偵查之機關，包括內政部警政署與各直轄市、縣（市）警察局、法務部調查局等司法警察機關。
(2) 另，海洋委員會轄下海巡署是否為警察機關，法無明文，惟依海岸巡防法相關規定[86]，海巡機關一方面亦掌理查緝走私，另一方面，海巡機關人員於行使查緝走私之職權及執行犯罪調查職務時，因有準用警察職權行使法及司法警察身分，故似可將海巡機關解為「警察機關」，從而亦屬本條例第 16 條第 2 項所稱「軍警機關」之範疇，而得於非通商口岸逕行查緝。
3. 查緝分工：依行政院 92/02/27 院台財字第 0920009006 號函核定之臺灣地區查緝走私分工與執行配套措施，通商口岸及小三通通航口岸之查緝走私主辦機關為財政部（關稅總局[87]），海域、海岸、河口及非通商口岸等地區則由海巡署主辦（海岸巡防機關

---

85 法務部 79/07/30 法 (79) 檢字第 10930 號函。

86 海岸巡防法第 3 條第 1 項第 3 款規定：「海巡機關掌理下列事項：……三、海域、海岸、河口與非通商口岸之查緝走私、防止非法入出國、執行通商口岸人員之安全檢查及其他犯罪調查。」第 5 條規定「海巡機關人員為執行職務，必要時得進行身分查證及資料蒐集；其職權之行使及權利救濟，除法規另有規定者外，**準用警察職權行使法**第二章及第四章規定。」第 11 條規定：「海巡機關主管業務之簡任職、上校、警監、關務監以上人員，**執行犯罪調查職務時，視同刑事訴訟法第二百二十九條之司法警察官**（Ⅰ）。前項以外海巡機關主管業務之薦任職、上尉、警正、高級關務員以上人員，執行犯罪調查職務時，視同刑事訴訟法第二百三十條之司法警察官（Ⅱ）。前二項以外之海巡機關人員，**執行犯罪調查職務時，視同刑事訴訟法第二百三十一條之司法警察**（Ⅲ）。前三項人員，除原具司法警察身分者外，須經司法警察專長訓練，始得服勤執法；其訓練機構、課程、退訓、考核、證書及其他相關事項之辦法，由海洋委員會定之（Ⅳ）。」

87 因 102 年組織改制，現為財政部關務署。

與海關協調聯繫辦法第3條規定[88]亦有同旨）。

（二）逕行查緝之權能

軍警機關依本條例逕行查緝時，依財政部71/11/04台財稅字第38070號函及79/08/10台財關字第790265769號函釋，僅可**準用或適用**「海關緝私條例」第二章關於「查緝」之規定，如第10條、第13條、第14條有關勘驗、搜索關係場所及第12條有關詢問嫌疑人、證人及其他關係人之規定，尚不得行使本條例「扣押」章所示之權限[89]。

臺灣地區查緝走私分工與執行配套措施

（行政院92年2月27日院台財字第0920009006號函核定）

查緝走私分工執行事項	分工依據及原則	主辦機關	協辦機關
通商口岸（含港區、錨地及其鄰近水域）及小三通通航口岸	一、依「海關緝私條例」第1條、第6條、第16條及「試辦金門馬祖與大陸地區通航實施辦法」第26條、第27條等規定辦理。 二、依「臺灣地區國際港口及機場檢查工作聯繫作業規定」及「通商口岸毒品查緝聯繫作業要點」規定，由海關或會同相關機關辦理。	財政部（關稅總局）	內政部 國防部 法務部 海巡署

88 海岸巡防機關與海關協調聯繫辦法第3條規定：「通商口岸、海域、海岸、河口及非通商口岸查緝走私工作之執行，應依下列原則辦理：一、通商口岸（含港區、錨地及其臨近水域）：由海關辦理。二、海域、海岸、河口及非通商口岸：由海巡機關負責查緝及調查，除法令另有規定外，應將查緝結果，連同緝獲私貨，移送海關處理（Ⅰ）。海巡機關或海關於其管轄區域內發現應由他方辦理之案件時，除應為必要之處置外，並即通知他方機關（Ⅱ）。」

89 財政部81/03/11台財關字第810077042號函。

臺灣地區查緝走私分工與執行配套措施（續）

查緝走私分工執行事項	分工依據及原則	主辦機關	協辦機關
海域、海岸、河口及非通商口岸等地區	一、海岸巡防法第4條第1項第3款及第5條第1項第2款等規定，由巡防機關逕行查緝。 二、依「臺灣地區與大陸地區人民關係條例」第32條及其施行細則第28條至第31條及「對於大陸船舶未經許可進入臺灣地區限制禁止水域之分工事項表」規定辦理對大陸船舶等之查緝。	海巡署	內政部 國防部 財政部 （關稅總局） 法務部

（三）移送海關處理

軍警機關雖依本條第2項規定，具逕行查緝之權，惟海關畢竟爲查緝走私之主管機關[90]，主責私案處分及私貨處理，故第2項規定，軍警機關應將查緝結果，連同緝獲私貨移送海關處理。

❖司法判解❖

私運行爲同時觸犯刑事罪名，涉案貨物並非必同解送，應斟酌案情辦理

凡違反海關緝私條例及戰時管理進口出口物品條例各規定，得由海關沒收之，貨物如經海關適用海關緝私條例將該貨物爲沒收處分，雖該私運貨物之人，因觸犯刑事罪名應由軍法或司法機關審判，但刑事判決內即不得更爲沒收之諭知，至未經海關沒收者，仍得予以沒收，又海關將人犯解案，案內貨物並非必須隨同解送，應斟酌案情辦理（司法院院字第2832號解釋）。

---

90 本條例第1條即開宗明義：「私運貨物進出口之查緝，由海關依本條例之規定為之。」

❖釋示函令❖

1.警察機關逕行查緝時可準用第12條有關詢問之規定

海關緝私條例第 12 條所稱「海關」應不包括協助執行查緝走私漏稅之各警察機關在內。但依同條例第 16 條第 2 項規定：「軍警機關在非通商口岸發覺違反本條例之情事者，得逕行查緝……」因此，警察機關執行「逕行查緝」事項時，似**可準用「海關緝私條例」第二章關於「查緝」之規定**，故其因緝私必要，應可準用該條例第 12 條之規定詢問嫌疑人、證人及其他關係人（財政部 71/11/04 台財稅字第 38070 號函）。

2.海軍艦艇在非通商口岸執行逕行查緝事項，得適用海關查緝規定

主旨：海軍艦艇在非通商口岸執行「逕行查緝」事項時，有無海關緝私條例第 8 條、第 10 條、第 12 條之適用一案。

說明：二、查本部 71/11/04 台財稅字第 38070 號函係根據內政部警政署來函所作解釋，因此函復內容未涉及軍事機關，惟軍事機關與警察機關同係海關緝私條例第 16 條第 2 項規定在非通商口岸得「逕行查緝」之機關，故除通商口岸外，海關緝私條例第二章有關海關查緝之規定，於軍警機關依第 16 條第 2 項逕行查緝時，應均有其適用（財政部 79/08/10 台財關字第 790265769 號函）。

附件：法務部79/07/30法(79)檢字第10930號函

主旨：關於函詢軍警機關在非通商口岸執行「逕行查緝」事項時，有無海關緝私條例第二章關於「查緝」規定之適用疑義乙案。

說明：二、依海關緝私條例第 16 條第 1 項規定：「海關緝私，遇有必要時，得請軍警及其他有關機關協助之」觀之，軍警機關固負有協助海關緝私之職責，但同條第 2 項復規定：「軍警機關在非通商口岸發覺違反本條例之情事時得逕行查緝，但應將查緝結果，連同緝獲私貨移送海關處理」，使軍警機關在非通商口岸有逕行查緝走私之法律依據，旨在彌補海關人力不足，以強化緝私效果。此項「逕行查緝」規定，**在適用上係不待海關之洽請**，與同條第 1 項規定軍警機關協助海關緝私，須經海關請求，及僅係居於協助地位不同。且法文既規定「逕行查緝」，與第二章章名「查緝」雷同，故除通商口岸外，第二章有關海關查緝之規定，於軍警機關依第 16 條第 2 項逕行查緝時，似均有其適用。

3.軍警在非通商口岸執行逕行查緝時，不得依海關緝私條例行使扣押權

主旨：軍警機關在非通商口岸執行逕行查緝事項時，有無海關緝私條例第三章扣押規定之適用疑義一案，請轉知各地區關稅局並函請有關軍警機關配合辦理。

說明：一、根據法務部 81/02/24 法 (81) 律字第 02520 號函辦理。二、本案經本部函准法務部本（81）年 2 月 24 日函復略以：「軍警機關在非通商口岸執行逕行查緝事項時，雖依第 16 條第 2 項但書規定，應將查緝結果，連同私貨移送海關處理，惟此等行為，應屬逕行查緝之權限範圍，**尚難認軍警機關得行使扣押權限，自無海關緝私條例第三章『扣押』規定之適用。**」（財政部 81/03/11 台財關字第 810077042 號函）。

> **附件：法務部81/02/24法(81)律字第02520號函**
>
> **主旨**：關於軍警機關在非通商口岸執行「逕行查緝」事項時，有無海關緝私條例第三章「扣押」規定之適用疑義乙案。
>
> **說明**：二、按「扣押」係關於人民財產之權利、義務事項，故扣押權限之行使，以法律有明文規定者為限（參照中央法規標準法第 5 條第 2 款規定，並參考最高法院 69 年台上字第 2412 號判例意旨）。查海關緝私條例第 16 條第 2 項規定：「軍警機關在非通商口岸發覺違反本條例之情事時，得逕行查緝，但應將查緝結果，連同私貨移送海關處理。」揆其意旨，乃僅賦予軍警機關在非通商口岸有逕行查緝之權限。又查上開條例第二章規定「查緝」，第三章規定「扣押」，明確區分「查緝」與「扣押」之概念，而第 16 條第 2 項係列於第二章之中，第三章亦未明文規定軍警機關得行使扣押權限。故軍警機關在非通商口岸執行逕行查緝事項時，雖依第 16 條第 2 項但書規定，應將查緝結果，連同私貨移送海關處理，惟此等行為，應屬逕行查緝之權限範圍，尚難認軍警機關得行使扣押權限，自無海關緝私條例第三章「扣押」規定之適用。

4.修正大陸船舶未經許可進入臺灣地區限制禁止水域案分工事項表

行政院大陸委員會函檢送行政院 92 年 6 月 10 日核定之「大陸船舶未經許可進入臺灣地區限制禁止水域案分工事項表」一份如附件，請查照並轉知各關稅局辦理（財政部 92/06/25 台財關字第 0920037995 號函）。

附件：行政院大陸委員會92/06/10院台秘字第0920086579號函

所報修正「大陸船舶未經許可進入臺灣地區限制禁止水域案分工事項表」一案，准予照案核定。

大陸船舶未經許可進入臺灣地區限制禁止水域案分工事項表

項目	分工事項	依據	主（協）辦機關
一、有關臺灣地區限制、禁止水域處理之範圍	本案之處理包括國防部公告之臺灣、澎湖、金門、馬祖、東引、烏坵、東沙、南沙地區限制、禁止水域，以及海岸巡防機關所掌理事項之區域範圍。	臺灣地區與大陸地區人民關係條例（以下簡稱兩岸條例）第29條第2項 海岸巡防法第4條	國防部 海巡署 （各有關機關）
二、大陸船舶未經許可進入我水域之處理方式	（一）大陸船舶進入我限制水域者，予以驅離；進入禁止水域者，強制驅離。 （二）如發現可疑者，均予實施檢查；驅離無效、涉及走私或進入禁止水域從事非法漁業行為者，扣留其船舶、物品及留置其人員。 （三）進入臺灣、澎湖禁止水域從事漁撈行為者，得扣留其船舶、物品及留置其人員。	臺灣地區與大陸地區人民關係條例施行細則（以下簡稱兩岸條例施行細則）第28條[91]第1款、第2款、第3款及第29條[92]第1項、第2項	海巡署 （國防部 財政部 陸委會）

91　即現行第42條。

92　即現行第43條。

大陸船舶未經許可進入臺灣地區限制禁止水域案分工事項表（續）

項目	分工事項	依據	主（協）辦機關
	（四）被扣留之船舶，經查證有搶劫、走私、從事非法漁業、搭載兩岸人民非法入出境、對執行檢查任務之船艦有敵對等行為，沒入之；被扣留之船舶，有從事漁撈行為，或被扣留2次以上紀錄者，得沒入之。		
三、在海上查獲大陸偷渡犯之處理方式	大陸船舶經查證有搭載大陸地區人民非法入境之行為者，緝獲單位逕沒入該船舶，所載之偷渡犯依規定解送處理中心收容遣返。	兩岸條例施行細則第29條第1項第3款	海巡署 內政部 （國防部 陸委會）
四、大陸船舶涉嫌在我水域走私或從事非法漁業行為之處理方式	大陸船舶經查證在我水域有走私或從事非法漁業行為者，緝獲單位逕沒入該船舶，犯罪涉嫌人由緝獲單位依法調查後，移送檢察機關偵辦。	兩岸條例施行細則第29條第1項第2款	海巡署 財政部 （國防部 法務部 陸委會）
五、對於沒入大陸船舶之處理方式	對於沒入之大陸漁船（筏），交由農委會處理；其他船舶，由交通部處理。	兩岸條例施行細則第29條	農委會 交通部 （國防部 海巡署）
六、對於緝獲大陸船舶上載運之走私物品及違禁品之處理方式	（一）毒品：由海關查獲者，移送法務部辦理，並依規定移送地檢署偵辦。如由司法警察機關查獲者，依規定移送地檢署偵辦。	海關緝私條例 毒品危害防制條例 獲案毒品處理流程管制作業要點 通商口岸毒品查緝聯繫作業要點	內政部 國防部 法務部 海巡署 （財政部）

大陸船舶未經許可進入臺灣地區限制禁止水域案分工事項表（續）

項目	分工事項	依據	主（協）辦機關
	（二）武器槍砲彈藥及列管之刀械：由海關查獲者，移送警察機關辦理，並依規定移送地檢署偵辦。	海關緝私條例 槍砲彈藥刀械管制條例	內政部 國防部 法務部 海巡署 （財政部）
	（三）菸酒類：由處分機關依菸酒管理法施行細則第19條[93]規定處理。	菸酒查緝及檢舉案件處理作業要點第43點	財政部 地方菸酒主管機關 （內政部 國防部 法務部 海巡署）
	（四）農漁牧及保育類產品：依走私進口農產品處理辦法[94]、走私進口動物及其產品處理方式及保育法規等規定由農委會或其指定單位處理外，餘依海關變賣貨物及運輸工具處理程序處理。	走私進口農產品處理辦法 走私進口動物及其產品處理方式[95] 海關變賣貨物及運輸工具處理程序	財政部 農委會 （內政部國防部法務部海巡署）

93　即現行第26條。

94　現為「走私進口農產品處理要點」。

95　業經行政院農業委員會於96年12月13日停止適用。

大陸船舶未經許可進入臺灣地區限制禁止水域案分工事項表（續）

項目	分工事項	依據	主（協）辦機關
	（五）其他：由海關依海關變賣貨物及運輸工具處理程序規定或洽主管機關意見處理。	海關變賣貨物及運輸工具處理程序	財政部 （有關主管機關）
七、對於大陸漁船在我水域發生緊急事故之處理方式	（一）原船於維修後仍適航時，由救援單位提供人道協助，並儘速將人、船強制驅離；原船確定無法適航時，由救援單位囑託海基會轉知大陸方面協商遣送方式。 （二）船上人員須緊急就醫者 1. 金門、馬祖水域：得申請進入金門、馬祖就醫。 2. 金門、馬祖以外水域：由救援單位視情形送往最近之公立醫療處所，並協調當地治安機關支援戒護工作，後續醫療費用之暫支、遣送方式及入出境等事宜，視情形由陸委會授權海基會及協調海巡署、境管局等機關處理。	兩岸條例施行細則第28條 大陸地區人民及香港澳門居民強制出境處理辦法第2條 試辦金門馬祖與大陸地區通航實施辦法[96]第12條第4項、第5項 海岸巡防機關與警察及消防機關協調聯繫辦法[97]	內政部 海巡署 行政院國家搜救指揮中心 國防部 （陸委會）

---

[96] 現為「金門馬祖澎湖與大陸地區通航實施辦法」。

[97] 現為「海岸巡防機關與警察移民及消防機關協調聯繫辦法」。

第 16 條之 1（犯罪之發現及移送）
海關執行緝私，或軍警機關依前條協助緝私或逕行查緝，發現有犯罪嫌疑者，應立即依法移送主管機關處理。

❖立法（修正）說明❖（67/05/19增訂）

配合懲治走私條例第 1 條規定，爰增訂本條，明定海關執行緝私或軍警機關依第 16 條規定協助緝私或逕行查緝發現有犯罪嫌疑者，應迅即依法移送主管機關（司法或軍法機關）處理；俾執行人員提高警覺，迅速處理，以免貽誤時機。

❖條文說明❖

一、海關執行緝私，或軍警機關協助緝私或逕行查緝，有發現犯罪嫌疑，本應依刑事訴訟法第 241 條規定：「公務員因執行職務知有犯罪嫌疑者，應為告發。」及軍事審判法第 130 條第 1 項規定：「不問何人知現役軍人有犯罪嫌疑者，得為告發。」為犯罪之告發及移送案件。故縱未增訂本條規定，海關執行職務發現犯罪嫌疑者，亦負告發之義務，並無裁量權。

二、揆諸本條「……應『迅即』依法移送主管機關（即司法機關或軍事機關）處理；俾執行人員提高警覺，迅速處理，以免貽誤時機」之立法意旨，本條與上開刑事訴訟法第 241 條規定之差別，應在本條要求應「立即」移送，以避免貽誤偵查時機。

三、發現有犯罪嫌疑：

（一）法務部 99/07/13 法檢字第 0999027790 號函釋：「刑事訴訟法第 241 條規定：『公務員因執行職務知有犯罪嫌疑者，應為告發。』所稱『犯罪嫌疑』，是指『簡單的開始嫌疑』，只要有事實上之根據，依照一般刑事犯罪偵查經驗判斷可能涉及刑事案件者，即為已足。」海關屬行政機關，僅具行政調查權而無刑事偵查權，於執行職務發現有觸犯刑事法律規定之犯罪情形，即有告發義務，至於是否確已構成犯罪，則應由檢察官或法院審認之。

（二）海關執行緝私任務或執行其他法定職務，多有發現可疑違反貨品相關行政刑法規定之貨物，如與貨品主管機關間對於有無犯罪嫌疑之事實認定意見不同時（例如查緝走私時發現夾藏未申報之可疑藥錠、膠囊，因數量稀少不足化驗成分），究應由海關或貨品主管機關移送，法無明文，惟參據法務部 101/07/02 法檢字第 10100124160 號函釋：「……然犯罪事實有無之調查及認定，並非行政機關之職權，如數行政機關間對於有無犯罪嫌疑之事實認定意見不同時，應無處理該爭議之必要，認有犯罪嫌疑之行政機關，得依刑訴法第 241 條、第 242 條規定，向檢察官或司法警察官告發，檢察官及司法警察官因告發知有犯罪嫌疑者，應即開始調查。換言之，**行政機關是否應舉發移送檢察機關偵辦，須視是否於執行職務過程發現犯罪嫌疑而定**（本部101/07/02法檢字第10100124160號函參照），**如數行政機關間認定不同，由認有犯罪嫌疑之機關依刑訴法告發即可**。」即應由認有犯罪嫌疑之機關告發。

四、移送程序：

（一）製作移送書。依行政機關與司法機關辦理行政罰及刑事罰競合案件業務聯繫辦法（下稱聯繫辦法）第2條規定：「行政機關依本法第三十二條第一項規定移送案件，移送書應記載下列事項：一、行為人之姓名、性別、出生年月日、出生地、住居所、身分證明文件字號或其他足資辨別之特徵。二、犯罪事實及證據並所涉法條。三、所涉違反行政法上之義務及裁處規定。四、移送之扣留物如依第五條第一項但書規定處理者，其協調內容或法規依據。五、司法機關應依第三條、第四條及第七條規定通知原移送機關之意旨。」

（二）一併移送扣留物。聯繫辦法第5條規定：「行政機關依本法第三十二條第一項規定移送案件，應將扣留物一併移送。但移送案件前，已與司法機關協調處理方式，或法律有特別規定者，不在此限（Ⅰ）。前項情形，行政機關依本法第三十九條規定毀棄、拍賣或變賣扣留物者，應先為保全證據之必要處置（Ⅱ）。」

（三）下列案件，尚須注意應依財政部關務署108/04/18台關稅字第1081008069號函釋原則辦理：

1. **以刑法第216條規定移送案件**：應視行使偽造或變造發票之事證及違法主體是否明確而異其移送機關。如行使偽造或變造發票之事證及違法主體明確，即應依刑事訴訟法第241條規定移送地方檢察署；如尚不明確，則先行移送警、調機關調查。
2. **以刑法第255條規定移送案件**：應視進口人為自然人（獨資商號）或法人而異其處理流程，並依現有證據初步審酌進口人是否出於「故意」。如進口人為自然人或獨資商號，除依現有證據已足以認定行為人非出於故意，由海關將其函送經濟部國際貿易局（下稱貿易局）行政裁處，不移送刑事偵辦，其餘情形，基於刑事優先原則，一律移送刑事偵辦，並副知貿易局；如進口人為法人，除依現有證據已足以認定進口人涉故意情事，由海關將負責人移送刑事偵辦，並將法人函送貿易局行政裁處，其餘情形，僅將法人函送貿易局行政裁處。
3. **以稅捐稽徵法第41條規定移送案件**：應審酌是否符合「稅捐稽徵法第四十一條所定納稅義務人逃漏稅行為移送偵辦注意事項」[98]。

---

98 稅捐稽徵法第四十一條所定納稅義務人逃漏稅行為移送偵辦注意事項：「納稅義務人有下列情形之一而

五、另軍警等協緝機關查獲走私犯罪，逕行移送司法機關追訴刑責並通知海關，海關雖毋庸重複移送，惟仍應追蹤該刑案之發展，是否有行政罰法第 26 條第 2 項規定情事而得依違反本條例之規定處罰，或甚先就非屬犯罪行爲人（如公司代表人）而爲違反行政法上義務之行爲主體（即公司法人）予以行政裁罰，以免刑案久懸未決而最終罹於裁處權時效。

❖精選案例❖

1. 懲治走私條例第 2 條第 1 項走私罪[99]：報運進口家用物品雜項貨物（household miscellaneous），經查驗結果，來貨爲大陸地區產製之香菇、香菇絲及黑木耳，其重量逾公告數額（1,000 公斤）[100]。
2. 刑法第 138 條隱匿公務員職務上掌管之物品罪[101]：爲行調包走私，隱匿進儲於保稅倉庫未驗放之洋酒[102]。
3. 刑法第 139 條損壞封印罪[103]：損壞海關於樣品袋上加封之專用封條[104]。
4. 刑法第 216 條行使變造私文書罪[105]：報關業從業人員變造發票將交易條件 EXW 變造

故意逃漏稅捐者，應予移送偵辦：一、無進貨或支付事實，而虛報成本、費用或進項稅額者。二、偽造變造統一發票、照證、印戳、票券、帳冊或其他文據者。三、開立收執聯金額大於存根聯金額之統一發票或收據者。四、漏開或短開統一發票同一年內達三次以上者。五、利用他人名義從事交易、隱匿財產、分散所得或其他行為者。六、使用不實之契約、債務憑證或其他文據者。**七、其他逃漏稅捐行為，對納稅風氣有重大不良影響者。**」

99 懲治走私條例第 2 條規定：「**私運管制物品進口、出口者**，處七年以下有期徒刑，得併科新臺幣三百萬元以下罰金（Ⅰ）。前項之未遂犯罰之（Ⅱ）。第一項之管制物品，由行政院依下列各款規定公告其管制品項及管制方式：一、為防止犯罪必要，禁止易供或常供犯罪使用之特定器物進口、出口。二、為維護金融秩序或交易安全必要，禁止偽造、變造之各種貨幣及有價證券進口、出口。三、為維護國民健康必要，禁止、限制特定物品或來自特定地區之物品進口。四、為維護國內農業產業發展必要，禁止、限制來自特定地區或一定數額以上之動植物及其產製品進口。五、為遵守條約協定、履行國際義務必要，禁止、限制一定物品之進口、出口（Ⅲ）。」

100 基隆地方法院 103 年度訴字第 452 號刑事判決。

101 中華民國刑法第 138 條規定：「毀棄、損壞或隱匿公務員職務上掌管或委託第三人掌管之文書、圖畫、物品，或致令不堪用者，處五年以下有期徒刑。」

102 基隆地方法院 94 年度訴緝字第 29 號刑事判決。

103 中華民國刑法第 139 條第 1 項規定：「損壞、除去或污穢公務員所施之封印或查封之標示，或為違背其效力之行為者，處二年以下有期徒刑、拘役或二十萬元以下罰金。」第 215 條規定：「從事業務之人，明知為不實之事項，而登載於其業務上作成之文書，足以生損害於公眾或他人者，處三年以下有期徒刑、拘役或一萬五千元以下罰金。」第 216 條規定：「行使第二百一十條至第二百一十五條之文書者，依偽造、變造文書或登載不實事項或使登載不實事項之規定處斷。」

104 臺灣高等法院 101 年度上易字第 878 號刑事判決。

105 中華民國刑法第 210 條規定：「偽造、變造私文書，足以生損害於公眾或他人者，處五年以下有期徒刑。」第 216 條規定：「行使第二百一十條至第二百一十五條之文書者，依偽造、變造文書或登載不實事項或使登載不實事項之規定處斷。」

爲 FOB 並爲行使[106]。

5. 刑法第 215 條[107]業務登載不實罪及第 216 條行使僞造文書罪：捏造不實之訂購單內容及報單並爲行使，諉稱委託中國大陸廠商進行加工成衣[108]。
6. 刑法第 349 條搬運贓物罪[109]：查獲出口貨櫃夾藏贓車[110]。
7. 刑法第 255 條第 2 項輸入虛僞標記原產國商品罪[111]：報運貨物進口，經查驗結果發現，雖未涉及虛報，惟來貨之原產國標記存有虛僞情事[112]。
8. 槍砲彈藥刀械管制條例第 14 條第 1 項運輸刀械罪[113]：查獲以快遞方式進口管制刀械（武士刀）[114]。
9. 毒品危害防制條例第 4 條第 1 項運輸第一級毒品罪[115]：機場攔檢入境旅客查獲其所穿

---

106 基隆地方法院 102 年度基簡字第 1059 號刑事簡易判決附件「臺灣基隆地方法院檢察署檢察官聲請簡易判決處刑書」。

107 中華民國刑法第 210 條規定：「偽造、變造私文書，足以生損害於公眾或他人者，處五年以下有期徒刑。」第 215 條規定：「從事業務之人，明知為不實之事項，而登載於其業務上作成之文書，足以生損害於公眾或他人者，處三年以下有期徒刑、拘役或一萬五千元以下罰金。」第 216 條規定：「行使第二百一十條至第二百一十五條之文書者，依偽造、變造文書或登載不實事項或使登載不實事項之規定處斷。」

108 基隆地方法院 100 年度基簡字第 1250 號刑事簡易判決附件「臺灣基隆地方法院檢察署檢察官聲請簡易判決處刑書」。

109 中華民國刑法第 349 條規定：「收受、**搬運**、寄藏、故買**贓物**或媒介者，處五年以下有期徒刑、拘役或科或併科五十萬元以下罰金（Ⅰ）。因贓物變得之財物，以贓物論（Ⅱ）。」

110 臺灣高等法院高雄分院 94 年度上易字第 533 號刑事判決。

111 中華民國刑法第 255 條規定：「意圖欺騙他人，而**就商品之原產國或品質，為虛偽之標記或其他表示**者，處一年以下有期徒刑、拘役或三萬元以下罰金（Ⅰ）。明知為前項商品而販賣，或意圖販賣而陳列，或自外國**輸入**者，亦同（Ⅱ）。」

112 基隆地方法院 104 年度基簡字第 694 號刑事簡易判決附件「臺灣基隆地方法院檢察署檢察官起訴書」。

113 槍砲彈藥刀械管制條例第 14 條規定：「未經許可，製造、販賣或**運輸刀械**者，處三年以下有期徒刑，併科新臺幣一百萬元以下罰金（Ⅰ）。意圖供自己或他人犯罪之用，而犯前項之罪者，處六月以上五年以下有期徒刑，併科新臺幣三百萬元以下罰金（Ⅱ）。未經許可，持有或意圖販賣而陳列刀械者，處一年以下有期徒刑、拘役或新臺幣五十萬元以下罰金（Ⅲ）。第一項及第二項之未遂犯罰之（Ⅳ）。」

114 桃園地方法院 104 年度易字第 1030 號刑事判決。

115 毒品危害防制條例第 2 條規定：「本條例所稱毒品，指具有成癮性、濫用性及對社會危害性之麻醉藥品與其製品及影響精神物質與其製品（Ⅰ）。毒品依其成癮性、濫用性及對社會危害性分為四級，其品項如下：一、第一級　海洛因、嗎啡、鴉片、古柯鹼及其相類製品（如附表一）。二、第二級　罌粟、古柯、大麻、安非他命、配西汀、潘他唑新及其相類製品（如附表二）。三、第三級　西可巴比妥、異戊巴比妥、納洛芬及其相類製品（如附表三）。四、第四級　二丙烯基巴比妥、阿普唑他及其相類製品（如附表四）（Ⅱ）。前項毒品之分級及品項，由法務部會同衛生福利部組成審議委員會，每三個月定期檢討，審議委員會並得將具有成癮性、濫用性、對社會危害性之虞之麻醉藥品與其製品、影響精神物質與其製品及與該等藥品、物質或製品具有類似化學結構之物質進行審議，並經審議通過後，報由行政院公告調整、增減之，並送請立法院查照（Ⅲ）。醫藥及科學上需用之麻醉藥品與其製品及影響精神物質與其製品之管理，另以法律定之（Ⅳ）。」第 4 條規定：「製造、**運輸**、販賣**第一級毒品**者，處死刑或無期徒刑；處無期徒刑者，得併科新臺幣三千萬元以下罰金（Ⅰ）。製造、運輸、販賣第二級毒品者，處無期徒刑或十年以上有期徒刑，得併科新臺幣一千五百萬元以下罰金（Ⅱ）。製造、運輸、販賣著之涼鞋、球鞋底藏有第一級毒品海洛因[116]。

10. 藥事法第82條第1項規定[117]：查獲涉嫌輸入禁藥（溫灸艾草條）[118]。
11. 藥事法第84條第1項規定[119]：查獲入境旅客擅自輸入醫療器材（移植用骨粉及牙槽填補裝置）[120]。
12. 農藥管理法第47條規定[121]：進口貨物虛報貨名輸入偽農藥（阿維菌素，俗稱黑藥水）[122]。
13. 動物用藥品管理法第33條規定[123]：查獲快遞貨物內有禁止輸入之動物用禁藥

第三級毒品者，處七年以上有期徒刑，得併科新臺幣一千萬元以下罰金（Ⅲ）。製造、運輸、販賣第四級毒品者，處五年以上十二年以下有期徒刑，得併科新臺幣五百萬元以下罰金（Ⅳ）。製造、運輸、販賣專供製造或施用毒品之器具者，處一年以上七年以下有期徒刑，得併科新臺幣一百五十萬元以下罰金（Ⅴ）。前五項之未遂犯罰之（Ⅵ）。」

116 臺灣高等法院98年度上訴字第1875號刑事判決。

117 藥事法第82條規定：「製造或**輸入偽藥或禁藥**者，處十年以下有期徒刑，得併科新臺幣一億元以下罰金（Ⅰ）。犯前項之罪，因而致人於死者，處無期徒刑或十年以上有期徒刑，得併科新臺幣二億元以下罰金；致重傷者，處七年以上有期徒刑，得併科新臺幣一億五千萬元以下罰金（Ⅱ）。因過失犯第一項之罪者，處三年以下有期徒刑、拘役或科新臺幣一千萬元以下罰金（Ⅲ）。第一項之未遂犯罰之（Ⅳ）。」第87條規定：「法人之代表人，法人或自然人之代理人、受雇人，或其他從業人員，因執行業務，犯第八十二條至第八十六條之罪者，除依各該條規定處罰其行為人外，對該法人或自然人亦科以各該條十倍以下之罰金。」中華民國刑法第215條規定：「**從事業務之人，明知為不實之事項，而登載於其業務上作成之文書**，足以生損害於公眾或他人者，處三年以下有期徒刑、拘役或一萬五千元以下罰金。」第216條規定：「**行使第二百一十條至第二百一十五條之文書者**，依偽造、變造文書或登載不實事項或使登載不實事項之規定處斷。」

118 基隆地方法院100年度訴字第445號刑事判決。

119 行為時藥事法第84條規定：「**未經核准擅自**製造或**輸入醫療器材**者，處三年以下有期徒刑，得併科新臺幣一千萬元以下罰金（Ⅰ）。明知為前項之醫療器材而販賣、供應、運送、寄藏、牙保、轉讓或意圖販賣而陳列者，依前項規定處罰之（Ⅱ）。因過失犯前項之罪者，處六月以下有期徒刑、拘役或科新臺幣五百萬元以下罰金（Ⅲ）。」

120 桃園地方法院103年度桃簡字第1883號刑事簡易判決。

121 農藥管理法第7條規定：「本法所稱**偽農藥**，指農藥有下列各款情形之一者：一、未經核准擅自製造、加工、輸入或仿冒國內外產品。二、摻雜其他有效成分之含量超過中央主管機關所定之限量基準。三、抽換國內外產品。四、塗改或變更有效期間之標示。五、所含有效成分之名稱與核准不符。」第47條規定：「製造、加工、分裝或**輸入**第七條第一款之偽農藥者，處六月以上五年以下有期徒刑，併科新臺幣一百萬元以上五百萬元以下罰金（Ⅰ）。前項之未遂犯罰之（Ⅱ）。」

122 臺灣高等法院高雄分院99年度上訴字第309號判決。

123 動物用藥品管理法第5條規定：「本法所稱動物用禁藥，指動物用藥品有下列各款情形之一者：一、經中央主管機關公告禁止製造、調劑、輸入、輸出、販賣或陳列。二、未經核准擅自輸入。但旅客或隨交通工具服務人員攜帶第三條第一款以外動物用藥品入境，供自家寵物使用，且符合一定種類、劑型及數量者，不在此限（Ⅰ）。前項第二款之一定種類、劑型及數量，由中央主管機關會同財政部公告之（Ⅱ）。」第33條規定：「製造或輸入動物用偽藥或禁藥者，除有第五條第一項第二款但書所定情形外，處一年以上七年以下有期徒刑，併科新臺幣四百五十萬元以下罰金（Ⅰ）。犯前項之罪，因而致人於死者，處無期徒刑或七年以上有期徒刑；致重傷者，處三年以上十年以下有期徒刑（Ⅱ）。因過失犯第一項之罪者，處三年以下有期徒刑、拘役或科新臺幣五十萬元以下罰金（Ⅲ）。第一項之未遂犯罰之（Ⅳ）。」

（Vetmedin）[124]。

14. 菸酒管理法第45條第2項規定[125]：報運進口不隨身行李，查獲內含匿未申報之酒類貨物，涉嫌輸入私酒[126]。
15. 商標法第97條規定[127]：查獲進口仿冒音響[128]。
16. 野生動物保育法第40條第1款規定[129]：報運貨物進口，輸入保育類野生動物產製品（「金龜」龜板）[130]。

---

124 臺灣士林地方法院111年度審簡字第863號刑事判決。

125 菸酒管理法第45條規定：「產製私菸、私酒者，處新臺幣五萬元以上一百萬元以下罰鍰。但查獲物查獲時現值超過新臺幣一百萬元者，處查獲物查獲時現值一倍以上五倍以下罰鍰，最高以新臺幣一千萬元為限（Ⅰ）。**輸入私菸、私酒者**，處三年以下有期徒刑，得併科新臺幣二十萬元以上一千萬元以下罰金（Ⅱ）。產製或輸入私菸、私酒未逾一定數量且供自用，或入境旅客隨身攜帶菸酒，不適用前二項之規定（Ⅲ）。入境旅客隨身攜帶菸酒超過免稅數量，未依規定向海關申報者，超過免稅數量之菸酒由海關沒入，並由海關分別按每條捲菸、每磅菸絲、每二十五支雪茄或每公升酒處新臺幣五百元以上五千元以下罰鍰，**不適用海關緝私條例之處罰規定**（Ⅳ）。第三項所稱之一定數量，由中央主管機關公告之（Ⅴ）。」

126 基隆地方法院104年度易字第24號刑事判決。

127 商標法第95條第1項規定：「未得商標權人或團體商標權人同意，有下列情形之一，處三年以下有期徒刑、拘役或科或併科新臺幣二十萬元以下罰金：一、於同一商品或服務，使用相同於註冊商標或團體商標之商標者。二、於類似之商品或服務，使用相同於註冊商標或團體商標之商標，有致相關消費者混淆誤認之虞者。三、於同一或類似之商品或服務，使用近似於註冊商標或團體商標之商標，有致相關消費者混淆誤認之虞者。」第96條規定：「未得證明標章權人同意，於同一或類似之商品或服務，使用相同或近似於註冊證明標章之標章，有致相關消費者誤認誤信之虞者，處三年以下有期徒刑、拘役或科或併科新臺幣二十萬元以下罰金（Ⅰ）。意圖供自己或他人用於與註冊證明標章同一商品或服務，未得證明標章權人同意，為行銷目的而製造、販賣、持有、陳列、輸出或輸入附有相同或近似於註冊證明標章之標籤、吊牌、包裝容器或與服務有關之物品者，處三年以下有期徒刑、拘役或科或併科新臺幣二十萬元以下罰金（Ⅱ）。前項之行為透過電子媒體或網路方式為之者，亦同（Ⅲ）。」第97條規定：「販賣或意圖販賣而持有、陳列、輸出或輸入他人所為之前二條第一項商品者，處一年以下有期徒刑、拘役或科或併科新臺幣五萬元以下罰金（Ⅰ）。前項之行為透過電子媒體或網路方式為之者，亦同（Ⅱ）。」

128 基隆地方法院101年度基智簡第9號刑事簡易判決附件「臺灣基隆地方法院檢察署檢察官聲請簡易判決處刑書」。

129 野生動物保育法第24條規定：「野生動物之活體及保育類野生動物之產製品，非經中央主管機關之同意，不得輸入或輸出（Ⅰ）。保育類野生動物之活體，其輸入或輸出，以學術研究機構、大專校院、公立或政府立案之私立動物園供教育、學術研究之用為限（Ⅱ）。海洋哺乳類野生動物活體及產製品，非經中央主管機關同意，不得輸入或輸出（Ⅲ）。海洋哺乳類野生動物活體及產製品之輸入或輸出，以產地國原住民族傳統領域內住民因生存所需獵捕者為限（Ⅳ）。輸入海洋哺乳類野生動物活體及產製品，須提出前項證明文件（Ⅴ）。未經中央主管機關之同意輸入、輸出、買賣、陳列、展示一般類海洋哺乳類野生動物活體及產製品者，準用本法一般類野生動物之管理與處罰規定，並得沒入之（Ⅵ）。」第40條規定：「有下列情形之一，處六月以上五年以下有期徒刑，得併科新臺幣三十萬元以上一百五十萬元以下罰金：一、違反第二十四條第一項規定，未經中央主管機關同意，輸入或輸出保育類野生動物之活體或其產製品者。二、違反第三十五條第一項規定，未經主管機關同意，買賣或意圖販賣而陳列、展示保育類野生動物或其產製品者。」

130 基隆地方法院99年度訴字第248號刑事判決。

17. 動物傳染病防治條例第 41 條第 1 項規定[131]：入境旅客經攔查獲口袋內藏有疫區國家禁止輸入之檢疫物（未孵化鸚鵡受精蛋）[132]。
18. 植物防疫檢疫法第 22 條第 1 項規定[133]：空運快遞進口貨物內查獲大陸地區柑橘[134]、有害生物（螞蟻）[135]；海運快遞進口貨物內查獲含土壤植株[136]。

---

[131] 動物傳染病防治條例第 33 條第 1 項第 1 款規定：「中央主管機關為維護動物及人體健康之需要，應公告外國動物傳染病之疫情狀態，並就應施檢疫物採取下列檢疫措施：一、禁止輸入、過境或轉口。」第 41 條規定：「擅自輸入第三十三條第一項第一款規定禁止輸入之應施檢疫物者，處七年以下有期徒刑，得併科新臺幣三百萬元以下罰金（Ⅰ）。前項禁止輸入之應施檢疫物，不問屬於何人所有，輸出入動物檢疫機關得於第一審法院宣告沒收前逕予沒入（Ⅱ）。法人之代表人、法人或自然人之代理人、受雇人或其他從業人員，因執行業務，犯第一項之罪者，除處罰其行為人外，**對該法人或自然人亦科以第一項之罰金**。但法人之代表人或自然人對於犯罪之發生，已盡力為防止行為者，對該法人或自然人，不予處罰（Ⅲ）。」

[132] 臺灣桃園地方法院 112 年度審簡字第 1722 號刑事判決。

[133] 植物防疫檢疫法第 14 條規定：「中央主管機關得依據有害生物疫情及危害風險，就檢疫物之輸入，公告檢疫規定，採取下列檢疫措施：一、禁止輸入。二、依檢疫條件管理。三、隔離檢疫（Ⅰ）。前項檢疫規定包括檢疫物、有害生物種類、特定國家或地區、檢疫條件、採取之措施方式與內容及其他相關事項（Ⅱ）。政府機關（構）、公營事業機構、學校、法人或依法設立登記之團體，為供實驗、研究、教學、依法寄存或展覽之目的，得申請中央主管機關核准後，輸入、分讓使用第一項第一款禁止輸入之檢疫物；其輸入、分讓使用之申請程序、申報、安全管制措施、處理方式、使用紀錄、報告或著作之製作與保存及其他應遵行事項之辦法，由中央主管機關定之（Ⅲ）。具繁殖力之檢疫物未有自該輸出國家、地區輸入之紀錄者，輸出國、輸入人或其代理人應先檢附風險評估所需相關資料，經植物檢疫機關核准後，始得輸入。風險評估期間，植物檢疫機關得要求輸出國或由輸入人或其代理人洽輸出國植物檢疫機關提供補充資料，或派員前往輸出國查證確認；查證所需費用由輸出國或輸入人負擔，並依相關法令規定辦理。風險評估之申請方式、所需文件、資料、實施方法及程序，由中央主管機關定之（Ⅳ）。輸入第一項第三款應施隔離檢疫之檢疫物，其隔離檢疫之申請程序、隔離作業程序、隔離圃場之設置條件及其他應遵行事項之辦法，由中央主管機關定之（Ⅴ）。」第 15 條規定：「下列物品，不得輸入：一、有害生物。二、用於防治有害生物之天敵、拮抗生物或競爭性生物及其他生物體之生物防治體。但經中央主管機關評估確認無疫病蟲害風險者，或依農藥管理法核准輸入之微生物製劑，不在此限。三、土壤。四、附著土壤之植物、植物產品或其他物品。五、前四款物品所使用之包裝、容器（Ⅰ）。政府機關（構）、公營事業機構、學校、法人或依法設立登記之團體有下列情形之一者，得申請中央主管機關核准輸入前項物品：一、供實驗、研究、教學或展覽之用。二、依法寄存前項第一款、第二款物品。三、以前項第一款、第二款物品為原料，產製不具傳播有害生物風險之物品。四、以通過中央主管機關風險評估之前項第一款授粉昆蟲或前項第二款生物防治體供田間授粉或生物防治。五、符合其他中央主管機關公告之特定目的（Ⅱ）。依前項第一款及第二款規定輸入之物品，為供實驗、研究、教學、依法寄存或展覽之目的，經中央主管機關核准者，得分讓使用（Ⅲ）。第二項輸入及前項分讓使用之申請程序、申報、安全管制措施、處理方式、風險評估方式、使用紀錄、報告或著作之製作與保存及其他應遵行事項之辦法，由中央主管機關定之（Ⅳ）。」第 22 條規定：「違反第十四條第一項第一款或第十五條第一項規定，擅自輸入者，處三年以下有期徒刑、拘役或科或併科新臺幣十五萬元以下罰金（Ⅰ）。違反第十四條第一項第一款或第十五條第一項規定之檢疫物或物品及其包裝、容器、栽培介質，不問屬於何人所有，植物檢疫機關得於第一審法院宣告沒收前，逕予沒入（Ⅱ）。」

[134] 臺灣桃園地方法院 108 年度易字第 95 號判決。

[135] 臺灣桃園地方法院 111 年度易更一字第 2 號刑事判決。

[136] 臺灣基隆地方法院 112 年度基簡字第 14 號刑事判決。

19. 廢棄物清理法第46條第4款規定[137]：報運貨物出口夾雜事業廢棄物（不含油脂之廢斷路器及不含塑膠之廢馬達線圈）[138]。
20. 稅捐稽徵法第41條規定[139]：以詐術（繳驗僞造發票）逃漏稅捐[140]。
21. 稅捐稽徵法第41條規定：以不正當方法（繳驗不實發票）逃漏稅捐[141]。

❖釋示函令❖

1.旅客攜帶藥物非禁藥且係自用，縱數量超過亦非犯罪

有關旅客或船舶、航空器服務人員攜帶過量藥物進口，其處罰認定疑義，業經法務部函釋如附件（財政部84/10/03台財關字第840585158號函）。

附件：法務部84/09/05法(84)檢字第21108號函

主旨：有關旅客或船舶、航空器服務人員攜帶過量藥物進口，其處罰認定疑義一案，本部意見如說明。

說明：二、最高法院71年11月16日71年度第20次刑事庭會議曾就旅客或船舶、航空器人員攜帶進口自用藥物決議：「藥物藥商管理法第16條[142]所稱之禁藥，不以毒害藥品爲限，其未經核准擅自輸入之藥品，亦屬禁藥之一種。而凡經中央衛生主管機關核准輸入之藥品，即非禁藥。以後其他藥商或非藥商輸入此種藥品，不能論以同法第72條[143]之輸入禁藥罪，其販賣、運送、寄藏、牙保、轉讓或意圖販賣而陳列此種藥品者，亦不能依同法第73條[144]論罪。又雖屬未經中央衛生主管機關

---

[137] 廢棄物清理法第41條第1項本文規定：「從事廢棄物清除、處理業務者，應向直轄市、縣（市）主管機關或中央主管機關委託之機關申請核發公民營廢棄物清除處理機構許可文件後，始得受託清除、處理廢棄物業務。……」第46條第4款規定：「有下列情形之一者，處一年以上五年以下有期徒刑，得併科新臺幣一千五百萬元以下罰金：……四、未依第四十一條第一項規定領有廢棄物清除、處理許可文件，從事廢棄物貯存、清除、處理，或未依廢棄物清除、處理許可文件內容貯存、清除、處理廢棄物。」

[138] 基隆地方法院102年度訴字第141號刑事判決。

[139] 稅捐稽徵法第41條規定：「納稅義務人以詐術或其他不正當方法逃漏稅捐者，處五年以下有期徒刑，併科新臺幣一千萬元以下罰金（Ⅰ）。犯前項之罪，個人逃漏稅額在新臺幣一千萬元以上，營利事業逃漏稅額在新臺幣五千萬元以上者，處一年以上七年以下有期徒刑，併科新臺幣一千萬元以上一億元以下罰金（Ⅱ）。」

[140] 基隆地方法院98年度基簡字第216號刑事簡易判決附件「臺灣基隆地方法院檢察署檢察官聲請簡易判決處刑書」。

[141] 基隆地方法院103年度基簡字第726號刑事簡易判決。

[142] 即現行藥事法第22條。

[143] 即現行第82條。

[144] 即現行第83條。

核准輸入之藥品，而依同法施行細則第 43 條第 1 項規定，許可旅客或船舶、航空器服務人員攜帶進口之少量自用藥物，其攜帶進口之行爲，亦不能論以輸入禁藥罪。惟旅客或船舶、航空器服務人員就此項許可進口之自用藥品，如超越自用之目的，而爲販賣等行爲，則依同法施行細則第 43 條第 2 項但書之規定，仍應依同法第 73 條論處」等語。根據前開意旨，現行藥事法第 22 條第 2 款但書既規定許可旅客或隨交通工具服務人員攜帶自用藥品進口，貴署及財政部亦曾公告「旅客或船舶、航空器服務人員攜帶少量自用藥物進口限量表」及「入境旅客攜帶少量自用大陸土產限量表」[145]，故旅客或船舶、航空器服務人員攜帶自用藥物進口，其攜帶進口之藥物，即非禁藥，其行爲除非超越自用之目的，而爲販賣等行爲，若僅數量超過前開公告之限量表，尚難論以藥事法第 82 條、第 83 條之罪。

2. 查獲非法進出口保育類野生動物應移送檢察機關偵辦

主旨：請轉知各海關於查獲非法進口、出口保育類野生動物、瀕臨絕種或珍貴稀有野生動物之屍體、骨、角、牙、皮、毛、卵、器官或其製品者，應移送該管檢察機關偵辦。

說明：一、根據法務部 79/05/18 法 (79) 檢字第 6956 號函辦理（財政部 79/05/23 台財關字第 790168704 號函）。

附件：法務部79/05/18法(79)檢字第6956號函

主旨：請轉知各海關於查獲非法進口、出口保育類野生動物、瀕臨絕種或珍貴稀有野生動物之屍體、骨、角、牙、皮、毛、卵、器官或其製品者，應移送該管檢察機關偵辦。

說明：二、按犯野生動物保育法第 33 條[146]之罪者，應負刑事責任。公務員因執行職務知有犯罪嫌疑者，依刑事訴訟法第 241 條規定，應爲告發。

---

145 即現行「入境旅客攜帶自用農畜水產品、菸酒、大陸地區物品、自用藥物、環境用藥限量表」。

146 即現行第 40 條。

第三章
扣押

第 17 條（扣押貨物）

I 海關查獲貨物認有違反本條例情事者，應予扣押。

II 前項貨物如係在運輸工具內查獲而情節重大者，為繼續勘驗與搜索，海關得扣押該運輸工具。但以足供勘驗與搜索之時間為限。

❖立法（修正）說明❖（62/08/14全文修正一行政院版修正說明）

一、就以往業務執行經驗，運輸工具常有設置密窩或不易發現之特殊場所，對於該項運輸工具實有扣押繼續勘驗之必要，然現行海關緝私條例內並無適當依據，乃增列第 2 項以利執行。

二、本條第 1 項係就原條文第 1 項前段文字修正。該條後段文字改列第 23 條。

❖法條沿革❖

原條文	說明
（23/06/01 制定） 第 5 條 緝私關員，承主管長官之命，查出貨物，認為確有構成違反本條例情事時，應即將該貨物扣押，並繕具扣押清單，載明該貨物之名稱，數量，扣押之地點，時間，貨物持有人之姓名，及其住所或居所。 前項扣押之貨物，緝私關員因事實上之便利，得交由原貨物持有人，或當地公務機關保管之，其交由公務機關保管時，應通知原貨物持有人。 第一項扣押貨物，認為有腐壞之虞者，海關得於定案前，將該貨物拍賣，保管其價金，並通知原貨物持有人。 前項拍賣，應於事前公告之。	N/A

❖條文說明❖

一、扣押之意義

本條例所稱之扣押，係爲保全可得爲證據或得沒入之物，而對物實施暫時占有之強制處分。其性質與行政罰法第36條第1項所稱扣留相當，故有關扣押之事項而本條例未有特別規定者，仍應適用行政罰法有關扣留之規定。

二、扣押事由

（一）扣押貨物

1. 查獲貨物認有違反本條例之情事（本條第1項）。
2. 如係違反本條例第37條而情節輕微，實務上不處分沒入者，該貨物得免予扣押[1]。此處所謂不處分沒入之情形，依現行規定，指違反本條例第37條規定而未涉及逃避管制（第3項）或所報運之貨物未涉有違反相關機關主管法律規定而嚴重影響國內政治、經濟、社會、環保或國際形象之情形[2]。

（二）扣押運輸工具

1.爲繼續勘驗與搜索

(1) 違反本條例情節重大，爲繼續勘驗與搜索而扣押貨物所在之運輸工具（本條第2項本文）。

(2) 扣押時間以足供勘驗與搜索之時間爲限（本條第2項但書）。

2.爲確保沒入之執行

(1) 船舶、航空器、車輛或其他運輸工具，依本條例應受或得受沒入處分者，海關得予以扣押（本條例第18條）。

(2) 所稱「依本條例規定應受或得受沒入處分」者，係指第23條（抗不遵照命令）、第

---

1 財政部75/10/17台財關字第7571655號函。

2 財政部112/11/08台財關字第1121027090號令：「一、報運下列貨物進口，經驗明來貨與原申報不符，涉有違反相關機關主管法律規定，且嚴重影響國內政治、經濟、社會、環保或國際形象，應依海關緝私條例第37條第1項規定沒入或併沒入貨物：（一）稻米（稅則1006節稻米含括之稻穀、糙米、糯米、白米及碎米）、稻米粉（稅則110290目含括之糯米粉及其他稻米粉）、花生。（二）保育類野生動物之活體及其產製品。（三）涉及檢疫法規逃避檢疫之貨品。（四）管制藥品管理條例第19條及第20條規定之管制藥品。（五）電信管理法第65條規定之電信管制射頻器材。（六）槍砲彈藥刀械管制條例第4條第1項第3款規定之刀械。二、前點之貨物進口人違反誠實申報義務之行為與違反相關機關主管法律間應存有因果關係。三、附『違反誠實申報義務行為與違反相關機關主管法律因果關係釋例』。四、廢止本部108年9月12日台財關字第1081012957號令。」

24 條（未經允許擅自駛入非通商口岸者）、第 25 條（避免緝獲之毀棄行爲）、第 27 條第 2 項（載運槍砲、彈藥或毒品）等規定。

三、執行機關

（一）依本條例第 1 條及第 16 條第 2 項但書規定，海關爲查緝走私之主管機關，從而自得依本條例「扣押」章之規定，對於涉案之貨物及運輸工具行使扣押權及相關處置、准駁之權力。

（二）軍警機關依本條例第 16 條第 2 項本文規定，得於非通商口岸逕行查緝，惟其權限僅止於本條例第二章「查緝」所列權限，尙不及於本條例第三章「扣押」所列權限，自不得依本條例規定行使扣押權[3]。然涉案貨物或運輸工具如屬「可爲證據或得沒收之物」[4]「得沒入或可爲證據之物」[5]者，因另有法據，軍警機關仍得依法加以刑事扣押或行政扣留。

四、扣押程序

（一）時間限制

扣押不得在日沒後日出前爲之。但於日沒前已開始施行而有繼續之必要，或違反本條例之行爲正在進行者，不在此限（本條例第 22 條準用第 13 條規定）。

（二）要求提出或交付扣留物

對於應扣留物之所有人、持有人或保管人，得要求其提出或交付；無正當理由拒絕提出、交付或抗拒扣留者，得用強制力扣留之（行政罰法第 37 條）。

（三）作成筆錄

1. 扣押應將經過情形作成筆錄，交被扣押人或在場證人閱覽後，一同簽名或蓋章。如有不能簽名蓋章或拒絕簽名蓋章者，由筆錄制作人記明其事由（本條例第 22 條準用第 14 條、行政罰法第 38 條第 1 項[6]）。
2. 所稱「經過情形」應包括實施扣押之時間、處所、夜間實施之事由、扣押物之名目及其他必要事項。

---

[3] 財政部 81/03/11 台財關字第 810077042 號函、法務部 81/02/24 法 (81) 律字第 02520 號函。

[4] 刑事訴訟法第 133 條第 1 項規定：「可為證據或得沒收之物，得扣押之。」

[5] 行政罰法第 36 條第 1 項規定：「得沒入或可為證據之物，得扣留之。」

[6] 行政罰法第 38 條規定：「扣留，應作成紀錄，記載實施之時間、處所、扣留物之名目及其他必要之事項，並由在場之人簽名、蓋章或按指印；其拒絕簽名、蓋章或按指印者，應記明其事由（Ⅰ）。扣留物之所有人、持有人或保管人在場或請求時，應製作收據，記載扣留物之名目，交付之（Ⅱ）。」

（四）製作收據及交付

1. 製作收據：本條例雖無「應」製作扣押收據之明文，惟本條例第 22 條第 1 項既已規定「應交付扣押收據」，且行政罰法第 38 條第 2 項亦規定「扣留物之所有人、持有人或保管人在場或請求時，應製作收據」，是以，除有無法交付收據之情形外，凡有扣押事實，均應製作扣押收據，以利履行法定之交付義務。
2. 收據應載明事項（本條例第 22 條第 1 項）：(1) 扣押物之名稱；(2) 數量；(3) 扣押之地點及時間；(4) 所有人、管領人或持有人之姓名及其住居所。
3. 由執行關員簽名。
4. 交付收據：依本條例第 22 條第 1 規定，扣押應交付扣押收據，惟究應交付予何人，並未明確指出，惟參據行政罰法第 38 條第 2 項規定：「扣留物之所有人、持有人或保管人在場或請求時，應製作收據，記載扣留物之名目，交付之。」扣押收據應交付扣押物之所有人、持有人或保管人，以利其主張權利。實務上扣押收據（Detention Ticket；通稱 D/T）爲一式三聯，一聯交貨物所有人、持有人或保管人；一聯製作單位留底；一聯附緝私報告，以供日後裁處參據。

（五）扣押物加封緘或其他標識

扣押物應加封緘或其他標識，由扣押之機關或關員蓋印（本條例第 22 條第 2 項、行政罰法第 39 條第 1 項[7]）。

（六）扣押物之適當處置

扣留物，應加封緘或其他標識，並爲適當之處置[8]；其不便搬運或保管者，得命人看守或交由所有人或其他適當之人保管。得沒入之物，有毀損之虞或不便保管者，得拍賣或變賣而保管其價金（行政罰法第 39 條第 1 項）。

五、扣押物之移送

（一）涉刑案件之移送偵辦

1. 告發與移送

海關執行緝私有發現犯罪嫌疑，應依刑事訴訟法第 241 條規定：「公務員因執行職

---

7 行政罰法第 39 條第 1 項規定：「扣留物，應加封緘或其他標識，並為適當之處置；其不便搬運或保管者，得命人看守或交由所有人或其他適當之人保管。得沒入之物，有毀損之虞或不便保管者，得拍賣或變賣而保管其價金。」

8 行政罰法第 39 條之立法說明略以「……一、第 1 項規定扣留物應加具識別之標示，並為適當之處理，以確保扣留物之安全。……」是該條所稱「適當之處置」，應指為確保扣留物安全之相關處置。

務知有犯罪嫌疑者，應爲告發。」及本條例第16條之1規定：「海關執行緝私，或軍警機關依前條協助緝私或巡行查緝，發現有犯罪嫌疑者，應立即依法移送主管機關處理。」告發犯罪及移送犯罪偵查機關。

2. 併送扣留物

依行政罰法第32條第1項規定：「一行爲同時觸犯刑事法律及違反行政法上義務規定者，應將涉及刑事部分移送該管司法機關。」及行政機關與司法機關辦理行政罰及刑事罰競合案件業務聯繫辦法第5條第1項規定：「行政機關依本法第三十二條第一項規定移送案件，應將扣留物一併移送。但移送案件前，已與司法機關協調處理方式，或法律有特別規定者，不在此限。」是以海關查獲觸犯刑事法律規定之贓證物，原則上應將扣留物一併移送[9]。

（二）涉及其他行政罰之移送裁罰

1. 移送案件

一行爲同時觸犯刑事法律及違反本條例規定，經檢察官或法院爲行政罰法第26條第2項[10]之處分或裁判確定，或同時違反本條例及其他法律規定而該其他法律規定與本條例存有特別法與普通法之關係（如菸酒管理法第46條第2項之運輸私菸酒[11]與本條例第36條第1項私運行爲、第37條第3項逃避管制），或經比較法定罰鍰最高額後，以該其他規定所定較高（如個案情形貿易法第17條第1款及第28條規定[12]罰鍰最高額300萬元高於本條例第39條之1所定罰額最高額三倍之貨價）者，即應依中央法規標

---

9 實務上，因刑事贓物庫容量有限，致海關查獲觸犯刑事法律規定之貨物，除槍枝、毒品等違禁物外，多未能隨案移送，故仍由海關保管扣押物。

10 行政罰法第26條規定：「一行為同時觸犯刑事法律及違反行政法上義務規定者，依刑事法律處罰之。但其行為應處以其他種類行政罰或得沒入之物而未經法院宣告沒收者，亦得裁處之（Ⅰ）。**前項行為如經不起訴處分、緩起訴處分確定或為無罪、免訴、不受理、不付審理、不付保護處分、免刑、緩刑之裁判確定者，得依違反行政法上義務規定裁處之**（Ⅱ）。……」

11 菸酒管理法第46條：「販賣、運輸、轉讓或意圖販賣、運輸、轉讓而陳列或貯放私菸、私酒者，處新臺幣三萬元以上五十萬元以下罰鍰。但查獲物查獲時現值超過新臺幣五十萬元者，處查獲物查獲時現值一倍以上五倍以下罰鍰，最高以新臺幣六百萬元為限。配合提供其私菸、私酒來源因而查獲者，得減輕其罰鍰至四分之一（Ⅰ）。前項情形，不適用海關緝私條例之處罰規定（Ⅱ）。」

12 貿易法第17條第1款規定：「出進口人不得有下列行為：一、侵害我國或他國依法保護之智慧財產權。」第28條第1項第6款規定：「出進口人有下列情形之一者，經濟部國際貿易局得予以警告、處新臺幣六萬元以上**三百萬元以下**罰鍰或停止其一個月以上一年以下輸出、輸入或輸出入貨品：……六、**有第十七條各款所定禁止行為之一。**」

準法[13]或行政罰法第 24 條、第 31 條第 2 項、第 4 項規定[14]，將有關資料移送有管轄權之主管機關裁處。

2. 扣押物之移送

(1) 海關查獲同時違反本條例及其他法律規定之貨物，應否於移送主管機關裁處時，併送扣押（留）物，本條例與行政罰法均無相關明確指示。

(2) 惟參照法務部 103/12/27 法律字第 10303514550 號函釋：「海關得否依『海關緝私條例第 37 條第 3 項轉同條例第 36 條第 3 項規定』先行裁處沒入乙節，……如行爲人係以一行爲同時違反農藥管理法第 55 條及海關緝私條例第 37 條規定，則應視此二條文有無法規競合之情形，亦即有無特別法及普通法關係爲斷；**如有此關係，則應依特別法優於普通法原則處理。如無此關係，則因海關緝私條例第 36 條及農管理法第 55 條，均對旨揭非法農藥定有沒入之規定，則屬管轄競合之情形，應依本法第 31 條規定，由處理在先之機關管轄**。」意旨，本文以爲於認具特別法與普通法關係之情形下，查獲案件即由特別法主管機關管轄，海關於移送案件時，似可併送扣押物，由其續行扣押（留）；至於認無此關係者，貨物既應由處理在先之海關管轄，如二機關協調未果，似無由於移送案件時併送所扣押之物。

六、扣押後之中間處置

（一）易生危險→毀棄

1. 易生危險之扣押物，得毀棄之（本條例第 20 條第 3 項、行政罰法第 39 條第 2 項）。
2. 涉刑案件毀棄扣留物者，依法務部 97/01/22 法律字第 0960048231 號函釋：「說明：……於不起訴處分或爲無罪、免訴、不受理、不付審理之裁判確定前，雖不得裁處沒入，但得先行依本法第 39 條規定，就該等扣留物爲適當保管、拍賣、變賣或予以毀棄，惟因涉及刑事犯罪，爲免將來刑案無證據可資證明犯罪，建請於依行政程序毀棄前，先行聯繫該案承辦檢察官，並以拍照、攝影或對扣留物取樣等方式保存證據。……」及行政機關與司法機關辦理行政罰及刑事罰競合案件業務聯繫辦法第 5 條第 2 項規定，應先行聯繫該案承辦檢察官，並爲保全證據之必要處置，例如，照相、錄影或酌予留樣等，俾行政機關得以遵循運作，司法機關得以順利進行訴訟

---

13 中央法規標準法第16條規定：「法規對其他法規所規定之同一事項而為特別之規定者，應優先適用之。其他法規修正後，仍應優先適用。」

14 行政罰法第 31 條規定：「……一行為違反數個行政法上義務而應處罰鍰，數機關均有管轄權者，由法定罰鍰額最高之主管機關管轄。法定罰鍰額相同者，依前項規定定其管轄（Ⅱ）。……第一項及第二項情形，原有管轄權之其他機關於必要之情形時，應為必要之職務行為，並將有關資料移送為裁處之機關；為裁處之機關應於調查終結前，通知原有管轄權之其他機關（Ⅳ）。」

程序。

3. 實務上認屬「易生危險」而毀棄貨物並不多見，行政院環境保護署公告之毒性化學物質，其屬禁止輸入或經四次標售仍無法決標者，則認屬「易生危險」而得予毀棄[15]。

（二）解送困難或保管不易→交付保管、變賣或逕送有關機關處理

1. 本條例第 19 條前段規定：「扣押之貨物或運輸工具，因解送困難或保管不易者，得由海關查封後，交其所有人、管領人或持有人具結保管，或交當地公務機關保管。」

2. 所謂「**解送困難**」，係指貨物或運輸工具解送海關確有事實上困難之意，如缺乏適當之運輸工具載運、交通受阻，又或如危險品不宜輕易搬動、貨物笨重或已爲固定而搬移不易，運費過鉅，運輸工具本身無動力或動力已損壞、或無適當停泊處所等，均屬之；至於「**保管不易**」，其情形多係因貨物或運輸工具本身性質之故，如活動物難予易地飼養或無飼養設備、需特別保管裝置、須繫泊於港灣之船舶或停車修護廠之車輛或航空器、須冷凍或保溫之物品[16]等屬之。

3. 處置方式：

(1) 交付保管

A. 交人保管：即交所有人、管領人或持有人具結保管扣押物。實務上，體積過大、危險品、毒性化學品、易燃品、外島查獲之生鮮冷凍易腐物品等貨物，多有解送困難或保管不易之性質，未便押回海關私貨倉庫存放，爰實務上多有依本條例第 19 條規定，交付原存之聯鎖倉庫（即管領人）或進出口貨棧業者[17]，或交付所有人以具結方式保管扣押物，並同時告知違反保管義務時應負之法律責任[18]。惟應注意者，交付所有人具結保管因多有日後沒入不能之虞，應審慎爲之。

---

15 海關變賣貨物及運輸工具處理程序第 3 點第 2 款第 15 目規定：「三、依本處理程序處理之貨物或運輸工具，其處理由各關承辦緝案處理之單位主辦，除依關稅法施行細則第六十一條或海關緝私條例第五十三條之規定准由原主備價購回另完稅捐外，應以下列方式處理之：……（二）特殊貨物：……15. 毒性化學物質：（1）行政院環境保護署公告之毒性化學物質，屬限制使用用途者：限持有該物質許可證、登記備查或核可文件者承購，並應將承購者名稱、地址、電話及承購該物質名稱、成分含量、數量、單位等有關資料送主管機關備查。（2）**行政院環境保護署公告之毒性化學物質，其屬禁止輸入或經四次標售仍無法決標者**：應向當地主管機關申請廢棄登記備查後，依廢棄物清理法規定辦理，或**依海關緝私條例規定毀棄之**。」

16 蘇石磐，關稅論，75 年 12 月，第 335 頁。

17 海關管理進出口貨棧辦法第 25 條規定：「貨棧業者對存棧貨物及經海關扣押或預定扣押之貨物，應善盡保管之責任（Ⅰ）。海關依據海關緝私條例或其他規章應處理之貨棧存貨，得憑海關扣押貨物收據或提取貨物憑單隨時將存儲於貨棧之該項貨物押存海關倉庫，貨棧業者不得拒絕（Ⅱ）。」

18 中華民國刑法第 138 條規定：「毀棄、損壞或隱匿公務員職務上掌管或委託第三人掌管之文書、圖畫、物品，或致令不堪用者，處五年以下有期徒刑。」行政罰法第 23 條第 1 項規定：「得沒入之物，受處罰者或前條物之所有人於受裁處沒入前，予以處分、使用或以他法致不能裁處沒入者，得裁處沒入其物之價額；其致物之價值減損者，得裁處沒入其物及減損之差額。」

B. 交當地公務機關保管：實務上通常發生在軍警機關於非通商口岸逕行查緝時，查獲應扣押之貨物或運輸工具，確有解送困難或保管不易之情形即逕交由查獲機關保管，並未隨案移送到海關，例如海巡機關於馬祖地區查獲非屬生鮮冷凍易腐物品即暫存於其證物室，或軍警機關將查獲之應／得沒入之漁船[19]就近保管等情形。此際，海關於收受軍警機關移送案件時，仍應依本條例第 19 條後段規定，通知扣押物之所有人、管領人或持有人，以利其知悉主管機關及物之所在。

(2) 變賣或逕送有關機關處理

A. **扣押物有不能交由保管**或有腐敗、毀損之虞者，海關得於案件確定前，公告變賣並保管其價金或逕送有關機關處理（本條例第 20 條第 1 項規定、行政罰法第 39 條第 1 項後段）。

B. 變賣：

(A) 意義：本條例之變賣，乃海關將扣押物換價之處分行為，實務上有拍賣、標售（與關稅法施行細則第 61 條[20]所稱「標賣」同義）及讓售之方式。所謂「拍賣」，乃公開競價，由出價最高者得之一種買賣行為；所謂「標售」，雖亦由不特定人競價，並由出價最高者得，惟與拍賣不同，各投標人不知他人之條件而無再行提出條件之機會；所謂「讓售」，指出賣予特定人之意。例如，經依法扣押之走私漁船有毀損之虞，即得依本條例第 20 條規定，於案件確定前公告變賣並保管其價金[21]。

(B) 變賣價金之處理：依本條例第 20 條第 1 項及行政罰法第 39 條第 1 項後段規定，扣（留）變賣後，應保管其價金。變賣之價金即為扣押物之替代，惟若日後未為沒入之裁處者，依法[22]即應發還價金。

C. 逕送有關機關處理：指不解送海關，亦不交付保管而逕送有關機關予以適當處置。例如：查獲違法走私出口鰻線、鰻苗、幼鰻（輸出規定代號為 112；每年 11 月 1 日至翌年 3 月 31 日管制出口）於扣押後，認有保管不易而交由農業部漁業署人員將扣押之鰻苗送抵水產試驗所指定之地點蓄養。

D. 通知義務：海關於案件確定前公告變賣或函送有關機關處理扣押物者，應通知扣押物之所有人、管領人或持有人（本條例第 20 條第 1 項規定）。

---

19 臺灣高等法院 87 年度上國更（一）字第 5 號民事判決。

20 關稅法施行細則第 61 條第 1 項規定：「依本法第九十六條第一項規定將貨物變賣，其變賣方式，以公開拍賣或標賣為原則。」

21 財政部 74/03/26 台財關字第 13611 號函。

22 行政罰法第 40 條規定：「扣留物於案件終結前無留存之必要，或案件為不予處罰或未為沒入之裁處者，應發還之；其經依前條規定拍賣或變賣而保管其價金或毀棄者，發還或償還其價金。但應沒入或為調查他案應留存者，不在此限（I）。扣留物之應受發還人所在不明，或因其他事故不能發還者，應公告之；自公告之日起滿六個月，無人申請發還者，以其物歸屬公庫（II）。」

E. 留樣存證：變賣或逕送有關機關處理扣押物者，得由海關酌予留樣或拍照存證（本條例第 20 條第 2 項）。

F. 涉刑案件變賣扣留物者，同上所述，依法務部 97/01/22 法律字第 0960048231 號函釋及行政機關與司法機關辦理行政罰及刑事罰競合案件業務聯繫辦法第 5 條第 2 項規定，應先行聯繫該案承辦檢察官，並為保全證據之必要處置，例如，照相、錄影或酌予留樣等，俾行政機關得以遵循運作，司法機關得以順利進行訴訟程序。

（三）有腐敗、毀損之虞→變賣或逕送有關機關處理

1. 事由

扣押物有「**有腐敗、毀損之虞**」者，海關得於案件確定前，公告變賣並保管其價金或逕送有關機關處理（本條例第 20 條第 1 項規定、行政罰法第 39 條第 1 項後段）。

2. 變賣或逕送有關機關處理

(1) 變賣（詳前段說明）。

(2) 逕送有關機關處理：實務上，海關查獲「走私進口農產品處理要點」附表「走私進口農產品處理項目表」所列項目之生鮮冷凍易腐物品，即認符合「有腐敗、毀損之虞」，並由海關依本條例第 20 條規定及走私進口農產品處理要點第 3 點第 1 項第 2 款及第 6 點第 2 項規定[23]，移送行政院農委會或該會委請之機關（如於馬祖查獲則移送連江縣政府）、團體、機構或個人處理。

3. 通知義務及涉刑案件之處理

扣押物予以變賣或逕送有關機關處理亦應辦理通知（本條例第 20 條第 1 項規定）及留樣存證（本條例第 20 條第 2 項）；**涉刑案件亦應先行聯繫該案承辦檢察官[24]，並為保全證據之必要處置[25]。**

---

23 走私進口農產品處理要點第 3 點規定：「本要點所稱走私進口農產品，指私運進口附表所列農產品，有下列各款情形之一者：（一）由海關等機關緝獲後，經沒入處分確定，或經檢察官執行沒收後移送本會。（二）由海關依海關緝私條例第二十條規定逕送本會處理（Ⅰ）。前項走私進口農產品，有以下各款情形之一者，本會得不予提領或接收：（一）未檢附可資證明符合前項第一款或第二款規定之文件。（二）公文書未載明可提領銷毀之文字。（三）經比對非屬前項附表所列農產品（Ⅱ）。」第 6 點規定：「本會得委由有關機關、團體、機構或個人，代為接收走私進口農產品並依前點第一項第一款至第四款或第六款所定方式處理之（Ⅰ）。海關等機關，經本會同意後，得將走私進口農產品移送本會指定地點或本會委請之機關、團體、機構或個人依前項規定處理（Ⅱ）。」

24 法務部 97/01/22 法律字第 0960048231 號函。

25 行政機關與司法機關辦理行政罰及刑事罰競合案件業務聯繫辦法第 5 條第 2 項規定。

（四）其他情形→自行保管

1. 扣押物如無上述之「易生危險」、「解送困難或保管不易」或「有腐敗、毀損之虞」者，扣押貨物原則上即應由海關自行保管，以待日後審決扣押物之處理方式。
2. 實務上，海關如自行保管扣押物，原則上均儘速押回海關私貨倉庫（含外租倉庫）存放，以利集中看管，並於電腦註記，方便控管流向；惟貨物不適於進儲私貨倉庫者（如屬「海關扣押或沒入易爆、危險物品、農藥與冷媒存放及管理作業流程」[26]規定所稱之「易爆物」、「危險物品」），則將另行存放於合於法規安全要求之儲存場所。

七、對扣押物之實體決定

（一）沒入

即依本條例規定予以處分沒入。經處分沒入後，扣押物即歸屬國家所有。

（二）發還扣押物或償還價金

1. 發還或償還事由：

(1) 扣押之運輸工具已依本條第 2 項規定完成勘驗、搜索。

(2) 案件審理結果未處分沒入（包括處分送達前受處分人死亡之情形[27]）。

(3) 處分沒入後，經行政法院判決撤銷原沒入處分，或併諭知海關另行處理者，而認無扣押必要者，即應將撤銷扣押發還被扣押人。

2. 有前述事由者，應發還扣押物；如經依法變賣而保管其價金或毀棄者，發還或償還其價金（行政罰法第 40 條第 1 項本文）。
3. 扣留物之應受發還人所在不明，或因其他事故不能發還者，應公告之；自公告之日起滿六個月，無人申請發還者，以其物歸屬公庫（行政罰法第 40 條第 2 項）。

八、相關費用之負擔

（一）如未處分沒入或沒入處分被撤銷時

1. 自扣押之日起，至海關發還（或退運）通知到達之日止所發生之貨櫃延滯費、倉租及裝卸費等由國庫負擔[28]；涉及私運貨物之貨輪，自扣押日起，至海關發還通知到達

---

26 財政部關務署 110/05/12 台關緝字第 1091032522 號函附，並請各關列入工作手冊。

27 法務部 96/05/09 法律字第 0960010498 號函釋：「……倘該沒入處分送達前，相對人即已死亡者，參照前開說明二所述，因該沒入處分尚未生效，依行政罰法第 40 條第 1 項前段規定：『扣留物於案件終結前無留存之必要，或案件為不予處罰或未為沒入之裁處者，應發還之。』扣留物自應發還……」

28 財政部 91/08/16 台財關字第 0910038592 號令。

之日止所發生之港埠費及其他因扣押所生之必要費用亦由海關負擔[29]。

2. 發還（或退運）通知到達日後所發生之貨櫃延滯費、倉租及裝卸費由納稅義務人負擔[30]。

（二）海關處分沒入確定案件

於沒入貨物扣押之日起所發生之貨櫃延滯費、倉租及裝卸費（不包括拍定人提貨出倉時之裝車費）等由國庫負擔[31]；扣押之船舶經處分沒入者，自扣押日起所發生之港埠費及其他因扣押所生之必要費用，均由海關支付[32]。

九、撤銷扣押

（一）提供擔保申請撤銷扣押

扣押之貨物或運輸工具，原則上得由其所有人、管領人或持有人向海關提供相當之保證金或其他擔保，申請撤銷扣押（本條例第21條）。

（二）相當之保證金或其他擔保

本條例並未就保證金或其他擔保規定其種類，亦無準用關稅法之明文，實務上則除否定人保方式[33]外，多係參酌關稅法第11條規定[34]，以定其保證金或其他擔保。另所提供之保證金或其他擔保，應具「相當性」，亦即所繳保證金或提供擔保之金額，宜與扣押貨物或運輸工具之價值及依法應繳納稅捐之總數相當，應不包括預計可能罰鍰之金額在內[35]。

（三）否准申請

依現行規定[36]，下列之扣押物或運輸工具應不准予申請撤銷扣押：

---

29 財政部84/02/03台財關字第830675469號函。

30 財政部關務署111/05/05台關緝字第11010295681號函。

31 財政部91/08/16台財關字第0910038592號令。

32 財政部84/02/03台財關字第830675469號函。

33 財政部72/04/07台財關字第14721號函釋：「……依該條例第21條規定提供擔保申請撤銷扣押者，宜以現金或物保為限，不宜接受人保，以免發生執行上之困難。」

34 關稅法第11條規定：「依本法提供之擔保或保證金，得以下列方式為之：一、現金。二、政府發行之公債。三、銀行定期存單。四、信用合作社定期存單。五、信託投資公司一年以上普通信託憑證。六、授信機構之保證。七、其他經財政部核准，易於變價及保管，且無產權糾紛之財產（Ⅰ）。前項第二款至第五款及第七款之擔保，應依法設定抵押權或質權於海關（Ⅱ）。」

35 財政部71/02/15台財關字第11571號函。

36 同上註。

1. 違禁品[37]。
2. 禁止進出口貨物。
3. 管制進出口貨物，而其貨價超過 5 萬元[38]且非體積過巨或易於損壞變質或其他不易拍賣或處理。
4. 依海關緝私條例第 17 條第 2 項之規定，爲繼續勘驗與搜索之目的而扣押之運輸工具。

（四）保證金或其他擔保之處理

1. 發還保證金或擔保品

(1) 經行政法院判決撤銷原處分並諭知海關另行處理者，如認無扣押必要，即應將撤銷扣押之保證金予以發還[39]。

(2) 若受處分人能即時將原扣押物交回時，海關應予接受加以沒入，退還原繳保證金[40]。惟應注意者，經撤銷扣押之貨物或運輸工具，因其所有人、管領人或持有人保管不善或使用發生損耗，致該物品之價值於沒入處分確定時，顯已低於撤銷扣押當時之價值者，受處分人將沒入貨物或運輸工具交回海關處理，海關仍得不予接受而逕以保證金抵繳貨價或就擔保品取償或向保證人追償[41]。

2. 就保證金或擔保品取償或向保證人追償[42]

(1) 事由

A. 經海關處分沒入後，其所有人拒不將已沒入之物品交回海關依規定處理時。

B. 依規定海關須處分沒入者，因其所有人已將該物品出售或轉讓與第三人，致海關無從爲沒入之處分時。

C. 經撤銷扣押之貨物或運輸工具，因其所有人、管領人或持有人保管不善或使用發生損耗，致該物品之價值於沒入處分確定時，顯已低於撤銷扣押當時之價值者。

(2) 做法

依海關緝私條例規定，沒入之處分與就保證金或擔保品取償或向保證人追償之法律基礎原各不相同，本應分別作行政處分，惟目前實務作業，依海關緝私條例第 21 條規定提供保證金或擔保之案件，既係多以繳納保證金（押金）之方式辦理，爲簡化手續，於海關處分沒入確定之後，可逕以所納保證金抵充貨價，繳歸國庫；至於海關如因撤銷

---

37 現已改為不得進口物品。

38 現已提高為新臺幣 45 萬元。

39 財政部 73/04/20 台財關字第 15385 號函。

40 財政部 69/05/27 台財關字第 16165 號函。

41 財政部 72/03/11 台財關字第 13274 號函。

42 財政部 69/01/25 台財關字第 10895 號函。

扣押致無從爲沒入處分之案件（應沒入之貨物業經移轉），仍可另就保證金取償，以保庫收。

(3)其他規定

依行政罰法第 23 條第 1 項規定：「得沒入之物，受處罰者或前條物之所有人於受裁處沒入前，予以處分、使用或以他法致不能裁處沒入者，得裁處沒入其物之價額；其致物之價值減損者，得裁處沒入其物及減損之差額。」是於處分沒入前，遇有原扣押物已出售或轉讓第三人等致不能裁處沒入之情形，即應以裁處「沒入貨物之價額」代替原應裁處之沒入處分；又「沒入貨物之價額」處分確定且經依法限期繳納未獲繳清者，依本條例第 50 條第 1 項規定[43]，即得辦理保證金抵付或就擔保品變價取償事宜。

十、扣押之救濟

（一）扣押性質

扣押（留）係不移轉物之所有權情況下占有該物，而凍結其所有權之使用、收益及處分權能之行爲，其僅爲裁處程序之中間決定或處置之性質，目的在於本案實體決定之證據保全及確保實體決定中沒入之執行，屬程序性處分而非終局之公權力決定。

（二）救濟方式

1.聲明異議

(1) 扣押（留）既非終局之公權力決定而爲程序性之中間決定或處置，其救濟宜有較簡速之程序，以免延宕案件之進行並保障人民權益。

(2) 本條例雖未規定扣押處分之救濟途徑，惟行政罰法對扣留已有一般性之救濟規定，自得加以援用。該法第 41 條第 1 項即規定：「物之所有人、持有人、保管人或利害關係人對扣留不服者，得向扣留機關聲明異議。」

(3) 對於聲明異議，扣留機關認有理由者，應發還扣留物或變更扣留行爲；認無理由者，應加具意見，送直接上級機關決定之。實務上，對各關所呈報之聲明異議案，係由其上級機關即財政部關務署決定有無理由，並以函名義作成。

(4) 對扣押（留）不服而聲明異議者，不影響扣留或裁處程序之進行（行政罰法第 41 條第 4 項）。

2.與實體決定一併聲明不服

(1) 除扣押（留）物之所有人、持有人、保管人或利害關係人依法不得對裁處案件之實

---

43 海關緝私條例第 50 條第 1 項規定：「依本條例處分確定案件，收到海關通知之翌日起算三十日內未將稅款及罰鍰繳納者，得以保證金抵付或就扣押物或擔保品變價取償。有餘發還，不足追徵。」

體決定聲明不服，得單獨對扣留逕行提起行政訴訟外，對於直接上級機關之決定不服者，僅得於對裁處案件之實體決定聲明不服時一併聲明之（行政罰法第 41 條第 3 項）。

(2) 另扣押（留）物之所有人、持有人、保管人或利害關係人對上級機關之決定仍表不服而誤爲訴願或提起行政訴訟者，訴願審理機關或法院則應依訴願法第 77 條第 8 款[44]或行政訴訟法第 107 條第 1 項第 10 款[45]規定，爲不受理之訴願決定或認其訴不合法而裁定駁回。

❖精選案例❖

原告自日本搭乘班機入境，未據書面或口頭申報，逕擇由綠線（免申報）檯通關，經被告執檢關員攔檢，於託運及手提行李內查獲 Marlboro iQOS 電熱式菸草 160 條，涉嫌觸犯海關緝私條例等相關法令，被告爰依海關緝私條例第 17 條、第 39 條及行政罰法第 36 條規定，開立「扣押收據」，將系爭貨物扣押在案。原告不服，向被告聲明異議，經被告認爲無理由，函送財政部關務署，經該署以函爲無理由之決定，原告不服，提起訴願，經訴願決定不受理，原告猶表不服，遂提起行政訴訟（臺灣桃園地方法院 109 年度稅簡字第 14 號裁定）。

❖釋示函令❖

1. 經行政法院撤銷原處分如無扣押之必要，應發還保證金

主旨：所報甲有限公司與乙有限公司及丙貨櫃集散站進口倉副主任共同調包走私進口刺參案，經行政法院撤銷原處分並諭知由海關再爲詳查後另行依法處理，在查證期間對涉案貨物原提供撤銷扣押之貨價保證金應否發還疑義乙案。

說明：二、本案行政法院判決原處分撤銷並諭知由高雄關切實查證，另行依法處理，自應由關依判決意旨重核，參照行政法院 60 年判字第 35 號判例意旨，海關仍非不得就涉案貨物予以沒入，依海關緝私條例第 17 條第 1 項規定，海關扣押貨物以查獲貨物認有違反本條例情事者爲已足，從而本案應由高雄關核明涉案貨物是否仍有扣押必要，如無扣押必要即應將撤銷扣押之保證金予以發還（財政部 73/04/20 台財關字第 15385 號函）。

---

44 訴願法第 77 條第 8 款規定：「訴願事件有左列各款情形之一者，應為**不受理之決定**：……八、**對於非行政處分或其他依法不屬訴願救濟範圍內之事項提起訴願者。**」

45 行政訴訟法第 107 條第 1 項第 10 款規定：「原告之訴，有下列各款情形之一者，行政法院應以裁定駁回之。但其情形可以補正者，審判長應先定期間命補正：……十、起訴不合程式或不備其他要件。」

2.違反緝私條例第37條情節輕微者，其貨物免予扣押

違反該條例[46]第 37 條規定情事，如其情節輕微，海關實務上並不處分沒入貨物者，准比照財政部 71 年台財關字第 11571 號函意旨免予扣押（財政部 75/10/17 台財關字第 7571655 號函）。

3.檢察官軍警機關與海關對涉案貨物搜索扣押權責之劃分示例

主旨：關於地方法院檢察署檢察官開具搜索票及共同扣押筆錄，對存放在貨櫃站之貨櫃（物）搜索扣押後，是否准其將扣押物提領出站乙案。

說明：二、查檢察官依刑事訴訟法第 128 條及第 133 條規定有搜索與扣押之權，如係基於偵查犯罪，對存放於貨櫃站尚未正式辦理通關手續之貨櫃及其櫃內之貨物執行搜索並予扣押，海關不宜亦不能拒絕。三、另按行政院 61 年 10 月 14 日頒布之台 (61) 財字第 9963 號令規定：「機場港口設有海關地區之緝私事宜，海關爲主管機關，軍警治安機關應依海關之邀請協助辦理緝私業務，如獲有走私情報，應即通知海關採取行動。」依此規定，海關爲查緝走私主管機關，軍警治安機關於通商口岸不得逕行搜索、扣押，應通知海關採取查緝行動或會同查緝。四、嗣後類似案件，如於通商口岸執行且僅涉及查緝走私者，仍應確實依照行政院 61 年台 (61) 財字第 9963 號令辦理。惟如尙涉及犯罪事項，則檢察官基於行使刑事偵查權，將涉案貨物依法定程序實施扣押並爲提領出倉之處置，皆屬檢察官職權，海關不宜干涉或拒絕。五、又各關稅局私貨倉庫受理私貨有其法定程序，須明確涉及私運者，始依規定予以受理，請各關稅局注意辦理（財政部關稅總局 85/01/11 台總局緝字第 85100336 號函）。

4.經會同查驗發現走私並涉及刑責檢警機關扣押貨物，海關不得拒絕

三、臺灣高等法院檢察署於 92 年 1 月 7 日以檢經紀字第 0928000005 號函（本總局 92/01/15 台總局緝字第 0920100387 號函）知軍、警、檢、調治安機關依 91 年第 2 次偵查經濟犯罪中心諮詢協調委員會議第 2 號提案決議：「軍、警、檢、調治安機關於通商口岸接獲走私情報時，請依『行政院 61 年 10 月 14 日頒布之台 61 財 9963 號令』規定，通知海關採取行動或聯合查緝。」辦理在案。四、通關貨物之查驗，除毒品合於「控制下交付」規定案件，海關應配合依控制下交付相關規定辦理外，依行政院 61 年台 (61) 財字第 9963 號令核示，檢察官基於行使刑事偵查權，擬於通商口岸對存放在貨櫃站尚未正式辦理通關手續之貨櫃及櫃內之貨物執行搜索並予扣押，應通知海關採取查緝行動或會同查緝，不宜未經海關查驗即逕行扣押提領出站。如經海關會同檢警機關查驗後，發現該通關貨物涉及走私同時涉及觸犯刑事法律，檢警機關依法應扣押貨物，經點

46 指海關緝私條例。

交並出具由檢察官簽署之扣押貨物收據者，海關自不得拒絕（財政部關稅總局 94/12/23 台總局緝字第 0941025508 號函）。

5. 海關扣押沒入或留待鑑定之進口貨物，其貨櫃延滯費、倉租及裝卸費用之負擔

經海關扣押、沒入或留待鑑定之進口貨物，其貨櫃延滯費、倉租、裝卸費用之負擔，應依下列規定辦理：一、由海關扣押之進口貨物：（一）**受海關處分沒入確定案件之貨物，於沒入貨物扣押之日起所發生之貨櫃延滯費、倉租及裝卸費（不包括拍定人提貨出倉時之裝車費）等由國庫負擔**。（二）**經海關扣押之貨物，如未處分沒入或沒入處分被撤銷時，自扣押之日起，至海關發還（或退運）通知到達之日止所發生之貨櫃延滯費、倉租及裝卸費等由國庫負擔，至於扣押前所發生之各種費用，仍由納稅義務人負擔**。二、由海關送鑑定之進口貨物：（一）經鑑定結果爲不得進口之貨物，經海關限期退運者，其於貨物退運前所發生之貨櫃延滯費、倉租及裝卸費等，由納稅義務人負擔。（二）經鑑定結果爲不得進口之貨物，經海關處分沒入者，自留待鑑定日起所發生之貨櫃延滯費、倉租及裝卸費等由國庫負擔。（三）疑涉逃避管制或違反其他輸入規定但經鑑定結果並無涉及逃避管制或違反其他輸入規定者，自海關留待鑑定日起至海關通知納稅義務人辦理稅放之日止，所發生之貨櫃延滯費、倉租及裝卸費等，由國庫負擔。（四）海關爲確認貨名、成分、品質、規格及等級之需要，因而送外化驗鑑定案件，其貨櫃延滯費、倉租及裝卸費之負擔，依以下規定辦理：1. 下列送外化驗鑑定案件，自送外化驗鑑定之日起至核發稅單之日止之貨櫃延滯費、倉租及因而發生之裝卸費等由國庫負擔：(1) 報單或貨物包裝上已報（標）明貨名、成分、品質、規格及等級，且無 2. 第 (1)(2)(3)(6) 款所述情形，海關發現可疑不予認定，送外化驗鑑定結果與納稅義務人原申報相符者。(2) 納稅義務人不服海關化驗鑑定結果，請求送外化驗鑑定，結果與其原申報相符者。2. 下列送外化驗鑑定案件，其貨櫃延滯費、倉租及裝卸費等由納稅義務人負擔：(1) 納稅義務人申報資料不詳，海關無法辦理稅則分類或核價，須送外化驗鑑定者。(2) 納稅義務人拖延或無法提供原廠型錄或說明書或成分表供確認貨名或稅則分類參考而須送外化驗鑑定者。(3) 查驗時發現實到貨物非原廠包裝，或包裝標示之貨名、成分、品質、規格及等級，經去除或破壞或塗改而送外化驗鑑定者。(4) 納稅義務人所提事證，不足以證明其申報爲眞實，經送外化驗鑑定結果與其原申報不符者。(5) 納稅義務人不服海關之化驗鑑定，申請再送外化驗鑑定，結果與海關原化驗鑑定結果相同者。(6) 無論其送外化驗鑑定之原因爲何，如經海關通知可先押款放行而未據納稅義務人辦理者。3. 如案件非屬前二項各款情形而送外化驗鑑定者，則由海關根據前二項原則，依個案情節予以處理。三、上列國庫負擔之費用，由海關循預算程序編列預算支付。

四、進口貨物之貨主因海關留置其進口貨物送樣鑑定所負擔之貨櫃延滯費、倉租及裝卸費等，如依規定應由海關償付者，貨主於收回上開海關給付之費用時，應開立統一發票交付海關（財政部 91/08/16 台財關字第 0910038592 號令）。

6. 海關扣存私貨倉庫進口貨物，未處分沒入而經海關責令退運，自責令退運處分送達翌日至出倉日期間之倉租，應由納稅義務人負擔

主旨：海關扣存私貨倉庫進口貨物，未處分沒入而經海關責令退運，自責令退運處分送達翌日至出倉日（下稱系爭期間）期間之倉租應由何人負擔一案。

說明：二、按行政程序法第 52 條規定：「（第 1 項）行政程序所生之費用，由行政機關負擔。但專爲當事人或利害關係人利益所支出之費用，不在此限。（第 2 項）因可歸責於當事人或利害關係人之事由，致程序有顯著之延滯者，其因延滯所生之費用，由其負擔。」本案高雄關既已依關稅法第 96 條第 1 項規定函令納稅義務人限期退運貨物，則退運通知到達之翌日起，案貨即非處於扣押狀態，納稅義務人得隨時辦理退運，系爭期間海關所支出之倉租係屬專爲納稅義務人利益所支出之費用，又納稅義務人未履行退運之法定義務，亦屬可歸責於當事人之情形，爰貴關自得本於上開規定，要求納稅義務人負擔倉租費用（財政部關務署 111/05/05 台關緝字第 11010295681 號函）。

第 18 條（扣押運輸工具）

船舶、航空器、車輛或其他運輸工具，依本條例應受或得受沒入處分者，海關得予以扣押。

❖立法（修正）說明❖（62/08/14全文修正一行政院版修正說明）

一、依照本條例有關罰則各條規定得予或應予沒入之船舶或其他運輸工具，爲保全海關處分執行，特增列本條。

二、如扣押顯有不利效果，可依第 22 條規定，申請撤銷扣押，以資兼顧。

❖條文說明❖

一、爲保全依本條例裁處沒入運輸工具之執行，爰有本條規定。

二、本條例應受或得受沒入處分，指下列情形：

（一）應受沒入處分：指違反本條例第 23 條（抗不遵照命令）、第 24 條（擅入非通商口岸）及第 27 條第 2 項規定（運輸工具以私運槍砲、彈藥或毒品爲主要目的）之情形。

（二）得受沒入處分：指違反第 25 條規定（毀棄貨件逃避緝獲之處罰）之情形。

三、海關扣押之運輸工具：凡能載運貨物於海陸空所用之運輸工具均屬之，船舶、航空器、車輛僅為例示，且亦不以具有動力者為限[47]。

四、扣押之救濟（詳本條例第 17 條之說明）。

❖釋示函令❖

涉及走私依法扣押之貨輪衍生之港埠費等，由海關支付

主旨：關於涉及私運貨物進口之貨輪，於依法扣押後責由船東具結保管期間所衍生之港埠費及其他必要費用，究應由海關支付，抑由具結保管人支付疑義乙案。

說明：一、根據法務部 83/12/21 法 (83) 律決字第 27800 號函辦理。二、**按海關對於涉及私運貨物進口之貨輪依法予以扣押，交其所有人具結保管之目的乃為緝私及保全沒入處分所必須，均屬政府機關行使公權力，以達成國家任務之行為，故其所衍生之費用宜由海關支付。其中扣押之船舶經處分沒入者，自扣押日起所發生之港埠費及其他因扣押所生之必要費用均由海關支付；如未處分沒入或沒入處分被撤銷時，自扣押日起，至海關發還通知到達之日止所發生之港埠費及其他因扣押所生之必要費用亦由海關負擔**，又上開費用均應循預算程序辦理（財政部 84/02/03 台財關字第 830675469 號函）。

附件：法務部83/12/21法(83)律決字第27800號函

主旨：關於涉及私運貨物進口之貨輪，於依法扣押後責由船東具結保管期間所衍生之港埠費及其他必要費用，究應由海關支付，抑由具結保管人支付疑義乙案，本部意見如說明二。

說明：二、所謂「行使公權力」係指公務員居於國家機關之地位，行使統治權作用之行為而言，包括運用命令及強制等手段干預人民自由及權利之行為，以及提供給付、服務、救濟、照顧等方法，增進公共及社會成員之利益，以達成國家任務之行為（最高法院 80 年度台上字第 525 號民事判決裁判要旨前段參照）。海關對於涉及私運貨物進口之貨輪，依海關緝私條例第 18 條規定予以扣押，並因其解送困難或保管不易而於查封後交所有人具結保管（同條例第 19 條規定參照），其扣押、交所有人具結保管之目的乃為緝私及保全沒入處分所必須，均屬政府機關行使公權力以達成國家任務之行為，故其所衍生之港埠費及其他必要費用，如海關緝私條例、關稅法等有關法律無特別規定，似宜由政府機關支付（本部 82/07/14 法 (82) 律字第 14473 號函說明三意見參照）。

---

[47] 財政部 69/10/09 台財關字第 22365 號函。

第 19 條（扣押物之交付保管）
扣押之貨物或運輸工具，因解送困難或保管不易者，得由海關查封後，交其所有人、管領人或持有人具結保管，或交當地公務機關保管。其交公務機關保管者，應通知其所有人、管領人或持有人。

❖立法（修正）說明❖（62/08/14全文修正—行政院版修正說明）

原條文第 5 條第 2 項文字修正，並充實其內容。

❖法條沿革❖

原條文	說明
（23/06/01 制定） 第 5 條 緝私關員，承主管長官之命，查出貨物，認為確有構成違反本條例情事時，應即將該貨物扣押，並繕具扣押清單，載明該貨物之名稱，數量，扣押之地點，時間，貨物持有人之姓名，及其住所或居所。 前項扣押之貨物，緝私關員因事實上之便利，得交由原貨物持有人，或當地公務機關保管之，其交由公務機關保管時，應通知原貨物持有人。 第一項扣押貨物，認為有腐壞之虞者，海關得於定案前，將該貨物拍賣，保管其價金，並通知原貨物持有人。 前項拍賣，應於事前公告之。	N/A

❖條文說明❖

一、本條乃規範扣押物於有解送困難或保管不易之情形，應如何處理及其程序。

二、解送困難或保管不易：

（一）所謂「**解送困難**」，係指貨物或運輸工具解送海關確有事實上困難之意，如缺乏適當之運輸工具載運、交通受阻，又或如危險品不宜輕易搬動、貨物笨重或已為固定而搬移不易，運費過鉅，運輸工具本身無動力或動力已損壞，或無適當停泊處所等，均屬之。

（二）至於「**保管不易**」，其情形多係因貨物或運輸工具本身性質之故，如活動物難予易地飼養或無飼養設備、需特別保管裝置、須繫泊於港灣之船舶或停車修護廠之車輛或航空器、須冷凍或保溫之物品[48]等屬之。

三、處理方式：

（一）**交人保管**：即交所有人、管領人或持有人具結保管扣押物。實務上，體積過大、危險品、毒性化學品、易燃品、外島查獲之生鮮冷凍易腐物品等貨物，多有解送困難或保管不易之性質，未便押回海關私貨倉庫存放，爰實務上多有依本條例第19條規定，交付原存之聯鎖倉庫（即管領人）、進出口貨棧業者[49]，或交付所有人以具結方式保管扣押物，並同時告知違反保管義務時應負之法律責任[50]。惟應注意者，交付所有人具結保管因多有日後沒入不能之虞，應審慎爲之。

（二）**交當地公務機關保管**：實務上通常發生在軍警機關於非通商口岸逕行查緝時，查獲應扣押之貨物或運輸工具，確有解送困難或保管不易之情形及逕交由查獲機關保管，並未隨案移送到海關，例如海巡機關於馬祖地區查獲非屬生鮮冷凍易腐物品即暫存於其證物室、軍警機關將查獲之應／得沒入之漁船[51]就近保管等情形。此際，海關於收受軍警機關移送案件時，仍應依本條後段規定，通知扣押物之所有人、管領人或持有人，以利其知悉主管機關及物之所在。

第20條（扣押物之變賣與處理）

I 扣押物有不能依前條規定處理或有腐敗、毀損之虞者，海關得於案件確定前，公告變賣並保管其價金或逕送有關機關處理，並通知其所有人、管領人或持有人。

II 依前項規定處理之扣押物，得由海關酌予留樣或拍照存證。

III 易生危險之扣押物，得毀棄之。

❖立法（修正）說明❖（72/12/13修正）

一、第1項係將現行第1項、第2項合併修正，其修正要點如下：

（一）「扣押貨物」修正爲「扣押物」，俾擴大範圍及於運輸工具。

---

48 蘇石磐，關稅論，75年12月，第335頁。

49 海關管理進出口貨棧辦法第25條規定：「貨棧業者對存棧貨物及經海關扣押或預定扣押之貨物，應善盡保管之責任（I）。海關依據海關緝私條例或其他規章應處理之貨棧存貨，得憑海關扣押貨物收據或提取貨物憑單隨時將存儲於貨棧之該項貨物押存海關倉庫，貨棧業者不得拒絕（II）。」

50 中華民國刑法第138條規定：「毀棄、損壞或隱匿公務員職務上掌管或委託第三人掌管之文書、圖畫、物品，或致令不堪用者，處五年以下有期徒刑。」行政罰法第23條第1項規定：「得沒入之物，受處罰者或前條物之所有人於受裁處沒入前，予以處分、使用或以他法致不能裁處沒入者，得裁處沒入其物之價額；其致物之價值減損者，得裁處沒入其物及減損之差額。」

51 臺灣高等法院87年度上國更（一）字第5號民事判決。

（二）扣押物性質不一，其處理機關亦異，如菸酒之類須移送公賣局；武器及危險物品之類，須移送其主管機關處理；有易腐敗、毀損者，只能先予公告變賣保管其價金。爰修正如上。

二、爲保全證據，爰增訂第2項，由海關酌予留樣或拍照存證之規定，俾利偵審。

三、第3項未修正。

❖法條沿革❖

原條文	說明
（23/06/01 制定） 第5條 緝私關員，承主管長官之命，查出貨物，認為確有構成違反本條例情事時，應即將該貨物扣押，並繕具扣押清單，載明該貨物之名稱，數量，扣押之地點，時間，貨物持有人之姓名，及其住所或居所。 前項扣押之貨物，緝私關員因事實上之便利，得交由原貨物持有人，或當地公務機關保管之，其交由公務機關保管時，應通知原貨物持有人。 第一項扣押貨物，認為有腐壞之虞者，海關得於定案前，將該貨物拍賣，保管其價金，並通知原貨物持有人。 前項拍賣，應於事前公告之。	N/A
（62/08/14 全文修正） 第20條 扣押貨物，海關認有腐敗或重大損壞之虞者，得於案件確定前拍賣，保管其價金，並通知其所有人、管領人或持有人。 前項之拍賣，應於事前公告之。易生危險之扣押物得毀棄之。	原條文第5條第3、4項文字修正，並充實其內容。列為第1、2項。並增列第3項規定易生危險之扣押物得廢棄之，以應事實需要。

❖條文說明❖

一、第1項、第2項（不能交付保管或有毀敗之虞之扣押物）

（一）適用情形

1.不能依前條規定處理

指扣押物有本條例第19條規定所稱解送困難或保管不易而不能交付保管之情形（詳本條例第19條說明）。

2. 有腐敗、毀損之虞

指扣押之貨物或運輸工具有將腐爛、敗壞或喪失其效用之一部或全部之可能而言。例如，定有保存期間之動植物產製品，或如年久失修而無人養護之漁船，均得認有腐敗、毀損之虞。

（二）適當處置

1. 處置方式

(1) 變賣

A. **意義**：本條例之變賣，乃海關將扣押物換價之處分行為，實務上有拍賣、標售（與關稅法施行細則第 61 條[52]所稱「標賣」同義）及讓售之方式。所謂「拍賣」，乃公開競價，由出價最高者得之一種買賣行為；所謂「標售」，雖亦由不特定人競價，並由出價最高者得，惟與拍賣不同，各投標人不知他人之條件而無再行提出條件之機會；所謂「讓售」，指出賣予特定人之意。例如，經依法扣押之走私漁船有毀損之虞，即得依本條例第 20 條規定，於案件確定前公告變賣並保管其價金[53]。

B. **變賣價金之處理**：依本條例第 20 條第 1 項及行政罰法第 39 條第 1 項後段規定，扣（留）變賣後，應保管其價金。變賣之價金即為扣押物之替代，惟若日後未為沒入之裁處者，依法[54]即應發還價金。

(2) 逕送有關機關處理

扣押物送交有關機關處理者，必以無法交付保管或有腐敗、毀損之虞為前提要件，而所謂「處理」，應包括有關機關依其專業所為之一切措施，舉凡蓄養、焚化、掩埋、投海、另作他用（例如充作飼料、肥料或供試驗使用）等處理方式，均屬之。此種作業通常已有相關規範（如走私進口農產品處理要點）使雙方機關得以遵循，否則即由海關依行政程序法第 19 條第 1 項規定：「行政機關為發揮共同一體之行政機能，應於其權限範圍內互相協。」請求行政協助。

A. **解送困難或保管不易**：指不解送海關，亦不交付保管而逕送有關機關予以適當處置。例如：查獲違法走私出口鰻線、鰻苗、幼鰻（輸出規定代號為 112；每年 11 月 1 日至翌年 3 月 31 日管制出口）於扣押後，即認有保管不易而交由農業部漁業署人員，

---

52 關稅法施行細則第 61 條第 1 項規定：「依本法第九十六條第一項規定將貨物變賣，其變賣方式，以公開拍賣或標賣為原則。」

53 財政部 74/03/26 台財關字第 13611 號函。

54 行政罰法第 40 條規定：「扣留物於案件終結前無留存之必要，或案件為不予處罰或未為沒入之裁處者，應發還之；其經依前條規定拍賣或變賣而保管其價金或毀棄者，發還或償還其價金。但應沒入或為調查他案應留存者，不在此限（Ⅰ）。扣留物之應受發還人所在不明，或因其他事故不能發還者，應公告之；自公告之日起滿六個月，無人申請發還者，以其物歸屬公庫（Ⅱ）。」

將扣押之鰻苗送抵水產試驗所指定之地點蓄養。

B.**有腐敗、毀損之虞**：實務上，海關查獲「走私進口農產品處理要點」附表「走私進口農產品處理項目表」所列項目之生鮮冷凍易腐物品，即認符合「有腐敗、毀損之虞」，並由海關依本條規定及走私進口農產品處理要點第3點第1項第2款及第6點第2項規定[55]，移送農業部或該部委請之機關（如於馬祖查獲則移送連江縣政府）、團體、機構或個人處理。

2.應踐行之程序

(1)通知

海關於案件確定前公告變賣或函送有關機關處理扣押物者，應通知扣押物之所有人、管領人或持有人（本條第1項規定）。

(2)存證

A.變賣或逕送有關機關處理扣押物者，得由海關酌予留樣或拍照存證（本條第2項）。

B.涉刑案件變賣扣留物者，依法務部示及行政機關與司法機關辦理行政罰及刑事罰競合案件業務聯繫辦法第5條第2項規定，應先行聯繫該案承辦檢察官，並為保全證據之必要處置，例如，照相、錄影或酌予留樣等，俾行政機關得以遵循運作，司法機關得以順利進行訴訟程序。

二、第3項（易生危險之扣押物）

（一）本項規定：「易生危險之扣押物，得毀棄之。」（行政罰法第39條第2項亦有相同規定），所稱「易生危險」，解釋上應指物品本身具一定之危險性，縱加以保管，亦難減少其危險而言；所稱「毀棄」，則指毀壞丟棄而言，多半指的是對物為物理上的破壞[56]。

（二）實務上認屬「易生危險」而毀棄貨物並不多見，行政院環境保護署公告之毒性化學物質，其屬禁止輸入或經四次標售仍無法決標者，則認屬「易生危險」而得

---

55 走私進口農產品處理要點第3點規定：「本要點所稱走私進口農產品，指私運進口附表所列農產品，有下列各款情形之一者：(一)由海關等機關緝獲後，經沒入處分確定，或經檢察官執行沒收後移送本會。(二)由海關依海關緝私條例第二十條規定逕送本會處理（Ⅰ）。前項走私進口農產品，有以下各款情形之一者，本會得不予提領或接收：(一)未檢附可資證明符合前項第一款或第二款規定之文件。(二)公文書未載明可提領銷毀之文字。(三)經比對非屬前項附表所列農產品（Ⅱ）。」第6點規定：「本會得委由有關機關、團體、機構或個人，代為接收走私進口農產品並依前點第一項第一款至第四款或第六款所定方式處理之（Ⅰ）。海關等機關，經本會同意後，得將走私進口農產品移送本會指定地點或本會委請之機關、團體、機構或個人依前項規定處理（Ⅱ）。」

56 蔡震榮、鄭善印，行政罰法逐條釋義，97年5月2版，第454頁。

予毀棄[57]。涉刑案件毀棄扣留物者，依法務部97/01/22法律字第0960048231號函釋：「說明：……於不起訴處分或爲無罪、免訴、不受理、不付審理之裁判確定前，雖不得裁處沒入，但得先行依本法第39條規定，就該等扣留物爲適當保管、拍賣、變賣或予以毀棄，惟因涉及刑事犯罪，爲免將來刑案無證據可資證明犯罪，建請於依行政程序毀棄前，先行聯繫該案承辦檢察官，並以拍照、攝影或對扣留物取樣等方式保存證據……」及行政機關與司法機關辦理行政罰及刑事罰競合案件業務聯繫辦法第5條第2項規定，應先行聯繫該案承辦檢察官，並爲保全證據之必要處置，例如，照相、錄影或酌予留樣等，俾行政機關得以遵循運作，司法機關得以順利進行訴訟程序。

❖釋示函令❖

1.扣押漁船發現與登記不符經退還遭拒，仍應洽請原查獲單位處理

主旨：所報臺灣省高雄港務警察所追扣到案與航政單位登記資料不符之甲漁船船體及乙漁船主機部分，經退還原查獲單位處理，惟該所多次拒絕辦理提領，海關在執行上發生困難乙案。

說明：二、本案仍請貴總局[58]本於職權依法處理。又本案如不涉及走私問題，海關並非主管機關不宜由海關處理，仍應洽請原查獲單位處理（財政部83/05/19台財關字第830220844號函）。

2.核釋未交付保管之扣押物公告變賣並保管其價金疑義

查現行海關緝私條例第20條第1項前段規定所稱：「扣押物有不能依前規定處理……者……」應係指經海關依法扣押之貨物或運輸工具，解送困難或保管不易，且不能由海關查封後交由所有人、管領人或持有人具結保管或交當地公務機關保管之情形而言。經依法扣押之走私漁船如有前揭情事，致未交付保管，海關自得依照海關緝私條例第20條之規定於處分沒入後案件確定前拍照存證，公告變賣並保管其價金。又經依法扣押之走私漁船，不論是否已依海關緝私條例第19條規定交付保管，如有腐敗、毀

---

57 海關變賣貨物及運輸工具處理程序第3點第2款第15目規定：「三、依本處理程序處理之貨物或運輸工具，其處理由各關承辦緝案處理之單位主辦，除依關稅法施行細則第六十一條或海關緝私條例第五十三條之規定准由原主備價購回另完稅捐外，應以下列方式處理之：……（二）特殊貨物：……15.毒性化學物質：（1）行政院環境保護署公告之毒性化學物質，屬限制使用用途者：限持有該物質許可證、登記備查或核可文件者承購，並應將承購者名稱、地址、電話及承購該物質名稱、成分含量、數量、單位等有關資料送主管機關備查。（2）**行政院環境保護署公告之毒性化學物質，其屬禁止輸入或經四次標售仍無法決標者**：應向當地主管機關申請廢棄登記備查後，依廢棄物清理法規定辦理，或**依海關緝私條例規定毀棄之**。」

58 即102年關務署改制前之財政部關稅總局。

損之虞者，依海關緝私條例第 20 條之規定，海關亦得於案件確定前公告變賣並保管其價金，自不待言（財政部 74/03/26 台財關字第 13611 號函）。

3. 涉及走私之運輸工具經處分沒入確定後之處理原則

主旨：有關涉及走私之運輸工具經處分沒入確定後之處理原則。

說明：二、經處分沒入確定涉及走私之運輸工具，若設有其他權利（如抵押權），該等權利是否仍屬有效或歸於消滅，洽准法務部意見表示，係屬合法之財產權，應予保障。爰有關涉及走私之運輸工具經處分沒入確定後之處理，請依下列原則辦理：（一）經處分沒入確定涉及走私之運輸工具，如經查明未設有其他權利者，原則上應予銷毀處理；惟考量資源之有效利用，若公務機關或學校等相關公務單位申請需用者，得依個案辦理無償撥交使用。（二）經處分沒入確定涉及走私之運輸工具，如經查明設有其他權利者，不予銷毀或移由公務單位使用，改以公開拍賣處理。抵押權人可主張優先受償，拍賣所得於償還抵押權人之權益後，賸餘繳歸國庫。（三）沒入走私之運輸工具之銷毀作業，漁船仍維持現行做法，由海關點交漁政機關辦理銷毀，至其餘之走私運輸工具，由海關負責銷毀，亦可依行政程序法第 19 條等相關規定請求相關行政機關協助辦理（財政部 97/08/27 台財關字第 09700375570 號函）。

4. 查獲扣押涉嫌走私犯罪之物品，如未經裁判認定，不宜逕行銷燬

主旨：有關移送法院之走私沒入洋菸酒，可否比照海關緝私條例第 20 條規定由海關直接取樣、留樣或拍照存證後，不俟法院裁定即逕行銷燬乙案。

說明：二、按案件經認有犯罪嫌疑而移送法院處理，即進入訴訟程序，如認有可為證據或得沒收之物而扣押，其處理方式及過程，即應依刑事訴訟法第一編第十一章搜索及扣押及第八編執行之有關規定辦理。依上開編章規定已扣押之贓證物品之處分，必須依法院之裁判或檢察官之命令為之。又在裁判確定前，僅易生危險之扣押物，始得毀棄之（刑事訴訟法第 140 條第 3 項）（海關緝私條例第 20 條亦同此規定）。其餘扣押物品並無於裁判確定前得逕行毀棄之依據。貴部來函所指之「走私洋菸酒」如非屬「易生危險」之物品，自不得不俟法院裁判確定即逕行銷毀。又依懲治走私條例關於私運管制物品進、出口罪及銷售藏匿走私物品之罪，常須以私運物品之產地或逾一定數量、金額為構成要件，故查獲扣押涉嫌走私之物品，於追訴裁判前必須先鑑定其產地及數量、價額，以為認事用法之依憑，故如未經裁判認定，亦不宜逕行銷燬。另移送走私之案件，如經偵查、審判認不成立犯罪而為不起訴處分或為無罪之判決確定，而扣押之物品又未經依其他法令裁處沒收、沒入者，如經請求尚須發還原所有人或持有人，故如於裁判確定前即已逕行銷燬，則易生紛爭。綜上所述，函詢事項似不可行（法務部 85/08/05 (85) 法檢字第 19528 號函）。

第 21 條（提供擔保撤銷扣押）
扣押之貨物或運輸工具，得由其所有人、管領人或持有人向海關提供相當之保證金或其他擔保，申請撤銷扣押。

❖立法（修正）說明❖（62/08/14全文修正一行政院版修正說明）

一、原案

（一）本條依原條文第 6 條修正。
（二）增列扣押之運輸工具。
（三）准在適當保證條件下，申請撤銷扣押。

二、審查案

本條對申請撤銷扣押已規定所有人提供相當之保證金或其他擔保，既與被扣押之貨物或運輸工具有相等價值，自無「日後執行顯有困難」情形，爰修正將但書刪除。

❖法條沿革❖

原條文	說明
（23/06/01 制定） 第 6 條 依本條例扣押之貨物，其持有人得提供相當擔保，請求免予扣押或發還。 海關稅務司對於前項請求，非認為貨物持有人有逃亡之虞，或日後執行顯有困難者，不得拒絕。	N/A

❖條文說明❖

海關扣押之目的有二：維持現狀於不變（本條例第 17 條第 2 項）及保全沒入處分（本條例第 17 條第 1 項及第 18 條），倘無違於扣押之目的，自得以其他方式替代。本條規定：「扣押之貨物或運輸工具，得由其所有人、管領人或持有人向海關提供相當之保證金或其他擔保，申請撤銷扣押。」即以提供相當之保證金或其他擔保作爲扣押之替代方式。

一、相當之保證金或其他擔保

本條例並未就保證金或其他擔保規定其種類，亦無準用關稅法之明文，實務上則除否定「人保」之方式[59]外，多係參酌關稅法第 11 條規定[60]，以定其保證金或其他擔保。另所提供之保證金或其他擔保，應具「相當性」，亦即所繳保證金或提供擔保之金額，宜與扣押貨物或運輸工具之價值及依法應繳納稅捐之總數相當，但不包括預計可能罰鍰之金額在內[61]。

二、申請之否准

依現行規定[62]，下列之扣押物或運輸工具應不准申請撤銷扣押：

（一）違禁品[63]。

（二）禁止進出口貨物。

（三）管制進出口貨物，而其貨價超過 5 萬元[64]且非體積過巨或易於損壞變質或其他不易拍賣或處理。

三、保證金或其他擔保之處理

（一）條文規定

依海關緝私條例第 17 條第 2 項之規定，為繼續勘驗與搜索之目的而扣押之運輸工具。

（二）發還保證金或擔保品

1. 經行政法院判決撤銷原處分並諭知海關另行處理者，如認無扣押必要即應將撤銷扣押之保證金予以發還[65]。
2. 若受處分人能即時將原扣押物交回時，海關應予接受加以沒入，退還原繳保證金[66]。惟應注意者，經撤銷扣押之貨物或運輸工具，因其所有人、管領人或持有人保管不善或使用發生損耗，致該物品之價值於沒入處分確定時，顯已低於撤銷扣押當時之價值者，受處分人將沒入貨物或運輸工具交回海關處理，海關仍得不予接受而逕以

---

59 財政部 72/04/07 台財關字第 14721 號函釋：「……依該條例第 21 條規定提供擔保申請撤銷扣押者，宜以現金或物保為限，不宜接受人保，以免發生執行上之困難。」

60 關稅法第 11 條規定：「依本法提供之擔保或保證金，得以下列方式為之：一、現金。二、政府發行之公債。三、銀行定期存單。四、信用合作社定期存單。五、信託投資公司一年以上普通信託憑證。六、授信機構之保證。七、其他經財政部核准，易於變價及保管，且無產權糾紛之財產（I）。前項第二款至第五款及第七款之擔保，應依法設定抵押權或質權於海關（II）。」

61 財政部 71/02/15 台財關字第 11571 號函。

62 財政部 71/02/15 台財關字第 11571 號函。

63 現已改為不得進口物品。

64 現已提高為新臺幣 45 萬元。

65 財政部 73/04/20 台財關字第 15385 號函。

66 財政部 69/05/27 台財關字第 16165 號函。

保證金抵繳貨價或就擔保品取償或向保證人追償[67]。

（三）就保證金或擔保品取償或向保證人追償[68]

1. 事由

(1) 經海關處分沒入後，其所有人拒不將已沒入之物品交回海關依規定處理時。
(2) 依規定海關須處分沒入者，因其所有人已將該物品出售或轉讓與第三人，致海關無從為沒入之處分時。
(3) 經撤銷扣押之貨物或運輸工具，因其所有人、管領人或持有人保管不善或使用發生損耗，致該物品之價值於沒入處分確定時，顯已低於撤銷扣押當時之價值者。

2. 做法

依本條例規定，沒入之處分與就保證金或擔保品取償或向保證人追償之法律基礎原各不相同，本應分別作行政處分，惟目前實務作業，依本條規定提供保證金或擔保之案件，既係多以繳納保證金（押金）之方式辦理，為簡化手續，於海關處分沒入確定之後，可逕以所納保證金抵充貨價，繳歸國庫；至於海關如因撤銷扣押致無從為沒入處分之案件（應沒入之貨物業經移轉），仍可另就保證金取償，以保庫收。

3. 其他規定

依行政罰法第 23 條第 1 項規定：「得沒入之物，受處罰者或前條物之所有人於受裁處沒入前，予以處分、使用或以他法致不能裁處沒入者，得裁處沒入其物之價額；其致物之價值減損者，得裁處沒入其物及減損之差額。」是於處分沒入前，遇有原扣押物已出售或轉讓第三人等致不能裁處沒入之情形，即應以裁處「沒入貨物之價額」代替原應裁處之沒入處分；又「沒入貨物之價額」處分確定且經依法限期繳納未獲繳清者，依本條例第 50 條第 1 項規定[69]，即得辦理保證金抵付或就擔保品變價取償事宜。

❖釋示函令❖

1. 保證金宜與扣押物之價值及稅款相當，但不包括可能罰鍰之金額

在海關緝私條例未完成修正前，本案應照下列規定辦理：（一）報運貨物出口有虛報貨名等違法行為之案件，如其情節輕微，海關實務上並不處分沒入貨物者，為免業者遭受過度損失可免予扣押該出口貨物。（二）扣押之貨物或運輸工具，其所有人、管領

---

67 財政部 72/03/11 台財關字第 13274 號函。

68 財政部 69/01/25 台財關字第 10895 號函。

69 海關緝私條例第 50 條第 1 項規定：「依本條例處分確定案件，收到海關通知之翌日起算三十日內未將稅款及罰鍰繳納者，得以保證金抵付或就扣押物或擔保品變價取償。有餘發還，不足追徵。」

人或持有人依海關緝私條例第 21 條之規定，向海關提供相當之保證金或其他擔保，申請撤銷扣押者，其所繳保證金或提供擔保之金額，宜與扣押貨物或運輸工具之價值及依法應繳納稅捐之總數相當，應不包括預計可能罰鍰之金額在內。但左列扣押之貨物或物品均不准申請撤銷扣押：(1) 違禁品[70]。(2) 禁止進出口貨物。(3) 管制進出口貨物，而其貨價超過 5 萬元[71]且非體積過巨或易於損壞變質或其他不易拍賣或處理。(4) 依海關緝私條例第 17 條第 2 項之規定，爲繼續勘驗與搜索之目的而扣押之運輸工具（財政部 71/02/15 台財關字第 11571 號函）。

2. 撤銷扣押或備價購回之貨物仍在區內加工使用者，應加計進口稅捐

關於加工出口區內查獲私運貨物申請依海關緝私條例第 21 條規定提供相當保證金撤銷扣押或依同法第 53 條規定備價購回之涉案貨物，如不運往區外，仍交區內外銷事業加工生產使用者，依財政部 71/02/15 台財關字第 11571 號函之規定，其繳交之保證金或變價款自應加計進口稅捐（海關總稅務司署 76/07/30 台總署緝字第 2953 號函）。

3. 受處分人交回因撤銷而發還之扣押物者，應退還其提供之保證金

主旨：關於所有人、管領人或持有人依海關緝私條例第 21 條之規定向海關提供擔保，申請撤銷扣押之貨物或運輸工具之案件，海關是否得逕就其所提供之擔保抵繳所沒入物品之價款一節，仍應依本部 69 台財關字第 10895 號函辦理。

說明：本部前函：「爲簡化手續，於海關處分沒入確定之後，可逕以所納保證金抵充貨價，繳歸國庫」一節，係指以提供相當之保證金申請撤銷扣押之案件，遇有經海關處分沒入後，受處分人未將已沒入之物品交回海關依規定處理時，得逕以所納保證金抵充貨價，繳歸國庫，無需另爲行政處分，以資簡化而言。換言之，若受處分人能即時將原扣押物交回時，海關應予接受加以沒入，退還原繳保證金。至若應沒入之貨物業經出售或轉讓與第三人，致海關無從爲沒入之處分時，仍應另爲行政處分，依海關緝私條例第 21 條之規定，就保證金取償或向保證人追償，俾資適法（財政部 69/05/27 台財關字第 16165 號函）。

4. 交回之扣押物價値顯已低於撤銷扣押時者，海關得不予接受

依海關緝私條例規定扣押之貨物或運輸工具雖具有損耗性且損耗性極難測定，仍有財政部 71/02/15 台財關字第 11571 號函規定之適用。但經撤銷扣押之貨物或運輸工具，因其所有人、管領人或持有人保管不善或使用發生損耗，致該物品之價値於沒入處分確定時，顯已低於撤銷扣押當時之價値者，受處分人將沒入貨物或運輸工具交回海關處

70　現已改為不得進口物品。

71　現已提高為新臺幣 45 萬元。

理，海關仍得不予接受而逕以保證金抵繳貨價或就擔保品取償或向保證人追償（財政部72/03/11 台財關字第 13274 號函）。

5. 申請撤銷扣押之保證金或擔保品取償釋疑

海關緝私條例第 21 條規定：「扣押之貨物或運輸工具，得由其所有人、管領人或持有人向海關提供相當之保證金或其他擔保，申請撤銷扣押。」此項保證金或擔保之提供，係爲取代海關扣押之處分，確保海關扣押目的之實現。按海關扣押之目的有二：即維持現狀於不變（該條例第 17 條第 2 項）及保全沒入處分（該條例第 17 條第 1 項及第 18 條），前者爲繼續勘驗與搜索所必要，自不得因提供保證金或擔保而撤銷扣押，故該條例第 21 條規定得由所有人、管領人或持有人提供保證金或擔保，申請撤銷扣押之範圍，應以後者爲限，即提供保證金或擔保之責任在確保其後海關依規定須沒入該物品時，不致發生無從處分沒入之情形，以及經處分沒入後，受處分人能即時將沒入物品交回海關處理，因此，遇有下列情事之一者，海關即得就保證金或擔保品取償或向保證人追償。（一）經海關處分沒入後，其所有人拒不將已沒入之物品交回海關依規定處理時。（二）依規定海關須處分沒入者，因其所有人已將該物品出售或轉讓與第三人，致海關無從爲沒入之處分時。二、依海關緝私條例規定，沒入之處分與就保證金或擔保品取償或向保證人追償之法律基礎原各不相同，本應分別作行政處分，惟目前實務作業，依海關緝私條例第 21 條規定提供保證金或擔保之案件，既係多以繳納保證金（押金）之方式辦理，爲簡化手續，於海關處分沒入確定之後，可逕以所納保證金抵充貨價，繳歸國庫；至於海關如因撤銷扣押致無從爲沒入處分之案件（應沒入之貨物業經移轉），仍可另就保證金取償，以保庫收（財政部 69/01/25 台財關字第 10895 號函）。

第 22 條（扣押收據）

Ⅰ 扣押，除準用第十三條及第十四條之規定外，應交付扣押收據，載明扣押物之名稱、數量、扣押之地點及時間、所有人、管領人或持有人之姓名及其住居所，並由執行關員簽名。

Ⅱ 扣押物應加封緘或其他標識，由扣押之機關或關員蓋印。

❖立法（修正）說明❖（62/08/14全文修正—行政院版修正說明）

一、原條文第 5 條第 1 項後段文字修正。

二、增列第 2 項，以明責任。

❖法條沿革❖

原條文	說明
（23/06/01 制定） 第 5 條 緝私關員，承主管長官之命，查出貨物，認為確有構成違反本條例情事時，應即將該貨物扣押，並繕具扣押清單，載明該貨物之名稱，數量，扣押之地點，時間，貨物持有人之姓名，及其住所或居所。 前項扣押之貨物，緝私關員因事實上之便利，得交由原貨物持有人，或當地公務機關保管之，其交由公務機關保管時，應通知原貨物持有人。 第一項扣押貨物，認為有腐壞之虞者，海關得於定案前，將該貨物拍賣，保管其價金，並通知原貨物持有人。 前項拍賣，應於事前公告之。	N/A

❖條文說明❖

一、本條乃規範實施扣押應有之正當程序。另應併予注意者，扣押之事項，本條例未予特別規定者，仍應適用行政罰法之相關規定。

二、扣押程序：

（一）**時間限制**：扣押不得在日沒後日出前爲之。但於日沒前已開始施行而有繼續之必要，或違反本條例之行爲正在進行者，不在此限（本條準用第 13 條規定）。

（二）**要求提出或交付扣留物**：對於應扣留物之所有人、持有人或保管人，得要求其提出或交付；無正當理由拒絕提出、交付或抗拒扣留者，得用強制力扣留之（行政罰法第 37 條）。

（三）**作成筆錄**：

1. 扣押應將經過情形作成筆錄，交被扣押人或在場證人閱覽後，一同簽名或蓋章。如有不能簽名蓋章或拒絕簽名蓋章者，由筆錄製作人記明其事由（本條準用第 14 條、行政罰法第 38 條第 1 項[72]）。
2. 所稱「經過情形」應包括實施扣押之時間、處所、夜間實施之事由、扣押物之名目及其他必要事項。

（四）**製作收據及交付**：

---

72 行政罰法第 38 條規定：「扣留，應作成紀錄，記載實施之時間、處所、扣留物之名目及其他必要之事項，並由在場之人簽名、蓋章或按指印；其拒絕簽名、蓋章或按指印者，應記明其事由（Ⅰ）。扣留物之所有人、持有人或保管人在場或請求時，應製作收據，記載扣留物之名目，交付之（Ⅱ）。」

1. 製作收據：本條例雖無「應」製作扣押收據之明文，惟本條第1項既已規定「應交付扣押收據」，且行政罰法第38條第2項亦規定「扣留物之所有人、持有人或保管人在場或請求時，應製作收據」，故除有無法交付收據之情形外，凡有扣押事實，均應製作扣押收據，以利履行法定之交付義務。
2. 收據應載明事項：(1) 扣押物之名稱。(2) 數量。(3) 扣押之地點及時間。(4) 所有人、管領人或持有人之姓名及其住居所（本條第1項）。
3. 由執行關員簽名。
4. 交付收據：依本條第1規定，扣押應交付扣押收據，惟究應交付予何人，並未明確指出，惟參據行政罰法第38條第2項規定：「扣留物之所有人、持有人或保管人在場或請求時，應製作收據，記載扣留物之名目，交付之。」扣押收據應交付扣押物之所有人、持有人或保管人，以利其主張權利。實務上扣押收據爲一式三聯，一聯交貨物所有人、持有人或保管人；一聯製作單位留底；一聯附緝私報告，以供日後裁處參據。

（五）**扣押物加封緘或其他標識**：扣押物應加封緘或其他標識，由扣押之機關或關員蓋印（本條第2項、行政罰法第39條第1項[73]）。

（六）**扣押物之適當處置**：扣留物，應加封緘或其他標識，並爲適當之處置[74]；其不便搬運或保管者，得命人看守或交由所有人或其他適當之人保管。得沒入之物，有毀損之虞或不便保管者，得拍賣或變賣而保管其價金（行政罰法第39條第1項）。

---

[73] 行政罰法第39條第1項規定：「扣留物，應加封緘或其他標識，並為適當之處置；其不便搬運或保管者，得命人看守或交由所有人或其他適當之人保管。得沒入之物，有毀損之虞或不便保管者，得拍賣或變賣而保管其價金。」

[74] 行政罰法第39條之立法說明略以「……一、第1項規定扣留物應加具識別之標示，並為適當之處理，以確保扣留物之安全。……」是該條所稱「適當之處置」，應指為確保扣留物安全之相關處置。

財政部關務署臺北關扣押/扣留 貨物/運輸工具 收據及搜索筆錄 D/T: 1112235

( ) 字第   號

Detention/Seizure Ticket and Record of Search by Taipei Customs

所有人、管領人(保管人)、持有人或被搜索人姓名____________ 國籍及出生日期____________
Name of Owner, Custodian, Holder or Person Searched　Nationality and the Date of Birth

護照或其他證件編號____________ 聯絡電話____________
Passport/Certificate No.　Telephone number

住居所____________
Address

船機名稱及班次____________ 申報單號碼____________
Vessel/Airline flight No.　D/F No.

郵包號碼____________ 主號____________
Posts' Tracking No.　Master Airway Bill／Bill of Lading No.

分號____________
House Airway Bill／Bill of Lading No.

船機國籍________ 來自________ 開往________ 代理行________
Flag　From　Bound For　Agent

搜索時間________ 扣押/扣留時間________ 搜索或扣押/扣留地點________
Time and Date of Search　Time and Date of Detention/Seizure　Place of Search/Detention/Seizure

搜索經過____________
Proceedings of Search

扣押/扣留貨物或運輸工具名稱 Articles/Means of Transport Detained/Seized	數(重)量 Quantity/Weight	單位 Unit	備註 Remarks

□上述貨物/運輸工具涉嫌違反海關緝私條例規定，依該法第17、18條規定予以扣押。
All articles/means of transport in the above list are suspected in violation of Customs Anti-smuggling Act and have been detained in accordance with Article 17, 18 of this law.

□上述貨物涉嫌違反____________規定，依____________規定予以扣留。
All articles in the above list are suspected in violation of______and have been seized in accordance with_______.

依海關緝私條例第10、11及14條規定執行勘驗、搜索並作成筆錄。
The inspection and search shall be conducted and the record should be made in accordance with Articles 10, 11, 14 of Customs Anti-smuggling Act.

搜索經過情形已於本筆錄內記明，此外並無損壞或失缺財務等情，亦無騷擾或侮辱之事，合併聲明。
The Proceedings of Search has been described in this record. Unless otherwise mentioned in this record, no damage has been done, no loss of property has occurred, and no person has been molested or insulted during the course of this search.

在場證人簽名、蓋章或按指印:__________ 所有人管領人(保管人)持有人或被搜索人簽章或按指印:__________
Signature, Stamp or Fingerprint of Witness　Signature, Stamp or Fingerprint of Owner, Custodian, Holder, Person Searched

關員簽名：__________
Signature of Customs Officer

附註：1.在場證人、所有人、管領人(保管人)、持有人或被搜索人如不拒絕簽名、蓋章或按指印者，應記明其事由。
Note: If the witness, owner, custodian, holder or person searched fail to sign or stamp or fingerprint this document, the cause should be recorded.

2.搜索經過欄請關員應就重點詳實填具。
The main point of fact should be documented in the column of Proceedings of Search by a customs officer.

3.本表1式3聯，第1聯發給所有人、管領人(保管人)、持有人或被搜索人收執，第2聯附於緝私報告表上，第3聯作為存根。
This ticket consists of three copies：the first copy is issued to the owner, custodian, holder, or person searched, the second copy is attached to the Seizure Report and the third copy is the stub.

海關扣押／扣留貨物運輸工具收據及搜索筆錄（範本）

第四章
罰則

第23條（抗不遵照之處罰）
船舶、航空器、車輛或其他運輸工具，違反第八條規定而抗不遵照者，處管領人新臺幣六萬元以上十二萬元以下罰鍰；經查明以載運私貨為主要目的者，並沒入該運輸工具。

❖立法（修正）說明❖（107/04/13修正）

一、修正貨幣單位，依現行法規所定貨幣單位折算新臺幣條例第2條規定，將「元」改以「新臺幣元」之三倍折算之。
二、修正原條文句中「船長或管領人」爲「管領人」。

❖法條沿革❖

原條文	說明
（62/08/14 全文修正） 第23條 船舶或車輛違反第八條規定，經鳴放信號，令其停駛而抗不遵照者，處船長或管領人五千元以上一萬元以下罰鍰；經查明有私運貨物進出口之事實者，並得沒入該船舶或車輛。	一、原條文第10條第1項已修正為第9條，配配合修正原條文第10條第2項，並加重罰鍰金額。 二、增加車輛及輛管理領人。
（67/05/19 修正） 第23條 船舶、航空器、車輛或其他運輸工具違反第八條規定，而抗不遵照者，處船長或管領人一萬元以上二萬元以下罰鍰；經查明以載運私貨為主要目的者，並沒入該運輸工具。	一、配合第8條修正，增列「航空器」及「其他運輸工具」，並刪除「鳴放信號」一語。並將「得」字刪除。 二、加重處罰，以資嚇阻。

原條文	說明
（72/12/13 修正） 第 23 條 船舶、航空器、車輛或其他運輸工具，違反第八條規定而抗不遵照者，處船長或管領人二萬元以上四萬元以下罰鍰；經查明以載運私貨為主要目的者，並沒入該運輸工具。	一、第 1 項於公告變賣下增訂一「並」字，俾文意完整通順。 二、第 2 項於扣押物下刪除「必要時」三字，使其文句簡潔。 三、現行條文所列罰鍰數額因社會經濟情況變遷，已嫌偏低，顯不足以達成法律上之目的，爰酌予提高。

❖條文說明❖

一、本條係違反第 8 條規定之罰則。

二、運輸工具如於接受海關停駛、回航或降落指定地點之命令後，抗不遵照者，除得依第 8 條規定加以射擊，阻止其繼續行駛外，亦得依本條規定裁罰，至其是否確曾參與走私則非所問[1]。

三、另，依本條例第 16 條第 2 項規定，軍警機關在非通商口岸發覺違反本條例之情事時，得逕行查緝，又財政部 71/11/04 台財稅字第 38070 號函及 79/08/10 台財關字第 790265769 號函釋，軍警機關逕行查緝時，可**準用**「海關緝私條例」第二章關於「查緝」之規定，故如接受軍警機關所為停駛、回航或降落指定地點之命令而抗不遵照者，亦有本條之適用。

❖精選案例❖

駕駛舢舨抗不遵照停駛命令且加速逃逸

緣原告借得「漁舢港外 359 號」舢舨及進出港報關簿後，涉嫌駕另一偽造船名為「漁舢港外 359 號」之舢舨，自高雄港旗后安檢站報關出港，經海巡隊於高雄港外海發現該船甲板上載運未稅洋菸，予以追緝時，原告駕駛該舢舨加速逃逸，並於高雄西子灣海水浴場搶灘，旋將該船船名之編號刮除，攜帶進出港報關簿逃離；嗣經上開海巡隊於該舢舨查獲未稅洋菸 5 萬包，並查扣該舢舨後，由高雄港旗后安檢站受理報關檢查之當值安檢員許○典、葉○良二人指認該舢舨係由原告駕駛出海，乃移送相關事證，經被告審理違章成立後，依據海關緝私條例第 27 條第 1 項及第 23 條之規定，裁處原告罰鍰，並沒入涉案舢舨（高雄高等行政法院 91 年度訴字第 1064 號判決）。

---

1 洪啟清，緝私法規與緝案處理，財政部財稅人員訓練所編印，79 年 7 月修訂 3 版，第 125 頁。

第 24 條（擅入非通商口岸之處罰）

船舶、航空器、車輛或其他運輸工具，未經允許擅自駛入非通商口岸者，沒入之。但因不可抗力或有其他正當理由，經管領人函報當地有關主管機關核實證明者，不在此限。

❖立法（修正）說明❖（107/04/13修正）

修正原條文句中「船長或管領人」為「管領人」，其餘未修正。

❖法條沿革❖

原條文	說明
（23/06/01 制定） 第 9 條 國際貿易船舶駛進非通商口岸者，應沒收其船舶，並得處船長五百元以上，二千元以下罰金，但因確遇災險，或其他不可抗力之情事，並經船長將進港理由呈報當地官署者，不在此限。	N/A
（62/08/14 全文修正） 第 24 條 船舶、航空器、車輛或其他運輸工具，未經允許擅自駛入非通商口岸者，沒入之。但因不可抗力或有其他正當理由，經船長或管領人函報當地有關主管機關核實證明者，不在此限。	（行政院版修正說明） 原條文第 9 條僅規定船舶，為適應事實情況之需要，乃修正原條文增加航空器、車輛或其他運輸工具，並刪除對船長之處罰，改為沒入該項運輸工具。

❖條文說明❖

一、「通商口岸」係指政府開放國際通商設立海關之口岸而言，國外貨物欲進口我國，僅得經由通商口岸輸入，故而載運國際貿易貨物之運輸工具應駛入我國通商口岸，踐行報關程序，始謂合法。如該運輸工具駛入我非通商口岸之地，自屬重大違反國際貿易常軌之行為，應予嚴究，爰本條規定其罰則為「沒入」運輸工具。至於所載貨物行為更有「私運」之問題，應併予裁罰。惟係因不可抗力或有其他正當理由，經管領人函報當地有關主管機關核實證明者，當毋庸以沒入處分相繩，爰有但書免責規定可資適用。

二、本條既係規定「未經允許擅自駛入非通商口岸」，解釋上應僅自領域外，未經允許擅自駛入者而言，倘國內之運輸工具在領域內未經核准擅自駛入管制區內（例如：卡車擅自駛入偏僻海防區內）[2]，則非本條之適用範圍。

---

2 洪啟清，緝私法規與緝案處理，財政部財稅人員訓練所編印，79 年 7 月修訂 3 版，第 126 頁。

三、經查近年實務運作，並無依本條規定裁罰之案件。

❖司法判解❖

國際貿易船舶駛進非通商口岸者，應沒收其船舶

按國際貿易船舶駛進非通商口岸者，應沒收其船舶。又未經海關核准，以船舶私運貨物進口者，得將該項貨物或船舶沒收之，爲海關緝私條例第 9 條上段及第 14 條所明定。而私運貨物得予沒收，同條例第 21 條第 4 項又有規定。所謂通商口岸，係指政府開放國際通商設立海關之口岸而言。當地駐軍設立之機構，不能視同海關，尤不能以當地駐軍設有機構，而視同政府開放爲國際通商口岸。又行政犯不以故意爲要件，更不能以誤解法令而邀免受罰（最高行政法院 46 年判字第 23 號判例）。

第 25 條（逃避緝獲之處罰）

船舶在沿海二十四海里界內，或經追緝逃出界外，將貨物或貨物有關文件毀壞或拋棄水中，以避免緝獲者，處管領人及行為人各新臺幣三萬元以上十五萬元以下罰鍰，並得沒入該船舶。

❖立法（修正）說明❖（107/04/13修正）

一、修正貨幣單位，依現行法規所定貨幣單位折算新臺幣條例第 2 條規定，將「元」改以「新臺幣元」之三倍折算之。

二、修正原條文句中「處船長及行爲人」爲「處管領人及行爲人」。

❖法條沿革❖

原條文	說明
（23/06/01 制定） 第 11 條 船舶在中國沿海十二海里界內，或經追緝逃出界外，將貨物或關於船舶貨物之文件毀壞，或拋棄水中，以圖避免緝獲者，處行為人二千元以下罰金，並得沒收其船舶。	N/A
（62/08/14 全文修正） 第 25 條 船舶在沿海十二海里界內，或經追緝逃出界外，將貨物或貨物有關文件毀壞或拋棄水中，以圖避免緝獲者，處船長及行為人各五千元以上一萬元以下罰鍰，並得沒入該船舶。	一、修正原條文第 11 條，加重罰鍰金額，並增加船長為受處分人。 二、依照海商法關於船長權責之規定，船舶如發生本條例所列情事，船長自應負責。參見該法第 39 條：「船長對於執行職務中之過失，應負責任，如主張

原條文	說明
	無過失時應負證明之責。」第40條第1項：「船舶之指揮，僅由船長負其責任，船長為執行職務，有命令與管理在船海員及在船任何人之權。」第48條：「船長除有必要外，不得開艙，亦不得在船舶文書未經送驗前卸載貨物。」
（72/12/13 修正） 第 25 條 船舶在沿海二十四海里界內，或經追緝逃出界外，將貨物或貨物有關文件毀壞或拋棄水中，以避免緝獲者，處船長及行為人各一萬元以上五萬元以下罰鍰，並得沒入該船舶。	一、擴大緝私海域為24海里，並酌作文字修正。 二、提高罰鍰數額，理由同第23條修正說明。

❖條文說明❖

一、處罰要件

本條應予處罰行爲乃「將貨物或貨物有關文件毀壞或拋棄水中」，其意圖則爲「避免緝獲」，亦即爲避免緝獲遭罰，將違反本條例規定有關之貨物（如私貨）、文件等予以毀壞或拋棄水中，即該當本條規定之行爲；至於拋棄之水域原則上僅限於沿海24海里內之「緝私水域」範圍內，惟如係經合法追緝[3]而逃出24海里外再行拋棄水中，則例外屬之。

二、處罰對象

船舶管領人及毀壞或拋棄貨物、文件之行爲人。

三、與私運之關係

本條規定係定額罰鍰並得按個案情節輕重裁量是否沒入船舶。於一般情形，此種避免緝獲之行爲通常即在護衛私運，外觀上似爲二行爲，惟就整體私運階段來看，避免緝獲行爲乃私運行爲之附隨行爲，並無獨立處罰之必要性，是以，本文認爲避免緝獲與私

3　此即國際通認「緊追權」（Right of Hot Pursuit）之行使。1982年聯合國海洋法公約第111條第1項規定：「沿海國主管當局有充分理由認為外國船舶違反該國法律和規章時，可對該外國船舶進行緊追。此項追逐須在外國船舶或其小艇之一在追逐國的內水、群島水域、領海或鄰接區內時開始，而且只有追逐未曾中斷，才可在領海或鄰接區外繼續進行。當外國船舶在領海或鄰接區內接獲停駛命令時，發出命令的船舶並無必要也在領海或鄰接區內。如果外國船舶是在第三十三條所規定的鄰接區內，追逐只有在設立該區所保護的權利遭到侵犯的情形下才可進行。」（中文翻譯原則係依據傅崑成博士編校之「聯合國海洋法公約暨全部附件」乙書，123資訊有限公司出版，83年5月初版）。

運行爲應以一行爲論，進而應依行政罰法第 24 條第 1 項規定[4]從重論罰。

❖精選案例❖

1. 貨輪駛至高雄港 1 號碼頭與 21 號浮筒之間水域時，船員見海關巡邏艇前來查緝私貨，心生畏懼，爲避免被緝將貨物（酒、小茶壺等）拋棄水中，經關員察覺撈獲，應依本條規定裁罰（最高行政法院 74 年度判字第 1357 號判決）。
2. 船長夥同船員共同駕駛漁船接駁未稅洋菸乙批，於返航途中在龜山島東方 17 海里處，爲保七總隊發現並追緝，船長等人意圖湮滅證據，逃避責任，竟驅船加速往外海逃逸，並將全部私貨拋棄海中，案經警艇在蘇澳港東方約 61 海里處所緝獲，另於龜山島東南方約 41 海里處撈得未稅洋菸 106 箱，依本條例第 25 條規定處罰鍰，並沒入涉案漁船（最高行政法院 87 年度判字第 2064 號判決）。
3. 船長夥同船員駕駛漁船出港，於琉球外海約 60 海里處接駁未稅洋菸，嗣在臺南國聖港外海 2.5 海里處，爲警攔截臨檢，船長等人爲避免緝獲，竟用漁船船尾故意碰撞警艇後加速逃逸，並將部分私貨拋棄海中（最高行政法院 88 年度判字第 394 號判決）。

❖釋示函令❖

逃避查緝而沒入船舶者，應以載運私貨爲主要目的

主旨：所報關於內政部警政署保安警察第七總隊所屬人員於一週內二度查獲甲漁船走私未稅洋菸，應否依海關緝私條例第 23 條及第 25 條規定予以從重處分沒入該船舶，以有效遏阻不法乙案。

說明：二、查海關緝私條例第 25 條規定：「船舶在沿海二十四海里界內，或經追緝逃出界外，將貨物或貨物有關文件毀壞或拋棄水中，以避免緝獲者，處船長及行爲人各一萬元以上五萬元以下罰鍰，並得沒入該船舶。」就其規定言，凡船舶符合上開構成要件，海關除處以罰鍰外，並得沒入船舶，即不問該船舶是否有私運行爲且以載運私貨爲主要目的。惟查同條例第 23 條規定：「船舶、航空器、車輛或其他運輸工具，違反第八條規定而抗不遵照者，處船長或管領人二萬元以上四萬元以下罰鍰；經查明以載運私貨爲主要目的者，並沒入該運輸工具。」則須查明該船舶係以載運私貨爲主要目的，始得加以沒入。兩相比較，第 25 條之處罰顯較第 23 條之規定爲重。是以爲期罰則之平衡，適用第 25 條規定處分沒入時，仍應考量該船舶是否以載運私貨爲主要目的（財政部 84/10/28 台財關字第 840571416 號函）。

---

4 行政罰法第 24 條第 1 項規定：「一行為違反數個行政法上義務規定而應處罰鍰者，依法定罰鍰額最高之規定裁處。但裁處之額度，不得低於各該規定之罰鍰最低額。」

第 26 條（發遞走私信號之處罰）
發遞有關走私信號，傳送消息於私運貨物進口或出口之運輸工具者，處新臺幣三萬元以下罰鍰。

❖立法（修正）說明❖（107/04/13修正）

修正貨幣單位，依現行法規所定貨幣單位折算新臺幣條例第 2 條規定，將「元」改以「新臺幣元」之三倍折算之。

❖法條沿革❖

原條文	說明
（23/06/01 制定） 第 13 條 有發遞信號，傳送消息於私運貨物之船舶者，處一千元以下之罰金。	N/A
（62/08/14 全文修正） 第 26 條 發遞有關走私信號，傳送消息於私運貨物進出口之運輸工具者，處五千元以下罰鍰。	一、原案（行政院版修正說明）： 原條文第 13 條文字修正，並將罰鍰加重。 二、審查案： 本條比照第 26 條之規定，將「處三千元以下罰鍰」，修正為「處五千元以下罰鍰」，以期科處平衡。
（72/12/13 修正） 第 26 條 發遞有關走私信號，傳送消息於私運貨物進口或出口之運輸工具者，處一萬元以下罰鍰。	一、提高罰鍰數額，理由同第 23 條修正說明。 二、酌作文字修正。

❖條文說明❖

一、不法私梟爲確保走私行爲順遂，並避免走私行爲因他人監聽或得悉致消息敗漏而遭逮，通常走私前即與他人約定以一定之信號代替語言來傳達訊息，以利識別彼此身分、接駁貨物、接應上岸或把風通報。爲嚇阻走私，類此有助走私之行爲亦應加以處罰，爰有本條規定。

二、處罰要件：

（一）發遞走私信號：凡爲走私所傳送足以識別彼此身分、接駁貨物、接應上岸或把風通報之訊息者，均屬走私信號。例如燈光、手勢、旗號、煙霧、煙火、施放信號彈、吹哨、汽笛、鳴放音響等。至於發遞即向外傳達之意，簡言之，爲走私而向外傳送足以識別彼此身分、接駁貨物、接應上岸或把風通報之訊息者，應已符合本條「發遞有關走私信號」之要件。

（二）傳送消息於私運貨物進口或出口之運輸工具：發遞走私信號，應以信號足以達到私運之運輸工具爲限，如私運之運輸工具實際上無法接收所發遞之訊息者（如船舶尚在外海，岸上把風之人即吹哨提醒），則應認不構成本要件。

三、處罰對象：即走私信號之發遞者。

四、罰則：處新臺幣 3 萬元以下罰鍰。

五、與私運之關係：走私信號之發遞者如經查明與私運行爲人或經營私運行爲人間確有「犯意聯絡、行爲分擔」之共犯模式，依重度行爲吸收輕度行爲之適用原則，應以私運行爲論處，即足以評價其整體不法行爲，毋庸再適用本條規定論處。

六、實務上，發遞走私信號多發生在非通商口岸或外海，不易查覺，軍警機關查獲發遞信號後之走私行爲，亦僅就私運行爲論處爲已足，爰近年海關並無依本條規定處分之紀錄。

第 27 條（利用運輸工具從事私運之處罰）

I 以船舶、航空器、車輛或其他運輸工具，私運貨物進口、出口、起岸或搬移者，處管領人新臺幣五萬元以上五十萬元以下罰鍰；其情節經查明前述運送業者有包庇、唆使或以其他非正當方法，使其運輸工具之工作人員私運貨物進口或出口者，除依本條例或其他法律處罰外，並得停止該運輸工具三十天以內之結關出口。

II 前項運輸工具以載運槍砲、彈藥或毒品為主要目的者，沒入之。

❖立法（修正）說明❖（107/04/13修正）

修正原條文第 1 項句中「處船長或管領人」爲「處管領人」，其餘未修正。

❖法條沿革❖

原條文	說明
（23/06/01 制定） 第 14 條 未經海關核准，以船舶航空機車輛私運貨物進口出口起岸或搬移者，處二百元以上，二千元以下罰金，並得將該項貨物，或船舶航空機車輛沒收之。	N/A

原條文	說明
（62/08/14 全文修正） 第 27 條 以船舶、航空器、車輛或其他運輸工具，私運貨物進口、出口、起岸或搬移者，處船長或管領人五千元以上一萬元以下罰鍰。 前項運輸工具以載運私貨為主要目的者，並沒入之。	一、原修正條文第 14 條。 二、參照行政法院 56 年 3 月 7 日第三次三庭聯席會議決議：「凡以船舶專供私運貨物進口在臺灣沿海十二海里緝獲者，沒收其船舶」，及該院 57 年判字第 67 號判例：「所謂以車輛搬移云云，係指其車輛確係以搬移該項私運進口之貨物為其使用之主要目的，並該車輛實際管領使用之人又係知情供給使用而言，不以所有人知情供給使用為必要。」 三、具體規定沒入之條件。
（67/05/19 修正） 第 27 條 以船舶、航空器、車輛或其他運輸工具，私運貨物進口、出口、起岸或搬移者，處船長或管領人五千元以上二萬元以下罰鍰；其情節重大者，並警告運輸工具所有人或租用人，第三次警告時，得停止該運輸工具三十天以內之結關出口，其辦法由財政部會同交通部擬訂報請行政院核定之。 前項運輸工具以載運私貨為主要目的者，並沒入之。	一、為有效防止走私，並使處罰更臻合理，爰於第 1 項後段增訂其情節重大者，並予警告，經警告兩次者，海關得停止該運輸工具於一定期間內在任何通商口岸結關出口，其標準由財政部會同交通部擬訂報請行政院核定，俾便海關得視其情節之輕重，予以適當之處罰。 二、加重處罰，以資嚇阻。
（72/12/13 修正） 第 27 條 以船舶、航空器、車輛或其他運輸工具，私運貨物進口、出口、起岸或搬移者，處船長或管領人一萬元以上五萬元以下罰鍰；其情節重大者，並警告運輸工具所有人或租用人；第三次警告時，得停止該運輸工具三十天以內之結關出口；其辦法由財政部會同交通部擬訂，報請行政院核定之。 前項運輸工具以載運私貨為主要目的者，並沒入之。	一、第 1 項提高罰鍰數額，理由同第 23 條修正說明。 二、第 2 項未修正。
（83/12/29 修正） 第 27 條 以船舶、航空器、車輛或其他運輸工具，私運貨物進口、出口、起岸或搬移者、處船長或管領人新臺幣十萬元以上五十萬元以下罰鍰；其情節經查明前述運送業者有包庇、唆	一、現行法所定 1 萬至 5 萬元罰鍰已不足收嚇阻之效，酌予提高至10萬至50萬元。 二、沒入以載運私貨為主要目的之運輸工具，應明確訂定認定之標準，以免處罰過當，爰立法援權由主管機關定之。[5]

5　所附修正說明，係聯席審查會意見，惟最終三讀通過之條文，係依協商結果而得，請參閱立法院公報第84卷第2期院會紀錄，第89-90頁。

原條文	說明
使或以其他非正當方法，使其運輸工具之工作人員走私貨物進口或出口者，除依本條例或其他法律處罰外，並得停止該運輸工具三十天以內之結關出口。 前項運輸工具以載運槍砲、彈藥或毒品為主要目的者，得沒入之。	
（102/05/31 修正） 第 27 條 以船舶、航空器、車輛或其他運輸工具，私運貨物進口、出口、起岸或搬移者，處船長或管領人新臺幣五萬元以上五十萬元以下罰鍰；其情節經查明前述運送業者有包庇、唆使或以其他非正當方法，使其運輸工具之工作人員私運貨物進口或出口者，除依本條例或其他法律處罰外，並得停止該運輸工具三十天以內之結關出口。 前項運輸工具以載運槍砲、彈藥或毒品為主要目的者，沒入之。	一、考量部分私運貨物之價值及對社會之危害性較為輕微，為避免處罰過於嚴苛，爰將第 1 項罰鍰下限由「十萬元」修正為「五萬元」，俾符比例原則，並酌作文字修正。 二、第 2 項未修正。

❖條文說明❖

一、第1項前段及第2項規定

（一）違章行為

1. 以運輸工具私運貨物進口、出口

(1) 私運貨物（詳本條例第 3 條說明）。

(2) 以運輸工具：指利用船舶、航空器、車輛或其他運輸工具以私運貨物之意。

2. 以運輸工具起岸或搬移

(1) 所稱起岸，係指將船上私貨搬運上岸；至於所稱「搬移」，原指私自以運輸工具由港口碼頭、飛機場或其他海關控制之處所，將私貨搬移至其他處所而言[6]。惟本條於 62 年修正時，已將「未經海關核准」等字刪除，依文義解釋，本條「搬移」之適用範圍即不限應從海關控制之處所搬移，故縱自非屬海關控制之處所以運輸工具搬移私貨，亦該當此一要件，例如，自境內停車場以車輛搬移私運進口之貨物[7]，或自停泊漁港之漁船船艙搬運裝載私貨至貨櫃車[8]。

6 最高行政法院 53 年判字第 93 號判例。

7 最高行政法院 83 年度判字第 288 號判決。

8 高雄高等行政法院 92 年度簡字第 251 號判決。

(2) 另，私運貨物之搬移行爲與私運行爲本身該如何區別，有時甚爲困難，依實務見解[9]，大體上係以「是否參與走私」爲區別標準，申言之，私運貨物之搬移，如係出於共同私運之意思，則爲私運貨物行爲；倘出於協助完成私運之意思者，則爲本條所稱之搬移。單純之搬移行爲，其適用法條僅止於本條規定，而構成私運貨物之行爲，則應就本條及第36條規定，從一重處罰，此乃二者之區別實益。

（二）處罰對象

1. 即利用運輸工具私運貨物進出口、起岸或搬移私運貨物，涉案當時之運輸工具管領人。
2. 是否爲運輸工具管領人，應視其人是否對私運貨物、起岸或搬移私貨之運輸工具確有事實上管領力而定。在通常情形下，船舶、飛機或車輛分別以船長、機長、司機駕駛屬對其所在之船舶、飛機或車輛有實際上管領力從而爲本條之管領人。但船長不在，亦得憑實際情況而以司機或駕駛爲管領人[10]。
3. 依本條第2項規定裁處沒入時，應逕就處罰管領人時併爲沒入處分，無需對運輸工具所有人爲之[11]。

（三）處罰及減免

1. 本條與其他規定之關係

(1) 以運輸工具私運貨物

以船舶、航空器、車輛或其他運輸工具，私運貨物進口、出口之行爲，如同時違反本條例第36條第1項規定，依行政罰法第24條第1項規定：「一行爲違反數個行政法上義務規定而應處罰鍰者，依法定罰鍰額最高之規定裁處。但裁處之額度，不得低於各該規定之罰鍰最低額。」及財政部82/02/24台財關字第820050584號函釋：「……船長或運輸工具管領人以其船舶或運輸工具自行從事走私或與他人共同走私時，該等行爲如

---

9 運輸工具之管領人，未參與進口走私，僅以運輸工具自私貨起卸地點搬移私貨，協助完成私運者，應依海關緝私條例第27條規定處罰，至對於已完成私運之貨物予以載運者，則非該條處罰範圍（財政部79/12/27台財關字第791236231號函）。

10 最高行政法院53年判字第74號判例。

11 行政法院81年10月份庭長、評事聯席會議決議：「……又如其船舶當時確係以私運貨物進口為其使用之主要目的，且該船舶船長或管領人又係知情供給使用，即為得予沒入之對象，並不以船舶所有人知情供給使用為必要（本院53年判字第74號判例參照），其所有權誰屬，亦非所問，且沒入船舶逕就處罰船長時併為沒入處分，毋需對船舶所有人為之（本院53年判字第74號判例、74年判字第1077號、77年判字第117號判決參照）。」最高行政法院83年度判字第295號判決：「……依據海關緝私條例第27條規定，係以船長或管領人為處罰對象，如其船舶當時確係以私運貨物進口為其使用之主要目的，且該船舶實際管領使用人，又係知情供給使用，即得為沒入之處分，並不以船舶所有人知情供給使用為必要。亦無須以船舶所有人為沒入之對象。」

同時違反海關緝私條例第 27 條及第 36 條第 1 項及第 3 項之處罰規定，應從一重處斷，即以法定罰較重者處之，……」是以如私運行爲同時違反本條例第 27 條及第 36 條第 1 項規定，則應從一重處斷，亦即視個案貨價三倍之金額是否高於 50 萬元而定適用法據，倘貨價三倍高於 50 萬元，則從重以本條例第 36 條第 1 項規定爲裁處之法據；否則，即依本條規定處罰。

(2)以運輸工具起岸或搬移私運貨物

本條例第 36 條第 2 項規定：「**起卸**、**裝運**、收受、藏匿、收買或代銷私運貨物，處新臺幣九萬元以下罰鍰……」其處罰對象即主體不限於運輸工具管領人，即無此特殊身分之人，例如船員、旅客及一般人等均包括在內，其構成起卸、裝運私貨之行爲，亦不以利用運輸工具爲必要，諸如手提、肩挑私貨，或利用不知情之他人以運輸工具起卸、裝運等皆屬之。惟以船舶、航空器、車輛或其他運輸工具起岸或搬移私運貨物之行爲，同時將構成本條例第 36 條第 2 項規定之「**起卸**、**裝運**」行爲，依行政罰法第 24 條第 1 項規定，亦應從一重處斷，即應從重依法定罰鍰最高（新臺幣 50 萬元）之本條規定裁罰。

2.減免處罰

(1)主動陳報免罰

海關緝私條例第 45 條之 3 第 2 項規定：「非屬前項情形，而有其他本條例所定應予處罰情事之行爲人，於海關、稅捐稽徵機關或其他協助查緝機關接獲檢舉、進行調查前，向各該機關主動陳報並提供違法事證，因而查獲並確定其違法行爲者，於陳報範圍內免予處罰。」

(2)減輕處罰

海關緝私案件減免處罰標準第 3 條規定：「依本條例第二十七條第一項規定應處罰鍰案件，其進口貨物完稅價格或出口貨物離岸價格未逾新臺幣五千元者，按該項規定應處罰鍰最低額減輕二分之一。」

3.處新臺幣5萬元以上50萬元以下罰鍰

(1)照表裁罰

財政部關務署 107/05/18 台財關字第 1071010762 號令訂頒「緝私案件裁罰金額或倍數參考表」及使用須知，規範行使裁量權之客觀標準，用以協助各關妥適辦理海關緝私案件之裁罰。

緝私案件裁罰金額或倍數參考表

海關緝私條例條次及內容	違章情形	裁罰金額或倍數
第二十七條第一項 以船舶、航空器、車輛或其他運輸工具，私運貨物進口、出口、起岸或搬移者，處管領人新臺幣五萬元以上五十萬元以下罰鍰；其情節經查明前述運送業者有包庇、唆使或以其他非正當方法，使其運輸工具之工作人員私運貨物進口或出口者，除依本條例或其他法律處罰外，並得停止該運輸工具三十天以內之結關出口。	有本條違章行為且同時違反本條例第三十六條第一項之下列物品者： 毒品危害防制條例所列毒品及其製劑、罌粟種子、古柯種子及大麻種子，或槍械、子彈、事業用爆炸物。	處貨價二倍之罰鍰。但不得低於新臺幣五萬元。
	前款以外管制物品。	處貨價一倍之罰鍰。但不得低於新臺幣五萬元。
	前二款以外物品。	處貨價〇．七五倍之罰鍰。但不得低於新臺幣五萬元。
	有本條違章行為且未涉及本條例第三十六條第一項之下列情形者： 貨價逾新臺幣五十萬元。	處貨價十分之一罰鍰。但不得逾新臺幣四十萬元。
	貨價新臺幣五十萬元以下。	處新臺幣五萬元罰鍰。

(2)仍應審酌個案情節

對於構成本條之違章行爲而應予處罰者，原則上依前揭裁罰參考表所定區分違章情形予以裁罰，惟仍應審酌個案應受責難程度、所生影響、所得利益、受處罰者之資力及平等、比例原則，如認違章情節重大或出於故意或情節輕微者，得按表列裁罰倍數或金額加重或減輕其罰，至各該規定法定罰鍰額之最高限或最低限爲止[12]，以免有裁量怠惰之違法。

(3)罰鍰之扣抵

A.鑑於同一行爲人所爲違反本項規定之行爲，於通常情形下，亦多有同時觸犯刑事法律，依行政罰法第26條第1項規定之刑事優先原則，應依刑事法律處罰之。

B.倘上開觸犯刑事法律規定之行爲，業經緩起訴處分或緩刑宣告確定且經命行爲人向公庫或指定之公益團體、地方自治團體、政府機關、政府機構、行政法人、社區或

12 緝私案件裁罰金額或倍數參考表使用須知第4點第1項規定：「個案經審酌應受責難程度、所生影響、所得利益、受處罰者之資力及平等、比例原則，認違章情節重大或出於故意或情節輕微者，得按表列裁罰倍數或金額加重或減輕其罰，至各該規定法定罰鍰額之最高限或最低限為止。」

其他符合公益目的之機構或團體，支付一定之金額或提供義務勞務者，行政機關雖得依行政罰法第 26 條第 2 項規定依違反行政法上義務規定裁處之，惟亦應依同條第 3 項規定[13]，將行為人所支付之金額或提供之勞務，扣抵應裁處之罰鍰。

C. 另，依法務部函釋[14]，緩起訴處分負擔之履行扣抵罰鍰，應以行為受罰鍰之裁處為必要，縱緩起訴處分負擔之履行與行為人所應繳納之罰鍰已全額扣抵，仍應作成裁處書並為送達，始對受處分人發生效力，以維人民救濟權利。

4. 沒入運輸工具

(1) 以載運槍砲、彈藥或毒品為主要目的

A. 本條第 2 項規定：「前項運輸工具以載運槍砲、彈藥或毒品為主要目的者，沒入之。」是以船舶、航空器、車輛或其他運輸工具，私運貨物進口、出口、起岸或搬移，且該運輸工具主要目的係載運槍砲、彈藥或毒品者，即應依本項規定予以沒入。

B. 所稱「以載運槍砲、彈藥或毒品為主要目的」者，係指該運輸工具在特定時間內，全以載運槍砲、彈藥或毒品為主要目的，不作他用之情形而言[15]。若該運輸工具之所有人在特定時間內，本有正當用途，例如，所僱司機乘隙擅行竊用車輛以搬運槍砲、彈藥或毒品，或船員利用正常航次之定期航行，隨船私帶[16]，則非符本條所稱之主要目的。實務上，判斷載運之主要目的，通常以涉案運輸工具上是否仍有其他正常貨載為斷[17]。

(2) 載運之客體限載運槍砲、彈藥或毒品

本項沒入規定原未限定貨物種類，惟沒入運輸工具影響人民權益（尤其財產權、工作權、生存權）甚鉅，茲事體大，不可不慎。於 83 年修法時依立法院黨團協商結果修正[18]，限定載運槍砲、彈藥或毒品為主要目的者，始得沒入運輸工具。

---

13 行政罰法第 26 條第 1 項至第 4 項規定：「一行為同時觸犯刑事法律及違反行政法上義務規定者，依刑事法律處罰之。但其行為應處以其他種類行政罰或得沒入之物而未經法院宣告沒收者，亦得裁處之（Ⅰ）。前項行為如經不起訴處分、緩起訴處分確定或為無罪、免訴、不受理、不付審理、不付保護處分、免刑、緩刑之裁判確定者，得依違反行政法上義務規定裁處之（Ⅱ）。第一項行為經緩起訴處分或緩刑宣告確定且經命向公庫或指定之公益團體、地方自治團體、政府機關、政府機構、行政法人、社區或其他符合公益目的之機構或團體，支付一定之金額或提供義務勞務者，**其所支付之金額或提供之勞務，應於依前項規定裁處之罰鍰內扣抵之**（Ⅲ）。前項勞務扣抵罰鍰之金額，按最初裁處時之每小時基本工資乘以義務勞務時數核算（Ⅳ）。」

14 法務部 108/09/18 法律字第 10803513740 號函。

15 最高行政法院 71 年判字第 14 號判例。

16 最高行政法院 53 年判字第 67 號判例。

17 最高行政法院 83 年度判字第 288 號判決。

18 立法院公報第 84 卷第 2 期院會紀錄，第 89-90 頁。

(3)運輸工具不以受處分人所有為限

A.行政罰法第21條規定：「沒入之物，除本法或其他法律另有規定者外，以屬於受處罰者所有為限。」原則上處分沒入者，沒入物應以受處分人所有為限，非屬受處分人所有者，不得沒入。

B.惟本條例第45條之2已明文規定：「依本條例規定裁處沒入之貨物或物品，不以屬受處分人所有為限。」基於特別法優先適用原則，依本條第2項規定沒入涉案運輸工具，不以受處分人所有為限。

(4)以運輸工具管領使用人知情為限

沒入運輸工具，必以運輸工具之管領使用人，知情供給使用私運、起岸或搬移私貨為必要，惟所有人是否知情供給使用，要非所問。[19]

二、第1項後段規定

（一）規定內容

其情節經查明前述運送業者有包庇、唆使或以其他非正當方法，使其運輸工具之工作人員私運貨物進口或出口者，除依本條例或其他法律處罰外，並得停止該運輸工具30天以內之結關出口。

（二）規範對象

指運送業者。

（三）違章行為態樣

1.包庇工作人員私運

參照最高法院判例對懲治走私條例所稱包庇之解釋[20]，本條所稱「包庇」，應解為運送業者對於其工作人員所為之私運貨物進出口行為加以相當保護，以排除其外來之阻力者而言。

2.唆使工作人員私運

指本無實行私運意思之人，因他人指使而萌生犯意，進而實行私運行為，他人所為之指使即屬之。

---

[19] 最高行政法院53年判字第74號判例。

[20] 最高法院47年台上字第1305號判例：「懲治走私條例第八條所謂**包庇走私，係指對於走私犯罪加以相當保護，以排除其外來之阻力者而言**，與同條例第七條僅明知為走私物品而放行或為之銷售或藏匿之情形有別。」

3. 以其他非正當方法使工作人員私運

指有類同包庇、唆使而非屬常規之其他方法迫使或誘使其工作人員私運貨物而言。

（四）法律效果

1. 依本條例或其他法律處罰

(1) 依本條例處罰

A. 本條所稱「依本條例處罰」究係何指？本條例並未有明確指示，不無疑義。

B. 惟審酌本條「包庇、唆使或以其他非正當方法，使其運輸工具之工作人員私運」要件及均出於故意，就包庇等行爲對於私運行爲（即違反行政法上義務）之構成要件事實實現，有所參與或協力[21]，應論屬私運（本條例第 3 條）及以運輸工具私運（本條）之共同實施，從而所稱「應依本條例處罰」，應指依本條例第27條或第36條規定處罰。

(2) 依其他法律處罰

A. 所稱「其他法律」，原指民國 102 年 1 月 11 日修正前航業法第 32 條規定：「**船舶運送業不得包庇、唆使或以其他非正當方法，使船員走私貨物進口或出口**。但船員走私，經查明不可歸責於船舶運送業者，該船舶運送業者不負責任（I）。船員發現船上有走私或未依規定完稅之貨物時，應即報告船長或向有關機關舉發之，並得予以獎勵（II）。」及同法第 57 條第 1 項第 5 款規定：「船舶運送業有左列情事之一者，由當地航政機關處新臺幣三萬元以上三十萬元以下罰鍰，並責令其限期改善及得停止其營業之全部或一部：……**五、違反第三十二條第一項規定，包庇、唆使或以其他非正當方法使船員從事走私，經查明有據者**。」

B. 然嗣航業法全文修正，以上開規定「……於海關緝私條例第二十七條第一項已有規範，至第一項但書及第二項有關船員之規定，船員法第六十九條及第七十九條亦有相關規範，本條無規範必要」[22]爲由，刪除上開規定。

C. 因航業法業經修正刪除上開處罰規定，又現行法律並無相關規定可資適用，故本條所稱「其他法律」實際上並不存在。

---

21 最高行政法院 108 年度判字第 320 號判決：「行政罰法第 14 條第 1 項規定：『故意共同實施違反行政法上義務之行為者，依其行為情節之輕重，分別處罰之。』而所謂『共同實施違反行政法上義務之行為』，係指二以上行為人於主觀上基於共同實施違反行政法上義務行為的意思，同時於客觀上共同實施違反行政法上義務的行為。又上述規定是採取德國立法例的共犯一體概念，不再區分共同正犯、教唆犯及幫助犯，**祇要對違反行政法上義務的構成要件事實實現，故意參與或協力者**，皆予處罰。縱將各個行為人的行為單獨認定，未必可滿足違反行政法上義務行為的構成要件，惟因其等皆係出於故意，主觀上有互相利用他方行為作為己用之意，因而各該故意行為人仍構成『共同違法實施行為』，均應依法處罰。」

22 立法院公報第 101 卷第 39 期院會紀錄，第 212 頁。

(3)從一重處罰

行政罰法第24條第1項規定：「一行為違反數個行政法上義務規定而應處罰鍰者，依法定罰鍰額最高之規定裁處。但裁處之額度，不得低於各該規定之罰鍰最低額。」運送業者包庇、唆使或以其他非正當方法，使其運輸工具之工作人員私運貨物者，因其同時構成本條例第3條（私運貨物）及第27條第1項（以運輸工具私運貨物）之行為，依上開行政罰法規定，應依本條例第36條及第27條規定，從一重處罰。

2.停止30天以內之結關出口

(1)結關

A.意義

指運輸工具在出口貨物裝載完成後，總結承載內容（貨、人）而向海關申請准許出港（口）之手續。

B.適用範圍

現行法規規定應於出港（口）前辦理結關者，僅船舶[23]及車輛[24]二者，飛機則無；實務上更僅有船舶辦理結關。

C.申請結關應檢具之文件

(A)結關申請書。(B)出口裝船清表（無出口貨物者免送）。(C)出境及過境旅客名單（與進口時所送過境旅客名單相同者免送）。(D)出境隨船服務人員名單（與船舶進口時所送名單相同者免送）。(E)檢疫准單。

D.船舶結關效果

(A)准許出港：船舶申辦結關經准而取得結關證明書後，即得出港（但應於結關後48小時內開航。逾限未開航者，應向海關重行申請結關[25]）。(B)不得再裝卸貨物：船舶未開航前因故須裝卸貨物者，應檢附結關證明書向海關申請註銷結關。但須卸貨者另應辦理更正進口艙單及卸貨准單手續後，始得為之[26]。

---

23 運輸工具進出口通關管理辦法第43條規定：「船舶結關，船長或船舶所屬運輸業者應檢具下列文件向海關申請，經核發結關證明書後，船舶始得出港：一、結關申請書。二、出口裝船清表。但無出口貨物者，免送。三、出境及過境旅客名單。但與船舶進口時所送過境旅客名單相同者，免送。四、出境隨船服務人員名單。但與船舶進口時所送名單相同者，免送。五、檢疫准單（Ⅰ）。結關申請書及結關證明書之格式由海關訂定並公告（Ⅱ）。以連線方式申請結關者，免向海關遞送第一項書面文件（Ⅲ）。前項連線申請結關，由關務署公告實施之（Ⅳ）。」

24 運輸工具進出口通關管理辦法第62條規定：「出口車輛應向海關檢送下列文件，經審核無訛後，方准結關出口……」

25 運輸工具進出口通關管理辦法第50條第1項規定：「出口船舶應於結關後四十八小時內開航。逾上述時限未開航者，應向海關重行申請結關。但於時限內向海關申報延期開航者，不在此限。」

26 運輸工具進出口通關管理辦法第50條第2項規定：「前項船舶未開航前因故須裝卸貨物者，應檢附結關證明書向海關申請註銷結關。但須卸貨者另應辦理更正進口艙單及卸貨准單手續後，始得為之。」

(2)停止30天以內之結關出口

A. 停止結關處分

(A) 意義：即停止船舶運輸業申辦結關之意。處分後，即不受理結關申請，自無從核准出港。

(B) 性質：本條規定之停止 30 日內之結關處分，係就違反行政法上義務（即包庇、唆使，或以其他非正當方法使其工作人員私運）所為之裁罰性不利處分，從而應有行政罰法相關規定之適用。

(C) 做法：a. 停止結關處分屬緝私處分之一，依本條例第 46 條規定：「海關依本條例處分之緝私案件，應製作處分書送達受處分人。……」亦應製作處分書並送達受處分人。b. 近年海關實務，並無處分運送業者停止結關之紀錄。

B. 未經核准擅自出港（口）之處罰

(A) 本條例第 34 條原規定：「船舶、航空器、車輛或其他運輸工具，未向海關繳驗出口艙口單或載貨清單，**並未經海關核准結關出口，而擅離口岸**者，處船長或管領人二千元以上一萬元以下罰鍰。」經處分停止結關者，船舶運輸業即不得申辦結關出港，如有未經核准而擅離口岸者，本有上開條文之適用，惟鑑於該條違章情節屬違反運輸工具之管理規範，於 107 年本條例修正時即刪除該條規定，修正後如有違反運輸工具進出口通關管理辦法第 43 條、第 81 條，則依關稅法第 83 條規定處罰。

(B) 運輸工具進出口通關管理辦法第 43 條第 1 項規定：「船舶結關，船長或船舶所屬運輸業者應檢具下列文件向海關申請，經核發結關證明書後，船舶始得出港……」第 81 條規定：「運輸業或運輸工具負責人違反……第四十三條……規定者，由海關依關稅法第八十三條規定，予以警告或處新臺幣六千元以上三萬元以下罰鍰，並得命限期改正，屆期未改正者，按次處罰；處罰三次仍未完成改正者，得停止六個月以下運轉、轉口、進出口通關申報業務或廢止其登記。」關稅法第 83 條規定：「載運客貨運輸工具負責人或運輸工具所屬運輸業者，違反第十四條第三項所定辦法中有關轉運、轉口貨物之申報方式、通關程序或管理之規定，或違反第二十條第三項所定辦法中有關辦理進出口通關、執行運輸業務、通關事項管理、變更登記、證照之申請或換發之規定者，由海關予以警告或處新臺幣六千元以上三萬元以下罰鍰，並得命其限期改正；屆期未改正者，按次處罰；處罰三次仍未完成改正者，得停止六個月以下轉運、轉口、進出口通關申報業務或廢止其登記。」是以，未經核准擅自出港者，海關得予以警告並限期改正或處新臺幣 6,000 元以上 3 萬元以下罰鍰；並得按次處罰；處罰三次仍未完成改正者，得停止報關。

財政部關務署　　預報貨物通關報關手冊－出口篇

（二）線上結關證明書填報實例

（簡 5257）　　驗證碼：

高雄關

KAOHSIUNG CUSTOMS

結關證明書

PORT CLEARANCE CERTIFICATE

海關通關號碼 Customs Registration No.：123456　　編號 No.：TW1234567

船名 Vessel's Name	國籍 Flag	船長姓名 Master's Name
COSMOB***	PANAMA	ABC
到港前一港 Arrived From	結關港口/結關日期 Port / Date of Clearance	航行次一港 Cleared For
NAG***	BA KAOHSIUNG 20-APR-2012	HONG KONG

查上開輪船所有關於海關一切手續均經照章辦理完竣，准予出口，特此證明。

This is to certify that all the customs requirements have been fulfilled by the above vessel and that she is hereby permitted to clear port.

關防

核發日期：101 年 04 月 20 日

Issued Date：20-APR-2012

※本結關證明書由電腦自動列印，無需關員簽章，如需驗證本文件，請至下列驗證網址：

This is a computer generated certificate, and no authorized stamp is required. To confirm the authenticity of this document , please visit the following website:

※http://db.customs.gov.tw/DGOC/sea/sealist.jsp

2

高雄關結關證明書

資料來源：財政部關務署，預報貨物通關報關手冊—出口篇，109 年 10 月 13 日版，第 329 頁。

❖精選案例❖

1. 認定船長出於過失私運貨物，得否以貨價較高而處以最高額罰鍰？

（節錄）惟按行政罰法第 18 條第 1 項規定，罰鍰之裁處，除應審酌行爲人違反行政法上義務行爲所生影響及所得利益外，尙應審酌行爲人應受責難程度，而違反行政法上義務之行爲人，其主觀責任條件復有故意及過失之分，並因故意或過失致有違反行政法上義務之行爲，其受責難程度本屬有別。又本部關務署（改制前關稅總局）80/03/05 台 (80) 總局緝字第 00308 號函示略以：「……惟對於特殊個案，仍得視其惡性之輕重及犯行情節，於法定罰則範圍內酌予增減罰鍰金額。」**本件訴願人係因過失私運貨物出口，較諸故意行爲應受責難程度爲低，則原處分機關按海關緝私條例第 27 條第 1 項前段規定裁罰時，僅以涉案私貨完稅價格之一定比例爲裁量基準，即據以裁處訴願人法定罰鍰最高額 500,000 元，顯未依上開規定與函示，考量**

訴願人違反行政法上義務行爲之應受責難程度，而爲適切之裁罰，容有再行審酌必要，……（財政部 103/02/20 台財訴字第 10213972730 號訴願決定書）。

2. **船長私運之責任歸屬**

（節錄）船長如係執行船公司之業務，並無因此而另圖其他個人利益者，船長之私運貨物出口，僅係船公司經營私運貨物之方法行爲，應爲船公司經營私運貨物之結果行爲所吸收，而船長爲該公司之內部成員，就經營私運貨物行爲，並不負共同行爲人之責任。惟其以船長之身分，從事私運貨物行爲，仍屬違反海關緝私條例第 27 條第 1 項前段「以船舶私運貨物出口」之規定（財政部 103/08/14 台財訴字第 10313945190 號訴願決定書）。

❖司法判解❖

《第 1 項》

1. 如船舶確係以私運貨物進口爲其使用之主要目的，且該實際管領使用人又係知情供給使用，即爲得予沒收之對象，並不以船舶所有人知情供給使用爲必要。按未經海關核准，以船舶私運貨物進口者，除處行爲人以 200 元以上 2,000 元以下之罰金外，並得將船舶沒收之，爲海關緝私條例第 14 條[27]所明定。如其船舶當時確係以私運貨物進口爲其使用之主要目的，且該船舶實際管領使用人又係知情供給使用，即爲得予沒收之對象，並不以船舶所有人知情供給使用爲必要。本件原告既自承爲該漁船司機，職司駕駛，又無船長在船，原告自即爲該號漁船之實際管領使用人，縱令當時尚有船東之一在船，其與原告共同私運，仍無解於原告知情而使用該漁船駁運私貨進口之責任。原告受僱以該漁船駁運私貨進口，即爲其使用該漁船之主要目的，而原告即爲供給使用之人，自得對原告科處罰金並沒收該漁船。即令該漁船確非原告所有，但既由實際管領之原告知情而供給使用私運貨物進口，即非不得爲沒收之客體（最高行政法院 53 年判字第 74 號判例）。
2. 未經核准以車輛搬移私運進口之貨物，係指私自以車輛由港口碼頭飛機場或其他海關控制之處所，將私貨搬移至其他處所而言。未經海關核准，以車輛搬移私運進口之貨物者，依海關緝私條例第 14 條[28]之規定，固得將該項車輛沒收之，但所謂未經核准以車輛搬移私運進口之貨物，當**係指私自以車輛由港口碼頭飛機場或其他海關控制之處所，將私貨搬移至其他處所而言**，若私貨已離開港口碼頭飛機場等海關控制下之區域，則自無從向海關申請核准，又所稱以車輛搬移私貨，必須當時確係以搬移私貨爲其使用車輛之主要目的，並須該車輛之實際管領使用人（不限於所有人）

---

27 即現行第 27 條。

28 即現行第 27 條。

知情供給使用者，始足當之。原告所有兩輛營業小轎車受僱裝運貨物之地點，已不在港口碼頭海關控制之區域，原難責其未辦申請海關核准之手續，且實際管領使用該汽車之司機，又非知情供給使用裝運私貨，依照首開說明，自無海關緝私條例第14條之適用。原處分遽援該條規定將原告營業小轎車二輛沒收，難謂適法（最高行政法院53年判字第93號判例）。

3. 以車輛搬移私運貨物之意義：海關緝私條例第14條所謂以車輛搬移，係指其車輛當時確係以搬移私運進口之貨物爲其使用之主要目的，且該**車輛實際管領使用人，又係知情供給使用，不以所有人知情供給使用爲必要**。原告自己駕車搬運私貨，確係知情供給使用，而漁船自海上私運貨物起岸，其接運地點又係在蘇花公路距花蓮157公里之海邊，顯係在海關控制區域範圍之內。自堪認爲未經海關核准，以車輛將私運進口之貨物搬移（最高行政法院57年判字第287號判例）。

《第2項》

4. 以船舶私運貨物進出口，應以船舶實際管領之人知情供給使用且確係以私運爲主要目的。海關緝私條例第14條所謂未經海關核准，以船舶私運貨物進口，固不以船舶所有人知情而以船舶供給私運爲必要，要應以船舶實際管領之人知情供給使用，且確係以私運貨物進口爲其使用之主要目的，方足當之。本件國孚輪此次由香港回航高雄，純屬按照預訂船期表所爲之正常定期航行，並非爲私運該批西褲料而航行，該輪船員多人雖利用該輪此次回航之機會，私運貨物進口，且船長亦屬知情，但該輪回航之主要目的，仍屬踐行其正常之航次，經營貨運客運業務，此種正常之定期航行，既不因船員有無私運貨物而受影響，自不能以船員利用其某一航次之定期航行，隨船私帶貨物進口，而謂該奉准在一定航線上定期航行之船舶，係以私運貨物進口爲其使用船舶之主要目的，即難謂與首開條例規定之情形相合（最高行政法院53年判字第67號判例）。

5. 專供運送私貨之車輛即得予沒入：私運貨物進口、出口，係指逃避管制或課稅，私將貨物運入或運出口岸而言。其私運行爲人，不問是否爲貨物之所有人或持有人。至私運貨物之車輛，並非必須爲私運貨物之人所有，始能予以沒收，亦不因車輛所有人不知爲私運而免予沒收，苟其車輛當時確係專供運送私貨而使用，即爲得予沒收之對象，其所有權之誰屬及車主是否知情，要非所問（最高行政法院61年判字第565號判例）。

6. 運輸工具之司機乘隙竊用供搬運私貨，尚非以載運私貨爲主要目的：海關緝私條例第27條第2項所謂「前項運輸工具，以載運私貨爲主要目的者」，當係指該運輸工具在特定時間內，全以載運私貨爲主要目的，不作他用之情形而言，若該運輸工具之所有人在特定時間內，本有正當用途，僅其所僱司機乘隙擅行竊用以搬運私貨，亦認其係以載運私貨為主要目的，而予以沒入處分，當非立法本旨（最高行政法院 71 年判字第 14 號判例）。

7. 僅因車輛載運之第三人攜帶私貨，尚難謂其以載運私貨為主要目的：海關緝私條例第 27 條第 2 項所謂車輛「以載運私貨為主要目的」，係指該車輛當時確實係以載運私貨為其使用之主要目的，且該車輛實際管領使用人，又係知情供給使用者而言。苟該車輛原係供載運第三人，因該第三人攜帶私貨而有觸犯同條第 1 項前段規定之情形，除能證明載運之初確係以載運私貨為其主要之目的外，尚難依前開法條規定沒入其車輛（最高行政法院 75 年判字第 1052 號判決）。

《其他》

8. 懲治走私條例規定之處刑，係刑罰之制裁，而海關緝私條例規定之沒收船貨及罰金，乃行政上之處罰，二者性質不同。故私運物品進出口之行為，不能適用懲治走私條例科刑者，仍可援引海關緝私條例處罰（最高行政法院42年判字第21號判例）。
9. 船長利用其管領之船舶為運輸工具私運貨物進口，係一行為同時違犯海關緝私條例第 27 條及第 36 條第 1 項及第 3 項之處罰規定，應從一重處斷（最高行政法院 81 年度判字第 2217 號判決）。

❖釋示函令❖

《第 1 項》

1. 本條所稱運輸工具不以具有動力者為限

海關緝私條例第 27 條所稱運輸工具並未指以具有動力者為限，貴司署 (69) 台關訴字第 075 號訴願決定書意旨認為運輸工具係指具有動力，能單獨操縱作業者，方足當之，板架係獨立之物，並非拖車之成分，其以輔助貨櫃之效用為目的，本身並不具動力，要難認係運輸工具乙節，不無商榷之餘地（財政部 69/10/09 台財關字第 22365 號函）。

2. 運輸工具管領人自私貨起卸地點協助搬運完成私運者，仍應處罰

運輸工具之管領人，未參與進口走私，僅以運輸工具自私貨起卸地點搬移私貨，協助完成私運者，應依海關緝私條例第 27 條規定處罰，至對於已完成私運之貨物予以載運者，則非該條處罰範圍（財政部 79/12/27 台財關字第 791236231 號函）。

3. 違反本條例第27條規定之案件，如符合行政罰法第8條及第18條之構成要件，得依規定減輕或免除處罰

主旨：違反海關緝私條例第 27 條規定之案件，如符合行政罰法第 8 條及第 18 條之構成要件，得依相關規定減輕或免除處罰。

說明：二、按：「不得因不知法規而免除行政處罰責任。但按其情節，得減輕或免除其處罰。」爲行政罰法第 8 條所明定，又法務部 95/10/05 法律決字第 0950037688 號書函說明三釋示，行政罰法第 8 條規定所稱「不知法規」係指行爲人不知法規所「禁止」或「要求應爲」之行爲或不行爲義務爲何而言。三、據上，違反海關緝私條例第 27 條規定之案件，倘裁處機關本於權責調查，個案認定行爲人符合行政罰法第 8 條及第 18 條之構成要件，得依相關規定減輕或免除處罰（財政部 97/03/20 台財關字第 09705008740 號函）。

《第 2 項》

4. 貨櫃非屬運輸工具，不能依第27條規定處分沒入

查依照「海關管理貨櫃辦法」[29]第 2 條第 1 項規定，貨櫃爲容器，並非運輸工具，則在現有法律未經修正變更前，縱該貨櫃之固有結構規格業經改造，並以走私爲主要目的屬實，亦尚難依海關緝私條例第 27 條第 2 項之規定予以處分沒入（海關總稅務司署 71/06/11 台總署緝字第 2672 號函）。

5. 扣押之運輸工具應由原收受扣押收據之人檢據領回

海關依海關緝私條例第 27 條規定單科船長或管領人罰鍰，而未處分沒入運輸工具，並應發還該已扣押之運輸工具之案件，如受處分人與收受扣押收據者爲同一人時，海關於處分書處分主文中並載明「運輸工具發還」，固無不可。惟若非同一人時，仍應另行通知原收受扣押收據之所有人、管領人或持有人檢據領回（財政部 71/10/09 台財關字第 23617 號函）。

6. 被竊之運輸工具供私運貨物之用者，可發還原所有人免處分沒入

所報甲君申請發還經扣押涉及載運私運貨物之運輸工具，應切實查明該車輛是否確有被竊事實，如經查被竊屬實，准予發還原所有人，免依海關緝私條例第 27 條第 2 項之規定處分沒入（財政部 73/03/21 台財關字第 20055 號函）。

---

[29] 即現行「海關管理貨櫃集散站辦法」。

《其他》

7.船長或運輸工具管領人以其船舶或運輸工具走私違反數法條時，從重處斷

主旨：重新核釋船長或運輸工具管領人以其船舶或運輸工具自行從事走私或與他人共同走私時，應否依海關緝私條例第 27 條及第 36 條第 1 項及第 3 項併罰之疑義。

說明：二、船長或運輸工具管領人以其船舶或運輸工具自行從事走私或與他人共同走私時，該等行爲如同時違反海關緝私條例第 27 條及第 36 條第 1 項及第 3 項之處罰規定，應從一重處斷，即以法定罰較重者處之，但對於從輕處斷部分之沒入仍應與從重處斷部分之沒入併處。三、運輸工具管領人，以其管領之運輸工具自行或與他人共同走私，進而以運輸工具搬運私貨者，該搬運行爲視爲走私行爲之一部分，免依海關緝私條例第 36 條第 2 項規定處罰，但該等行爲仍應依說明二之核示辦理（財政部 82/02/24 台財關字第 820050584 號函）。

第 28 條（擅行起卸貨物之處罰）

I 船舶、航空器、車輛或其他運輸工具未到達通商口岸之正當卸貨地點，未經許可而擅行起卸貨物或自用物品者，處管領人貨價二倍以下之罰鍰，並得將該貨物及物品沒入之。

II 擅自轉載、放置或收受前項貨物、物品或幫同裝卸者，依前項規定處罰。

❖立法（修正）說明❖（107/04/13修正）

一、鑑於個案違章情節輕重不一，爲能酌情妥適處罰，以符比例原則，爰刪除原第 1 項法定罰鍰最低倍數規定，並酌作文字修正。

二、修正原條文第 1 項句中「處船長或管領人」爲「處管領人」。

三、第 2 項未修正。

四、另本條係規範運輸工具未到達通商口岸之正當卸貨地點即擅行起卸貨物之私運預備行爲，與現行第 29 條係就已到達通商口岸未經海關核准而裝卸貨物之違反運輸工具管理規範不同，仍有於本條例規範必要，併予敘明。

❖法條沿革❖

原條文	說明
（23/06/01 制定） 第 12 條 船舶由外國口岸開至中國，在駛進中國沿海十二海里界內之後，未到正當卸貨地點之前，並未領有卸貨准單，而船長准許起卸貨物或船用物品者，處船長以貨價一倍至二倍之罰金，並得將該貨物物品或船舶沒收之。 船舶擅自轉載放置或收受前項之貨物物品，或幫同裝卸者亦同。	N/A
（62/08/14 全文修正） 第 28 條 船舶、航空器、車輛或其他運輸工具未到達通商口岸之正當卸貨地點，未經許可而擅行起卸貨物或自用物品者，處船長或管領人以貨價一倍至二倍之罰鍰，並得將該貨物及物品沒入之。 擅自轉載、放置或收受前項貨物、物品或幫同裝卸者，依前項規定處罰。	一、原案[30]： 原條文第 12 條文字修正。 二、審查案： 本條第 1 項規定「處船長及管理人」一句，其中「及」字與「理」字，係屬印刷錯誤，經將「及」字修正為「或」字，「理」字修正為「領」字。

❖條文說明❖

一、第1項

（一）適用範圍

1. 本條乃規範運輸工具未到達通商口岸之正當卸貨地點即擅行起卸貨物之私運預備行爲[31]，如已構成私運貨物者，應適用本條例第 27 條或第 36 條規定論處，而非本條規定。
2. 揆諸本項原規定（即民國 23 年制定時之第 12 條）「船舶由外國口岸開至中國，在駛進中國沿海十二海里界內之後……」嗣 62 年修正理由稱「原條文第十二條文字修正」，依歷史解釋，本項之適用，應僅限於自國外進口之運輸工具違規起卸貨物之情形，並不及出口之運輸工具違規起卸貨物情形。

（二）進口之運輸工具起卸貨物流程

自國外裝載貨物進口之運輸工具，一旦進入我國領域，即應遵從我國法令規定，而

---

30 行政院版修正說明。詳見立法院公報第 62 卷第 52 期院會紀錄，第 41 頁。

31 詳見本條 107 年修正說明四。

就貨物之管理而言，自應依關務相關法令規定辦理。茲就進口運輸工作起卸貨物流程說明如下：

1. **載貨之運輸工具進入我國領域**：指載貨之運輸工具自國外進入我國領海、領空、領土。
2. **駛入通商口岸**：(1) 有關通商口岸，請詳見本條例第 2 條說明。(2) 運輸工具自國外進入我國領域，應駛進經政府開放對外貿易並設有海關之通商口岸，始得進行貿易上所需之起卸貨物。而船舶到達國際商港前，應與港口信號臺聯絡，經商港經營事業機構指定船席及通知後，始得入港。倘擅自駛入非通商口岸者，係屬重大違規情形，依本條例第 24 條規定[32]，沒入該運輸工具。
3. **到達正當卸貨地點**：所稱「正當卸貨地點」，就海運而言，指經商港經營事業機構所指定停泊裝卸貨物之船席[33]，其範圍包括碼頭、浮筒或其他繫船設施，供船舶停靠之水域[34]；就空運而言，一般係指卸貨之停機坪而言[35]。
4. **取得海關核准**：爲利監管進口貨物，運輸工具進出口通關管理辦法第 40 條乃規定：「進口船舶非經海關核發卸貨准單或特別准單者，不得下卸貨物。」是以，自船舶下卸貨物應取得海關之允准。
5. **起卸貨物**：即卸載貨物起岸之意。

---

32 海關緝私條例第24條規定：「船舶、航空器、車輛或其他運輸工具，未經允許擅自駛入非通商口岸者，沒入之。但因不可抗力或有其他正當理由，經管領人函報當地有關主管機關核實證明者，不在此限。」

33 商港港務管理規則第6條第1項規定：「船舶到達國際商港前，應與港口信號台聯絡，經商港經營事業機構指定船席及通知後，始得入港。」商港法第23條規定：「船舶入港，應依商港經營事業機構、航港局或指定機關指定之船席或錨地停泊。……」

34 商港法第3條第8款規定：「本法用詞，定義如下：……八、船席：指碼頭、浮筒或其他繫船設施，供船舶停靠之水域。」

35 洪啟清，緝私法規與緝案處理，財政部財稅人員訓練所編印，79年7月修訂3版，第150-151頁。

附件：卸貨准單(N5158)表格格式

(N5158)

卸貨准單

准單號碼：

<table>
<tr><td>運輸業者
名稱及代碼</td><td colspan="3"></td><td>進口日期</td><td></td></tr>
<tr><td>船舶名稱</td><td></td><td>船舶代碼</td><td></td><td>受理關別</td><td></td></tr>
<tr><td>船舶航次</td><td></td><td>海關通關號碼</td><td></td><td>停泊碼頭</td><td></td></tr>
<tr><td>卸存地點</td><td colspan="2">貨 物 名 稱</td><td>件數／單位</td><td>毛重(公斤)</td><td>准單核發原因
代碼</td></tr>
<tr><td></td><td colspan="2"></td><td></td><td></td><td></td></tr>
<tr><td colspan="4">一、上述進口貨物准予下卸至上述指定卸存地點存放，候海關查驗徵稅放行。
二、如有軍火，應另行申請核發特別准單，辦理船邊提貨。</td><td colspan="2">海關核准章戳及日期：
</td></tr>
</table>

海運卸貨准單

資料來源：財政部關務署，預報貨物通關報關手冊—進口篇，109年10月13日版，第309頁。

（三）本項之處罰要件

1.船舶、航空器、車輛或其他運輸工具未到達通商口岸之正當卸貨地點

指自國外進入我國領域之載貨運輸工具，**未到達指定之船席、機坪**。

2.未經許可而擅行起卸貨物或自用物品

(1) 指未經海關許可而有擅自起卸行為。而所稱「未經許可」，指未取得海關卸貨准單之意。依現行規定[36]，船舶、車輛進口時，應先向海關申領卸貨准單憑以卸下貨物；飛機原則上僅憑進口艙單即可卸裝貨物，惟有卸存機場管制區外之貨棧，始應申請特別准單。

(2) 另，本條究非處罰私運貨物行為，且自本條罰則以觀（處貨價二倍以下罰鍰、併得沒入貨物或物品），相較私運貨物行為之處罰（本條例第36條第1項、第3項規定，處貨價三倍以下罰鍰，並沒入貨物），其違法性應較為輕微，故而，於個案適用本項規定時，宜採嚴格解釋，否則即難與私運貨物行為區分。是以，本條之客體要件上，宜限縮其適用範圍，始為合理。基此，所稱「貨物或自用物品」，應解為已報列艙口單或載貨清單內之正當貨載而言，並不包括私運貨物。倘所查獲之貨物非屬正當貨載，則係私運貨物進口之行為，非本條處罰範圍[37]。

（四）處罰對象

1. 運輸工具管領人對於其管領之運輸工具所載貨物或物品，有事實上之管領力，非得其准許，無從起卸貨物或物品，是以，本項之處罰對象為運輸工具管領人。
2. 運輸工具管領人之認定，應以事實上有無管領力為判斷標準，一般而言，船舶之船長、飛機之機長、火車之列車長、車輛之司機對所駕駛之運輸工具，具有事實上管領力。

（五）罰則

處貨價二倍以下之罰鍰，並得將該貨物及物品沒入之。

---

36 運輸工具進出口通關管理辦法第40條規定：「進口船舶非經海關核發卸貨准單或特別准單者，不得下卸貨物。」第61條規定：「陸運運輸業或鐵路局所屬入境車輛進口時，應先向海關申領卸貨准單憑以卸下進口貨物進入海關聯鎖倉庫。」第78條規定：「飛機所載貨物應按規定向海關申報進出口，飛機所屬運輸業者並憑進出口貨物艙單卸裝貨物，海關關員得視需要抽核，監視卸裝，其轉載其他飛機貨物或轉口貨物者亦同（I）。進口貨物卸存機場管制區以外地區之貨棧，應由飛機所屬運輸業者檢具其與貨棧經營人共同簽章具結之空運貨物特別准單申請書，申請核發空運貨物特別准單（II）。」

37 洪啟清，緝私法規與緝案處理，財政部財稅人員訓練所編印，79年7月修訂3版，第151頁。

二、第2項

（一）對於前項違規卸下之貨物或物品，如另有他人擅自轉載、放置或收受或幫同裝卸貨物者，依本條第 1 項規定處罰。

（二）應處罰之行爲：1. 擅自轉載、放置或收受第 1 項違規卸下之貨物或物品。2. 幫同裝卸貨物。

❖釋示函令❖

商輪到達通商口岸未經核准而裝卸貨物，應依第 29 條處罰

主旨：所報商輪載運我國漁船在海外捕獲之水產品進口，到達通商口岸後，未經申請許可，即自行移往漁港卸貨並拍賣完畢，適用海關緝私條例疑義乙案。

說明：二、海關緝私條例第 28 條係處罰運輸工具未到達通商口岸之正當卸貨地點，未經許可擅行起卸貨物之行爲，同條例第 29 條則係處罰到達通商口岸未經核准而裝卸貨物之行爲，二者之適用係以卸貨地點爲區分（財政部 80/01/04 台財關字第 790438752 號函[38]）。

第 29 條（刪除）

~~船舶、航空器、車輛或其他運輸工具到達通商口岸，未經海關核准而裝卸貨物者，處船長、管領人或行為人二萬元以下罰鍰。~~

❖立法（修正）說明❖（107/04/13刪除）

一、本條刪除。

二、鑑於本條違章情節屬違反運輸工具之管理規範，關稅法第 20 條第 3 項授權訂定之運輸工具進出口通關管理辦法第 30 條、第 80 條之 1 訂有相關管理規定，如有違反則依關稅法第 83 條規定處罰，爲避免重複規範，爰予刪除。

第 30 條（刪除）

~~船舶、航空器、車輛或其他運輸工具，不依規定向海關繳驗艙口單或載貨清單，處船長或管領人一千元以上一萬元以下罰鍰。~~

---

[38] 因 107 年 5 月 9 日已修正刪除海關緝私條例第 29 條規定，爰本則釋示免列於 107 年版關稅海關緝私法令彙編。

❖立法（修正）說明❖（107/04/13刪除）

一、本條刪除。

二、鑑於本條違章情節屬違反運輸工具之管理規範，關稅法第 20 條第 3 項授權訂定之運輸工具進出口通關管理辦法第 36 條、第 37 條之 1、第 37 條之 2、第 44 條、第 56 條、第 62 條、第 71 條、第 74 條、第 81 條、第 84 條訂有相關管理規定，如有違反則依關稅法第 83 條規定處罰，爲避免重複規範，爰予刪除。

第 31 條（未具運送契約載運貨物之處罰）

船舶、航空器、車輛或其他運輸工具所載貨物，有下列情事之一，且經海關查明未具有貨物運送契約文件者，依第三十六條第一項及第三項規定處罰運輸業者；責任歸屬貨主者，處罰貨主；運輸業者與貨主共同為之者，分別處罰之：

一、未列入艙口單或載貨清單。

二、貨物由二包以上合成一件，而未在艙口單或載貨清單內註明。

❖立法（修正）說明❖（107/04/13修正）

一、鑑於原第 1 項及第 2 項之違章情節屬違反運輸工具之管理規範，關稅法第 20 條第 3 項授權訂定之運輸工具進出口通關管理辦法第 27 條、第 38 條、第 44 條、第 73 條、第 75 條、第 84 條、第 85 條訂有相關管理規定，如有違反則依關稅法第 83 條規定處罰，爲避免重複規範，爰刪除其處罰規定。

二、原條文第 3 項係規範運送第 1 項及第 2 項貨物未具貨物運送契約之情形，而以私運貨物處罰，與該二項之違章情節及處罰目的均有不同，仍有規範必要，爰予修正並列爲本條文。

❖法條沿革❖

原條文	說明
（23/06/01 制定） 第 16 條 船舶所載貨物，經海關查明，有未列入艙口單者，處船長及貨主各二百元以上二千元以下罰金，並得沒收其貨物。 貨物由二包或二包以上，合成一件，而在艙口單內，未經註明者處一千元以下罰金。	N/A

原條文	說明
（62/08/14 全文修正） 第 31 條 船舶、航空器、車輛或其他運輸工具所載貨物，經海關查明有未列入艙口單或載貨清單者，處船長或管領人及貨主各一千元以上一萬元以下罰鍰。 貨物由二包以上合成一件，而未在艙口單或載貨清單內註明者，依前項規定處罰。 前二項貨物，如經海關查明未具有貨物運送契約文件者，依第三十六條第一項及第三項論處。	一、修正原條文第 16 條，增加航空器、車輛或其他運輸工具並加重罰鍰金額。 二、增列第 3 項，定明第 1、2 項貨物未具有運送契約者，以私運貨物論處。
（67/05/19 修正） 第 31 條 船舶、航空器、車輛或其他運輸工具所載貨物，經海關查明有未列入艙口單或載貨清單者，處船長、管領人一千元以上一萬五千元以下罰鍰。責任歸屬貨主者，處罰貨主。 貨物由二包以上合成一件，而未在艙口單或載貨清單內註明者，依前項規定處罰。 前二項貨物，經海關查明未具貨物運送契約文件者，依第三十六條第一項及第三項論處。	一、運輸工具所載貨物有無列入艙口單或載貨清單，有時並非貨主所能干預或知悉，現行條文第 1 項對貨主作必罰規定，有欠妥適，爰予修正。 二、第 2 項及第 3 項未修正。 三、本條對貨主之處罰含混不清，為力求賞罰分明，經修正如上。 四、加重處罰，以資嚇阻。
（72/12/13 修正） 第 31 條 船舶、航空器、車輛或其他運輸工具所載貨物，經海關查明有未列入艙口單或載貨清單者，處船長、管領人四千元以上六萬元以下罰鍰。責任歸屬貨主者，處罰貨主。 貨物由二包以上合成一件，而未在艙口單或載貨清單內註明者，依前項規定處罰。 前二項貨物，經海關查明未具有貨物運送契約文件者，依第三十六條第一項及第三項論處。	一、提高第 1 項之罰鍰數額，理由同第 23 條修正說明。 二、第 2 項及第 3 項均未修正。

❖條文說明❖

一、本條沿革

（一）民國 23 年制定：原第 16 條乃處罰船舶載運貨物而未將貨物列入艙口單，或已列入艙口單而未註明合件；處罰對象則爲船長及貨主。

（二）民國 62 年修正：1. 申報形式不限艙口單，亦包括載貨清單。2. 運輸工具不限船舶，擴及航空器、車輛或其他運輸工具。3. 處罰主體除原船長及貨主外，另**增加**

管領人。4. **另將原條文所列且未具運送契約之情形論以私運貨物**。5. 提高罰鍰金額。

（三）民國 67 年修正：1. **修正爲可歸責者，始應爲本條論處之對象**。2. 提高罰鍰金額。

（四）民國 72 年修正：提高罰鍰金額。

（五）民國 107 年修正：1. 原第 1 項、第 2 項所列屬關稅法運輸工具管理範疇，爰予刪除。2. 整併原條文第 3 項所列情形。

二、用詞

（一）所載貨物

1. 指所有載運之貨物，涵蓋進出口貨物及過境、轉口貨物[39]，惟不包括船用物料、船長所帶包件及船員自用不起岸物品，蓋本條例 107 年修正前第 33 條規定：「船用物料、船長所帶包件及船員自用不起岸物品，未列單申報或申報不實者，處船長二千元以上二萬元以下罰鍰，並得沒入之。」既已明文另立處罰規定，即有意排除本條之適用。況該條修正刪除時亦已說明：「鑒於本條違章情節屬違反運輸工具之管理規範，……如有違反則依關稅法第 83 條規定處罰，爲避免重複規範，爰予刪除。」故船用物料、船長所帶包件及船員自用不起岸物品，尚非本條所稱所載貨物之範圍，縱未列入艙口單、載貨清單，亦無本條處罰規定之適用。
2. 至於未經船長或運輸工具管領人經手之貨物，應亦爲文義所含括，惟參酌最高行政法院 47 年判字第 12 號判例意旨，該貨物之未列入艙單，應不可歸責於船長或運輸工具管領人，自不得科其私運貨物之責任。

（二）艙口單

1. 原指船舶進出口須隨時提供各種船舶文書備供海關關員查驗，而各該船舶文書總稱爲艙口單，其內容包括進出口貨物艙單、過境貨物艙單、船員名單、旅客名單、船用物料、船長包件清單等[40]。然現今國際運輸已不限海運，亦包括航空運輸，爲符立法目的，故宜解釋亦包括入出境飛機依法應填報之上開文件。
2.「艙口單」一詞，係本條例訂定時船舶通關用語，今時空環境變遷，船務運作上已不復聽聞，反覺陌生，且綜觀現行法規，除本條例外，亦無該詞彙之存在；雖言現行海、空運輸業填報之報告、申報單、貨物艙單、貨物清單、轉運申請書、出口裝船清表及所簽發之提單、裝貨單或託運單等文件，亦可透過解釋含括於「艙口單」，惟

---

39 臺中高等行政法院 104 年度訴字第 12 號判決。

40 洪啟清，緝私法規與緝案處理，財政部財稅人員訓練所編印，79 年 7 月修訂 3 版，第 184 頁。

爲更符合法律明確性原則及實務現況，似宜於修法時將該用詞酌作修正爲「艙單」。

3. 貨物由二包以上合成一件：依運輸工具進出口通關管理辦法第 28 條第 2 款、第 44 條第 2 款、第 57 條第 3 款、第 63 條第 3 款、第 73 條第 3 款及第 75 條第 3 款規定，運輸工具所載貨物如有「二包以上貨物合裝成一件且提單亦有註明者」，即應於艙單申報時，詳細註明該件內所裝包數。其目的在便於管理及防杜調包[41]；如爲合件運送而未註明者（例如艙單僅載明「舊建設機械」，而實到貨物除舊挖土機附挖斗外，另栓有全新鑽頭[42]），即已該當本條之要件。

4. 貨物運送契約文件：

(1) 民法並未對運送契約加以定義，而僅於第 622 條規定：「稱運送人者，謂以運送物品或旅客爲營業而受運費之人。」亦即透過定義運送人間接定義運送契約。自運送人之定義可以導出，**運送指託運人或旅客與運送人所定，以物品或旅客之運送爲給付義務之內容的有償勞務契約**[43]。本條文則明確限定爲「貨物」運送契約，而與旅客運送無涉。

(2) 海商法第 53 條規定：「運送人或船長於貨物裝載後，因託運人之請求，應發給載貨證券。」所稱**載貨證券**（Bill of Lading, B/L），是指運送人或船長於貨物裝載後，因託運人之請求，所發行給託運人，證明收到特定之貨物，並訂明運送之裝載港、卸貨港及其他運送條款，持有人得憑以受領貨物之有價證券。於航運之運作慣例，運送人（通常爲船長或大副）就貨物運送所簽發之**提單**，即爲載貨證券。載貨證券雖爲運送人或船長單方面簽發，但託運人收受後若未表示異議，應視爲同意所載內容（包括運送條款），如有異議亦得提出請求更改，其性質爲貨物運送契約。是以財政部 70/03/19 台財關字第 13122 號函乃釋示：「……得憑船公司簽證之載貨證券底本作爲運送契約文件」即本於此旨。

三、未具運送契約載運貨物屬準私運貨物

（一）依運輸工具進出口通關管理辦法相關規定及關稅法第 14 條第 1 項規定：「轉運、轉口貨物之通關，應填具貨物艙單、轉運申請書及其他轉運、轉口必備之有關文件，由運輸工具負責人、運輸工具所屬運輸業者、承攬業者或財政部指定之業者向海關申報。」不論進口、出口或轉口，或海運或空運，依上開規定，運輸工具載運貨物均依向海關申報艙口單、載貨清單，以明所載運之貨物其項目及內容。如未依法申報或申報與所載貨物內容有所不符，即有違反上開規定，將

---

41 洪啟清，緝私法規與緝案處理，財政部財稅人員訓練所編印，79 年 7 月修訂 3 版，第 158 頁。

42 最高行政法院 69 年度判字第 721 號判決。

43 黃茂榮，論運送契約，植根雜誌，2012 年 2 月，第 28 卷第 2 期，第 18 頁。

視行為態樣及歸責對象，適用關稅法或本條例相關規定處罰。

（二）運輸工具之所以載運貨物，原則上係基於貨物運送契約，始得為之，如基於自身合理所需（如船用物品、船員自用不起岸物品等）而載運，雖亦符常情而為國際運送習慣所接受，惟仍應一概向海關報明，以示權責，並備海關查驗。故凡有未基於運送契約而載運，亦未以艙口單或載貨清單報明者，其載運即非正當，爰本條訂有處罰規定，將依第 36 條第 1 項、第 3 項規定論處。

（三）本條所定法律效果（即依第 36 條第 1 項、第 3 項規定論處）部分應如何解釋及定性問題，查最高行政法院 72 年度判字 1033 號判決：「船舶所載貨物，經海關查明未列入艙口單或載貨清單，並且未具有貨物運送契約文件者，即屬準私運貨物，應沒入之。」業已定性為「準私運貨物」，而所謂準私運貨物，係指無貨物運送契約文件而載運貨物進口，海關即可依據海關緝私條例第 36 條第 1 項及第 3 項規定加以處罰，並不以海關緝私條例第 3 條之私運貨物進口之「規避檢查，偷漏關稅或逃避管制」為要件，亦不以所運貨物為管制進口物品為限[44]，亦即未具運送契約而載運之貨物，縱無需課徵關稅、檢查、非屬管制物品，亦得依本條規定加以處罰。

（四）運送契約之有無：

1. 運送契約之存在，乃證明運輸工具載運貨物之正當性，除運輸工具及隨從服務人員自身合理所需而無另立運送契約佐證外，如無契約憑據，其載運即非屬正當，倘又未列入艙口單或載貨清單申報，或已列報而未註明合件運送，該不正當之載運，即屬私運貨物而有處罰之必要。

2. 提單／載貨證券／運送契約如未記載實到貨物名稱，得否認所載貨物即未具貨物運送契約？

(1) 載貨證券（即貨物運送契約文件）具有作為運送契約之證明、收受貨物之收據、表彰運送物所有權物權證券之功能。準此，「未具有貨物運送契約文件者」之判斷，應指向「有無」貨物運送契約文件可作為所載貨物合法託運之證明文件，以排除私運貨物之嫌疑性。

(2) 如運輸業者未提出運送契約文件，固然得以適用本條規定加以處罰，惟有疑問者，若所提出之提單／載貨證券／運送契約未記載實到貨物之名稱，就該貨物應否認具貨物運送契約，茲舉實務案例如下：

A. 夾帶／藏貨物

《案例 1》艙單申報貨名為 DRIED WHITE FUNGUS HERICIUM MUSHROOM，經被

---

44 高雄高等行政法院 94 年度訴字第 899 號判決。

告查驗結果，除 DRIED WHITE FUNGUS 及 HERICIUM MUSHROOM 各一箱與艙單列載貨名相符，隨原櫃發還外，其餘 976 箱爲管制大陸進口之香菇、壓縮香菇及壓縮香菇絲，於艙單並未申報，而被告再調閱船公司提單，其上亦無香菇、壓縮香菇及壓縮香菇絲之記載，乃認系爭貨櫃**未具有貨物運送契約文件**[45]。

《案例 2》申報轉口貨物 ELECTRONICS & SUNDRY GOODS 乙批自臺中港轉運出口至香港。嗣經檢視結果，發現該批貨物中之貨櫃內有未依規定申報之紅酒與艙單申報不符，系爭貨物亦未載明於運送契約，審認系案船舶所載之系爭貨物有未列入艙口單，且**未具貨物運送契約文件**之情事[46]。

B. 違規統稱貨名

《案例 3》轉口艙單申報 FOODS，載貨證券僅登載貨名 FOODS，惟開櫃查核結果，發現實際來貨爲大陸乾花菇、白木耳等 25 項物品，核認**未具有貨物運送契約**[47]。

C. 提單未記載貨名

《案例 4》轉口貨櫃申報自菲律賓經高雄港運往越南，惟艙單未申報貨名，提單 SEA WAYBILL，亦未登載貨名，經開櫃查核結果，實際來貨爲香菸合計 495,000 包，經核認系爭貨物未列入艙單，且未具有運送契約文件[48]，而依海關緝私條例第 31 條第 3 項轉第 36 條第 1 項、第 3 項規定論處。嗣經高雄高等行政法院審認，……至於載運進出口之貨物，究有無運送契約文件存在乙節，則屬個案事實之判斷問題，海關應依事後調查之證據，查明事實認定之。因此，**就某份貨物運送契約文件，是否屬於所載貨物所具有之事實上爭議，其記載貨物名稱「有無欠缺、錯誤」，固屬重要檢驗標準，但並非唯一檢驗標準。縱貨物運送契約文件上，就貨物名稱之記載「有欠缺、錯誤」，倘參酌整體記載內容暨其他證據資料，足認該份貨物運送契約爲眞實存在，且客觀上已表彰所載貨物與該份貨物運送契約文件之高度關聯性，且排除指向運送其他貨物之可能性者，仍應認屬該貨物所具有之貨物運送契約文件**。……於載貨證券確依海商法第 53 條規定而發給，但未記載貨名，該載貨證券是否爲實際到貨而發給，該實際到貨是否未具有貨

---

45 臺北高等行政法院 105 年度訴字第 1237 號判決。

46 臺中高等行政法院 105 年度訴更一字第 17 號判決。

47 高雄高等行政法院 94 年度訴字第 899 號判決。

48 高雄高等行政法院 108 年度訴字第 386 號判決（本案經最高行政法院 109 年度上字第 745 號判決駁回高雄關上訴確定在案）。

物運送契約文件，應依個案事實爲判斷，尚難僅憑載貨證券未記載貨名，遽認來貨未具有貨物運送契約文件。……原告所屬貨輪從菲律賓載運裝載香菸之轉口貨櫃，經高雄港運往越南海防港，其申報之進口艙單、提出之運送貨物契約文件即系爭提單上，於適當欄位均詳載提單號碼、貨櫃編號、封條編號、包裝數量、貨櫃內含箱數、重量、承運船舶之名稱、航次編號、裝載港、卸載港、託運人及受貨人等內容，且相一致……依上開記載內容整體觀察，足認系爭提單確爲該艙單所依據之提單，就載貨證券之應記載事項，除貨物名稱以外，均已詳載完備，核係原告依一船舶運送流程正式簽發的載貨證券，並無虛僞不實，……系爭貨物爲系爭提單唯一有關聯性之貨物，可排除系爭提單是供作運送其他貨物之可能性，且開櫃起獲香菸數量共 495,000 包，核與提單記載香菸數量 990 箱相符。依此證據分析結果，**足認系爭提單確係原告受託運送系爭貨物而簽發之貨物運送契約文件**。

(3) 上開實務見解或有不同，究採何者爲宜，管見以爲上開案例 4 新近之法院見解應較可採，蓋：

A. 考諸第 31 條之 1 之立法理由可知，夾雜貨物之取巧行爲，於艙單階段，原可逃避本條例之處罰（亦即增訂前認無第 31 條規定之適用），爲杜絕類此情形，始增訂第 31 條之 1 加以規範。如認夾藏之貨物亦屬未具運送契約，因該貨物必然未列入艙單，則以第 31 條規範即爲已足，何須再增訂第 31 條之 1，如此解釋，該條文豈不形同具文而無再適用可能？

B. 衡酌本條目的在於處罰私運貨物行爲，或運輸業者自行私運，或貨主利用運輸業者私運，運輸工具載運貨物外觀上屬正常行爲，本無從加以非難，僅在其載運屬實質私運貨物之際，方有加以處罰之必要，而判斷私運之關鍵，乃在載運貨物是否憑據運送契約，運輸業者所提出之提單／載貨證券／運送契約雖未正確記載（有欠缺或錯誤）實到貨物之名稱，然該等文件倘係眞實存在，且在客觀上已足認表彰與所載貨物之高度關聯性，並可排除指向運送其他貨物之可能性，該等文件自係作爲所載貨物合法託運之證明文件，即可用以排除私運貨物之嫌疑性，要非本條應處罰之範圍。

(4) 上開案例 4 之見解，管見以爲，雖較合理可採，惟目前尚屬個案審斷，是否爲各級法院所採而形成通說，仍待日後實務發展而定。

（五）處罰對象：本條處罰之對象係以是否具可歸責性而定。質言之，運輸工具載運貨物原則上應經過運輸業者（通常爲船長、大副或其他管領人）同意後始得裝載，而其同意通常係本於運送契約，如有未具運送契約而裝載之情形，原則上即應處罰運輸業者；但貨物並非船長或管領人經手者，責任即在貨主（如船員或船長私自承攬之非法貨載[49]），爰本條規定「責任歸屬貨主者，處罰貨主」；至若貨主與船長或管領人共同實施私運者，則依本條後段及行政罰法第 14 條第 1 項規定分別處罰之。

四、艙單不符與運輸菸酒

（一）相關規定：1. 菸酒管理法第 45 條第 2 項、第 46 條、第 57 條第 1 項規定：「**輸入**私菸、私酒者，處三年以下有期徒刑，得併科新臺幣二十萬元以上一千萬元以下罰金。」「販賣、**運輸**、轉讓或意圖販賣、運輸、轉讓而陳列或貯放私菸、私酒者，處新臺幣三萬元以上五十萬元以下罰鍰。但查獲物查獲時現值超過新臺幣五十萬元者，處查獲物查獲時現值一倍以上五倍以下罰鍰，最高以新臺幣六百萬元爲限。配合提供其私菸、私酒來源因而查獲者，得減輕其罰鍰至四分之一（Ⅰ）。前項情形，**不適用海關緝私條例之處罰規定**（Ⅱ）。[50]」「依本法查獲之私菸、私酒及供產製私菸、私酒之原料、半成品、器具及酒類容器，沒收或沒入之。」2. 財政部 91/07/24 台財庫字第 0910031029 號令：「菸酒管理法第 46 條[51]規定所稱之**輸入**，係指自國外將私菸或私酒運輸進入我國領土者，包括膠筏自公海接駁入境之行爲在內。」財政部 96/07/25 台財庫字第 09600294510 號函釋：「依菸酒管理法第 47 條規定**運輸**乙詞，指在國內各地運輸或自國內輸出或自國外輸入等情形，而該法條中並未明文限定運輸之用途，是倘有前開事實，應即有該法條之適用。」

（二）海關邊境查獲進口、轉口艙單所載與實到貨物不符情形，如實到貨物爲菸酒者，因未申報之菸酒運輸進入我國領土，將涉及菸酒管理法第 45 條第 2 項有關輸入私菸酒之刑事處罰規定，向依刑事訴訟法第 241 條規定：「公務員因執行職務知

---

49 洪啟清，緝私法規與緝案處理，財政部財稅人員訓練所編印，79 年 7 月修訂 3 版，第 179 頁。

50 財政部法制處 106/05/04 財法發字第 10613919380 號書函：「說明：四、（三）……**查菸酒管理法第 46 條第 2 項立法意旨係定明同條第 1 項與海關緝私條例競合時，何者應優先適用，尚難據此反面推論謂：不適用菸酒管理法第 46 條第 1 項時，亦定無海關緝私條例之適用**。準此，貴署所述案例，如不適用菸酒管理法第 46 條第 1 項裁處，似仍可審酌有無合致海關緝私條例要件，再決定裁罰與否。」財政部國庫署 108/07/03 台庫酒字第 10803689620 號函釋：「說明：四、按現行本法第 46 條規定：『販賣、運輸、轉讓或……私菸、私酒者，處新臺幣（下同）三萬元以上五十萬元以下罰鍰。但查獲物查獲時現值超過五十萬元者，處查獲物查獲時現值一倍以上五倍以下罰鍰，最高以六百萬元為限。……（第 1 項）。前項情形，不適用海關緝私條例之處罰規定（第 2 項）。』揆上述第 2 項立法目的，主要在統一運輸私菸酒違章之『裁罰標準』，**就一行為同時違反本法第 46 條第 1 項與海關緝私條例相關規定而應處罰鍰者，一律優先引據前者裁處，並非成立本法第 46 條第 1 項違章者，即不成立海關緝私條例違章**。」

51 即現行第 45 條。

有犯罪嫌疑者，應為告發。」告發犯罪並移送司法機關偵辦。

（三）案件如經檢察官或法院審認後作成「不起訴處分、緩起訴處分、無罪、免訴、不受理、不付審理、不付保護處分、免刑、緩刑之裁判」確定者，依行政罰法第 26 條第 2 項規定，海關或菸酒主管機關本得就行為人所涉違反本條例第 31 條或第 31 條之 1 及菸酒管理法第 46 條第 1 項規定部分，裁處行政罰，惟按菸酒管理法第 46 條第 2 項已規定，運輸私菸酒**並不適用海關緝私條例之處罰規定**[52]。是以，類此艙單不符之菸酒案件，即應由菸酒主管機關（縣市政府）進行裁罰，併此提明。

（四）相關案例：臺灣高等法院高雄分院 104 年度上易字第 360 號刑事判決、臺北高等行政法院 106 年度訴字第 1759 號判決。

❖精選案例❖

1. 於機場快遞貨物專區之理貨區，查獲手機一袋，經認定係自航空公司班機載運之貨櫃卸下，該貨物並未載列於該班機之進口貨物艙單，且無運送契約文件，依海關緝私條例第 31 條第 3 項轉依同條例第 36 條第 1 項、第 3 項規定處罰該航空公司（臺北高等行政法院 92 年度訴更一字第 70 號判決[53]）。
2. 載貨證券確依海商法第 53 條規定而發給，但未記載貨名，該載貨證券是否為實際到貨而發給，該實際到貨是否未具有貨物運送契約文件，應依個案事實為判斷，尚難僅憑載貨證券未記載貨名，遽認來貨未具有貨物運送契約文件（最高行政法院 109 年度上字第 745 號判決）。

❖司法判解❖

1. 海關緝私條例第 16 條所謂船舶所載貨物未列入艙口單，其貨物應以船長經手運載者為限。與同條例第 21 條所規定私運貨物進口出口之情形，並非一事。本件私運進口之手錶等貨物，並非由代理船長職務之原告經手運載，自不能以其未列入艙口單而認其有海關緝私條例第 16 條第 1 項之情形。又不能證明該原告有參與該項私運貨物進口之行為而有同條例第 21 條第 1 項至第 3 項所規定之情事，自即無從對之科處罰金。海商法第 41 條所規定者為私法上之責任，不能因有該項規定而令船長負一切行政罰之責任（最高行政法院 47 年判字第 12 號判例）。
2. 船舶所載一切貨物，不論其為進口或轉口通運貨物，均應列入艙口單，以備海關查驗。原告主張其攜帶之物品，係運往韓國出售，但未填單報驗，自無從認為運往韓

---

52 同註 50。

53 本案業經最高行政法院 95 年度判字第 199 號判決駁回原告上訴而告確定。

國之通運貨物，其藏置於船上水櫃夾層內，隨船進口泊港，匿不報關，縱尚未搬運上岸，亦難謂非私運貨物進口，依法自應處罰（最高行政法院 51 年判字第 188 號判例）。

3. 依本院歷來見解，海關緝私條例第 16 條所謂船舶所載貨物未列入艙口單，其貨物應以船長經手運載者爲限。本件貨物既非由原告（船長）所經手載運，而係存於司多間隨輪私運進口，該司多間復經查明有暗門通梯邊窄道，可以偷卸封存在司多間之物品，核其情形，當有私運貨物進口之事實，而非海關緝私條例第 16 條規定之情形（最高行政法院 55 年判字第 207 號判例）。
4. 海關緝私條例第 31 條第 1 項規定：「船舶、航空器、車輛或其他運輸工具所載貨物，經海關查明有未列入艙口單或載貨清單者，處船長、管領人一千元以上一萬五千元以下罰鍰，責任歸屬貨主者，處罰貨主」，其構成違規之要件爲「所載貨物」「未列入艙口單或載貨清單」，原告已依託運人填報之貨物名稱列入進口艙單，縱其所列名稱與實際來貨不符，亦與「未列入」之要件不合，自不能依本條項之規定予以處罰（行政法院 73 年 9 月份庭長評事聯席會議）。

❖釋示函令❖

1. 未列入艙口單之貨物，得憑船公司簽證之載貨證券底本作爲運送契約文件

所報對於運輸工具所載貨物未列入艙口單者，得憑由船公司或其代理行簽章證明之載貨證券底本，認定爲該批貨物具有運送契約文件一案，准予備查（財政部 70/03/19 台財關字第 13122 號函）。

2. 核釋運輸工具所載貨物在報關前經查與艙口單等文件所載不符時，如何適用法律疑義

一、按海關緝私條例第 31 條係關於船舶、航空器、車輛或其他運輸工具所載貨物，經海關查明有未列入艙口單或載貨清單者之處罰規定，而同條例第 31 條之 1 則係關於該等運輸工具所載進口貨物或轉運本國其他港口之轉運貨物（不包括轉運國外之貨物及通運貨物在內），雖已列入艙口單或載貨清單中，惟經海關查明實際貨物內容與艙口單、載貨清單或運送契約文件所載之貨物內容不符者之處罰規定，此爲兩者規範之分際，故國際運輸工具所載進口貨物或轉運本國其他港口之轉運貨物，在未報關前，經海關查獲與艙口單或載貨清單記載不符時，不論其是否屬同類型或同性質，亦不問是否爲管制進口貨品，均應依海關緝私條例第 31 條之 1 之規定處理，並無適用同條例第 31 條規定之餘地。至於艙口單、載貨清單或進口貨櫃清單列報之空櫃中，經查獲櫃中實際載有貨物者，即屬「未列入艙口單或載貨清單」之貨物，自應依海關緝私條例第 31 條之規定論處。二、次查海關緝私條例第 31 條與第 31 條之 1 之立法原旨有別，其處分對象亦未必一致，凡依海關緝私條例第 31 條之 1 處分之案件，應以艙口單、載貨清單、轉運艙單或運送契約文件上所載之收貨人爲受處分人。三、至關於國際運輸工具所載進口貨物或轉運貨物，經查明與艙口單、載貨清單、轉運艙單或運送契約文件所載不符，如涉案實到貨物不涉及逃避管制或違反其他法令規定，且無漏稅情形者，擬認屬誤裝免依海關緝私條例第 31 條之 1 之規定處分沒入乙節，核屬可行，准照所擬辦理（財政部 73/07/05 台財關字第 19530 號函）。

3. 載貨物涉有丟包調包走私者，雖列入艙口單仍應處罰

一、船舶等運輸工具所載貨物，雖已列入艙口單或載貨清單，惟經查明涉有丟包或調包等私運情事者，應依海關緝私條例第 36 條第 1 項及第 3 項規定論處。二、廢止本部 82/01/13 台財關字第 810592631 號函（財政部 103/09/04 台財關字第 1031019467 號令）。

第 31 條之 1（實到貨物與運送契約不符之處罰）
船舶、航空器、車輛或其他運輸工具所載進口貨物或轉運本國其他港口之轉運貨物，經海關查明與艙口單、載貨清單、轉運艙單或運送契約文件所載不符者，沒入其貨物。但經證明確屬誤裝者，不在此限。

❖立法（修正）說明❖（72/12/13增訂）

一、本條新增。

二、進口貨物或轉運貨物於船上或貨櫃集散站期間，海關因據密報或自行抽查查明與艙口單等文件所載不符或夾雜其他物品進口情事（例如艙口單申報爲洗衣機，來貨除洗衣機外，尚夾雜錄影機等其他物品），貨主輒以誤裝或溢裝等理由請求更正或退運，以逃避海關緝私條例之處罰，爰予增訂本條，以杜取巧。

❖條文說明❖

一、本文部分

（一）處罰目的

1. 在正常國際貨物買賣情況下，出口人有義務交付正確文件供運送人據以填載，而進口人也應要求託運人裝運依契約文件所買賣之貨物，以避免進口貨物與運送契約文件不符，致違反進口國法令[54]。

2. 本條例第 1 條即明定，私運貨物之查緝由海關爲之，爲達成防堵私運貨物之目的，海關於報關前之艙單階段及報關後之報單階段皆得執行查緝作爲。本條增訂前，自國外進口貨物之情形，於艙單階段，進、出口人倘未遵循國際貿易及航運常規程序，就貨物與艙口單、載貨清單、轉運艙單或運送契約文件，盡誠實記載及申報義務，即可俟機調包、走私，事後亦難追查，縱被查獲，動輒主張誤裝、溢裝，以規避責任，有鑑於此，乃增訂本條規定，加以因應。
3. 本條乃在處分貨物違法性，亦即在非難出口人未盡義務交付正確文件及進口人未盡義務要求託運人裝運依契約所買賣之物，**惟如具體個案已查得另有足資認定私運之情事者**，例如進行調包[55]、破壞櫃門或封條取貨[56]，甚或運載闖關等已達構成私運重要階段[57]之行爲，依刑法上高度行爲吸收低度行爲之理論[58]，屬低度之本條規定應爲高度之私運行爲所吸收，論以私運貨物即可，財政部 103/09/04 台財關字第 1031019467 號令：「一、船舶等運輸工具所載貨物，雖已列入艙口單或載貨清單，**惟經查明涉有丟包或調包等私運情事者，應依海關緝私條例第 36 條第 1 項及第 3 項規定論處**。」亦有相同闡釋。

（二）處罰要件

1. 船舶、航空器、車輛或其他運輸工具所載進口貨物或轉運本國其他港口之轉運貨物

(1) 指進口貨物及轉運貨物。所稱轉運貨物，係指國外貨物於運輸工具最初抵達本國口

---

54 私運貨物進出口之查緝由海關為之，而所謂私運貨物進口、出口者，係指規避檢查、偷漏關稅或逃避管制，未經向海關申報而運輸貨物進、出國境者而言，海關緝私條例第 1 條及第 3 條定有明文。海關究應如何執行各項檢查及採行何種措施以達成防堵私運貨物之目的，應由立法者參酌國際貿易慣例、海關作業實務與執行技術而為決定，屬立法裁量之事項。人民違反法律上義務而應受行政罰之行為，法律上無特別規定時，雖不以出於故意為必要，仍須以過失為其責任條件。但應受行政罰之行為，僅需違反禁止規定或作為義務，而不以發生損害或危險為要件者，推定為有過失，於行為人不能舉證證明自己無過失時，即應受處罰，業經本院釋字第 275 號解釋在案。海關緝私條例第 31 條之 1 規定：「船舶、航空器、車輛或其他運輸工具所載進口貨物或轉運本國其他港口之轉運貨物，經海關查明與艙口單、載貨清單、轉運艙單或運送契約文件所載不符者，沒入其貨物。但經證明確屬誤裝者，不在此限。」係因在正常國際貨物買賣情況下，出口人有義務交付正確文件供運送人據以填載，而進口人也應要求託運人裝運依契約文件所買賣之貨物，以避免進口貨物與運送契約文件不符，致違反進口國法令。從而本條係課進、出口人遵循國際貿易及航運常規程序，就貨物與艙口單、載貨清單、轉運艙單或運送契約文件，誠實記載及申報之義務，並對於能舉證證明確屬誤裝者，免受沒入貨物之處分，其責任條件未排除本院釋字第 275號解釋之適用，為增進公共利益所必要，與憲法第23條尚無牴觸（司法院釋字495號解釋理由書）。

55 最高行政法院 98 年度判字第 238 號判決。

56 最高行政法院 104 年度判字第 399 號判決。

57 最高行政法院 46 年判字第 54 號判例。

58 刑法上吸收理論於行政罰領域亦得援用，請參閱最高行政法院 106 年度判字第 454 號判決。

岸卸貨後轉往本國其他港口者而言，並不包括轉運其他國家或地區之貨物及通運貨物。至貨物是否爲轉運貨物，宜依貨物起卸口岸之事實認定，而非依當事人之記載爲準[59]。

(2) 鑑於本條之目的乃在防堵私運貨物，所欲保護之法益，即不僅在防止逃漏關稅、逃避管制，還有其他之控管功能，如檢疫（農產品）、治安（化學原料）、國家經濟（例如配額制度）等項目[60]，故而涉案之進口、轉運貨物，縱非應稅物品，如涉及逃避管制或違反其他法令規定，亦在本條適用之範圍。財政部 73/07/05 台財關字第 19530 號函釋：「……至關於國際運輸工具所載進口貨物或轉運貨物，經查明與艙口單、載貨清單、轉運艙單或運送契約文件所載不符，**如涉案實到貨物不涉及逃避管制或違反其他法令規定，且無漏稅情形者**，擬認屬誤裝免依海關緝私條例第 31 條之 1 之規定處分沒入乙節，核屬可行，准照所擬辦理。」即本於此旨。

2. 經海關查明與艙口單、載貨清單、轉運艙單或運送契約文件所載不符

(1) 所載貨物是否與艙口單、載貨清單、轉運艙單或運送契約文件所列貨名不符，以是否具有「貨物同一性」爲斷，換言之，所載貨物與清單文件所列貨名如屬同一，即無不符，反之，則不符。所謂貨物同一性，是指自記載之貨名，足以辨識其表彰之貨物[61]。如艙單列載貨物爲 FROZEN MINCED FISH MEAT，即足以表彰「魚漿」[62]；至於不符情形，可參照下表所示案例。

實到貨物與艙單、運送契約不符案例

艙單／運送契約所載	實到貨物	參考資料
FOODSTUFFS (ASSORTED GROCERIES) DRIEDVEGETABLES	香菇、壓縮香菇絲、豬腳筋	財政部 94/06/27 台財訴字第 09400130370 號訴願決定書
FAMILY APPLIANCE	中國大陸乾香菇、乾金針菜及乾豬蹄筋	財政部 94/12/16 台財訴字第 09413027510 號訴願決定書
FROZEN PORK（冷凍豬肉）	冷凍豬肚、牛肚、牛韌帶及牛小排等物品	高雄高等行政法院 89 年度訴字第 469 號判決
PLASTIC BOTTLE（塑膠瓶）及 PLASTIC TOYS（塑膠玩具）	SONY PLAYSTATION 2	最高行政法院 95 年度判字 1744 號判決

---

59 財政部 76/04/24 台財關字第 7640483 號函。

60 臺北高等行政法院 89 年度訴字第 1559 號判決。

61 高雄高等行政法院 89 年度訴字第 469 號判決（本件經受處分人上訴，嗣由最高行政法院 92 年度判字第 525 號判決駁回上訴在案）。

62 財政部 94/11/11 台財訴字第 09400337800 號訴願決定書。

2) 就法條所示構成要件觀之，似僅需所載進口或轉運貨物，與艙口單、載貨清單、轉運艙單或運送契約文件等四者，有其一不符即屬該當，惟本條重點乃在處分貨物之違法性[63]，於正常貨載情形，託運人或貨主倘已盡誠實記載義務者，貨物即應不具該條所認之違法性，又基於自己責任原則，託運人或貨主實不應僅因運送人單純填載錯誤之艙單內容而遭貨物沒入處分，故而財政部73/07/19台財關字第19984號函釋：「……至於單純因艙口單填載錯誤而實際貨物內容與運送契約文件所載並無不符者，即非該條規定之範圍。」以合理限縮本條之適用範圍。質言之，海關查緝實務上，雖先比對實到貨物與艙單是否不符，惟就貨物違法性之判斷即本條之適用上，關鍵還在運送契約所載內容是否屬實，惟有不實，始得依本條規定論處。

（三）處罰對象

1. 眞正貨主

(1) 查財政部73/07/05台財關字第19530號函原釋示：「……凡依海關緝私條例第31條之1處分之案件，『原則上』應以艙口單、載貨清單、轉運艙單或運送契約文件上所載之收貨人為受處分人。**『如收貨人未明或否認涉案貨物為其所有而海關復無法查明孰為眞正貨主時，可按貨主不詳案例處理。』**」嗣於99年新編法令彙編時，經審認該則函釋「第15行『原則上』及第17、18行『，如收貨人……處理』之文義，與財政部97/05/05台財關字第09705501970號令[64]牴觸」，爰就該牴觸部分作局部刪除。

(2) 上揭財政部於99年新編法令彙編時，雖將73年函釋中「眞正貨主」一詞予以刪除，惟鑑於裁處沒入，將生剝奪貨物所有權之效果，影響所有人之權益甚鉅，自應先以眞正貨主為受處分人，以利其知悉並得依法尋求救濟，實務上，亦均肯認原則上應以眞正貨主為處罰對象[65]，不因上揭局部刪除「眞正貨主」等語而受影響[66]。

---

63 最高行政法院83年度判字第2376號判決。

64 財政部97/05/05台財關字第09705501970號令：「海關查獲私運貨物，一時無法查明私運行為人或私貨所有人，如何處分沒入，依法務部96/12/19法規字第0960041480號函說明二略以，海關緝私條例並未就物之所有誰屬或不須問誰屬均得予以沒入等為相關規定，仍應有行政罰法第21條及第22條規定之適用，即對得沒入之物，尚不得不問物之所有人為何人或不問屬於何人所有即逕為裁處沒入。如以該等物係可為證據之物，得依行政罰法第36條以下規定，先予扣留，待爾後發還時，如因不知所有人為何人，自得依無主物方式處理，在無人領取時，依無主物無人領取予以歸公。」另本則令示，業經財政部103/01/22台財關字第1031001328號令廢止在案。

65 臺北高等行政法院101年度訴字第67號判決、臺北高等行政法院93年度訴字第595號判決、財政部109/07/27台財法字第10913913710號訴願決定書。

66 關稅及海關緝私法令彙編111年版，已將「真正貨主」等語列回，併此註明。

2.艙單、載貨清單、運送契約所載收貨人

因艙單、載貨清單、運送契約文件通常係依據載貨證券（提單）作成，而載貨證券爲物權證券，通常可表徵所有權及貨主身分，於未查有眞正貨主時，艙口單、載貨清單、轉運艙單或運送契約文件上所載之收貨人即推定爲貨主，並以爲受處分人。

3.貨主不明

按行政罰法第21條規定：「沒入之物，除本法或『其他法律」另有規定者外，以屬於受處罰者所有爲限。」故處分沒入時即應究明物品之所有權歸屬，以應受處罰者所有爲限，始得裁處沒入。惟另依本條例第45條之2規定：「依本條例規定裁處沒入之貨物或物品，不以屬受處分人所有爲限。」即得排除上開行政罰法規定，不問物之所有人爲何人或不問屬於何人所有即得逕爲裁處沒入；換言之，於貨主不明情形下，仍得裁處沒入貨物。實務上，對於無法查明眞正貨主，亦難憑艙單、載貨清單、運送契約所載認定收貨人之情形，於製作沒入處分書時，係將受處分人列作「不詳」，並依行政程序法第81條規定，以公告方式辦理公示送達[67]，以生法效。

（四）責任要件

1.行爲非出於故意或過失，不得處罰

(1)有責任始有處罰

行政罰法第7條第1項規定：「違反行政法上義務之行爲非出於故意或過失者，不予處罰。」參諸本條立法理由明載：「一、現代國家基於『有責任始有處罰』之原則，對於違反行政法上義務之處罰，應以行爲人主觀上有可非難性及可歸責性爲前提，如行爲人主觀上並非出於故意或過失情形，應無可非難性及可歸責性，故第一項明定不予處罰。……三、現代民主法治國家對於行爲人違反行政法上義務欲加以處罰時，應由國家負證明行爲人有故意或過失之舉證責任，方爲保障人權之進步立法。……」基於「有責任始有處罰」之原則，對於違反行政法上義務之處罰，應以行爲人主觀上有可非難性及可歸責性爲前提，若行爲人主觀上並非出於故意或過失情形，應無可非難性及可歸責性，自不得予以處罰。

(2)故意或過失之意義

行政罰應以行爲人具有故意或過失爲要件。所謂故意者，乃行爲人對於違反秩序行爲之構成要件事實，明知並有意使其發生（直接故意），或預見其發生，因其發生不違背本意，而任其發生（間接故意或未必故意）；所謂過失者，乃行爲人對於違反秩序行

---

67 案例可參考財政部基隆關109/11/06基普法字第1091029425號公告。

爲之構成要件之發生，雖非故意，但按其情節，應注意、能注意而不注意，以致未能預見其發生（無認識的過失），或雖預見其可能發生，而信其不發生之心態（有認識的過失）。

2.行爲人故意、過失之論證

於本條之適用上，應能證明實際來貨與運送契約不符情事係出於行爲人之故意或過失者，始具依本條規定處罰之責任要件。

(1)本人之故意、過失

在正常國際貨物買賣情況下，出口人有義務交付正確文件供運送人據以塡載，而進口人也應要求託運人裝運依契約文件所買賣之貨物，以避免進口貨物與運送契約不符，致違反進口國法令。貿易實務上亦可請求出口人或託運人於貨物裝機／船後先行傳眞提單，收貨人即可於貨物抵達前檢查確認其塡載正確性，惟如未善盡注意義務仔細檢查核對，致生來貨與運送契約不符者，即有應注意、能注意而不注意之過失[68]。惟如能證明行爲人明知來貨與運送契約（提單）所載不符並使之進口，或已能預見不符情事發生，因其發生不違背本意，而聽任其發生者，均得認屬故意。一般而言，違章行爲之故意，其舉證甚爲困難，實務上雖多參考司法調查結果（例如法院判決、檢察官之起訴書、緩／不起訴處分書等）所認定之事實，審認違章行爲係出於故意。惟如所查獲之違章，其客觀事實（如收貨人已自承）依經驗法則判斷已足資證明行爲人「明知」者，亦得審認已具故意之責任要件。

(2)推定故意、過失

A. 行政罰法第 7 條第 2 項規定：「法人、設有代表人或管理人之非法人團體、中央或地方機關或其他組織違反行政法上義務者，其代表人、管理人、其他有代表權之人或實際行爲之職員、受僱人或從業人員之故意、過失，推定爲該等組織之故意、過失。」最高行政法院 100 年度 8 月份第 2 次庭長法官聯席會議決議：「人民以第三人爲使用人或委任其爲代理人參與行政程序，具有類似性，應類推適用行政罰法第 7 條第 2 項規定，即人民就該使用人或代理人之故意、過失負推定故意、過失責任。」準此，如經調查結果已得證明實際行爲人（即職員、受僱人、從業人員、使用人或代理人）就實際來貨與運送契約不符情事有故意或過失，以職員、受僱人、從業人員、使用人或代理人參與進口貨物程序之人民（包括法人等組織）因適用或類推適用行政罰法第 7 條第 2 項規定結果，即應負推定故意、過失責任。

B. 例如，收貨人之實際負責人，基於共同走私之犯意聯絡而出借公司牌照供人

---

68 參考案例：臺北高等行政法院 106 年度訴字第 106 號判決。

進口貨物，致生來貨與運送契約不符情事，因其爲收貨人之使用人，收貨人應就其故意、過失負同一責任[69]；又如收貨人委託他人辦理進口貨物事宜，該他人復利用第三人登打提單，該第三人如登打錯誤，應認該第三人亦爲收貨人之使用人，收貨人如未能舉證其無過失，即應依第三人登打錯誤之過失，負推定過失責任[70]。

（五）本條罰則

沒入貨物，即沒入與運送契約不符之貨物。

（六）嗣後報關之影響

1.艙單階段已著手查緝或查獲不符者

(1) 爲確保查緝作爲有效實施，避免消息走漏而形成規避責任之漏洞，海關於艙單階段倘已著手查緝，甚或已查獲不符者，自得適用本條規定，加以處罰，不因事後申報行爲而受影響，財政部關務署104/08/18台關緝字第1041008662號函即釋示：「……報關前之艙單階段，即已著手查緝與艙單不符有關之違章情事，所獲實到貨物與艙單及提單（即運送契約）不符部分，自有海關緝私條例第31條之1規定之適用，並不受事後報單申報行爲影響。」

(2) 至於事後報關如涉虛報或申報不實者應如何處理部分，查上開財政部關務署104年函釋：「……至於著手查緝後艙單所載收貨人以F1報單通報進儲自由貿易港區之虛報部分，請本於職權逕依相關規定辦理。」似認仍得就其虛報或申報不符部分依相關規定[71]論處；惟就貨物通關流程觀之，不符之貨物倘經查獲後，經海關迅速裁處沒入或技術上採取阻卻報關者，將不致聽任再生後續之違章，自此觀點論，後續違章如仍令行爲人受責，似非允當；另查臺北高等行政法院89年度訴字第1559號判決：「……但如果進口商進口貨品與提單上之記載不符，卻在報關之前即被海關查獲者，因其前階段之行爲已被查獲發覺，後階段行爲即不可能再實現，故僅須依海關緝私條例第31條之1之規定論擬。」則係以後階段之虛報或申報不實行爲「不能實現」爲立論基礎，否定後續違章之裁罰，亦有相同結論。

---

69 參考案例：臺北高等行政法院93年度訴字第987號判決。

70 參考案例：臺北高等行政法院106年度訴字第106號判決。

71 自由貿易港區設置管理條例第38條第1項規定：「自由港區事業依第十七條第一項或第三項規定向海關通報，有虛報或不實情事者，由海關按次處新臺幣三萬元以上三十萬元以下罰鍰。情節重大者，並得由海關停止其六個月以下進儲貨物或由自由港區管理機關廢止其營運許可。」

2. 艙單階段未著手查緝

(1) 涉及虛報—依第37條規定論處即爲已足

海關緝私條例第 31 條之 1 之規範意旨，與海關緝私條例第 37 條第 1 項至第 3 項之規定，則存在著階段性之補充關係（參閱林山田教授著《刑法通論下冊》，增訂六版，第 599 頁以下），二者所保護之法益單一，違章構成要件有部分重疊，只不過行爲流程之長短不同，而異其違章要件，若已符合海關緝私條例第 37 條第 1 項至第 3 項之規定者，即毋庸再行追究具補充性質之海關緝私條例第 31 條之 1 之違章責任[72]。質言之，艙單階段尚未著手查緝之貨物，雖於託運之時即有違反誠實記載義務，致與運送契約不符而符合本條之處罰規定，惟既已進入後續之報單階段，其不法之評價應以基本之第 37 條規定處理爲已足，具補充性質之本條規定即毋庸再論。

(2) 未涉及虛報—無適用第31條之1論處之必要

A. 如前所述，倘已進入報單階段，係以第 37 條爲處罰依據，舉重明輕，未涉虛報者，應更無回頭適用前階段第 31 條之 1 規定之必要。

B. 況後階段之誠實申報既係基於海關未著手查緝之基礎上，即無損於海關查緝作爲之有效性，亦無形成查緝漏洞之問題，故嗣後之誠實申報或可解爲係對貨物違法性之治癒，認無再依本條規定處罰之必要性，爰宜作目的性解釋限縮適用範圍，阻卻本條之適用；又或解爲係對前段違法之自動陳報，基於鼓勵自新，改過遷善之政策目的，應認得類推適用本條例第 45 條之 3 第 2 項規定而予免罰。

C. 綜上，本文以爲實到貨物與運送契約不符，於未經海關著手查緝之前提下，倘嗣後經進口人誠實申報來貨，即毋庸再行適用本條規定加以處罰。

二、但書部分

（一）誤裝免責

依本條但書規定：「但經證明確屬誤裝者，不在此限。」即因誤裝所致之貨物與運送契約不符者，並無本條處罰規定之適用。

（二）誤裝之類型

1. 典型之誤裝

進出口貨物查驗準則第 19 條規定：「進口貨物如有溢裝，或實到貨物與原申報不符，或夾雜其他物品進口情事，係**出於同一發貨人發貨兩批以上，互相誤裝錯運**，經舉證證明，並經海關查明屬實，免依關稅法及海關緝私條例有關規定論處。」海關實務

72 臺北高等行政法院 89 年度訴字第 1559 號判決。

上向依上揭規定之「出於同一發貨人發貨兩批以上，互相誤裝錯運」作爲認定誤裝之要件，亦即進口人或貨主需舉證證明係因國外發貨人同時發貨二批以上，所發之貨彼此對調或互換，產生裝載錯誤情形，致生來貨與運送契約不符情事，始得依本條但書規定免除貨物遭受沒入之處分。

2. 擬制誤裝

財政部 73/07/05 台財關字第 19530 號函釋：「……至關於國際運輸工具所載進口貨物或轉運貨物，經查明與艙口單、載貨清單、轉運艙單或運送契約文件所載不符，如涉案實到貨物不涉及逃避管制或違反其他法令規定，且無漏稅情形者，**擬認屬誤裝**免依海關緝私條例第 31 條之 1 之規定處分沒入乙節，核屬可行，准照所擬辦理。」係以貨物性質推論，來貨如非屬應稅、管制物品，亦未違反其他法令[73]，應無走私動機或嫌疑，通常係出於裝載錯誤而無處罰必要，爰縱非屬「出於同一發貨人發貨兩批以上，互相誤裝錯運」之情形，亦擬制認屬誤裝，而免除本條沒入之處分。

3. 司法擴充範圍

另應注意者，關於本條但書誤裝之解釋，司法實務上另有擴充意見。依據臺中高等行政法院 105 年度訴更一字第 17 號判決：「本條但書所稱『裝載錯誤』免責要件，係指『**託運人所提供裝運之實際貨物與裝貨單（SHIPPING ORDER）上之記載完全相符，卻因爲運送人在將託運物裝上運輸載具之過程中發生錯誤，誤裝另一批貨品，而將原託運物留在原託運地或裝到另外之運輸載具上**』等情形，或者是**運送人裝載託運物時並無錯誤，但在開立提單及艙單時發生錯誤，誤載貨品描述，致使貨品同一性難以確定**。若『託運人提供裝運之實際貨物與裝貨單上之記載不符』，即使是出於託運人個人之疏失，也不能歸入上開條文但書所稱之『裝載錯誤』。[74]」依據上開見解，倘能舉證證明，來貨與運送契約不符，係因運送人裝載貨物或開立提單及艙單時發生錯誤，亦可能認有誤裝情事而免除遭受沒入處分。

（三）舉證責任

來貨與運送契約所載不符如係出於誤裝者，依本條但書規定，則無本條沒入規定之適用。惟貨物是否有誤裝情事、該誤裝之貨物係何人訂購、運往何處、收貨人所購貨物現存何處、有如何之誤裝情形，均應由收貨人負舉證之責，由其提出相關說明及證據，供海關查核，以實其說，方得免責。

---

73 以有無輸入法令規範判斷。例如，輸入規定為 F01，應依照食品及相關產品輸入查驗辦法，向衛生福利部食品藥物管理署申請辦理輸入查驗（相關案例：臺北高等行政法院 106 年度訴字第 106 號判決）。

74 臺北高等行政法院 89 年度訴字第 1559 號判決亦有類似見解。

❖精選案例❖

1. 過濾進口艙單時，發現艙單上貨名僅籠統申報茶葉，嘜頭欄加註 MADE IN THAILAND，經船邊抽核發現來貨及其包裝並無嘜頭、產地標示，且貨上殘留之中文字痕跡，嗣貨主檢具進、出口報單申報產地爲 CN（中國大陸），並以國外廠商作業疏忽，誤將上揭貨櫃發至臺灣爲由，申請將該批來貨退回國外，惟因已先查覺不符情事，仍應依海關緝私條例第 31 條之 1 規定沒入貨物（最高行政法院 92 年度判字第 856 號判決）。
2. **關員於監視進口貨櫃之換櫃作業中，發現來貨夾藏有牛肚等貨品，核與艙單、提貨單登載貨名 FROZEN PORK OFFALS 不符，涉及違反海關緝私條例第 31 條之 1 規定**

　　（節錄）查原判決依被上訴人向運送人三井船務代理股份有限公司取得經該公司簽章之全份原提單 BILL OF LADING 副本，暨其提供國外船公司受理原提單更正通知 CORRECTION ADVICE，查明系爭貨物其提貨單原載貨名爲 BEEF，於 88 年 11 月 2 日更改爲 FROZEN PORK OFFALS，於 88 年 11 月 4 日件數更改爲 1,389 CASE，且上訴人於 88 年 12 月 17 日向發狀銀行請求擔保提貨所交付之副提單本身，其貨品名稱亦載爲「FROZEN PORK OFFALS」與被上訴人關員查獲時艙單及提貨單所載貨名均爲 FROZEN PORK OFFALS 之記載相符，但實到貨物則爲 (1) PORK SPARE RIB《豬小排》12,044 公斤。(2) BEEF HONEY COMBTRIBE《牛肚》6,240 公斤。(3) BEEF LIGANENTUMNUCHAE《牛韌帶》4,434 公斤。本件係提貨單與艙口單均與實到貨物不符，與財政部 73/07/19 台財關字第 19984 號函釋後段單純因艙口單填載錯誤而實際貨物內容與運送契約文件所載並無不符者，非海關緝私條例第 31 條之 1 之範疇，所指情節不同。至上訴人主張其於 88 年 12 月 28 日才從發狀銀行取得提貨單正本，上載貨名 FFROZEN PORK OFFALS AND BEEF OFFALS，姑不論與實到貨物亦非完全相符，且其日期在被上訴人 88 年 12 月 3 日查獲到貨與提單及艙單不符之後，不影響其已成立之違規事實。此亦與運輸工具進出口通關管理辦法第 27 條所定運輸工具所載貨物未列入貨物艙單，或雖經填列而與實際情形不符，如有正當理由得於申報後 24 小時內向海關申請更正之情形有間。原判決認本案運送契約文件及艙單申報不符，違反海關緝私條例第 31 條之 1 規定，並未違反上開函釋及規定意旨。又本案係運送契約文件及艙單申報不符，違反海關緝私條例第 31 條之 1 規定所爲處分，要與有無偷漏稅捐情事無關。上訴人稱該批貨物經美國農業部發出屠宰證明及檢驗合格證書，乃出口國農業主管機關對出口畜產品所作檢驗證明文件，以確保該貨物品質所採正常作業；另所稱該批貨物備有配額採購進口，按配額制度，係貿易政策上爲有效執行管理進出口數（額）量所採措施之一，核與本件實到貨物與艙單及提貨單（DELIVERYORDER）、BILL OF LADING 等運送契約文件所載不符之違法事實均無關。另上訴人提出系爭貨物之商業發票證明與實到貨物相同，亦不影響其提貨單及艙單與實到貨物不符之事實。又查海關緝私條例第 31 條之 1 之立法理由爲：「進口貨物或轉運貨物於船上或貨櫃集散站期間，海關因據密報或自行抽查查明與艙口單等文件所載不符或夾雜其他物品進口情事，貨主輒以誤裝或溢裝等理由請求更正或退還，以逃避海關緝私條例之處罰，爰予增訂本條，以杜巧取。」故本條之處分對象原則上應以艙口單、載貨清單、轉運艙單或運送契約文件上所載之收貨人爲受處分人（最高行政法院 93 年判字第 20 號判決）。

3. **立榮海運股份有限公司代理之 UNI-VIGOR 輪，自香港載運進口油槽櫃（TANK）乙只，進口艙單原列載貨名爲 TETRA-FLUOROETHANE CF3 CH2F（R134A），經機動巡查隊查核結果，發現油槽櫃內夾藏香菇 2,865 公斤、鋼瓶、冷媒空瓶、鋼條，核與艙單及提單所載之貨名不符，依海關緝私條例第 31 條之 1 規定，將涉案貨物核定沒入**

　　（節錄）根據基隆地檢署檢察官起訴書犯罪事實欄一、（二）記載：甲○○（即原告）於 88 年 7 月間以虛設「○○有限公司」爲受貨人，進口 R134A 冷媒之名義，委託不知情之立榮海運公司，以所屬 UNI-VIGOR 輪自香港地區運送油槽櫃乙只，而利用該經改裝之油槽貨櫃夾藏與載貨證券不符，重量已逾公告管制數額之大陸花菇乙批欲矇混過關，惟於投單報關前，即遭查獲。另據臺灣高等法院刑事判決事實欄亦爲相同之記載，可證本次貨櫃走私亦係該案被告甲○○所爲至明。據財政部 73/07/05 台財關字第 19530 號函釋……然**本案既已查明走私係原告所爲，自應以原告爲處分對象**（臺北高等行政法院 93 年度訴字第 595 號判決）。

4. 港區內發現進口貨櫃內裝有鴨盅、砂鍋、調味料、三片木門及香（花）菇（塡滿於貨櫃前段，約於三分之一處，三片木門並排直立高達櫃頂，寬及貨櫃兩側無空隙，形成一道隔牆），貨櫃後段全部是香（花）菇，重達 4,500 公斤，已屬商銷範圍，且屬管制進口貨物，其裝櫃情形異於常情，與艙單及運送契約文件所載貨名「PERSONAL EFFECT」[75]不符，涉及違反海關緝私條例第 31 條之 1 規定（最高行政法院 95 年度判字第 1323 號判決）。

5. **接獲密報查獲貨輪載運之貨櫃，內裝洋菸而未列進口艙單，依貨櫃放置艙位配置圖（BAY PLAN），該櫃爲進口櫃且運送契約及艙單所載貨名爲 SOFT TOYS（玩具），涉及違反海關緝私條例第 31 條之 1 之規定**

　　（節錄）一、按「船舶、航空器、車輛或其他運輸工具所載進口貨物或轉運本

---

75 「PERSONAL EFFECT」一詞，依梁實秋主編之遠東實用英漢辭典第 419 頁解釋，係指「私人所有物（非商品）」，而通關術語則係指「行李物品」，其項目數量及價值，應以自用及家用為限，此為當然之解釋（臺北高等行政法院 92 年度訴字第 4424 號判決）。

國其他港口之轉運貨物，經海關查明與艙口單、載貨清單、轉運艙單或運送契約文件所載不符者，沒入其貨物。但經證明確屬誤裝者，不在此限。」為海關緝私條例第 31 條之 1 所明定。又「運輸工具所載貨物未列入貨物艙單，或貨物艙單內所填列之事項與實際情形不符者，如有正當理由，得於下列時限內向海關申請更⋯⋯前項情形業經海關發覺或接獲走私密告者，其更正之申請不得免予議處。」「船舶駛進中華民國緝私水域內，應在船上備有由船長簽字之下列文件，以備隨時交登船關員查驗。⋯⋯三、貨物放置艙位配置圖：如屬貨櫃船者，得以貨櫃放置艙位配置圖代替。」「進口貨物艙單應依海關規定格式載明下列各項，書面艙單資料並應由船長或由其委託之船舶所屬業者簽章。⋯⋯六、其他經海關公告應行載明之事項。」運輸工具進出口通關管理辦法第 27 條、第 36 條第 3 款及第 38 條第 6 款分別定有明文。二、本件被告於 94 年 1 月 12 日根據財政部關稅總局密報，在高雄港第 70 號碼頭檢查萬海航運股份有限公司代理之 ARABIAN EXPRESS 輪（航次 E004）由馬來西亞 PORT KELANG 載運原告所屬貨櫃乙只（櫃號：YMLU0000000），內裝洋菸 490 箱，未列進口艙單，被告登輪取得經該輪船長簽證之貨櫃放置艙位配置圖（BAY PLAN）所列載之該櫃為進口櫃。為查明該櫃運送過程，被告函請原告所屬高雄分公司提供運送契約及艙單資料，據原告所屬高雄分公司函復略稱：該只貨櫃係原告馬來西亞客戶 TRANSWAY LOGISTICS（攬貨公司）裝載錯誤，其實際內裝貨物為洋菸而非預定出口至美國紐約之 SOFT TOYS（玩具），要求原船運回，且不需繕製該櫃之提單，因該櫃不卸於高雄港，故未申報進口艙單。案經被告向原告所屬營業部取得該只貨櫃之運送契約：YMLUZ000000000，其列載之貨名為 125 CARTONSOF SOFT TOYS, PORT OF DISCHARGE 及 PORT OF DELIVERY 均為高雄，並參照 BAY PLAN 之列載，該只貨櫃應屬進口貨櫃，該提單列載貨名與該只貨櫃實際內裝運送貨物洋菸明顯不符，被告乃以受處分人「不詳」方式，依海關緝私條例第 31 條之 1 之規定，沒入其貨物（高雄高等行政法院 94 年訴字第 979 號判決[76]）。

❖司法判解❖

海關緝私條例第 31 條之 1 並未違憲

凡規避檢查、偷漏關稅或逃避管制，未經向海關申報而運輸貨物進、出國境者，海關應予查緝，海關緝私條例第 1 條及第 3 條訂有明文。同條例第 31 條之 1 規定：「船舶、航空器、車輛或其他運輸工具所載進口貨物或轉運本國其他港口之轉運貨物，經海關查明與艙口單、載貨清單、轉運艙單或運送契約文件所載不符者，沒入其貨物。但經

76　本案經最高行政法院 97 年判字第 204 號判決駁回原告上訴而告確定。

證明確屬誤裝者，不在此限」，係課進、出口人遵循國際貿易及航運常規程序，就貨物與艙口單、載貨清單、轉運艙單或運送契約文件，誠實記載及申報之義務，並對於能舉證證明確屬誤裝者，免受沒入貨物之處分，其責任條件未排除本院釋字第275號解釋之適用，爲增進公共利益所必要，與憲法第23條尚無牴觸（司法院釋字第495號解釋）。

❖釋示函令❖

1.核釋運輸工具所載貨物在報關前經查與艙口單等文件所載不符時，如何適用法律疑義

一、按海關緝私條例第31條係關於船舶、航空器、車輛或其他運輸工具所載貨物，經海關查明有未列入艙口單或載貨清單者之處罰規定，而同條例第31條之1則係關於該等運輸工具所載進口貨物或轉運本國其他港口之轉運貨物（不包括轉運國外之貨物及通運貨物在內），雖已列入艙口單或載貨清單中，惟經海關查明實際貨物內容與艙口單、載貨清單或運送契約文件所載之貨物內容不符者之處罰規定，此爲兩者規範之分際，故國際運輸工具所載進口貨物或轉運本國其他港口之轉運貨物，在未報關前，經海關查獲與艙口單或載貨清單記載不符時，不論其是否屬同類型或同性質，亦不問是否爲管制進口貨品，均應依海關緝私條例第31條之1之規定處理，並無適用同條例第31條規定之餘地。至於艙口單、載貨清單或進口貨櫃清單列報之空櫃中，經查獲櫃中實際載有貨物者，即屬「未列入艙口單或載貨清單」之貨物，自應依海關緝私條例第31條之規定論處。二、次查海關緝私條例第31條與第31條之1之立法原旨有別，其處分對象亦未必一致，凡依海關緝私條例第31條之1處分之案件，應以艙口單、載貨清單、轉運艙單或運送契約文件上所載之收貨人爲受處分人。三、至關於國際運輸工具所載進口貨物或轉運貨物，經查明與艙口單、載貨清單、轉運艙單或運送契約文件所載不符，如涉案實到貨物不涉及逃避管制或違反其他法令規定，且無漏稅情形者，擬認屬誤裝免依海關緝私條例第31條之1之規定處分沒入乙節，核屬可行，准照所擬辦理（財政部73/07/05台財關字第19530號函）。

2.單純因艙口單記載錯誤而實際貨物與契約並無不符者，免予處罰

主旨：所報甲運輸股份有限公司所屬乙輪承運之轉運貨物與該公司所送艙口單列載貨名不符，應如何處理一案，准由該公司根據原發提單內容更改艙口單，免依海關緝私條例第31條之1規定辦理。

說明：二、按海關緝私條例第31條之1之規範原旨係就船舶、航空器、車輛或其他運輸工具所載進口貨物或轉運本國其他港口之轉運貨物，經海關查明與其根據運送契約（即提單）內容而填報之艙口單、載貨清單、轉運艙單內容不相一致時，爲防杜貨主取巧闖關走私，乃規定除發貨人誤裝外，一概沒入其貨物。至於單純因艙口單填載錯誤而

實際貨物內容與運送契約文件所載並無不符者，即非該條規定之範圍。本案甲運輸股份有限公司所承運之貨物為牛筋，其提單（運送契約）原列貨名為牛肉，事後船公司已據發貨人申請更改為牛筋，與實際貨物並無不符。茲因船公司作業有誤，未能相應更改艙口單致產生貨物與艙口單不符情形，雖非發貨人誤裝，惟依上開說明，仍無海關緝私條例第 31 條之 1 適用之餘地，本案應准由該公司根據原發提單內容更改艙口單免依海關緝私條例第 31 條之 1 規定處理（財政部 73/07/19 台財關字第 19984 號函）。

3. 本條例所稱轉運貨物，不包括轉運其他國家或地區之貨物或通運貨物

海關緝私條例第 31 條之 1 所稱之「轉運貨物」，係指國外貨物於運輸工具最初抵達本國口岸卸貨後轉往本國其他港口者而言，並不包括轉運其他國家或地區之貨物及通運貨物。至貨物是否為轉運貨物，宜依貨物起卸口岸之事實認定，而非依當事人之記載為準（財政部 76/04/24 台財關字第 7640483 號函）。

4. 如於報關前之艙單階段已著手查緝與艙單不符之違章情事，所獲實到貨物與艙單及提單（即運送契約）不符部分，自有海關緝私條例第31條之1規定之適用，並不受事後報單申報行為影響

主旨：所報海關著手查緝艙單不符之違章時，艙單所載收貨人於開櫃檢視前，始以 F1 報單通報進儲艙單所列貨物，所緝獲未列載於艙單、提單（即運送契約）及 F1 報單之中國大陸乾香菇應如何裁處乙案。

說明：二、本案貴關倘認貨物報關前之艙單階段，即已著手查緝與艙單不符有關之違章情事，所獲實到貨物與艙單及提單（即運送契約）不符部分，自有海關緝私條例第 31 條之 1 規定之適用，並不受事後報單申報行為影響；至於著手查緝後艙單所載收貨人以 F1 報單通報進儲自由貿易港區之虛報部分，請本於職權逕依相關規定辦理。三、另，本案所緝獲夾藏之中國大陸乾香菇依其數量已屬「管制物品管制品項及管制方式」第 2 項所稱之管制進口物品，且係於海關著手查緝後始通報將艙單貨物進儲於自由貿易港，似仍有觸犯「懲治走私條例」第 2 條第 1 項規定走私罪之嫌疑，宜依刑事訴訟法第 241 條規定為犯罪之告發並移送司法機關偵辦，併此提明（財政部關務署 104/08/18 台關緝字第 1041008662 號函）。

第 32 條（刪除）

~~船舶、航空器、車輛或其他運輸工具，所載貨物如較艙口單或載貨清單所列者有短少時，處船長或管領人一萬元以下罰鍰。但經證明該項貨物確係在沿途口岸誤卸，或在上貨口岸短裝，或有其他正當理由者，免罰。~~

❖立法（修正）說明❖（107/04/13刪除）

一、本條刪除。

二、鑑於本條違章情節屬違反運輸工具之管理規範，關稅法第 20 條第 3 項授權訂定之運輸工具進出口通關管理辦法第 28 條、第 51 條、第 82 條、第 85 條訂有相關管理規定，如依相關規定辦理自無須處罰，有違反者則依關稅法第 83 條規定處罰，爲避免重複規範，爰予刪除。

第 33 條（刪除）

~~船用物料、船長所帶包件及船員自用不起岸物品，未列單申報或申報不實者，處船長二千元以上二萬元以下罰鍰，並得沒入之。~~

❖立法（修正）說明❖（107/04/13刪除）

一、本條刪除。

二、鑑於本條違章情節屬違反運輸工具之管理規範，關稅法第 20 條第 3 項授權訂定之運輸工具進出口通關管理辦法第 37 條之 2、第 84 條訂有相關管理規定，如有違反則依關稅法第 83 條規定處罰，爲避免重複規範，爰予刪除。

第 34 條（刪除）

~~船舶、航空器、車輛或其他運輸工具，未向海關繳驗出口艙口單或載貨清單，並未經海關核准結關出口，而擅離口岸者，處船長或管領人二千元以上一萬元以下罰鍰。~~

❖立法（修正）說明（107/04/13刪除）

一、本條刪除。

二、鑑於本條違章情節屬違反運輸工具之管理規範，關稅法第 20 條第 3 項授權訂定之運輸工具進出口通關管理辦法第 43 條、第 81 條訂有相關管理規定，如有違反則依關稅法第 83 條規定處罰，爲避免重複規範，爰予刪除。

第 35 條（妨害監管之處罰）

進出口貨物、通運貨物、轉運貨物、保稅貨物、郵包、行李或貨櫃存放於船舶、航空器、車輛、其他運輸工具或其他處所，而在海關監管下或經海關加封、下鎖，有擅行改裝、移動、搬運、塗改標誌號碼或拆封、開鎖者，處新臺幣六千元以上六萬元以下罰鍰，並限期改正；屆期未改正者，得按次處罰；情節重大者，並得加倍處罰。

❖立法（修正）說明（107/04/13修正）

一、鑑於原第 1 項違章情節屬違反運輸工具、貨棧或貨櫃集散站之管理規範，關稅法第 20 條第 3 項授權訂定之運輸工具進出口通關管理辦法第 30 條、第 80 條之 1 及依同法第 26 條第 2 項授權訂定之海關管理進出口貨棧辦法第 15 條、第 16 條、第 29 條與海關管理貨櫃集散站辦法第 7 條、第 9 條、第 12 條、第 26 條訂有相關管理規定，如有違反則分別依關稅法第 83 條及第 86 條規定處罰，爲避免重複規範，爰予刪除。

二、原第 2 項係援引第 1 項之處罰規定，爰配合原第 1 項之刪除，明定各類貨物之範圍及罰責，並列爲本條文。

❖法條沿革❖

原條文	說明
（23/06/01 制定） 第 20 條 凡貨物行李，或保稅之貨物行李，在船舶、車輛、貨棧中，或在海關管理下而經海關加封下鎖，有擅行塗改、移動、拆毀該項封鎖，或擅入船舶車輛貨棧，意圖搬運或擅行搬運該項貨物行李者，處一百元以上，一千元以下罰金。	N/A
（62/08/14 全文修正） 第 35 條 凡進出口貨物、通運貨物、轉運貨物、保稅貨物、郵包、行李、存放於船舶、航空器、車輛、其他運輸工具或其他處所，而在海關監管下或經海關加封下鎖，有擅行移動、搬運、塗改或拆封開鎖者，處五百元以上五千元以下罰鍰。	一、原案： 照原有第 20 條修正，增列應由海關監管貨物種類，以臻明晰，並加重罰鍰金額。 二、審查案： （一）本條僅作文字修正使其符合一般立法體例。 （二）溫委員士源對本條聲明保留院會發言權。

原條文	說明
（72/12/13 修正） 第 35 條 運輸業或倉儲業對於進出口貨物、通運貨物、轉運貨物、保稅貨物、郵包、行李、貨櫃，未在核定之時間及地點起卸、存放或未依規定加封者，處業主二千元以上二萬元以下罰鍰。情節重大者得加倍處罰，經通知其改正仍不改正者，得連續處罰之。 前項各類貨物、郵包、行李或貨櫃存放於船舶、航空器、車輛、其他運輸工具或其他處所，而在海關監管下或經海關加封、下鎖，有擅行改裝、移動、搬運、塗改標誌號碼或拆封、開鎖者，依前項規定處罰。	一、因航運貨櫃化後，不法之徒常利用貨櫃走私，例如擅行移動海關監管之貨物，公然拆封開鎖或以櫃易櫃，以及從業人員利用職務之便與私梟互為勾結，以貨櫃大規模從事走私等等，茲為遏阻走私之風，並加強海關對於進出國境貨物或貨櫃起卸、存放及加封管理，爰增列第 1 項處罰運輸業、倉儲業業主之規定，通知限期改正仍不改正者，得連續處罰之，俾資配合關稅法第 10 條之規定及貨棧之管理。 二、現行條文改列為修正條文第 2 項，除加列「貨櫃」及「擅行改裝」字樣，以資周全；於「塗改」下加「標誌號碼」四字，以符實際外，並酌作文字修正。至其罰鍰數額，提高與第 1 項同，以求平衡，爰修正為「依前項規定處罰」，藉收嚇阻走私之效。

❖條文說明❖

一、本條規範目的及適用範圍

本條規定乃在處罰妨害海關監管之危險行爲，如已進行私運或查有調包私運進口之企圖及充分事證者[77]，實害行爲吸收危險行爲[78]之適用原則，即應逕按實害之私運論處即可，毋庸再適用本條規定。實務上，擅將未經繳稅放行之貨物運離保稅區，脫離海關監管範圍進入一般課稅區者，即以私運貨物進口論，而非本條之適用範圍[79]。

---

[77] 倘非單純在海關可得監管下之運輸工具或其他處所之範圍內擅行移動或搬運，而係另有其他私運或漏稅之情事者，則屬依照同條例第 36 條或第 37 條第 1 項之適用範圍，不得依第 35 條之規定論處，此由上開三法條規定法意比較觀察自明。茲將不同情節應適用不同法條之情形，略舉數例說明如次：1. 某一進口貨物在未經報關前，擅行移動或搬運脫離海關可得控制之運輸工具或其他處所而進入課稅區者，應依海關緝私條例第 36 條之規定論處。2. 右述情形，如在報關後尚未驗放前發生時，則應改依同條例第 37 條第 1 項第 4 款之規定處罰。3. 倘該貨物雖在海關可得控制監管下之運輸工具或其他處所之範圍內擅行移動或搬運，惟查獲有調包私運進口之企圖及充分事證者，縱使未遂，仍須按同條例第 36 條論處（海關總稅務司署 66/02/10 密基緝字第 1718 號函）。

[78] 洪啟清，緝私法規與緝案處理，財政部財稅人員訓練所編印，79 年 7 月修訂 3 版，第 192 頁。

[79] 參考案例：臺北高等行政法院 93 年度訴更二字第 1 號判決。

二、處罰要件

（一）行為主體

應指任何違章之行爲人，非侷限於「運輸業」或「倉儲業」之業主[80]。

（二）行為客體（進出口貨物、通運貨物、轉運貨物、保稅貨物、郵包、行李或貨櫃）

1.存放於船舶、航空器、車輛、其他運輸工具或其他處所而在海關監管下

指貨物、郵包、行李或貨櫃存放之地點，係處於海關監管下之意。例如未完成通關程序之貨物存放於運輸工具、倉庫、碼頭、港口、機場、保稅區等區域或場所。

2.經海關加封、下鎖

(1)加封

A.所稱「加封」，即施加封條之意。海關之封條，係海關所製作而施加之具單一識別碼標記可供查證之安全裝置，加封在貨物、載運貨物之運貨工具或裝載之貨櫃上，以表示海關控管之延伸，禁止貨物之使用，漏逸或其他處置爲目的。實務上，海關爲確保取樣之完整性，將在貨樣上加封封條[81]；或爲確保貨物安全，對於保稅運貨工具與經海關核准之運貨工具及卸存碼頭之海運貨櫃加封[82]，一旦施加封條，貨物即處於海關監管之封閉狀態，未經准許，不得提取貨物。

B.至於業者獲准使用之自備封條其性質如何，是否等同海關封條，本條例及關稅法並無明文規範，惟考諸103年關稅法修正增訂第28條之1之立法歷程，當時財政部張部長盛和說明略以：「（一）行政院提案版本……2.修法重點……(2)明定業者使用自備封條之法律規範……鑒於使用自備封條涉及人民權利及『政府公權力之實施』，增訂業者向海關申請使用自備封條之資格、條件、種類、驗證基準及使用範圍等事項，以

---

80 最高行政法院75年5月份庭長評事聯席會議曾就修正前本條例第35條第2項規定（即現行本條規定）進行討論並決議。

81 出口原料委外加工復運進口認定程序第4點規定：「委外加工貨物出口時，由貨物輸出人申請留樣及自行保管，實體留樣有困難者，得申請以其他方式代替。其自行保管之出口貨物樣品袋，應由驗貨員或分估員親自開啟及加封，不得由貨物輸出人為之。如出口未留樣或已自行開啟者，該製成貨品按一般進口貨物處理。」

82 關稅法第28條之1規定：「海關為確保貨物安全，對於保稅運貨工具與經海關核准之運貨工具及卸存碼頭之海運貨櫃，得加封封條（Ⅰ）。下列業者經申請海關許可，得於所定運貨工具或海運貨櫃加封自備封條：一、經海關登記且運輸工具為船舶之運輸業、承攬業，就其所載之海運貨櫃。二、經海關核准實施自主管理且位於機場管制區外之航空貨物集散站業，就其自有之保稅運貨工具。三、經海關核准實施自主管理之物流中心業，就運出該物流中心之海運貨櫃、保稅運貨工具或經海關核准之運貨工具。四、經海關登記之內陸貨櫃集散站業，就進儲該集散站或自該集散站轉運出站之海運轉口貨櫃（Ⅱ）。前二項所稱封條，指以單一識別碼標記，可供海關查證並確保貨物安全之裝置（Ⅲ）。」

確保行政機關依法行政及保障人民權益。……」[83]似已定性業者獲准使用自備封條亦屬實施公權力之一種，換言之，業者獲准使用自備封條加封運貨工具或貨櫃者，應解爲已符合本條所稱「經海關加封」之情形。

(2)下鎖

所稱「下鎖」，即利用鎖具封閉貨物存放處所之出入門戶或開啓處，使貨物處於封閉之狀態，須經使用鑰匙、暗碼或他法開鎖，始得解除封閉而提取貨物之意，藉此確保貨物之安全及完整性。一旦經海關下鎖，同加封效果，貨物即處於海關監管之封閉狀態，未經准許，不得提取貨物。至於下鎖係由海關單獨下鎖[84]或與業者之聯鎖[85]，則非所問。

（三）行為

1. 即擅行改裝、移動、搬運、塗改標誌號碼或拆封、開鎖之行爲。
2. 所稱「**擅行**」，指未經准許而擅自進行之意。凡貨物、郵包、行李、貨櫃之改裝、移動、搬運、塗改標誌號碼，或封條之拆封、鎖具之開啓，依規定應先取得海關准許而未取得者，即屬本條所稱之擅行。諸如進出口、轉運、轉口貨櫃（物）在集散站之存放移動及處理，違反海關管理貨櫃集散站辦法第 7 條規定；或免稅商店、預

---

[83] 立法院公報第 103 卷第 8 期院會紀錄，第 484 頁。

[84] 海關管理保稅運貨工具辦法第 14 條第 2 款規定：「使用保稅運貨工具裝運貨物，應依海關規定之手續及核發之文件申辦裝貨或卸貨：……二、駁船：應憑海關特別准單在關員監視下受載，下鎖加封，並由關員掣發貨櫃（物）運送單。裝載出口貨物者，應憑海關簽發之轉運准單或放行通知或託運單始准將貨物卸入出口輪船。」

[85] 免稅商店設置管理辦法第 28 條第 1 款規定：「免稅商店自行停業或經廢止登記者，其保稅貨物依下列規定辦理：一、所有保稅貨物，應由海關封存或與免稅商店**聯鎖**於該商店之倉庫內，海關應不定期派員巡查，必要時得予保管。」保稅倉庫設立及管理辦法第 60 條第 1 項規定：「經核准登記之保稅倉庫，應由海關及倉庫業者共同聯鎖。但經海關核准自主管理之保稅倉庫及設立於加工出口區、科學園區、農業科技園區、國際機場與港口管制區內者，得免聯鎖。」海關管理保稅工廠辦法第 14 條規定：「保稅工廠存儲之保稅物品，應依序存放於經海關核定之倉庫或場所，並編號置卡隨時記錄保稅物品存入、領出及結存數量，以備查核。但採用電腦控管並可在線上即時查核者，得免設卡。保稅物品倉庫由廠方負責看管，於停工時加鎖，其連續停工十日以上者，應向海關申報，海關得派員聯鎖。」第 26 條第 1 項第 1 款規定：「保稅工廠經廢止登記後，其保稅物品依下列規定辦理：一、所有保稅物品，應由海關封存或與保稅工廠聯鎖於該工廠之倉庫內，海關應不定期派員巡查，必要時得予保管。」海關管理進出口貨棧辦法第 35 條第 1 項規定：「依本辦法設立之貨棧應由貨棧業者與海關共同聯鎖。但經海關核准實施自主管理之貨棧，得免之。」郵包物品進出口通關辦法第 4 條規定：「郵包物品存儲及辦理通關作業所需之通關場所應由郵政機構提供並經海關核准。其查驗場地、動線及其他必要設施並應配合海關查驗及辦理通關之需要（Ⅰ）。前項存儲郵包物品之倉間應由郵政機構及海關共同聯鎖（Ⅱ）。」農業科技園區保稅業務管理辦法第 19 條規定：「在園區通關之園區事業進出口保稅貨品應進儲園區海關監管聯鎖倉庫或貨櫃集中查驗區辦理查驗。……」離島免稅購物商店設置管理辦法第 30 條第 1 款規定：「離島免稅購物商店停業或廢止登記者，其保稅貨物依下列規定辦理：一、所有保稅貨物，應由海關封存或與離島免稅購物商店聯鎖於該商店之倉庫內，海關應不定期派員巡查，必要時得予保管。」

售中心、提貨處及其自用保稅倉庫間貨物之移運違反免稅商店設置管理辦法第 19 條第 1 項有關應先申請獲准後始得移倉之規定等等，均屬之。

3. 所稱「**改裝**」者，指改變貨物、郵包、行李、貨櫃之本體或包裝，解釋上，應包括所有應經海關允許之加裝、分裝、重裝等行爲，例如換櫃、換袋、拆袋分裝、加貼不實標籤於貨袋等行爲。
4. 所稱「**移動**」者，指搬動、挪動、轉移貨物、郵包、行李、貨櫃之存放地點、應運送之路線或應進行之程序。例如，將貨物由甲庫乙倉移動至丙庫丁倉間存放，或未依規定路線行駛至儀檢站受檢，逕將貨櫃拖至貨主處所[86]，或未依通關規定程序即逕行交貨[87]。
5. 所稱「**搬運**」者，指將貨物、郵包、行李、貨櫃搬動運離原存放之地點。搬運之方式，通常須藉由運輸工具之輔助方能完成。
6. 所稱「**塗改標誌**」者，指將原於貨上或其包裝上或貨櫃上之各種表明識別的記號予以塗抹或更改之意，例如將貨櫃左下角原始認證鐵牌號碼以油漆塗掉、磨損[88]。
7. 所稱「**拆封**」者，即封條之開拆行爲，並不以施加物理性破壞爲必要，如可造成封條效能減損，亦足當之。例如將加封封條之扣環鋸斷形成缺口（得利用此缺口打開櫃門）[89]，或變造封條榫頭（得經旋轉啓封）[90]，均得於免破壞封條下達到啓封效果。
8. 所稱「**開鎖**」者，即將海關所下之鎖予以開啓或破壞。

三、責任要件

（一）行為非出於故意或過失，不得處罰

1. 有責任始有處罰

行政罰法第 7 條第 1 項規定：「違反行政法上義務之行爲非出於故意或過失者，不予處罰。」參諸本條立法理由明載：「一、現代國家基於『有責任始有處罰』之原則，對於違反行政法上義務之處罰，應以行爲人主觀上有可非難性及可歸責性爲前提，如行爲人主觀上並非出於故意或過失情形，應無可非難性及可歸責性，故第一項明定不予處罰。……三、現代民主法治國家對於行爲人違反行政法上義務欲加以處罰時，應由國家負證明行爲人有故意或過失之舉證責任，方爲保障人權之進步立法……」基於「有責任始有處罰」之原則，對於違反行政法上義務之處罰，應以行爲人主觀上有可非難性

---

86 參考案例：財政部 102/07/23 台財訴字第 10213935040 號訴願決定書。

87 參考案例：財政部 103/06/20 台財訴字第 10313932160 號訴願決定書。

88 參考案例：財政部 102/05/21 台財訴字第 10213922000 號訴願決定書。

89 參考案例：最高行政法院 87 年度判字第 2241 號判決。

90 參考案例：財政部 102/05/21 台財訴字第 10213922000 號訴願決定書。

及可歸責性爲前提，若行爲人主觀上並非出於故意或過失情形，應無可非難性及可歸責性，自不得予以處罰。

2.故意或過失之意義

行政罰應以行爲人具有故意或過失爲要件。所謂故意者，乃行爲人對於違反秩序行爲之構成要件事實，明知並有意使其發生（直接故意），或預見其發生，因其發生不違背本意，而任其發生（間接故意或未必故意）；所謂過失者，乃行爲人對於違反秩序行爲之構成要件之發生，雖非故意，但按其情節，應注意、能注意而不注意，以致未能預見其發生（無認識的過失），或雖預見其可能發生，而信其不發生之心態（有認識的過失）。

（二）本條之故意、過失

依上開說明，構成本條規定擅自行爲，仍以出於故意或過失爲責任要件。惟所稱之故意或過失，係指「擅行改裝、移動、搬運、塗改標誌號碼或拆封、開鎖之行爲」出於故意或過失，並不包括「未盡保管責任」之過失[91]。

四、處罰及減免

（一）主動陳報免罰

本條例第 45 條之 3 第 2 項規定：「非屬前項情形，而有其他本條例所定應予處罰情事之行爲人，於海關、稅捐稽徵機關或其他協助查緝機關接獲檢舉、進行調查前，向各該機關主動陳報並提供違法事證，因而查獲並確定其違法行爲者，於陳報範圍內免予處罰。」

（二）處罰

1.本條罰則

處新臺幣 6,000 元以上 6 萬元以下罰鍰，並限期改正；屆期未改正者，得按次處罰；

---

91 主旨：運輸工具經海關加封後，運送途中，封條斷失，雖應由運送人負責，惟運送人如主張並舉證，證明確非由其擅行拆封所致者，應免予處罰。說明：海關緝私條例第 35 條：「進出口貨物、通運貨物、轉運貨物、保稅貨物、郵包、行李或貨櫃存放於船舶、航空器、車輛、其他運輸工具或其他處所，而在海關監管下或經海關加封、下鎖，有擅行改裝、移動、搬運、塗改標誌號碼或拆封、開鎖者，處新臺幣六千元以上六萬元以下罰鍰，並限期改正；屆期未改正者，得按次處罰；情節重大者，並得加倍處罰。」其所稱進出口貨物等存放於運輸工具或其他處所，而在海關監管下或經海關加封有擅行拆封者，係以有擅行拆封之行為為處罰構成要件，不宜僅以行為人「未盡保管封條完整之責」而逕予處罰，故運輸工具經海關加封後在運送途中發生海關封條斷失情事，雖應由運送人負責，惟運送人如主張封條斷失非由其擅行拆封所致，並經其負責舉證，證明確非由其擅行拆封所致者，自應免予處罰（財政部 74/09/17 台財關字第 22111 號函、財政部 107/10/18 台財關字第 1071023104 號令）。

情節重大者，並得加倍處罰。

2. 裁處新臺幣6,000元以上6萬元以下罰鍰

(1)照表裁罰

財政部關務署 107/05/18 台財關字第 1071010762 號令訂頒「緝私案件裁罰金額或倍數參考表」及使用須知，規範行使裁量權之客觀標準，用以協助各關妥適辦理海關緝私案件之裁罰。

緝私案件裁罰金額或倍數參考表

海關緝私條例條次及內容	違章情形	裁罰金額或倍數
第三十五條 進出口貨物、通運貨物、轉運貨物、保稅貨物、郵包、行李或貨櫃存放於船舶、航空器、車輛、其他運輸工具或其他處所，而在海關監管下或經海關加封、下鎖，有擅行改裝、移動、搬運、塗改標誌號碼或拆封、開鎖者，處新臺幣六千元以上六萬元以下罰鍰，並限期改正；屆期未改正者，得按次處罰；情節重大者，並得加倍處罰。	一、擅行改裝、移動、搬運、塗改標誌號碼、拆封或開鎖之貨物為毒品危害防制條例所列毒品及其製劑、罌粟種子、古柯種子及大麻種子，或槍械、子彈、事業用爆炸物。	處新臺幣三萬六千元罰鍰。
	二、擅行改裝、塗改標誌號碼、拆封或開鎖者涉及下列物品： (一) 第一點以外管制物品。	處新臺幣二萬四千元罰鍰。
	(二) 第一點及前款以外物品。	處新臺幣一萬二千元罰鍰。
	三、擅行移動或搬運者涉及下列物品： (一) 第一點以外管制物品。	處新臺幣一萬二千元罰鍰。
	(二) 第一點及前款以外物品。	處新臺幣六千元罰鍰。

(2)仍應審酌個案情節

對於構成本條之違章行爲而應予處罰者，原則上依前揭裁罰參考表所定區分違章情形予以裁罰，惟仍應審酌個案應受責難程度、所生影響、所得利益、受處罰者之資力及平等、比例原則，如認違章情節重大或出於故意或情節輕微者，得按表列裁罰倍數或金額加重或減輕其罰，至各該規定法定罰鍰額之最高限或最低限爲止[92]，以免有裁量怠惰之違法。

(3)罰鍰之扣抵

A.鑑於同一行爲人所爲違反本項規定之行爲，於通常情形下，亦多有同時觸犯刑事法律，依行政罰法第 26 條第 1 項規定之刑事優先原則，應依刑事法律處罰之。

B.倘上開觸犯刑事法律規定之行爲，業經緩起訴處分或緩刑宣告確定，且經命行爲人向公庫或指定之公益團體、地方自治團體、政府機關、政府機構、行政法人、社區或其他符合公益目的之機構或團體，支付一定之金額或提供義務勞務者，行政機關雖得依行政罰法第 26 條第 2 項規定，依違反行政法上義務規定裁處之，惟亦應依同條第 3 項規定[93]，將行爲人所支付之金額或提供之勞務，扣抵應裁處之罰鍰。

C.另，依法務部函釋[94]，緩起訴處分負擔之履行扣抵罰鍰，應以行爲受罰鍰之裁處爲必要，縱緩起訴處分負擔之履行與行爲人所應繳納之罰鍰已全額扣抵，仍應作成裁處書並爲送達，始對受處分人發生效力，以維人民救濟權利。

五、相關刑責

海關之封條，爲公務員所施之封印，亦屬刑法第 220 條第 1 項及第 211 條之準公文書，如有故意僞造、行使僞造或損壞等不法行爲[95]者，亦有行使僞造準公文書或損壞封印等相關之刑責[96]。

---

[92] 緝私案件裁罰金額或倍數參考表使用須知第 4 點第 1 項規定：「個案經審酌應受責難程度、所生影響、所得利益、受處罰者之資力及平等、比例原則，認違章情節重大或出於故意或情節輕微者，得按表列裁罰倍數或金額加重或減輕其罰，至各該規定法定罰鍰額之最高限或最低限為止。」

[93] 行政罰法第 26 條第 1 項至第 4 項規定：「一行為同時觸犯刑事法律及違反行政法上義務規定者，依刑事法律處罰之。但其行為應處以其他種類行政罰或得沒入之物而未經法院宣告沒收者，亦得裁處之（Ⅰ）。前項行為如經不起訴處分、緩起訴處分確定或為無罪、免訴、不受理、不付審理、不付保護處分、免刑、緩刑之裁判確定者，得依違反行政法上義務規定裁處之（Ⅱ）。第一項行為經緩起訴處分或緩刑宣告確定且經命向公庫或指定之公益團體、地方自治團體、政府機關、政府機構、行政法人、社區或其他符合公益目的之機構或團體，支付一定之金額或提供義務勞務者，其所支付之金額或提供之勞務，應於依前項規定裁處之罰鍰內扣抵之（Ⅲ）。前項勞務扣抵罰鍰之金額，按最初裁處時之每小時基本工資乘以義務勞務時數核算（Ⅳ）。」

[94] 法務部 108/09/18 法律字第 10803513740 號函。

[95] 中華民國刑法第 220 條規定：「在紙上或物品上之文字、符號、圖畫、照像，依習慣或特約，足以為表示其用意之證明者，關於本章及本章以外各罪，以文書論。」第 211 條規定：「偽造、變造公文書，足以生損害於公眾或他人者，處一年以上七年以下有期徒刑。」第 216 條規定：「行使第二百一十條至第二百一十五條之文書者，依偽造、變造文書或登載不實事項或使登載不實事項之規定處斷。」第 139 條第 1 項規定：「損壞、除去或污穢公務員所施之封印或查封之標示，或為違背其效力之行為者，處二年以下有期徒刑、拘役或二十萬元以下罰金。」

[96] 參考案例：最高法院 76 年台上字第 3942 號判決（行使偽造準公文書）、臺灣高等法院 101 年度上易字第 878 號刑事判決（毀壞封印罪）。

❖精選案例❖

1. 出口人報運出口「海運輕柴油」乙批，審驗方式欄內申報代碼「7」〔免驗船邊裝（提）貨〕，經電腦篩選 C3 方式通關，惟未經核准免驗，即擅自為他船加油，涉有擅行移動或搬運海關監管下存放於船舶之出口貨物之行為（財政部 103/06/20 台財訴字第 10313932160 號訴願決定書）。
2. 進口人向臺北關申報船用品乙批轉運至基隆關，經核定為 C1 通關，並由倉棧單位自動列印轉運准單，惟未經基隆關核對押運，即交輪船簽收使用，涉有擅行拆封之行為（臺北高等行政法院 92 年度簡字第 362 號判決）。
3. 進儲貨櫃集散站之進口乾香菇櫃，經拆櫃進倉查驗結果，發現裝載貨櫃門右二加封封條之扣環已被鋸斷一缺口，並以填充劑填塞至肉眼難以察覺程度，可於免破壞封條下打開櫃門遂行盜竊事後再予以掩飾，致來貨短少，涉有擅行改裝、拆封之行為（最高行政法院 87 年度判字第 2241 號判決）。

❖釋示函令❖

1. 封條斷失如經證明非由運送人擅行拆封者，應不予處罰

主旨：運輸工具經海關加封後，運送途中，封條斷失，雖應由運送人負責，惟運送人如主張並舉證，證明確非由其擅行拆封所致者，應免予處罰。

說明：海關緝私條例第 35 條第 2 項：「進出口貨物、通運貨物、轉運貨物、保稅貨物、郵包、行李或貨櫃存放於船舶、航空器、車輛、其他運輸工具或其他處所，而在海關監管下或經海關加封、下鎖、有擅行改裝、移動、搬運、塗改標誌號碼或拆封、開鎖者，依前項規定處罰。」其所稱進出口貨物等存放於運輸工具或其他處所，而在海關監管下或經海關加封有擅行拆封者，係以有擅行拆封之行為為處罰構成要件，**不宜僅以行為人「未盡保管封條完整之責」而逕予處罰**，故運輸工具經海關加封後在運送途中發生海關封條斷失情事，雖應由運送人負責，惟運送人如主張封條斷失非由其擅行拆封所致，並經其負責舉證，證明確非由其擅行拆封所致者，自應免予處罰（財政部 74/09/17 台財關字第 22111 號函）。

2. 擅行移動搬移監管之貨物者，即可處罰不以其仍存於可得控管為劃分處罰依據

關於在海關監管下之貨物經擅行移動，搬運脫離海關可得控制之運輸工具或其他處所而進入課稅區之案件，若經查明無私運或漏稅情事無法引據海關緝私條例第 36 條或第 37 條第 1 項論罰時，如其行為已符合同條例第 35 條第 2 項處罰要件，自得就其擅行移動、搬移之行為依該條項之規定論罰，毋庸以該項被擅行移動或搬運之標的物，仍存放於海關可得控制監管下之運輸工具或其他處所為劃分處罰依據（海關總稅務司署

75/12/20 台總署緝字第 6118 號函）。

3. 擅行移動、搬運之適用範圍

二、查海關緝私條例第 35 條所規定處分成立要件中所謂：「在海關監管下或……，有擅行移動、搬運、……者」乙語，係指該法條所規範之貨物，存放在海關可得監管控制下之運輸工具或其他處所，未經海關核准擅行移動、搬運，而該項擅行移動或搬運之標的物，仍存放於海關可得控制監管下之運輸工具或其他處所而言。例如：某進口貨物原核准並經卸存港區聯鎖倉庫甲庫乙倉間內，嗣貨主、倉庫管領人或運送人等，未經向海關申請核准，擅行移動或搬運至丙庫丁倉間存放之情形即是。三、倘非單純在海關可得監管下之運輸工具或其他處所之範圍內擅行移動或搬運，而係另有其他私運或漏稅之情事者，則屬同條例第 36 條或第 37 條第 1 項之適用範圍，不得依第 35 條之規定論處，此由上開三法條規定法意比較觀察自明。茲將不同情節應適用不同法條之情形，略舉數例說明如次：（一）某一進口貨物在未經報關前，擅行移動或搬運脫離海關可得控制之運輸工具或其他處所而進入課稅區者，應依海關緝私條例第 36 條之規定處罰。（二）右述情形，如在報關後尚未驗放前發生時，則應改依同條例第 37 條第 1 項第 4 款之規定處罰。（三）又前揭第 2 項所舉案例，倘該貨物雖在海關可得控制監管下之運輸工具或其他處所之範圍內擅行移動或搬運，惟查獲有調包私運進口之企圖及充分事證者，縱使未遂，仍須按同條例第 36 條論處（財政部海關總稅務司署 66/02/10 密基緝字第 1718 號函）。

第 36 條（私運貨物之處罰）

Ⅰ 私運貨物進口、出口或經營私運貨物者，處貨價三倍以下之罰鍰。

Ⅱ 起卸、裝運、收受、藏匿、收買或代銷私運貨物者，處新臺幣九萬元以下罰鍰；其招僱或引誘他人為之者，亦同。

Ⅲ 前二項私運貨物沒入之。

Ⅳ 不知為私運貨物而有起卸、裝運、收受、貯藏、購買或代銷之行為，經海關查明屬實者，免罰。

❖立法（修正）說明❖（107/04/13修正）

一、鑑於個案違章情節輕重不一，為能酌情妥適處罰，以符比例原則，爰刪除原第 2 項法定罰鍰最低倍數規定，並酌作文字修正。

二、修正原第 2 項貨幣單位，依現行法規所定貨幣單位折算新臺幣條例第 2 條規定，將「元」改以「新臺幣元」之三倍折算之。

三、第 3 項及第 4 項未修正。

❖法條沿革❖

原條文	說明
（23/06/01 制定） 第 21 條 私運貨物進口出口，或經營私運貨物者，處貨價一倍至三倍之罰金。 起卸裝運，或藏匿私運貨物者，處一千元以下罰金，其招僱或引誘他人為之者亦同。 收受、貯藏、購買或代銷私運貨物者，處一千元以下罰金。 前三項私運貨物得沒收之。 不知為私運貨物而有起卸、裝運、收受、貯藏、購買或代銷之行為，經海關認為屬實者免罰。	N/A
（62/08/14 全文修正） 第 36 條 私運貨物進口、出口或經營私運貨物者，處貨價一倍至三倍之罰鍰。 起卸、裝運、收受、藏匿、收買或代銷私運貨物者，處五千元以下罰鍰。其招僱或引誘他人為之者，亦同。 前二項私運貨物沒入之。 不知為私運貨物而有起卸、裝運、收受、貯藏、購買或代銷之行為，經海關查明屬實者，免罰。	一、原案： （一）本條係原第 21 條修正。 （二）本條為海關緝私處理適用次數最多者。依照歷年業務執行實況及國際通例，對於私運貨物行為之處罰層次，必先沒入其私貨，次則核明其情節輕重，是否併處或從高併處罰鍰。是以，歷年實際處分，沒入為必科，罰鍰為得科；與原第 21 條沒入為得科及罰鍰為必科者，情形正屬相對。茲擬予修正，以符實際符要。 （三）本條定額罰鍰金額，修正予以加重。 二、審查案： 將本條「得處貨價一倍至三倍之罰鍰」之「得」字刪除，作硬性規定，加重其處罰，對走私者予以嚇阻警戒，爰修正如上。
（72/12/13 修正） 第 36 條 私運貨物進口、出口或經營私運貨物者，處貨價一倍至三倍之罰鍰。 起卸、裝運、收受、藏匿、收買或代銷私運貨物者，處三萬元以下罰鍰；其招僱或引誘他人為之者，亦同。 前二項私運貨物沒入之。 不知為私運貨物而有起卸、裝運、收受、貯藏、購買或代銷之行為，經海關查明屬實者，免罰。	一、第 1 項、第 3 項及第 4 項均未修正。 二、查走私行為之得逞，私梟固應處罰；惟起卸、裝運、收受、藏匿、收買或代銷私運貨物者，亦不無助桀為虐之嫌，爰提高其罰鍰數額，藉收截止走私之效。

❖條文說明❖

一、第1項（私運貨物與經營私運貨物）

（一）私運貨物進口、出口

1.本條例規定部分

(1)典型之私運行爲

即本條例第3條規定：「本條例稱私運貨物進口、出口，謂規避檢查、偷漏關稅或逃避管制，未經向海關申報而運輸貨物進、出國境。但船舶清倉廢品，經報關查驗照章完稅者，不在此限。」（詳本條例第3條說明）。

(2)未具運送契約之準私運行爲

本條例第31條規定：「船舶、航空器、車輛或其他運輸工具所載貨物，有下列情事之一，且經海關查明未具有貨物運送契約文件者，依第三十六條第一項及第三項規定處罰運輸業者；責任歸屬貨主者，處罰貨主；運輸業者與貨主共同爲之者，分別處罰之：一、未列入艙口單或載貨清單。二、貨物由二包以上合成一件，而未在艙口單或載貨清單內註明。」（詳本條例第31條說明）。

(3)報運而逃避管制行爲

本條例第37條第1項至第3項規定：「報運貨物進口而有下列情事之一者，得視情節輕重，處所漏進口稅額五倍以下之罰鍰，或沒入或併沒入其貨物：一、虛報所運貨物之名稱、數量或重量。二、虛報所運貨物之品質、價値或規格。三、繳驗僞造、變造或不實之發票或憑證。四、其他違法行爲（I）。報運貨物出口，有前項各款情事之一者，處新臺幣三百萬元以下罰鍰，並得沒入其貨物（II）。**有前二項情事之一而涉及逃避管制者，依前條第一項及第三項規定處罰**（III）。」（詳本條例第37條說明）。

(4)旅客私運行爲

本條例第39條第1項規定：「旅客出入國境，攜帶應稅貨物或管制物品匿不申報或規避檢查者，沒入其貨物，並得依第三十六條第一項論處。」（詳本條例第39條說明）。

2.其他規定部分

(1)保稅工廠之產品、原料出廠或未完稅之自用機器、設備輸往課稅區

A.關稅法第78條規定：「關稅法第違反第五十九條第二項規定[97]，將保稅工廠之

---

[97] 關稅法第59條規定第2項、第3項：「保稅工廠所製造或加工之產品及依前項規定免徵關稅之原料，非經海關核准並按貨品出廠形態報關繳稅，**不得出廠**（II）。保稅工廠進口自用機器、設備，免徵關稅。但自用機器、設備於輸入後五年內輸往課稅區者，應依進口貨品之規定，補繳關稅（III）。」

產品、免徵關稅之原料出廠，或將未依第五十九條第三項但書規定補繳關稅之自用機器、設備輸往課稅區者，以私運貨物進口論，依海關緝私條例有關規定處罰。」

B. 參考案例：出口人虛報貨物出口，經基隆關查獲，移由臺北關派員赴其位於大園廠保稅工廠盤查原料倉庫及成品倉庫，取回該廠之出廠放行單等有關資料，復赴該廠辦理全廠盤存，經核對成品帳、原料帳、出廠放行單等有關資料後，發現成品帳帳載成品，即出口報單所申報貨物，已開立出廠放行單放行出廠，且與成品帳登載之出倉數量相符，足堪認定該等貨物已出廠卻未運達出口地海關，已構成私運保稅貨物出廠之行爲（最高行政法院 95 年度判字第 2064 號判決）。

(2) 科技產業園區事業之走私行爲

A. 科技產業園區設置管理條例第 36 條規定：「區內事業有從事走私行爲或其他違法漏稅情事者，依海關緝私條例或其他有關法律之規定處理。」

B. 參考案例：加工出口區[98]區內事業自國外輸入自用保稅機器設備，嗣經實地抽核及年度盤點結果，發現設備短少，且查無補稅紀錄及相關貨品出區（廠）放行單，核有逃漏稅捐及規避檢查之私運行爲（財政部 105/03/22 台財法字第 10513906380 號訴願決定書）。

(3) 科學園區事業輸出入貨品之私運行爲

科學園區設置管理條例第 30 條規定：「園區事業之輸出入貨品，有私運或其他違法漏稅情事者，依海關緝私條例或其他有關法律之規定處理。」

(4) 自由貿易港區事業擅將貨物運往其他自由港區、課稅區或保稅區

A. 自由貿易港區設置管理條例第 38 條第 3 項規定：「自由港區事業違反第十七條第一項或第二項規定，擅將貨物運往其他自由港區、課稅區或保稅區而有私運行爲者，由海關依海關緝私條例規定處罰。」

B. 參考案例：自由貿易港區經營轉口、轉運之事業，經海關實地查認其通報進儲於高雄港第 120 號碼頭之 3 部門式起重機已轉運至其所屬基隆貨櫃集散站內，且均未以 F4 報單向海關辦理通報，涉有將進儲自由港區之貨物擅自運入其他自由港區之私運情事（最高行政法院 107 年度判字第 242 號判決）。

(5) 未經許可將輸入試辦實施區域之大陸地區物品運往其他臺灣地區

A. 臺灣地區與大陸地區人民關係條例第 95 條之 1 第 4 項、第 5 項規定：「輸入試辦實施區域之大陸地區物品，未經許可，不得運往其他臺灣地區；試辦實施區域以外之臺灣地區物品，未經許可，不得運往大陸地區。但少量自用之大陸地區物品，得以郵寄或旅客攜帶進入其他臺灣地區；其物品項目及數量限額，由行政院定之（IV）。違反前

---

[98] 109 年 12 月 30 日修法將加工出口區更名為「科技產業園區」。

項規定，未經許可者，依海關緝私條例**第三十六條**至第三十九條規定處罰；郵寄或旅客攜帶之大陸地區物品，其項目、數量超過前項限制範圍者，由海關依關稅法第七十七條規定處理（V）。」

B. 參考案例：自中國大陸輸入花崗岩原石加工，惟未依經濟部公告規定「逐批」向金門縣政府申請「金門地區利用大陸原料加工產品完成特定製程證明書」即擅自將加工製品轉運臺灣地區，違反通航實施辦法規定，應轉依海關緝私條例第 36 條第 1 項、第 3 項規定處罰（最高行政法院 99 年度判字第 1156 號判決）。

（二）經營私運貨物

1. 係指雖未有直接從事擔任私運貨物進出口之行爲，惟實際上居於經營、策劃或出資之地位，主使他人從事私運貨物進口、出口者而言，但不包括收買或代銷私貨者在內。單純收買或代銷私運貨物者，如未有上述經營私運貨物情事，縱以此爲常業，仍屬海關緝私條例第 36 條第 2 項所指稱之對象，惟可依同條例第 45 條規定，加重科處罰鍰[99]。
2. 實務上，經營私運貨物行爲並不易於查獲私運行爲時發覺，多需傾賴司法機關進一步調查之結果，方易審認。曾發生之案例有利用入境旅客攜帶免稅（證）之自（家）用物品，於過關後再予收買供售[100]，或公司法人居於幕後指示所屬員工或他人從事私運行爲[101]等。

（三）處罰對象

爲實施構成私運之行爲之人及經營私運貨物之人。

（四）處罰及減免

1. 免罰

(1)小額免罰

海關緝私案件減免處罰標準第 4 條規定：「依本條例**第三十六條第一項**……規定應處罰鍰案件，其進口貨物完稅價格或出口貨物離岸價格未逾新臺幣五千元者，免處罰鍰。但貨物爲槍砲、彈藥或毒品或一年內有相同違章事實三次以上者，不適用之。」

(2)主動陳報免罰

本條例第 45 條之 3 第 2 項規定：「非屬前項情形，而有其他本條例所定應予處罰情事之行爲人，於海關、稅捐稽徵機關或其他協助查緝機關接獲檢舉、進行調查前，向

---

99 財政部 67/05/06 台財關字第 14736 號函。

100 財政部 105/03/18 台財法字第 10513909240 號訴願決定書。

101 參考案例：高雄高等行政法院 102 年度訴字第 328 號判決。

各該機關主動陳報並提供違法事證，因而查獲並確定其違法行為者，於陳報範圍內免予處罰。」

2.處罰

(1)罰則

A. 處貨價三倍以下之罰鍰。B. 私運貨物沒入之（詳本條第 3 項說明）。

(2)裁處罰鍰

A. 照表裁罰：財政部關務署 107/05/18 台財關字第 1071010762 號令訂頒「緝私案件裁罰金額或倍數參考表」及使用須知，規範行使裁量權之客觀標準，用以協助各關妥適辦理海關緝私案件之裁罰。

組私案件裁罰金額或倍數參考表

海關緝私條例條次及內容	違章情形	裁罰金額或倍數
第三十六條第一項 私運貨物進口、出口或經營私運貨物者，處貨價三倍以下之罰鍰。	有本條違章行為且涉及下列物品者： 毒品危害防制條例所列毒品及其製劑、罌粟種子、古柯種子及大麻種子，或槍械、子彈、事業用爆炸物。 前點以外管制物品。 前二點以外物品。	處貨價二倍之罰鍰。 處貨價一倍之罰鍰。 處貨價〇・七五倍之罰鍰。

B. 仍應審酌個案情節：對於構成本項之違章行為而應予處罰者，原則上依前揭裁罰參考表所定區分違章情形予以裁罰，惟仍應審酌個案應受責難程度、所生影響、所得利益、受處罰者之資力及平等、比例原則，如認違章情節重大或出於故意或情節輕微者，得按表列裁罰倍數或金額加重或減輕其罰，至各該規定法定罰鍰額之最高限或最低限為止[102]，以免有裁量怠惰之違法。

C. 罰鍰之扣抵：(A) 鑑於同一行為人所為違反本項規定之行為，於通常情形下，亦多有同時觸犯刑事法律，依行政罰法第 26 條第 1 項規定之刑事優先原則，應依刑事法律處罰之。(B) 倘上開觸犯刑事法律規定之行為，業經緩起訴處分或緩刑宣告確定，且經命行為人向公庫或指定之公益團體、地方自治團體、政府機關、政府機構、行政法

102 緝私案件裁罰金額或倍數參考表使用須知第 4 點第 1 項規定：「個案經審酌應受責難程度、所生影響、所得利益、受處罰者之資力及平等、比例原則，認違章情節重大或出於故意或情節輕微者，得按表列裁罰倍數或金額加重或減輕其罰，至各該規定法定罰鍰額之最高限或最低限為止。」

人、社區或其他符合公益目的之機構或團體，支付一定之金額或提供義務勞務者，行政機關雖得依行政罰法第 26 條第 2 項規定依違反行政法上義務規定裁處之，惟亦應依同條第 3 項規定[103]，將行為人所支付之金額或提供之勞務，扣抵應裁處之罰鍰。

D. 另，依法務部函釋[104]，緩起訴處分負擔之履行扣抵罰鍰，應以行為受罰鍰之裁處為必要，縱緩起訴處分負擔之履行與行為人所應繳納之罰鍰已全額扣抵，仍應作成裁處書並為送達，始對受處分人發生效力，以維人民救濟權利。

二、第2項（運藏買賣私貨之處罰）

（一）條文規定

本項規定：「起卸、裝運、收受、藏匿、收買或代銷私運貨物者，處新臺幣九萬元以下罰鍰；其招僱或引誘他人為之者，亦同。」本項係針對私運貨物進口之行為已完成或告一段落後，私運行為人以外之第三人對私運貨物所為後續之行為予以處罰[105]之規定。

（二）違章行為態樣

1. 起卸、裝運、收受、藏匿、收買或代銷私運貨物者

(1) 起卸者，卸載貨物起岸之意；裝運者，裝載運送之意；收受者，即接受；藏匿者，將貨物予以隱藏，使之不被發現；收買者，即購買；代銷者，代為銷售之意。

(2) 起卸等違章行為應已實施為限，始有本項之適用，倘僅具意圖而未著手於違章行為之實行，尚在預備階段者，不得處罰[106]。

2. 其招僱或引誘他人為之者

指以金錢或其他利益招聘、僱請或引導、勸誘他人為起卸、裝運、收受、藏匿、收買或代銷私運貨物。

---

103 行政罰法第 26 條第 1 項至第 4 項規定：「一行為同時觸犯刑事法律及違反行政法上義務規定者，依刑事法律處罰之。但其行為應處以其他種類行政罰或得沒入之物而未經法院宣告沒收者，亦得裁處之（Ⅰ）。前項行為如經不起訴處分、緩起訴處分確定或為無罪、免訴、不受理、不付審理、不付保護處分、免刑、緩刑之裁判確定者，得依違反行政法上義務規定裁處之（Ⅱ）。第一項行為經緩起訴處分或緩刑宣告確定且經命向公庫或指定之公益團體、地方自治團體、政府機關、政府機構、行政法人、社區或其他符合公益目的之機構或團體，支付一定之金額或提供義務勞務者，其所支付之金額或提供之勞務，應於依前項規定裁處之罰鍰內扣抵之（Ⅲ）。前項勞務扣抵罰鍰之金額，按最初裁處時之每小時基本工資乘以義務勞務時數核算（Ⅳ）。」

104 法務部 108/09/18 法律字第 10803513740 號函。

105 最高行政法院 89 年度判字第 3411 號判決、臺北高等行政法院 95 年度簡字第 715 號判決。

106 最高行政法院 60 年判字第 645 號判例意旨參照。

（三）行為人

1. 實施起卸、裝運、收受、藏匿、收買或代銷私貨行爲之人。
2. 實施招僱或引誘他人爲起卸、裝運、收受、藏匿、收買或代銷私貨之人。

（四）責任要件

1.行爲非出於故意或過失，不得處罰

(1)有責任始有處罰

行政罰法第7條第1項規定：「違反行政法上義務之行爲非出於故意或過失者，不予處罰。」參諸本條立法理由明載：「一、現代國家基於『有責任始有處罰』之原則，對於違反行政法上義務之處罰，應以行爲人主觀上有可非難性及可歸責性爲前提，如行爲人主觀上並非出於故意或過失情形，應無可非難性及可歸責性，故第一項明定不予處罰。……三、現代民主法治國家對於行爲人違反行政法上義務欲加以處罰時，應由國家負證明行爲人有故意或過失之舉證責任，方爲保障人權之進步立法。……」基於「有責任始有處罰」之原則，對於違反行政法上義務之處罰，應以行爲人主觀上有可非難性及可歸責性爲前提，若行爲人主觀上並非出於故意或過失情形，應無可非難性及可歸責性，自不得予以處罰。

(2)故意或過失之意義

行政罰應以行爲人具有故意或過失爲要件。所謂故意者，乃行爲人對於違反秩序行爲之構成要件事實，明知並有意使其發生（直接故意），或預見其發生，因其發生不違背本意，而任其發生（間接故意或未必故意）；所謂過失者，乃行爲人對於違反秩序行爲之構成要件之發生，雖非故意，但按其情節，應注意、能注意而不注意，以致未能預見其發生（無認識的過失），或雖預見其可能發生，而信其不發生之心態（有認識的過失）。

2.本項之適用，應以出於故意或重大過失爲責任要件

(1) 行政罰法第7條第1項規定之過失，其要求之注意程度標準，並未以重大過失、具體過失或抽象過失等方式區分，原則上係以社會通念認係謹愼且認眞之人爲準，但如依法行爲人應具備特別的知識或能力者，則相應地提高其注意標準[107]。
(2) 上揭行政罰法乃一般原則規定，即法無特別明文之情形下，以故意或過失爲行政罰之責任要件，且過失責任並無限定爲具體輕過失、抽象輕過失或重大過失[108]，皆足當之。惟本條第4項即特別規定：「不知爲私運貨物而有起卸、裝運、收受、貯

---

107 法務部103/05/02法律字第10303505490號函。

108 所謂過失，因其欠缺注意程度之不同，可分為：欠缺善良管理人之注意的「抽象過失」；欠缺與處理自己事務為同一之注意的「具體過失」及顯然欠缺一般人之注意的「重大過失」。

藏、購買或代銷之行爲，經海關查明屬實者，免罰。」以行爲人不知起卸、裝運、收受、貯藏、購買或代銷之貨物爲私運貨物，而經海關查明屬實者，即免依第 2 項規定處罰。蓋行爲人如屬「不知」，即爲善意第三人，爲保障交易安全及保護善意第三人權利，自不宜令其遭受處罰，爰有免罰之明文規定。

（五）處罰及減免

1. 免罰

(1) 小額免罰

海關緝私案件減免處罰標準第 4 條規定：「依本條例第三十六條第一項、**第二項**或第三十七條第三項規定應處罰鍰案件，其進口貨物完稅價格或出口貨物離岸價格未逾新臺幣五千元者，免處罰鍰。但貨物爲槍砲、彈藥或毒品或一年內有相同違章事實三次以上者，不適用之。」

(2) 主動陳報免罰

本條例第 45 條之 3 第 2 項規定：「非屬前項情形，而有其他本條例所定應予處罰情事之行爲人，於海關、稅捐稽徵機關或其他協助查緝機關接獲檢舉、進行調查前，向各該機關主動陳報並提供違法事證，因而查獲並確定其違法行爲者，於陳報範圍內免予處罰。」

2. 處罰

(1) 罰則

A. 處新臺幣 9 萬元以下罰鍰。B. 私運貨物沒入之（詳本條第 3 項說明）。

(2) 裁處罰鍰

A. 照表裁罰：財政部關務署 107/05/18 台財關字第 1071010762 號令訂頒「緝私案件裁罰金額或倍數參考表」及使用須知，規範行使裁量權之客觀標準，用以協助各關妥適辦理海關緝私案件之裁罰。

組私案件裁罰金額或倍數參考表

海關緝私條例條次及內容	違章情形	裁罰金額或倍數
第三十六條第二項 起卸、裝運、收受、藏匿、收買或代銷私運貨物者，處新臺幣九萬元以下罰鍰；其招僱或引誘他人為之者，亦同。	有本條違章行為且涉及下列物品者： 毒品危害防制條例所列毒品及其製劑、罌粟種子、古柯種子及大麻種子，或槍械、子彈、事業用爆炸物。	處貨價一倍之罰鍰。但不得逾新臺幣八萬元。

緝私案件裁罰金額或倍數參考表（續）

海關緝私條例條次及內容	違章情形	裁罰金額或倍數
	前點以外管制物品。	處貨價〇・五倍之罰鍰。但不得逾新臺幣六萬元。
	前二點以外物品。	處貨價〇・二五倍之罰鍰。但不得逾新臺幣四萬元。

B. 仍應審酌個案情節：對於構成本項之違章行爲而應予處罰者，原則上依前揭裁罰參考表所定區分違章情形予以裁罰，惟仍應審酌個案應受責難程度、所生影響、所得利益、受處罰者之資力及平等、比例原則，如認違章情節重大或出於故意或情節輕微者，得按表列裁罰倍數或金額加重或減輕其罰，至各該規定法定罰鍰額之最高限或最低限爲止[109]，以免有裁量怠惰之違法。

(3)稅捐

另，應併予注意者，私貨應補之稅捐，依司法實務見解[110]，應由私運行爲人負責，收買他人私運之貨物者，尙無責令代完海關稅捐之規定。

（六）區別與比較

本項起卸、裝運私運貨物之行爲，與本條第1項私運貨物行爲及本條例第27條起岸、搬移私運貨物行爲，外觀相近，究應如何區別適用，茲說明如下：

1.行爲階段不同

本項**起卸**、**裝運**私運貨物之行爲，以私運行爲已完成爲適用前提。私運貨物行爲尙在進行中，基於共同實施私運之意思而有起卸、裝運私運貨物者，縱行爲地已在境內，亦應認屬整體私運行爲之一部，依本條第1項規定論處；倘未參與走私，係出於協助之意思而有起岸或搬移私運貨物者[111]，則爲本條例第27條第1項規定之適用範圍。

2.主觀意思不同

本條例第27條第1項起岸或搬移私運貨物乃出於協助之意思，而本項起卸、裝運

---

109 緝私案件裁罰金額或倍數參考表使用須知第4點第1項規定：「個案經審酌應受責難程度、所生影響、所得利益、受處罰者之資力及平等、比例原則，認違章情節重大或出於故意或情節輕微者，得按表列裁罰倍數或金額加重或減輕其罰，至各該規定法定罰鍰額之最高限或最低限為止。」

110 最高行政法院49年判字第115號判例。

111 運輸工具之管領人，未參與進口走私，僅以運輸工具自私貨起卸地點搬移私貨，協助完成私運者，應依海關緝私條例第27條規定處罰，至對於已完成私運之貨物予以載運者，則非該條處罰範圍（財政部79/12/27台財關字第791236231號函）。

私運貨物及第 1 項私運貨物之行為乃基於自己起卸、裝運、私運貨物之意思，二者迥不相侔。

3. 主體資格不同

本條例第 27 條第 1 項之適用主體，以運輸工具管領人為限；本項起卸、裝運私運貨物及第 1 項私運貨物之行為人，是否為運輸工具管領人，要非所問，但凡有此違章行為，即該當處罰要件。

本條第 1 項、第 2 項與第 27 條第 1 項之比較

	第 27 條第 1 項 起岸或搬移	第 36 條第 1 項 私運貨物	第 36 條第 2 項 起卸、裝運私運貨物
階段	實施私運行為或行為進行中		私運完成後
意思	出於協助	出於自己私運或起卸、裝運私運貨物	
資格	運輸工具管領人	不限	

三、第3項（沒入私運貨物）

（一）條文規定

前二項私運貨物沒入之。

（二）沒入之範圍

1. 本條例所規定罰鍰與沒入，並無主罰與從罰之分，違反第 1 項、第 2 項規定之私運貨物，依本項應為沒入之處分，係屬必科，無斟酌裁量之餘地。又私運貨物其性質具有違法性，從而凡屬私運之貨物，即應予沒入，縱私運完成後另有起卸、裝運、收受、藏匿、收買或代銷等行為，亦不改其私貨之性質，從而均有本項規定之適用。
2. 惟應注意者，依司法實務見解，私運進出口之貨物倘經出售，所得之價款，顯與查獲之私貨有別，自不能以出售私貨所得價款視同私運之貨物而予沒入[112]。

（三）沒入之替代

行政罰法第 23 條第 1 項規定：「得沒入之物，受處罰者或前條物之所有人於受裁處沒入前，予以處分、使用或以他法致不能裁處沒入者，得裁處沒入其物之價額；其致物之價值減損者，得裁處沒入其物及減損之差額。」對於應依本項規定處分沒入之私貨，倘經處分（例如出售）、使用或以他法致不能裁處沒入者，即得依上開行政罰法規

[112] 最高行政法院 50 年判字第 55 號判例、最高行政法院 51 年判字第 52 號判例意旨參照。

定，裁處沒入其物（私貨）之價額，以代沒入處分。

四、第4項（不知免罰）

（一）條文規定

不知爲私運貨物而有起卸、裝運、收受、貯藏、購買或代銷之行爲，經海關查明屬實者，免罰。

（二）定性

本項免罰要件之「不知」，指不知行爲客體爲私運貨物之意。本項以知情與否作爲責任要件，如已構成「不知」即欠缺責任要件，依本項規定得予免罰。

（三）本項之適用

1.不知爲私運貨物

(1) 即不知起卸等違章行爲之客體爲他人私運之貨物。

(2) 本項免罰規定亦有寓意在保障交易安全及保護善意第三人[113]，故所謂之不知，本文以爲，宜參照民法第948條第1項但書有關善意受讓之限制規定[114]，排除故意及因重大過失而不知爲私運貨物之情形。

(3) 至於「不知爲私運貨物」應如何判斷部分，本文以爲應衡諸起卸、裝運、收受、貯藏、購買或代銷私貨等行爲之過程（行爲地、行爲時間等），就貨物種類、性質、行爲有無對價、對價是否相當、行爲人身分及能力等因素，輔以社會生活經驗及交易常規，綜合判斷有無故意或顯有應注意、能注意而不注意，未盡善良管理人注意義務之重大過失，若是，即難認屬「不知」而妄邀免罰。實務上，認定「不知爲私運貨物」之情形有參酌司法調查結果[115]，亦有自行調查後審認[116]，併此敘明。

2.免罰行爲

(1) 本項規定之免罰行爲，包括起卸、裝運、收受、貯藏、購買或代銷之行爲。

---

[113] 財政部89/10/18台財關字第0890062310號函附「研商乙君不知情購買私運車輛，海關宜否處分沒入案」會議紀錄參照。

[114] 民法第948條第1項規定：「以動產所有權，或其他物權之移轉或設定為目的，而善意受讓該動產之占有者，縱其讓與人無讓與之權利，其占有仍受法律之保護。但受讓人**明知或因重大過失**而不知讓與人無讓與之權利者，不在此限。」

[115] 參考案例：財政部96/12/31台財訴字第09600441100號訴願決定書、財政部110/03/17台財法字第11013901450號訴願決定書。

[116] 參考案例：財政部95/03/16台財訴字第09400608620號訴願決定書、財政部99/03/29台財訴字第09800628100號訴願決定書。

(2) 免罰行爲中「貯藏、購買」用詞雖與第 2 項應處罰之行爲「藏匿、收買」不同，惟意涵應無二致，宜作相同解釋，皆爲「使貨物隱藏不被發現、購買」之意。惟爲避免爭議，宜於修法時，併予酌修，使用相同文句，始爲正辦。

（緝 36 II） 應處罰之行為	起卸、裝運、收受、藏匿、收買或代銷私運貨物
（緝 36 IV） 不知情之免罰行為	有起卸、裝運、收受、貯藏、購買或代銷之行為

3. 適用對象

指不知爲私運貨物而有實施起卸、裝運、收受、貯藏、購買或代銷私運貨物之行爲人，且依實務見解，應爲貨主、私運貨物或經營私運貨物者以外之人[117]，始得適用本項規定據以免罰。

4. 舉證責任

(1) 依行政程序法第 36 條規定，行政機關應依職權調查證據。惟行政機關如已盡職權調查義務，待證事實仍未明，乃生舉證責任分配問題，亦即應由何方負擔其不利之問題。除法律另有規定外，未經證明之事實，原則上應由如經證明將對其發生有利法律效果之一方負擔危險，故如當事人主張某一授益之權利者，對發生權利之法定要件事實之存在，應負實質舉證責任，亦即如該項事實之存在未能證明，將負擔不予准許之不利結果[118]。

(2) 行爲人是否符合本項規定，屬於不知爲私運貨物而有起卸、裝運、收受、貯藏、購買或代銷之行爲，依上開說明，原則上應由海關依職權調查事實。如查明屬實者，即得依本項規定免罰；惟如海關已盡調查能事而當事人主張之不知事實仍屬未明者，即應由行爲人負實質舉證責任，並負擔不能證明事實存在之不利結果。

5. 法律效果

(1) 免罰，即「不予處罰」之意。行爲人雖有實施構成本條第 2 項應予處罰之行爲，惟因不知爲私運貨物而欠缺責任要件，基於無責任即無處罰之原則，應免除其處罰。

(2) 至於所稱「免罰」其範圍爲何，在法律見解上有其爭議，或認僅免除罰鍰而不及於

---

117 最高行政法院 46 年判字第 65 號判例、最高行政法院 43 年判字第 10 號判例。

118 林錫堯，行政法要義，95 年 9 月 3 版，第 497-499 頁。

沒入[119]，或認罰鍰及沒入均在免罰之列[120]，而現行實務，係採「區別說」[121]，以私運貨物之屬性定其效果。申言之，倘私運貨物非屬違禁品或管制物品者，基於保障交易安全及保護善意第三人，則免除罰鍰處分外，亦免除本條第3項規定沒入貨物之處罰；否則，僅免除罰鍰處分而得單科沒入，以顧及行政目的之達成。

❖精選案例❖

《私運貨物／行爲人認定》

1. 船長所爲之私運貨物行爲應認屬個人行爲，抑或所屬船公司之行爲

（節錄）原處分機關認定本件私運行爲應係訴願人之個人行爲，而非以力○公司內部成員身分所爲之職務行爲，所據無非力○公司總經理陳○翰君於調查筆錄，陳稱本件並非其所示意之業務行爲，及訴願人於復查理由陳稱其未接獲公司任何人有將系爭貨物裝船載回之指示等情，是其認定，固非無據。惟按企業活動萬端，員

---

119 最高行政法院45年判字第40號判例：「海關緝私條例第21條第4項規定，前三項私運貨物得沒收之。是凡屬前三項之私運貨物，縱係經購買或代銷，亦得沒收。此比照第3項之規定，乃法文當然之解釋。」（本則判例，依據行政法院民國81年1月份庭長評事聯席會議決議，不予援用）。

120 行政法院79年2月份庭長評事聯席會議決議：「舊海關緝私條例第21條第5項及現行海關緝私條例第36條第4項：『不知為私運貨物而起卸、裝運、收受、貯藏、購買或代銷之行為，經海關查明屬實者，免罰。』之規定，並未明定排除沒收（即沒入）之處分，則罰鍰與沒收（即沒入）二者均應在免罰之列。」最高行政法院79年度判字第212號判決：「第查本院45年判字第40號判例意旨係謂：『海關緝私條例第21條第4項（民國23年6月19日公布施行，即為現行法第36條第3項）規定，前三項私運貨物得沒收之。是凡屬前三項之私運貨物，縱係經購買或代銷亦得沒收，此比照第3項之規定，乃法文當然之解釋。』並未述及同條第5項（現行法第36條第4項）所規定不知為私運貨物而購買或代銷之行為免罰，有無排除沒收處分，核與同條第5項規定之解釋無關。觀諸上開判例乃為闡明法律之真意，並非為補充法律之不足，是**不知為私運貨物而有購買或代銷之行為者，即應免處罰鍰及沒入，始符法意。**」

121 財政部89/10/18台財關字第0890062310號函附件「研商乙君不知情購買私運車輛，海關宜否處分沒入案」會議紀錄：「一、海關緝私條例第36條第4項免罰規定，參考79/02/14庭長評事聯席會議決議，同條第2項罰鍰及第3項沒入二者均應在免罰之列，並經參酌司法院89/09/20 (89) 秘台廳行一字第15891號函復略以，該決議係對海關緝私條例第36條第4項表示見解，與78年4月12日決議：『海關雖未處分貨物所有人，惟一有私運貨物進口之事實，除其行為人應受罰鍰之處分外，私運之貨物，自應併予沒入而無任何例外。』係對同條第1、3項所作釋示，二者並無矛盾之處，是以，前者決議對於不知為私運貨物而有購買之行為，經海關查明屬實者，罰鍰與沒入均在免罰之列，為現行實務上所採據。二、又基於比例原則，對於行政機關有多種同樣能達成行政目的之方法時，應選擇對人民權益損害最少之行政處分，查海關緝私條例第36條雖對私運行為處以罰鍰及沒入私運貨物之處分，但對於不知私運貨物而購買之行為，依該條第4項規定及實務上見解認為應予以免罰，應係以具備責任要件為論罰之依據，故對於不知為私運車輛而購買並經交付取得所有權者，若該私運貨物非屬違禁品或管制物品，基於保障交易之安全，與保護善意第三者之立場，宜同時免除購買人之罰鍰及貨物沒入處分；反之，對於私運行為人部分，則在法定裁量權之範圍內加重處罰，以懲治其私運行為之惡性，亦能達到同樣之行政目的。三、基上，本案宜由基隆關稅局撤銷原沒入系爭車輛之處分，由善意不知情之乙君繳交相關稅捐後發還，並改處私運行為人丙君兩倍貨價之罰鍰，以兼顧交易安全之保障與行政目的之達成。」

工就所執行之職務行為，無待企業經營者予以具體指示，而擁有一定程度之判斷空間與注意義務，事屬當然，亦即並非事不分鉅細，皆須出於企業經營者之具體指示者，始為執行業務之行為。以海運運輸業為例，其運輸量或甚龐大，企業經營者當然不可能就航行與運送相關事項逐一予以指示，如認未予具體指示之航行或運送事項，即可當然認定為員工個人之行為，顯非合理，是其行為主體之認定，仍應依社會通念及個案具體情況，自整體航行運送之角度，予以客觀判斷，……（財政部104/06/16 台財訴字第 10413925940 號訴願決定書）。

《經營私運貨物》

2. 居於幕後指示他人將已報關放行之出口貨物，未辦理退關改船手續即擅自改船出境，並安排大陸漁船於禁止水域內接駁貨物（高雄高等行政法院 102 年度訴字第 328 號判決[122]）。
3. 利用旅客攜帶入境，掩飾管制物品（大陸乾香菇）輸入國境，再加以收集，伺機販售，雖非私運進口行為人，惟為實際貨主，應認其經營私運貨物（財政部 105/03/18 台財法字第 10513909240 號訴願決定書）。

《收受私貨》

4. **零售貨物之包裝方式及重量與報單、發票記載明顯不符者，得否逕認涉有收受、收買或代銷私貨情事**

（節錄）惟查：訴願人經營之吉○山產行及進○行均係從事商品之零售，有本部營業（稅籍）登記資料公示查詢可稽，依一般商業常情，零售業者為便利顧客選購產品，通常會將所購入之商品包裝拆封，依商品品質、大小等分類後，再販售予消費者，是經拆封過之商品，其包裝及重量與原購入商品不同，自屬當然。又訴願人主張系爭貨物部分係合法購入乙節，既已提示進口報單、相關交易發票、估價單及匯款申請書等資料供核，且關於其向信○貿易商行合法購入 376 公斤（即訴願人提供之 3 張發票：166 公斤＋ 120 公斤＋ 90 公斤）乾香菇部分，業據該商行之負責人黃○庭君於海巡隊 101 年 3 月 8 日之調查筆錄證稱：「（問：海巡人員提供 3 張發票供你確認是否為你信○貿易商行所開出？何人開立？）答：確認信○貿易商行負責人我黃○庭所開立。」「（問：你所賣給吳○雄之香菇其包裝及來源為何……？）答：我所賣給吳○雄的香菇係由韓國進口…… 」等語屬實，訴願人主張系爭貨物部分係合法購入，並非全然無據，**原處分機關逕以系爭貨物之包裝方式及重量，與訴願人提供之進口報單、相關交易發票記載及信○貿易商行提供之包裝圖示，明顯不符，**

---

[122] 本案業經最高行政法院 103 年度裁字第 1048 號裁定駁回原告上訴而告確定。

即認系爭貨物全部皆屬中國大陸乾香菇，進而認定訴願人涉有收受、收買或代銷私運貨物情事，難謂周妥，……（財政部102/11/29台財訴字第10213936450號訴願決定書）。

5. **「離島免稅購物商店」與「免稅商店」販售之菸品於法律上應有不同評價**

（節錄）系爭菸品依其係源自「離島免稅購物商店」或「免稅商店」而異：1.系爭菸品若源自離島免稅購物商店：依本部國庫署101/03/21台庫五字第10103013790號函釋意旨，離島免稅購物商店如已取得菸酒進口業許可執照，其所販售之菸品應非菸酒管理法第6條所稱之私菸，自無同法第47條及第58條規定之適用；又因其性質上屬境內商店，如將購自該商店之貨品運回本島，係屬境內移動，並無運輸貨物進出國境之情事，故**無海關緝私條例關於私運貨物進出口等規定之適用**。2.系爭菸品若源自免稅商店：依免稅商店設置管理辦法第8條第2項規定：「免稅商店銷售貨物予入境旅客，視同自國外採購攜帶入境，……。」易言之，該免稅商店之貨品通關至國內，無論其產地，均應以國外商品看待，縱旅客係於免稅限量內攜帶入境，惟如日後查得有移作營業用途使用之情事，即無輸入時得免取具菸酒業許可執照規定之適用，而應依菸酒管理法第6條規定，以私菸論處，並得依同法第47條及第58條規定裁處（本部98/05/07台財庫字第09803054670號函釋意旨參照）；又旅客攜帶菸品入境，未依規定申報納稅，即屬海關緝私條例第3條規定所稱之私運貨物進口，如嗣後查有收受、收買或代銷該等私運貨物之情事，自得依同條例第36條第2項及第3項規定裁處；前開情形，如同時違反菸酒管理法及海關緝私條例者，應依行政罰法第24條第1項規定，從一重論處，如以菸酒管理法裁處爲重者，由地方菸酒主管機關依法裁處，若海關緝私條例較重，則由海關依法裁處（財政部103/09/16台財訴字第10313948530號訴願決定書[123]）。

❖司法判解❖

《第1項》

1. 凡私運貨物進出口，其行爲係私運或經營私運者，不問貨物所有人或持有人，祇須具有私運貨物進出口之行爲，即應予以處罰（最高行政法院61年判字第398號判例）。

《第2項》

2. 雖意圖購買私貨，惟未著手於購買之實行，尚在預備階段者，不得處罰：原告攜帶

---

[123] 本案最終採信受處分人主張，認為系爭菸品係由金門縣水頭商港免稅商店售出，故屬菸酒管理法第6條規定所稱私菸，遂就受處分人之運輸私菸行為，移請地方政府依菸酒管理法第47條、第58條規定裁處，詳情請參閱最高行政法院105年度判字第567號判決。

巨款甫登輪船約十餘分鐘即被查獲，縱令該原告意圖向船員購買私貨，但僅有收購私貨之意圖，尚未著手於購買之實行，其行為係在預備階段，自難予以處罰（最高行政法院60年判字第645號判例）。

《第3項》

3. 私運進口之貨物，依法固得予以沒收，但出售此項私運貨物所得之財物，現行法律上尚無得予沒收之規定（最高行政法院50年判字第55號判例）。
4. 不能以出售私貨所得價款視同私運之貨物而予沒入：私運貨物進口者，其私運之貨物，依海關緝私條例第21條[124]第4項之規定，固得予以沒收，但出售私運進口之貨物所得之價款，顯與查獲之私貨有別，在現行法律上尚無得予沒收之規定。行政罰與刑罰性質不同，刑法第349條第3項之規定，於海關緝私條例第21條無準用之餘地，自不能以出售私貨所得價款視同私運之貨物，亦依前開規定而予沒收（最高行政法院51年判字第52號判例）。

《第4項》

5. 海關緝私條例第21條[125]第5項所謂「不知為私運貨物而有起卸、裝運、收受、儲藏、購買或代銷之行為，經海關認為屬實者，免罰」，係指私運貨物或經營私運貨物者以外之人而言（最高行政法院43年判字第10號判例）。
6. 海關緝私條例第21條第5項所謂不知為私運貨物，係指貨主以外之第三者，而非所論於貨主（最高行政法院46年判字第65號判例）。
7. 為私運貨物之主體自無不知為私運貨物而起卸裝運等免罰之適用：海關緝私條例第21條第5項[126]所謂「不知為私運貨物而有起卸、裝運、收受、儲藏、購買或代銷之行為，經海關認為屬實者，免罰」，係指私運貨物或經營私運貨物者以外之人而言，原告為私運貨物之主體，自無該項規定適用之餘地（最高行政法院52年判字第328號判例）。

❖釋示函令❖

《第1項／私運貨物》

1. 查獲本國漁船私運物品與大陸地區漁民交換案件之處理原則

主旨：所報本國漁船私運手錶、計算機等物品出口與匪區[127]漁民物物交換被查獲案件

---

124 即現行第36條。

125 同上註。

126 即現行第36條第4項。

127 現改稱為大陸地區。

之處理原則，准予備查。

說明：復貴司署 69/10/03 (69) 台部組字第 1100 號函（財政部 69/12/26 台財關字第 25647 號函）。

附件：海關總稅務司署69/10/03台部緝字第1100號函

有關本國漁船攜帶物品出口與匪區漁民物物交換進口之案件，在現行緝私法令體制下及為海關實務上處理之公平與便利計，於實際科罰時，僅論以單一之行政犯行，亦即僅就該實際查獲且事實明確之部分論以私運進口之犯行，至該未經實際查獲之出口部分則置之不論，又如非私運或經營私運之主體，而僅有起卸、裝運、收受、藏匿、收買、代銷私運貨物或有以漁船私運貨物進口、出口、起岸、搬移之行為者，亦均擬比照上開處理原則而僅就實際查獲部分論以海關緝私條例第 36 條第 2 項或第 27 條之犯行，俾資適法。

2. 船長或運輸工具管領人以其船舶或運輸工具走私違反數法條時，從重處斷

主旨：重新核釋船長或運輸工具管領人以其船舶或運輸工具自行從事走私或與他人共同走私時，應否依海關緝私條例第 27 條及第 36 條第 1 項及第 3 項併罰之疑義。

說明：二、船長或運輸工具管領人以其船舶或運輸工具自行從事走私或與他人共同走私時，該等行為如同時違反海關緝私條例第 27 條及第 36 條第 1 項及第 3 項之處罰規定，應從一重處斷，即以法定罰較重者處之，但對於從輕處斷部分之沒入仍應與從重處斷部分之沒入併處。三、運輸工具管領人，以其管領之運輸工具自行或與他人共同走私，進而以運輸工具搬運私貨者，該搬運行為視為走私行為之一部分，免依海關緝私條例第 36 條第 2 項規定處罰，但該等行為仍應依說明二之核示辦理（財政部 82/02/24 台財關字第 820050584 號函）。

《第 1 項／經營私運貨物》

3. 核釋緝私條例所稱經營私運貨物之涵義

海關緝私條例第 36 條第 1 項所稱「經營私運貨物者」，係指雖未有直接從事擔任私運貨物進出口之行為，惟實際上居於經營、策劃或出資之地位，主使他人從事私運貨物進口、出口者而言，但不包括收買或代銷私貨者在內。單純收買或代銷私運貨物者，如未有上述經營私運貨物情事，縱以此為常業，仍屬海關緝私條例第 36 條第 2 項所指稱之對象，惟可依同條例第 45 條規定，加重科處罰鍰（財政部 67/05/06 台財關第 14736 號函）。

《第 2 項 / 起運收買銷私貨》

《第 3 項 / 沒入貨物》

4.受處罰者於行政罰法施行後沒入前處分貨物，致無法裁處沒入者可沒入其物之價額

主旨：所報有關進口貨物經查驗結果，無任何申報不符情事，經取樣並徵稅放行，始發現部分項次貨品爲仿冒品，原應依行爲時關稅法第 75 條[128]規定予以沒入，惟因受處罰者於受裁處沒入前將涉案貨物予以處分，致無法裁處沒入，可否依行政罰法第 23 條第 1 項前段規定，裁處沒入其物之價款乙案。

說明：二、案經法務部於本年 1 月 20 日召開行政罰法諮詢小組第 3 次會議研商結果，多數委員認爲：違反行政法上義務之行爲在行政罰法（以下簡稱本法）施行前，得沒入之物主管機關未依法裁處沒入者（符合第 45 條第 1 項規定應受裁處而未裁處之情況），應視受處罰者或物之所有人，予以處分、使用或以他法致不能裁處沒入，是否於本法施行前所爲而定：如係於本法施行前予以處分、使用或以他法致不能裁處沒入者，依信賴保護及不溯及既往原則，即不得爲價額沒入之裁處；如係於本法施行後始予以處分、使用或以他法致不能裁處沒入，既係於本法施行後所爲，主管機關仍應爲價額沒入之裁處，不生溯及既往之問題（財政部 95/03/27 台財關字第 09500114850 號函）。

附件：法務部95/03/08法律字第0950700184號函

主旨：關於關稅總局所提有關行政罰法適用疑義乙案，本部意見如說明二、三。

說明：二、按行政罰法（以下簡稱本法）第 5 條規定：「行爲後法律或自治條例有變更者，適用**行政機關最初**裁處時之法律或自治條例。但裁處前之法律或自治條例有利於受處罰者，適用最有利於受處罰者之規定。」所稱「行爲後法律或自治條例有變更」者，限於已公布或發布且施行之實體法規之變更，直接影響行政法義務或處罰規定（亦即足以影響行政罰之裁處），且變更前後之新舊法規必須具有同一性，始足當之。是以，來函所舉個案之仿冒貨品，如新舊法規均規定應予沒入，即無法規變更之情形，自無本法第 5 條從新從輕與否之問題，合先敘明。三、本件所詢疑義，經本部於本（95）年 1 月 20 日召開行政罰法諮詢小組第 3 次會議研商獲致結論在案，多數委員認爲：違反行政法上義務之行爲在本法施行前，得沒入之物主管機關未依法裁處沒入者（符合第 45 條第 1 項規定應受裁處而未裁處之情況），應視受處罰者或物之所有人，予以處分、使用或以他法致不能裁處沒入，是否亦於本法施

---

128 現行法本條已刪除。

行前所為而定：如係於本法施行前予以處分、使用或以他法致不能裁處沒入者，依信賴保護及不溯及既往原則，即不得為價額沒入之裁處；如係於本法施行後始予以處分、使用或以他法致不能裁處沒入，既係於本法施行後所為，主管機關仍應為價額沒入之裁處，不生溯及既往之問題。

5. 海關沒入貨物（或其價額）之裁處權時效，應於停止原因消滅（未宣告沒收之判決確定）之翌日起算

主旨：海關沒入貨物裁處權時效等疑義乙案。

說明：一、依據法務部 103/02/11 法律字第 10303501590 號書函辦理。二、經參據前揭法務部書函說明，本案沒入貨物（或其價額）之裁處權時效應於停止原因消滅（未宣告沒收之判決確定）之翌日起算（行政罰法第 28 條第 2 項規定參照）（財政部關務署 103/02/18 台關緝字第 1031002990 號函）。

附件：法務部103/02/11法律字第10303501590號書函

主旨：所詢有關海關沒入貨物裁處權時效等疑義乙案，復如說明。

說明：二、按行政罰法第 1 條、海關緝私條例第 44 條規定：「違反行政法上義務而受罰鍰、沒入或其他種類行政罰之處罰時，適用本法。但其他法律有特別規定者，從其規定。」「有違反本條例情事者，除依本條例有關規定處罰外，仍應追繳其所漏或沖退之稅款。但自其情事發生已滿五年者，不得再為追繳或處罰。」海關緝私條例前開規定，屬對違章行為裁罰時效之特別規定，應優先於行政罰法第 27 條第 1 項及第 2 項而為適用。準此，行政機關依海關緝私條例第 36 條第 3 項沒入私運貨物，其裁罰時效應優先適用海關緝私條例第 44 條規定（最高行政法院 101 年裁字第 1411 號裁定參照）。三、次查海關緝私條例就一行為同時觸犯刑事法律及違反該條例所定義務之情形並無特別規定，爰應回歸適用行政罰法相關規定。按行政罰法第 26 條第 1 項規定：「一行為同時觸犯刑事法律及違反行政法上義務規定者，依刑事法律處罰之。但其行為應處以其他種類行政罰或得沒入之物而未經法院宣告沒收者，亦得裁處之。」爰以，一行為同時觸犯刑事法律及違反海關緝私條例所定義務者，海關依該條例第 36 條第 3 項規定得沒入之私運貨物，須於「未經法院宣告沒收」時始具有沒入之裁處權。四、再按行政罰法第 28 條第 1 項規定：「裁處權時效，因天災、事變或依法律規定不能開始或進行裁處時，停止其進行。」其立法意旨略以：「裁罰權若懸之過久不予行使，將失去其制裁之警惕作用，亦影響人民權益，俾藉此督促行政機關及早行使公權力，惟如行政機關因天災（如九二一地震）、事變致事實上不能執行職務或法律另有規定之事由，無法開始或進行裁處時，因非屬行政機關之懈怠，自宜停止時效進行，爰規定裁處權時效之停止事由。」查本件一行為同時觸犯刑事法律及違反海關緝私條例所定義務，經法院判決「有罪」確定，而未宣告沒收，尚非行政罰法第 26 條第 2 項及第 27 條第 3 項所規範之情形。又本案因法院未宣告沒收，故海關依行政罰法第 26 條第 1 項及海關緝私條例第 36 條第 3 項規定得沒入私運貨物。另在刑事法院未就宣告沒收與否判決確定前，海關不得裁處沒入貨物，此應屬行政罰法第 28 條第 1 項規定「裁處權時效，因依法律規定不能開始」之情形，故其裁處權時效在法院判決確定前應停止進行。爰以，本案沒入貨物（或其價額）之裁處權時效應於停止原因消滅（未宣告沒收之判決確定）之翌日起算（行政罰法第 28 條第 2 項規定參照），尚無類推行政罰法第 27 條第 3 項之必要。

6.關稅違章應沒入貨物案件，如貨物已放行而有逃漏營業稅情事，仍應補稅處罰

進口貨物違反海關緝私條例第 37 條第 3 項規定，轉據同條例第 36 條第 1 項、第 3 項規定應處以罰鍰併沒入貨物案件，因貨物已放行，無法依規定沒入，而加處貨價一倍罰鍰者，如經查明有逃漏營業稅情事，應依加值型及非加值型營業稅法第 51 條第 1 項第 7 款規定補稅處罰（財政部 95/01/19 台財稅字第 09504504900 號函、財政部 101/05/24 台財稅字第 10104557440 號令修正）。

《第 4 項／不知免罰》

7.不知為私運貨物而購入非管制物品者，宜免除購買人之罰鍰及貨物之沒入處分

關於函詢甲鋁業有限公司購買私運車輛，究應由基隆關稅局依法沒入，抑或依照法院裁定暫行發還原持有人案，檢送「研商乙君不知情購買私運車輛，海關宜否處分沒入案」會議紀錄，請依該會商結論辦理（財政部 89/10/18 台財關字第 0890062310 號函）。

附件：「研商乙君不知情購買私運車輛，海關宜否處分沒入案」會議紀錄

一、海關緝私條例第 36 條第 4 項免罰規定，參考 79 年 2 月 14 日庭長評事聯席會議決議，同條第 2 項罰鍰及第 3 項沒入二者均應在免罰之列，並經參酌司法院 89/09/20 (89) 秘台廳行一字第 15891 號函復略以，該決議係對海關緝私條例第 36 條第 4 項表示見解，與 78 年 4 月 12 日決議：「海關雖未處分貨物所有人，惟一有私運貨物進口之事實，除其行為人應受罰鍰之處分外，私運之貨物，自應併予沒入而無任何例外。」係對同條第 1、3 項所作釋示，二者並無矛盾之處，是以，前者決議對於不知為私運貨物而有購買之行為，經海關查明屬實者，罰鍰與沒入均在免罰之列，爲現行實務上所採據。二、又基於比例原則，對於行政機關有多種同樣能達成行政目的之方法時，應選擇對人民權益損害最少之行政處分，查海關緝私條例第 36 條雖對私運行爲處以罰鍰及沒入私運貨物之處分，但對於不知私運貨物而購買之行爲，依該條第 4 項規定及實務上見解認爲應予以免罰，應係以具備責任要件爲論罰之依據，故對於不知爲私運車輛而購買並經交付取得所有權者，若該私運貨物非屬違禁品或管制物品，基於保障交易之安全，與保護善意第三者之立場，宜同時免除購買人之罰鍰及貨物沒入處分；反之，對於私運行爲人部分，則在法定裁量權之範圍內加重處罰，以懲治其私運行爲之惡性，亦能達到同樣之行政目的。三、基上，本案宜由基隆關稅局撤銷原沒入系爭車輛之處分，由善意不知情之乙君繳交相關稅捐後發還，並改處私運行爲人丙君兩倍貨價之罰鍰[129]，以兼顧交易安全之保障與行政目的之達成。

《其他》

8. 自外海拾獲漂流物進口應完納關稅

對於自外海拾獲漂流物進口案件，請轉知貴屬各警備檢查單位協助，責令拾獲人或受貨人報關完稅或移送海關依法核辦（財政部 60/06/16 台財關字第 15014 號函）。

9. 核釋在航站拾得黃金之處理方式

主旨：關於貴關對中正國際機場航空警察局移來旅客遺失物景福千足黃金壹條應如何處理，在執行上發生疑義乙案，應依說明核示原則，逕行查明辦理。

說明：三、本案航站清潔隊員拾得景福千足黃金乙條之行爲，若屬公法上之行爲（依法從事公務之人員在其職務範圍內之行爲），則其拾得物如六個月無人認領，應認其所屬機關爲拾得人，而應將其物或賣得價金歸入國庫；其行爲若屬私法上之行爲（即非屬公務員身分或雖公務員但非屬職務範圍內之行爲），其拾得物如六個月無人認領，則仍應依本署 (69) 台基緝字第 1996 號函、台北緝字第 1480 號函、台中緝字第 725 號函、台高緝字第 1243 號函核示之處理方式辦理（海關總稅務司署 74/01/23 台總署緝字第 0374 號函）。

---

[129] 行政罰法施行後，即應依該法第 23 條第 1 項規定，對於不能裁處沒入，得裁處沒入其物之價額。

附件：海關總稅務司署69/07/21台基緝字第1996號、台北緝字第1480號、台中緝字第0725號、台高緝字第1243號函

茲核示拾得遺失物之處理方式如左：（一）在機場（港口）管制區外拾獲之物品，除未稅物品外，均交由航警局（港警所）依法處理，海關不予過問。（二）在機場（港口）管制區內拾獲之物品，交由航警局（港警所）會同海關依照左列方式處理：1. 違禁物品[130]以其本身具有違法性，仍由海關逕依關稅法第45條、第54條[131]規定，予以沒入。2. 經海關核明原屬旅客自用之舊日常生活用品，由航警局（港警所）依法處理，海關不再過問。3. 屬准許進口類之貨物且經認領者：(1) 如屬已驗訖（即原屬免徵進口稅品目範圍或免稅限額美金100元內經驗放者）[132]或已完稅者，逕由認領人領回。(2) 如屬未完稅者，由航警局（港警所）通知海關依關稅法、關稅法施行細則等有關規定處理。4. 屬准許進口類之貨物未經認領者：(1) 如為海關所已知係屬已驗訖或已完稅者，由航警局（港警所）於拾得期滿六個月後逕交拾得人，海關不再過問。(2) 如屬未完稅者，由航警局（港警所）於拾得期滿六個月後，通知海關及拾得人依關稅法及關稅法施行細則等有關規定處理。5. 如屬管制進口類之貨物，其處理方法仍依上述3、4兩點辦法並參照有關輸入許可證之規定辦理。

第37條（報運不實之處罰）

Ⅰ 報運貨物進口而有下列情事之一者，得視情節輕重，處所漏進口稅額五倍以下之罰鍰，或沒入或併沒入其貨物：

一、虛報所運貨物之名稱、數量或重量。

二、虛報所運貨物之品質、價值或規格。

三、繳驗偽造、變造或不實之發票或憑證。

四、其他違法行為。

Ⅱ 報運貨物出口，有前項各款情事之一者，處新臺幣三百萬元以下罰鍰，並得沒入其貨物。

Ⅲ 有前二項情事之一而涉及逃避管制者，依前條第一項及第三項規定處罰。

Ⅳ 沖退進口原料稅捐之加工外銷貨物，報運出口而有第一項所列各款情事之一者，處以溢沖退稅額五倍以下之罰鍰，並得沒入其貨物。

---

130 現已改為不得進口物品。

131 即現行第15條、第80條。

132 現免稅限額已改為新臺幣2萬元。

❖立法（修正）說明❖（107/04/13修正）

一、鑑於個案違章情節輕重不一，爲能酌情妥適處罰，以符比例原則，爰修正原第 1 項及第 4 項法定罰鍰最低倍數規定，並酌作文字修正。

二、修正原第 2 項貨幣單位，依現行法規所定貨幣單位折算新臺幣條例第 2 條規定，將「元」改以「新臺幣元」之三倍折算之，並酌作文字修正。

三、第 3 項酌作文字修正。

❖法條沿革❖

原條文	說明
（23/06/01 制定） 第 22 條 報運貨物進口出口，有左列情事之一者，處以匿報稅款二倍至十倍之罰金，並得沒收其貨物： 一、匿報貨物之數量。 二、偽報貨物品質價值之等級。 三、呈驗偽造發票或單據。 四、其他違法漏稅之行為。	N/A
（62/08/14 全文修正） 第 37 條 報運貨物進口而有左列情事之一者，處以所漏進口稅額二倍至五倍之罰鍰，並得沒入其貨物： 一、虛報所運貨物之名稱、數量或重量。 二、虛報所運貨物之品質、價值或規格。 三、繳驗偽造、變造或不實之發票或憑證。 四、其他違法之行為。 報運貨物出口有前項各款情事之一者，處一千元以上一萬元以下之罰鍰，並得沒入其貨物。 沖退進口原料稅捐之加工外銷貨物，報運出口而有第一項所列各款情事之一者，處以溢額沖退稅額二倍至五倍之罰鍰，並得沒入其貨物。	一、本條係就原第 22 條修正補充。 二、對於正式結匯簽證及報運進口，如有不實申報各項情節，自以處分匿報稅款之罰鍰為宜。其情節重大者，始併處沒入。衡情論理仍維罰鍰必科沒入為得科之原規定。 三、原條文所處匿報稅款之罰鍰倍數，為兩倍至十倍，然實際執行多為兩倍或三倍，甚少有超過五倍者。因我國現時稅則所列稅率，最高達 120%，平均亦在 40% 左右。三倍即與貨價不相上下。故將罰鍰最高倍數改以五倍為止。 四、出口貨物不徵關稅，乃修正增加第 2 項，專對出口貨物之處罰規定。 五、近年政府為拓展及鼓勵國內產品外銷，實施所需原料進口稅捐退還措施，即通稱外銷退稅，間有不肖廠商因利乘便，故為出口不實申報以矇騙手段不法申請退稅者，如 52 年間之「假出口、真退稅」案件。海關適用原條例第 22 條規定，處以溢額沖退原料進口稅捐兩倍以上之罰鍰。受處分廠商則援引原條例第 25 條用詐欺方法請求退稅者處處 2,000 元以下罰金並得沒收其貨物之規定，以

原條文	說明
	資對抗，而避重就輕。實則本條例公布於民國 23 年 6 月，政府尚未實施「外銷退稅」，該條所指「退稅」，為海關因故溢徵或依法須予退還之稅款而言。茲為免條文適用及解釋之糾紛困擾，特在本條內增列第 3 項。
（67/05/19 修正） 第 37 條 報運貨物進口而有左列情事之一者，得視情節輕重，處以所漏進口稅額二倍至五倍之罰鍰，或沒入或併沒入其貨物。 一、虛報所運貨物之名稱、數量或重量。 二、虛報所運貨物之品質、價值或規格。 三、繳驗偽造、變造或不實之發票或憑證。 四、其他違法行為。 報運貨物出口有前項各款情事之一者，處一千元以上一萬五千元以下之罰鍰，並得沒入其貨物。 有前二項情事之一而涉及逃避管制者，依前條第一項及第三項論處。 沖退進口原料稅捐之加工外銷貨物，報運出口而有第一項所列各款情事之一者，處以溢額沖退稅額二倍至五倍之罰鍰，並得沒入其貨物	一、第 1 項罰鍰因屬必罰，而沒入僅為得罰，於若干場合確係國外廠商發貨錯誤所致，並非故意偽報，於是受處分人主張來貨非其所需，因而請求改予沒入貨物免處罰鍰者，據查受處分人所稱雖可採信，情節亦多輕微（如臺灣 IBM 公司於 63 年 1 月 5 日自臺北關報運進口資料處理機器零件一批，其實到數量比原申報多出兩個，漏稅額僅新臺幣 304），惟因格於規定，海關不得不對之科處罰鍰。為兼顧此類事實，爰予修正使海關得視情節輕重處以罰鍰或沒入或併沒入其貨物。 二、第 2 項未修正。 三、報運貨物進出口，如以虛報名稱、品質、規格或其他違法行為，企圖逃避管制，但未虛報完稅價格或離岸價格時，因無漏稅額，致無法依第 1、2 項處以罰鍰，且此等情節多較嚴重，爰增列第 3 項，將逃避管制情事依第 36 條辦理以免造成漏洞。 四、現行第 3 項遞改為第 4 項。 五、加重處罰，以資嚇阻。
（72/12/13 修正） 第 37 條 報運貨物進口而有左列情事之一者，得視情節輕重，處以所漏進口稅額二倍至五倍之罰鍰，或沒入或併沒入其貨物： 一、虛報所運貨物之名稱、數量或重量。 二、虛報所運貨物之品質、價值或規格。 三、繳驗偽造、變造或不實之發票或憑證。 四、其他違法行為。 報運貨物出口，有前項各款情事之一者，處二千元以上三萬元以下之罰鍰，並得沒入其貨物。 有前二項情事之一而涉及逃避管制者，依前條第一項及第三項論處。	一、第 1 項、第 3 項及第 4 項均未修正。 二、提高第 2 項之罰鍰數額，理由同第 23 條修正說明。

原條文	說明
沖退進口原料稅捐之加工外銷貨物，報運出口而有第一項所列各款情事之一者，處以溢額沖退稅額二倍至五倍之罰鍰，並得沒入其貨物。	
（93/12/24 修正） 第 37 條 報運貨物進口而有下列情事之一者，得視情節輕重，處以所漏進口稅額二倍至五倍之罰鍰，或沒入或併沒入其貨物： 一、虛報所運貨物之名稱、數量或重量。 二、虛報所運貨物之品質、價值或規格。 三、繳驗偽造、變造或不實之發票或憑證。 四、其他違法行為。 報運貨物出口，有前項各款情事之一者，處一百萬元以下之罰鍰，並得沒入其貨物。 有前二項情事之一而涉及逃避管制者，依前條第一項及第三項論處。 沖退進口原料稅捐之加工外銷貨物，報運出口而有第一項所列各款情事之一者，處以溢額沖退稅額二倍至五倍之罰鍰，並得沒入其貨物。	原條文第 2 項係採定額罰鍰。為因應時代變遷，加強遏阻不法物品如贓車等，以虛報方式出口，爰取消其罰鍰下限，提高其罰鍰上限至 100 萬元。

❖條文說明❖

一、第1項（報運貨物進口涉及虛報、繳驗不實或有其他違法行爲）

（一）行為義務

本項規定可導出進口人應負之行爲義務如下：

1.誠實申報義務

爲落實貿易管制之執行暨確保進出口貨物查驗之正確性，貨物進口人或輸出人就所運進出口貨物，參照關稅法第 16 條第 1 項、第 2 項[133]及本條第 1 項、第 2 項規定，即負有誠實申報名稱、品質、規格、數量、重量、價値等之義務。

2.繳驗眞實正確之發票或憑證

依關稅法第 17 條第 1 項規定：「進口報關時，應填送貨物進口報單，並檢附發票、

---

133 關稅法第 16 條規定：「進口貨物之申報，由納稅義務人自裝載貨物之運輸工具進口日之翌日起十五日內，向海關辦理（Ⅰ）。出口貨物之申報，由貨物輸出人於載運貨物之運輸工具結關或開駛前之規定期限內，向海關辦理；其報關驗放辦法，由財政部定之（Ⅱ）。」

裝箱單及其他進口必須具備之有關文件。」關稅法施行細則第 7 條第 1 項規定：「本法第十七條第一項所稱其他進口必須具備之有關文件，指下列各款文件：一、依其他法令規定必須繳驗之輸入許可證、產地證明文件。二、查驗估價所需之型錄、說明書、仿單或圖樣。三、海關受其他機關委託或協助查核之有關證明文件。四、其他經海關指定檢送之文件。」及本項第3款規定可知，進口人負有繳驗眞實、正確之發票或憑證之義務。

3.遵守其他與進口貨物相關之法令

本項第 4 款對於「其他違法行爲」訂有之處罰規定，亦即進口人應遵守進口相關法令規定，如有違反而造成違法、漏稅者，亦得適用本項規定處理。

（二）本項之行為態樣

1.虛報貨物名稱、數量或重量

所稱「虛報」，指「申報虛僞不實」而言，當原申報與實際來貨不符時，即有違反誠實申報之作爲義務而構成虛報；是否有虛報情事，實務上向以報單上原申報與實際來貨是否相符爲認定依據，至於貨物包裝上之標示如何，則非所問[134]。又「虛報」之原因如何，以及其虛報之方法，究係出於僞報、匿報、短報、漏報，抑或夾帶不報，均在所不問[135]。

(1)虛報貨物名稱

A. 貨物名稱之定義

所謂貨物名稱，即貨物之名目、稱謂之意，凡對於貨物予以稱呼或描述而命名者，均屬之。至於商品之型號，如 iPhone 14 與 14 Pro，一般而言，具有一定之識別性，同係對貨物之稱呼與描述，故屬名稱之一種，若對此有所虛報，當有本款之適用[136]。

B. 虛報貨名之認定

(A) 實到貨物之名稱：實到貨物之名稱，係由海關依據實際來貨性狀、功能及型錄說明，必要時再委外鑑定，並參酌海關進口稅則及其相關規定後加以認定。

(B) 原申報與實到貨物不符：原申報之貨物名稱與實到貨物完全不同，或有暗示、影射低稅率之物品而足以逃漏稅捐；或暗示、影射高價之物品，足以溢沖退稅；或暗示、影射非管制之物品，足以矇混過關，逃避管制等情形，均屬申報不符。

(C) 認定虛報：a. 虛報之認定，因涉及違章責任，徵納雙方常有認知不同之歧見，

---

[134] 高雄高等行政法院 89 年度訴字第 1116 號判決。

[135] 行政法院 74 年 4 月份庭長評事聯席會議決議。

[136] 虛報型號處罰案例：〈進口部分〉最高行政法院 97 年度判字第 1024 號判決、〈出口部分〉財政部 96/06/13 台財訴字第 09600212150 號訴願決定書。

迭生爭訟事件，影響進口人權益，肇生不少民怨。財政部關稅總局 99/06/02 台總局緝字第 0991007748 號函[137]始闡釋：「……貨名之申報是否達於『虛報』之程度，除須與海關依海關進口稅則對於實際來貨所認定之貨名有所不符外，**尚須考量申報人對其所申報之貨名並不存有客觀合理之事由**，方可認定達於『虛報』程度而有以海關緝私條例處罰之必要性。」亦即虛報貨名之認定，除貨名之申報須與實際來貨所認定之貨名有所不符外，尚須考量進口人之申報是否存有「客觀合理事由」，藉此合理限縮虛報貨名之適用範圍，以期解決爭議並紓解訟源。b. 近來，財政部關務署 111/03/16 台關緝字第 111105079 號令訂定「海關認定及審議虛報貨名要點」，將上開闡示內容予以條文化，並增加審議程序，以提供各關認定及審議虛報貨名時有客觀明確之認定原則及程序可資遵循。

---

[137] 財政部關稅總局 99/06/02 台總局緝字第 0991007748 號函釋：「主旨：關於鈞部訴願審議委員會 98/12/03 第 2304 次會議附帶決議，請鈞部關政司研酌制定虛報貨名之認定標準乙案。說明三：有關依海關進口稅則解釋準則主要特性認定之貨名據以論處虛報，是否合宜乙節，查海關緝私條例第 37 條第 1 項第 1 款對於報運貨物進口而有虛報所運貨物之名稱、數量或重量者定有處罰之規定，其中數量與重量均有客觀之標準可循，尚不致因認知不同而產生差異，惟有貨物之名稱，徵納雙方在認知上，常存有歧見，迭生爭議。經查海關參酌海關進口稅則進行貨名認定，固非無據，惟倘單純以原申報之貨名與海關依海關進口稅則所認定之貨名有所不符，即概認屬虛報貨名，洵似嫌過苛。按貨名之申報是否達於『虛報』之程度，除須與海關依海關進口稅則對於實際來貨所認定之貨名有所不符外，尚須考量申報人對其所申報之貨名並不存有客觀合理之事由，方可認定達於『虛報』程度而有以海關緝私條例處罰之必要性。而所謂『客觀合理之事由』，係指申報人憑據客觀事實或資料對於所運貨物之名稱為合理之申報而言，例如，已憑據貨物之型錄、發票、契約等具體客觀之真實資料為貨名之合理申報，或已依貨物之學名、俗名、商業名稱等一般已知之名稱為合理之申報，或已就貨物之外觀狀態或內在功能、用途為客觀合理之命名或描述，均屬之，概應認非屬虛報之範疇。」本則釋示雖未編入現行（107 年版）「關稅海關緝私法令彙編」內，惟其內容極具參考價值，於實務上亦屢經援用（請參閱財政部 104/09/09 台財訴字第 10413945310 號、103/07/29 台財訴字第 10313939820 號、102/10/04 台財訴字第 10213943580 號、101/07/12 台財訴字第 10100105850 號、100/10/11 台財訴字第 10000367420 號訴願決定書）。財政部關務署 108/06/10 台關緝字第 1081001681 號函：「主旨：○○股份有限公司報運貨物進口，申報中文貨名與來貨不符，英文貨名與來貨相符，是否構成虛報貨名一案。說明：二、有關虛報貨名之認定原則如下：按貨名之申報是否達於『虛報』程度，除須與海關依海關進口稅則對於實際來貨所認定之貨名有所不符外，尚須考量申報人對其所申報之貨名並不存有客觀合理之事由，方可認定達於『虛報』程度，而有以海關緝私條例處罰之必要性。而所謂『客觀合理之事由』，係指申報人憑據客觀事實或資料對於所運貨物之名稱為合理之申報而言，例如已憑據貨物之型錄、發票、契約等具體客觀之真實資料為貨名之合理申報，或已依貨物之學名、俗名、商業名稱等一般已知之名稱為合理之申報，或已就貨物之外觀狀態或內在功能、用途為客觀合理之命名或描述等均屬之，概應認非屬虛報之範疇。」亦重申其內涵。

海關認定及審議虛報貨名要點

一、為使各關對於海關緝私條例第三十七條所定虛報貨名案件有客觀明確之認定原則及審議程序可資遵循，特訂定本要點。

二、本要點所稱虛報貨名，指納稅義務人或貨物輸出人（以下簡稱進出口人）申報貨名與海關認定實際來貨貨名不符，且不具客觀合理依據。

三、前點所稱客觀合理依據，指符合下列情事之一者：

（一）進出口人申報貨名與真實型錄資料相符。

（二）進出口人申報貨名與該貨物學名、俗名、商業名稱等一般已知名稱相符。

（三）進出口人申報貨名與該貨物外觀主要特徵或內在主要功能、用途相符。

（四）前三款以外，其他足以作為進出口人申報貨名之客觀合理依據資料。

四、進出口貨物經驗貨單位查驗結果，於報單圈除、改正申報貨名，並註明實到貨物情形者，分估單位應綜合進出口人陳述及提出資料，審酌是否具客觀合理依據，並於「虛報貨名意見表」（以下簡稱意見表，如附表一）敘明其判斷及處理意見。

前項驗貨單位查驗結果，分估單位有疑義者，應檢具意見表移請驗貨單位覆核；驗貨單位覆核後維持原查驗結果，分估單位仍有疑義者，應提交共同上級主管邀集有關單位召開會議討論並認定貨名。

五、虛報貨名案件有下列情形之一者，承辦單位應填寫「虛報貨名案件分析表」（如附表二），連同意見表陳報關務長後，置於海關內部網路專區供關員查閱參辦：

（一）經依前點第二項規定召開會議。

（二）經海關審認涉有虛報貨名情事予以裁罰或補稅處分，嗣經復查決定、訴願決定或行政法院判決認定未涉虛報貨名予以撤銷確定。

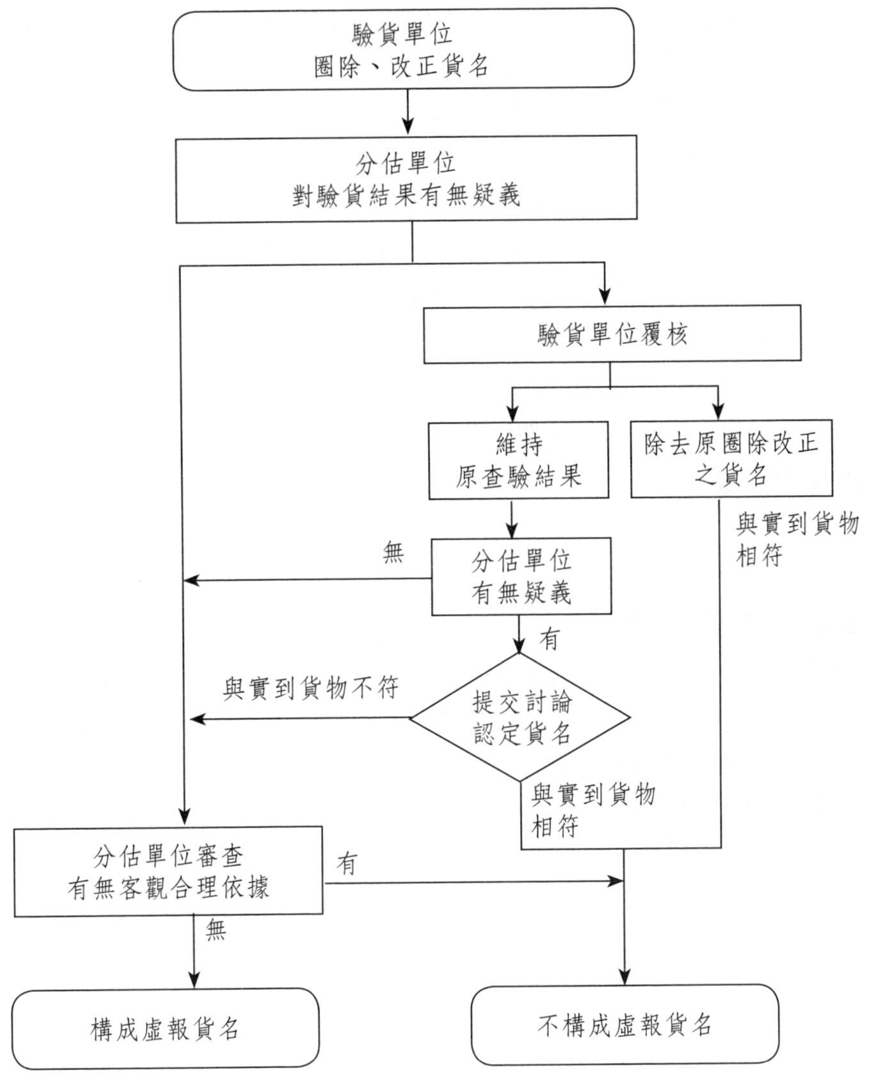

海關認定及審議虛報貨名流程圖

(2) 虛報貨物數量或重量

指就貨物之數量或重量，以多報少，或以少報多之情形。

2. 虛報貨物品質、價值或規格

(1) 虛報貨物品質

A. 所稱「品質」，指物品之質地[138]、特徵、特性、本質、材質、成分等，例如物之

138 教育部國語辭典對「品質」之釋義。

新品舊品[139]、發芽活性[140]、加工程度[141]、食用與非食用[142]、酸漬之醋酸含量及PH值[143]、含碳量[144](成分）、廠牌[145]、小米之「去殼或未去殼[146]」、酒品之酒精成分[147]等，均屬之。原申報之品質如與實際來貨不同，即構成本款所稱「虛報貨物品質」。

B. 另，貨物新舊程度（例如申報 30% new）之認定，倘無客觀之標準，不宜遽以該申報與海關認定不一致，即認屬構成虛報品質或價值[148]。

C. 物品之品質與名稱，有時甚難區別，虛報貨物名稱，亦可能包含有虛報貨物品質情事，例如申報「暫時保藏越瓜」而實際來貨爲「鹽漬蔬菜」[149]即屬之。倘違規事實應將其定性爲虛報貨物名稱，而誤爲虛報貨物品質者，雖有未洽，惟因違規事實不失其同一性，且處分所依據之法律如已列有本條例第 37 條第 1 項第 1 款（虛報所運貨物之名稱、數量或重量），其結論於法即無違誤，實務上，亦難憑此主張撤銷處分。

(2) 虛報貨物價值

A. 價值

指代表物品之價格或價錢。

B. 虛報貨物價值之方式

虛報貨物價值，並非以直接就來貨價格申報錯誤爲限，縱以間接申報錯誤之手段，亦得構成本項之虛報價值。例如，進口貨物廠牌申報錯誤，於個案情形，如認有暗示、影射低級之物品，以逃漏稅課者，亦屬之。

C. 虛報貨物價值之認定

(A) 虛報價值應如何認定，有無判斷標準，法無明文，亦無行政釋示可資遵循。惟

---

139 最高行政法院 90 年度判字第 1548 號判決。

140 最高行政法院 95 年度判字第 686 號判決。

141 最高行政法院 92 年度判字第 404 號判決。

142 最高行政法院 92 年度判字第 718 號判決。

143 臺北高等行政法院 103 年度簡上字第 73 號判決。

144 臺中高等行政法院 97 年度訴字第 305 號判決。

145 財政部 98/12/31 台財訴字第 09800573980 號訴願決定書。

146 財政部關稅總局 94/12/16 台總局緝字第 0941025967 號函釋：「主旨：關於甲公司委由乙報關公司報運進口小米一批，因報關業者擅自加註『未去殼』，致涉及虛報貨物品質、逃避管制，其罰責究應如何歸屬乙案。說明：二、按海關緝私條例第 41 條規定，係基於報關行管理特性所為之特別規定，由該條各項規定之構成要件觀之，貨主僅在涉及漏稅，而海關已查明責任歸屬報關行情況下，始得據以免罰。本案原申報貨物為小米『未去殼』，經查驗結果為小米『已去殼』，列屬不准輸入之大陸物品項目，涉及虛報貨物品質、逃避管制，並非單純之逃漏稅款情事，應無上揭法條規定之適用。虛報案件除前開特別規定外，向以進口人為處分對象。」（因 107 年 5 月 9 日已修正刪除本條例第 41 條規定，本則函釋爰予免列於 107 年版海關緝私法令彙編內）。

147 財政部關務署 109/10/14 台關緝字第 1091018164 號函。

148 財政部關務署 103/01/09 台關緝字第 1021029946 號函。

149 最高行政法院 95 年度判字第 1708 號判決。

貨物之價值非僅作爲計算漏稅之標準，更爲判斷是否構成違章之要件，自應憑證據審愼認定，不得以臆測方式認定之。除以間接方式虛報貨物價値外，虛報貨物價値之認定，應先查得客觀上足以證明進口貨物眞實交易價格之證據資料，並以該資料所證明之交易價格作爲貨物之眞實交易價格，再用以比對，以判斷原申報是否相符，如有不符，即屬虛報價値。若查得之證據資料客觀上尚不足以證明納稅義務人申報進口貨物之眞實交易價格有所不實，僅能使其申報之交易價格之眞實性或正確性產生疑義者，即不能任憑主觀之取捨，逕以該證據資料所顯示之交易價格，作爲計算完稅價格之根據而逕予認定有虛報貨物價値之違章，此種情形應視爲無法按關稅法第 29 條規定核估其完稅價格，並依序按照關稅法第 31 條至第 35 條規定之標準予以核定[150]。

(B)所謂「眞實交易價格」，於進口貨物情形，係指關稅法第29條第1項規定之「完稅價格」，即進口貨物由輸出國銷售至中華民國實付或應付之價格，並應計入同條第 3 項所列之費用（如佣金、手續費、容器及包裝費用、權利金及報酬、運費、裝卸費、搬運費、保險費等）。換言之，對此構成完稅價格之金額及費用，倘有申報不實者，即構成本款之虛報貨物價値。另，應併予注意者，鑑於關稅法第 29 條第 3 項各款規定之費用，涉及核稅之專業性，多爲進口人所未知，爰進口人如未將其計入完稅價格內申報，依財政部令釋[151]，除有繳驗僞造、變造或不實之發票或憑證者外，海關僅應調整計入完稅價格課徵關稅，而免依海關緝私條例第 37 條第 1 項規定論罰。

(C) 實務上，虛報貨物價値之態樣多變，有簡單的，亦有複雜的；前者，進口人於報單上申報之貨物價格，與所繳驗之發票所載不符，如幣別錯誤，將美金植爲新臺幣，又如小數點、千分位分隔逗號錯位等，致有申報之價格明顯與實際不符情事；後

---

150 最高行政法院 106 年度判字第 528 號判決：「依關稅法第 29 條規定，從價課徵關稅之進口貨物，其完稅價格首應以該進口貨物之交易價格，即進口貨物由輸出國銷售至中華民國實付或應付之價格作為計算根據；海關對納稅義務人提出之交易文件或其內容之真實性或正確性存疑，納稅義務人未提出說明或提出說明後，海關仍有合理懷疑者，即視為無法按本條規定核估其完稅價格，並應依序按照關稅法第 31 條、第 32 條、第 33 條、第 34 條（或第 34 條、第 33 條）、第 35 條規定之標準予以核定。即為適例，且納稅義務人既已克盡其提出交易文件及為說明之協力義務，海關原本應負擔的舉證責任強度（證明程度），即無從減輕。**故海關必須查明納稅義務人申報之進口貨物交易價格確屬虛偽不實，且提出客觀上足以證明其真實交易價格之證據資料，始能以該證據資料所證明之交易價格，作為計算完稅價格之根據。如果海關提出之證據資料客觀上並不足以證明納稅義務人申報進口貨物之真實交易價格，僅能使其申報之交易價格之真實性或正確性產生疑義者，即不能任憑其主觀之取捨，逕以該證據資料所顯示之交易價格，作為計算完稅價格之根據，而應視為無法按關稅法第 29 條規定核估其完稅價格，並依序按照前揭關稅法第 31 條等規定之標準予以核定。**」

151 財政部 97/08/11 台財關字第 09700325030 號令釋：「一、關稅法第 29 條第 3 項各款規定之費用，進口人未將其計入完稅價格內申報，海關應調整計入完稅價格課徵關稅，除有繳驗偽造、變造或不實之發票或憑證者外，免依海關緝私條例第 37 條第 1 項規定論罰。二、類此案件依海關緝私條例相關規定處分尚未確定者，依本令規定辦理。」

者，多係進口人爲達逃漏稅捐目的，故意創造虛假之金流、物流或文書帳載，以表象掩人耳目、擾亂視聽，其情形或利用虛設境外空頭公司或關係企業製造多重假交易或開立不實發票、或利用他人名義匯款掩飾眞正金流、或與國外出口商通謀開立不實發票，甚或直接以僞、變造發票方式虛報貨物之價值。海關囿於有限之行政調查權，欲調查國際貿易之眞正金流、相關帳載及文書之眞實性，誠屬執行上之一大挑戰。惟一旦經簽發人否認發票之眞實性或正確性，或就所查得之各項證據資料，比對進口人、匯款人之關係、匯款時間、對象、貨物來源、流向及市場行情價格之相當性，加以綜合分析後，得以建立所匯款項與來貨之關聯而不致一般人有所懷疑者，即憑以認定所查得之匯款資料爲貨物之眞實交易價格者，從而認定有虛報貨物價值之違章[152]。

(3)虛報貨物規格

A. 所稱規格，應指物品之規模、格式。一般而言，貨物之大小、形狀、尺吋長短、面積、體積、容量等，均屬之。例如：染料之濾餅級或粉狀級[153]、褲長[154]、乾衣機之乾衣容量[155]、電絕緣體之承載電壓[156]、汽車之配備裝置[157]、舊汽車之型式年分[158]。如申報之規格與實際來貨不符，即構成虛報貨物規格。

B. 另，「整體貨物」之狀態，亦曾認屬規格之一種，如未按整體貨物申報，亦構成本款所稱「虛報貨物規格」[159]。

3. 繳驗僞造、變造或不實之發票或憑證

(1)發票與憑證

A. 發票（Invoice）

係出賣人於銷售貨物或勞務時，所開立載明買賣標的物、價格及其他與買賣有關事項之證明文件。於國際貿易情形，係重要之交易單據之一，通常由出口商開立並交予進口商作爲記帳、支付貨款及報關納稅之依據，亦係用以向銀行貸款之憑證。

B. 憑證

參照財政部關務署108年函釋[160]，應指與結匯或簽證有關之文件，例如匯款水單、

---

152 參考案例：臺北高等行政法院106年度訴字第1614號判決、臺北高等行政法院104年度訴字第1150號判決。

153 最高行政法院90年度判字第1393號判決。

154 財政部103/09/09台財訴字第10313948960號訴願決定書。

155 最高行政法院104年度判字第757號判決。

156 最高行政法院100年度判字第1835號判決。

157 最高行政法院95年判字第432號判決。

158 臺北高等行政法院102年度訴字第1370號判決。

159 最高行政法院99年判字第749號判決。

160 財政部關務署108/06/05台關緝字第1081007650號函釋：「主旨：所報○○公司（下稱進口人）報運

提單及保險單、輸出入許可證、農藥許可證等。

(2)僞造、變造或不實之發票或憑證

A. 僞造之發票或憑證

係指無權製作發票或憑證之人，假冒他人名義，製作足以使人認爲係發票或憑證上所示之作成名義人所出之發票或憑證。

B. 變造之發票或憑證

係指無權修改發票或憑證內容者，擅自更改眞實發票或憑證之內容而言。

C. 不實之發票或憑證

(A) 係指繳驗之發票或憑證雖仍出於有製作權人之製作而非屬僞造或變造，惟所繳驗者，或爲交易雙方通謀所製作之內容虛僞不實之發票或憑證，或係就同一交易事實製作多數之發票或憑證，而僅繳驗其一部，或有其他類此虛僞不實之情形；亦即，所繳驗之發票或憑證本身是否「不實」，實務上仍應就個案視其與表徵之交易事實是否一致而定，除有非屬一致而確存虛僞不實之情形外，進口人僅係漏將關稅法第 29 條第 3 項各款規定之費用計入完稅價格內申報並發生錯誤，仍與繳驗不實之發票或憑證有間，尚難認定已構成繳驗不實之發票或憑證[161]。另司法實務上亦曾闡釋：「所謂繳驗不實發票，係指進口人報關所繳驗之發票，其所載價格並非其眞正交易價格；而所謂不實之發票或憑證，並不以名義上被僞造之文件爲限，尚包括名義上雖無不符但實質內容不實之情形。[162]」

(B) 上開所稱之「其他類此虛僞不實之情形」，目前實務上肯認進口人繳驗非實際交易對象開立之低價發票並據以申報價格之情形，亦屬之[163]。

D. 繳驗僞造、變造或不實之發票或憑證

(A) 即提供、繳交僞造、變造或不實之發票或憑證，以供海關查驗、審核。

貨物進口，涉有繳驗不實文件，逃避管制情事，應否依海關緝私條例（下稱本條例）第 37 條第 1 項第 3、4 款規定論處一案。說明：二、按本條例第 37 條第 1 項第 3 款所稱『憑證』，參據該條 62 年 8 月 27 日修法理由，係指與結匯或簽證有關之文件，包含下列二者：（一）與結匯有關，得據以認定交易事實或價格之文件，例如匯款水單、提單及保險單等。（二）與簽證有關，依法令應繳驗之輸出入許可文件，例如輸出入許可證、農藥許可證等。三、另本條例第 37 條第 1 項第 3 款所定應予處罰者，僅限繳驗偽、變造或不實之『發票或憑證』，並未含括其他類型之文件，基於體系解釋，同條項第 4 款所稱『其他違法行為』，自不宜擴張解釋包含繳驗偽、變造或不實『發票或憑證』以外之其他文件，以避免架空同條項第 3 款規定，俾符法律明確性原則。四、綜上，本件進口人繳驗不實之製造流程圖及成品檢測報告等文件，非屬本條例第 37 條第 1 項第 3 款所稱『繳驗不實憑證』，亦非同條項第 4 款所稱『其他違法行為』，尚不得據以論罰。」

161 財政部關稅總局 100/01/25 台總政緝字第 1006002367 號函。

162 最高行政法院 87 年度判字第 661 號判決、100 年度判字第 1186 號判決、100 年度判字第 1400 號判決、96 年度判字第 282 號判決、109 年度上字第 1094 號判決。

163 最高行政法院 109 年度上字第 612 號判決。

(B) 與刑法上行使僞造文書罪之關係：刑事上之行使僞造文書罪，與繳驗僞造、變造發票、虛報進口貨物價值，逃漏進口稅費，兩者構成要件並不相同（例如刑事上僅罰故意犯，行政違章則以故意或過失爲責任要件），不生重複且無必然關係，故行使僞造文書罪嫌，縱經司法機關審認結果，判決無罪或經檢察官不起訴處分，亦無礙本條之認定。

E. 定性錯誤

發票或憑證係出於僞造、變造或不實，有時判斷不易，如就已構成不實之發票而誤論以繳驗僞造發票者，因仍應依本條例第 37 條第 1 項第 3 款規定論處，其結果並無二致，司法實務上[164]亦認受處分人不得執此主張撤銷原處分。

4. 其他違法行爲

(1) 認定標準

司法院釋字第 521 號解釋：「……第四款以概括方式規定『其他違法行爲』亦在處罰之列，此一概括規定，係指**報運貨物進口違反法律規定而有類似同條項前三款虛報之情事而言**。」由是可知，本款「其他違法行爲」之構成，應以具有類似同條項第 1 款至第 3 款虛報或不實情事，而涉及偷漏關稅、規避檢查或逃避管制，且有違反其他法律規定者，始足當之。

(2) 實務上肯認構成「其他違法行爲」者

A. 虛報進口貨物之產地

(A) 查財政部曾於 82 年時即作成函釋指出，「……報運貨物進口有虛報產地者，即構成該條項第 4 款之違法行爲」[165]。嗣司法院釋字第 521 號解釋亦闡明：「……第四款以概括方式規定『其他違法行爲』亦在處罰之列，此一概括規定，係指報運貨物進口違反法律規定而有類似同條項前三款虛報之情事而言。就中關於**虛報進口貨物原產地之處罰**，攸關海關緝私、貿易管制有關規定之執行，觀諸海關緝私條例第一條、第三條、第四條、貿易法第五條、第十一條及臺灣地區與大陸地區人民關係條例第三十五條之規定自明，要屬執行海關緝私及貿易管制法規所必須，符合海關緝私條例之立法意旨，在上述範圍內，與憲法第二十三條並無牴觸……」是以，虛報進口貨物之原產地即屬本款之「其他違法行爲」，要無疑義。

---

164 最高行政法院 100 年度判字第 1400 號判決。

165 財政部 82/10/20 台財關字第 821556309 號函：「主旨：虛報進口貨物產地逃避管制，其違章事實究係屬海關緝私條例第 37 條第 1 項第 2 款或第 4 款抑或兩者皆可適用乙案。說明：二、依據海關緝私條例第 37 條第 1 項之規定列有四款應予處罰之情節，**第 4 款所謂其他違法行為，乃係概括規定，故不屬於第 1 款至第 3 款之違法虛報行為均屬之。因此報運貨物進口有虛報產地者，即構成該條項第 4 款之違法行為**。至個案之虛報事實是否另有該條項第 1 款至第 3 款情事，則應就個案審酌認定。」

(B) 關於進口貨物產地之認定，海關係按實到貨物情形，參酌產地證明文件[166]等（包括：產地證明書、運送契約、船舶、貨櫃動態資料、船舶航程表、駐外單位協助文書認證或實地查訪結果，及其他供證明產地之相關文件等），並依關稅法第 28 條規定[167]及「進口貨物原產地認定標準」、「海關認定進口貨物原產地作業要點」等相關規定，綜合研判，認定產地。

(C) 另，應併予注意者，虛報進口貨物之產地，可能涉及漏稅（如虛報原產國爲適用低稅率之國家），亦可能涉及逃避管制（虛報進口未開放之大陸地區物品），惟不論何者，虛報產地與漏稅或逃避管制均應有所關聯[168]或因果關係[169]，始得依本條第1項或第 3 項規定處罰。

B. 虛報委託大陸加工

財政部 100/12/01 台財關字第 10005910680 號函釋：「報運進口委託大陸加工之成衣（於報單其他申報事項欄申報『委託大陸加工進口』），如**經海關查獲出口布料未進入大陸地區，於進口時虛報委託大陸加工情事，藉此輸入未經公告准許輸入之大陸物品**，違反關稅法第 37 條及其施行細則第 20 條第 5 項規定之誠實申報義務，及『臺灣地區與大陸地區人民關係條例』第 35 條暨其授權訂定之『臺灣地區與大陸地區貿易許可辦法』第 7 條第 1 項第 1 款等規定，違章情節係屬重大，依司法院大法官釋字第 521 號解釋意旨，核屬海關緝私條例第 37 條第 1 項第 4 款之『其他違法行爲』。」

C. 保稅工廠以保稅原料或自用機器、設備名義報運非保稅物品進口，逾期未自行申報補稅而經海關查獲

海關管理保稅工廠辦法第 58 條規定：「保稅工廠以保稅原料或自用機器、設備名義報運非保稅物品進口，逾第二十九條規定之期限而自行申報補稅者，除補繳稅捐外，並自原料或自用機器、設備進口放行之翌日起至稅捐繳清之日止，就應補稅捐金額按日加徵萬分之五之滯納金。**但經海關查獲者，除補稅及加徵滯納金外，應另依海關緝**

---

166 進口貨物原產地認定標準第 4 條第 2 項規定：「前項所稱產地證明文件，包括交易文件、產製該貨物之原物料或加工資料或其他相關資料。」

167 關稅法第 28 條規定：「海關對進口貨物原產地之認定，應依原產地認定標準辦理，必要時，得請納稅義務人提供產地證明文件。在認定過程中如有爭議，納稅義務人得請求貨物主管機關或專業機構協助認定，其所需費用統由納稅義務人負擔（Ⅰ）。前項原產地之認定標準，由財政部會同經濟部定之（Ⅱ）。納稅義務人或其代理人得於貨物進口前，向海關申請預先審核進口貨物之原產地，海關應以書面答復之（Ⅲ）。納稅義務人或其代理人不服海關預先審核之原產地者，得於貨物進口前向海關申請覆審（Ⅳ）。第三項申請預先審核之程序、所需文件、海關答復之期限及前項覆審處理之實施辦法，由財政部定之（Ⅴ）。」

168 參考案例：財政部 100/12/08 台財訴字第 10000336380 號訴願決定書。

169 財政部 99/11/08 台財關字第 09905036500 號函釋：「……二、查海關緝私條例第 37 條第 3 項規定之處罰構成要件，乃係廠商報運貨物進出口有虛報情事而涉及逃避管制，準此，**虛報行為與逃避管制之間須具有因果關係，始得以上述規定論處。**」

私條例第三十七條第一項第四款規定處分。」依上開規定，保稅工廠以保稅原料或自用機器、設備名義報運非保稅物品進口，逾期未自行申報補稅而經海關查獲者，即屬本條第 1 項第 4 款所稱「其他違法行為」，應依本項規定論處。

D. 科學園區事業以保稅名義報運非保稅貨品進口，未依限自行申報補稅而遭查獲

(A) 科學園區設置管理條例第 31 條第 2 項規定：「園區事業以保稅名義報運非保稅貨品進口逾規定期限自行申報補稅者，除補繳稅捐外，並自原料進口放行之翌日起至稅捐繳清之日止，就應補稅捐金額按日加徵萬分之五之滯納金。但經海關查獲者，除補稅及加徵滯納金外，應另依海關緝私條例有關規定處分。」僅言「應另依海關緝私條例有關規定」處分，並未指明具體法據，究係何指，不無疑義。

(B) 惟參據該條（原第 30 條）於 93 年 1 月 2 日修正理由：「……三、第 2 項新增。參考海關管理保稅工廠辦法第 58 條規定，增列園區事業以保稅名義報運非保稅貨品進口逾規定期限自行申報補稅或被海關查獲之罰則。」可知，該條應與海關管理保稅工廠辦法第 58 條規定作同一解釋，是所稱「應另依海關緝私條例有關規定處分」，指應另依本條例第 37 條第 1 項第 4 款規定處分；換言之，科學園區事業以保稅名義報運非保稅貨品進口未依限自行申報補稅而遭查獲者，亦屬本項第 4 款所稱「其他違法行為」。

E. 科學園區事業經申報內銷補稅，惟於通知補稅前即提領出區

科學園區設置管理條例第 30 條規定：「園區事業之輸出入貨品，有私運或**其他違法漏稅情事**者，依海關緝私條例或其他有關法律之規定處理。」科學園區保稅業務管理辦法第 31 條第 1 項規定：「內銷或輸往課稅區之保稅貨品，應繕具報單，報經海關補徵進口稅捐後，始准放行。」依上開規定，科學園區事業內銷保稅貨物，應向海關申報、補稅，經海關放行後，始得提領出區，如已申報而於海關通知補稅及放行前，即提領出區者，雖不至構成私運，惟亦屬違反上開規定而有漏稅情事，實務上則亦認屬「其他違法行為」而依本條第 1 項規定處分[170]。

F. 科技產業園區事業以保稅貨品名義報運非保稅貨品進口，逾期未自行申報補稅

(A) 科技產業園區設置管理條例第 37 條規定：「區內事業以保稅貨品名義報運非保稅貨品進口，應於放行之次日起三十日內填具報單，向海關申報補繳稅捐；逾期申報者，除補繳稅捐外，並自貨品進口放行之次日起至稅捐繳清之日止，就應補繳稅捐金額按日加徵萬分之五之滯納金；如未申報，經海關查獲者，除補繳稅捐及加徵滯納金外，**應另依海關緝私條例有關規定處分**。」亦僅言「應另依海關緝私條例有關規定」處分，並未指明具體法據。

(B) 惟參據該條（原第 26 條之 1）於 95 年 5 月 5 日修正增訂理由：「……二、區

---

[170] 高雄高等行政法院 92 年度簡字第 375 號判決（本案查無上訴之紀錄）。

內事業以保稅貨品名義報運非保稅貨品進口，應負補繳稅捐之責；如未申報，經海關查獲者，除補繳稅捐及加徵滯納金外，應另依海關緝私條例有關規定處分，爰**參考科學工業園區設置管理條例第 30 條第 2 項規定**，予以增訂。」可知，該條前述之科學園區設置管理條例作相同解釋，即其解釋應同海關管理保稅工廠辦法第58條規定，是所稱「應另依海關緝私條例有關規定處分」指應另依本條例第 37 條第 1 項第 4 款規定處分；換言之，科學產業園區事業以保稅名義報運非保稅貨品進口，未依限自行申報補稅而遭查獲者，亦屬本項第 4 款所稱「其他違法行爲」。

G. 報關後驗放前，擅行移動或搬運脫離海關可得控制之運輸工具或其他處所而進入課稅區

財政部海關總稅務司署 66/02/10 密基緝字第 1718 號函釋：「……進口貨物在未經報關前，擅行移動或搬運脫離海關可得控制之運輸工具或其他處所而進入課稅區者，應依海關緝私條例第 36 條之規定處罰。（二）**右述情形，如在報關後尚未驗放前發生時，則應改依同條例第 37 條第 1 項第 4 款之規定處罰**。…… 」依前揭函釋，進口貨物在報關後，於海關放行前，即擅行移動或搬運而進入課稅區者，亦構成「其他違法行爲」。

(3) 實務上否認構成「其他違法行爲」者

實務上曾否定進口貨物構成「其他違法行爲」者，計有「稅則」申報錯誤[171]、「報關日期及匯率」申報錯誤[172]、「廠牌」申報不符[173]及「繳驗不實之製造流程圖及成品檢測報告」[174]等情形。

（三）違章行為人之認定

1. 顯名主義

違反本項規定之違章行爲人如何認定，海關實務上採顯名主義，以報單上所載進出口人爲歸責對象。蓋該名義人與其他第三人是否另有其他內部法律關係或安排，海關自其外觀上均無從得悉查證，且該名義人既願出名，自亦應承擔相應可能發生之法律上責任。但有虛捏人頭冒名報關或涉及逃避管制或其他相類情形者，則應另外從實質認定違

---

171 財政部關務署 105/06/20 台關緝字第 1051001531 號函釋：「主旨：所報『申報稅則號別顯然錯誤』之行為可否施以處罰乙案。說明：按現行海關緝私條例第 37 條第 1 項及第 41 條第 1 項，並未將稅則之申報錯誤明文應予處罰，且財政部 98/08/24 台財關字第 09800344440 號令示：『納稅人申報稅則號列錯誤而未涉及違章情事經海關改列稅號後屬尚未開放准許輸入之大陸物品責令退運』審究意旨，亦已將申報稅則號列錯誤排除海關緝私條例之『違章』，故而稅則申報錯誤，尚非海關緝私條例應予處罰之行為。」

172 財政部 94/09/16 台財訴字第 09400250010 號訴願決定書。

173 財政部 98/12/31 台財訴字第 09800573980 號訴願決定書。

174 財政部關務署 108/06/05 台關緝字第 1081007650 號函。

章行爲人究責，不再以出名爲限[175]。

2. 顯名之例外

有下列情形之一者，例外不受顯名主義之拘束，縱未顯名於報單上，亦得加以處罰：

(1) 冒名報關

指未經他人同意而擅自冒用他人名義報關之情形。實務上，經海關調查結果，報單上所載名義之人否認委託報關者，報關業者即屬冒名報關，自不應由報關上所載名義人負虛報責任，而應由實際申報之行爲人即報關業者自負虛報責任。

(2) 無法證明確受任報關

空運快遞貨物通關辦法第 17 條第 4 項規定：「報運進出口快遞貨物涉有虛報或其他違反海關緝私條例情事，如報關業者無法證明其確受委任報關，且亦無法證明確有實際貨主者，應由報關業者負違章責任。」海運快遞貨物通關辦法第 18 條第 4 項規定：「報運進出口海運快遞貨物涉有虛報或其他違反海關緝私條例情事，如報關業者無法證明其確受委任報關，且亦無法證明確有實際貨主者，應由報關業者負違章責任。」依上開規定，報關業者未能證明確受委任報關者，應自負違章責任。

(3) 以未經設立登記之公司名義報關或以公司名義報關，嗣經撤銷公司登記

依公司法第 19 條規定[176]意旨，未經設立登記而以公司名義爲法律行爲，其行爲應由實際行爲人負責；以公司名義報運貨物進口，嗣經經濟部撤銷公司登記而自始不成立[177]，違章行爲應由實際行爲人負責。

(4) 借牌報關，夾藏貨物並涉及逃避管制

A. 出借牌照供人報關，如經查獲夾藏管制物品或其他物品，出借牌照者（即報單上之進口人）應依本條相關規定（漏稅依第 1 項、逃避管制依第 3 項）處罰；至於借牌之幕後走私貨主則不受顯名主義之限制，應依同條例第 36 條第 1 項及第 3 項規定處罰[178]。

---

175 財政部關務署 105/12/30 台關緝字第 1051015205 號函釋：「主旨：所報委由他人虛報進口匕首，處分對象為何及該匕首是否屬海關緝私條例之管制品疑義乙案。說明：……三、至旨案處分對象應如何認定乙節，查報運行為因違反誠實申報義務所生之行政責任，原則上採顯名主義，以報單上所載進出口人為歸責對象，但有虛捏人頭冒名報關或涉及逃避管制或其他相類情形者，則應另外從實質認定違章行為人究責，不再以出名為限。」財政部 106/10/31 台財法字第 10613945500 號訴願決定書後均採相同見解。

176 公司法第 19 條第 1 項規定：「未經設立登記，不得以公司名義經營業務或為其他法律行為。」

177 財政部 100/11/25 台財訴字第 10000422570 號訴願決定書。

178 財政部 84/05/09 台財關字第 840175936 號函釋：「主旨：廠商報運貨物進口，夾藏管制物品或其他准

B. 所謂「出借牌照」，係指具有進出口資格之廠商同意他人以自己名義報運貨物進出口。對於同意併櫃之報運貨物，實務上[179]亦肯認屬出借牌照情形。

(5) 共同行爲

行政罰法第 14 條第 1 項、第 2 項規定：「故意共同實施違反行政法上義務之行爲者，依其行爲情節之輕重，分別處罰之（Ⅰ）。前項情形，因身分或其他特定關係成立之違反行政法上義務行爲，其無此身分或特定關係者，仍處罰之（Ⅱ）。」所謂「故意共同實施」，係指違反行政法上義務構成要件之事實或結果由二以上行爲人故意共同完成者而言[180]。財政部關務署 104/08/18 台關緝字第 1041008805 號函釋：「……至本案之行政處罰部分，倘經認第三人與報運之進口人確有故意共同實施繳驗僞造發票、逃漏進口稅款之行爲，即有行政罰法第 14 條第 1 項規定之適用，請就其共同違反海關緝私條例第 37 條第 1 項第 3 款之部分，依法議處。」是以，故意共同申報不實者，縱未顯名於報單上，依上開規定，亦應處罰。

（四）行為數之判斷

1. 判斷標準

法務部 96/02/12 法律字第 0960003606 號函釋：「……至於違法之事實是否爲『一行爲』？乃個案判斷之問題，並非僅就法規與法規間之關聯；或抽象事實予以抽象之判斷，而係必須就具體個案之事實情節依據行爲人主觀的犯意、構成要件之實現、受侵害法益及所侵害之法律效果，斟酌被違反行政法上義務條文之文義、立法意旨、制裁之意義、期待可能性與社會通念等因素綜合判斷決定之。……」

2. 實務運作

對於違反本項規定所涉之行爲數，茲說明如下：

(1) 每筆報單之申報行爲均爲獨立之一行爲

A. 進口人每一筆進口貨物均代表一筆應課徵之稅捐，每次申報均有誠實申報義務而有必要獨立評價，故每一申報行爲如有虛報或其他違法情事，即違反一次行政法上義

許進口類物品，其進口人與實際貨主不同時，對出借牌照之不知情進口商，視其報運進口之貨物內所夾藏之物品類別，分別依海關緝私條例第 37 條第 3 項轉據第 36 條第 1 項或第 37 條第 1 項規定處罰；而對幕後走私之實際貨主則依同條例第 36 條第 1 項及第 3 項規定處罰。說明：二、為有效遏止不肖廠商及私梟取巧借用他人進口商牌照虛報貨物進口，以逃避受罰，對不知情之進口人違反真實申報義務及知情之幕後走私實際貨主，視其報運進口之貨物所夾藏之物品為管制物品或准許進口類物品，分別依適當之法條予以論處，以昭公允。」

[179] 最高行政法院 100 年度判字第 971 號判決。

[180] 最高行政法院 110 年度上字第 272 號判決。

務，應依行政罰法第 25 條規定[181]，按每筆報單分別處罰[182]。

B. 司法院釋字第 754 號解釋之規範意旨即指明「在同一時點，同時提交三份文書爲三種申報」之自然意義行止動作，在法律評價上，仍然不能被涵攝爲「單一行爲」，而應被評價爲數個行爲，顯見自然意義之一行爲判定，仍然不是單純之事實認定，而受到所適用法規範之規範意旨影響[183]。

(2)基於單一概括犯意而分階段之虛報應論屬一行爲

分階段申報 D8 及 D2 報單而於後階段（D2）始發覺涉有繳驗不實發票者，因其目的在於偷漏進口時應課徵之關稅，雖分階段實施，惟於後階段（D2）始發覺違章，應足認係出於單一之概括犯意。又鑑於所涉行爲態樣相同，僅侵害單一之稽徵正確性，尙不致構成兩次漏稅，是以，實務上[184]將類此分階段之不法申報行爲，判斷論屬一行爲，即後階段（D2）申報出倉進口之重度違章行爲吸收前階段（D8）進儲保稅倉之低度違章行爲，僅須就此依海關緝私條例第 37 條第 1 項第 3 款規定裁罰，即足以評價整體不法。

(3)虛報漏稅與違法輸入事業廢棄物應認屬一行爲

A. 對於廠商輸出入事業廢棄物未經目的事業主管機關許可，且以虛報貨名向海關報運進出口，同時違反「廢棄物清理法」及「海關緝私條例」之規定，其違法事實究屬一行爲或二行爲之問題，財政部曾作成令釋表示：「屬法律上構成要件之一行爲，依行政罰法第 24 條規定辦理」[185]，即將虛報進口與違法輸入事業廢棄物認屬一行爲，應依行政罰法第 24 條第 1 項規定，從一重處罰。實務上亦曾發生進口人虛報貨名涉有漏稅情事及違反輸入規定「551」[186]之案件[187]，經訴願審理結果，仍肯認漏稅與違反規定輸入廢棄物屬一行爲同時該當廢棄物清理法第 38 條第 1 項、第 53 條第 3 款[188]及本項規定，

---

181 行政罰法第 25 條規定：「數行為違反同一或不同行政法上義務之規定者，分別處罰之。」

182 臺北高等行政法院 109 年度訴字第 189 號判決意旨。

183 最高行政法院 109 年度判字第 234 號判決。

184 財政部關務署 103/04/28 台關緝字第 1031002185 號函。

185 財政部 97/01/08 台財關字第 09600427220 號令：「一、廠商輸出入事業廢棄物未經目的事業主管機關許可，且以虛報貨名向海關報運進出口，同時違反『廢棄物清理法』及『海關緝私條例』之規定，其違法事實究屬一行為或二行為，參照法務部 96/01/30 法律字第 0960000121 號函釋商標法所稱『輸入』行為之意旨，廠商輸出入事業廢棄物包括申請許可及報關等各種不同階段之行為，屬法律上構成要件之一行為，依行政罰法第 24 條規定辦理。二、前項事業廢棄物如屬『廢棄物清理法』第 38 條第 3 項（註：現行法第 38 條第 4 項）公告禁止輸入之種類，應依『廢棄物輸入輸出過境轉口管理辦法』第 18 條（註：現為『事業廢棄物輸入輸出管理辦法』第 10 條）規定辦理。」

186 應檢附直轄市、縣市主管機關核發之同意文件。

187 財政部 108/12/11 台財法字第 10813933780 號訴願決定書。

188 廢棄物清理法第 38 條第 1 項規定：「事業廢棄物之輸入、輸出、過境、轉口，應向直轄市、縣（市）主管機關申請核發許可文件，始得為之；其屬有害事業廢棄物者，並應先經中央主管機關之同意。但經

依行政罰法第 24 條第 1 項規定，應從一重論處。

B. 惟本文以爲，虛報漏稅與違法輸入事業廢棄物之違章，宜認屬數行爲，分別依各該規定論處，蓋：

(A) 前揭部令乃係參照法務部 96/01/30 法律字第 0960000121 號函所作成，然揆諸該函內容，係就同一行爲人輸入仿冒商標物品，闡釋所涉違反本條例第 36 條及第 39 條之行爲，被包括於商標法第 82 條[189]輸入行爲之一部分，故而有行政罰法第 26 條第 1 項刑事優先原則之適用。申言之，前揭法務部函釋，係就行爲人所爲違反行政法上義務及觸犯刑事法律規定之行爲闡釋所涉之行爲數，並非針對違反數個行政法上義務之行爲。又違反行政法上義務行爲與觸犯刑事法律規定之行爲，極易認屬一行爲，舉凡於違反行政法上義務之「一行爲」之「全部」或「一部」同時構成犯罪行爲之全部或一部時，原則上即有其適用[190]，不若行政法規間各有其規範目的、保護法益及制裁意義，爰不宜以構成同時觸犯刑事法律規定，即逕認亦同時違反行政法上義務，是以前揭部令援引作爲一行爲之判斷依據，恐有引據失義之虞。

(B) 況，本項規定原則爲漏稅罰，旨在處罰行爲人侵害稅捐核課正確性之漏稅行爲，而貨品主管機關訂定輸入規定，意在爲公共利益管理貨品之輸入，如有違反管理規定，則處以行爲罰，二者不論在侵害法益、侵害效果及制裁意義上，迥不相侔；另參照財政部國庫署對於違反菸酒管理法規定之行爲，涉及菸酒稅法第 19 條之漏稅罰者，表示該二法規範之目的不同，尚無法規競合問題[191]之意旨，虛報漏稅與違法輸入事業廢

中央主管機關會商目的事業主管機關公告屬產業用料需求者，不在此限。」第 53 條第 3 款規定：「有下列情形之一者，**處新臺幣六萬元以上一千萬元以下罰鍰**。經限期改善，屆期仍未完成改善者，按次處罰。情節重大者，並得命其停工或停業：……三、輸入、輸出、過境、轉口廢棄物**違反第三十八條第一項至第五項規定**。」

[189] 100 年 5 月 31 日修正前商標法第 82 條規定：「明知為前條商品而販賣、意圖販賣而陳列、輸出或輸入者，處一年以下有期徒刑、拘役或科或併科新臺幣五萬元以下罰金。」現為商標法第 97 條第 1 項規定：「販賣或意圖販賣而持有、陳列、輸出或輸入他人所為之前二條第一項商品者，處一年以下有期徒刑、拘役或科或併科新臺幣五萬元以下罰金。」

[190] 林錫堯，行政罰法，94 年 6 月初版，第 48 頁以下（亦經法務部 96/02/12 法律字第 0960003606 號函引用）。

[191] 財政部國庫署 94/12/21 台庫五字第 09400618000 號函：「主旨：酒製造業者同時違反菸酒管理法及菸酒稅法，案經稽徵機關以逃漏菸酒稅核處罰鍰，依司法院釋字第 503 號解釋有關單一行為之處罰，以一事不二罰為原則，則地方菸酒主管機關是否另依菸酒管理法核處乙案。說明：三、參依法務部爰引最高行政法院 91 年度 6 月份庭長法官聯席會議決議：『司法院釋字第 503 號解釋僅就原則為抽象之解釋，並未針對稅捐稽徵法第 44 所定為行為罰，與營業稅法第 51 條第 1 款規定之漏稅罰，二者競合時，應如何處罰為具體之敘明，尚難遽認二者應從一重處罰。……二者性質構成要件各別，非屬同一行為，且其處罰目的各異，……併予處罰，並無違一事不二罰之法理，自無司法院該號解釋之適用。』準此，旨揭**有關違反菸酒管理法規定之行為，如涉及菸酒稅法第 19 條之漏稅罰者，該二法規範之目的不同，尚無法規競合問題。**」

棄物之違章，宜認屬數行爲，前揭令釋，似有檢討空間。

(4) 虛報逃漏進口稅與逃漏內地稅應認屬數行爲

司法院釋字第 754 號解釋：「最高行政法院 100 年度 5 月份第 2 次庭長法官聯席會議有關：『……進口人塡具進口報單時，需分別塡載進口稅、貨物稅及營業稅相關事項，向海關遞交，始完成進口稅、貨物稅及營業稅之申報，故實質上爲三個申報行爲，而非一行爲。如未據實申報，致逃漏進口稅、貨物稅及營業稅，合於海關緝私條例第 37 條第 1 項第 4 款、貨物稅條例第 32 條第 10 款暨營業稅法第 51 條第 7 款規定者，應併合處罰，不生一行爲不二罰之問題』之決議，與法治國一行爲不二罰之原則並無牴觸。」進口人於同一報單上申報進口貨物，如同時逃漏構成關稅、貨物稅、營業稅或其他內地稅者，其申報在實質上爲三個申報行爲，自得就各行爲加以論處。

(5) 虛報與未具委任書報關分屬數行爲

依財政部關務署函釋[192]，報關業者未檢具進口人之委任書即辦理報關，並涉有虛報

---

[192] 財政部關務署 110/08/26 台關緝字第 1101021605 號函釋：「主旨：報關業者未檢具進口人之委任書即辦理報關，並涉有虛報情事，應如何裁罰一案，請查照。說明：二、違法之事實是否為『一行為』，必須就具體個案之事實情節，依據行為人主觀之犯意、構成要件之實現、受侵害法益及所侵害之法律效果，斟酌被違反行政法上義務條文之文義、立法意旨、制裁之意義、期待可能性與社會通念等因素綜合判斷決定之（參法務部 109/01/21 法律字第 10903500560 號函，附件）。三、旨揭案件行為數之認定，參酌前揭法務部函意旨，審酌報關業者未檢具委任書及涉有虛報情事，二者構成要件、裁罰主體及規範目的均有不同，應認屬二行為，依據行政罰法第25條規定分別處罰之，說明如下：（一）構成要件：1. 報關業者受委任報關，應有明確委任關係，俾海關得以確認有授予代理權之事實，故依報關業設置管理辦法第 12 條規定，報關業者應於報關時檢具委任書，如不能提示、查無委任書或委任書內容不實者，即有違反該條規定；另海關緝私條例第 37 條第 1 項規定係明定納稅義務人有據實申報義務，其要件則係報運貨物進口，有本條項各款所列虛報情事，二者構成要件有別。2. 承上，報關業者與進出口人間應先有委任關係，始得代理進口人報關，爰業者於『報關前』即應先行確認委任關係之有無，與海關緝私條例第 37 條規範『報關時』之誠實申報義務，二者行為義務形成時點不同，且個案未檢具委任書與是否構成虛報間未必具備關聯性，爰本案違反二規定間不具行為、時間上之密接性，依自然觀察判斷足作明顯區隔，尚難概括認定為一行為。（二）裁罰主體：於報關業者未能提示委任書又涉及虛報情形，因業者無法證明委任關係存在，而實際上有向海關遞送報單之申報行為，故依空運快遞貨物通關辦法第 17 條第 4 項規定，由報關業者負虛報責任，以免其藉報關業者身分規避虛報不法責任。爰本案行為人係分別基於『報關業者』及『納稅義務人』身分，就『不能提示委任書』及『虛報行為』分別負違反報關業設置管理辦法及海關緝私條例規定責任，而與報關業者自始即以自己名義報關，僅具納稅義務人身分情形有別。（三）規範目的：1. 報關業設置管理辦理第 12 條規定，其規範目的係用以佐證報關業者與進出口人間委任關係存在，以利海關確實掌握通關過程；另海關緝私條例第 37 條第 1 項規定明定納稅義務人進口貨物有據實申報義務，其目的則係確保關稅核課及邊境管制。2. 另考量快遞貨物通關時效性，空運快遞貨物以簡易申報單辦理報關者，得經報關業者具結，於貨物放行後取得委任書，並應依海關之通知，提示委任書正本以供查核，於個案未能提示委任書又涉及虛報情形，因報關業者無法證明委任關係存在，而實際上有向海關遞送報單之申報行為，故依空運快遞貨物通關辦法第 17 條第 4 項規定，由報關業者負虛報責任。本案倘採一行為見解，因快遞貨物完稅價格通常較低，僅從重依關稅法第 84 條規定處分之結果，恐難達成空運快遞貨物通關辦法第 17 條第 4 項規範目的，並非妥適。（四）本函下達後各關尚未核發處分書、已核發處分書尚未確定（含未提起行政救濟及復查程序中）案件，均應依本

情事，審酌報關業者未檢具委任書及涉有虛報情事，二者構成要件、裁罰主體及規範目的均有不同，應認屬二行爲，依據行政罰法第 25 條規定分別處罰之。

（五）責任要件

1. 行爲非出於故意或過失，不得處罰

(1) 有責任始有處罰

行政罰法第 7 條第 1 項規定：「違反行政法上義務之行爲非出於故意或過失者，不予處罰。」參諸本條立法理由明載：「一、現代國家基於『有責任始有處罰』之原則，對於違反行政法上義務之處罰，應以行爲人主觀上有可非難性及可歸責性爲前提，如行爲人主觀上並非出於故意或過失情形，應無可非難性及可歸責性，故第一項明定不予處罰。……三、現代民主法治國家對於行爲人違反行政法上義務欲加以處罰時，應由國家負證明行爲人有故意或過失之舉證責任，方爲保障人權之進步立法。……」基於「有責任始有處罰」之原則，對於違反行政法上義務之處罰，應以行爲人主觀上有可非難性及可歸責性爲前提，若行爲人主觀上並非出於故意或過失情形，應無可非難性及可歸責性，自不得予以處罰。

(2) 故意或過失之意義

A. 所謂故意者，乃行爲人對於違反秩序行爲之構成要件事實，明知並有意使其發生（直接故意），或預見其發生，因其發生不違背本意，而任其發生（間接故意或未必故意）。

B. 所謂過失者，乃行爲人對於違反秩序行爲之構成要件之發生，雖非故意，但按其情節，應注意、能注意而不注意，以致未能預見其發生（無認識的過失），或雖預見其可能發生，而信其不發生之心態（有認識的過失）。又行政罰法第 7 條第 1 項規定之過失，其要求之注意程度標準，並未以重大過失、具體過失或抽象過失等方式區分，原則上係以社會通念認係謹愼且認眞之人爲準，但如依法行爲人應具備特別的知識或能力者，則相應地提高其注意標準；至其注意範圍，以「違反行政法上注意義務之構成要件事實」爲其範圍，此自相關法規明文規定可知，如欠缺相關法規明文規定，則宜從「預見可能性」觀察，視該「違反行政法上義務之構成要件事實」是否客觀上可得認識而定其應注意範圍[193]。

2. 本項之適用，不以故意爲限

司法院釋字第 521 號解釋：「依海關緝私條例第 36 條、第 37 條規定之處罰，仍應

函規定辦理。」

[193] 林錫堯，行政罰法，102 年 11 月 2 版，第 141 頁。

以行為人之故意或過失為其責任條件，本院釋字第 275 號解釋應予以適用。」是以當申報與實際來貨不符時，客觀上即構成海關緝私條例第 37 條所稱「虛報」；至主觀責任要件部分，本不以故意為限，縱納稅義務人係因過失違反該條規定，亦得予以處罰。申言之，若納稅義務人基於偷漏稅款、逃避管制之意圖，或明知內容不實而為申報者，固因具備「故意」之主觀要件而應受罰，倘納稅義務人並無不法之意圖，亦無預見申報內容與實際來貨不符之結果，惟未善盡其注意義務，致其申報內容錯誤，亦因構成「過失」虛報行為而得予處罰。

3. 行政機關就行為人之故意或過失應負舉證責任

(1) 舉證責任之負擔

行政機關就行為人違反行政法上義務欲加以處罰時，應由該行政機關負證明行為人有故意或過失之舉證責任。

(2) 舉證不足→不能證明違法→處罰不合法

A. 認定事實

(A) 應憑證據：依最高行政法院 62 年判字第 402 號判例：「事實之認定，應憑證據，為訴訟事件所適用之共通原則。行政罰之處罰，雖不以故意為要件，然其違法事實之認定，要不能僅憑片面之臆測，為裁判之基礎。」

(B) 刑事與行政可各自認定事實：最高行政法院 75 年判字第 309 號判決：「行政罰與刑罰之構成要件雖有不同，而刑事判決與行政處分，亦原可各自認定事實，惟認定事實須憑證據，倘無證據足資認定有堪以構成行政罰或刑罰要件之事實存在，即不得僅以推測之詞予人處罰，則為二者所應一致。」

B. 不能證明違法，處罰即不合法

最高行政法院 39 年判字第 2 號判例：「當事人主張事實，須負舉證責任，倘其所提出之證據，不足為主張事實之證明，自不能認其主張之事實為眞實。行政官署對於人民有所處罰，必須確實證明其違法之事實。倘不能確實證明違法事實之存在，其處罰即不能認為合法。」

4. 行為人故意、過失之論證

(1) 本人之故意、過失

A. 申報不實之故意

一般而言，故意之舉證甚為困難，實務上雖多參考司法調查結果（例如刑事判決[194]、檢察官之起訴書、緩／不起訴處分書[195]等）所認定之事實，審認違反本條規定係出於故意。惟如所查獲本條之違章，其客觀事實依經驗法則判斷已足資證明行為人「明知」者，亦得審認已具故意之責任要件。例如，行為人於談話筆錄中已表明來貨與申報貨名之區別，足資認有虛報貨名之故意[196]；或貨物之商品名稱、型錄、官方網站等客觀事證均顯示貨物名稱而為進口人所明知，其卻未憑據該等資料申報貨名，僅以貨物部分功能申報貨名，從而審認具虛報之故意[197]；或利用具控制與從屬關係之境外公司購貨，卻繳驗不實交易對象所出具之發票，從而審認具繳驗不實發票之故意[198]等，均為申報不實而審認出於故意之適例。

B. 申報不實之過失

(A) 進口人之注意義務與期待可能性：a. 依進口申報制度，對於持憑報關之發票及裝箱單等相關資料是否確與欲進口之貨物相符、是否有夾藏管制物品等，應於報關前事先詳查及核對，此乃一般進口人通常應為之注意義務。b. 為避免申報不實之違章情事發生，進口人得於進口貨物運抵我國後，依海關管理貨櫃集散站辦法第 7 條第 9 款、海關管理進出口貨棧辦法第 21 條第 1 項規定[199]，於報關前申請看樣查證，以明實到貨物狀況後再予申報，俾盡誠實申報之義務，此雖非法規強制之義務，然為進口人得予查證之方法，既然有查證可能，即不能以其事先不知違規事實可能發生，作為免除過失責任之論據。是以，進口人依實際狀況若仍有注意及查證之可能，對於違章之防免即非無期待可能。

(B) 如未舉反證已盡注意者，致有申報不實之違章，即有應注意、能注意而不注意之過失：進口人如未就其曾有何善盡確保實際來貨與申報內容相符義務之作為，提出合理說明及具體事證，致有申報不實而涉及逃避管制之違章，即有應注意、能注意而不注意之過失。

---

194 參考案例：最高行政法院 110 年度上字第 227 號判決。

195 參考案例：最高行政法院 107 年度判字第 466 號判決。

196 參考案例：臺北高等行政法院 103 年度訴字第 1696 號判決。

197 參考案例：最高行政法院 108 年度上字第 1136 號判決。

198 參考案例：高雄高等行政法院 107 年度訴字第 158 號判決。

199 海關管理貨櫃集散站辦法第 7 條第 9 款規定：「進出口、轉運、轉口貨櫃（物）在集散站之存放、移動及處理，依下列規定辦理：……九、存站之進口、出口、轉運或轉口貨物，如須公證、抽取貨樣、看樣或進行必要之維護者，貨主應向海關請領准單，集散站業者須依准單指示在關員監視下辦理。至於所拆動之包件，應由貨主恢復包封原狀。但政府機關基於貨品檢驗（疫）需要所為之抽取貨樣、看樣作業，集散站業者依該機關核發之文件辦理。」海關管理進出口貨棧辦法第 21 條第 1 項規定：「存棧之進口、出口或轉運、轉口貨物，如須公證、抽取貨樣、看樣或進行必要之維護等，貨主應向海關請領准單，貨棧業者須依准單指示在關員監視下辦理，其拆動之包件應由貨主恢復包封原狀。但政府機關基於貨品檢驗（疫）需要所為之抽取貨樣、看樣作業，貨棧業者依該機關核發之文件辦理。」

C. 已充分揭露資訊者，縱有申報不符，亦難謂有故意、過失

參照財政部訴願決定[200]所持見解，倘進口人申報時已充分揭露「足以影響進口貨物價格、稅則歸屬或大陸物品輸入規定」之因素，縱有申報不符情事，亦難謂有違反誠實義務之故意或過失。

(2) 推定故意、過失

A. 適用或類推之前提

依調查證據結果，如已得證**以職員、受僱人、從業人員或使用人、代理人參與行政程序之人民**對於該違反行政法上義務之行爲，具有故意，或雖無故意，但確信其有過失時，即無再適用或類推適用行政罰法第7條第2項規定，推定其故意或過失責任之必要。

B. 推定之態樣

(A) 組織代表人、管理人、其他有代表權之人或實際行爲之職員、受僱人或從業人員之故意、過失，推定爲該組織之故意、過失（適用行政罰法第 7 條第 2 項）。行政罰法第 7 條第 2 項規定：「法人、設有代表人或管理人之非法人團體、中央或地方機關或其他組織違反行政法上義務者，其代表人、管理人、其他有代表權之人或實際行爲之職員、受僱人或從業人員之故意、過失，推定爲該等組織之故意、過失。」裁罰機關如已證明實際行爲人（職員、受僱人、從業人員）有故意或過失，但以該職員、受僱人、從業人員參與行政程序之人民（包括法人等組織）是否有故意或過失均屬不明時，原應由裁罰機關對故意或過失負擔客觀舉證責任者，由於法律規範之推定，轉換由人民對其本身沒有故意或過失負擔客觀舉證責任，而承擔行政法院對其作不利益認定（有故意或過失）的結果責任。

(B) 人民以第三人爲使用人或委任其爲代理人參與行政程序，具有類似性，應類推適用行政罰法第 7 條第 2 項規定，即人民就該使用人或代理人之故意、過失負推定故意、過失責任（類推適用行政罰法第 7 條第 2 項）。最高行政法院 100 年度 8 月份第 2 次庭長法官聯席會議決議[201]：「人民以第三人爲使用人或委任其爲代理人參與行政程

---

[200] 財政部 102/12/13 台財訴字第 10213962870 號訴願決定書。

[201] 最高行政法院 100 年度 8 月份第 2 次庭長法官聯席會議決議：「民法第 224 條本文規定：『債務人之代理人或使用人，關於債之履行有故意或過失者，債務人應與自己之故意或過失，負同一責任。』乃民法自己行為責任原則之例外規定。債務人使用代理人或使用人，擴大其活動領域，享受使用代理人或使用人之利益，亦應負擔代理人或使用人在為其履行債務過程所致之不利益，對債務人之代理人或使用人，關於債之履行之故意或過失，負同一故意或過失之責任。人民參與行政程序，就行政法上義務之履行，類於私法上債務關係之履行。人民由其使用人或委任代理人參與行政程序，擴大其活動領域，享受使用使用人或代理人之利益，亦應負擔使用人或代理人之參與行政程序行為所致之不利益。是以行政罰法施行前違反行政法上義務之人，如係由其使用人或委任代理人參與行政程序，因使用人或代理人之故意或過失致違反行政法上義務，於行政罰法施行前裁處者，應類推適用民法第 224 條本文規定，該違反行政法上義務之人應負同一故意或過失責任。惟行政罰法施行後（包括行政罰法施行前違反行政法上義務行

序，具有類似性，應類推適用行政罰法第7條第2項規定，即人民就該使用人或代理人之故意、過失負推定故意、過失責任。」準此，如經調查結果已得證明實際行爲人即使用人（如報關業者所屬職員[202]）或代理人有故意或過失，但以該使用人或代理人參與行政程序之人民（包括法人等組織）因類推適用行政罰法第7條第2項規定，其應負推定故意、過失責任。

（六）事後作為之影響

1.事後補具免稅證明

(1) 依現行財政部函釋[203]，報運貨物進口，經驗明來貨與原申報不符，原則上應以有漏稅之結果者，始得依本項之規定處罰。質言之，本項定性爲漏稅罰，處罰應有實際漏稅始得處罰，如無漏稅，自不得依本項規定處罰。

(2) 另，財政部亦曾作成函釋[204]：「……海關緝私條例第41條第1項對於未據實申報之報關業者之處罰規定應屬『漏稅罰』性質，自應以『漏稅事實』爲處罰要件，有實際漏稅始予處罰。**如廠商事後檢附相關免稅證明文件並經海關核准依關稅法第18條第4項規定退還已繳稅款者，因已無漏稅事實，尚難謂符合海關緝私條例第41條第1項規定**。」對於廠商事後檢附相關免稅證明文件並經海關核准者，認「已無漏稅事實」，從而無依本條例修正前第41條第1項規定處以漏稅罰，是於本項之適用上，應作相同解釋，亦即廠商事後檢附相關免稅證明文件，並經核准者，亦認「已無漏稅事實」，自難再依本項規定處以漏稅罰。

為於施行後始裁處之情形），同法第7條第2項：『法人、設有代表人或管理人之非法人團體、中央或地方機關或其他組織違反行政法上義務者，其代表人、管理人、其他有代表權之人或實際行為之職員、受僱人或從業人員之故意、過失，推定為該等組織之故意、過失。』法人等組織就其機關（代表人、管理人、其他有代表權之人）之故意、過失，僅負推定故意、過失責任，人民就其使用人或代理人之故意、過失所負之責任，已不應超過推定故意、過失責任，否則有失均衡。再法人等組織就其內部實際行為之職員、受僱人或從業人員之故意、過失，係負推定故意、過失責任。此等組織實際行為之職員、受僱人或從業人員，為法人等組織參與行政程序，係以法人等組織之使用人或代理人之地位為之。此際，法人等組織就彼等之故意、過失，係負推定故意、過失責任，則除行政罰法第7條第2項情形外，**人民以第三人為使用人或委任其為代理人參與行政程序，具有類似性，應類推適用行政罰法第7條第2項規定，即人民就該使用人或代理人之故意、過失負推定故意、過失責任。**」

202 參考案例：最高行政法院104年度判字第555號判決。

203 財政部83/08/02台財關字第830259945號函：「報運貨物進口，經驗明來貨與原申報不符，除涉及逃避管制者應依海關緝私條例第37條第3項及第36條第1、3項論處，或涉有違反其他法律規定而嚴重影響國內政治、經濟、社會、環保或國際形象者，得依同條例第37條第1項規定單科或併科沒入貨物外，其餘應以有漏稅之結果者，始得依同條例第37條第1項之規定處罰。」

204 財政部99/07/29台財關字第09900278380號函。

2. 事後補具關稅配額證明書

依財政部關務署函釋[205]，虛報關稅配額貨物之數量，為避免投機行為，尚不宜以事後補具之關稅配額證明書核銷，仍應按關稅配額外稅率核計所漏稅額。

3. 事後補稅

(1)「漏稅」與「補稅」，前者為違法行為之發生，後者為違法行為之補救，補救係對漏稅之補塡，與違反規定、科處罰鍰係屬兩事，不能以已補稅為理由，而要求免處罰鍰[206]。

(2) 另，補繳稅款雖不得據為免處罰鍰之事由，惟其確有減少違反行政法上義務行為所生之影響，而得適用緝私案件裁罰金額或倍數參考表所列減輕處罰之規定。

4. 事後退運

(1) 依現行函釋[207]，進口貨物，雖經海關核准退運，惟廠商前所為之進口報運事實仍屬存在，嗣後如查有違法新事證足資認定其有虛報情事者，仍應依海關緝私條例相關規定論處。

(2) 另，已進口貨物放行前已申請退運出口者，視同「緝私案件裁罰金額或倍數參考表」所列本條例第 37 條第 1 項違章情形一至三裁罰金額或倍數「……但於裁罰處分核定前，已補繳稅款或同意以足額保證金抵繳者」，而得適用該表所列減輕罰鍰之規定[208]。

---

[205] 財政部關務署 104/08/18 台關緝字第 1041007920 號函釋：「主旨：所報虛報關稅配額貨物之數量，但未涉逃避管制且事後補具關稅配額證明書案件，應如何適用海關緝私條例第37條第1項規定處分乙案。說明：二、旨案虛報數量部分，為避免投機行為，尚不宜以事後補具之關稅配額證明書核銷，仍應依財政部 91/06/24 台財關字第 0910028083 號函示，按關稅配額外稅率核計所漏稅額。本案因按關稅配額外稅率核計所漏稅額已超過貨價 50%，依本署（改制前關稅總局）91/05/10 台總局緝字第 91103177 號函附財政部關稅總局 91 年 5 月 3 日『研商實施關稅配額貨物涉及虛報案件之處分及處理事宜』會議紀錄二、（二）2 規定，原則上採單科沒入方式處分，惟涉案貨物據報已提領放行致不能沒入，爰請斟酌案情並依行政罰法第 23 條第 1 項規定，裁處沒入其物之價額，以為代替。」

[206] 最高行政法院 79 年度判字第 540 號判決。

[207] 財政部 92/03/13 台財關字第 0920000897 號函。

[208] 財政部關務署 108/06/03 台關緝字第 1081000410 號函釋：「主旨：進口貨物提領前退運出口或放棄銷毀，嗣查有違反海關緝私條例情事，如何適用『緝私案件裁罰金額或倍數參考表』（下稱緝罰參考表）一案。說明：二、進口貨物提領前申准退運者，依關稅法第 64 條第 3 款規定，退還其原繳關稅，參酌賦稅署 104/01/05 台稅消費字第 10304606910 號函意旨，為簡化先徵稅、後退稅之稽徵程序，應可**視同已繳清稅款**，而得適用緝罰參考表所列海關緝私條例第 37 條第 1 項違章情形一至三裁罰金額或倍數『……但於裁罰處分核定前，已補繳稅款或同意以足額保證金抵繳者』減輕罰鍰之規定；進口貨物放行前申准退運者，依關稅法第 50 條第 4 款規定，免徵關稅，如論以較重裁罰，恐生裁罰輕重失衡疑慮，為符合平等原則，仍有上開減罰規定之適用。」

5.事後聲明放棄貨物

(1) 依財政部關務署函釋[209]，報運貨物進口經查獲實到貨物與原申報不符而涉有逃漏稅捐，已構成海關緝私條例第 37 條第 1 項虛報之違章情事，應就虛報漏稅行爲予以處罰，不因嗣後「退運」或「放棄銷毀」而免除短漏稅捐之裁罰。

(2) 惟鑑於進口貨物於放行前放棄並銷毀，實務上既無須補繳關稅，財政部關務署爰予釋示，得比照適用「緝私案件裁罰金額或倍數參考表」所列海關緝私條例第 37 條第 1 項違章情形一至三裁罰金額或倍數「……但於裁罰處分核定前，已補繳稅款或同意以足額保證金抵繳者」減輕罰鍰之規定[210]。

（七）減免及處罰

1.免罰

以下免罰事由均係獨立判斷，凡符合免罰要件之一，即得免罰，並不以同時兼具爲必要。

(1) 申報三角貿易或退運免罰

A. 海關緝私案件減免處罰標準第 5 條之 1 規定：「報運貨物進出口，申報內容與實到貨物不符案件，於最初報關時即申請退運或以三角貿易方式轉售貨物至第三地者，免依本條例第三十七條規定處罰。」

B. 申報三角貿易：(A) 三角貿易，係指我國廠商接受國外客戶（買方）之訂貨，而轉向第三國供應商（賣方）採購，貨物經過我國轉運銷售至買方之貿易方式[211]。(B) 申報做法，實務上，三角貿易案件應同時申報進、出口報單。進口報單「納稅辦法」欄、

---

209 財政部關務署 109/09/16 台關緝字第 1091019525 號函。

210 財政部關務署 111/03/14 台關緝字第 1111003727 號函：「主旨：進口貨物經查有違章而涉短漏進口稅捐，於放行前申請放棄並銷毀，應如何適用『緝私案件裁罰金額或倍數參考表』及『稅務違章案件裁罰金額或倍數參考表』一案。說明：二、按進口後於貨物放行前申請退運，依關稅法第 50 條第 4 款規定免徵關稅案件，如涉有虛報情事，應依違反海關緝私條例裁罰，得適用『緝私案件裁罰金額或倍數參考表』所列海關緝私條例第 37 條第 1 項違章情形一至三裁罰金額或倍數『……但於裁罰處分核定前，已補繳稅款或同意以足額保證金抵繳者』減輕罰鍰之規定，此經本署 108/06/03 台關緝字第 1081000410 號函釋在案，先予敘明。三、進口貨物於放行前放棄並銷毀，得否免徵關稅，關稅法雖無明文規範，惟實務上均參據關稅法第 50 條第 4 款規定立法意旨，未予徵收關稅。考量須補繳所漏稅款案件，尚得以『補繳稅款或同意以足額保證金抵繳』方式減輕處罰，無須補繳稅款案件倘認無減輕處罰規定適用，論以較重裁罰，恐生裁罰輕重失衡疑慮。況此類案件實務上既無須補繳關稅，基於相同事實應為相同處理之法理，爰認宜參照本署前揭函釋，認有參考表但書減輕處罰規定適用。四、另個案如涉違反加值型及非加值型營業法及貨物稅條例，應如何適用『稅務違章案件裁罰金額或倍數參考表』，經賦稅署函復略以『考量貨物既經銷毀，……得參照本署 104/01/05 台稅消費字第 10304606910 號函規定，認屬進口人已繳清貨物稅及營業稅，而得適用上開稅目參考表有關『裁罰處分核定前已補繳稅款』之減輕處罰規定。』爰旨揭案件如涉有逃漏營業稅、貨物稅而應處罰鍰情形，其裁罰倍數請依該函規定辦理。」

211 改制前海關總稅務司署 76/09/22 台總署徵字第 3731 號函。

出口報單「統計方式」欄均填報「90」；進口報單「其他申報事項」欄須註明三角貿易及出口報單號碼，並於出口報單第 1 項貨物「原進倉報單號碼」欄填報進口報單號碼，先經進口單位辦理進口放行手續後，再由出口單位辦理出口放行手續。

C. 申請退運：(A) 指於最初報關時即申請將進口貨物退回原發貨地而不進入課稅區之意。(B) 申報做法，實務上，申報退運之進口報單「納稅辦法」欄應填報爲「94」，並應填具出口報單，於「統計方式」欄填報「9N」，於「其他申報事項」欄填報原進口報單號碼，先經進口單位辦理進口放行手續後，再由出口單位辦理出口放行手續並加註「本案爲退運案件，不得退關提領」字樣。

D. 另，依財政部關務署函釋[212]，進口人於報關時申報放棄貨物（納稅辦法填報92），並不符合適用海關緝私案件減免處罰標準第 5 條之 1 規定所稱「申請退運或以三角貿易方式轉售貨物至第三地」之要件，尙不得援引予以免罰。

(2)合理誤差免罰

A. 一般數（重）量或品質之誤差

(A) 海關緝私案件減免處罰標準第 8 條規定：「報運貨物進、出口及加工外銷貨物報運出口，而有虛報數量、重量或品質之案件，其虛報數量、重量或品質誤差未逾百分之五者，免予處罰。出口貨物溢報原料使用量者，亦同（Ⅰ）。依前項規定已訂有國家標準之產品，如其誤差容許率在百分之五以上者，適用該標準（Ⅱ）。」

(B) 依上開規定，報運貨物進口而有虛報數、重量或品質，其誤差未逾 5% 者，免予處罰。惟如另訂有國家標準之產品，其誤差容許率在 5% 以上，適用該標準，亦即得從優適用較高之誤差率。而所謂「國家標準」，解釋上除指標準法第 3 條[213]第 5 款所定「國家標準（CNS）」外，當應包含「主管機關法規」，以避免行政機關各自認定歧異而衍生法規適用爭議[214]。

(C) 報運貨物進出口而有虛報數（重）量及以不正當方法申請沖退稅之案件，如其誤差超過 5%（或國家標準）者，應一律依章就虛報（或誤差）部分全額論處，無須再行扣除 5%（或國家標準）之寬容量[215]。

---

212 財政部關務署 111/04/11 台關緝字第 1101027827 號函釋：「主旨：所報進口貨物涉有虛報貨名，違反海關緝私條例，惟於報關時申報放棄貨物（納稅辦法填報 92），得否適用海關緝私案件減免處罰標準（下稱本標準）第 5 條之 1 規定免罰一案。說明：二、海關緝私案件減免處罰標準第 5 條之 1 所訂免罰規定，係以進口人於『最初報關時』即『申請退運或以三角貿易方式轉售貨物至第三地』為要件。至於進口時即聲明放棄貨物案件，不符該條規定免罰要件，尚不得援引予以免罰。」

213 標準法第 3 條規定：「本法用詞定義如下：……五、國家標準：由標準專責機關依本法規定之程序制定或轉訂，可供公眾使用之標準。」

214 財政部關務署 109/10/14 台關緝字第 1091018164 號函。

215 財政部 71/07/19 台財關字第 19131 號函。

B. 木板條或木材薄片材積數量之誤差

(A) 海關緝私案件減免處罰標準第 9 條規定：「報運進口木板條及木材薄片，其實到貨物之材積數量，超過原申報材積數量未逾百分之二十者，免予處罰。」

(B) 報運進口木板條及木材薄片如超過申報材積數量在 20% 以上者，應就虛報部分全額論處，無須再行扣除 20% 之寬容量[216]。

C. 電子零件數量之誤差

海關緝私案件減免處罰標準第 10 條規定：「報運進口電子零件，其體積細小，種類繁多，點數困難者，實到數量超過原申報數量未逾百分之十者，免予處罰。」

D. 聯合採購散裝穀物數量之誤差

海關緝私案件減免處罰標準第 13 條規定：「廠商聯合採購進口散裝穀物，如經貨主聯合同時報關，應檢附起運口岸之公證報告書（包括官方出具證明書）辦理報關，並依其申報數量核課關稅，其申報數量與實際卸貨數量，相差未逾百分之五者，免予處罰。」

E. 解體船舶存油數量之誤差

海關緝私案件減免處罰標準第 14 條規定：「經海關、船東及石油輸入業者代表會簽之進口解體船舶存油收油紀錄單與船東申報存油數量不符，其差額在百分之五以內，或其差額超過百分之五，而數量不足五公秉，並經查明無私運進口或其他取巧違章情事者，免予處罰。」

(3) 小額免罰

A. 小額漏稅

(A) 依海關緝私案件減免處罰標準第 5 條第 1 項規定：「依**本條例第三十七條第一項**或第四項規定應處罰鍰案件，其**所漏進口稅額**或溢沖退稅額**未逾新臺幣五千元**者，免予處罰。但一年內有相同違章事實三次以上者，不適用之。」進口貨物所漏稅額在 5,000 元以下者，得予免罰。

(B) 所稱「進口稅額」，指逃漏之關稅，並不及於貨物稅、營業稅等內地稅，如有逃漏內地稅，應依各稅法規定論處，而非本條例規定。所謂「關稅」，應包括特別關稅（平衡稅、反傾銷稅、報復關稅及額外關稅等）[217]。

(C) 至於「所漏稅額」應如何計算，說明如下：

a. 類型一，虛報價值：海關緝私案件減免處罰標準第 5 條第 2 項但書規定：「但涉及虛報進口貨物價值者，按實到進口貨物依關稅法核定之完稅價格與原申報價格之差額

---

[216] 財政部 72/10/26 台財關字第 26024 號函。

[217] 財政部 91/02/07 台財關字第 0900550676 號函。

計算。」

《舉例》進口人報運進口地瓜渣粉一批，原申報價格 CFR USD 0.31/KG，數量 26,000 KG，稅則第 1108.19.90.00-9 號，稅率 15%，經海關審認有繳驗不實發票、虛報價值之違章，並核定價格 CFR USD 0.558/KG（匯率 1 美金：31.33），貨物並歸列稅則第 2303.10.00.00-8 號，按稅率 2% 課徵，所漏稅額爲 4,040 元【計算式：（0.558*26,000-0.31*26,000）*31.33*2%=4,040】未達 5,000 元，屬情節輕微而予免罰。

b. 類型二，虛報退回外銷品：依據「廠商申請外銷品退回免稅涉及虛報案件之處理原則」[218]計算其所漏稅額。

c. 類型三，虛報退回測試品：依現行函釋[219]，廠商申報出口測試品退回如涉有虛報情事，而難以認定係原出口貨物復運進口，無從核銷原出口報單，不得依法免徵關稅，實到貨物即應按一般進口貨物課稅，至所生之漏稅額，應以實到貨物應課稅額減去原申報應課稅額（按「零」計算），以其二者之差額作爲所漏稅額，換言之，虛報退回測試品，按實到貨物應歸屬稅則號別之稅率核算實際應課稅額，並以之爲所漏稅額。

d. 類型四，虛報關稅配額貨物：財政部 91/06/24 台財關字第 0910028083 號函釋：「……實施關稅配額貨物虛報案件，其虛報之情事未涉及逃避管制者，申報部分按進口人所提具之關稅配額證明書予以核銷，虛報數量部分一律按關稅配額外稅率核計所漏稅額。」

《舉例》進口人報運進口泰國生產檳榔（實施關稅配額貨物[220]），申報重量 616 公斤；經查驗結果，實重應爲 808.5 公斤，所漏稅額爲 155,925 元【計算式：（808.5-616 公斤）*810 元（配額外關稅）=155,925 元】。

e. 類型五，其他：海關緝私案件減免處罰標準第 5 條第 2 項本文規定：「前項漏稅額之計算，以實到貨物依關稅法核定之完稅價格及應歸屬稅則號別之稅率核算實際應徵稅額，減去原申報貨物依關稅法核定之完稅價格及實際應歸屬稅則號別之稅率計算應課稅額之差額計算。」

《舉例[221]》進口人報運進口女鞋一批，原申報材質爲「UPPER：布面，OUTSOLE：

---

218 財政部關稅總局 99/04/07 台總局緝字第 09910052071 號令（附後）。

219 財政部關務署 103/01/03 台關緝字第 1021022004 號函：「主旨：關於廠商申報出口測試品退回，涉有虛報產地，所漏稅額之核計疑義乙案。說明：二、本案因涉及虛報情事，難以認定係原出口貨物復運進口，故無法核銷原出口報單，不得依法免徵關稅，爰實到貨物即應按一般進口貨物課稅。至於虛報所生漏稅額之核計，應以實到貨物應課稅額減去原申報應課稅額，以其二者之差額作為所漏稅額。本案進口人原申報為『國貨出口測試後再復運進口』（已載明於其他申報事項欄）且於進口稅欄內填 0，意欲免稅，故原申報應課稅額允宜按『零』計算，亦即按實到貨物應歸屬稅則號別之稅率核算實際應課稅額作為所漏稅額。」

220 配額外稅率：從量課稅，新臺幣 810 元／公斤（0802.80.00）；配額內稅率：17.5%（9813.00.00）。

221 參考案例：財政部 110/03/17 台財法字第 11013905110 號訴願決定書。

橡膠」，價格為 FOB USD 13.7/PST，貨品分類號列第 6402.99.90.23-8 號「高跟鞋，外底以橡膠或塑膠製而鞋面以塑膠製者」，稅率 7.5%（惟依申報之材質，實際應列貨品分類號列第 6404.19.00.80-2 號「高跟鞋，外底以橡膠或塑膠製而鞋面以紡織材料製者」，稅率 7.5%）。經查驗結果，實際來貨材質為「UPPER：PU，OUTSOLE：橡膠」，應歸列貨品分類號列第 6402.99.90.23-8 號「高跟鞋，外底以橡膠或塑膠製而鞋面以塑膠製者」，稅率 7.5%，屬財政部 101/12/13 台財關字第 10105538220 號公告應課徵反傾銷稅（稅率 43.46%）之貨物，嗣據查價結果，實到貨物改按 FOB USD 17/PST 核估完稅價格，所漏關稅額（含反傾銷稅）計 6,017 元。

<table>
<tr><th></th><th>品質
（材質）</th><th>完稅價格</th><th>稅則號別
（稅率）</th><th>稅額</th></tr>
<tr><td>實到貨物</td><td>UPPER：PU，OUTSOLE：橡膠</td><td>FOB USD 17/PST
（核定 13,400）</td><td>6402.99.90.23-8
高跟鞋，外底以橡膠或塑膠製，而鞋面以塑膠製者
稅率 7.5%
屬應課徵反傾銷稅（稅率 43.46%）之貨物</td><td>（實到貨物之實際應徵稅額）
13,400*7.5% + 13,400*43.46%
= 1,005 + 5,825
= 6,830</td></tr>
<tr><td rowspan="2">原申報貨物</td><td rowspan="2">UPPER：布面，OUTSOLE：橡膠</td><td rowspan="2">FOB USD 13.7/PST
（核定 10,840）</td><td>（實際應歸屬稅則號別）
6404.19.00.80-2
高跟鞋，外底以橡膠或塑膠製，而鞋面以紡織材料製者
稅率 7.5%</td><td>（原申報貨物應課稅額）
10,840*7.5% = 813</td></tr>
<tr><td>（原申報稅則）
6402.99.90.23-8
高跟鞋，外底以橡膠或塑膠製，而鞋面以塑膠製者
稅率 7.5%</td><td></td></tr>
<tr><td colspan="5">【所漏稅額計算式】
所漏稅額 = 實到貨物之實際應徵稅額（6,830）– 原申報貨物應課稅額（813）
= 6,017</td></tr>
</table>

B. 小額盤差

海關緝私案件減免處罰標準第 12 條規定：「保稅工廠年度盤存盤差數量超越常情處分罰鍰案件，以盤存結算表中所列單項原料貨價為基準，其貨物完稅價格在新臺幣五千元以下者，免予處罰。」

(4)誤裝免罰

A. 進出口貨物查驗準則第 19 條規定：「進口貨物如有溢裝，或實到貨物與原申報不符，或夾雜其他物品進口情事，係出於同一發貨人發貨兩批以上，互相誤裝錯運，經舉證證明，並經海關查明屬實，免依關稅法及海關緝私條例有關規定論處。」海關實務上向依上揭規定之「出於同一發貨人發貨兩批以上，互相誤裝錯運」作爲認定誤裝之要件，亦即進口人或貨主需舉證證明係因國外發貨人同時發貨二批以上，所發之貨彼此對調或互換，產生裝載錯誤情形，致生來貨與運送契約不符情事，始得依免依本條規定論處。

B. 另，上開進出口貨物查驗準則乃依關稅法第 23 條第 2 項所授權訂定，惟依該項規定：「前項查驗、取樣之方式、時間、地點及免驗品目範圍，由財政部定之。」僅授權行政機關訂定查驗、取樣之細節性、技術性事項及免驗品目範圍，似未包括誤裝效果，在此規定免罰，恐有逾法律授權之虞，爰本文以爲，應參照本條例第 45 條之 3 之立法例，訂定專條規定，賦予誤裝之免罰效果，始爲正辦。

(5)主動更正報單免罰

（詳本條例第 45 條之 3 說明）。

2. 處罰

(1)本條罰則

處所漏進口稅額五倍以下之罰鍰，或沒入或併沒入其貨物。

(2)沒入或併沒入貨物

報運貨物進口，涉有本項各款所列情事之一，除另涉及逃避管制應依同條第 3 項轉據同條例第 36 條第 1 項、第 3 項論處外，原則上係以處罰漏稅爲主，即科處所漏稅額五倍以下之罰鍰。惟查獲之下列進口貨物，或因涉案貨物之嚴重性，或因而考量裁罰之衡平性及對受處分人有利，實務上海關即行使本項之裁量權，將沒入或併沒入貨物：

A. 經認涉有違反相關機關主管法律規定且嚴重影響國內政治、經濟、社會、環保或國際形象[222]之貨物

(A) 本令之適用：除沒入之貨物種類有所限制外，亦應符合「違反相關法律規定」及「申報不符行爲與違反規定間具因果關係」[223]之要件。至於是否違反相關機關主管法

---

[222] 財政部 112/11/08 台財關字第 1121027090 號令。

[223] 財政部關務署 104/12/17 台關政緝字第 1046002892 號函釋：「主旨：海關查獲財政部 102/02/01 台財關字第 10210800861 號令示所列貨物，如貨物進口人違反誠實申報義務之行為與違反相關機關主管法律規定間存有因果關係者，允宜依海關緝私條例第 37 條第 1 項沒入或併沒入涉案貨物。」

律規定，當應由貨品主管機關本於權責認定之。蓋海關僅係配合各主管機關政策執行邊境管制，對於物品管理不宜較其他法律嚴格，倘案貨業經貨品主管機關認定未違反其主管法律規定而未予裁罰，則海關即不得另為相異認定並逕依本條例裁處沒入，以避免裁罰輕重失衡。

(B) 貨物種類：

a. **稻米**（稅則 1006 節稻米含括之稻穀、糙米、糯米、白米及碎米）、**稻米粉**（稅則 110290 目含括之糯米粉及其他稻米粉）、**花生**。

b. **保育類野生動物之活體及其產製品**，指主管機關依野生動物保育法第 4 條第 2 項規定[224]公告之保育類野生動物之活體及其產製品。所稱產製品，依同法第 3 條第 6 款規定，指野生動物之屍體、骨、角、牙、皮、毛、卵或器官之全部、部分或其加工品，例如象牙工藝品。惟應予注意者，不包括文化資產保存法所稱之古物[225]。

c. 涉及檢疫法規逃避檢疫之貨品。

d. 管制藥品管理條例第 19 條及第 20 條[226]之管制藥品。

e. 電信法第 49 條[227]之電信管制射頻器材。電信管制射頻器材，如經貨品主管機關國家通訊傳播委員會審認「尚未放行輸入境內」而未違反電信法第 49 條規定，即與「違反相關機關主管法律規定」要件未符，自不得依本條規定裁處沒入[228]。

(C) 槍砲彈藥刀械管制條例第 4 條第 1 項第 3 款[229]之刀械。

---

224 野生動物保育法第 4 條規定：「野生動物區分為下列二類：一、保育類：指瀕臨絕種、珍貴稀有及其他應予保育之野生動物。二、一般類：指保育類以外之野生動物（Ⅰ）。前項第一款保育類野生動物，由野生動物保育諮詢委員會評估分類，中央主管機關指定公告，並製作名錄（Ⅱ）。」

225 參考案例：臺北高等行政法院 92 年度訴字第 2873 號判決。

226 管制藥品管理條例第 19 條規定：「第四條第一項所定之製藥工廠輸入、輸出第一級、第二級管制藥品，應向食品藥物署申請核發憑照（Ⅰ）。前項輸入、輸出口岸，由中央衛生主管機關核定之（Ⅱ）。」第 20 條規定：「第三級、第四級管制藥品之輸入、輸出及製造，除依藥事法第三十九條規定取得許可證外，應逐批向食品藥物署申請核發同意書。但因特殊需要，經中央衛生主管機關許可者，不在此限。」

227 電信法第 49 條規定第 1 項：「為保障國家安全及維持電波秩序，製造、輸入、設置或持有電信管制射頻器材者，須經交通部許可；其所製造、輸入之電信管制射頻器材型號及數量，須報請交通部備查。」【現已移列電信管理法第 65 條：「射頻器材除法律另有規定外，得自由流通及使用（Ⅰ）。為維持電波秩序，經主管機關公告之電信管制射頻器材，應經核准，始得製造、輸入（Ⅱ）。電信管制射頻器材之製造、輸入之核准方式、條件與廢止、申請程序、文件、製造、輸入之管理、限制及其他應遵行事項之辦法，由主管機關定之（Ⅲ）。製造、輸入或持有供設置電臺或主管機關公告一定功率以上之電信管制射頻器材者，應定期向主管機關申報其流向、用途及狀態（Ⅳ）。前項電信管制射頻器材申報作業程序及文件、管理與限制及其他應遵行事項之辦法，由主管機關定之（Ⅴ）。」規範】。

228 財政部關務署 109/10/05 台關緝字第 1091012978 號函。

229 槍砲彈藥刀械管制條例第 4 條第 1 項第 3 款規定：「本條例所稱槍砲、彈藥、刀械如下：……三、刀械：指武士刀、手杖刀、鴛鴦刀、手指虎、鋼（鐵）鞭、扁鑽、匕首（各如附圖例式）及其他經中央主管機關公告查禁，非供正當使用具有殺傷力之刀械。」

B. 實施關稅配額之貨物

依據財政部關務署（改制前關稅總局）91/05/10 台總局緝字第 91103177 號函檢送「研商實施關稅配額貨物涉及虛報案件之處分及處理事宜」會議紀錄會議結論：「……對於私運及**虛報配額貨物案件之處罰**，應請注意依下列原則裁量核處：……（二）單純依海關緝私條例第 37 條處罰之虛報案件：1. 如其漏稅額在貨價 50% 以下者，照一般虛報漏稅案件處罰方式（單處漏稅額二倍罰鍰）裁處。2. 倘其漏稅額超過貨價 50% 者，原則上採單科沒入方式處分。……」是以，虛報而單純逃避關稅配額案件，如漏稅額超過貨價 50% 者，原則上採單科沒入方式處分。

C. 加熱式菸品

依財政部關務署函釋[230]：「……海關查獲私運、虛報及匿未申報進口之加熱式菸草，是否依海關緝私條例（下稱本條例）規定論處一案……106 年緝獲案件均已罹於菸酒管理法、菸害防制法之三年裁處權時效，至其違反本條例之五年裁處權時效亦將於本（111）年 7 月起陸續屆至。爲免具體案件於菸害防制法修正條文公布施行前即罹於本條例裁處權時效，請依法裁罰，……具體案件裁處，請依下列原則辦理：……2. 虛報進口案件，視貨物歸列之稅則號別分別裁處：(1) 歸列稅則號別第 2403.99.90 號『其他加工菸葉及菸葉代用製品』貨物，考量其除含尼古丁易讓人成癮外，也含有焦油、NNN、NNK、甲醛、乙醛等有毒及致癌物質，尚未經健康風險評估審查通過，所生菸害對國民健康、家庭及國家影響重大，宜依本條例第 37 條第 1 項規定裁處所漏稅額五倍以下之罰鍰，併沒入貨物。……。」對於查獲虛報進口之加熱式菸品，應依本項規定，處漏稅額五倍以下之罰鍰，併沒入貨物。

D. 違章情節輕微，經行爲人請求以沒入貨物取代罰鍰處分者

揆諸本條於 67 年之修正理由：「……於若干場合確係國外廠商發貨錯誤所致，並非故意僞報，於是受處分人主張來貨非其所需，因而請求改予沒入貨物免處罰鍰者，據查受處分人所稱雖可採信，情節亦多輕微（如臺灣 IBM 公司於 63 年 1 月 5 日自臺北關報運進口資料處理機器零件一批，其實到數量比原申報多出兩個，漏稅額僅新臺幣 304），惟因格於規定，海關不得不對之科處罰鍰。爲兼顧此類事實，爰予修正使海關得視情節輕重處以罰鍰或沒入或併沒入其貨物。」本項得沒入貨物之裁量權限本係爲因應違章情節輕微及兼顧進口人權益所增訂，是以，本文以爲對於非屬進口人故意虛報之情形且來貨亦非其所需者，於裁罰時依行政程序法第 7 條規定之比例原則及第 9 條所揭櫫應注意有利情形之原則，自得斟酌及尊重當事人意願，倘涉案貨物之沒入於國家權益無損（例如，不另生相當之處理費用），甚至有利（例如，得以變賣）者，不妨行使本

---

[230] 財政部關務署 111/07/01 台關緝字第 1111004050 號函。

項所賦予之裁量權，以處分沒入貨物方式取代漏稅罰鍰處分。

(3)處所漏進口稅額五倍以下之罰鍰

A. 照表裁罰

(A) 財政部關務署 107/05/18 台財關字第 1071010762 號令訂頒「緝私案件裁罰金額或倍數參考表」及使用須知，規範行使裁量權之客觀標準，用以協助各關妥適辦理海關緝私案件之裁罰。

(B) 使用參考表裁罰時，應併予注意者，進口貨物放行前已申請退運出口者，視同「緝私案件裁罰金額或倍數參考表」所列本條例第 37 條第 1 項違章情形一至三裁罰金額或倍數「……但於裁罰處分核定前，**已補繳稅款或同意以足額保證金抵繳者**」而得適用該表所列減輕罰鍰之規定[231]。

緝私案件裁罰金額或倍數參考表

海關緝私條例條次及內容	違章情形	裁罰金額或倍數
第三十七條第一項 報運貨物進口而有下列情事之一者，得視情節輕重，處所漏進口稅額五倍以下之罰鍰，或沒入或併沒入其貨物： 一、虛報所運貨物之名稱、數量或重量。 二、虛報所運貨物之品質、價值或規格。 三、繳驗偽造、變造或不實之發票或憑證。 四、其他違法行為。	所漏進口稅額逾新臺幣五十萬元。	處所漏進口稅額三倍之罰鍰。但有下列情形之一者，處二・五倍之罰鍰： 一、於裁罰處分核定前，已補繳稅款或同意以足額保證金抵繳。 二、貨物於放行前申請退運出口經海關核准或以書面聲明放棄。
	所漏進口稅額逾新臺幣十萬元至五十萬元。	處所漏進口稅額二・五倍之罰鍰。但有下列情形之一者，處二倍之罰鍰： 一、於裁罰處分核定前，已補繳稅款或同意以足額保證金抵繳。

231 財政部關務署 108/06/03 台關緝字第 1081000410 號函釋：「主旨：進口貨物提領前退運出口或放棄銷毀，嗣查有違反海關緝私條例情事，如何適用『緝私案件裁罰金額或倍數參考表』（下稱緝罰參考表）一案。說明：二、進口貨物提領前申准退運者，依關稅法第 64 條第 3 款規定，退還其原繳關稅，參酌賦稅署 104/01/05 台稅消費字第 10304606910 號函意旨，為簡化先徵稅、後退稅之稽徵程序，應可視**同已繳清稅款**，而得適用緝罰參考表所列海關緝私條例第 37 條第 1 項違章情形一至三裁罰金額或倍數『……但於裁罰處分核定前，已補繳稅款或同意以足額保證金抵繳者』減輕罰鍰之規定；進口貨物放行前申准退運者，依關稅法第 50 條第 4 款規定，免徵關稅，如論以較重裁罰，恐生裁罰輕重失衡疑慮，為符合平等原則，仍有上開減罰規定之適用。」

緝私案件裁罰金額或倍數參考表（續）

海關緝私條例條次及內容	違章情形	裁罰金額或倍數
		二、貨物於放行前申請退運出口經海關核准或以書面聲明放棄。
	所漏進口稅額在新臺幣十萬元以下。	處所漏進口稅額二倍之罰鍰。但有下列情形之一者，處一・五倍之罰鍰： 一、於裁罰處分核定前，已補繳稅款或同意以足額保證金抵繳。 二、貨物於放行前申請退運出口經海關核准或以書面聲明放棄。
	納稅義務人未符合本條例第四十五條之三免罰要件，惟於海關、稅捐稽徵機關或其他協助查緝機關尚未發現不符前，主動陳報或提供違法事證，協助查獲違章者。	於協助查獲違章範圍內，按前三點所漏進口稅額裁罰倍數減輕其罰鍰五分之一。
	納稅義務人未曾違反本條例受有處分確定者，經海關通知實施事後稽核，能克盡協力義務配合調查，因而查獲並於裁罰處分核定前已補繳稅款或同意以足額保證金抵繳。	按第一點至第三點所漏進口稅額但書之裁罰倍數減輕其罰鍰五分之二。

B. 仍應審酌個案情節

對於構成本項之違章行爲而應予處罰者，原則上依前揭裁罰參考表所定區分違章情形予以裁罰，惟仍應審酌個案應受責難程度、所生影響、所得利益、受處罰者之資力及平等、比例原則，如認違章情節重大或出於故意或情節輕微者，得按表列裁罰倍數或金額加重或減輕其罰，至各該規定法定罰鍰額之最高限或最低限爲止[232]，以免有裁量怠惰之違法。

---

232 緝私案件裁罰金額或倍數參考表使用須知第4點第1項規定：「個案經審酌應受責難程度、所生影響、所得利益、受處罰者之資力及平等、比例原則，認違章情節重大或出於故意或情節輕微者，得按表列裁罰倍數或金額加重或減輕其罰，至各該規定法定罰鍰額之最高限或最低限為止。」

二、第2項（報運貨物出口涉及虛報、繳驗不實或有其他違法行爲）

（一）本項沿革及立法目的

1. 本條係由23年6月19日制定公布之海關緝私條例第22條修正而來，修正前條文並未分別報運貨物進口或出口之情形，只要虛報貨物價值，均處匿報稅款二倍至十倍之罰款，惟62年8月27日修正公布海關緝私條例時，將第22條修正爲第37條，並增列第2項及第3項之規定，將報運貨物進口而有虛報之情形規定在第1項；報運貨物出口而有虛報之情形則規定在第2項及第3項，足徵單純出口貨物，既不徵關稅，除第3項規定之進口原料加工出口之沖退稅，可能溢退稅款外，自無可能逃漏關稅，與報運貨物進口可能逃漏關稅之情形不同。
2. 於解釋海關緝私條例第37條第2項之立法原意時，自應探求該條例於62年8月27日修正時，特別將第37條第2項從第1項獨立出來，且改處以定額之罰鍰，而非按第1項處以所漏稅額若干倍之罰鍰，足徵立法意旨應係有意將第2項之處罰與第1項之漏稅罰加以區別，亦即一有虛報之行爲，無論有無造成逃漏稅之結果，均應處罰，並非俟有實際溢額沖退稅捐之違法行爲之結果發生始予處罰。
3. 本項之處罰，性質應屬行爲罰，如有該當本條第1項所列之行爲即應處罰，不以產生實際漏稅之危害爲必要，故出口人僅須有虛報出口貨物重量、價值等違法之行爲，即已違反本項所定之不作爲義務，而合致於其處罰之客觀構成要件，至於有無逃漏稅捐，則非所問。

（二）違章行為態樣

本項規定以「有前項各款情事之一者」爲應處罰之行爲。所稱「前項」，即指本條第1項，亦即報運貨物出口而有下列情事者，則該當本條應予處罰之行爲：

1.虛報所運貨物之名稱、數量或重量

（同本條第1項說明）。

2.虛報所運貨物之品質、價値或規格

(1)虛報品質、規格

（同本條第1項說明）。

(2)虛報價值之認定

A.出口貨物價格之申報

出口貨物報關驗放辦法第10條規定：「出口貨物之價格，以輸出許可證所列之離岸價格折算申報，免除輸出許可證者，以輸出口岸之實際價值申報（Ⅰ）。前項以實際價值申報者，應於報關時檢附發票或其他價值證明文件（II）。」依前開規定，貨物輸出人於出口貨物時，原則上應依輸出許可證所列離岸價格折算申報，免除輸出許可證者，以輸出口岸之實際價值申報，並應檢附發票或其他證明文件供參。

B. 發票僅爲參考，仍應以實際價值爲斷

由於出口貨物之發票因係由出口商自行開具，其金額多寡通常不具客觀性及公信力，仍應以個案貨物之實際價值爲虛報與否之判斷基準。至於出口貨物之實際價值應如何判斷，參酌財政部關務署 104/09/24 台關緝字第 1041020277 號函釋：「……至於出口私貨離岸價格之具體計算方式，現行法雖未就其細節及內容予以明文規範，惟既係判斷貨物本身之價值，解釋上當與報運之貨物並無二致，即同應以輸出口岸之實際價值爲準。又鑒於私運貨物出口並非經由通商口岸之通關程序，自無出口人自行申報之離岸價格，且亦因礙於難以取得發票或其他價值證明文件而無從判斷貨物之實際價值，爰**實務上**[233]**向參酌關稅法第 35 條規定，綜合市面上所查得之一般行情價格及前揭行政法院判決**[234]**所示之一切費用，核估該私貨之合理離岸價格並據爲罰鍰之基準**。」不論係私運或報運模式，出口貨物之離岸價格應由海關本於專業並參酌關稅法第 35 條規定及綜合一般行情價格、一切費用後予以核估合理價格。

C. 出口虛報價值之類型

(A) 申報價格與繳驗之眞實發票所載金額不符[235]：出口人報運出口貨物，原申報價格倘與隨貨所附或事後提供之更正發票所載金額不符，而經認發票所載爲眞實者，實務上通常即審認涉有虛報出口貨物價值之違章。

(B) 申報價格與其他價格資料不符[236]：出口貨物之實際價格亦得由發票以外之文件（如信用狀、銀行水單、結匯證明書、同一出口人最近出口相同貨物之報單副本、買賣合約書等）加以佐證，換言之，原申報價格如與該等文件所表徵之實際價值有所不符者，亦屬虛報貨物價值之範疇，而得依本項規定論處。

(C) 申報價格顯高於市場行情[237]：出口人報運出口之貨物，其價格顯高於其**直營門市販售之同一商品**者（外包裝標示之廠牌、貨名、內容量及成分均相同），一般情形下，即得審認與實際價值不符，而有虛報離岸價值之違章。

---

233 參考案例：最高行政法院 96 年度判字第 1180 號判決。

234 最高行政法院 67 年度判字第 129 號判決：「……本件涉案貨物所據以估價之離岸價格，係指該項出口貨物發貨地在國內之躉發市價加上內陸運輸費用，發貨人之利潤及出口報運裝船等一切費用之總額而言。與國貨在國內售價，意義迥異，……」

235 參考案例：財政部 100/09/08 台財訴字第 10000266010 號訴願決定書、高雄高等行政法院 95 年度簡字第 263 號判決、高雄高等行政法院 97 年度訴字第 772 號判決。

236 參考案例：財政部 102/01/07 台財訴字第 10113917520 號訴願決定書。

237 參考案例：臺北高等行政法院 102 年度訴更一字第 11 號判決。

(D) 出口顯無價值之貨物：出口人報運出口之貨物，依貨物之客觀現狀，顯屬無商業價值者（例如，燒錄交易明細紀錄、非供銷售、無取得成本、可無限複製、無法在市場買賣或流通之光碟片[238]，虛報具有商業價值；或相同序號，屬無法使用之僞造電話預付卡[239]），實務上即審認原申報之價格與實際不符，涉有虛報貨物價值之違章。

(E) 出口無實際交易事實之貨物：依前揭說明，出口貨物離岸價格應以實際價值申報，倘無實際交易事實，將無由產生實際價值，如仍申報離岸價格，即構成虛報貨物價值。實務上，就發生過出口人報運貨物出口，而經海關查得出口人係採循環匯款模式（出口報單實際資金流程係由出口人、負責人及監察人之銀行帳戶，匯款至國外買方帳戶，該國外買方於收到匯款後，隨即以出口貨款性質，將匯款匯回出口人之帳戶），製作不實資金流程證明，掩飾無實際交易事實之假出口行爲，而以出口人涉有虛報貨物價值而予裁罰之案例[240]。

3. 繳驗僞造、變造或不實之發票或憑證

由於出口貨物之發票因係由出口商自行開具，其金額多寡亦爲其所決定，毋庸僞、變造；至於繳驗不實發票者，理論上雖有發生可能，惟其通常爲虛報價值之手段，故實務上通常僅就虛報價值部分加以審認、處罰，並未就其「不實」加以非難、評價。

4. 其他違法行爲

(1) 本項規定所適用之「其他違法行爲」，參酌司法院釋字第 521 號解釋：「……第 4 款以概括方式規定『其他違法行爲』亦在處罰之列，此一概括規定，係指**報運貨物進口違反法律規定而有類似同條項前三款虛報之情事而言**。」之認定標準，應以具有類似本條第 1 項第 1 款至第 3 款虛報或不實情事，而涉及偷漏關稅、規避檢查或逃避管制，且有違反其他法律規定者，始足當之。

(2) 鑑於進、出口型態相異，其他違法行爲之態樣亦有所不同，茲將實務上已肯認及否定之「其他違法行爲」態樣說明如下：

A. 虛報國貨出口及產地標示不實：出口人虛報國貨出口及產地標示不實，亦認屬有違法情事，而得依本項規定處罰[241]。

B. 出口未壓印標示來源識別碼之預錄式光碟：光碟管理條例第 24 條規定：「輸出未壓印標示來源識別碼之預錄式光碟，經海關查獲者，由海關依海關緝私條例規定，處以罰鍰及沒入其光碟，並檢樣通知主管機關依有關法令辦理。」準此，出口之未壓印標

---

238 參考案例：臺北高等行政法院 102 年度訴字第 2029 號判決（本判決查無上訴紀錄）。

239 參考案例：財政部 102/04/18 台財訴字第 10213915120 號訴願決定書。

240 參考案例：財政部 102/04/18 台財訴字第 10213915120 號訴願決定書。

241 參考案例：財政部 99/11/29 台財訴字第 09900393080 號訴願決定書。

示來源識別碼之預錄式光碟爲違反法律規定之行爲，海關即依該條例及本項規定論處。

C.「商標」申報不符者，不構成其他違法行爲：依現行函釋[242]，查獲出口商標申報不符案件，應移請經濟部根據相關法規處罰，不再依海關緝私條例第37條第2項轉據同條第1項第4款「其他違法行爲」論處。

（三）責任要件

（同本條第1項說明）。

（四）行為數判斷

1.虛報出口與冒退營業稅行爲分屬數行爲

參照司法實務見解[243]，營業人向海關申報貨物出口時，因無法直接據以核退營業稅，而須於貨物出口後於規定期限內向管轄之國稅局塡報營業稅申報書，經該管國稅局查明後，始能依營業稅法第39條第1項第1款規定退還溢繳之營業稅，故而，**報運貨物出口與申報核退營業稅之行爲時點不同，其間隔甚至長達二個月以上，本質上分屬不同之行爲，縱虛報之目的，涉及將來冒退營業稅之用，仍難以其具手段目的關係，即謂屬單一行爲**。

2.虛報出口與違法輸出事業廢棄物應認屬一行爲

實務上曾發生出口人虛報貨物名稱且涉有違法輸出事業廢棄物之案件[244]，經訴願決定審認屬一行爲同時違反本項及廢棄物清理法第38條第1項規定[245]，依行政罰法從一重處罰規定，應依法定罰鍰額最高之海關緝私條例裁處。

3.同一貨物虛報進口後虛報出口，進口與出口申報分屬數行爲

關於物流中心以L1轉運申請書申報進儲，涉及虛報貨名、逃避管制，並有違法輸入及違規進儲事業廢棄物情事，而嗣後以D5出口報單申報出口涉及違法部分，財政部關務署曾釋示：「應與虛報輸入及違規進儲行爲分別依法論處」[246]，即將虛報進口行爲

---

242 財政部86/04/16台財關字第861999750號函。

243 最高行政法院100年度判字第2074號判決意旨。

244 參考案例：財政部105/11/04台財法字第10513950780號訴願決定書。

245 廢棄物清理法第38條第1項規定：「事業廢棄物之輸入、輸出、過境、轉口，應向直轄市、縣（市）主管機關申請核發許可文件，始得為之；其屬有害事業廢棄物者，並應先經中央主管機關之同意。但經中央主管機關會商目的事業主管機關公告屬產業用料需求者，不在此限。」第53條第3款規定：「有下列情形之一者，**處新臺幣六萬元以上一千萬元以下罰鍰**。經限期改善，屆期仍未完成改善者，按次處罰。情節重大者，並得命其停工或停業：……三、輸入、輸出、過境、轉口廢棄物**違反第三十八條第一項至第五項規定**。」

246 財政部關務署105/08/12台關緝字第1051005253號函：「主旨：所報物流中心業者以其名義為納稅義

與嗣後之虛報出口行爲認屬數行爲，應分別處罰。

（五）減免及處罰

1.免罰

(1)申報三角貿易免罰

海關緝私案件減免處罰標準第 5 條之 1 規定：「報運貨物進出口，申報內容與實到貨物不符案件，於最初報關時即申請退運或以三角貿易方式轉售貨物至第三地者，免依本條例第三十七條規定處罰。」

(2)合理誤差免罰

A. 海關緝私案件減免處罰標準第 8 條規定：「報運貨物進、出口及加工外銷貨物報運出口，而有虛報數量、重量或品質之案件，其虛報數量、重量或品質誤差未逾百分之五者，免予處罰。出口貨物溢報原料使用量者，亦同（Ⅰ）。依前項規定已訂有國家標準之產品，如其誤差容許率在百分之五以上者，適用該標準（Ⅱ）。」

B. 報運貨物進出口而有虛報數（重）量及以不正當方法申請沖退稅之案件，如其誤差超過 5%（或國家標準）者，應一律依章就虛報（或誤差）部分全額論處，無須再行扣除 5%（或國家標準）之寬容量[247]。

(3)小額免罰

A. 海關緝私案件減免處罰標準第 6 條規定：「依本條例第三十七條第二項規定應處罰鍰案件，其貨物離岸價格與原申報價格差額未逾新臺幣五萬元者，免予處罰。但有下列情事之一者，不適用之：一、出口貨物涉及違反相關輸出規定。二、出口貨物涉及規避其他國家或地區特別關稅。三、出口贓車、贓物或已依動產擔保交易法交易之車輛。四、虛報出口貨物名稱，夾藏汽、機車引擎，其號碼遭磨滅、變造致無法辨識或查無車籍登錄紀錄（Ⅰ）。前項之差額，以整份出口報單之原申報價格減除實到貨物價格計算之（Ⅱ）。」

B. 應注意者，此處免罰之事由，係以出口貨物之價格與所申報之差額爲斷，並非以漏稅額（出口原則上無漏稅額）爲準，整份出口報單之差額倘未逾 5 萬元者，即得構

務人及貨物輸出人，就相同貨物以 L1 轉運申請書申報進儲，嗣以 D5 出口報單申報出口，涉有違法情事，其虛報進口、違章進儲及虛報出口，究屬一行為或數行為乙案。說明：二、本案物流中心業者以 L1 轉運申請書申報進儲，涉及虛報貨名、逃避管制，並有違法輸入及違規進儲事業廢棄物情事，參據財政部 97/01/08 台財關字第 09600427220 號令及法務部 96/01/29 法律決字第 0960002641 號函（103 年版關稅海關緝私法令彙編第 296 頁第 31 則及第 295 頁第 30 則參照）示，宜論屬一行為，請依行政罰法第 24 條第 1 項規定，從一重處罰；至其嗣後以 D5 出口報單申報出口涉及違法部分，應與虛報輸入及違規進儲行為分別審酌，並依法論處。」

247 財政部 71/07/19 台財關字第 19131 號函。

成上揭事由，應予免罰。

(4)主動更正報單免罰

（詳本條例第45條之3說明）。

2.處罰

(1)本條罰則

處新臺幣300萬元以下罰鍰，並得沒入其貨物。

(2)並得沒入貨物

A. 依本項規定，海關對於申報不實所涉之貨物有裁量是否沒入之權限。

B. 行政程序法第10條規定：「行政機關行使裁量權，不得逾越法定之裁量範圍，並應符合法規授權之目的。」第4條規定：「行政行爲應受法律及一般法律原則之拘束。」是否沒入貨物之裁量，仍應符合平等原則、比例原則、誠信原則及信賴保護原則等一般法律原則，並就具體案件情節（如行爲人違失行爲之動機、目的、手段、違反法令義務之程度，及對社會安全秩序所生之危害程度是否影響重大、涉案貨物之違法性等客觀情形），予以整體判斷客觀、合理認定，否則沒入貨物即出於恣意濫用，亦恐有違反比例原則之違法。

C. 實務上，海關依本項規定處罰鍰外並予沒入之貨物，或係因另有法律已限縮裁量權限（例如未壓印標示來源識別碼之預錄式光碟依法[248]應予沒入），或因來貨爲違禁物（如DVD色情光碟及色情海報[249]）而屬情節重大，經裁量後予以沒入。

(3)處新臺幣300萬元以下罰鍰

A.照表裁罰

財政部關務署107/05/18台財關字第1071010762號令訂頒「緝私案件裁罰金額或倍數參考表」及使用須知，規範行使裁量權之客觀標準，用以協助各關妥適辦理海關緝私案件之裁罰。

組私案件裁罰金額或倍數參考表

海關組私條例條次及內容	違章情形	裁罰金額或倍數
第三十七條第二項 報運貨物出口，有前項各款情事之一者，處新臺幣三百	涉規避國外政府特別關稅者。	處貨價一倍之罰鍰。但不得逾新臺幣二百萬元。

---

[248] 光碟管理條例第24條規定：「輸出未壓印標示來源識別碼之預錄式光碟，經海關查獲者，由海關依海關緝私條例規定，**處以罰鍰及沒入其光碟**，並檢樣通知主管機關依有關法令辦理。」

[249] 參考案例：財政部96/03/02台財訴字第09600034310號訴願決定書。

組私案件裁罰金額或倍數參考表（續）

海關緝私條例條次及內容	違章情形	裁罰金額或倍數
萬元以下之罰鍰，並得沒入其貨物。	虛報貨名或涉偽造不實發票、不實證明文件，矇混出口贓車、贓物或已依動產擔保交易法交易之車輛。	贓車、贓物，處虛報出口贓車、贓物貨價一倍之罰鍰。但不得逾新臺幣二百萬元。 已依動產擔保交易法交易之車輛，處虛報出口車輛貨價百分之五十罰鍰。但不得逾新臺幣一百萬元。
	出口布料、紗線委託中國大陸加工，申報製成成衣後，將再復運進口而有第三十七條第一項各款情事（如布料不符或數、重量短少或實際未出口）者。	處虛報部分貨價一倍之罰鍰。但不得低於新臺幣六千元及逾新臺幣二百萬元。如已公告開放成衣進口或已取得專案輸入許可文件，減輕處罰如下： 涉及高報貨價者，處虛報出口貨價高於實際出口貨價差額之百分之三十罰鍰，不得低於新臺幣六千元。 未涉及高報貨價者，處新臺幣六千元罰鍰。
	出口前點以外貨物委外加工後將再復運進口而有第三十七條第一項各款情事且高報貨價者。	處虛報出口貨價高於實際出口貨價差額之百分之三十罰鍰。但不得低於新臺幣六千元及逾新臺幣一百萬元。
	出口有高報貨價情事者。	虛報出口貨價高於實際出口貨價差額未逾新臺幣五百萬元者，按差額處百分之一罰鍰；差額在新臺幣五百萬元以上未滿新臺幣一千萬元者，按差額處百分之一．五罰鍰；差額在新臺幣一千萬元以上者，按差額處百分之二罰鍰。但不得低於新臺幣六千元及逾新臺幣一百萬元。
	虛報第三點至第五點出口貨物數（重）量、價值等，致有高報貨價情事，係出於誤植、誤繕等顯然錯誤，經提供文件查核屬實者。	處新臺幣六千元罰鍰。

組私案件裁罰金額或倍數參考表（續）

海關緝私條例條次及內容	違章情形	裁罰金額或倍數
	出口夾藏汽、機車引擎，其號碼遭磨滅、變造致無法辨識或查無車籍登錄紀錄者。	汽車引擎每具處新臺幣五萬元罰鍰。但不得逾新臺幣一百萬元。 機車引擎每具處新臺幣六千元罰鍰。但不得逾新臺幣五十萬元。
	其他出口虛報行為： 涉及規避輸出規定者。	處新臺幣一萬二千元罰鍰。
	未涉規避輸出規定者。	處新臺幣六千元罰鍰。
	貨物輸出人未符合本條例第四十五條之三免罰要件，惟於海關、稅捐稽徵機關或其他協助查緝機關尚未發現不符前，主動陳報或提供違法事證，協助查獲違章者。	於協助查獲違章範圍內，按前八點裁罰金額或倍數減輕其罰鍰五分之一。但不得低於新臺幣六千元。

B. 仍應審酌個案情節

對於構成本項之違章行爲而應予處罰者，原則上依前揭裁罰參考表所定區分違章情形予以裁罰，惟仍應審酌個案應受責難程度、所生影響、所得利益、受處罰者之資力及平等、比例原則，如認違章情節重大或出於故意或情節輕微者，得按表列裁罰倍數或金額加重或減輕其罰，至各該規定法定罰鍰額之最高限或最低限爲止[250]，以免有裁量怠惰之違法。

三、第3項（報運貨物進出口涉及逃避管制）

（一）逃避管制之認定原則及其例外

1.原則

報運貨物進口或出口，經查明來貨與原申報不符，且貨物爲管制涵義所及範圍內，原則上，即應認有逃避管制情事而應依本項規定議處。

2.例外

有下列情事之一者，海關實務上則認不構成逃避管制而無本項之適用餘地：

---

250 緝私案件裁罰金額或倍數參考表使用須知第4點第1項規定：「個案經審酌應受責難程度、所生影響、所得利益、受處罰者之資力及平等、比例原則，認違章情節重大或出於故意或情節輕微者，得按表列裁罰倍數或金額加重或減輕其罰，至各該規定法定罰鍰額之最高限或最低限為止。」

(1)虛報行爲或繳驗不實行爲與貨品管制間不具因果關係

A. 財政部 99/11/08 台財關字第 09905036500 號函釋：「主旨：有關廠商報運進口○○乙批，稅則申報錯誤經海關改列後，其輸入規定隨同改爲『MP1』，但稅則改列非因規格申報不符所致，其虛報規格情事應否認定涉及逃避管制一案，核復如說明。說明：二、查海關緝私條例第 37 條第 3 項規定之處罰構成要件，乃係廠商報運貨物進出口有虛報情事而涉及逃避管制，準此，**虛報行爲與逃避管制之間須具有因果關係，始得以上述規定論處**。本案進口貨物經核屬非開放准許輸入之大陸物品，係因稅則號別改列所致，與虛報規格無涉；亦即虛報規格與逃避管制間無因果關係，尚難謂符合海關緝私條例第 37 條第 3 項規定之構成要件，自無該處罰規定之適用。」

B. 財政部關務署 103/04/25 台關緝字第 1031005538 號函釋：「進口人報運自大陸進口醫療器材，涉及繳驗不實發票（虛報價格）及貨品分類號列申報錯誤，應否認定構成海關緝私條例第 37 條第 3 項規定『逃避管制』乙案。說明：二、本案雖查有貨品分類號列申報錯誤情事，惟『貨品分類號列』並非海關緝私條例第 37 條第 1 項所定之項目，就此尚不致構成該條項所定之違章虛報行爲。三、另查財政部 99/11/08 台財關字第 09905036500 號函已闡明『虛報行爲與逃避管制之間須具有因果關係，始得以海關緝私條例第 37 條第 3 項規定論處』，本案**雖又涉有繳驗不實發票情事，惟就所報案情言，僅就「價格」構成不實，而價格並非貨品管制之判斷因素，故其間應不具因果關係。是以，本案應無海關緝私條例第 37 條第 3 項規定之適用。**」

(2)持證輸入而無虛報貨名，僅規格或成分不符

財政部 97/11/03 台財關字第 09705505100 號令釋：「一、海關緝獲廠商違章進口尚未開放准許間接進口之大陸物品，依下列規定辦理：……（二）**持憑專案輸入許可文件報運進口原屬未開放准許間接進口之大陸物品者，經查無虛報貨名，僅規格或成分不符之案件，認屬不涉及逃避管制**。」

(3)依限補送專案輸入許可文件

財政部 97/11/03 台財關字第 09705505100 號令釋：「一、海關緝獲廠商違章進口尚未開放准許間接進口之大陸物品，依下列規定辦理：（一）**進口非屬『懲治走私條例』管制物品之案件，如經海關通知之翌日起二個月內補送專案輸入許可文件者，免依逃避管制論處**。」

(4)裁處前法律已變更

A. 法務部 96/03/06 法律字第 0960700154 號函釋：「說明：三、至同條[251]所定『行

---

[251] 指行政罰法第 5 條規定：「行為後法律或自治條例有變更者，適用**裁處時**之法律或自治條例。但裁處前

爲後法律或自治條例有變更』者，限於已公布或發布且施行之實體法規之變更，其變更前後之新舊法規必須具有同一性，且爲直接影響行政罰裁處之義務或處罰規定；又法律或自治條例授權訂定法規命令或自治規則以補充義務規定或處罰規定之一部分，而此類規定之變更如足以影響行政罰之裁處，自亦屬本條所定之法規變更。」

B. 參照前揭函釋，財政部作成函釋[252]：「……按行政院依懲治走私條例第 2 條第 3 項授權公告之『管制物品項目及其數額』及貿易法規授權公告內容之變更，既屬法務部上開函所稱法律授權訂定之法規命令，且該公告內容屬本部 98/04/20 台財關字第 09800093420 號令[253]所稱『管制』涵義，其內容之變更足以影響其是否依海關緝私條例第 37 條第 3 項『逃避管制』論處，亦即該公告之內容爲處罰之構成要件，足以影響行政罰之裁處，宜認屬行政罰法第 5 條所定之法律變更，而有『從新從輕』原則之適用。」是以，行爲後裁處前，公告之管制物品如有變更，而所涉貨物已列開放或未列管制者，即難再以本項逃避管制論處。

C. 另，依 111 年 5 月 30 日修正之行政罰法第 5 條規定：「行爲後法律或自治條例有變更者，適用裁處時之法律或自治條例。但裁處前之法律或自治條例有利於受處罰者，適用最有利於受處罰者之規定。」已將「行政機關最初裁處時」之時點修正爲「裁處時」，而所稱「**裁處時**」，除行政機關第一次裁罰時，包括訴願先行程序之決定、訴願決定、行政訴訟裁判，乃至於經上述決定或裁判發回原處分機關另爲適當之處分等時點。準此，上開公告內容變更，縱於原處分機關爲第一次裁處後始發生，亦有行政罰法第 5 條「從新從輕」原則之適用，亦即於處分確定前，不論處於最初裁處前、復查、訴願或行政訴訟何種階段，仍應先確認該物品是否業經經濟部公告開放，俾作成適法之處分、決定及判決。

（二）責任要件

（同本條第 1 項說明）。

（三）法律適用

1. 刑事優先原則

(1) 意義

一行爲同時觸犯刑事法律及違反行政法上義務規定時，由於刑罰與行政罰同屬對不法行爲之制裁，而刑罰之懲罰作用較強，故依刑事法律處罰，即足資警惕時，實無一事

之法律或自治條例有利於受處罰者，適用最有利於受處罰者之規定。」

252 財政部 98/07/03 台財關字第 09805019890 號函。

253 本令已廢止，並改以財政部 112/11/10 台財關字第 1121027391 號令重新釋示。

二罰再處行政罰之必要，爰行政罰法第26條第1項規定：「一行爲同時觸犯刑事法律及違反行政法上義務規定者，依刑事法律處罰之。但其行爲應處以其他種類行政罰或得沒入之物而未經法院宣告沒收者，亦得裁處之。」

(2)適用要件

A. 一行爲

(A) 有關違反行政法上義務規定之事實，究應評價爲「一行爲」抑或「數行爲」乃個案判斷問題，並非僅就法規與法規間關聯或抽象事實予以抽象判斷，必須就具體個案事實情節，依據行爲人主觀犯意、構成要件實現、受侵害法益及所侵害法律效果，斟酌被違反行政法上義務條文文義、立法意旨、制裁意義、期待可能性與社會通念等因素綜合判斷決定之[254]。

(B) 實務上雖僅就部分構成本條例之逃避管制行爲，與違法輸入（例如禁藥[255]、事業廢棄物【未開放大陸物品】[256]）肯認屬一行爲，惟就逃避管制之本質及受侵害法益論，逃避管制實即逃避各貨品主管法規所訂管制輸出入之規定，二者制裁意義無異，是以，本文以爲，所有本條例之逃避管制，與各法規之違法輸出入行爲，宜認屬一行爲。

(C) 另，各貨品主管法規對於違法輸出入貨品之情形，常訂有兩罰規定，即處行爲人刑罰外，亦同時處罰法人之代表人及法人，參照最高行政法院對於違反農藥管理法相關規定及本項之見解[257]，依本項規定處分，係認進口人（公司）以自己名義爲納稅義務人而爲不實申報，逃避管制之行爲科處罰鍰，與司法機關對申報之公司及其代表人因違法輸入所爲刑事偵查訴追，二者立法目的、構成要件均不同，非屬「一行爲」，且之所以併處罰法人，乃罰其怠於使代表人不爲犯罪行爲之監督義務；易言之，依貨品主管法規規定處以法人罰金時，係因其代表人執行業務時，未盡監督之不作爲予以處罰，而本

---

254 法務部102/04/25法律字第10203504080號函。

255 參考案例：財政部110/04/22台財法字第11013909810號訴願決定書。

256 參考案例：財政部108/12/11台財法字第10813933780號訴願決定書。

257 最高行政法院103年度判字第476號判決：「農藥管理法第47條第1項及第49條同時處罰法人之代表人及法人之規定，係屬兩罰規定；而系爭處分係依海關緝私條例第37條，認上訴人公司以自己名義為納稅義務人，向被上訴人為不實申報，逃避管制之行為科處罰鍰，其因未履行誠實申報製造工廠義務裁處罰鍰及沒入貨物，與司法機關對上訴人及其代表人因輸入偽農藥涉犯農藥管理法所為刑事偵查訴追，二者立法目的、構成要件均不同，非屬『一行為』。又參照依原為行政院所提農藥法草案就農藥管理法第49條規定之立法沿革，可知法人之代表人因執行業務，輸入偽農藥，除處罰實際為行為之代表人外，之所以併處罰法人，乃罰其怠於使代表人不為上開犯罪行為之監督義務，蓋法人為事業之主體，對其代表人有監督之責，自負有監督其代表人於執行業務時不為違法行為之義務。易言之，農藥管理法之前揭規定係因其代表人執行業務時，上訴人未盡監督之不作為予以處罰。而海關緝私條例之行政罰則係就上訴人申報不實，逃避管制之違反行政法上義務之積極行為而予處罰，無行政罰法第26條所規定之『一行為同時觸犯刑事法律及違反行政上義務規定』之情形，自無一事不二罰原則之適用，即無待刑事偵審結果再審酌裁罰金額及宣告沒入之必要。」

條例之行政罰則係就進口人申報不實，逃避管制之違反行政法上義務之積極行爲而予處罰，故非行政罰法第26條所規定之「一行爲同時觸犯刑事法律及違反行政上義務規定」之情形，自無一事不二罰原則之適用。

B. 同一行爲人

(A)「一行爲不二罰」，係指同一行爲人同一事實行爲，違反數個行政法上義務或觸犯刑事法律，不得重複處罰而言，故如處罰主體不同，自無行政罰法第 26 條之適用[258]。

(B) 實務上，逃避管制之行爲人多爲公司組織，其性質爲法人，於法律上得獨立享受權利及負擔義務；而違法輸出入行爲所涉刑事責任部分，則以相關從業之自然人（例如公司負責人）爲訴追、處罰之對象，是以，違反行政法上義務及觸犯刑事法律規定之行爲主體並不相同，所爲實爲「數行爲」，應分別依違反本條例及相關刑事法律規定處罰，並無行政罰法第 26 條第 1 項刑事優先原則之適用。

C. 同時觸犯刑事法律規定及違反行政法上義務規定

指一行爲違反行政法上義務規定外，亦同時觸犯法律條文中訂有死刑、無期徒刑、有期徒刑、拘役、罰金等效果之刑事處罰規定。

(3) 效果

A. 依刑事法律處罰之

(A) 意義：a. 所稱之「依刑事法律處罰之」，參照憲法第 8 條及司法院釋字第 392 號解釋意旨，係指經由法院（即審判機關）依法定程序（刑事訴訟之審判程序）所爲之刑事處罰，始足當之。b. 另，上開規定之「得」字，係賦予行政機關裁罰權限之意，而與裁量無關[259]。

B. 沒收優先

(A) 沒收非刑事處罰：105 年 7 月 1 日後施行之刑法，沒收爲刑罰及保安處分以外之法律效果，具有獨立性，而非刑罰。

(B) 沒入亦應有刑事優先原則之適用：a. 一行爲同時觸犯刑事法律及違反海關緝私條例所定義務者，海關依該條例第 36 條第 3 項規定得沒入之私運貨物，須於「未經法院宣告沒收」時始具有沒入之裁處權[260]。b. 應併予注意者，參酌法務部函釋：「……查無論依修正前之農藥管理法第 53 條或現行農藥管理法第 55 條規定，依刑法規定得沒收

---

[258] 法務部 96/03/27 法律決字第 0960005858 號函。

[259] 吳庚，行政法之理論與實用，增訂 9 版，第 112 頁；行政罰法解釋及諮詢小組會議紀錄彙編，法務部行政罰法諮詢小組第 5 次會議紀錄相關討論發言，第 353 頁以下（經法務部 99/04/07 法律字第 0999005147 號函援引）。

[260] 法務部 103/02/11 法律字第 10303501590 號函。

之非法農藥，**按現行實務見解，除法律有特別規定外，否則應以查獲之非法農藥係屬實行犯罪行爲之『自然人』所有爲限，始得依刑法第38條第1項及第3項規定沒收之（智慧財產法院103年度刑智上易字第13號判決參照），故查獲之非法農藥倘屬非犯罪處罰對象之法人或自然人所有或非屬刑事法律專科沒收之物，自得由主管機關依法逕行裁處沒入**，此部分因**未涉法院宣告沒收**，故與行政罰法所定刑事處罰優先原則無涉。[261]」「……如行爲人一行爲同時違反農藥管理法第45條至第49條及海關緝私條例第37條之規定，如上開說明三（一）所述，有涉及由法院宣告沒收者，應依本法第26條刑事優先原則規定處理，尚不得由行政機關先行裁處沒入。[262]」是以，應予沒入之涉案貨物是否有涉刑事優先原則之適用，應以涉案貨物是否屬非犯罪處罰對象之法人或自然人所有，或非屬刑事法律專科沒收之物而定，倘屬肯定，即因未涉法院宣告沒收而無刑事優先原則之適用，行政機關自得依違反行政法上義務之規定，予以裁處沒入。

C. 行政作業

(A) 告發犯罪：刑事訴訟法第241條、第242條第1項規定：「公務員因執行職務知有犯罪嫌疑者，應爲告發。」「告訴、告發，應以書狀或言詞向檢察官或司法警察官爲之；其以言詞爲之者，應制作筆錄。爲便利言詞告訴、告發，得設置申告鈴。」本條例第16條之1亦規定：「海關執行緝私，或軍警機關依前條協助緝私或逕行查緝，發現有犯罪嫌疑者，應立即依法移送主管機關處理。」

(B) 移送偵辦：行政罰法第32條第1項規定：「一行爲同時觸犯刑事法律及違反行政法上義務規定者，應將涉及刑事部分移送該管司法機關。」構成本項之逃避管制者，所涉違法輸出入貨品之行爲，倘同時觸犯刑事法律規定，依上開規定應即告發犯罪，並移送該管司法機關偵辦。

2. 得裁處行政罰

(1) 事由

A. 行政罰法第26條第2項規定：「前項行爲如經不起訴處分、緩起訴處分確定或爲無罪、免訴、不受理、不付審理、不付保護處分、免刑、緩刑之裁判確定者，得依違反行政法上義務規定裁處之。」所稱「不起訴處分、緩起訴處分確定或爲無罪、免訴、不受理、不付審理、不付保護處分、免刑、緩刑」，均非同條第1項所稱「依刑事法律處罰」之情形，爰得再依違反行政法上義務規定裁處行政罰，不生違反一事不二罰之問題。

B. 應併予注意者：

---

[261] 法務部103/12/27法律字第10303514550號函。
[262] 法務部103/12/27法律字第10303514550號函。

(A) 緩起訴處分之**確定**與緩起訴期間之屆滿係不同之概念，申言之，緩起訴處分書製作並送達後，倘未於法定期間內聲請再議[263]，或再議爲無理由而遭駁回者，該緩起訴處分即爲確定[264]。又，撤回起訴與不起訴處分有同一之效力，是以，一行爲觸犯刑事法律及違反行政法上義務規定，業經檢察官撤回起訴確定者，行政機關得依本項規定裁處之[265]。

(B) 附條件緩刑，係仿刑事訴訟法緩起訴制度，明定法院宣告緩刑時，得斟酌情形課予行爲人特定之負擔或指示，此際所宣告之刑乃暫緩執行，尚不得謂行爲人業依刑事法律處罰之[266]。

(C) 另，依法務部函釋[267]意旨，經法院爲拘役或罰金之宣告，惟**易以訓誡**完畢者，其所受宣告之刑，已執行完畢，亦即受有刑罰，而非屬行政罰法第 26 條第 2 項所定得再裁處行政罰鍰之情形。

(2)法律競合與想像競合

A. 法律競合－特別法應優先適用

(A) 按行政罰法第 24 條第 1 項規定：「一行爲違反數個行政法上義務規定而應處罰鍰者，依法定罰鍰額最高之規定裁處。但裁處之額度，不得低於各該規定之罰鍰最低額。」此即所謂一行爲不二罰原則。惟一行爲違反二以上行政法上義務規定，而該二以

263 刑事訴訟法第 256 條第 1 項規定：「告訴人接受不起訴或緩起訴處分書後，得於十日內以書狀敘述不服之理由，經原檢察官向直接上級檢察署檢察長或檢察總長聲請再議。但第二百五十三條、第二百五十三條之一之處分曾經告訴人同意者，不得聲請再議。」

264 法務部 99/05/17 法律字第 0999020123 號函釋：「……緩起訴處分之確定與緩起訴期間之屆滿係不同之概念，申言之，緩起訴處分書製作並送達後，倘未於法定期間內聲請再議，或再議為無理由而遭駁回者，該緩起訴處分即為確定；至於緩起訴期間之作用則係被告於緩起訴期間內如有違反規定，檢察官得撤銷緩起訴處分，繼續偵查或起訴（刑事訴訟法第 253 條之 3 等規定參照）。是故，一行為構成刑事罰與行政罰競合時，刑事罰部分如經檢察官為緩起訴處分確定者，行政機關即得就違反行政法上義務部分科處罰鍰，非謂須待緩起訴期間屆滿始得為之（臺北高等行政法院 98 年度訴字第 1515 號判決、臺北高等行政法院 97 年度訴字第 336 號判決及本部 95/02/10 法律字第 0950000533 號函參照）。嗣後倘緩起訴處分經撤銷並經法院有罪判決確定，依本法第 26 條第 1 項之規定，行政機關應依職權撤銷原罰鍰處分，自屬當然。」

265 法務部 105/04/18 法律字第 10503506930 號函釋：「……刑事訴訟法第 269 條第 1 項規定：『檢察官於第一審辯論終結前，發見有應不起訴或以不起訴為適當之情形者，得撤回起訴。』同法第 270 條規定：『撤回起訴與不起訴處分有同一之效力，以其撤回書視為不起訴處分書，準用第 255 條至第 260 條之規定。』檢察官撤回起訴雖非本法第 26 條第 2 項規定得裁處行政罰所列舉情形之一，惟檢察官撤回起訴與不起訴有同一效力，是以，逃漏稅捐一行為觸犯刑事法律及違反行政法上義務規定，業經檢察官撤回起訴確定者，行政機關得依本法第 26 條第 2 項規定裁處之。」

266 法務部 102/09/11 法律字第 10203509740 號函。司法院釋字第 471 號解釋理由書；林山田，刑法通論（下），94 年 9 月 9 版，第 535 頁、第 541 頁、第 547 頁；蔡墩銘，刑法總論，96 年 10 月 7 版，第 407 頁、第 425 頁；刑法第 74 條第 2 項立法理由參照。

267 法務部 102/01/03 法律字第 10100224690 號函。

上規定之間存有特別法與普通法關係者，於此情形，特別規定之構成要件必涵蓋普通規定之構成要件，從而，除法律別有規定外，應依特別法優先於普通法適用之原則，優先適用該特別規定，而不再適用一行為不二罰原則。申言之，特別法優先適用之原則，為更重要之法規適用原則，在法規適用之順序上，應更高於從一重處罰之原則，故特別法中對於同一行為雖其法定罰鍰額較低，仍應優先適用該特別法，並由該特別法之主管機關為裁罰之管轄機關（法務部行政罰法諮詢小組第二次會議紀錄結論參照）[268]。本項有關逃避管制之處罰規定，性質為普通法，故如其他法律另有特別之處罰規定，即應優先適用特別規定。

(B) 菸酒管理法第46條規定：「販賣、運輸、轉讓或意圖販賣、運輸、轉讓而陳列或貯放私菸、私酒者，處新臺幣三萬元以上五十萬元以下罰鍰。但查獲物查獲時現值超過新臺幣五十萬元者，處查獲物查獲時現值一倍以上五倍以下罰鍰，最高以新臺幣六百萬元為限。配合提供其私菸、私酒來源因而查獲者，得減輕其罰鍰至四分之一（I）。**前項情形，不適用海關緝私條例之處罰規定**（II）。[269]」該條第2項規定即屬運輸私菸、酒之特別規定，是以，基於特別法優於普通法適用之原則，運輸私菸、私酒者，即不適用本條例之處罰規定，應依菸酒管理法規定處理。

B. 想像競合—從一重處罰

(A) 罰鍰比較高低：行政罰法第24條第1項規定：「一行為違反數個行政法上義務規定而應處罰鍰者，依法定罰鍰額最高之規定裁處。但裁處之額度，不得低於各該規定之罰鍰最低額。」是報運進出口涉及逃避管制，應先就具體個案計算貨價並乘以三倍作為本項法定罰鍰最高額，再與各貨品主管法規所定之罰鍰最高額比較輕重後，由法定罰鍰最高之主管機關管轄、論處。

(B) 未因管轄競合喪失管轄權及裁處權：具體個案倘經審認，法定罰鍰最高額之規定並非本項之處罰規定者，即應由所涉貨品主管法規之主管機關裁處，惟其依所

---

268 法務部102/10/25法律字第10203511720號函。

269 財政部法制處106/05/04財法發字第10613919380號書函：「說明：四、（三）……**查菸酒管理法第46條第2項立法意旨係定明同條第1項與海關緝私條例競合時，何者應優先適用，尚難據此反面推論謂：不適用菸酒管理法第46條第1項時，亦定無海關緝私條例之適用**。準此，貴署所述案例，如不適用菸酒管理法第46條第1項裁處，似仍可審酌有無合致海關緝私條例要件，再決定裁罰與否。」財政部國庫署108/07/03台庫酒字第10803689620號函釋：「說明：四、按現行本法第46條規定：『販賣、運輸、轉讓或……私菸、私酒者，處新臺幣（下同）三萬元以上五十萬元以下罰鍰。但查獲物查獲時現值超過五十萬元者，處查獲物查獲時現值一倍以上五倍以下罰鍰，最高以六百萬元為限。……（第1項）。前項情形，不適用海關緝私條例之處罰規定（第2項）。』揆上述第2項立法目的，主要在統一運輸私菸酒違章之『裁罰標準』，**就一行為同時違反本法第46條第1項與海關緝私條例相關規定而應處罰鍰者，一律優先引據前者裁處，並非成立本法第46條第1項違章者，即不成立海關緝私條例違章。**」

管法規認定無須裁處罰鍰，僅裁處其他種類行政罰者，依法務部 111/02/22 法律字第 11103502970 號函釋：「……一行爲違反數個行政法上義務而應處罰鍰，數機關均有管轄權時，其管轄競合之處理方式，雖應由法定罰鍰額最高之主管機關管轄，惟並未剝奪各主管機關之管轄權及裁罰權……倘法定罰鍰最高額之主管機關依所管法規認定無須裁處罰鍰，僅裁處其他種類行政罰者，因其他主管機關並未因管轄競合喪失管轄權及裁處權，爰仍得依其所管法規併爲裁處罰鍰。」海關自得就違反本項規定之部分予以裁處。

C. 沒入之管轄競合

(A) 構成本項逃避管制之行爲，如所涉貨品之主管法規亦有沒入規定者，究應由何機關裁處沒入？參酌法務部函釋：「如行爲人係以一行爲同時違反農藥管理法第 55 條及海關緝私條例第 37 條規定，則應視此二條文有無法規競合之情形，亦即有無特別法及普通法關係爲斷；如有此關係，則**應依特別法優於普通法原則處理**。如無此關係，則因海關緝私條例第 36 條及農藥管理法第 55 條，均對旨揭非法農藥定有沒入之規定，則屬管轄競合之情形，應依本法第 31 條規定[270]，**由處理在先之機關管轄**。故請貴部依上開原則審慎斟酌。[271]」即應先判斷所涉貨品主管法規與本條例是否具特別法與普通法之關係，如是，依特別規定沒入；若否，則由處理在先之機關管轄，並依其主管法規裁處沒入。

(B) 現行實務，構成本項之逃避管制，除上揭之菸酒管理法第 46 條規定得認屬本條例之特別規定外，與其他規定並無特別法與普通法之關係，是以，原則均應依管轄競合之規定處理，即由邊境查獲之海關以管轄在先爲由而依本項轉依第 36 條第 3 項規定裁處沒入。惟查獲之禁用農藥及僞農藥，因有協議共識，依行政院農業委員會動植物防疫檢疫局 103/07/31 防檢三字第 1031489067 號函[272]檢送「103 年 7 月 22 日召開之研商『邊境查獲虛報貨名非法農藥之沒入及後續處理』會議紀錄」之決議二、（二）：「針對查獲之違禁品（禁用農藥及僞農藥）處理部分，得先暫存於海關監管之貨櫃集散站或私貨倉庫，**並由所轄地方農政主管機關儘速依農藥管理法第 55 條第 1 項規定裁處沒入**，由違規輸入人負擔銷燬費用儘速銷燬，以避免長期囤放致生污染及危險等問題。」則例外

---

270 行政罰法第 31 條規定：「一行為違反同一行政法上義務，數機關均有管轄權者，由處理在先之機關管轄。不能分別處理之先後者，由各該機關協議定之；不能協議或有統一管轄之必要者，由其共同上級機關指定之（Ⅰ）。一行為違反數個行政法上義務而應處罰鍰，數機關均有管轄權者，由法定罰鍰額最高之主管機關管轄。法定罰鍰額相同者，依前項規定定其管轄（Ⅱ）。一行為違反數個行政法上義務，應受沒入或其他種類行政罰者，由各該主管機關分別裁處。但其處罰種類相同者，如從一重處罰已足以達成行政目的者，不得重複裁處（Ⅲ）。第一項及第二項情形，原有管轄權之其他機關於必要之情形時，應為必要之職務行為，並將有關資料移送為裁處之機關；為裁處之機關應於調查終結前，通知原有管轄權之其他機關（Ⅳ）。」

271 法務部 103/12/27 法律字第 10303514550 號函。

272 財政部關務署 103/08/01 台關緝字第 1031017131 號函轉各關查照。

由地方農政主管機關依農藥管理法規定裁處沒入。

（四）減免及處罰

1.免罰

(1)申報三角貿易或退運免罰

海關緝私案件減免處罰標準第5條之1規定：「報運貨物進出口，申報內容與實到貨物不符案件，於最初報關時即申請退運或以三角貿易方式轉售貨物至第三地者，免依本條例第三十七條規定處罰。」

(2)加工出口區物資經同意改證輸入免罰

海關緝私案件減免處罰標準第11條規定：「加工出口區區內事業，自國外報運進口物資，其所申報之品名、數量相符，僅廠牌、規格、品質不符，而經經濟部加工出口區管理處同意改證並核准其輸入者，免予處罰。」

(3)合理誤差免罰

A.一般數（重）量或品質之誤差

海關緝私案件減免處罰標準第8條規定：「報運貨物進、出口及加工外銷貨物報運出口，而有虛報數量、重量或品質之案件，其虛報數量、重量或品質誤差未逾百分之五者，免予處罰。出口貨物溢報原料使用量者，亦同（Ⅰ）。依前項規定已訂有國家標準之產品，如其誤差容許率在百分之五以上者，適用該標準（Ⅱ）。」

B.木板條或木材薄片材積數量之誤差

海關緝私案件減免處罰標準第9條規定：「報運進口木板條及木材薄片，其實到貨物之材積數量，超過原申報材積數量未逾百分之二十者，免予處罰。」

C.電子零件數量之誤差

海關緝私案件減免處罰標準第10條規定：「報運進口電子零件，其體積細小，種類繁多，點數困難者，實到數量超過原申報數量未逾百分之十者，免予處罰。」

D.聯合採購散裝穀物數量之誤差

海關緝私案件減免處罰標準第13條規定：「廠商聯合採購進口散裝穀物，如經貨主聯合同時報關，應檢附起運口岸之公證報告書（包括官方出具證明書）辦理報關，並依其申報數量核課關稅，其申報數量與實際卸貨數量，相差未逾百分之五者，免予處罰。」

E.解體船舶存油數量之誤差

海關緝私案件減免處罰標準第14條規定：「經海關、船東及石油輸入業者代表會簽之進口解體船舶存油收油紀錄單與船東申報存油數量不符，其差額在百分之五以內，或其差額超過百分之五，而數量不足五公秉，並經查明無私運進口或其他取巧違章情事者，免予處罰。」

(4)小額免罰

海關緝私案件減免處罰標準第 4 條規定：「依本條例第三十六條第一項、第二項或第三十七條第三項規定應處罰鍰案件，其進口貨物完稅價格或出口貨物離岸價格未逾新臺幣五千元者，免處罰鍰。但貨物為槍砲、彈藥或毒品或一年內有相同違章事實三次以上者，不適用之。」

(5)主動更正報單免罰

（詳本條例第 45 條之 3 說明）。

2. 處罰

(1)本項罰則

依前條第 1 項及第 3 項規定處罰，即依本條例第 36 條第 1 項規定，處貨價三倍以下之罰鍰，並依同條第 3 項規定沒入貨物。

(2)並沒入貨物

A. 原則均應沒入

依本項轉依本條例第36條第3項規定，涉及逃避管制之貨物原則上均應予以沒入；惟貨物如屬廢棄物清理法第 38 條第 3 項公告禁止輸入之種類，則例外應依事業廢棄物輸入輸出管理辦法第 10 條[273]規定辦理退運而不予沒入[274]。

B. 沒入之替代

(A) 行政罰法第 23 條第 1 項規定：「得沒入之物，受處罰者或前條物之所有人於受裁處沒入前，予以處分、使用或以他法致不能裁處沒入者，得裁處沒入其物之價額；其致物之價值減損者，得裁處沒入其物及減損之差額。」對於應依本項規定處分沒入之私貨，倘經處分（例如出售）、使用或以他法致不能裁處沒入者，即得依上開行政罰法規定，裁處沒入其物（私貨）之價額，以代沒入處分。

C. 仍應受比例原則之拘束

關於行政機關及司法機關得否對**同**一涉案貨物併為沒收及沒入，以及於涉案貨物已不存在之情形，得否對涉案貨物**同時**為「裁處沒入其物之價額」及「追徵犯罪所得之

---

273 事業廢棄物輸入輸出管理辦法第 10 條規定：「未依本辦法規定申請許可，擅自輸入有害廢棄物或一般事業廢棄物，或經許可輸入且已運達我國口岸之廢棄物因故不得進口或未經提領，其收貨人、貨品持有人或運送人，應於接獲通知日起三十日內，將該批廢棄物退運出口（Ⅰ）。前項之廢棄物，其尚未通關放行者由海關通知限期退運。其已通關放行者由該廢棄物所在地直轄市、縣（市）主管機關通知限期退運（Ⅱ）。」

274 財政部 97/01/08 台財關字第 09600427220 號令釋：「……二、前項事業廢棄物如屬『廢棄物清理法』第 38 條第 3 項公告禁止輸入之種類，應依『廢棄物輸入輸出過境轉口管理辦法』第 18 條規定辦理。」

價額」[275]等問題，法務部曾有所闡釋，應先依個案事實判斷有無一行爲不二罰原則之適用，倘具體個案經認定無一行爲不二罰原則之適用，揆諸沒收及沒入之法律效果皆在剝奪所有權且同一所有權無法重複剝奪，行政機關爲沒入之裁處時，仍應受比例原則（行政程序法第 7 條規定參照）之拘束，其適法性亦應視具體個案而定[276]。

(3) 處貨價三倍以下之罰鍰

A. 照表裁罰

財政部關務署 107/05/18 台財關字第 1071010762 號令訂頒「緝私案件裁罰金額或倍數參考表」及使用須知，規範行使裁量權之客觀標準，用以協助各關妥適辦理海關緝私案件之裁罰。

緝私案件裁罰金額或倍數參考表

海關緝私條例條次及內容	違章情形	裁罰金額或倍數
第三十七條第三項 有前二項各款情事之一而涉及逃避管制者，依前條第一項及第三項規定處罰。	有本條違章行為且涉及下列物品者： 毒品危害防制條例所列毒品及其製劑、罌粟種子、古柯種子及大麻種子，或槍械、子彈、事業用爆炸物。	處貨價二倍之罰鍰。
	前點以外管制物品。	處貨價一倍之罰鍰。

B. 仍應審酌個案情節

對於構成本項之違章行爲而應予處罰者，原則上依前揭裁罰參考表所定區分違章情形予以裁罰，惟仍應審酌個案應受責難程度（如認屬過失，即與故意有別，不得以最高裁罰倍數處罰）、所生影響（如未放行即已查獲者，採「假設貨物流入境內」[277]判斷可能造成之社會影響）、所得利益（例如有無銷售獲利情形）、受處罰者之資力及平等、比例原則，如認違章情節重大或出於故意或情節輕微者，得按表列裁罰倍數或金額加重或減輕，至各該規定法定罰鍰額之最高限或最低限爲止[278]，以免有裁量怠惰之違法。

---

275 中華民國刑法第 38 條之 1 第 1 項至第 3 項規定：「犯罪所得，屬於犯罪行為人者，沒收之。但有特別規定者，依其規定（Ⅰ）。犯罪行為人以外之自然人、法人或非法人團體，因下列情形之一取得犯罪所得者，亦同：一、明知他人違法行為而取得。二、因他人違法行為而無償或以顯不相當之對價取得。三、犯罪行為人為他人實行違法行為，他人因而取得（Ⅱ）。前二項之沒收，於全部或一部不能沒收或不宜執行沒收時，追徵其價額（Ⅲ）。」

276 法務部 107/01/08 法律字第 10603513120 號函。

277 臺北高等行政法院 108 年訴字第 1956 號判決、最高行政法院 108 年判字第 291 號判決亦採此見解。

278 緝私案件裁罰金額或倍數參考表使用須知第 4 點第 1 項規定：「個案經審酌應受責難程度、所生影響、

C. 罰鍰之扣抵

(A) 鑑於同一行爲人所爲違反本項逃避管制之行爲，於通常情形下，亦多有同時觸犯刑事法律，依行政罰法第 26 條第 1 項規定之刑事優先原則，應依刑事法律處罰之。

(B) 倘上開觸犯刑事法律規定之行爲，業經緩起訴處分或緩刑宣告確定，且經命行爲人向公庫或指定之公益團體、地方自治團體、政府機關、政府機構、行政法人、社區或其他符合公益目的之機構或團體，支付一定之金額或提供義務勞務者，行政機關雖得依行政罰法第 26 條第 2 項規定，以違反行政法上義務規定裁處之，惟亦應依同條第 3 項規定[279]，將行爲人所支付之金額或提供之勞務，扣抵應裁處之罰鍰。

四、第4項（報運出口外銷品涉及溢額沖退稅）

（一）外銷品沖退稅制度

1. 意義及目的

(1) 外銷品沖退稅係廠商進口原料經加工後出口成品，於符合相關法令規定之條件下，即准予退還所用進口原料之關稅，或沖銷原記帳未繳納之關稅之一種獎勵外銷制度。

(2) 沖退稅之目的乃在藉由退稅之優惠及減輕稅捐負擔，以增強成品之競爭力。關稅法第 63 條第 1 項、第 2 項乃規定：「外銷品進口原料關稅，除經財政部公告取消退稅之項目及原料可退關稅占成品出口離岸價格在財政部核定之比率或金額以下者，不予退還外，得於成品出口後依各種外銷品產製正常情況所需數量之原料核退標準[280]退還之（Ⅰ）。外銷品進口原料關稅，得由廠商提供保證，予以記帳，俟成品出口後沖銷之（Ⅱ）。」

(3) 爲利執行外銷稅沖退稅業務，財政部已依關稅法第 63 條第 5 項之授權規定：「外銷品沖退原料關稅，有關原料核退標準之核定、沖退原料關稅之計算、申請沖退之手續、期限、提供保證、記帳沖銷及其他應遵行事項之辦法，由財政部定之。」訂有

所得利益、受處罰者之資力及平等、比例原則，認違章情節重大或出於故意或情節輕微者，得按表列裁罰倍數或金額加重或減輕其罰，至各該規定法定罰鍰額之最高限或最低限為止。」

279 行政罰法第 26 條第 1 項至第 4 項規定：「一行為同時觸犯刑事法律及違反行政法上義務規定者，依刑事法律處罰之。但其行為應處以其他種類行政罰或得沒入之物而未經法院宣告沒收者，亦得裁處之（Ⅰ）。前項行為如經不起訴處分、緩起訴處分確定或為無罪、免訴、不受理、不付審理、不付保護處分、免刑、緩刑之裁判確定者，得依違反行政法上義務規定裁處之（Ⅱ）。第一項行為經緩起訴處分或緩刑宣告確定且經命向公庫或指定之公益團體、地方自治團體、政府機關、政府機構、行政法人、社區或其他符合公益目的之機構或團體，支付一定之金額或提供義務勞務者，其所支付之金額或提供之勞務，應於依前項規定裁處之罰鍰內扣抵之（Ⅲ）。前項勞務扣抵罰鍰之金額，按最初裁處時之每小時基本工資乘以義務勞務時數核算（Ⅳ）。」

280 原料核退標準係經濟部工業局對於個別外銷成品使用原料之品名、規格及重（數）量，予以規定，以供廠商及海關憑以計算外銷品可沖退原料之標準。

外銷品沖退原料稅辦法（以下簡稱「沖退辦法」），俾資徵納雙方有所依循。

2.適用沖退稅之原料項目

進口原料非屬於財政部公告取消沖退稅項目，並經過加工製造成爲產品外銷者。進口原料之所屬稅則號別查詢，若「稽徵特別規定」欄註明「R」者，即表示取消退稅，如無註記，始可申請沖退稅。

3.沖退之稅目

(1) 關稅：包括委託加工或合作外銷及自行報運進口之原料進口關稅（關稅法施行細則第 50 條）。

(2) 貨物稅：依貨物稅條例第 4 條第 1 項第 2 款規定[281]申請退還或沖銷記帳者（沖退辦法第 4 條第 2 款）。

(3) 營業稅：海關代徵記帳之營業稅由海關依規定沖銷（沖退辦法第 5 條後段）。至於繳現部分另由稅捐機關辦理退稅。

4.外銷品沖退稅之流程

(1) 進口原料，繳納關稅或記帳

A.繳納關稅

進口時，原料之關稅得先以付現方式繳納，嗣製成成品出口後再申辦退稅。一般作業上，外銷品原料於進口報單「納稅辦法」欄應填具代碼「32」（外銷品原料稅款繳現）以資區別一般進口貨物；如先填「31」（稅款繳現）而事後欲申請外銷出口退稅者，則應先行更正進口報單「納稅辦法」爲「32」始得辦理退稅。

B.關稅記帳

(A) 如符合規定，原料之關稅亦得以「記帳」之方式暫緩繳納，嗣製成成品出口後再申辦沖銷記帳。一般作業上，外銷品原料之關稅，採記帳方式者，應於進口報單「納稅辦法」欄填具代碼「41」（外銷品原料擔保記帳）或「42」（外銷品原料具結記帳）。進口報單已完成繳稅者，即不得申請更改爲記帳報單[282]。

---

281 貨物稅條例第 4 條規定：「已納或保稅記帳貨物稅之貨物，有下列情形之一者，退還原納或沖銷記帳貨物稅：一、運銷國外。二、用作製造外銷物品之原料。三、滯銷退廠整理，或加工精製同品類之應稅貨物。四、因故變損，不能出售。但數量不及計稅單位或原完稅照已遺失，不得申請退稅。五、在出廠運送或存儲中，遇火焚毀、落水沉沒或其他人力不可抵抗之災害，以致物體消滅（Ⅰ）。前項沖退稅款辦法，由財政部定之（Ⅱ）。免稅貨物於進口或出廠後，有第一項第五款規定以外之情事，致滅失或短少者，仍應依本條例規定報繳貨物稅（Ⅲ）。」

282 外銷品進口原料營業稅記帳沖銷作業規定第 4 點第 4 款規定：「辦理記帳及沖銷報單填報應注意事項如下：……（四）**進口報單已完成繳稅者，即不得申請更改為記帳報單**，出口報單已放行者，即不得申請更改為沖銷報單。」

(B) 另，辦理記帳之加工外銷原料，未向經辦機關補繳稅款及滯納金前，不得轉供內銷（沖退辦法第 20 條第 1 項）。

(C) 申請記帳之要件及限制：a. 原料之關稅及貨物稅如依規定不得退稅者，即不得辦理記帳（沖退辦法第 14 條第 1 項除書）。b. 進口原料依適用海關進口稅則第三欄稅率者，其逾第一欄稅率部分之關稅，不得辦理記帳（沖退辦法第 14 條第 2 項）。

(D) 記帳之方式：

a. 擔保記帳：外銷品原料之關稅及貨物稅得依關稅法第 11 條規定[283]提供擔保或保證金向經辦機關申請辦理記帳（沖退辦法第 14 條第 1 項第 1 款）。廠商申請辦理稅款記帳，應同時切結保證此項原料不移作內銷之用（沖退辦法第 14 條第 3 項）。

b. 具結記帳：依沖退辦法第 15 條規定[284]，外銷廠商符合特定之條件下，其進口之外銷品原料稅將准免提供擔保而自行具結方式記帳，暫緩繳納（沖退辦法第 15 條）。

(2)製造或加工製成產品

外銷品進口原料關稅之退還，應以進口原料經製造或加工成產品外銷者，始准辦理退稅[285]。例如，進口綠豆加工製成粉絲、進口砂糖加工製成飲品、進口黏扣帶用於製作運動鞋。

(3)取得原料核退標準

A. 原料核退標準

係**由經濟部（工業局）按各種外銷品，於正常情況下，所核定產製所需之原料數量，並得據以核退原料稅之標準。簡言之，原料核退標準乃經濟部工業局**對於個別外銷品使用原料之品名、規格及重（數）量，予以規定，以供有關廠商及經辦機關憑以計算外銷品可沖退原料之標準。

---

[283] 關稅法第 11 條規定：「依本法提供之擔保或保證金，得以下列方式為之：一、現金。二、政府發行之公債。三、銀行定期存單。四、信用合作社定期存單。五、信託投資公司一年以上普通信託憑證。六、授信機構之保證。七、其他經財政部核准，易於變價及保管，且無產權糾紛之財產（Ⅰ）。前項第二款至第五款及第七款之擔保，應依法設定抵押權或質權於海關（Ⅱ）。」

[284] 外銷品沖退原料稅辦法第 15 條規定：「外銷廠商符合下列規定情形之一，且在各款同期間內平均無虧損、無欠稅及無違章情事，其過去年度如有虧損亦已彌補者，其外銷品原料稅准予自行具結記帳：一、過去二年平均外銷實績年在新臺幣六千萬元以上，或沖退稅金額年在新臺幣三千萬元以上。二、過去三年平均外銷實績年在新臺幣四千萬元以上，或沖退稅金額年在新臺幣二千萬元以上。三、過去四年平均外銷實績年在新臺幣二千萬元以上，或沖退稅金額年在新臺幣一千萬元以上（Ⅰ）。前項過去三年之實績於第三年度開始後已達新臺幣四千萬元，或沖退稅金額新臺幣二千萬元；或過去四年之實績於第四年度開始後已達新臺幣二千萬元，或沖退稅金額新臺幣一千萬元；而其過去二年度或三年度經年終查帳均無虧損、無欠稅及無違章情事，視為已滿三年或四年（Ⅱ）。前二項所稱無欠稅及無違章情事，指在該所定期間內無積欠已確定之稅額及罰鍰，或積欠已確定之稅額及罰鍰已繳清或提供相當擔保（Ⅲ）。辦理自行具結記帳廠商須逐年申請；其須繼續辦理者，得於到期日前一個月向原核准海關辦理下年度記帳申請（Ⅳ）。」

[285] 財政部 108/07/18 台財關字第 800817821 號函。

B. 原料核退標準之種類

原料核退標準可分下列二種：

(A) 通案原料核退標準：a. 外銷品名稱規格相同，各廠商均可適用之標準。b. 適用期間五年爲限（沖退辦法第 9 條第 1 項）。

(B) 專案原料核退標準：a. 限定某一廠商專用之標準。b. 適用期間三年爲限（沖退辦法第 9 條第 1 項）。

C. 申請及審定原料核退標準

(A) 造具用料計算表送審：原料核退標準應由外銷廠商於開始製造時造具「製成品所需用料計算表」及有關外銷文件、用量資料送請經濟部審核；經濟部應於收文之翌日起 30 日內核定並發布，或將未能核定原因通知原申請廠商。但必要時得延長之，最長不得超過 30 日（沖退辦法第 9 條第 2 項）。

(B) 不予核定或列入原料核退標準：外銷品使用原料、數量過於零星或**外銷品出口在先**、申請審核原料核退標準在後，致無法查核其用料數量者，得不予核定或列入原料核退標準（沖退辦法第 9 條第 3 項）。

(C) 重新核定及例外：外銷品原料核退標準經核定後，廠商出口報單之貨物名稱、規格或其使用原料之名稱、規格或應用數量，與核定之原料核退標準不符者，應向經濟部申請重新核定其核退標準。但其實際應用數量與核定標準用量相差未逾 5%，或該項產品已訂有國家標準而未逾該國家標準所定之誤差容許率者，不在此限（沖退辦法第 9 條第 4 項）。

(4) 出口外銷品

A. 外銷及視爲外銷

(A) 外銷品沖退原料稅之申請，以貨品業已外銷者爲限。將貨品售予在中華民國享有外交待遇之機關、個人或有其他應予退稅之特殊情形經財政部核准者，視同外銷，其出口日期以交易憑證所載之交貨日期爲準（沖退辦法第 3 條）。

(B) 所稱「特殊情形視同外銷」者，實務上肯認有「供應國際航線旅客及其原料[286]」「航空公司供應國際航線旅客用飲料品[287]」「國產貨櫃售供經營國際運輸之本國籍船舶使用[288]」等情形。

B. 傳送或檢附「用料清表」

申請沖退關稅及貨物稅案件之廠商，於辦理外銷品出口報關時，應依下列規定辦理：

---

[286] 財政部 63/10/07 台財關字第 19513 號函。

[287] 財政部 78/06/20 台財稅字第 780655232 號函。

[288] 財政部 67/07/05 台財關字第 17098 號函。

外銷品使用原料及其供應商資料清表（範例）

關 01002

出口報單

	聯別	共　頁 第　頁
報單(收單關別 出口關別 民國年度 船或關代號 裝貨單收序號) 號碼　AW /　/ 95 / 1111 / 0001 (7)		

外銷品使用原料及其供應商資料清表

出口貨物項次	成品或使用原料(含中間產品及進口原料)名稱、規格	數量或重量	進口商名稱及公司或商業統一編號	供應或加工製造廠商名稱及公司或商業統一編號	備註
1	COLORED ALUMINIUM SLAT 0.18mmx25mm	13,057 KGS		○○(股)公司 22220011	
	ALUMINIUM COIL 0.15mmX25mmXCOIL	13,057 KGS	○○(股)公司 22220011		
2	不鏽鋼剪刀 8” KITCHEN SHEAR	1,200 PCE		○○實業有限公司 11221122	
	COLD ROLLED STAINLESS STEEL SHEET IN COIL #430 1.5mm	108 KGS	○○實業有限公司 11221122		
	（以下空白）				

資料來源：財政部關務署臺北關網站，https://taipei.customs.gov.tw/singlehtml/2127?cntId=cus2_100018_2127。

(A) 以電子化方式申請：應於申報出口報單前，透過外銷品沖退原料稅電子化作業系統製作外銷品使用原料及其供應商資料清表，並經系統回應傳送成功者，始得續辦出口報關事宜（沖退辦法第 27 條第 1 項第 1 款）。

(B) 以書面方式申請：應於申報出口報單時，檢附外銷品使用原料及其供應商資料清表，並依照原料退稅標準，報明外銷品及加工所使用原料之名稱、品質、規格、數量或重量與各供應廠商名稱、供應數量及來源等資料（沖退辦法第 27 條第 1 項第 2 款）。

C. 申報代碼

出口報單申請沖退原料稅欄應申報代碼 Y（沖退辦法第 27 條第 1 項第 3 款）。

D. 出口報單報明專案文號及用料標準

訂有通案退稅標準之外銷品，如依照有關規定須另按專案退稅標準辦理沖退稅者，應於出口報單上詳細報明所用專案標準之核定文號及其規定之用料標準（沖退辦法第 27 條第 1 項第 4 款）。

(5) 申請沖退稅

A. 申請期限及展延

(A) 廠商應於該項原料進口放行之翌日起一年六個月內，檢附有關出口證件申請沖退，逾期不予辦理。申請沖退之期限，遇有特殊情形經財政部核准者，得展延之，其展延，以一年爲限（關稅法第 63 條第 3 項、第 4 項）。所謂「特殊情形」，以因天災、事變或其他不可抗力之事由，致無法於期限內申請沖退稅者爲限，並應於期限屆滿前一個月內，檢附相關具體證明文件，向財政部申請展延，其展延以一年爲限（關細第 52 條、沖退辦法第 18 條第 3 項）。

(B) 原料進口放行日期，以進口報單所載之海關放行日期爲準；申請退稅日期，除以掛號郵寄方式向海關提出者，以交郵當日之郵戳爲準外，依海關收文日期爲準（關細第 51 條）。

(C) 另，貿易商繳現進口之原料，原則上不准辦理延期，但已出售予加工外銷廠商者，得由該加工外銷廠商檢具進貨統一發票及退稅同意書申請辦理[289]。

B. 申請人

(A) 繳現案件：a. 進、出口商及製造商非同一家廠商，原料進口商、加工製造商、成品出口商均可提出申請退稅。b. 惟由出口商申請退稅者，應有進口商之授權；由進口商申請退稅者，應有出口商之授權；製造商非進、出口商，申請退稅時，應有進、出口商之授權。但合作外銷案件，出口時，出口商使用非自行申請之專案原料核退標準，應

[289] 財政部 91/06/25 台財關字第 0910550401 號函。

有製造商之授權，始得以工商憑證登入沖退稅作業系統辦理用料清表製作作業[290]。

(B) 記帳案件：進口原料稅款記帳者，申請沖稅時，限由進口原料之記帳廠商申請沖銷。

C. 申請程式

(A) 以書面或電子方式提出申請沖退稅：沖退關稅及貨物稅之申請，應於成品出口後，依限檢附外銷品沖退稅申請書表、出口報單副本、進口報單副本之影本及有關證件向經辦機關提出，亦得透過外銷品沖退原料稅電子化作業系統，以電子方式爲之，其申請日期爲該系統記錄之收件日（沖退辦法第 23 條第 1 項、第 2 項）。

沖退稅案件紙本與電子化申退差異比較表

項目	紙本申退	電子化申退
1. 工商憑證	無	以工商憑證盒登入系統（得委任自然人）
2. 核退標準	一般（標準文號最末碼為 E 或 M 者皆可）	須可電腦比對（標準文號最末碼為 E 者）
3. 專案標準使用授權	無	授權系統：專案標準同意使用之授權
4. 用料清表製作	紙本	於系統擷取核退標準資料製作用料清表後傳送
5. 用料清表比對	人工查核	電子化用料清表成品資料與出口報單資料【品名／規格《（第 33 欄）（舊版第 28 欄）》數量／單位《（第 38 欄）（舊版第 32 欄）》】比對
6. 出口通關方式	C2/C3	用料清表成品資料與該項次出口報單資料比對相符者，得參加通關方式篩選：C1/C2/C3
7. 退稅同意書	紙本同意書（進口報單如係影本須逐張加蓋公司大小章）	授權系統：進、出口報單同意申退之線上授權
8. 出口辦理沖退稅方式	單筆／多筆出口報單彙辦	單筆出口報單辦理（出口報單審結後即可申退）
9. 申請書表	進、出口報單副本第 3 聯＋甲乙丙表（進口報單第 3 聯影本逐頁加蓋公司大小章）	由系統擷取用料清表資料，並完成製作申退資料後傳送【僅須登打出口報單號碼、項次、數量（規格）、進口報單號碼、項次、數量

290 外銷品沖退原料稅電子化作業要點第 3 點第 4 款。

沖退稅案件紙本與電子化申退差異比較表（續）

項目	紙本申退	電子化申退
		（規格）等欄位資料，即可辦理沖退稅；節省廠商進出口報單副本規費支出】
10. 送件方式	臨櫃或郵寄	系統上申請與彙辦送件（可節省車資或郵寄費用）
11. 審核人力	人工審核欄位資料	由電腦比對
12 鍵檔人力	專人登打沖退稅資料	無
13. 後續補正	紙本作業	線上申請補正及補沖退稅
14. 核定時間	50天	20天（目前實際作業約為5至7天）

資料來源：財政部關務署臺北關網站，https://taipei.customs.gov.tw/singlehtml/2127?cntId=cus2_127726_2127。

(B) 通知補正及逾期未補正效果：經辦機關認爲申請沖退稅之書面或電子文件有錯誤或不齊備致無法辦理，而其情形可補正者，應以書面或電子文件通知廠商限期補正；逾期未補正者，海關得扣除未能補正部分，逕予核退（沖退辦法第24條）。

(C) 合作外銷廠商應出具原供應商之同意書：合作外銷廠商申請沖退關稅及貨物稅案件，應由原供應廠商出具同意書，或於出口報單或沖退稅申請書表上蓋章證明表示同意。但以電子方式申請者，廠商應透過外銷品沖退原料稅電子化作業系統表示同意（沖退辦法第26條第1項）。

D. 經辦機關

(A) 本辦法所稱主管機關爲財政部，經辦機關爲海關、稅捐稽徵機關（沖退辦法第2條）。現行實務，外銷品沖退稅案件之核辦、帳務處理及資料登錄，統由財政部關務署臺北關松山分關（退稅課）權管[291]，爰沖退稅應向其申辦。

(B) 外銷品業經定有原料核退標準者，廠商於貨品外銷後，得逕向經辦機關申請沖退關稅及貨物稅（沖退辦法第12條）。

(6) 申請沖退稅之核定

A. 審核期間

(A) 申請沖退關稅及貨物稅案件，經辦機關應於收到書面申請文件或補正文件之翌日起50日內核定（沖退辦法第25條第1項）。

---

291 財政部關務署臺北關辦事細則第16條第5款規定：「松山分關掌理轄區內事項如下：……五、外銷品沖退稅案件核辦、帳務處理及資料登錄。」

(B) 透過外銷品沖退原料稅電子化作業系統，以電子方式申請沖退關稅及貨物稅案件，經辦機關應於收到電子申請文件或補正電子資料之翌日起 20 日內核定（沖退辦法第 25 條第 2 項）。

B. 核定之通知

(A) 申請沖退關稅及貨物稅案件，經辦機關之核定結果，應以電子或書面文件通知申請人；透過外銷品沖退原料稅電子化作業系統，以電子方式申請者，應以電子文件通知（沖退辦法第 25 條第 1 項、第 2 項）。

(B) 以電子文件通知，以海關電腦系統發出電子文件之日視爲送達日（沖退辦法第 25 條第 3 項）。

5. 核定沖退稅

(1) 沖退稅之範圍

A. 額外關稅不予退還：依關稅法第 72 條課徵額外關稅之進口原料加工外銷時，其所繳納之額外關稅，不予退還。但原貨復運出口，符合關稅法免徵關稅規定者，所繳納之額外關稅，得予退還（沖退辦法第 8 條）。

B. 由海關代徵之貨物稅應隨同關稅一併辦理沖退（沖退辦法第 5 條前段）。

(2) 計算沖退稅額

A. 適用稅率

(A) 外銷品進口原料所得沖退之關稅及貨物稅，依其進口時適用之關稅稅率核計。但進口時適用海關進口稅則第三欄稅率者，應依第一欄稅率核計沖退關稅及貨物稅（沖退辦法第 6 條）。

(B) 依關稅法第 5 條採關稅配額方式進口之原料，不論其進口時適用較低關稅稅率（配額內稅率）或一般關稅稅率（配額外稅率），其外銷品所得沖退之關稅及貨物稅，一律依較低關稅稅率（配額內稅率）核計（沖退辦法第 7 條）。

B. 依原料核退標準計算應沖退稅額

(A) 外銷品沖退關稅及貨物稅之計算，依各種外銷品產製正常情況所需數量之原料核退標準所列應用原料名稱及數量計算應沖退稅額（沖退辦法第 10 條第 1 項）。

(B) 訂有通案退稅標準之外銷品，如依照有關規定須另按專案退稅標準辦理沖退稅而未於出口報單上詳細報明所用專案標準之核定文號及其規定之用料標準者，經辦機關得按通案標準核計沖退稅額（沖退辦法第 27 條第 3 項）。

(C) 計算應沖退稅額，如經財政部公告取消退稅之項目及原料可退關稅占成品出口離岸價格在財政部核定之比率或金額以下者，不予退還（沖退辦法第 10 條第 2 項）。

(D) 外銷成品之離岸價格低於所用原料起岸價格時，關稅及貨物稅應按離岸價格與起岸價格之比例核退。但有下列情形之一者，依前條規定沖退：a. 出口成品之離岸價格不低於該成品出口放行前三個月內所使用原料之起岸價格者。b. 經貿易主管機關證明另有貨價收入，合計致成品之實際離岸價格高於其所使用原料之起岸價格者。c. 因前批外銷品有瑕疵，由買賣雙方協議，以後批貨品低價折售或約定於此批外銷品離岸價格中扣除，致成品離岸價格低於原料起岸價格，經貿易主管機關專案核准者。外銷成品係經國外加工至半成品或成品運回國內再加工出口，且運回時已依關稅法第 29 條至第 35 條規定核估完稅價格計徵關稅者，依前條規定沖退（沖退辦法第 11 條）。

.關稅記帳逾期之處理

記帳之外銷品原料稅，未能於期限內辦理沖銷者，實務上由海關原通關單位列印補稅報單清表，並依下列規定辦理補徵[292]：

1) 稅款計算：稅款金額之計算，應以該項原料進口當時依關稅法核定之完稅價格及稅率爲準，並由經辦機關於記帳保證書內註明（沖退辦法第 19 條）。

2) 加徵滯納金：加工外銷原料之關稅及貨物稅由授信機構擔保記帳而未能依限沖銷者，其所應追繳之稅款及自稅款記帳之翌日起至稅款繳清之日止，照記帳稅款按日加徵 0.05% 之滯納金，應由擔保授信機構負責清繳，但不得超過原記帳稅額 30%（沖退辦法第 22 條後段）。

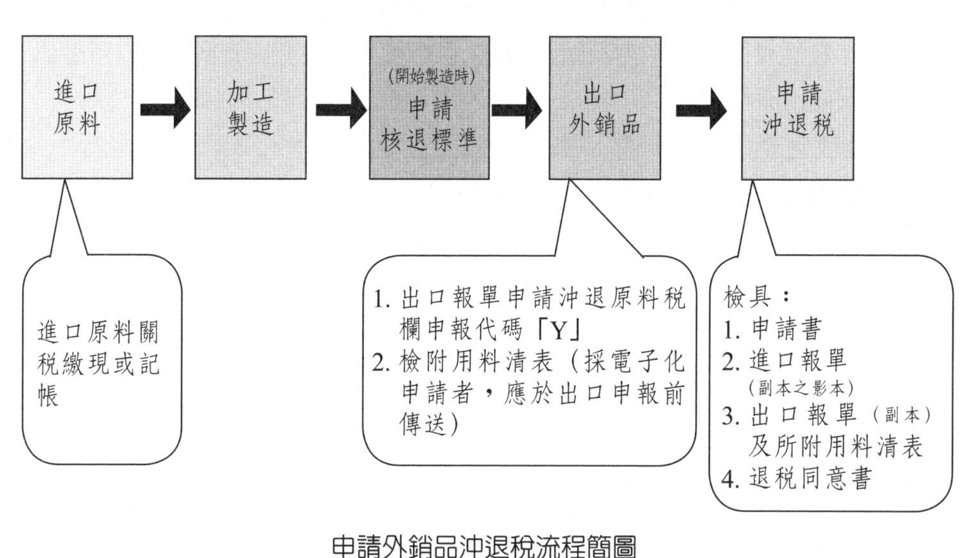

申請外銷品沖退稅流程簡圖

---

292 外銷品進口原料營業稅記帳沖銷作業規定第 9 點規定：「逾沖退稅期限未沖銷者，由原通關單位列印補稅報單清表並辦理補徵。」

（二）本項處罰規定

1.條文內容

沖退進口原料稅捐之加工外銷貨物，報運出口而有第 1 項所列各款情事之一者，處以溢沖退稅額五倍以下之罰鍰，並得沒入其貨物。

2.適用範圍

即報運出口沖退進口原料稅捐之加工外銷貨物。

3.處罰要件

(1)應處罰之行爲

A. 本項規定係以「有第一項各款情事之一者」爲應處罰之行爲，換言之，報運出口加工外銷貨物而有：(A) 虛報所運貨物之名稱、數量或重量。(B) 虛報所運貨物之品質、價値或規格。(C) 繳驗僞造、變造或不實之發票或憑證。(D) 其他違法行爲者，即有本項處罰規定之適用。

B. 實務上常見之虛報溢沖退稅案件，除虛報所運貨物之品質、規格、產地外【例如，以國產原料冒用進口原料[293]、出口粉絲而虛報 100% 綠豆製成，冀圖溢沖退進口原料（綠豆）關稅[294]、將未經加工之進口原料虛報經加工後出口[295]】，亦多有就所檢附之「外銷品使用原料及其供應商資料清表」（應報明外銷品及加工所使用原料之名稱、品質、規格、數量或重量與各供應廠商名稱、供應數量及來源等資料[296]）有所虛僞不實（例如，虛報使用原料重量[297]）。

(2)有溢沖退稅額

A. 本項規定並非以發生納稅義務人溢額沖退稅之結果爲要件，納稅義務人僅須就此項之違章行爲以虛報出口貨物之品質、規格，可以溢額沖退稅捐即已構成，不以實際已沖退稅捐爲要件[298]。惟倘已完成沖退稅，則應依本條例第 43 條處罰，而非依本項規

---

293 參考案例：最高行政法院 94 年度判字第 979 號判決、最高行政法院 94 年度判字第 837 號判決。

294 參考案例：財政部 98/06/23 台財訴字第 09800121060 號訴願決定書。

295 參考案例：財政部 94/03/16 台財訴字第 09300544770 號訴願決定書。

296 外銷品沖退原料稅辦法第 27 條第 1 項第 1 款、第 2 款規定：「申請沖退關稅及貨物稅案件之廠商，於辦理外銷品出口報關時，應依下列規定辦理：一、以電子化方式申請者，應於申報出口報單前，透過外銷品沖退原料稅電子化作業系統製作**外銷品使用原料及其供應商資料清表**，並經系統回應傳送成功者，始得續辦出口報關事宜。二、以書面方式申請者，應於申報出口報單時，檢附**外銷品使用原料及其供應商資料清表**，並依照原料退稅標準，報明外銷品及加工所使用原料之名稱、品質、規格、數量或重量與各供應廠商名稱、供應數量及來源等資料。」

297 參考案例：財政部 105/01/12 台財法字第 10413970690 號訴願決定書。

298 最高行政法院 70 年度判字第 90 號判決：「按沖退進口原料稅捐之加工外銷貨物，報運出口而有虛報所運貨物之品質、價值或規格者，處以溢額沖退稅額二倍至五倍之罰鍰，並得沒入其貨物，海關緝私條例

定處罰。

B.另，依現行函釋[299]，本項之適用，以有發生溢額或冒沖退稅額之可能爲前提，縱外銷所得外匯低於使用進口原料之總價，惟因有發生溢額沖退稅額之可能，故仍得依本項規定處罰。

C.至於溢沖退稅額之計算，依海關緝私案件減免處罰標準第5條第3項規定，以原申報出口貨物可得申請沖退稅額減去實到出口貨物可得申請沖退稅額之差額計算。但不得逾違反本條例情事發生時可得申請沖退稅額之有關進口憑證所示尚未沖退餘額。

（三）責任要件

（同本條第1項說明）。

（四）減免及處罰

1.本條與其他規定適用上之關係

(1)與本條例第37條第2項（虛報出口）之關係

同條第2項係以報運貨物出口而有虛報或其他違法行爲爲處罰要件，而本項則以報運外銷貨物出口而有虛報或其他違法行爲爲要件，二者在客體及漏稅結果上之要求並不相同。本項與同條第2項規定，均係就報運出口案件而有虛報或其他違法行爲加以規範，惟因另予特別規定其客體（加工外銷品）及漏稅結果（溢沖退稅），即應以本項規定爲特別規定而優先適用。

(2)與本條例第43條（以不正當方法請求退稅）之關係

本項乃規範虛報外銷品而有溢沖退稅之違章，其虛報手段亦屬本條例第43條所稱之「不正當方法」，究應如何適用本項或本條例第43條規定，茲說明如下：

A.申請沖退稅後查獲者，按本條例第43條規定處罰

(A)出口外銷品至完成沖退稅，依行爲發生時序約可分爲報運出口、貨物已放行、申請沖退稅、完成沖退稅四階段，每一階段均有可能查獲虛報情事，依財政部函釋[300]：

第37條第1項第2款及同條第4項定有明文，此條項之違章行為以虛報出口貨物之品質規格，可以溢額沖退稅捐即已構成，不以實際已沖退稅捐為要件。」（最高行政法院93年度判字第165號判決仍採相同見解）。

[299] 財政部73/05/30台財關字第17832號函：「查海關緝私條例第37條第4項規定之適用，應以有發生溢額或冒沖退稅額之可能為前提。本案甲公司於73年2月9日委由乙公司向高雄關報運出口黃牛榔皮尼龍布面運動鞋乙批計26,838雙時，既經該關查獲涉嫌虛報黏扣帶之使用量，雖其外銷所得外匯（FOB）低於其使用進口原料（黏扣帶、皮革）之總價（CIF），惟廠商亦可依外銷品沖退原料稅捐辦法第3條第1項第1至4款（即現行外銷品沖退原料稅辦法第11條第1項第1至3款）規定專案申請沖退稅，故仍有發生溢額沖退稅額之可能，應查明事實，依海關緝私條例第37條第4項規定處罰。」

[300] 財政部75/04/04台財關字第7541859號函。

「『以不正當之方法請求……退稅者，處所……沖退稅額二倍至五倍之罰鍰[301]……』，其違法行爲之構成要件爲以僞造之出口副報單[302]、進口憑證或重複申請等不正當方法請求退稅，**故祇須退稅申請人提出之證件不實或重複申請退稅時即構成上述違法行爲，自應依第 43 條規定處罰退稅之申請人**。在實務上，以不正當方法請求退稅者如在報運出口階段查獲者，依同條例第 37 條第 4 項論處報運出口人；如在出口階段未被查獲，至申請沖退稅階段始被發覺者，則依第 43 條論罰退稅申請人。」即以是否經「申請」沖退稅作爲適用本項與本條例第 43 條之區別標準，簡言之，經申請沖退稅者，按本條例第 43 條規定論處。

(B) 至於完成沖退稅者，司法實務見解[303]：「本條例第 37 條第 4 項規定，並非以發生納稅義務人溢額沖退稅之結果爲要件，納稅義務人僅須就此項之違章行爲以虛報出口貨物之品質、規格，可以溢額沖退稅捐即已構成，不以實際已沖退稅捐爲要件。惟倘已完成沖退稅，則應依本條處罰，而非依本條例第 37 條第 4 項規定處罰。」亦與上開函釋見解結果相同，換言之，完成沖退稅後，亦應按本條規定處罰。

B. 出口階段查獲者，按本項規定處罰

(A) 依前揭財政部函釋[304]：「……**以不正當方法請求退稅者如在報運出口階段查獲者，依同條例第 37 條第 4 項論處報運出口人**；如在出口階段未被查獲，至申請沖退稅階段始被發覺者，則依第 43 條論罰退稅申請人。」於出口階段即查獲虛報而有溢沖退稅者，應依本項規定處罰。

(B) 至於出口外銷品放行後，於申請沖退稅前，始查獲虛報情事者，應如何論處，司法實務及行政釋示對此並無明確闡釋，惟本文以爲，鑑於前揭財政部函釋，係以沖退稅之「申請」作爲適用本項與本條例第 43 條規定之區別標準，故而，貨物於放行後申請沖退稅前，應認屬出口階段之延續，是以，外銷品放行後，於申請沖退稅前，始查獲虛報情事者，自宜參照前揭函釋，依本項規定論處出口人。

---

301 現為五倍以下之罰鍰。

302 現改為出口報單副本。

303 最高行政法院 70 年度判字第 90 號判決：「按沖退進口原料稅捐之加工外銷貨物，報運出口而有虛報所運貨物之品質、價值或規格者，處以溢額沖退稅額二倍至五倍之罰鍰，並得沒入其貨物，海關緝私條例第 37 條第 1 項第 2 款及同條第 4 項定有明文，此條項之違章行為以虛報出口貨物之品質規格，可以溢額沖退稅捐即已構成，不以實際已沖退稅捐為要件。」（高雄高等行政法院 91 年度訴字第 637 號判決、最高行政法院 93 年度判字第 165 號判決仍採相同見解）。

304 財政部 75/04/04 台財關字第 7541859 號函。

第 37 條第 4 項與第 43 條之比較

違章情形	虛報出口外銷品而有溢沖退稅			
查獲階段	報運出口時	貨物放行後	申請沖退稅	完成沖退稅
適用法據	緝 37（Ⅳ）		緝 43	

2. 免罰

(1) 合理誤差免罰

A. 海關緝私案件減免處罰標準第 8 條規定：「報運貨物進、出口及**加工外銷貨物報運出口**，而有虛報數量、重量或品質之案件，其虛報數量、重量或品質誤差未逾百分之五者，免予處罰。出口貨物溢報原料使用量者，亦同（Ⅰ）。依前項規定已訂有國家標準之產品，如其誤差容許率在百分之五以上者，適用該標準（Ⅱ）。」

B. 報運貨物進出口而有虛報數（重）量及以不正當方法申請沖退稅之案件，如其誤差超過 5%（或國家標準）者，應一律依章就虛報（或誤差）部分全額論處，無須再行扣除 5%（或國家標準）之寬容量[305]。

(2) 小額免罰

海關緝私案件減免處罰標準第 5 條第 1 項規定：「本條例第三十七條第一項或**第四項規定**應處罰鍰案件，其所漏進口稅額或溢沖退稅額未逾新臺幣五千元者，免予處罰。但一年內有相同違章事實三次以上者，不適用之。」又同條第 3 項規定：「第一項溢沖退稅額之計算，以原申報出口貨物可得申請沖退稅額減去實到出口貨物可得申請沖退稅額之差額計算。但不得逾違反本條例情事發生時可得申請沖退稅額之有關進口憑證所示尚未沖退餘額。」依上開規定計算出之溢沖退稅額如未逾新臺幣 5,000 元者，原則上即得免罰。

(3) 主動更正報單免罰

（詳本條例第 45 條之 3 說明）。

3. 處罰

(1) 本項罰則

未構成前開之免罰要件者，即有本項「……處以溢沖退稅額五倍以下之罰鍰，並得沒入其貨物」處罰規定之適用。

---

305 財政部 71/07/19 台財關字第 19131 號函。

(2)並得沒入貨物

（詳本條第2項說明）。

(3)處以溢沖退稅額五倍以下之罰鍰

A. 照表裁罰

財政部關務署107/05/18台財關字第1071010762號令訂頒「緝私案件裁罰金額或倍數參考表」及使用須知，規範行使裁量權之客觀標準，用以協助各關妥適辦理海關緝私案件之裁罰。

緝私案件裁罰金額或倍數參考表

海關緝私條例條次及內容	違章情形	裁罰金額或倍數
第三十七條第四項 沖退進口原料稅捐之加工外銷貨物，報運出口而有第一項所列各款情事之一者，處以溢沖退稅額五倍以下之罰鍰，並得沒入其貨物。	溢沖退稅額逾新臺幣五十萬元。	處溢沖退稅額三倍之罰鍰。
	溢沖退稅額逾新臺幣十萬元至五十萬元。	處溢沖退稅額二．五倍之罰鍰。
	溢沖退稅額在新臺幣十萬元以下。	處溢沖退稅額二倍之罰鍰。
	貨物輸出人未符合本條例第四十五條之三免罰要件，惟於海關、稅捐稽徵機關或其他協助查緝機關尚未發現不符前，主動陳報或提供違法事證，協助查獲違章者。	於協助查獲違章範圍內，按前三點裁罰倍數減輕其罰鍰五分之一。

B. 仍應審酌個案情節

對於構成本項之違章行爲而應予處罰者，原則上依前揭裁罰參考表所定區分違章情形予以裁罰，惟仍應審酌個案應受責難程度、所生影響、所得利益、受處罰者之資力及平等、比例原則，如認違章情節重大或出於故意或情節輕微者，得按表列裁罰倍數或金額加重或減輕其罰，至各該規定法定罰鍰額之最高限或最低限爲止[306]，以免有裁量怠惰之違法。

---

[306] 緝私案件裁罰金額或倍數參考表使用須知第4點第1項規定：「個案經審酌應受責難程度、所生影響、所得利益、受處罰者之資力及平等、比例原則，認違章情節重大或出於故意或情節輕微者，得按表列裁罰倍數或金額加重或減輕其罰，至各該規定法定罰鍰額之最高限或最低限為止。」

❖精選案例❖

《第 1 項／虛報貨物名稱》

1. 報運自中國大陸進口 ALUMINUM SCRAP，嗣經取樣送外鑑定結果及依來貨之空心狀態，更正貨名爲「鋁合金空心型材毛胚」，爰認涉有虛報貨名情事（高雄高等行政法院 98 年度訴字第 718 號判決[307]）。
2. 報運進口中國大陸產製 PET CHIPS，嗣經送外鑑定結果，實到貨物爲色母，非爲 PET 塑膠粒，爰認涉有虛報貨名情事（最高行政法院 100 年度判字第 341 號判決）。
3. 報運進口中國大陸產製 WORK SHOES（工作鞋），嗣經查驗並參據財團法人鞋類暨運動休閒科技研發中心鑑定結果，認實到貨物爲「休閒鞋」，爰認涉有虛報貨名情事（最高行政法院 103 年度判字第 19 號判決）。
4. 報運進口印尼產製變性酒精（DENATURED ALCOHOL）貨物，經取樣送外化驗鑑定結果，來貨所添加之變性劑不符「酒精變性劑標準表」規定，應視爲未變性酒精，爰認涉有虛報貨名情事（最高行政法院 104 年度判字第 740 號判決）。
5. 報運進口大陸產製 FIRE BRICKS（鉻鎂磚），惟實到貨物爲鎂碳磚，涉有虛報貨名情事（最高行政法院 104 年度判字第 736 號判決）。
6. 報進口大陸產製巴士零件乙批，原申報總貨名爲「BUS PARTS（巴士零件）」，嗣審查結果，發現原申報第 1 項至第 45 項之部分已組合成車身總成，爰圈除總貨名「BUS PARTS（巴士零件）」及第 1 項貨名「車身」，更正爲「車身總成」，爰認涉有虛報貨名情事（臺北高等行政法院 104 年度訴字第 1645 號判決[308]）。
7. 報運進口日本產製 PARTS FOR ALTERNATOR & PARTS FOR ELECTRO-MAGNETIC SWITCH REFERENCE 等乙批，經查驗結果，實際來貨爲已組合成套電磁開關成品，乃將原申報貨名更正爲 ELECTRO-MAGNETIC SWITCH STARTER SOLENOID，爰認涉有虛報貨名情事（臺北高等行政法院 98 年度訴字第 2570 號判決[309]）。
8. 報運進口快遞貨物乙批，申報貨物名稱爲 SC-D33 DIGITAL CAMCORDER，數量 150 SET，完稅價格爲 48,379 元；案經被上訴人派員查驗結果，以實到貨物名稱爲 SCD5000 DIGITAL CAMC ORDER，數量 146 SET，復據財政部關稅總局驗估處查價簽復單，實到貨物應按 FOB USD$650/PCE 核估其完稅價格爲 3,227,389 元，乃認上訴人核有虛報進口貨物**型號**、數量，逃漏進口稅費之違章行爲（最高行政法院 97 年度判字第 1024 號判決）。

---

307 本案業經最高行政法院 100 年裁字第 274 號裁定駁回原告上訴而告確定。

308 本案查無上訴審裁判紀錄。

309 本案查無上訴審裁判紀錄。

《第 1 項／虛報貨物名稱／撤銷案例》

9. **是否得援引內政部頒布之「市區道路及附屬工程設計規範」予以認定「緣石」**

（節錄）有關進口貨物稅則號列之解釋核屬本部關務署之權責，原處分機關援引內政部 98 年 4 月頒布之市區道路及附屬工程設計規範認定系爭貨物非緣石，惟該規範係依據市區道路及附屬工程設計標準第 29 條所訂定，旨在規定基本之市區道路設計原則與最低要求，以之為系爭貨物名稱之認定依據，恐有失公允（財政部 102/10/18 台財訴字第 10213952910 號訴願決定書）。

10. 對於同一進口人先後進口貨物，後進口之貨物先發現涉及虛報貨名，得否於比對前後來貨之重量、發票、單價結果，逕認前進口之貨物亦有虛報貨名，逃漏稅款之情事（財政部 99/01/25 台財訴字第 09800566160 號訴願決定書）。

《第 1 項／虛報貨物品質》

11. BALL BEARING 新品申報「USED」（最高行政法院 90 年度判字第 1548 號判決）。
12. 虛報火麻仁不具發芽活性（最高行政法院 95 年度判字第 686 號判決）。
13. 虛報玻璃之加工程度（最高行政法院 92 年度判字第 404 號判決）。
14. 虛報不適於食用之冷凍豬大腿（最高行政法院 92 年度判字第 718 號判決）。
15. 報運進口酸漬筍，虛報醋酸含量及 PH 值（臺北高等行政法院 103 年度簡上字第 73 號判決）。

《第 1 項／虛報貨物品質／撤銷案例》

16. 若依據食品衛生管理相關規範得「不得供食品用途」之結論者，海關遽認其鮮度適合人類食用，難謂妥適（財政部 102/12/19 台財訴字第 10213955470 號訴願決定書）。

《第 1 項／虛報貨物規格》

17. 報運進口染料為濾餅級而實到貨物為粉狀級（最高行政法院 90 年度判字第 1393 號判決）。
18. 報運進口汽車，於「進口轎車應行申報事項明細表」之項次內申報 NIL，經查驗結果更正為 YES 共計有七項（導航設備、KEYLESS、氙氣燈、倒車雷達、防拖吊、多功能方向盤、行動電話裝置）（最高行政法院 95 年判字第 432 號判決）。
19. 報運進口泰國產製 LCD MONITOR 等貨物乙批，其中第 2 項、第 3 項貨物與實到第 1 項貨物，可組合為彩色電視機，應改列稅則號別第 8528.12.90.90-5 號「其他彩色電視接收器具」，按關稅稅率 14%、貨物稅稅率 13% 課徵，爰認涉有虛報規格，逃漏進口稅款之違章（最高行政法院 99 年判字第 749 號判決[310]）。

20. 報運進口陶瓷製電絕緣體（承載電壓 69 KV 以上）而實到貨物均低於 69 KV（最高行政法院 100 年度判字第 1835 號判決）。
21. 報運進口舊汽車乙輛，虛報型式年份（臺北高等行政法院 102 年度訴字第 1370 號判決[311]）。
22. 報運進口乾衣機（WASHING-DRYER），虛報乾衣容量（最高行政法院 104 年度判字第 757 號判決）。

《第 1 項 / 繳驗偽造、變造、不實發票》

23. 進口報單所附開具發票之國外出口商，經實地按址查訪結果，發現並不存在或未實際營業，從而認有繳驗偽造發票（最高行政法院 95 年度判字第 2070 號判決）。
24. 賣方以低於歷次交易之價格出賣貨物予進口人，在無法證明進口人與前次交易之出賣人間具有特定關係及匯出之全部金額確為眞實交易價格時，逕行認定另有眞正賣方而進口人涉及繳驗不實發票、虛報價値之違章，於法核有未洽（臺北高等行政法院 103 年度訴字第 327 號判決[312]）。
25. **進口人雖主張無償受讓買受人地位，並憑前手與出賣人約定之總價、發票及日本橫濱港出具之「輸出許可通知書」所載 CIF 價格，用以申報進口貨物之完稅價格，惟經查其前手與所稱之出賣人並無眞實交易，從而實際賣方及交易價格除應另行認定外，並涉有繳驗不實發票、虛報價値之違章**

　　（節錄）惟查：1. 驗估處函請原告至該處說明，據稱：「申請人進口案關車型係向日商 ASAMI International Corporation 採購，有其開立之 Invoice 及輸出許可通知書足資說明進口報單之完稅價格為雙方實際交易價格，要難謂有低報及繳驗不實發票之情」。惟本件經駐日代表處向報單所載國外供應商 ASAMI 公司查證函復稱：「……嗣要求出口人（指 ASAMI 公司）提供其與高昇事業有限公司或 Zen Yen Trading Co., Ltd.，及與日本五十鈴公司間之相關買賣或銷售合約書等，出口人稱，該公司係受 Zen Yen Trading Co., Ltd. 委託，製作書面資料而已，與該等公司間無買賣或銷售合約，故無法提供。」足見 ASAMI 公司非系爭曳引車之實際賣方。衡以 ASAMI 公司如確與承洋公司有交易往來，並無否認之必要，此外原告復未能提供承洋公司與 ASAMI 公司間就系爭曳引車之交易過程往來文件，難認承洋公司與 ASAMI 公司確有交易之事實，其所提 ASAMI 公司開立之 Invoice 顯然不實，自與所

---

310 本件訴願案，請參閱財政部 96/09/27 台財訴字第 09600356540 號訴願決定書。

311 本案業經最高行政法院 103 年度裁字第 700 號裁定駁回原告上訴在案。

312 本案為海關敗訴案件，上訴亦遭最高行政法院 105 年度判字第 212 號判決駁回而告確定。

提系爭曳引車之輸出許可通知書均不足以爲系爭曳引車實際交易價格之證明。2. 本件經駐日代表處於 95 年 6 月 12 日以日經組財字第 0950534 號函檢附五十鈴公司代理辯護律師森田耕司提供之五十鈴公司售予出口人爲 ASAMI 公司之貨款請求書、相關車輛價格、車身及引擎號碼等資料，依其所列系爭曳引車之交易價格爲 FOB ¥4,705,800/UNT。查系爭曳引車自形式觀察，係五十鈴公司於 94 年 3 月 22 日售予 ASAMI 公司，單價爲 ¥4,705,800，惟 ASAMI 公司旋於同年月 25 日售予訴外人承洋公司，單價各爲 ¥3,085,000（INVOICE NO：AZ-EXR5005）及 ¥2,000,000（INVOICE NO：AZ-EXR5006），僅相距三日，即以顯低於原交易價格賠本廉價轉售，顯然違背營業常規。經函請原告至驗估處說明，其僅稱系爭曳引車係向 ASAMI 公司採購，有其開立之 Invoice 及輸出許可通知書足資說明進口報單之完稅價格爲雙方實際交易價格；參以國外供應商 ASAMI 公司聲稱，該公司係受承洋公司委託製作書面資料而已，與該等公司間無買賣或銷售合約，足見原告之前手承洋公司與 ASAMI 公司間、ASAMI 公司與五十鈴公司間均無眞實交易，系爭曳引車實際買賣方應爲承洋公司與五十鈴公司，而承洋公司既將該車輛進口權利無償轉讓予原告，則前開五十鈴公司提供之貨款請求書自足爲系爭曳引車實際交易價格之依據。……按國際貿易實務，買賣雙方對成交貨物之名稱、價格、品質、規格、產地等，均於成交時即有明確約定，而進口人自國外報運貨物進口，亦有據實申報所運貨物之名稱、價格、品質、規格、產地等之義務。查原告公司代表人甲○○爲承洋公司代表人黃○敏之配偶，原告公司行爲時代表人李○蘭爲承洋公司代表人黃○敏之子媳，原告自承洋公司無償受讓系爭曳引車之進口權利，其非不能事先查明來貨眞實交易價格以爲誠實申報，其未注意而繳驗不實之發票報運進口系爭貨物，致生虛報貨物價格，逃漏稅費之違章行爲，縱無故意，難謂無過失，自不得主張免罰（臺北高等行政法院 97 年度訴字第 558 號判決）。

《第 1 項 / 繳驗僞造、變造、不實發票 / 撤銷案例》

26. 在未查得其他眞實交易發票存在或資金流向等明確證據之情形下，是否得以「帳務處理之連續性」爲由，逕認進口人所繳驗之發票與其他進口案件所繳驗者同爲不實

（節錄）自前揭基隆關歷次複核理由可知，該關並未查得其他眞實交易發票存在或資金流向等明確證據，以作爲認定訴願人所繳驗發票爲不實之證明基礎，而僅泛稱係「基於帳務處理之連續性」而爲認定，已嫌率斷，況系案二筆進口報單係根本未列入彰化地檢署所查獲進退貨明細日報表中，該關如何「基於帳務處理之連續性」，認定未列入該日報表之進口報單，與列入該日報表之進口報單同有虛報貨物價值，繳驗不實發票情事，實已與憑空推想臆測，預先推定違章構成要件存在無異，遑論達到使法院完全的確信之證明程度，惟原處分機關仍據以作為裁處罰鍰並追徵進口稅費之事實基礎，參諸前揭司法實務見解，要難認其已就裁罰構成要件事實善盡其舉證責任，容有再行審酌之必要，爰將本件原處分（復查決定）撤銷，由原處分機關確實調查酌明後，另為適當之處分（財政部 104/10/28 台財訴字第10413954660 號訴願決定書）。

《第 1 項 / 其他違法行為》

27. **外銷品退回而廠牌申報不符者，是否屬本條例第 37 條第 1 項第 4 款所稱「其他違法行為」**

　　（節錄）（三）本部關稅總局 98/06/01 台總局緝字第 0981010812 號函說明二略謂：「廠商報運外銷品復運進口，申請外銷品退回免稅之案件，經海關驗明實到貨物與原申報不符者，依下列方式處理：……（二）涉及虛報貨名、數量、重量、品質、規格等情事，但未虛報產地之案件，應依海關緝私條例第 37 條第 1 項規定議處，……。」並未明確釋示就廠牌申報不符案件之處理原則，且一般而言，**廠牌申報不符之情形，如對於貨物之品質或價值造成影響，本可依海關緝私條例第 37 條第 1 項第 2 款之規定處罰進口人，殊無適用同條項第 4 款之餘地**（財政部 98/12/31 台財訴字第 09800573980 號訴願決定書）。

28. 科學園區事業之保稅貨物，雖已向海關申報內銷補稅，惟於通知補稅前，即已將貨物提領出區，顯已違反科學工業園區保稅業務管理辦法第 36 條第 1 項規定，從而構成海關緝私條例第 37 條第 1 項第 4 款「其他違法行為」之裁罰事實（高雄高等行政法院 92 年度簡字第 375 號判決[313]）。

《第 1 項 / 其他違法行為 / 撤銷案例》

29. **虛報產地與逃漏稅款之關聯**

　　（節錄）本件原處分機關以系爭貨物原申報之產地為中國大陸，而實到貨物之產地為法國，復據驗估處查得法商 L ○售予本國前代理商元○公司與部分系案貨物款式、材質及產地相同惟顏色不同之物品，原申報價格 CIF EUR 29.5/PCE（價格折合為 CIF TWD 1,410/PCE），而售予訴願人同款式貨品，原申報價格 CIF HKD 147.45/PCE（價格折合為 CIF TWD 618/PCE），二者出口日期僅相距約三個月，申報之價差卻高達二・二倍，乃依驗估處查價結果核估完稅價格，並以訴願人未善盡注意義務，致構成虛報進口貨物產地，逃漏稅費之違章，核有過失，依規定，裁處罰鍰及追徵進口稅費，原非無據。惟查：本件原處分機關以查價結果核估之完稅價

313 本案查無上訴之紀錄。

格高於訴願人原申報之完稅價格，又訴願人對系爭貨物之產地申報錯誤，即認爲構成「虛報產地」，逃漏稅費之違章情事，而依海關緝私條例第 37 條第 1 項之規定論罰，**卻未說明虛報產地與逃漏稅費之關聯性**，容有未妥（財政部 100/12/08 台財訴字第 10000336380 號訴願決定書）。

30. **報運貨物進口「虛報產地」與「逃漏稅款」之間是否應有因果關係之連結，始得該當海關緝私條例第 37 條第 1 項之處罰要件**

（節錄）本件訴願人向原處分機關報運進口 LCD WATCHES 乙批，原申報產地爲香港，貨物單價爲 FOB USD 4.962009/PCE，經原處分機關查驗結果，以外箱產地標示 made in china，爰更正產地爲中國，復以調查稽核組查價結果，貨物單價改按 FOB USD 5.465/PCE 核估，經審理訴願人涉有虛報進口貨物產地，逃漏進口稅費之違章情事，乃依首揭規定，處所漏進口稅額二倍之罰鍰、所漏營業稅額一・五倍之罰鍰及追徵進口稅費，原非無據。惟查：本案係依查價結果，改估貨物之完稅價格，致有應補稅之情形，此種改估補稅情事，究屬單純之「補稅」案件，或屬「逃漏」稅款？又倘屬「逃漏稅款」，然系爭貨物產地爲中國大陸，訴願人申報產地爲「香港」，固屬有誤，惟海關緝私條例第 37 條第 1 項所規定之違章情事，是否應以其違章行爲足致有逃漏稅款之結果發生爲必要？亦即「虛報產地」與「逃漏稅款」之間是否應具有因果關係之連結，始能該當處罰要件？再者，造成本件稅差之原因係因完稅價格之改估，並非由於訴願人將產地申報爲「香港」所致，是本案「產地申報不符」與「逃漏稅款」之間似不具因果關係，則原處分機關逕依海關緝私條例第 37 條第 1 項論處，是否妥當？尚有再行斟酌之必要，爰將本件原處分（復查決定）撤銷，由原處分機關詳實查明後另爲處分（財政部 102/12/02 台財訴字第 10213961790 號訴願決定書）。

《第 1 項／其他／行爲人之認定》

31. **快遞業者未取得合法有效之委任授權並以報關業者身分爲報關行爲，如經調查確實有實際貨主存在，是否仍認報關業者應自負虛報責任**

（節錄）報關業者在通常之情形下，因不具有納稅義務人之身分，故原則基於法律解釋「例外從嚴」之原則，倘於個案經追蹤查證後，仍難確認有實際貨主，且報關業者復無法協力提出其確受委託報關之相關事證，此際例外將報關業者認係以貨物持有人之身分爲報運行爲，令其承擔納稅義務人應負之虛報責任，或有其合理性；**惟若經海關自行調查，或藉由其他機關（包括司法機關）調查後，已足認進口快遞貨物確實有實際貨主存在，則無論報關業者是否得以證明業受委任報關，因海關依法令規定應規制處罰之對象爲當然具納稅義務人身分之貨主，要無須再認報關**

業者亦同時具此身分而應負虛報之責，否則將使海關緝私條例第 37 條之規範主體趨於混淆並重複，而眞正應受法律評價或責難之行爲亦易生認定上之誤差（財政部 103/12/30 台財訴字第 10313968210 號訴願決定書[314]）。

《第 1 項／其他／故意或過失》

32. **若已揭露「足以影響進口貨物價格、稅則歸屬或大陸物品輸入規定」之因素，是否構成故意或過失虛報貨名**

　　（節錄）惟進口貨物是否有虛報情事，係以報單上原申報與實際來貨是否相符爲認定依據；又虛報進口貨物貨名之處罰，係以進口人（或納稅義務人）違反誠實義務爲前提，而在報運進口事項係採申報制度下，有關進口人（或納稅義務人）是否違反誠實義務，乃是視其在申報時有無揭露「足以影響進口貨物價格、稅則歸屬或大陸物品輸入規定」之各項因素，此亦係「貨物通關自動化報關手冊—上冊：參、進口貨物通關作業基本規定：八、進口報單各欄位填報說明」所規定，若已揭露「足以影響進口貨物價格、稅則歸屬或大陸物品輸入規定」之因素，是否構成故意或過失虛報貨名之違章，尙有斟酌之餘地。從而，縱若系案貨物因具有明顯分層且易於篩離，依前揭國貿局 83 年函意旨，不宜歸列貨品分類號列第 0710.90.00.00-2 號「冷凍混合蔬菜」，而須按其組成內容分別申報來貨貨名爲第 1 項「冷凍毛豆仁」及第 2 項「冷凍胡蘿蔔丁」，本案訴願人既已在系爭進口報單貨名欄敘明來貨爲冷凍混合蔬菜（FRONZEN MIXED VEGETABLES），且混合「冷凍毛豆仁（FRONZEN SOYBEAN SHELLED）」及「冷凍胡蘿蔔丁（FRONZEN CARROTS DICES）」等二種蔬菜，重量27,000公斤，與原處分機關認定實到貨物「冷凍毛豆仁21,600公斤」及「冷凍胡蘿蔔丁 5,400 公斤」大致相同等情，訴願人是否仍有故意或過失虛報貨名之違章情事？即有再行審酌之必要（財政部 102/12/13 台財訴字第 10213962870 號訴願決定書）。

《第 2 項／虛報貨物名稱》

33. 冒名報運出口貨物乙批，原申報貨名爲塑膠片及目錄，經查驗結果，實際貨物爲 DVD 色情光碟及色情海報，爰認有涉及虛報貨名並依海關緝私條例第 37 條第 2 項之規定處 9 萬元罰鍰，並沒入貨物（財政部 96/03/02 台財訴字第 09600034310 號訴願決定書）。

34. 報運出口 100% ACRYLIC KNIT PANEL FOR LADIES KNITTED SWEATER 等三項成衣半成品至香港，經查驗結果，並無貨物出口之事實，爰審認有虛報出口委外加工

[314] 財政部 103/09/02 台財訴字第 10313945560 號訴願決定書亦有同旨可參。

貨物名稱、數量及重量之違章（財政部 96/08/10 台財訴字第 09600302800 號訴願決定書）。

35. 冒名報運出口舊汽車零件貨物各一批，經查驗結果，實際出口貨物均為贓車，爰認涉有虛報出口貨名，依本條例第 37 條第 2 項規定處罰鍰（財政部 97/12/23 台財訴字第 09700510660 號訴願決定書）。
36. 報運出口貨物乙批，原申報貨物名稱為 AQARWOOD OIL（沉香油），第 1 項數量為 3,000 MLT，離岸價格為新臺幣（以下同）11,124,005 元、第 2 項數量為 500 MLT，離岸價格為 1,854,001 元；經查驗結果，實際貨物數量雖與原申報相符，但實際貨物均為芝麻油，第 1 項離岸價格為 900 元、第 2 項離岸價格為 150 元，與原申報不符，爰認有虛報貨名及價值之情事，依本條例第 37 條第 2 項規定處罰，併沒入貨物（財政部 98/08/24 台財訴字第 09800237620 號訴願決定書）。
37. 申報出口 USED CAR PARTS（舊車零件）乙批，經查驗結果實為四部八成新舊車（僅於裝櫃時將車輪取下，非舊車零件）及 35 件全新車用零件，其中一輛轎車，經基隆市警察局函稱鑑定為失竊車，爰認涉有虛報貨名、品質之違章（最高行政法院 98 年度判字第 773 號判決）。
38. 報運出口不含引擎之舊車零組件乙批，經查驗結果，實到貨物為三部將引擎及部分零件拆解置於車廂後座，且為已設定動產質權之權利車，依規定不得出口，爰認涉有虛報貨名，夾藏已依動產擔保交易法交易之車輛情事，本條例第 37 條第 2 項規定處罰（財政部 99/04/15 台財訴字第 09900071010 號訴願決定書）。

《第 2 項／虛報貨物價值》

39. 報運出口 OPP TAPE 等貨物乙批，其中第 3 項貨物 PIGMENT-TAN 原申報淨重為 4,000 KGM，離岸價格為 240,580 元，經查驗結果，實際淨重為 4,600 KGM，離岸價格為 276,769 元，與原申報不符，爰審認出口人涉有虛報出口貨物重量及離岸價格之情事（財政部 99/07/20 台財訴字第 09900057790 號訴願決定書）。
40. **報運出口 GENERAL ACCESSORES 等貨物，經審核發現第 8 項貨物 MACHINE NEEDLES，離岸價格報列新臺幣 3,184,151 元，重量僅 18.7 KGM、數量 34,000 PCE，甚不合理，出口人稱因作業疏忽，簽發之商業發票誤載單價為 USD 3.0847，其幣別應為新臺幣，致價格錯誤，爰依更正後貨物單價，核算貨物離岸價格應為 104,772 元，並認虛報出口貨物價值之違章成立**

　　（節錄）訴願人簽發之商業發票（IVOICE NUMBER：T-08080801），系爭貨物單價為 USD 3.0847，該項總計為 USD 104,879.80，以出口當時匯率（1：30.36）計算，折合新臺幣 3,184,151 元，訴願人據以申報為系爭貨物之離岸價格，惟經原處分機關察覺有異，通知訴願人說明後發現，系爭貨物單價 USD 3.0847 應爲新臺幣 3.0847 元，折合美金 USD 0.1015，該項總計應爲 USD 3,451.00，折合新臺幣應爲 104,772 元，始爲系爭貨物正確之離岸價格。準此，本案係訴願人對於商業發票上系爭貨物之單價「數額」記載錯誤（應爲 USD 0.1015，誤載爲 USD 3.0847），而非訴願人訴稱之「幣別」記載錯誤，所致之虛報價值（財政部 98/04/06 台財訴字第 09800012570 號訴願決定書）。

41. 出口人委由報關行以 G5（國貨出口）報單報運出口連續檢針機，申報離岸價格爲 7,728,000 元，案經查核結果，實際貨物之離岸價格爲 193,844 元，且係自中國大陸進口再復運出口，並非國貨，爰審認訴願人涉有虛報離岸價格及產地標示不實情事，爰依海關緝私條例第 37 條第 2 項規定處罰（財政部 99/11/29 台財訴字第 09900393080 號訴願決定書）。

42. 出口人委由報關行報運出口齒輪箱零件等貨物乙批，原申報幣別爲 USD，經書面審核結果，其離岸價格疑有嚴重高報情事，遂改按 C3（應審應驗）方式通關，嗣出口人檢送申請書，申請更正幣別爲 TWD，爰經認出口人涉有虛報出口貨物價值，高報離岸價格之情事（財政部 101/12/14 台財訴字第 10100220930 號訴願決定書）。

43. **報運出口貨物乙批，原申報貨名爲 FUNCTION CONTROL TA-5014，離岸價格爲新臺幣（以下同）1,254,929 元，經稽核結果，並該項貨物無實際交易事實，且貨物進項來源虛僞不實，爰認有虛報出口貨物價值（高報離岸價格）之違章成立，並依本條例第 37 條第 2 項規定處罰**

（節錄）本案訴願人、訴願人之負責人柯○禾君、訴願人之監察人楊○蘭君與國外買方 AS ○公司間，顯有資金回流及製作不實資金流程證明之情事，又根據訴願人提供之進貨發票，本案六家上游供應商，其中二家公司依本部財政資訊中心國稅系統資料，營業狀況爲「擅自歇業他遷不明」，另二家公司經原處分機關依發票章戳地址查訪，查無該二家公司，依經濟部商業司網頁所載公司登記地址訪查，無營業跡象，至其餘二家公司供稱售予訴願人係遊戲機主機板堪用舊品，非本案出口貨物，訴願人外銷系爭貨物卻查無交易及進貨之事實，涉有虛報出口貨物之價值（高報離岸價格）之違章行爲，洵堪認定，……（財政部 102/02/27 台財訴字第 10213905540 號訴願決定書）。

44. 報運貨物（WAFER/ CHIP）出口，經查驗發覺晶粒之外包裝非以眞空包裝，僅以橡皮筋綑紮後置入塑膠袋，包裝零散，且晶粒表面部分帶有斑點，應屬舊品及瑕疵品，嗣送請專業商鑑價結果，貨物合理行情價格與原申報離岸價格之差額甚鉅，顯涉有虛報出口貨物價值，高報離岸價格之違章（財政部 101/05/10 台財訴字第 10100058660 號訴願決定書）。

45. 報運貨物（面膜）出口，原申報貨名、數量均無不符，惟查其價格顯高於其直營門市販售之同一商品（外包裝標示之廠牌、貨名、內容量及成分均相同），經認涉有高報離岸價格、虛報出口貨物價值之違章（臺北高等行政法院 102 年度訴更一字第 11 號判決[315]）。

46. 出口燒錄交易明細紀錄、非供銷售、無取得成本、可無限複製、無法在市場買賣或流通之光碟片，虛報具有商業價值（臺北高等行政法院 102 年度訴字第 2029 號判決[316]）。

《第 2 項 / 其他違法行為》

47. 報運出口「金屬成分分析儀」1 SET，原申報貨物型號為 XLT ○，經查驗結果，實際貨物型號為 XLT ○ WZ，涉有**虛報出口貨物型號**之違法行為，爰依本條例第 37 條第 2 項規定處罰（財政部 96/06/13 台財訴字第 09600212150 號訴願決定書）。

《第 2 項 / 其他 / 從一重處罰》

48. 報運出口「COPPER POWDERS」乙批，經實施查驗並通報環保署環境督察大隊進行現場勘驗後，認定貨物為「含銅爐渣及集塵灰」，屬事業廢棄物，且非屬產業用料需求之廢單一金屬（銅），爰認涉及虛報出口貨名及未依規定申請核發輸出許可文件，即辦理輸出事業廢棄物之違章，屬一行為同時違反本條例第 37 條第 2 項及廢棄物清理法第 38 條第 1 項之規定，依行政罰法從一重處罰規定，應依法定罰鍰額最高之海關緝私條例裁處（財政部 105/11/04 台財法字第 10513950780 號訴願決定書）。

《第 2 項 / 其他 / 撤銷案例》

49.「報運貨物出口涉及虛報案件裁罰金額參考表」第 3 點第 1 款規定裁罰時，宜就原申報布料未實際出口、阻斷委外加工之事實及如何假藉委外加工之名義，圖將來輸入大陸管制成衣、矇混進口放行，獲取原不應取得，以加工費課徵關稅之優惠等事項，加以說明（財政部 102/08/12 台財訴字第 10213931710 號訴願決定書）。

《第 3 項 / 逃避進口管制》

50. 報運進口「Ascorbic Acid（高穩西）Feed Grade」乙批，經查驗結果，來貨包裝塑膠袋內貼印有「Amoxycillin（安莫西林）Trihydrate」，復經化驗屬實，另依進口人提供資料認定為「動物用」，來貨應歸列第 2941.10.20.20-8 號（動物用安莫西林三水化合物），簽審規定為「406」（應檢附主管機關核發之許可證），爰認涉有虛報貨

---

315 本案業經最高行政法院 102 年度裁字第 1295 號裁定駁回原告上訴而告確定。

316 本判決查無上訴紀錄。

名、逃避管制情事（最高行政法院 94 年度判字第 1963 號判決）。

51. 報運進口越南產製 PYRIPROXYFEN 農藥等貨物乙批，並於「其他申報事項」欄載明國外製造工廠，嗣據駐外辦事處查證結果，來貨製造工廠非如報單所載，爰認有虛報進口貨物製造工廠、逃避管制（最高行政法院 103 年度判字第 476 號判決）。
52. 報運進口越南產製 FROZEN TARO（冷凍芋頭）乙批，嗣據通報查獲夾藏有海洛因及愷他命，屬行政院依懲治走私條例第 2 條第 3 項規定公告「管制物品管制品項及管制方式」之管制進出口物品，爰認涉有虛報貨名，逃避管制之違章（高雄高等行政法院 104 年度訴字第 224 號判決[317]）。
53. 報運進口北韓產製蔬菜白菜及高麗菜計二批，嗣經查證，認定來貨產地為中國大陸，且係屬海關進口稅則第七章物品，即為懲治走私條例之管制進口物品，爰認涉有虛報產地，逃避管制情事（最高行政法院 101 年度判字第 990 號判決）。
54. 報運進口中國產製中藥材，原申報貨物名稱為益智仁（益豆仁），經查驗結果，更正為去殼花生，貨品分類號列改列第 1202.42.00.00-4 號「去殼花生，不論是否破碎」，輸入規定 MW0；經查價結果，完稅價格總額已逾 100,000 元，且重量逾 1,000 公斤，故屬行政院依懲治走私條例第 2 條第 3 項規定授權公告「管制物品管制品項及管制方式」第 2 點規定之管制進口物品，爰認涉有虛報貨名，逃避管制之違章（最高行政法院 105 年度裁字第 953 號裁定[318]）。
55. 申報自中國大陸進口 PARTS FOR STAMFORD ALTERNATOR 乙批，經查驗結果，第 1 項至第 4 項、第 5 項至第 8 項貨物可分別組裝成完整貨物 ALTERNATOR，歸列貨物分類號列第 8501.62.90.00-4 號（輸入規定：「MW0」/ 大陸物品不准輸入），屬未經經濟部開放准許間接輸入之大陸物品，爰認有虛報貨名，逃避管制之違章（高雄高等行政法院 97 年度訴字第 925 號判決[319]）。
56. 以小三通方式申報進口大陸產製之「其他紅茶」，經查驗結果發現來貨為「部分發酵茶」（烏龍茶，輸入規定：MW0 / 大陸物品不准輸入），且來貨不在「開放小三通貨品明細」表列准許輸入之大陸物品，涉有虛報貨名，逃避管制之違章（高雄高等行政法院 99 年度訴字第 48 號判決[320]）。
57. 報運進口酸漬筍，虛報醋酸含量及 PH 值（品質），涉有輸入非屬經濟部公告准許輸入之大陸物品及逃避管制情事（臺北高等行政法院 103 年度簡上字第 73 號判決）。

---

[317] 本案業經最高行政法院 105 年度裁字第 114 號裁定駁回原告上訴而告確定。

[318] 本案受處分人因已逾法定期間始為復查申請，故而遞經復查、訴願、行政訴訟以違反程序規定而予駁回。

[319] 本案查無上訴紀錄。

[320] 本案業經最高行政法院 99 年度裁字第 1629 號裁定駁回原告上訴而告確定。

58. 報運復進口委託中國大陸加工製成之成衣，原申報貨物材質均爲「100% POLYESTER WOVEN」，其他申報事項敘明「本批貨物係委託大陸加工之產品」，嗣查證結果，來貨材質均爲「100% POLYESTER WOVEN FUNCTIONAL LAYER 100% EPTFE」，與原申報不符，應改列稅則號別第 6210.40.00 號及第 6210.50.00 號，輸入規定爲「MP1」（大陸物品有條件准許輸入），且未補具輸入許可證明，爰認有進口布料冒充國產布料出口委託中國大陸加工製成成衣後，虛報進口貨物品質（材質），逃避管制之違章（最高行政法院 105 年度判字第 457 號判決）。
59. 申報進口生蠔（或生蚵、牡蠣），原申報產製國爲馬來西亞（併附官方出具之原產地證明），惟經查驗認產地可疑，嗣委請駐外單位查證及綜合研判結果，認定產地爲中國大陸，非屬經濟部公告准許輸入之大陸物品，且屬懲治走私條例第 2 條規定之管制進口物品，爰認有虛報產地，逃避管制之違章（最高行政法院 104 年度判字第 750 號判決）。
60. 報運進口 1,1,1,2-TETRAFLUOROETHANE（俗稱 R-134a 冷媒）乙批，經查驗結果，發現來貨鐵桶上標示 R-134a 及 R-12，嗣經取樣送請鑑定化驗結果，實際來貨標示 R-12 及 R-134a 均爲 REFRIGERANT 12（CCL2F2，即俗稱之 R-12 冷媒），應歸列第 2903.42.00.00-4 號，輸入規定爲 111（管制輸入），爰認涉有虛報貨名，逃避管制情事（臺中高等行政法院 101 年度訴字第 327 號判決[321]）。
61. 報運進口日本產製之鋁廢料（Aluminum Scrap）乙批，嗣實施事後稽核結果，實際來貨爲混合五金廢料（Mixed Metal Scrap），應歸列第 8112.92.22.002 號（輸入規定：111），爲管制輸入貨品，爰認有虛報貨名，逃避管制之違章（臺中高等行政法院 94 年度訴字第 653 號判決[322]）。

《第 3 項 / 逃避出口管制》

62. 報運出口快遞貨物，原申報貨物名稱爲 BOOKS、數量爲 20/PCE；經查驗結果及送請相關著作物之權利人鑑定結果，實到貨物均爲盜版光碟片，爰認有虛報出口貨名，侵害著作權，逃避管制之違章（財政部 98/04/17 台財訴字第 09800056120 號訴願決定書）。
63. 報運出口 EXHIBITION GOODS（參展貨物）乙批，經查驗結果，原申報出口貨物（石雕）未到，實到貨物爲象牙製雕塑品及牙質雕飾品，因屬保育類瀕臨絕種野生動物產製品及瀕臨絕種野生動物國際貿易公約（CITES，華盛頓公約）附錄一所載

321 本案查無上訴紀錄。
322 本案查無上訴紀錄。

物種之產製品，依野生動物保育法第24條第1項及貿易法第13條之1等規定，爲管制貨品，爰認涉有虛報貨名，逃避管制情事（臺北高等行政法院102年度訴字第1713號判決[323]）。

《第3項／逃避管制／撤銷案例》

64. 案件尚在刑事偵查階段，是否得援引他機關之刑事案件移送書有關產地之說明，即確認進口貨物之產地，並論虛報產地予以裁罰

（節錄）惟本案涉及刑事部分尚在偵查階段，原處分機關引據者，僅爲海巡署之刑事案件移送書，並非檢察官偵查結果，且檢察官扣押命令亦稱系案貨物「疑爲」在大陸地區生產，並未確認來貨產地爲中國大陸。再者，農糧署鑑定結果係就系爭貨樣與中國大陸及越南樣品（而非泰國樣品）進行比對，而認菇體表面性狀與中國大陸樣本「較爲」相符，並稱「不排除其他地區有類似之栽培與加工處理方式，仍請權責機關依相關資料判定其原產地」，可見農糧署尚無法確定系爭貨物原產地即爲中國大陸。又訴願人訴稱已提供泰國產地證明文件，惟原處分機關未予查證，**僅參據海巡署刑事案件移送書所載犯罪事實內容，即逕認該證明文件不足採信，核有未妥**（財政部103/02/18台財訴字第10313904710號訴願決定書）。

65. 駐外單位協查結果並未積極證明來貨產地，進口人亦無法提供收割地等相關資料，得否逕認來貨爲中國大陸所產製

（節錄）惟查：1. 訴願人所提示之證據（泰國產地證明），縱與事實不符，然亦無法因此逕認系爭貨物爲中國大陸產製，況駐外單位查證結果，泰商XIANG MOEI CO LTD（出口商，即祥○公司）稱來貨產地爲寮國。2. 供應商（即東○公司）拒絕提供其與寮國之生產工廠之交易合約、生產工廠地址及生產圖片等相關資料，亦無從因此逕認系爭貨物爲中國大陸產製。3. 原處分機關稱其所以認定來貨產地爲中國大陸之結論，係參酌駐外單位協查結果及訴願人無法提供收割地等相關資料綜合研判而來，然**駐外單位協查結果並未積極證明來貨產地爲中國大陸**，至於訴願人無法提供收割地等相關資料，亦無法因此逕認系爭貨物爲中國大陸產製，故原處分機關認定系爭貨物爲中國大陸產製，證據嫌有未足，核有重行查明審酌之餘地，……（財政部100/07/21台財訴字第10000183180號訴願決定書）。

66. 國外出口商所銷售之貨物，經參酌駐外單位函覆內容及其他關區單位之綜合查證結果，認定產地爲中國大陸者，是否得將該出口商另案銷售相同名稱之貨物，逕認產

---

[323] 本案業經最高行政法院103年度裁字第1002號裁定駁回原告上訴而告確定；本案之訴願審理結果請參閱財政部102/09/09台財訴字第10213942590號訴願決定書。

地亦爲中國大陸

（節錄）況 S ○公司縱確不具備產製系爭貨物之能力，亦非即得稱系爭貨物原產地爲中國大陸，且因將涉逃避管制之處罰，原處分機關就如何認定原產地爲中國大陸乙節，當負有說理之義務。茲原處分機關復查決定僅以 S ○公司於另案所銷售與本件申報相同之貨物，均經海關將產地更改爲中國大陸，本件出口商及貨物既與先前數案相同，參酌駐外單位函覆內容及參據其他關區單位之綜合查證結果，即將本案貨物原申報產地更正爲中國大陸，並於本件訴願答辯主張，訴願人若非逃避管制，S ○公司斷無必要提供僞造之馬國國際貿易及工業部認證信函供駐外單位查證，藉以假稱其產地爲馬來西亞等。惟本件事實情況與他案未盡相同，已如前述，且縱認與他案情節無異，亦非謂出口商與所申報貨物相同之數案，即可斷言必然存在相同違章情事，原處分機關以本件出口商及貨物，與先前數案相同，即泛稱係參酌駐外單位函覆內容及參據其他關區單位之綜合查證結果，將系爭貨物原產地更改爲中國大陸，未就如何認定本件系爭貨物之原產地爲中國大陸，爲實質之論述，尚難認已盡前揭行政機關應負之說理義務，不無訴願人所質疑：無證據足資認定有堪以構成行政罰要件之事實存在，僅係以片面臆測之詞予人處罰之疑慮（財政部 103/03/06 台財訴字第 10313905040 號訴願決定書）。

67. **同時違反藥事法及海關緝私條例規定之違章行爲，如業經主管機關依藥事法進行評價，海關即不得復依海關緝私條例重複裁處**

（節錄）高雄市政府衛生局既已就訴願人違反藥事法第 39 條第 1 項規定之違章行爲，進行評價，認爲該行爲應依同法第 92 條第 1 項規定，處 3 萬元罰鍰，惟**依行政罰法第 26 條第 3 項規定，裁處之罰鍰應扣抵訴願人業向桃園地檢署支付之緩起訴處分金 50,000 元，則扣抵之結果，已無裁處 30,000 元罰鍰之實益，基於行政作業經濟之考量，就本案不再「另予」行政裁處（應指不再另予核發處分書）。故此結果，應認該局已行使裁處權，從而，原處分機關復依海關緝私條例第 37 條第 3 項轉據同條例第 36 條第 1 項規定，對訴願人裁處罰鍰，即有對一行爲重複裁處之情形**，核有未洽，應予撤銷（財政部 110/04/22 台財法字第 11013909810 號訴願決定書）。

68. **因過失致虛報貨名夾藏毒品而逃避管制之案件，得否轉據第 36 條第 1 項規定逕按罰鍰最高額（即貨價三倍）裁罰**

（節錄）按行政罰法第 18 條第 1 項規定，罰鍰之裁處，除應審酌行爲人違反行政法上義務行爲所生影響外，尚應審酌行爲人應受責難程度及因違反行政法上義務所得之利益，而違反行政法上義務之行爲人，其主觀責任條件復有故意及過失之分，並因故意或過失致有違反行政法上義務之行爲，應受責難程度本屬有別（最高行政法院 102 年度 3 月份第 2 次庭長法官聯席會議決議意旨參照）。經查，本件原處分機關既認定訴願人係因過失，致生虛報進口貨物名稱及數量，逃避管制之違章，則衡情應較故意行為所受責難程度為低，從而，原處分機關按海關緝私條例第37條第3項轉據同條例第36條第1項規定裁罰時，**僅以涉案私貨係屬毒品，有嚴重危害國民健康及社會秩序之虞，情節非輕，即據以裁處訴願人法定最高倍數三倍之罰鍰**計2,740,629元，顯未依上開規定，考量訴願人違反行政法上義務行為之應受責難程度，而為適切之裁罰（財政部104/04/07台財訴字第10413912960號訴願決定書[324]）。

《第4項／虛報出口溢沖退稅》

69. **報運出口加工外銷貨物涉及虛報情事，並於退稅欄填載「Y」，應適用本條例第37條第4項規定處罰，但已完成沖退稅者，則應按第43條規定處罰**

　　（節錄）海關緝私條例第37條第4項規定「沖退進口原料稅捐之加工外銷貨物，報運出口而有第一項所列各款情事之一者，處以溢額沖退稅額二倍至五倍之罰鍰，並得沒入其貨物。」並非以發生納稅義務人溢額沖退稅之結果為要件，則納稅義務人僅須就此條項之違章行為以虛報出口貨物之品質規格，可以溢額沖退稅捐即已構成，不以實際已沖退稅捐為要件，改制前行政法院即現之最高行政法院70年度判字第138號、76年度判字第975號著有判決可資參照；本件原告報運出口不鏽鋼捲，其中92年度訴字第827號、92年度訴字第834號案之貨物已申請辦理退稅，其餘六件雖尚未提出辦理退稅申請，但**已於出口申報單退稅欄填載「Y」，且檢附外銷原料使用清表，即已具備申請沖退稅要件**，且原告申報出口貨物所使用之原料有國產原料情形，業如前述，則被告以原告違反海關緝私條例第37條第4項科罰，並無不合，且無違司法院釋字第337號、第339號解釋意旨。苟原告上開行為已完成沖退稅，則應依海關緝私條例第43條科罰，而非依同條例第37條第4項處罰，……（高雄高等行政法院92年度訴字第789號判決[325]）。

70. 報運出口不銹鋼捲乙批，報單申請沖退原料稅欄申報為「Y」，經查驗結果，除更正「標記及貨櫃號碼」欄MADE IN TAIWAN為MADE IN MEXICO外，並將第1項貨物重量3,934 KG更正為1,640 KG，另加註第7項重量為2,294 KG，並查得出口鋼捲係MEXICO原廠鋼捲未經加工即原狀出口，爰將「外銷品使用原料及其供應商資料表」使用進口原料全部予以刪除，並以出口人將未經加工之MEXICO鋼捲申報為已加工之進口原料，出口報單並申報欲沖退稅，審認已構成虛報出口貨物產地及規格，溢沖退進口原料稅款之行為（財政部94/03/16台財訴字第09300544770號

---

[324] 財政部103/10/07台財訴字第10313954870號訴願決定書亦有同旨。

[325] 本案業經最高行政法院94年度判字第00979號判決駁回原告上訴而告確定。

訴願決定書）。

71. 報運貨物出口，於報單「申請沖退原料稅」欄申報為「Y」，並檢附之「外銷品使用原料及其供應商資料清表」載明係以進口原料加工製造，惟經查明該批貨物係以國產原料加工製成，涉有虛報用料（品質；即原料來源國）冒沖退稅（最高行政法院 94 年判字第 837 號判決[326]）。
72. 報運出口 BEAN THREAD（100% 綠豆製造粉絲）乙批，報單申請沖退原料稅欄申報為「Y」，經查驗取樣化驗結果，綠豆粉含量約 80.84%，核有虛報出口貨物品質規格之事實，且與核退標準規格「100% 綠豆原料製成者」不符，依規定不予核退，爰依海關緝私條例第 37 條第 4 項之規定處以溢額沖退稅額二倍罰鍰（財政部 98/06/23 台財訴字第 09800121060 號訴願決定書）。
73. 報運出口 DRINKS 等並附「外銷使用原料清表」嗣經查驗結果，實際來貨成分僅標示果糖及葡萄糖，並無砂糖，嗣請財團法人食品工業發展研究所協助鑑定，鑑定結果報單實際來貨砂糖使用量均與原申報不符，核有虛報使用原料（砂糖）重量溢沖退稅款情事（財政部 105/01/12 台財法字第 10413970690 號訴願決定書）。

❖司法判解❖

1. 繳驗偽造發票之解釋

海關緝私條例第 22 條第 3 款所稱之呈驗偽造發票或單據，係指該項發票或單據記載之內容，與眞正事實不符，將使依此計算進口或出口貨物之完稅價額，發生不正確之結果，致計算稅款，少於眞正應納之稅款者而言。此觀該條規定所處罰金，係以匿報稅款之數額為其基數，而可自明。本件原告以自備外匯先後向日本進口磁器三批，其呈驗之發票所載運費數額，與提貨單及運輸公司帳單所列運費數額不符，固屬事實。但經本院向臺灣銀行查明，開發信用狀採用 C&F 方式者，C（即成本 cost）及 F（即運費 freight）可自行調整，其成本及運費均不必與實際支出之數字相同。是原告以自備外匯向日本進口之三批磁器，其約定之 C&F 價格中之 F，原不必與日本廠商實際支出之運費數額相同，祇須原告支付之外匯數額，與發票上所載 C&F 價格數額相同，即不能據指該項發票所記載之內容與眞正事實不符而謂為偽造之發票。本件原告呈驗之三張發票，非特其記載之 C&F 總數與報價單相符，即其分列之 FOB 總價及運費總數，亦與報價單所載完全相符。而該項報價單所列價格，則業經主管機關（行政院外匯貿易審議委員會）查核認為相當，並經其查明本案結匯金額與核准金額相

---

326 其他以國產原料冒充進口原料申請沖退稅案件，可參閱最高行政法院 94 年度判字第 979 號判決、最高行政法院 96 年度判字第 1964 號判決。

司，復經臺灣銀行查明原告申請結匯所實付之外匯與結匯金額相符，自不能憑空指原告該三批進口磁器之實付外匯與發票所列貨價不符，而謂其係呈驗僞造發票以匿報關稅（最高行政法院 47 年判字第 50 號判例）。

2. 海關緝私條例第37條第1項第4款規定並未違憲

法律明確性之要求，非僅指法律文義具體詳盡之體例而言，立法者仍得衡酌法律所規範生活事實之複雜性及適用於個案之妥當性，運用概括條款而爲相應之規定，業經本院釋字第 432 號解釋闡釋在案。爲確保進口人對於進口貨物之相關事項爲誠實申報，以貫徹有關法令之執行，海關緝私條例第 37 條第 1 項除於前三款處罰虛報所運貨物之名稱、數量及其他有關事項外，並於第 4 款以概括方式規定「其他違法行爲」亦在處罰之列，此一概括規定，係指報運貨物進口違反法律規定而有類似同條項前三款虛報之情事而言。就中關於虛報進口貨物原產地之處罰，攸關海關緝私、貿易管制有關規定之執行，觀諸海關緝私條例第 1 條、第 3 條、第 4 條、貿易法第 5 條、第 11 條及臺灣地區與大陸地區人民關係條例第 35 條之規定自明，要屬執行海關緝私及貿易管制法規所必須，符合海關緝私條例之立法意旨，在上述範圍內，與憲法第 23 條並無牴觸。至於依海關緝私條例第 36 條、第 37 條規定之處罰，仍應以行爲人之故意或過失爲其責任條件，本院釋字第 275 號解釋應予以適用，併此指明（司法院釋字第 521 號解釋）。

3. 進出口貨物查驗準則第15條第1項前段規定並未違憲

進出口貨物查驗準則第 15 條第 1 項前段[327]規定：「進口貨物如有溢裝，或實到貨物與原申報不符，或夾雜其他物品進口情事，除係出於同一發貨人發貨兩批以上，互相誤裝錯運，經舉證證明，並經海關查明屬實者，准予併案處理，免予議處外，應依海關緝私條例有關規定論處。」限定同一發貨人發貨兩批以上之互相誤裝錯運，其進口人始得併案處理免予議處，至於不同發貨人發貨兩批以上之互相誤裝錯運，其進口人應依海關緝私條例有關規定論處，尚未違背憲法第7條平等原則（司法院釋字第648號解釋）。

4. 貨物出口有虛報規格、數量等不法情事，即應依法科罰

報運貨物出口有虛報規格、數量等不法情事，即應依法科罰，並非俟有實際溢額沖退稅捐之違法行爲之結果發生始予處罰（最高行政法院 77 年度判字第 2003 號判決）。

5. 違法行爲同時構成行爲罰及漏稅罰之處罰要件者，擇一從重處罰

納稅義務人違反作爲義務而被處行爲罰，僅須其有違反作爲義務之行爲即應受處罰；而逃漏稅捐之被處漏稅罰者，則須具有處罰法定要件之漏稅事實方得爲之。二者處

---

327 即現行第 19 條。

罰目的及處罰要件雖不相同，惟其行為如同時符合行為罰及漏稅罰之處罰要件時，除處罰之性質與種類不同，必須採用不同之處罰方法或手段，以達行政目的所必要者外，不得重複處罰，乃現代民主法治國家之基本原則。是違反作為義務之行為，同時構成漏稅行為之一部或係漏稅行為之方法而處罰種類相同者，如從其一重處罰已足達成行政目的時，即不得再就其他行為併予處罰，始符憲法保障人民權利之意旨。本院釋字第356號解釋，應予補充（司法院釋字第503號解釋）。

6.進口貨物未據實申報，致逃漏進口稅、貨物稅、營業稅，應併合處罰

最高行政法院100年5月份第2次庭長法官聯席會議決議有關「……進口人填具進口報單時，需分別填載進口稅、貨物稅及營利稅相關事項，向海關遞交，始完成進口稅、貨物稅及營業稅之申報，故實質上為三個申報行為，而非一行為。如未據實申報，致逃漏進口稅、貨物稅及營業稅，合於海關緝私條例第37條第1項第4款、貨物稅條例第32條第10款暨營業稅法第51條第7款規定者，應併合處罰，不生一行為不二罰之問題」之決議，與法治國一行為不二罰之原則並無牴觸（司法院釋字第754號解釋）。

❖釋示函令❖

《第1項／第1款／虛報名稱、數量或重量》

1.進口剪口鐵僅貨名認定不同之申報不符案件，免予議處

廠商報運進口之「剪口鐵」，如其規格、品質與原申報相符，只因貨名認定不同而生之貨名申報不符案件，准改按其應行歸屬之稅則號別核估徵稅，而免依海關緝私條例議處（海關總稅務司署77/05/14台總署稅字第1782號函）。

2.進口紙張型態之大陸竹漿打洞後准按竹漿稅放，否則應處罰

主旨：所報關於廠商報運進口紙張型態之大陸產竹漿，擬規定一律由進口人於國外打洞後方准按竹漿稅放，否則即按海關緝私條例有關規定予以論處，並公告周知乙案。

說明：一、依據經濟部80/10/24經(80)貿字第055628號函辦理。二、關於紙張型態之大陸產竹漿進口處理方式，請參據國際商品統一分類制度註解有關規定及經濟部前開號函逕依職權辦理（財政部80/11/19台財關字第800437083號函）。

附件：經濟部80/10/14經(80)貿字第055628號函 **主旨**：關於廠商報運進口紙張型態之大陸產竹漿，貴部關稅總局[328]擬規定一律由進

---

[328] 指102年改制前之財政部關稅總局。

口人於國外打洞後，方准按竹漿稅放，否則即按海關緝私條例有關規定予以論處並公告周知乙案，本部敬表同意。

說明：二、查本部 77 年 8 月 5 日公告大陸造紙用紙漿間接進口，已言明其為造紙用途，而紙張型態之竹漿已近似紙張，故為維持開放初衷，應予打洞按竹漿稅放。

3. 報運貨物進出口虛報數量逾5%者，按虛報數之全額論處

報運貨物進出口而有虛報數（重）量及以不正當方法申請沖退稅之案件，如其誤差超過 5%（或國家標準）者，應一律依章就虛報（或誤差）部分全額論處，無須再行扣除 5%（或國家標準）之寬容量（財政部 71/07/19 台財關字第 19131 號函）。

4. 進口木板條等逾申報數量20%以上者，就虛報之全額論處

報運進口木板條及木材薄片如超過申報材積數量在 20% 以上者，應就虛報部分全額論處，無須再行扣除 20% 之寬容量（財政部 72/10/26 台財關字第 26024 號函）。

《第 1 項 / 第 2 款 / 虛報品質、價值或規格》

5. 化學品委外加工經化驗確有原出口貨物之成分，且無其他事證足以否定其為出口貨物所製造，宜推定來貨為原出口貨物所製造

主旨：關於甲公司報運進口委外加工之水箱防凍液，經檢樣送化驗鑑定結果，無法認定為原出口之乙二醇所製造，且依該試驗報告所據以計算之加工費用較進口人自行申報之加工費用為高，是否違反海關緝私條例第 37 條規定涉及虛報情事乙案。

說明：二、按化學品委外加工案件，在出口原料與復運進口成品之間，尚難完全憑目視其外觀即查明其關係，倘來貨經化驗確有原出口貨物之成分，且無其他事證足以否定其為出口貨物所製造者，宜推定來貨為原出口貨物所製造。三、復按進口貨物是否涉有海關緝私條例第 37 條第 1 項所定之虛報行為，應以來貨與原申報之內容是否相符為斷。依關稅法第 37 條第 1 項規定：「運往國外修理、裝配或加工之貨物，復運進口者，依下列規定，核估完稅價格：……二、加工貨物，以該貨復運進口時之完稅價格與原貨出口時同樣或類似貨物進口之完稅價格之差額，作為計算根據。」是以，本案報單完稅價格項下所申報因加工所生之差額（RAPTWD），「納稅辦法」申報「3F」，及檢附「出口乙二醇加工成防凍液進口沖銷表」等，應為海關按關稅法上開規定核估完稅價格之參考，不因其存有稅捐差額之結果即論屬虛報（財政部關稅總局 100/05/13 台總局緝字第 1001002972 號函）。

6.申報之新舊程度僅為徵納雙方單純對新舊觀念認知不同，不宜遽認虛報品質或價值

主旨：廠商進口中古堆高機，於查驗後驗貨關員更改原申報之新舊程度，並送查價核算後產生稅款差額，應否依海關緝私條例第 37 條第 1 項規定論處乙案。

說明：二、本案進口人原申報之「30% NEW」（應即來函所稱「新舊程度」）雖經驗貨後更改為 50%，惟來文未見認定「新舊程度」之客觀標準，是否單憑驗貨關員之主觀判斷，尚待調查、釐清。倘新舊程度之認定並無客觀標準而顯將因人而異者，除另有其他虛報情事外（如查有繳驗偽變造或不實發票情事），應僅為徵納雙方單純對新舊觀念認知不同，不宜遽以該申報與海關認定不一致，即認屬構成海關緝私條例第 37 條第 1 項第 2 款規定之虛報品質或價值。縱來貨依現狀調整完稅價格而與原申報產生稅差，此部分亦非違章漏稅，而為單純依關稅法相關規定增估補稅之適用範圍（財政部關務署 103/01/09 台關緝字第 1021029946 號函）。

7.私人進口自用舊車未報明選擇性附件，免罰；如屬代理商、貿易商進口者，則應依法處罰

所報進口汽車貨主僅未報明其選擇性附件，如何處分一案，准照所擬方案 3 方式辦理（財政部 69/03/14 台財關字第 12865 號函）。

> **附件：海關總稅務司署68/12/20台部驗字第1491號函**
>
> 處理方案三種，方案 1：不論對象，就漏未申報選擇性附件，僅予增估稅放，免予依海關緝私條例及貨物稅條例處罰。方案 2：不論對象，僅就該未申報之選擇性附件依海關緝私條例第 37 條第 1 項及貨物稅條例第 18 條第 1 項第 5 款[329]規定處罰，而不及於整體汽車。**方案 3：私人進口自用舊車，比照處理進口行李方式，如未報明選擇性附件，僅予增估而予免罰；如屬汽車代理商或貿易商進口而未予報明者，則分別依方案 2 規定論處**。

8.進口貨物涉及偷漏關稅，即應依緝私條例論處

主旨：進口小轎車涉及虛報型號、配件、偷漏關稅情事，惟因原申報貨物應繳納之關稅及貨物稅總額反較實到貨物應繳納之關稅及貨物稅總額為高，是否仍應依海關緝私條例之規定論處乙案。

說明：三、海關緝私條例與貨物稅條例領域各有不同，有無虛報漏稅情事應分別論斷，目前有關法令尚無得合併關稅及貨物稅總額以計算有無偷漏關稅之規定，故本案實際來

---

[329] 即現行條例第 32 條第 3 款。

貨縱有因貨物稅高報，與關稅合計超過原申報關稅與貨物稅總額之情事，如查明確有虛報偷漏關稅情事，仍難解免其應負違反海關緝私條例之行政罰責（海關總稅務司署8/02/23 台總署緝字第 0637 號函）。

.查獲來貨醋酸汁液未蓋過固形物而與原申報不符，涉及虛報規格

主旨：所報廠商報運進口中國大陸酸醋筍乙批，原申報「汁液 PH 3.9-3.5，醋酸液比例%～8%，汁液蓋過固形物」，經查驗結果汁液未蓋過固形物，與本署（改制前關稅總局）100/04/20 台總政徵字第 1006002396 號函示歸列進口稅則第 2001 節之標準不符，是否構成虛報及逃避管制乙案。

說明：二、本案所爭執之醋酸汁液，審究其性質，應爲確保或促使主要貨物（酸醋筍）品質（酸鹼值、加工程度）達到一定程度之附屬裝填材料，如虛報該裝填材料之品質者，其所附屬之主要貨物通常亦作同樣判斷，故得論屬虛報品質（臺灣基隆地方法院03 年度簡字第 3 號行政訴訟判決案例參照）；惟裝填之醋酸汁液是否蓋過主要貨物（酸醋筍），並非貨物之品質而爲重要附屬物之狀態，且該狀態爲判斷得否進口之標準之一，則宜論屬貨物之「規格」。是若驗有附屬之醋酸汁液未蓋過固形物而與原申報不符情形，自宜論屬虛報規格。三、本案既涉及虛報規格且實到貨物依旨揭本署函示應歸類屬不得進口之大陸物品，自有海關緝私條例第 37 條第 3 項有關逃避管制處罰規定之適用問題，惟爲維護當事人權益，請先依財政部 97/11/03 台財關字第 09705505100 號令規定辦理，以定後續適法之處理方式，併此提明（財政部關務署 104/11/06 台關緝字第041014820 號函）。

0. 虛報酒品酒精成分未逾誤差容許率者，免罰

主旨：虛報酒品酒精成分，是否屬虛報品質，而得適用海關緝私案件減免處罰標準（下稱本標準）第 8 條未逾誤差容許率免罰規定一案。

說明：二、按虛報酒品「酒精成分」核屬虛報「品質」，得適用旨揭規定：依 102 年2 月 18 日修正旨揭規定修法理由（附件 1）：「……原條文所用『成分』乙詞係指海關緝私條例第 37 條第 1 項第 2 款規定之『品質』，基於法律用語應力求一致之原則及處罰法定原則，爰予修正『成分』爲『品質』…… 」可知，虛報酒品「酒精成分」核屬虛報「品質」，得適用旨揭免罰規定。三、次按旨揭規定第 2 項所稱「國家標準」，解釋上包含「主管機關法規」，倘其所定誤差容許率核算計 5% 以上，應予優先適用：查酒類標示管理辦法第 6 條第 2 項已就酒類酒精成分容許誤差範圍定有明文規定（蒸餾酒類爲正負 0.5 度，其他酒類爲正負 1 度，附件 2）。鑑於各機關訂定法規分類邏輯固有不同，惟作成決定仍須符合行政一體原則（司法院釋字第 613 號解釋理由書及財政部 102/12/19 台財訴字第 10213955470 號訴願決定意旨參照，附件 3），爰旨揭規定第 2 項所稱「國家標準」，解釋上除指標準法第 3 條第 5 款所定「國家標準（CNS）」外，當應包含「主管機關法規」，以避免行政機關各自認定歧異而衍生法規適用爭議。是以，本案倘依酒類標示管理辦法第 6 條第 2 項規定，核算酒精成分誤差容許率計 5% 以上者，即應依旨揭規定第 2 項予以優先適用。四、未按符合旨揭規定即應免處罰鍰，不以同時符合本標準各該免罰規定為要件：依 107 年 9 月 3 日修正本標準第 2 條規定修法理由（附件 4）：「……凡符合各條所定要件者，即屬情節輕微而應賦予相應之減免處罰效果。……」可知，本標準所定各條項減免罰規定係各自獨立判斷，除同一報單有多項申報不符情事，應依同標準第 15 條或第 16 條規定認定有無逾越免罰標準外，其餘凡符合各條項減免罰規定之一者，即應賦予相應減免罰效果，不以同時兼具為要件。準此，本案漏稅額縱已逾新臺幣 5,000 元而未符合本標準第 5 條第 1 項免罰規定，惟倘經審認其酒精成分申報誤差值【計算式：(原申報－實際來貨) / 實際來貨】未逾旨揭規定所定誤差容許率，即應依法免處罰鍰（財政部關務署 109/10/14 台關緝字第 1091018164 號函）。

《第 1 項 / 第 3 款 / 繳驗偽造、變造或不實之發票或憑證》

11. 繳驗偽造、變造或不實發票或憑證之區分標準

二、海關緝私條例第 37 條第 1 項第 3 款規定所稱「偽造之發票或憑證」係指無權製作發票或憑證之人，假冒他人名義，製作足以使人認為係發票或憑證上所示之作成名義人所出之發票或憑證；「變造之發票或憑證」係指無權修改發票或憑證內容者，擅自更改真實發票或憑證之內容而言；至於「不實之發票或憑證」係指繳驗之發票或憑證雖仍出於有製作權人之製作而非屬偽造或變造，惟所繳驗者，或為交易雙方通謀所製作之內容虛偽不實之發票或憑證，或係就同一交易事實製作多數之發票或憑證，而僅繳驗其一部，或有其他類此虛偽不實之情形；亦即，所繳驗之發票或憑證本身是否「不實」，實務上仍應就個案視其與表徵之交易事實是否一致而定，除有非屬一致而確存虛偽不實之情形外，進口人僅係漏將關稅法第 29 條第 3 項各款規定之費用計入完稅價格內申報並發生錯誤，仍與繳驗不實之發票或憑證有間，尚難認定已構成繳驗不實之發票或憑證。又，既不認屬繳驗不實之發票或憑證，依財政部 97/08/11 台財關字第 09700325030 號令示，自不生虛報價值處罰之問題，而僅屬增估補稅之範疇。三、本總局 95/01/06 台總政緝字第 0956001611 號函自即日起停止適用（財政部關稅總局 100/01/25 台總政緝字第 1006002367 號函）。

附件：財政部97/08/11台財關字第09700325030號令

一、關稅法第 29 條第 3 項各款規定之費用，進口人未將其計入完稅價格內申報，海關應調整計入完稅價格課徵關稅，除有繳驗僞造、變造或不實之發票或憑證者外，免依海關緝私條例第 37 條第 1 項規定論罰。二、類此案件依海關緝私條例相關規定處分尚未確定者，依本令規定辦理。

12. 憑證之意義

主旨：所報○○公司（下稱進口人）報運貨物進口，涉有繳驗不實文件，逃避管制情事，應否依海關緝私條例（下稱本條例）第 37 條第 1 項第 3 款、第 4 款規定論處一案。

說明：二、按本條例第 37 條第 1 項第 3 款所稱「憑證」，參據該條 62 年 8 月 27 日修法理由，係指與結匯或簽證有關之文件，包含下列二者：（一）與結匯有關，得據以認定交易事實或價格之文件，例如匯款水單、提單及保險單等。（二）與簽證有關，依法令應繳驗之輸出入許可文件，例如輸出入許可證、農藥許可證等。另本條例第 37 條第 1 項第 3 款所定應予處罰者，僅限繳驗僞、變造或不實之「發票或憑證」，並未含括其他類型之文件，基於體系解釋，同條項第 4 款所稱「其他違法行爲」，自不宜擴張解釋包含繳驗僞、變造或不實「發票或憑證」以外之其他文件，以避免架空同條項第 3 款規定，俾符法律明確性原則。綜上，本件進口人繳驗不實之製造流程圖及成品檢測報告等文件，非屬本條例第 37 條第 1 項第 3 款所稱「繳驗不實憑證」，亦非同條項第 4 款所稱「其他違法行爲」，尚不得據以論罰（財政部關務署 108/06/05 台關緝字第 1081007650 號函）。

13. 報運貨物進口檢附僞造之產地證明書者，應移送司法機關偵辦

關員於執行職務時，知悉廠商涉有僞造產地證明書之嫌疑者，應依法告發，移送司法機關偵辦（財政部 85/06/13 台財關字第 852014334 號函）。

《第 1 項／第 4 款／其他違法行爲》

14. 虛報產地應依緝私條例第37條第1項第4款規定處罰

主旨：虛報進口貨物產地逃避管制，其違章事實究係屬海關緝私條例第 37 條第 1 項第 2 款或第 4 款，抑或兩者皆可適用乙案。

說明：二、依據海關緝私條例第 37 條第 1 項之規定列有四款應予處罰之情節，第 4 款所謂其他違法行爲，乃係概括規定，故不屬於第 1 款至第 3 款之違法虛報行爲均屬之。因此報運貨物進口有虛報產地者，即構成該條項第 4 款之違法行爲。至個案之虛報事實是否另有該條項第 1 款至第 3 款情事，則應就個案審酌認定（財政部 82/10/20 台財關字第 821556309 號函）。

15. 以委託大陸加工成衣之不實名義報運進口未公告准許輸入之大陸物品，屬本條例第37條第1項第4款所稱「其他違法行為」

報運進口委託大陸加工之成衣（於報單其他申報事項欄申報「委託大陸加工進口」），如經海關查獲出口布料未進入大陸地區，於進口時虛報委託大陸加工情事，藉此輸入未經公告准許輸入之大陸物品，違反關稅法第 37 條及其施行細則第 20 條第 5 項規定之誠實申報義務，及「臺灣地區與大陸地區人民關係條例」第 35 條暨其授權訂定之「臺灣地區與大陸地區貿易許可辦法」第 7 條第 1 項第 1 款等規定，違章情節係屬重大，依司法院大法官釋字第 521 號解釋意旨，核屬海關緝私條例第 37 條第 1 項第 4 款之「其他違法行為」（財政部 100/12/01 台財關字第 10005910680 號函）。

16. 繳驗不實之製造流程圖及成品檢測報告等文件，非屬海關緝私條例第37條第1項第4款所稱「其他違法行為」

主旨：所報○○公司（下稱進口人）報運貨物進口，涉有繳驗不實文件，逃避管制情事，應否依海關緝私條例（下稱本條例）第 37 條第 1 項第 3 款、第 4 款規定論處一案。

說明：二、按本條例第 37 條第 1 項第 3 款所稱「憑證」，參據該條 62 年 8 月 27 日修法理由，係指與結匯或簽證有關之文件，包含下列二者：（一）與結匯有關，得據以認定交易事實或價格之文件，例如匯款水單、提單及保險單等。（二）與簽證有關，依法令應繳驗之輸出入許可文件，例如輸出入許可證、農藥許可證等。另本條例第 37 條第 1 項第 3 款所定應予處罰者，僅限繳驗偽、變造或不實之「發票或憑證」，並未含括其他類型之文件，基於體系解釋，同條項第 4 款所稱「其他違法行為」，自不宜擴張解釋包含繳驗偽、變造或不實「發票或憑證」以外之其他文件，以避免架空同條項第 3 款規定，俾符法律明確性原則。綜上，本件進口人繳驗不實之製造流程圖及成品檢測報告等文件，非屬本條例第 37 條第 1 項第 3 款所稱「繳驗不實憑證」，亦非同條項第 4 款所稱「其他違法行為」，尚不得據以論罰（財政部關務署 108 年 6 月 5 日台關緝字第 1081007650 號函）。

《第 1 項／其他／①未構成違章漏稅》

17. 納稅人申報稅則號列錯誤而未涉及違章情事，經海關改列稅號後屬尚未開放准許輸入之大陸物品，責令退運

一、納稅義務人申報稅則號列錯誤而未涉及違章情事，經海關改列稅號後屬尚未開放准許輸入之大陸物品，如未能檢附輸入許可證者，海關應依關稅法第 96 條規定，責令納稅義務人限期辦理退運。但納稅義務人如在海關責令退運之處分書送達前，檢具主管機關核發之輸入許可證或該貨物適值公告開放准許輸入者，得准免辦理退運或追繳其貨價。二、參據司法院釋字第 287 號解釋，尚未確定案件有符合前點規定者，適用本令規定辦理（財政部 98/08/24 台財關字第 09800344440 號令）。

18. 進口人未將關稅法第29條第3項各款費用加計於完稅價格，海關應予計入課稅免罰

關稅法第 29 條第 3 項各款規定之費用，進口人未將其計入完稅價格內申報，海關應調整計入完稅價格課徵關稅，除有繳驗僞造、變造或不實之發票或憑證者外，免依海關緝私條例第 37 條第 1 項規定論罰。二、類此案件依海關緝私條例相關規定處分尚未確定者，依本令規定辦理（財政部 97/08/11 台財關字第 09700325030 號令）。

19. 廠商於報關時申請退運，或以三角貿易方式轉售貨物至第三地申報不實案件之處理釋疑

一、廠商於報關時申請退運或以三角貿易方式轉售貨物至第三地之案件，其申報內容如與實到貨物不符，因貨物並未進入國內，免依海關緝私條例第 37 條、加值型及非加值型營業稅法、貨物稅條例及菸酒稅法規定論處。如經海關發現有違反其他法令規定者，應將違反情事移請相關機關辦理。二、前述申請退運或三角貿易案件，於報關後向海關申請更改納稅辦法辦理進口者，適用一般進口貨物通關程序。如有違反相關法律規定者，依各該規定論處。三、本令自發布日起生效。本令發布前，已處分尚未確定之案件均有本令之適用（財政部 99/08/13 台財關字第 09900289310 號令）。

20. 得依規定於次月辦理彙報之貨物，於前階段併運時縱未於報單內特別報明，亦不生漏稅問題

主旨：所報物流中心以 L1 報單申報貨物進儲後，第三人復將該進儲之貨物（包材，即 PP BOX）以 D2 報單申報進口，惟未同時申報含其所包裝之內容物（偏光板），致查驗結果與原申報不符，得否依物流中心貨物通關辦法第 28 條轉據海關緝私條例第 37 條第 1 項第 1 款規定論處乙案。

說明：二、按物流中心貨物通關辦法第 28 條規定：「物流中心如有私運或其他違法漏稅情事者，依海關緝私條例及其他有關法律之規定處理。」本案所涉之 D2 報單，其申報人爲○○公司，並非物流中心業者，縱認屬虛報，亦非本條之規範主體，自無適用餘地。三、至於本案查得之D2報單原申報與實到貨物不符，是否直接適用海關緝私條例第 37 條第 1 項規定部分，查本案關係人科學城物流股份有限公司爲經准得採按月彙報之物流中心，且報單之進口人奇美材公司亦爲保稅廠商，參諸行政程序法第 9 條規定：「行政機關就該管行政程序，應於當事人有利及不利之情形，一律注意。」之本旨，本案所涉未申報之保稅貨物（偏光板）似足認確有可能係出於物流中心與保稅廠商合意而屬將依物流中心貨物通關辦法第 20 條規定採按月彙報方式通關之貨物。復鑑於現行並無限制按月彙報之保稅貨物不得與其他報單所載貨物併同運送（即應同時提出其他報單）或採併運時應於報單內載明之特別規定，縱於前階段併運時所併貨物之進口人未於報單內特別報明內含按月彙報之保稅貨物，該貨物仍得依規定於次月 15 日前辦理彙報，前階段之運送即無漏稅問題，從而無海關緝私條例第 37 條第 1 項漏稅處罰規定之適用（財政部關務署 103/11/21 台關緝字第 1031018750 號函）。

《第 1 項 / 其他 / ②本條項之適用》

21. 進口貨物雖經核准退運，如經查確有虛報情事，仍應依法論處

進口貨物，雖經海關核准退運，惟廠商前所爲之進口報運事實仍屬存在，嗣後如查有違法新事證足資認定其有虛報情事者，仍應依海關緝私條例相關規定論處（財政部 92/03/13 台財關字第 0920000897 號函）。

22. 轉運申請書（L1）亦屬本條例第4條所稱「報運貨物進口」，如涉虛報及逃避管制，應依本條例議處

主旨：有關廠商於外貨進儲物流中心轉運申請書（L1）內申報不實，是否視同或比照一般進口報單虛報而適用海關緝私條例議處乙案。

說明：二、旨揭進口方式亦屬海關緝私條例第 4 條規定所稱「報運貨物進口」；本案甲物流股份有限公司以轉運申請書（L1）報運外貨進儲物流中心，如經查明涉有虛報行爲及逃避管制，應依海關緝私條例相關規定議處（財政部 101/08/10 台財關字第 10100579860 號函）。

23. 廠商以D8報單申報進口貨物進儲保稅倉庫或物流中心，涉及虛報情事者，應視其違法情節依規定論處

關於廠商以 D8 報單申報進口貨物進儲保稅倉庫或物流中心，涉及虛報情事者，應視其違法情節依海關緝私條例第 37 條第 1 項或第 3 項規定論處（財政部關稅總局 96/11/06 台總政緝字第 0966001882 號函）。

《第 1 項 / 其他 / ③違章行爲人》

24. 廠商進口夾藏物品，如實際貨主與進口商不同時，如何處罰釋示

主旨：廠商報運貨物進口，夾藏管制物品或其他准許進口類物品，其進口人與實際貨主不同時，對出借牌照之不知情進口商，視其報運進口之貨物內所夾藏之物品類別，分別依海關緝私條例第 37 條第 3 項轉據第 36 條第 1 項或第 37 條第 1 項規定處罰；而對幕後走私之實際貨主則依同條例第 36 條第 1 項及第 3 項規定處罰。

說明：二、爲有效遏止不肖廠商及私梟取巧借用他人進口商牌照虛報貨物進口，以逃避受罰，對不知情之進口人違反眞實申報義務及知情之幕後走私實際貨主，視其報運進口之貨物所夾藏之物品爲管制物品或准許進口類物品，分別依適當之法條予以論處，以昭公允（財政部 84/05/09 台財關字第 840175936 號函）。

25. 故意共同實施逃漏稅款行爲，應依稅法定其納稅義務人追補稅款，並依法分別處罰

主旨：所報納稅義務人報運貨物進口，涉繳驗僞造發票，經法院依實質課稅原則認定另有實際進口人並爲判決，是否應對該實際進口人補稅、處罰乙案。

說明：二、基於租稅法律主義，納稅主體應以法律規定，故本案追補進口稅款之對象，仍請依關稅法第 2 條、第 6 條、同法施行細則第 6 條及加值型及非加值型營業稅法第 1 條、第 2 條規定，定其納稅義務人；至本案之行政處罰部分，倘經認第三人與報運之進口人確有故意共同實施繳驗僞造發票、逃漏進口稅款之行爲，即有行政罰法第 14 條第 1 項規定之適用，請就其共同違反海關緝私條例第 37 條第 1 項第 3 款之部分，依法議處（財政部關務署 104/08/18 台關緝字第 1041008805 號函）。

26. 獨資營利事業以違章行爲發生時登記之負責人爲論處對象

主旨：關於獨資組織營利事業於辦妥負責人或商號變更登記後，經查獲變更前有違反稅法規定情事，究應以變更前抑或以變更後之商號及負責人爲處罰對象乙案。

說明：二、獨資組織營利事業對外雖以所經營之商號名義營業，實際上仍屬個人之事業，應以該獨資經營之自然人爲權利義務之主體，又獨資商號如有觸犯稅法上之違章事實應受處罰時，亦應以該獨資經營之自然人爲對象。是故，本案應以違章行爲發生時登記之負責人爲論處對象（財政部 86/05/07 台財稅字第 861894479 號函）。

《第 1 項／其他／④行爲數》

27. 分階段申報D8及D2報單，而於後階段（D2）始發覺違章，應足認單一之概括犯意，宜論屬一行爲

主旨：廠商以 D2（保稅貨出保稅倉進口）報單報運進口貨物，涉繳驗不實發票，經依海關緝私條例第 37 條第 1 項規定論處，嗣查其原 D8（外貨進保稅倉）報單亦有相同情形，是否另以論處乙案。

說明：二、經參酌法務部 96/02/12 法律字第 0960003606 號函示「二、……至於違法之事實是否爲『一行爲』？乃個案判斷之問題，並非僅就法規與法規間之關聯；或抽象事實予以抽象之判斷，而係必須就具體個案之事實情節依據行爲人主觀的犯意、構成要件之實現、受侵害法益及所侵害之法律效果，斟酌被違反行政法上義務條文之文義、立法意旨、制裁之意義、期待可能性與社會通念等因素綜合判斷決定之。……」本案行爲人申報 D8 及 D2 報單時所涉之繳驗不實發票行爲，其目的在於偷漏進口時應課徵之關稅，雖分階段實施，惟因係於後階段（D2）始發覺違章，應足認係出於單一之概括犯意。又鑑於所涉行爲態樣相同，僅侵害單一之稽徵正確性，尚不致構成兩次漏稅，準此，參照上開說明，綜合判斷上宜論屬一行為，即後階段（D2）申報出倉進口之重度違章行為吸收前階段（D8）進儲保稅倉之低度違章行為，僅須就此依海關緝私條例第37條第1項第3款規定裁罰，即足以評價整體不法（財政部關務署103/04/28台關緝字第1031002185號函）。

28. 以L1轉運申請書申報進儲，涉及虛報貨名、逃避管制，並有違法輸入及違規進儲事業廢棄物情事，宜論屬一行為；嗣後以D5出口報單申報出口涉及違法部分，應與虛報輸入及違規進儲行為分別依法論處

主旨：所報物流中心業者以其名義為納稅義務人及貨物輸出人，就相同貨物以L1轉運申請書申報進儲，嗣以D5出口報單申報出口，涉有違法情事，其虛報進口、違章進儲及虛報出口，究屬一行為或數行為乙案。

說明：二、本案物流中心業者以L1轉運申請書申報進儲，涉及虛報貨名、逃避管制，並有違法輸入及違規進儲事業廢棄物情事，參據財政部97/01/08台財關字第09600427220號令及法務部96/01/29法律決字第0960002641號函示（103年版關稅海關緝私法令彙編第296頁第31則及第295頁第30則參照），宜論屬一行為，請依行政罰法第24條第1項規定，從一重處罰；至其嗣後以D5出口報單申報出口涉及違法部分，應與虛報輸入及違規進儲行為分別審酌，並依法論處（財政部關務署105/08/12台關緝字第1051005253號函）。

《第1項／其他／⑤有漏稅始處罰原則》

29. 報運貨物進口與原申報不符者，以有漏稅始予處罰為原則

報運貨物進口，經驗明來貨與原申報不符，除涉及逃避管制者應依海關緝私條例第37條第3項及第36條第1項、第3項論處，或涉有違反其他法律規定而嚴重影響國內政治、經濟、社會、環保或國際形象者，得依同條例第37條第1項規定單科或併科沒入貨物外，其餘應以有漏稅之結果者，始得依同條例第37條第1項之規定處罰（財政部83/08/02台財關字第830259945號函）。

《第1項／其他／⑥漏稅額》

30. 海關緝私條例所稱「所漏進口稅額」，應包括特別關稅

（一）關稅法第1條及第2條分別明定「關稅之課徵，……依本法之規定。」及「本法所稱關稅，指對國外進口貨物所課徵之進口稅。」並於第五章專章明定平衡稅、反傾銷稅、報復關稅及額外關稅等特別關稅之課徵。是以海關緝私條例第37條第1項規定所稱「所漏進口稅額」應包括特別關稅。（二）按修正後之「實施辦法」第41條[330]第

---

[330] 即現行「平衡稅及反傾銷稅課徵實施辦法」第40條。

2 項規定：「臨時課徵平衡稅或反傾銷稅……，其平衡稅或反傾銷稅之課徵應於最後認定之日後爲之，財政部應退還納稅義務人已繳納之臨時課徵稅款……。」第 42 條[331]第 1 項：「案件調查後，經核定不課徵者，應退還臨時課徵之平衡稅、反傾銷稅……。」第 2 項：「……經核定應予課徵者，……；低於臨時課徵者，退還其差額。」查臨時課徵平衡稅或反傾銷稅係基於初步認定有補貼或傾銷事實，且有暫行保護國內有關產業之緊急必要，而以初步認定之稅額予以臨時課徵（「實施辦法」第 13 條），既經最後認定並核定不予課徵，或核定課徵稅額較低，前所臨時課徵稅款或差額部分自當依規定予以退還。惟該等應退還之稅款並非屬關稅法第 42 條[332]規定撤銷原處分後之退還稅款或同法第 59 條[333]規定溢徵稅款後之發還稅款，故尚不得依關稅法相關規定加計利息退還。（三）依據現行營業稅法第 20 條第 1 項規定，進口貨物按關稅完稅價格加計進口稅捐後之數額，依第 10 條規定之稅率計算營業稅額（該進口貨物如係應徵貨物稅或菸酒稅之貨物，依第 20 條第 2 項規定辦理）；另依貨物稅條例第 18 條規定，國外進口應稅貨物之完稅價格，應按關稅完稅價格加計進口稅捐之總額計算之。特別關稅亦屬進口稅捐，故應依前開營業稅法及貨物稅條例之規定，將特別關稅計入稅基以計算營業稅額及貨物稅額（財政部 91/02/07 台財關字第 0900550676 號函）。

31. 快遞業者虛報進口低價免稅快遞貨物，以實到貨物應納稅額作爲其所漏稅額

快遞業者報運進口低價免稅快遞貨物，經海關查核實到貨物與原申報內容不符，違反海關緝私條例第 37 條第 1 項規定之案件，應以依關稅法核定之完稅價格，按實到貨物應歸屬稅則號別之稅率核算之應納稅額，作爲其所漏稅額（財政部 102/02/27 台財關字第 1021004106 號令）。

32. 廠商申請外銷品退回免稅涉及虛報案件之處理原則

訂定「廠商申請外銷品退回免稅涉及虛報案件之處理原則」，並自中華民國 98 年 6 月 1 日生效（財政部關稅總局 99/04/07 台總局緝字第 09910052071 號令）。

附件：廠商申請外銷品退回免稅涉及虛報案件之處理原則

一、爲使各關稅局對於廠商報運外銷品復運進口，申請外銷品退回免稅，而經驗明實到貨物與原申報不符之案件，其處理方式趨於一致，以維平等，並爲兼顧法制作業，特將本總局 98/06/01 台總局緝字第 0981010812 號函核示內容另訂定本處理原則。

---

331 即現行辦法第 41 條。

332 即現行第 47 條。

333 即現行第 65 條。

二、廠商原申報涉及虛報產地情事者，依下列規定辦理：（一）實到貨物為未經公告開放進口之大陸地區物品或屬其他地區物品而涉及逃避管制者，應依海關緝私條例第 37 條第 3 項轉依第 36 條第 1、3 項規定論處。（二）實到貨物為已公告開放進口之大陸地區物品或屬其他地區物品而未涉及逃避管制者，應依海關緝私條例第 37 條第 1 項規定議處。至其漏稅額之核計，以原申報應課徵之關稅稅額按「零」計算，即按實到貨物應歸屬稅則號別之稅率核算實際應課稅額作為所漏稅額。但廠商舉證證明該實到貨物確為原出口或復出口貨物之（原貨）復運進口及其原始進口時確已完稅等事實者，除實到貨物應依關稅法相關規定課徵外，應依海關緝私條例第 45 條之 1 情節輕微認定標準第 4 條第 2 項[334] 規定，按實到貨物應歸屬稅則號別之稅率核算實際應課稅額，減去原申報貨物實際應歸屬稅則號別之稅率核算應課稅額，以其二者之差額作為所漏稅額。

三、廠商原申報涉及虛報貨名、數量、重量、品質、規格等情事，但未虛報產地之案件，應依海關緝私條例第 37 條第 1 項規定議處，其漏稅額之計算方式如下（如屬 93 年 5 月 5 日關稅法修正前出口案件，仍應適用行為時關稅法第 51 條所定五年期限之規定）：（一）廠商提供出口資料確證實到貨物及原申報貨物均屬三年內出口之外銷品者，應依關稅法第 57 條規定查核實到貨物與原申報貨物原出口時已退還之原料關稅稅額後，以實到貨物應補徵原料關稅稅額減去原申報貨物應補徵原料關稅稅額之差額作為所漏稅額。（二）廠商提供出口資料確證實到貨物係屬三年內出口之外銷品，但原申報貨物無法提供者，應依關稅法第 57 條規定查核實到貨物原出口時已退還之原料關稅稅額後，以實到貨物應補徵之原料關稅稅額減去原申報貨物按零計算之關稅稅額之差額作為所漏稅額。（三）廠商未能提供出口資料確證實到貨物係屬三年內出口之外銷品，但原申報貨物可提供者，應依關稅法第 57 條規定查核原申報貨物原出口時已退還原料關稅稅額後，按實到貨物應納關稅稅額減去原申報貨物原出口時已退還原料關稅稅額之差額作為所漏稅額。（四）廠商未能提供出口資料確證實到貨物及原申報貨物均屬三年內出口之外銷品者，實到貨物應依一般進口貨物課徵關稅，其漏稅額之核計，以實到貨物應納關稅稅額減去原申報貨物按零計算之關稅稅額之差額作為所漏稅額。

四、屬於本處理原則第 2 點第 2 款及第 3 點經海關驗明實到貨物與原申報不符之案件，若實到貨物確內含原申報貨物，且原申報貨物經海關確認屬三年內出口之國貨外銷品並可予核銷者，其漏稅額以實到貨物依關稅法核定之完稅價格與原外銷

---

[334] 現為「海關緝私案件減免處罰標準」第 5 條第 2 項。

品出口申報離岸價格之差額，按實到貨物應適用之稅率核算，並據以科罰。

五、前述各種違法情形，如另涉逃漏營業稅、貨物稅、菸酒稅或其他相關規定者，仍應併依各該法律規定處分。

33. 申報出口測試品退回而涉有虛報所漏稅額之計算方式

主旨：關於廠商申報出口測試品退回，涉有虛報產地，所漏稅額之核計疑義乙案。

說明：二、本案因涉及虛報情事，難以認定係原出口貨物復運進口，故無法核銷原出口報單，不得依法免徵關稅，爰實到貨物即應按一般進口貨物課稅。至於虛報所生漏稅額之核計，應以實到貨物應課稅額減去原申報應課稅額，以其二者之差額作爲所漏稅額。本案進口人原申報爲「國貨出口測試後再復運進口」（已載明於其他申報事項欄）且於進口稅欄內填 0，意欲免稅，故原申報應課稅額允宜按「零」計算，亦即按實到貨物應歸屬稅則號別之稅率核算實際應課稅額作爲所漏稅額（財政部關務署 103/01/03 台關緝字第 1021022004 號函）。

《第 1 項 / 其他 / ⑦沒入或併沒入貨物》

34. 報運貨物進口經驗明來貨與原申報不符，涉有違反其他法律規定且嚴重影響政經等，得沒入之

一、報運下列貨物進口，經驗明來貨與原申報不符，涉有違反相關機關主管法律規定，且嚴重影響國內政治、經濟、社會、環保或國際形象，應依海關緝私條例第 37 條第 1 項規定沒入或併沒入貨物：（一）稻米（稅則 1006 節稻米含括之稻穀、糙米、糯米、白米及碎米）、稻米粉（稅則 110290 目含括之糯米粉及其他稻米粉）、花生。（二）保育類野生動物之活體及其產製品。（三）涉及檢疫法規逃避檢疫之貨品。（四）管制藥品管理條例第 19 條及第 20 條規定之管制藥品。（五）電信管理法第 65 條規定之電信管制射頻器材。（六）槍砲彈藥刀械管制條例第 4 條第 1 項第 3 款規定之刀械。二、前點之貨物進口人違反誠實申報義務之行爲與違反相關機關主管法律間應存有因果關係。三、附「違反誠實申報義務行爲與違反相關機關主管法律因果關係釋例」。四、廢止本部 108 年 9 月 12 日台財關字第 1081012957 號令（財政部 112/11/08 台財關字第 1121027090 號令）。

---

335 參考案例：臺北高等行政法院 92 年度訴字第 2873 號判決。

附件：違反誠實申報義務行為與違反相關機關主管法律因果關係釋例

情況一：甲君進口貨物一批，原申報貨名為「電烤箱」（非屬電信管制射頻器材），經海關查驗結果，實到貨物為「無線電廣播傳輸器具」，與原申報貨名不符，且實到貨物屬應經核准始得輸入之電信管制射頻器材，甲君復無法取具主管機關國家通訊傳播委員會之輸入許可，違反電信管理法第 65 條第 2 項規定：「為維持電波秩序，經主管機關公告之電信管制射頻器材，應經核准，始得製造、輸入。」其申報貨名不符之行為與違反相關機關主管法律規定即具因果關係。

情況二：甲君進口貨物一批，原申報貨名為「無線電廣播傳輸器具」，原申報貨物產地為「德國」，經海關查驗結果，實到貨物符合原申報貨名，屬應經核准始得輸入之電信管制射頻器材，惟實到貨物產地為「日本」，與原申報貨物產地不符，甲君復無法取具主管機關國家通訊傳播委員會之輸入許可，違反電信管理法第 65 條第 2 項規定：「為維持電波秩序，經主管機關公告之電信管制射頻器材，應經核准，始得製造、輸入。」甲君無論有無違反誠實申報產地之義務，均違反前開電信管理法規定，因電信管理法對於輸入電信管制射頻器材之管理，不因電信管制射頻器材之產地而有不同，爰其違反誠實申報產地義務之行為與違反相關機關主管法律間不具因果關係。

釋示補充說明：

應予注意者，本則釋示所稱「保育類野生動物產製品」（如象牙工藝品），不包括文化資產保存法所稱之古物[341]。

35. 海關於邊境嚴重影響國內政治、經濟、社會、環保或國際形象之貨物，如虛報行為與違反規定間存有因果關係者，宜依第37條第1項規定沒入或併沒入貨物

主旨：海關查獲財政部 102/02/01 台財關字第 10210800861 號令示所列貨物，如貨物進口人違反誠實申報義務之行為與違反相關機關主管法律規定間存有因果關係者，允宜依海關緝私條例第 37 條第 1 項沒入或併沒入涉案貨物（財政部關務署 104/12/17 台關政緝字第 1046002892 號函）。

36. 虛報進口未經核發許可證之電信管制射頻器材，倘經貨品主管機關審認未違反電信法規定，即不得依海關緝私條例第37條第1項規定裁處沒入

主旨：納稅義務人虛報進口未經核發許可證之電信管制射頻器材，經貨品主管機關審認未違反電信法第 49 條規定，應否依海關緝私條例（下稱本條例）第 37 條第 1 項規定裁處沒入一案。

說明：二、旨案不得依本條例第 37 條第 1 項規定裁處沒入：（一）按財政部 108/09/12 台財關字第 1081012957 號令（下稱 108 年部令）[336]及本署 104/12/17 台關政緝字第 1046002892 號函核釋意旨，報運進口令示所列嚴重影響國內政治、經濟、社會、環保或國際形象之各類物品，倘符合「經驗明來貨與原申報不符（按即虛報）」、「違反相關機關主管法律規定」及「二者間具因果關係」三項要件，即應依本條例第 37 條第 1 項規定裁處沒入。（二）查案貨是否符合108年部令所定「違反相關機關主管法律規定」要件，當應由貨品主管機關本於權責認定之。蓋海關僅係配合各主管機關政策執行邊境管制，對於物品管理不宜較其他法律嚴格（93 年 5 月 5 日修正關稅法第 15 條理由參照），倘案貨業經貨品主管機關認定未違反其主管法律規定而未予裁罰，則海關即不得另爲相異認定並逕依本條例裁處沒入，以避免架空 108 年部令所定要件致生裁罰輕重失衡結果。（三）準此，旨案電信管制射頻器材，既經貨品主管機關國家通訊傳播委員會（下稱通傳會）審認「尚未放行輸入境內」而未違反電信法第 49 條規定，即與 108 年部令所定「違反相關機關主管法律規定」要件未符，自不得依本條例第 37 條第 1 項規定裁處沒入。三、旨案應依關稅法第 17 條第 4 項、第 96 條第 1 項等規定辦理：按通傳會 109/02/06 通傳北決字第 10900029770 號函意旨，納稅義務人報運進口未經核發許可證之電信管制射頻器材，仍得於報關後放行前申辦許可證，爰旨案應依關稅法第 17 條第 4 項規定通知納稅義務人限期補證，倘逾期未補證，則依該項及同法第 96 條第 1 項責令限期退運或聲明放棄等規定辦理，併予敘明（財政部關務署 109/10/05 台關緝字第 1091012978 號函）。

37. 海關查獲私運、虛報及匿未申報進口之加熱式菸草而已罹於菸酒管理法、菸害防制法之三年裁處權時效案件之裁處原則

主旨：海關查獲私運、虛報及匿未申報進口之加熱式菸草，是否依海關緝私條例（下稱本條例）規定論處一案。

說明：二、查加熱式菸草在國際間屬新興產品，倘未先釐清產品屬性與有無菸酒管理法及菸害防制法適用，逕依本條例相關規定裁處，恐使民眾以其僅爲一般應稅物品爲由，於誠實申報後要求放行，有違現行該等物品不得輸入之政策；另裁罰案件倘嗣後經認有菸酒管理法之適用，將衍生原處分是否須撤銷、是否因案件確定而有不同處理方式之疑義。爲求處分適法妥當，本署爰依財政部國庫署 107/02/07 台庫酒字第 10703613120 號函及衛生福利部國民健康署 107/03/21 國健教字第 1079901969 號函有關加熱式菸草產品屬性確定前仍屬不得進口物品之意旨，以 107/05/23 台關緝字第 1071010796 號函

[336] 本令已廢止，並改以財政部 112/11/08 台財關字第 1121027090 號令重新釋示。

及 109/04/14 台關緝字第 1081026760 號函囑各關，旨揭案件俟主管機關釐清確認產品屬性後，再為適法之處理。三、按不論旨揭產品屬性為何，106 年緝獲案件均已罹於菸酒管理法、菸害防制法之三年裁處權時效，至其違反本條例之五年裁處權時效亦將於本（111）年 7 月起陸續屆至。為免具體案件於菸害防制法修正條文公布施行前即罹於本條例裁處權時效，請依法裁罰，說明如下：（一）旅客攜帶匿未申報案件應無入境旅客攜帶行李物品報驗稅放辦法（下稱驗放辦法）第 11 條規定之免稅額度：1. 加熱式菸草雖非傳統菸品或關稅法第 15 條第 3 款規定不得輸入或禁止進口物品，惟依上開財政部國庫署及衛生福利部國民健康署 107 年函略以，我國尚無該產品健康危害風險評估資料，於其屬性未確定前仍屬未開放進口物品。準此，該產品於菸害防制法修正通過前，宜認屬關稅法施行細則第 60 條規定未經許可不得進口之貨物。2. 另「入境旅客攜帶自用農畜水產品、菸酒、大陸地區物品、自用藥物、環境及動物用藥限量表」並未就加熱式菸草訂有免稅、免辦輸入許可證放行之範圍及限額，爰應認其與菸酒及管制品類同，並無驗放辦法第 11 條第 1 項第 2 款或同條第 2 項規定之適用。（二）**具體案件裁處，請依下列原則辦理**：1. 私運案件，宜依本條例第 36 條第 1 項、第 3 項規定，處貨價三倍以下之罰鍰，併沒入貨物。2. **虛報進口案件，視貨物歸列之稅則號別分別裁處：(1) 歸列稅則號別第 2403.99.90 號「其他加工菸葉及菸葉代用製品」貨物，考量其除含尼古丁易讓人成癮外，也含有焦油、NNN、NNK、甲醛、乙醛等有毒及致癌物質，尚未經健康風險評估審查通過，所生菸害對國民健康、家庭及國家影響重大，宜依本條例第 37 條第 1 項規定裁處所漏稅額五倍以下之罰鍰，併沒入貨物**。(2) 歸列稅則號別第 8543.70.99 號「其他電機及器具」貨物，視其是否涉及逃避管制，分別裁處：甲、未涉及逃避管制者，考量以加熱器吸食加熱菸具新奇性，易誘發青少年或未曾吸菸者開始吸菸之公共衛生風險效應，或因使用方式改變致有未知風險，亦對國民健康、家庭及國家影響重大，宜依本條例第 37 條第 1 項規定，處所漏進口稅額五倍以下之罰鍰，併沒入貨物。乙、涉及逃避管制者，宜依本條例第 37 條第 3 項轉據同條例第 36 條第 1 項、第 3 項規定，處貨價三倍以下之罰鍰，併沒入貨物。(3) 入境旅客攜帶匿未申報案件，依本條例第 39 條第 1 項規定，沒入其貨物。四、另菸害防制法預計可於立法院下會期（本年 11 月）審查通過，請於確保合法送達前提下，按緝獲案件裁處權時效屆至順序依序核發處分書，避免一次性同時裁罰，儘量降低裁罰所衍生影響。另處分沒入之貨物，請暫緩銷毀，嗣本署另行函知後再行辦理（財政部關務署 111/07/01 台關緝字第 1111004050 號函）。

《第 1 項／其他／⑧關稅配額案件》

38. 研商實施關稅配額貨物涉及虛報案件之處分及處理事宜會議紀錄

檢送本總局「研商實施關稅配額貨物涉及虛報案件之處分及處理事宜」會議紀錄乙份（財政部關稅總局 91/05/10 台總局緝字第 91103177 號函）。

> **附件：財政部關稅總局91/05/03「研商實施關稅配額貨物涉及虛報案件之處分及處理事宜」會議紀錄**
>
> **會議結論**：一、逃避配額限制並非逃避管制，實施關稅配額貨物除另兼具海關緝私條例所稱「管制」屬性者外，其涵義並不等同於管制物品。二、私運案件（指依海關緝私條例第 36 條處罰案件）不論其行爲惡性、對社會危害性或法條規定法律效果，均比虛報案件（指依同條例第 37 條處罰案件）爲重，惟實施關稅配額貨物之虛報案件卻因配額內稅率與配額外稅率差距懸殊，致可能產生與私運案件之處罰輕重倒置之結果。爲避免虛報案件之處罰遠重於私運案件之處罰，形同鼓勵私運，因此，對於私運及虛報配額貨物案件之處罰，應請注意依下列原則裁量核處：（一）直接依海關緝私條例第 36 條處罰之私運案件，原則上從處二倍貨價之罰鍰起罰，私貨併予沒入；虛報案件涉及逃避管制依同條例第 37 條第 3 項轉據第 36 條處罰案件，則照一般緝案處罰方式（一倍貨價起罰，貨物併予沒入）核處。（二）單純依海關緝私條例第 37 條處罰之虛報案件：1. 如其漏稅額在貨價 50% 以下者，照一般虛報漏稅案件處罰方式（單處漏稅額二倍罰鍰）裁處。2. **倘其漏稅額超過貨價 50% 者，原則上採單科沒入方式處分**。無法處分沒入貨物之案件，得斟酌改處漏稅額二倍罰鍰。

39. 核釋查獲實施關稅配額貨物涉及虛報案件之處分及處理

主旨：關於貴總局[337]函報就「關稅配額實施辦法」發布實施後，海關查獲實施關稅配額貨物涉及虛報案件應如何處分及處理乙案。

說明：二、進口人報運貨物進口涉及虛報案件，應視其虛報情節態樣是否爲達逃避管制之目的，如是，則依海關緝私條例第 37 條第 3 項轉據同條例第 36 條第 1 項及第 3 項規定論處，如否，則依海關緝私條例第 37 條第 1 項規定論處。又，實施關稅配額貨物虛報案件，其虛報之情事未涉及逃避管制者，申報部分按進口人所提具之關稅配額證明書予以核銷，虛報數量部分一律按關稅配額外稅率核計所漏稅額（財政部 91/06/24 台財關字第 0910028083 號函）。

---

337 指改制關務署前之財政部關稅總局。

40. 實施關稅配額貨物涉及虛報部分，若未經處分沒入，應按配額外稅率核計漏稅額課徵

廠商進口實施關稅配額貨物涉及虛報案件，其虛報部分之貨物若未經處分沒入，如進口人申請提領，應按其所漏稅額課徵稅款，其漏稅額請仍依本部台財關字第0910028083號函核示，按關稅配額外稅率核計（財政部91/11/26台財關字第0910062390號函）。

41. 虛報關稅配額貨物之數量，不宜以事後補具之關稅配額證明書核銷

主旨：所報虛報關稅配額貨物之數量，但未涉逃避管制且事後補具關稅配額證明書案件，應如何適用海關緝私條例第37條第1項規定處分乙案。

說明：二、旨案虛報數量部分，爲避免投機行爲，尙不宜以事後補具之關稅配額證明書核銷，仍應依財政部91/06/24台財關字第0910028083號函示，按關稅配額外稅率核計所漏稅額。本案因按關稅配額外稅率核計所漏稅額已超過貨價50%，依本署（改制前關稅總局）91/05/10台總局緝字第91103177號函附財政部關稅總局91年5月3日「研商實施關稅配額貨物涉及虛報案件之處分及處理事宜」會議紀錄二、（二）2.規定，原則上採單科沒入方式處分，惟涉案貨物據報已提領放行致不能沒入，爰請斟酌案情並依行政罰法第23條第1項規定，裁處沒入其物之價額，以爲代替（財政部關務署104/08/18台關緝字第1041007920號函）。

42. 實施關稅配額之貨物應如何裁罰

主旨：所報○○農園報運貨物進口，匿未申報實施關稅配額貨物紅糯米，其裁量基準應如何適用一案。

說明：二、按財政部108/09/12台財關字第1081012957號令（下稱108年部令）[338]係就違反海關緝私條例第37條第1項情形，是否裁處沒入所爲釋示，其並非個案裁處罰鍰之裁量基準，爰個案是否併裁處罰鍰，仍應回歸適用相關裁量基準。至於本案裁量基準應適用本署（改制前關稅總局）91/05/10台總局緝字第91103177號函（下稱91年函）單科沒入，或另適用「緝私案件裁罰金額或倍數參考表」裁處罰鍰一節，宜優先適用91年函，理由如下：（一）「緝私案件裁罰金額或倍數參考表」係因應海關緝私條例107年5月9日修正刪除倍數及罰鍰下限規定所訂定相關裁量基準，該參考表於違反海關緝私條例第37條所列違章態樣，並未納入案貨屬關稅配額情形，此參本署106/11/13台關緝字第1061024333號函說明「海關緝私條例各條涉及沒入處分及103年版關稅海關緝私條例法令彙編函釋，請依現行規定辦理，不列入參考表」可知。（二）復按「緝私案件裁罰金額或倍數參考表」係就違反海關緝私條例案件通案性針對各類違章態樣訂定裁

---

[338] 本令已廢止，並改以財政部112/11/08台財關字第1121027090號令重新釋示。

量基準，91 年函則係考量實施關稅配額貨物，因配額內稅率與配額外稅率差距懸殊，可能產生與私運案件處罰輕重失衡結果，形同鼓勵私運，所定私運及虛報關稅配額貨物案件之裁量原則，爰個案如屬實施關稅配額貨物，仍應考量其特殊性及處罰衡平性，於「緝私案件裁罰金額或倍數參考表」訂定後，實施關稅配額貨物涉及虛報者，裁罰基準應適用 91 年函。（三）承上，91 年函係規範實施關稅配額貨物涉有私運或虛報情事之裁量原則，108 年部令則係規範報運貨物進口，經驗明來貨與原申報不符，得依海關緝私條例第 37 條第 1 項沒入或併沒入情形，二者規範事項有別，並無相互牴觸疑義，個案應視具體事實分別適用（財政部關務署 111/07/20 台關緝字第 1111004876 號函）。

《第 1 項／其他／⑨減輕處罰》

43. D8報單虛報申報進儲保稅倉屬低度違章行為，不論嗣後D2報單之狀況為何，均得於處分書內敘明理由，適當減輕處罰

主旨：D8 報單與 D2 報單由不同納稅義務人申報進口相同貨物所涉虛報規格、逃漏稅款情事，D8 報單有無「緝私案件裁罰金額或倍數參考表」（下稱緝罰參考表）之減輕裁罰規定適用一案。

說明：二、參據本署 103/04/28 台關緝字第 1031002185 號函，本案 D8 報單及 D2 報單之虛報規格（型號）行為非同一行為人為之，其目的在於偷漏 D2 報單進口時應課徵之關稅，僅侵害單一之稽徵正確性；又系爭貨物以 D8 報單進儲保稅倉庫，係處於保稅狀態而暫免繳稅，嗣後以 D2 報單進口始生實質漏稅之結果，前階段進儲保稅倉之行為屬低度違章行為，其虛報處罰不宜重於後階段申報出倉進口之重度違章行為。三、復依緝罰參考表使用須知第 4 點第 1 項規定，個案經審酌應受責難程度、所生影響、所得利益、受處罰者之資力及平等、比例原則，認違章情節重大或出於故意或情節輕微者，得按表列裁罰倍數或金額加重或減輕其罰，至各該規定法定罰鍰額之最高限或最低限為止。本案 D8 報單申報進儲保稅倉行為較之 D2 報單申報出倉進口行為既屬低度違章行為，不論 D2 報單納稅義務人於裁罰處分核定前，是否已補繳稅款或同意以足額保證金抵繳應徵稅款，抑或尚未申報 D2 報單出倉進口，均得參酌上開規定於處分書內敘明減輕之理由，適當減輕其處罰（財政部關務署 109/02/20 台關緝字第 1081022565 號函）。

《第 2 項／虛報出口》

44. 出口貨物經海關查驗或免驗放行申請退關與原申報不符者，依法處分

主旨：廠商報運貨物出口，經海關查驗或抽中免驗放行後，因故未能裝船申請退關出倉案件，如經關複驗或查驗發現與原申報不符，應依海關緝私條例處分。

說明：二、查依海關緝私條例第 37 條第 2 項、第 3 項、第 4 項處罰之前提要件，以貨物報運出口而有虛報不法情事者爲已足；又依「進出口貨物查驗及取樣準則」第50條[339]前段規定：「已退關之出口貨物，如存放聯鎖倉庫迄未搬動者，重報出口時，得驗憑已註銷裝貨單，准免複驗。」則已退關之出口貨物，如有虛報不法情事，並非絕不可能發生冒沖退稅情形。換言之，如重報出口並經准免複驗，即有可能發生冒沖退稅之結果。本案貨物既已正式向海關遞送報單，申請報運出口，並經海關查驗發現有虛報不法情事，應依海關緝私條例規定處罰。三、至存倉之出口貨物，如未經報關者，以其根本無報運之行爲，縱經發現存倉貨物與裝箱單不符，除另經查明有掉包或其他不法情事者外，現行海關緝私條例尚無處罰之規定（財政部72/08/26台財關字第22761號函）。

45. 出口報單中英文不一致，核實認定無法認定時，以中文爲準

出口報單申報所使用文字中英文不一致時，應由海關查明有關文件與實際情形認定之。如無法認定時，以中文爲準（海關總稅務司署77/05/05台總署徵第1695號函[340]）。

> **釋示補充說明：**
>
> 一、本則釋示內容已明文於出口貨物報關驗放辦法第6條第2項規定：「出口報單申報事項，同時以中文及英文表示者，其表示有不符合時，應由海關查明有關文件與實際情形認定之，如無法認定，以中文爲準。」
>
> 二、至於進口報單中英文表示不一致時，應如何判斷，現行法規則無明確規範，惟因無特別處理之必要性，應與出口報單爲一致之處理，故進口報單有中英文表示不一致時，宜類推適用出口貨物報關驗放辦法規定，俾解決爭議。

46. 核釋出口之貨物商標申報不符之處理方式

二、基於一行爲不二罰原則及維護貿易公平與國際形象，日後海關對有關商標是否僞造或申報不實案件，除應注意檢查及是否涉及海關緝私條例第37條第1項第1款至第3款情事外，其查獲出口商標申報不符案件，應移請經濟部根據相關法規處罰，不再依海關緝私條例第37條第2項轉據同條第1項第4款「其他違法行爲」論處。三、機器零件（含外貨及國貨退回）整修後復出口者，若機器產品由各種不同之零組件所組成，且各零組件上各有其商標時，宜就整體貨品之商標予以查核（財政部86/04/16台財關字第861999750號函）。

---

[339] 即現行「進出口貨物查驗準則」第32條，文字已修正。

[340] 本則釋示業於關稅海關緝私法令彙編107年版已予免列（理由：出口貨物報關驗放辦法第6條第2項已有明文，爰予免列）。

47. 同時違反廢棄物清理法第38條及本條例第37條第2項規定，是否屬一行爲之釋疑

檢送法務部有關業者未取得輸出許可文件逕向海關報運出口廢棄物，同時違反廢棄物清理法第 38 條及海關緝私條例第 37 條第 2 項規定，是否屬一行爲之函釋及行政院環境保護署 96/01/15 環署廢字第 0960001792 號函影本各乙份（財政部 96/02/05 台財關字第 09600052530 號函）。

附件1：法務部96/01/29法律決第0960002641號函

二、按行政罰法（以下簡稱本法）第 24 條規定：「一行爲違反數個行政法上義務規定而應處罰鍰者，依法定罰鍰額最高之規定裁處。但裁處之額度，不得低於各該規定之罰鍰最低額。（第 1 項）前項違反行政法上義務行爲，除應處罰鍰外，另有沒入或其他種類行政罰之處罰者，得依該規定併爲裁處。但其處罰種類相同，如從一重處罰已足以達成行政目的者，不得重複裁處。（第 2 項）一行爲違反社會秩序維護法及其他行政法上義務規定而應受處罰，如已裁處拘留者，不再受罰鍰之處罰。（第 3 項）」又第 26 條第 1 項規定：「一行爲同時觸犯刑事法律及違反行政法上義務規定者，依刑事法律處罰之。但其行爲應處以其他種類行政罰或得沒入之物而未經法院宣告沒收者，亦得裁處之。」上開所稱之「一行爲」，包括「自然一行爲」及「法律上之一行爲」。至於違法之事實是否爲「一行爲」？乃個案判斷之問題，並非僅就法規與法規間之關聯；或抽象事實予以抽象之判斷，而係必須就具體個案之事實情節，依據行爲人主觀的犯意、構成要件之實現、受侵害法益及所侵害之法律效果，斟酌被違反行政法上義務條文之文義、立法意旨、制裁之意義、期待可能性與社會通念等因素綜合判斷決定之（洪家殷著「行政罰法論」2006 年 11 月 2 版 1 刷，第 145 頁；林錫堯著「行政罰法」2005 年 6 月初版 1 刷，第 51 頁以下參照）。合先敘明。三、貴署來函說明二至五就緝私條例第 37 條第 2 項及廢棄物清理法第 38 條第 1 項相關條文義務類型分析及法律意見，本部敬表贊同。

附件2：行政院環境保護署96/01/15環署廢字第0960001792號函

二、法務部 95/06/12 法律字第 0950022324 號函，係就海關緝私條例第 39 條第 1 項及藥事法第 22 條第 1 項禁止之行爲，分別認定爲「作爲義務」及「不作爲義務」。三、本案依海關緝私條例第 37 條第 2 項所處罰之行爲係「報運貨物進口而有：（一）虛報所運貨物之名稱、數量或重量。（二）虛報所運貨物之品質、價值或規格。（三）繳驗僞造、變造或不實之發票或憑證。（四）其他違法行爲。」性質上應屬「不作爲義務」之違反。四、另廢棄物清理法第 53 條第 3 款所處罰之行爲係「違反同法

第 38 條第 1 項未申請核發許可文件而『輸出』事業廢棄物」性質上亦屬「不作爲義務」。五、綜上，違反海關緝私條例第 37 條第 2 項及廢棄物清理法第 38 條第 1 項，均屬「不作爲義務」，與前開法務部函釋應無抵觸。

48. 出口人未報明採預估價值申報者，報單所載價格即應解爲「實際」價值，若該價格經查確與實際不符者，即應論屬虛報

主旨：所報廠商報運出口混合五金廢料涉及高報離岸價格，嗣經國稅局准予更正外銷零稅率銷售額並函告海關未涉及溢退稅款，惟未向海關申請更正，應如何裁罰乙案。

說明：二、按出口貨物報關驗放辦法第 10 條第 1 項規定：「出口貨物之價格，以輸出許可證所列之離岸價格折算申報，免除輸出許可證者，以輸出口岸之實際價值申報。」又參酌高雄高等行政法院 98 年度訴字第 387 號判決之案例，以未主動聲明報關發票金額爲預估金額作爲判斷虛報價值之標準，本案出口人既未報明係採預估價值申報，其出口報單所載價格自應解釋爲係依上開規定申報「實際」之價值，而該價格經查確與實際不符，要難謂非虛報，從而應有海關緝私條例第 37 條第 2 項規定之適用。三、另本案爲出口虛報案件且有涉及高報離岸價格情事，自應適用「報運貨物出口涉及虛報案件裁罰金額參考表」第 5 點規定，至於得否以其未涉及溢退稅款而適用該表使用須知第 3 點有關減輕處罰之規定，係屬事實認定問題，宜由貴關本於職權審認之（財政部關務署 104/03/05 台關緝字第 1031024971 號函）。

《第 3 項／逃避管制》

49. 報運進口貨物虛報產地，符合輸入少量未開放准許進口之大陸物品准免辦輸入許可證，未涉逃漏稅款，免依本條例論處

關於報運進口貨物涉及虛報產地，如符合經濟部公告有關輸入少量未開放准許進口之大陸物品准許免辦輸入許可證之規定，且未涉及逃漏稅款，免依海關緝私條例論處（財政部關稅總局 96/03/12 台總局緝字第 0961002976 號函）。

50. 報運貨物進口涉及繳驗不實發票（虛報價格）及貨品分類號列申報錯誤價格，與貨品管制間不具因果關係，應不屬「逃避管制」

主旨：進口人報運自大陸進口醫療器材，涉及繳驗不實發票（虛報價格）及貨品分類號列申報錯誤，應否認定構成海關緝私條例第 37 條第 3 項規定「逃避管制」乙案。

說明：二、本案雖查有貨品分類號列申報錯誤情事，惟「貨品分類號列」並非海關緝私條例第 37 條第 1 項所定之項目，就此尚不致構成該條項所定之違章虛報行爲。三、另查財政部 99/11/08 台財關字第 09905036500 號函已闡明「虛報行爲與逃避管制之間須具有因果關係，始得以海關緝私條例第 37 條第 3 項規定論處」，本案雖又涉有繳驗不實發票情事，惟就所報案情言，僅就「價格」構成不實，而價格並非貨品管制之判斷因素，故其間應不具因果關係。是以，本案應無海關緝私條例第 37 條第 3 項規定之適用（財政部關務署 103/04/25 台關緝字第 1031005538 號函）。

1. 67年修正增列第37條第3項規定之理由

主旨：囑查告海關緝私條例第 37 條第 3 項增列之立法理由一案。

說明：二、查海關緝私條例於 67 年 5 月 29 日之修正後，有關私運貨物進口、出口之概念已作重大變更，依該條例第 3 條前段之規定：「本條例稱私運貨物進口、出口，謂意圖規避檢查、偷漏關稅或逃避管制，未經向海關申報而運輸貨物進出國境……。」故私運貨物進口，僅係指未經向海關申報之案件，凡已經向海關申報者縱屬虛報其內容，而有偷漏關稅或逃避管制之情事，亦不構成私運貨物進口、出口之行爲，從而，即不得依同條例第 36 條第 1 項、第 3 項之規定論罰，自應分別情形依同條例第 37 條有關規定辦理，其規定已較修正前之海關緝私條例爲寬，合先敘明。三、復查現行海關緝私條例第 37 條增列第 3 項規定之理由爲，如報運貨物進出口，係以虛報名稱、品質、規格或其他違法行爲，而涉及逃避管制，但可能並未虛報完稅價格時，又因出口無稅，乃無法計算所漏稅額，即無法依同條第 1 項科處罰鍰，且此等情節多較嚴重，其危險性已不止於偷漏關稅，實有從重處分之必要，惟既無法逕依該條例第 36 條第 1 項、第 3 項論處有如前述，乃予明定有第 37 條第 1 項、第 2 項情事之一而涉及逃避管制者，依第 36 條第 1 項及第 3 項論處，藉以杜絕漏洞（財政部 69/01/07 台財關字第 10138 號函）。

52. 未經許可輸入之大陸物品涉及虛報產地逃避管制，應依緝私條例論處

主旨：關於保稅工廠輸入非屬經濟部公告准許輸入之大陸物品，行爲時未檢具經濟部國際貿易局輸入許可文件，且涉有虛報產地逃避管制情事，應如何論處一案。

說明：二、查依「臺灣地區與大陸地區貿易許可辦法」第 7 條第 1 項第 6 款及經濟部國際貿易局依同條第 2 項公告之「保稅工廠輸入供加工外銷之原物料與零組件，及供重整後全數外銷之物品之輸入條件」規定，保稅工廠輸入供加工外銷之原物料與零組件，及供重整後全數外銷之未開放進口大陸物品，輸入前，應事先向貿易局申請輸入許可，經核准後始得據以辦理輸入。準此，旨揭保稅工廠輸入未經經濟部公告准許輸入之大陸物品案件，因未事先取得輸入許可，尚無上開許可辦法第 7 條第 1 項第 6 款規定之適用，即不得輸入該等大陸物品。另依本部 91/09/19 台財關字第 0910050530 號令[341]以，海關緝私條例所稱「管制」涵義包括臺灣地區與大陸地區貿易許可辦法規定不得輸入之大陸

---

[341] 本令已廢止，並改以財政部 112/11/10 台財關字第 1121027391 號令重新釋示。

物品，因涉及虛報產地逃避管制，自應依海關緝私條例論處，不因事後取得專案輸入許可證件而免予處罰（財政部 93/06/08 台財關字第 0930027577 號函）。

53. 保稅工廠於進口未開放准許輸入之大陸貨物時，雖取具貿易局許可，如不實申報產地涉逃避管制者，應依相關規定論處

主旨：有關保稅工廠報運管制進口之大陸貨物，涉及虛報產地、逃避管制得否因事先取得輸入許可之書函，而免依海關緝私條例第 37 條第 3 項轉據同條例第 36 條第 1 項及第 3 項規定論處乙節。

說明：二、查經濟部國貿局（下稱貿易局）95/11/02 貿服字第 09500146300 號函略為，保稅工廠依「保稅工廠輸入供加工外銷之原物料與零組件，及供重整後全數外銷之物品之輸入條件」之規定取得該局許可輸入之非屬該部公告准許輸入大陸物品案件，如未依規定於報關進口時主動據實申報且註明特定字樣，將無臺灣地區與大陸地區貿易許可辦法第 7 條第 1 項第 6 款規定之適用，即不得輸入該等大陸物品；顯見旨揭保稅工廠報運進口之未開放准許輸入之大陸貨物，雖取得貿易局之輸入許可，但仍應予管制，符合本部 93/12/06 台財關字第 09300577360 號令[342]規定之管制物品範圍，不因其事先取得貿易局許可輸入文件，而不受管制。準此，保稅工廠於進口前開大陸物品時，雖已取具貿易局許可，如其不實申報產地，涉及逃避管制者，應依海關緝私條例相關規定論處（財政部 95/11/14 台財關字第 09500542350 號函）。

54. 財政部93年台財關字第0930027577號函及95年台財關字第09500542350號函補充規定

關於本部 93 年台財關字第 0930027577 號函（下稱 93 年函釋）及 95 年台財關字第 09500542350 號函（下稱 95 年函釋）是否須配合本部 97/11/03 台財關字第 09705505100 號令（下稱 97 年部令）放寬管制大陸物品規定一案，經研議如下：（一）臺灣地區與大陸地區貿易許可辦法（以下簡稱兩岸貿易許可辦法）第 7 條第 1 項第 6 款明定保稅工廠可進口未開放之大陸物品，且該物品輸入須於加工或重整後全數外銷，並須依據經濟部國際貿易局公告之「保稅工廠輸入供加工外銷之原物料與零組件，及供重整後全數外銷之物品之輸入條件」辦理輸入；又貿易局分別於 93 年及 95 年函示：保稅工廠未依據上開輸入條件辦理者，無前述兩岸貿易許可辦法之適用，屬不得輸入之物品。從而，本部 93 年及 95 年函釋保稅工廠進口未開放大陸物品，未依規定事先申請輸入許可，或已申請輸入許可，未據實申報，涉及虛報產地逃避管制者，應依海關緝私條例論處。（二）本部 97 年部令係關於一般廠商進口未開放大陸物品，可放寬逃避管制之情形，與 93 年及 95 年函釋適用對象及範圍不同，進口程序之規定亦有別，且依據本

342 同前註。

部 98/04/20 台財關字第 0980093420 號令[343]，海關緝私條例所稱「管制」之涵義包括兩岸貿易許可辦法規定不得輸入之大陸物品。保稅工廠進口未開放大陸物品既經貿易局公告其輸入規定，並函示未依輸入規定辦理者，即屬不得輸入，爰仍宜依海關緝私條例論處，而不宜配合 97 年部令放寬。本部 93 年台財關字第 0930027577 號函及 95 年台財關字第 09500542350 號函仍宜保留適用（財政部關政司 99/12/10 台關三字第 09900379541 號函）。

55. 因報關業之故致虛報品質逃避管制，仍應以進口人為處分對象

主旨：關於甲公司委由乙報關公司報運進口小米一批，因報關業者擅自加註「**未去殼**」，致涉及虛報貨物**品質**、逃避管制，其罰責究應如何歸屬乙案。

說明：二、按海關緝私條例第 41 條規定，係基於報關行管理特性所為之特別規定，由該條各項規定之構成要件觀之，貨主僅在涉及漏稅，而海關已查明責任歸屬報關行情況下，始得據以免罰。本案原申報貨物為小米「未去殼」，經查驗結果為小米「已去殼」，列屬不准輸入之大陸物品項目，涉及虛報貨物品質、逃避管制，並非單純之逃漏稅款情事，應無上揭法條規定之適用。虛報案件除前開特別規定外，向以進口人為處分對象（財政部關稅總局 94/12/16 台總局緝字第 0941025967 號函[344]）。

56. 海關緝獲廠商違章進口尚未開放准許間接進口之大陸物品相關規定

一、海關緝獲廠商違章進口尚未開放准許間接進口之大陸物品，依下列規定辦理：（一）進口非屬「懲治走私條例」管制物品之案件，如經海關通知之翌日起二個月內補送專案輸入許可文件者，免依逃避管制論處。（二）持憑專案輸入許可文件報運進口原屬未開放准許間接進口之大陸物品者，經查無虛報貨名，僅規格或成分不符之案件，認屬不涉及逃避管制。二、本令發布後，尚未確定案件有符合前點規定者，即依本令規定辦理（財政部 97/11/03 台財關字第 09705505100 號令）。

57. 財政部97/11/03台財關字第09705505100號令補充規定

補充本部 97/11/03 台財關字第 09705505100 號令之規定如下：一、該令所稱之專案輸入許可文件包括主管機關核發之同意專案進口函件、輸入許可證或經主管機關協助查明符合進口時專案核准輸入條件之函件。二、該令發布後海關尚未核發處分書之案件，經廠商補具輸入許可證者，系案貨物除涉及其他違章情事，應依規定辦理外，海關應准予銷證稅放。三、該令發布後處分尚未確定之案件，經主管機關協助查明並取得符合進口時專案核准輸入函件者，除涉及其他違章情事，應依規定辦理外，免依逃避管制

---

343 本令已廢止，並改以財政部 112/11/10 台財關字第 1121027391 號令重新釋示。

344 107 年 5 月 9 日修正刪除本條例第 41 條規定，本則函釋爰予免列於 107 年版海關緝私法令彙編內。

論處。惟海關應責令廠商限期辦理退運；無法辦理退運者，得沒入其保證金或追繳貨價（財政部 98/03/11 台財關字第 09805005470 號令）。

58. 財政部97/11/03台財關字第09705505100號令第1點第1款／扣除行政作業之遲誤期間

補充規定本部 97/11/03 台財關字第 09705505100 號令第 1 點第 1 款所定海關通知廠商補送專案輸入許可文件之期限，倘廠商已在海關通知之翌日起一個月內向主管機關提出申請，惟因行政機關協調或主管機關作業需要致廠商無法於期限內補送文件者，該遲誤期間准予扣除（財政部 98/03/18 台財關字第 09805501481 號函）。

59. 第二次申請獲准專案輸入並撤銷第一次申請之否准函者，得扣除補證遲誤期間，並免依逃避管制論處

主旨：所報○○公司（下稱進口人）虛報進口大陸管制物品，經濟部原未核准專案輸入，嗣該部依進口人第二次申請核准專案輸入並撤銷原否准函，得否扣除補證遲誤期間並免依逃避管制論處一案。

說明：二、按財政部 98/03/18 台財關字第 09805501481 號函（下稱 98 年部函）核釋略以，進口人「於海關通知之翌日起一個月內」向主管機關提出申請，並符合「因行政機關協調或主管機關作業需要致無法於限期內補送文件」之要件，其遲誤期間准予扣除，合先敘明。三、本案依貴關來函所示，進口人於 108 年 8 月 13 日向經濟部國際貿易局（下稱國貿局）申請專案核准輸入（按即第二次申請），雖已逾貴關通知補證（108 年 6 月 20 日送達）翌日起一個月期限（108 年 7 月 20 日），惟進口人於貴關通知前，即於 108 年 5 月 17 日主動向國貿局申請專案核准輸入（按即第一次申請），因經濟部以「國內有產製」為由函復未便同意輸入，並敘明倘洽國內廠商未獲供應，可檢具相關佐證另案申請，進口人爰依該部函復意旨為前開第二次申請，嗣該部審認本案符合中國大陸物品「少量」輸入條件，乃函復核准專案輸入並撤銷原否准函，核其情節，可認符合 98 年部函所定「因主管機關作業需要致無法於期限內補送文件」之要件；另進口人「於海關通知前」已主動向主管機關提出申請，其情節雖與 98 年部函所定「海關通知之翌日起一個月內」向主管機關提出申請之要件有間，惟依舉重以明輕之法理，應認本案得類推適用該函核釋意旨，扣除自貴關通知翌日（108 年 6 月 21 日）起至經濟部函復核准（送達）日止之遲誤期間。四、次按財政部 97/11/03 台財關字第 09705505100 號令核釋略以，進口非屬「懲治走私條例」管制物品之案件，如經海關通知之翌日起二個月內補送專案輸入許可文件者，免依逃避管制論處。準此，本案依 98 年部函核釋意旨扣除遲誤期間後，應自經濟部函復核准（送達）翌日起二個月內向海關補送專案輸入許可文件，爰本案倘經貴關查明進口人已於前開期限內補證，得免依逃避管制論處（財政部關務署 109/05/05 台關緝字第 1081027601 號函）。

0. 廠商虛報進口貨物產地涉逃避管制，因逾期始提起行政訴訟而告確定，可否免依逃避管制論處釋疑

主旨：所報海關緝獲廠商虛報進口貨物產地，涉及逃避管制情事，因案件逾期始提起行政訴訟而告確定，可否依本部 97/11/03 台財關字第 09705505100 號令規定免依逃避管制論處一案，請依說明事項辦理。

說明：二、有關同一法規條文，先後之釋示不一致時，未確定案件如何適用後釋示，本部 95/09/11 台財關字第 09500414980 號函業已釋示處理原則；本案於本部旨揭號令發布時，尚屬在提起行政訴訟法定期間內之處分未確定案件，請依上開函示說明二之（二）辦理。至本部 97 年 11 月 5 日「研商本部台財關字第 09705505100 號令實務執行相關事宜」會議決議事項五[345]，係指經行政法院實體判決確定之案件，應尊重實體判決之既判力；本案未經實體審判，與該決議尚屬有別（財政部 98/09/28 台財關字第 09800352500 號函）。

附件：財政部95/09/11台財關字第09500414980號函

主旨：對同一法規條文，先後之釋示不一致時，如何適用於未確定案件，請依說明辦理。

說明：一、查關務處分案件所依據之法規因前後釋示不一致時，參據司法院大法官會議第 287 號解釋，原則上，未確定案件適用後釋示規定；另考量行政程序法第 117 條受處分人信賴保護之規定。二、對於未確定案件如何適用後釋示規定，請依下列所述情形分別辦理：（一）受處分人不服原處分或復查決定，提起訴願尚未作成決定者，原處分機關依訴願法第 58 條第 2 項規定，依後釋示規定，自行撤銷或變更原處分，並陳報訴願管轄機關。（二）業經訴願受理機關審議決定駁回，尚在提起行政訴訟之法定期間之處分未確定案件，由海關依職權逕行撤銷或變更原處分，毋庸函報訴願受理機關核准。（三）已提起行政訴訟之未確定案件，原處分機關應於訴訟程序中適時提出變更前後之不同釋示，及變更見解之理由，供法官審酌，而不宜自行撤銷或變更原處分，以尊重法官獨立審判之地位。

61. 行政院依懲治走私條例授權公告之「管制物品管制品項及管制方式」及貿易法規授權公告內容之變更，屬「法律變更」

主旨：有關行政院依懲治走私條例第 2 條第 3 項授權公告之「管制物品項目及其數

---

[345] 經行政法院判決確定之案件，行政機關應受法院既判力之拘束，無法逕依本令釋自行變更原處分，若有符合行政訴訟法再審之訴規定情形者，請受處分人依再審程序辦理。

額」[346]及貿易法規授權公告內容之變更，究屬「法律變更」或「事實變更」一案，請依說明二辦理。

說明：二、旨揭授權公告內容之變更，於適用海關緝私條例相關規定時，宜採「法律變更」之見解，說明如下：（一）按法務部 96/03/06 法律字第 0960700154 號函說明三略以，行政罰法第 5 條所定「行爲後法律或自治條例有變更」者，限於已公布或發布且施行之實體法規之變更，其變更前後之新舊法規必須具有同一性，且爲直接影響行政罰裁處之義務或處罰規定；又法律或自治條例授權訂定法規命令或自治規則以補充義務規定或處罰規定之一部分，而此類規定之變更如足以影響行政罰之裁處，自亦屬行政罰法第 5 條所定之法規變更。按行政院依懲治走私條例第 2 條第 3 項授權公告之「管制物品項目及其數額」及貿易法規授權公告內容之變更，既屬法務部上開函所稱法律授權訂定之法規命令，且該公告內容屬本部 98/04/20 台財關字第 09800093420 號令[347]所稱「管制」涵義，其內容之變更足以影響其是否依海關緝私條例第 37 條第 3 項「逃避管制」論處，亦即該公告之內容爲處罰之構成要件，足以影響行政罰之裁處，宜認屬行政罰法第 5 條所定之法律變更，而有「從新從輕」原則之適用。（二）另依據法務部 97 年 11 月 12 日函[348]說明三略以，行政罰法第 5 條所定「從新從輕原則」，乃指違反行政法上義務之行爲後法律或自治條例有變更時，原則上適用「最初裁處時」之法律或自治條例。惟「行政機關最初裁處前」之法律或自治條例有利於受處罰者，適用最有利於受處罰者之規定。因此，上開公告內容變更，須於原處分機關爲第一次裁處前發生，始有行政罰法第 5 條「從新從輕」原則之適用。至於原處分機關最初裁處後公告內容之變更則無適用（財政部 98/07/03 台財關字第 09805019890 號函）。

62. 虛報行爲與逃避管制間須具因果關係始得依本條例第37條第3項規定處罰

主旨：有關廠商報運進口○○乙批，稅則申報錯誤經海關改列後，其輸入規定隨同改爲「MP1」，但稅則改列非因規格申報不符所致，其虛報規格情事應否認定涉及逃避管制一案，核復如說明。

說明：二、查海關緝私條例第 37 條第 3 項規定之處罰構成要件，乃係廠商報運貨物進出口有虛報情事而涉及逃避管制，準此，虛報行爲與逃避管制之間須具有因果關係，始得以上述規定論處。本案進口貨物經核屬非開放准許輸入之大陸物品，係因稅則號別改列所致，與虛報規格無涉；亦即虛報規格與逃避管制間無因果關係，尚難謂符合海關緝私條例第 37 條第 3 項規定之構成要件，自無該處罰規定之適用（財政部 99/11/08 台財

---

346 現為「管制物品管制品項及管制方式」。

347 本令已廢止，並改以財政部 112/11/10 台財關字第 1121027391 號令重新釋示。

348 指法務部 97/11/12 法律字第 0970700791 號函。

關字第 09905036500 號函）。

3. 虛報進口仿冒品依本條例第39條之1規定處罰

報運進口仿冒品，同時違反海關緝私條例第 37 條第 1 項、第 3 項及第 39 條之 1 案件，應依該條例第 39 條之 1 處罰（財政部 100/04/12 台財關字第 10005902340 號令）。

4. 廠商虛報產地進口管制大陸物品，於裁處前適値公告准許輸入，如無違反其他法律，准予徵稅放行

主旨：有關函詢廠商虛報產地進口管制大陸物品，於裁處前適値公告准許輸入，如無其他違反法律規定情事，得否准予徵稅放行等事宜乙案。

說明：二、參據前揭國貿局函[349]略以，「經公告准許輸入之大陸物品，除『中華民國輸出入貨品分類表』內之『輸入規定』欄列有『121（……）』代號，或『MP1（……）』代號，且於『大陸物品有條件准許輸入項目、輸入管理法規彙總表』之『特別規定』欄列有『MXX』代號之大陸物品，應持憑輸入許可證辦理通關外，其餘均得免辦輸入許可證。……」則旨揭案件之進口大陸貨物既於海關裁處前經國貿局公告開放，如無其他違反法律規定情事，依據行政罰法第 5 條規定及本部 98/07/03 台財關字第 09805019890 號函意旨，應准予免持輸入許可文件辦理徵稅通關放行（財政部 99/06/11 台財關字第 09900164380 號函）。

65. 虛報進口未經核准輸入之醫療器材，經衛生主管機關依法責令退運出口而未沒入貨物，應不屬「逃避管制」

主旨：進口人虛報進口未經核准輸入之醫療器材，衛生主管機關僅依藥事法規定責令進口人將涉案貨物退運出口，或併處定額罰鍰，而未沒入貨物，是否仍構成海關緝私條例第 37 條第 3 項所稱「逃避管制」乙案。

說明：二、本案進口未經核准輸入醫療器材雖涉及違章虛報，惟貨品主管機關已准予退運而未沒入涉案貨物，從而不符財政部 101/11/08 台財關字第 10100653890 號令[350]釋「管制」涵義所稱「應予沒收或沒入」之要件至明，尚難依海關緝私條例第 37 條第 3 項論罰（財政部關務署 102/09/10 台關緝字第 1021012308 號函）。

66. 虛報進口未經核准輸入之醫療器材，屆期未退運出口或聲明放棄貨物者，即該當「管制」涵義所稱「應予沒入」之要件

主旨：進口人虛報進口未經核准輸入之醫療器材，倘「屆期未退運出口」或「聲明放棄貨物」，應否認屬逃避管制一案。

---

[349] 指經濟部國貿局 99/04/15 貿服字第 09900040080 號函。

[350] 本令已廢止，並改以財政部 112/11/10 台財關字第 1121027391 號令重新釋示。

說明：二、按藥事法第 79 條第 3 項準用同條第 2 項規定略以，進口未經核准輸入之醫療器材，應由衛生主管機關責令原進口商限期退運出口，屆期未能退貨者，沒入銷毀之。三、次按本署 102/09/10 台關緝字第 1021012308 號函（下稱 102 年署函，收錄於 107 年版關稅海關緝私法令彙編，第 311 頁第 61 則）示略以，進口未經核准輸入醫療器材雖涉及違章虛報，惟貨品主管機關已准予退運而未沒入涉案貨物，從而不符財政部 101/11/08 台財關字第 10100653890 號令（下稱 101 年部令，收錄於同彙編第 236 頁第 6 則）示「管制」涵義所稱「應予沒收或沒入」之要件至明，尚難依海關緝私條例（下稱本條例）第 37 條第 3 項規定論罰。四、查前開 102 年署函所稱「貨品主管機關已准予退運而未沒入涉案貨物」一節，揆諸藥事法第 79 條規定意旨，應係指衛生主管機關依藥事法規定責令限期退運，且進口人亦已依限退運出口，而未符合該法沒入規定之意。準此，進口未經核准輸入之醫療器材，應依藥事法第 79 條第 3 項準用同條第 2 項規定，由衛生主管機關先行責令進口人退運，倘屆期未退運出口，即符合前開藥事法「沒入」之規定，從而該當 101 年部令「管制」涵義所稱「應予沒入」之要件，應依本條例第 37 條第 3 項逃避管制論處。五、另按藥事法第 79 條既已明定旨揭醫療器材應由衛生主管機關責令退運，自應依該規定辦理，蓋如認得逕由海關依關稅法第 96 條第 1 項規定責令進口人限期退運，並得由進口人依同條項規定聲明放棄，則無異架空衛生主管機關依前開藥事法規定「責令退運」及「沒入銷毀」之權責。復以關稅法第 96 條第 1 項規定，係以案貨「未經處分沒入」爲適用前提（同法施行細則第 60 條規定參照），而旨揭醫療器材最終應否依藥事法或本條例規定裁處「沒入」，既屬未定，自無該條項規定之適用，併予敘明（財政部關務署 109/01/13 台關緝字第 1081016864 號函）。

67. 海關於邊境查扣之禁用農藥及僞農藥，得否在司法機關宣告沒收判決確定前裁處沒入

按行政罰法（下稱本法）第 1 條規定：「違反行政法上義務而應受罰鍰、沒入或其他種類行政罰之處罰時，適用本法。但其他法律有特別規定者，從其規定。」是本法乃各種行政法律中有關行政罰之一般總則性規定，如其他法律就行政罰另有特別規定者，從其規定。次按本法第 26 條第 1 項規定：「一行爲同時觸犯刑事法律及違反行政法上義務規定者，依刑事法律處罰之。但其行爲應處以其他種類之行政罰或得沒入而未經法院宣告沒收者，亦得裁處之。」此係一行爲不二罰及刑事優先原則之明文，故除其他法律有特別規定得排除此原則之適用或符合本條但書情況外，原則應先依刑事法律處罰，合先敘明。三、有關來函說明一所詢疑義，分別說明如下：（一）查獲之非法農藥，農政主管機關得否依「農藥管理法第 55 條規定」先行裁處沒入乙節：1. 查無論依修正前之農藥管理法第 53 條或現行農藥管理法第 55 條規定，依刑法規定得沒收之非法農藥，按現行實務見解，除法律有特別規定外，否則應以查獲之非法農藥係屬實行犯罪行爲之「自然人」所有爲限，始得依刑法第38條第1項及第3項規定沒收之（智慧財產法院103年度刑智上易字第13號判決參照），故查獲之非法農藥倘屬非犯罪處罰對象之法人或自然人所有或非屬刑事法律專科沒收之物，自得由主管機關依法逕行裁處沒入，此部分因未涉法院宣告沒收，故與行政罰法所定刑事處罰優先原則無涉。2. 又違反農藥管理法第45條至第49條規定之刑事不法行爲，其供各該條犯罪所用或犯罪預備之物及因犯罪所生或所得之物，依刑法第11條及第38條第1項、第3項規定，法院依法本得宣告沒收，並不因修正前農藥管理法第53條第1項定有「依刑法第三十八條沒收之」及第4項「沒收」之文字，或於第55條刪除沒收之文字規定而有不同。此觀之該法第55條之修法說明，稱謂「……並配合本條查獲之禁用農藥或僞農藥由沒收修正爲主管機關沒入，故該涉案之貨品之處置與司法機關無涉，……無須再會同法務部」等語，是否妥適，顯有疑義。另依刑事訴訟法第133條第1項規定：「可爲證據或得沒收之物，得扣押之。」故涉案物品若應依刑法第38條沒收，則行政機關查獲之處置與司法機關之刑事裁判即有關聯性。再者，於法院宣告沒收前，主管機關對觸犯刑事法律之同一違反行政法義務行爲而應沒入之物，本得依本法第36條至第40條等相關規定先予扣留處置，因未進行沒入處分，自無違反刑事優先原則，尚難認於公共安全維護亦無窒礙難行之處。又依農藥管理法第55條規定：「有下列情形之一者，不問屬何人所有，均沒入之：……」文義觀之，僅係排除本法第21條所定沒入之物，以受處罰者爲限之規定，尚難謂係本法第26條第1項係刑事優先原則之特別規定，故仍不得由行政機關先行裁處沒入。（二）海關得否依「海關緝私條例第37條第3項轉同條例第36條第3項規定」先行裁處沒入乙節，應區分行爲人是否係一行爲同時觸犯刑事法律及違反行政法上義務：1. 如行爲人一行爲同時違反農藥管理法第45條至第49條及海關緝私條例第37條之規定，如上開說明三（一）所述，有涉及由法院宣告沒收者，應依本法第26條刑事優先原則規定處理，尚不得由行政機關先行裁處沒入。2. 如行爲人係以一行爲同時違反農藥管理法第55條及海關緝私條例第37條規定，則應視此二條文有無法規競合之情形，亦即有無特別法及普通法關係爲斷；如有此關係，則應依特別法優於普通法原則處理。如無此關係，則因海關緝私條例第36條及農藥管理法第55條，均對旨揭非法農藥定有沒入之規定，則屬管轄競合之情形，應依本法第31條規定，由處理在先之機關管轄。故請貴部依上開原則審慎斟酌。（三）綜上，就旨揭非法農藥如同時涉及刑事沒收及行政沒入，依「刑事優先原則」主管機關於法院未宣告沒收前，不得裁處沒入。惟爲避免確定法院是否宣告沒收之期間過久，恐使主管機關之裁處沒入罹於本法第27條之裁處權時效，故建請主管機關注意本法第32條之規定，就同一行爲觸犯刑事法律與違反行政法義務時，落實司法機關與行政機關之聯繫機制（法務部103/12/27法律字第10303514550號函）。

《第 4 項／虛報出口溢沖退稅》

68. 外銷所得外匯雖低於使用進口原料總價，如專案申請沖退稅者，仍可能溢沖退稅

查海關緝私條例第 37 條第 4 項規定之適用，應以有發生溢額或冒沖退稅額之可能為前提。本案甲公司於 73 年 2 月 9 日委由乙公司向高雄關報運出口黃牛椰皮尼龍布面運動鞋乙批計 26,838 雙時，既經該關查獲涉嫌虛報黏扣帶之使用量，雖其外銷所得外匯（FOB）低於其使用進口原料（黏扣帶、皮革）之總價（CIF），惟廠商亦可依外銷品沖退原料稅捐辦法第 3 條第 1 項第 1 款至第 4 款[351]規定專案申請沖退稅，故仍有發生溢額沖退稅額之可能，應查明事實，依海關緝私條例第 37 條第 4 項規定處罰（財政部 73/05/30 台財關字第 17832 號函）。

《其他／①行政罰法之適用》

69. 本條例第37條規定並未排除過失犯之處罰

二、查納稅義務人報運貨物進出口，本即有據實申報所運貨物名稱、品質、數量、重量等及據實繳交相關憑證之義務，如有虛報（如報單申報與實際來貨不符）及繳交不實憑證等情事，即構成違反海關緝私條例第 37 條之要件，應依該條規定論罰；另報運貨物進出口，如有虛報及繳交不實憑證等情事而涉及逃避管制者，則依海關緝私條例第 36 條第 1 項及第 3 項規定論罰。三、至海關緝私條例第 37 條所稱「逃避管制」規定是否存有過失犯之情形一節，參據該條例 72 年 12 月 28 日修正第 3 條之立法意旨略以：行政罰不以故意為要件，為行政法之基本原則，而行政法院歷年判例亦持此見解；惟現行條文第 3 條解釋私運貨物進口、出口，有「意圖」一詞，致行為人每以主觀上並無意圖或不知法令為爭執，易滋紛爭，爰將現行第 3 條中之「意圖」二字刪除，以符本旨並利查緝作業之執行。顯見該條例立法意旨不以故意為要件，即亦存有過失犯之情形。四、另按「違反行政法上義務之處罰，以行為時之法律或自治條例有明文規定者為限。」「違反行政法上義務之行為非出於故意或過失者，不予處罰。」分別為行政罰法第 4 條及第 7 條第 1 項所明定；又依據司法院大法官釋字第 521 號解釋略以「依海關緝私條例第 36 條、第 37 條規定之處罰，仍應以行為人之故意或過失為其責任條件。」並未排除過失犯之處罰，海關實務執行上均依上開相關規定辦理（財政部 97/12/18 台財關字第 09700557340 號函）。

70. 行政罰法施行後，海關緝私案件產生之困擾或執行問題釋疑

主旨：關於行政罰法施行後海關緝私案件產生之困擾或執行疑義乙案。

---

351 即現行「外銷品沖退原料稅辦法」第 11 條第 1 項第 1 款至第 3 款。

說明：二、編號 1 案件：依行政罰法第 26 條第 1 項規定：「一行為同時觸犯刑事法律及違反行政法上義務規定者，依刑事法律處罰之。但其行為應處以其他種類行政罰或得沒入之物而未經法院宣告沒收者，亦得裁處之。」是本條規定，應以同一行為主體同時觸犯刑事罰及行政罰始有其適用，如涉嫌違犯刑事法律者與行政罰法者分屬不同主體，即無本條適用。三、編號 2 案件：本案所涉及者係行政罰法第 14 條第 1 項規定：「故意共同實施違反行政法上義務之行為者，依其行為情節之輕重，分別處罰之。」此所謂「故意共同實施違反行政法上義務之行為者」之適用，應注意以「故意」行為為限；且必須是行政罰法第 3 條所定行為主體有「外部」關係之共同實施，始足當之，如係屬為處罰對象行為主體之「內部」關係，例如私法人、非法人團體或其他組織本體與內部職員之間，或是該組織之代表權人為法定處罰對象時，該代表權人與職員之間等，均屬其內部關係，並無上開條文之適用。又本條所稱「分別處罰」，並非「分擔處罰」亦非平均處罰，而應視各別行為人行為情節輕重，妥為斟酌定其罰度，以合公義（以上參見，林錫堯，行政罰法，2005 年出版第 92-94 頁）。四、編號 3 案件[352]。五、編號 4 案件：類此案件，行政院 94/12/21 院台規字第 0940020908 號函，亦有相關核示，請本該函斯旨辦理。六、編號 5 案件：依行政罰法第 42 條前段規定：「行政機關於裁處前，應給予受處罰者陳述意見之機會。」該條但書則列舉七種例外情形。故本案如已依行政程序法第 39 條規定，即於裁處前為調查證據與認定事實，已通知應受處罰者（或許當時尚未能明認其人為應受處罰者，亦然）陳述意見，應即屬本條但書所定例外情形（財政部 95/07/25 台財規字第 09500361680 號書函）。

附件1：財政部關稅總局95/07/19台總局緝字第0951014029號函

關於行政罰法施行後海關緝私案件產生之困擾或執行疑義，謹檢陳案件處理意見表。

有疑義之法條（處理方式）及疑點：

編號 1：依行政罰法第 26 條第 1 項規定：「一行為同時觸犯刑事法律及違反行政法上義務規定者，依刑事法律處罰之」，行為人屬自然人者，似應適用上開規定。惟行為人如屬法人、獨資、合夥商號者，於報運貨物進出口涉及虛報，違反行政法上義務規定，且其代表人另涉嫌觸犯刑事法律者，能否適用上開競合優先適用刑事法律處罰規定，原則上不再對法人、獨資、合夥商號另處以行政罰？

編號 2：對該類共同私運行為人，該局向依「行為分擔，犯意聯絡」之旨，依照

---

352 請參閱財政部 97/01/08 台財關字第 09600427220 號令辦理。

海關緝私條例第 36 條第 1 項、第 3 項規定，共同處貨價一倍之罰鍰。惟依據行政罰法第 14 條第 1 項：「故意共同實施違反行政法上義務之行爲者，依其行爲情節之輕重，分別處罰之」規定，行政罰法施行後，此類案件究應如何分別裁處？係五人各處罰貨價五分之一之罰鍰？或無須平均分受罰鍰，而可視情節輕重（如船長爲主事者，船員只是單純受命停車搬運），於貨價一倍之範圍內，酌予裁處？抑或五人各處以貨價一倍之罰鍰？

編號 3：一、同時違反海關緝私條例第 37 條第 2 項及廢棄物清理法第 38 條第 1 項規定，究係一行爲或二行爲（未經申請即輸出有害廢棄物及報運出口申報不實）？應由何機關論處？二、如依法定罰鍰額較高之海關緝私條例第 37 條第 2 項論處（行政罰法第 24 條第 1 項），因關稅總局 94/03/21 台總局緝字第 09410035901 號令訂頒之「報運貨物出口涉及虛報案件裁罰金額或倍數參考表」，每一案虛報之事業廢棄物在 20 噸以下者，應裁罰之罰鍰僅 3 萬元，反較廢棄物清理法第 53 條第 3 款法定最低罰鍰 6 萬元爲低，上開裁罰金額或倍數參考表應否配合修改提高至 6 萬元？或免予修改，由海關逕依行政罰法第 24 條第 1 項但書規定，於裁處時將其最低罰鍰提高爲 6 萬元？三、案例甲如應依海關緝私條例論處，惟高雄關稅局處分前，環保機關已將該三批合併爲一案，依廢棄物清理法對出口人裁處罰鍰 6 萬元在先，且已據出口人繳清，海關應如何處理？

編號 4：一行爲同時違反數個行政法上義務規定而應處罰鍰，依行政罰法第 24 條第 1 項規定，應依法定罰鍰額最高之規定裁處。本案行爲人僅有一個虛報之行爲，同時違反關稅法、加值型及非加值型營業稅法及貨物稅條例三個行政法上義務，致高雄關稅局產生下列疑義：此類案件是否應依行政罰法第 24 條第 1 項從法定罰鍰額最高之規定論處（即本案僅依貨物稅條例第 32 條第 10 款之規定處所漏貨物稅額五倍之罰鍰 4 萬 9,300 元）？

編號 5：依行政罰法第 42 條規定，行政機關於裁處前，應給予受處罰者陳述意見之機會。如稽核人員於製作談話筆錄時，已給予答話人陳述意見之機會並記入筆錄，海關於裁處前應否再給予受處罰者陳述意見之機會？

附件2：行政院94/12/21院台規字第0940020908號函

主旨：本院訂定之「行政機關因應行政罰法施行應注意之法制事項」第 8 點說明 2 應予更正刪除。

說明：一、爲因應行政罰法即將於 95 年 2 月 5 日施行，本院業以 94/08/08 院台規字第 0940020908 號函訂定「行政機關因應行政罰法施行應注意之法制事項」，並自同日生效，供各機關參考辦理。二、有關該注意事項第 8 點說明 2 所舉案例依行政法院 85 年 9 月份及 11 月份庭長評事聯席會議決議認為「關稅係對通過國境之貨物所課徵之進口稅；貨物稅係凡屬現行貨物稅條例規定之貨物，不論國內產製或自國外進口，均應於貨物出廠或進口時，依法課徵貨物稅。二者處罰之目的、違規構成要件及處罰要件均不相同，均為漏稅罰，並無行為罰與漏稅罰之法條競合問題而應予併罰」，其所採見解已有變更，此有最高行政法院 89 年度判字第 2940 號及 94 年度判字第 328 號等判決可資參照，爰予更正刪除。

71. 廠商輸出入事業廢棄物同時違反廢棄物清理法及本條例，其違法事實究屬一行為或二行為釋疑

一、廠商輸出入事業廢棄物未經目的事業主管機關許可，且以虛報貨名向海關報運進出口，同時違反「廢棄物清理法」及「海關緝私條例」之規定，其違法事實究屬一行為或二行為，參照法務部 96/01/30 法律字第 0960000121 號函釋商標法所稱「輸入」行為之意旨，廠商輸出入事業廢棄物包括申請許可及報關等各種不同階段之行為，屬法律上構成要件之一行為，依行政罰法第 24 條規定辦理。二、前項事業廢棄物如屬「廢棄物清理法」第 38 條第 3 項公告禁止輸入之種類，應依「廢棄物輸入輸出過境轉口管理辦法」第 18 條[353]規定辦理（財政部 97/01/08 台財關字第 09600427220 號令）。

72. 訂定納稅義務人之行為同時構成行為罰及漏稅罰，採擇一從重處罰之相關規定

一、納稅義務人之行為同時構成行為罰及漏稅罰規定，依司法院釋字第 503 號解釋及行政罰法第 24 條規定，應採擇一從重處罰者，包含但不限於下列情形：（一）納稅義務人之行為構成加值型及非加值型營業稅法（以下簡稱營業稅法）第 45 條、第 46 條或第 49 條，同時涉及同法第 51 條第 1 項規定。（二）納稅義務人之行為構成營業稅法第 51 條第 1 項，同時涉及稅捐稽徵法第 44 條規定。（三）納稅義務人之行為構成營業稅法第 45 條或第 46 條，同時涉及稅捐稽徵法第 44 條及營業稅法第 51 條第 1 項規定。（四）納稅義務人之行為構成貨物稅條例第 28 條第 1 款，同時涉及同條例第 32 條第 1 款規定（財政部 109/11/03 台財稅字第 10904634190 號令）。

---

353 現為事業廢棄物輸入輸出管理辦法第 10 條：「未依本辦法規定申請許可，擅自輸入有害廢棄物或一般事業廢棄物，或經許可輸入且已運達我國口岸之廢棄物因故不得進口或未經提領，其收貨人、貨品持有人或運送人，應於接獲通知日起三十日內，將該批廢棄物退運出口（Ⅰ）。前項之廢棄物，其尚未通關放行者由海關通知限期退運。其已通關放行者由該廢棄物所在地直轄市、縣（市）主管機關通知限期退運（Ⅱ）。」

《其他／②免扣押》

73. 違反緝私條例第37條情節輕微者，其貨物免予扣押

違反該條例[354]第 37 條規定情事，如其情節輕微，海關實務上並不處分沒入貨物者，准比照財政部 71/02/15 台財關字第 11571 號函[355]意旨免予扣押（財政部 75/10/17 台財關字第 7571655 號函）。

《其他／③發現犯罪嫌疑與告發》

74. 申請退運而有虛報並涉及違反懲治走私條例，仍應依法告發

主旨：廠商報關時申請退運 FRESH GARLIC（北蒜）之案件，原生產國別申報 VIETNAM，經查驗結果更正爲 CN，得否依據財政部 99/08/13 台財關字第 09900289310 號令核示，免依海關緝私條例第 37 條等規定論處並准予退運乙案。

說明：二、本案據報爲申報退運案件，雖涉有虛報產地情事，惟因貨物並未進入國內，依旨揭令示規定，免依海關緝私條例第 37 條、營業稅法、貨物稅條例及菸酒稅法規定論處，合先敘明。三、另查本案貨物爲海關進口稅則第七章所列之物品，且產地爲中國大陸，屬行政院依「懲治走私條例」第 2 條第 3 項規定授權訂定之「管制進口物品項目及其數額」丙項[356]所稱之管制進口物品，申請退運之進口人因涉及虛報產地而違反懲治走私條例第 2 條第 1 項規定，即有刑事訴追之問題。復查刑事訴訟法第 241 條規定：「公務員因執行職務知有犯罪嫌疑者，應爲告發。」及旨揭令示一後段規定：「如經海關發現有違反其他法令規定者，應將違反情事移請相關機關辦理。」本案既經發覺涉有犯罪嫌疑，貴局[357]自應將該案移送該管司法機關偵辦。涉案貨物既爲刑案證物，亦爲刑法第 38 條第 1 項第 2 款規定「供犯罪所用之物」，屬刑罰沒收之客體，允宜併送，由司法機關依法執行扣押或爲其他處置，以利證據保全及刑事訴訟之進行，尚難以免依海關緝私條例第 37 條規定行政裁處即准其退運（財政部關稅總局 101/01/31 台總局緝字

---

[354] 指海關緝私條例。

[355] 財政部 71/02/15 台財關字第 11571 號函：「在海關緝私條例未完成修正前，本案應照下列規定辦理：（一）報運貨物出口有虛報貨名等違法行為之案件，如其情節輕微，海關實務上並不處分沒入貨物者，為免業者遭受過度損失可免予扣押該出口貨物。（二）扣押之貨物或運輸工具，其所有人、管領人或持有人依海關緝私條例第 21 條之規定，向海關提供相當之保證金或其他擔保，申請撤銷扣押者，其所繳保證金或提供擔保之金額，宜與扣押貨物或運輸工具之價值及依法應繳納稅捐之總數相當，應不包括預計可能罰鍰之金額在內。但左列扣押之貨物或物品均不准申請撤銷扣押：(1) 違禁品（編者註：已改為不得進口物品）。(2) 禁止進出口貨物。(3) 管制進出口貨物，而其貨價超過 5 萬元（編者註：現已提高為新臺幣 45 萬元）且非體積過巨或易於損壞變質或其他不易拍賣或處理。(4) 依海關緝私條例第 17 條第 2 項之規定，為繼續勘驗與搜索之目的而扣押之運輸工具。」

[356] 現為管制物品管制品項及管制方式第 2 項。

[357] 現為各地海關。

字第 1011002101 號函）。

75. 申報進口第四級毒品疑有違反「毒品危害防制條例」第4條第4項規定，以先移請司法機關查處爲宜

主旨：關於報運第四級毒品進口案件，應否移送司法機關偵辦乙案。

說明：二、本案來貨係屬「毒品危害防制條例」附表四第四級毒品，且納稅義務人業已投單申報，疑有違反該條例第 4 條第 4 項規定之虞（依同條第 6 項規定亦處罰未遂犯），故仍以先移請司法機關查處爲宜，並請貴局[358]協調駐局督察辦公室協助處理（財政部關稅總局 101/09/17 台總局緝字第 1011019564 號函）。

第 38 條（郵包走私之處罰）

郵遞之信函或包裹，內有應課關稅之貨物或管制物品，其封皮上未正確載明該項貨物或物品之品質、數額、重量、價值，亦未附有該項記載者，經查明有走私或逃避管制情事時，得沒入其貨物或物品，並通知進口收件人或出口寄件人。

❖立法（修正）說明❖（62/08/14全文修正）

一、原案

（一）修正原條文第 26 條。

（二）參照行政法院 54 年判字第 22 號判例：「該項貨物本身具有違法性而屬對物之處分，其申報不符雖爲寄件人，寄件人既該項貨物寄與原告，自應以原告爲當事人而沒收其貨物。」之意旨，訂明受處分人。

（三）一國法權管轄之對象，爲居住本國境內之國民或外籍人士，自無從對居住外國收件人或寄件人予以處分，故本條後段明白規定，以國內寄件人或收件人爲處分對象，藉免爭執。

二、審查案

（一）原案「郵遞之信函或包裹內夾帶……」中之「夾帶」二字，修正爲「有」字，固有以郵包等走私之人，但非全部郵包人均爲走私者，不能以偏概全。

358 現為各地海關。

（二）本條末段「得沒入其他物或物品」中之「得」字，係新增，使具彈性，俾海關以衡情處理，以利執行。

（三）本條規定之主要目的，應為沒入其貨物或物品，係對物的處分，而非對人的處分，因此將「進口以收件人為受處分人，出口以寄件人為受處分人」，修正為「並通知進口收件或出口寄件人」，以免增加困擾。

❖法條沿革❖

原條文	說明
（23/06/01 制定） 第 26 條 郵寄之信函包裹內，夾帶應課關稅之貨物，其封皮上並未載明該項貨物之品質、數量、價值，又未附有該項記載者，經查出時得沒收其貨物。	N/A

❖條文說明❖

一、本條係就利用郵包走私之處罰規定

依司法實務見解[359]，本條所為之沒入處分，係因貨物本身具有違法性而屬對物之處分。

二、本條之適用

（一）參照法院判決理由[360]，似以郵包通關時查獲為限，倘非於郵遞之過程（如貨物已遞交予收件人）中扣得，則無本條之適用。惟財政部關稅總局曾對於**郵包進口物品於放行後查明其包裹申報單**及封皮等原始申報文件上有未正確載明貨物之價值等違法事證者，作成函釋仍得依本條規定論處[361]，採與法院不同見解。本文以為，仍宜採法院見解為是，蓋郵包走私與一般漁船走私僅差在手法不同，而其違法性應無歧異，本應等同視之，僅因郵包通關時無從查明國內外寄件人誰屬，難辨明真正行為人，故而設有本條對物處分之規定，賦予海關沒入郵包之權並通知關係人，以利實務執行，是以，倘已得查明真正行為人（如已查明國內收件人參與走私或國內寄件人身分），即無再行便宜之理，此際，應依本條例第 36 條論處。

---

[359] 最高行政法院 54 年判字第 3 號判例、54 年判字第 22 號判例。

[360] 最高行政法院 86 年度判字第 3133 號判決意旨參照。

[361] 財政部關稅總局 96/08/14 台總局緝字第 0961016556 號函。

（二）另，依現行釋示[362]，違規[363]自金門、馬祖、澎湖將大陸農產品、菸酒郵寄至臺灣本島，如查明有走私或逃避管制情事時，亦應依本條規定處罰。

三、對物處分之要件

（一）郵遞之信函或包裹內有應課關稅之貨物或管制物品

1. 郵遞之信函或包裹：指由郵政機構傳遞之進、出口郵遞信函及包裹，亦即現行郵包物品進出口通關辦法所稱之「郵包物品」。
2. 應課關稅之貨物：(1) 指應課徵進口稅之物品，並不包括海關代徵之營業稅等內地稅。(2) 海關進口稅則規定稅率非爲零之物品，且非屬免稅範圍（如進口郵包物品完稅價格在新臺幣 2,000 元以內[364]）者，即爲本條之應課徵進口稅之物品。
3. 管制物品：（詳本條例第 3 條說明）。

（二）封皮上未正確載明該項貨物或物品之品質、數額、重量、價値，亦未附有該項記載

1. 封皮上未正確載明

所稱封皮，指郵遞信函之外皮或包裹之包裝表皮。郵包之封皮依本條規定，應載明貨物或物品之「品質、數額、重量、價値」，於通關時，海關方得藉由觀看封皮記載得知來貨種類、屬性、應否課稅、是否管制等項目。

2. 亦未附有該項記載

(1) 指郵包封皮並未直接記載郵遞之貨物或物品，亦無有所附具者。

---

362 財政部關稅總局 95/01/10 台總政緝字第 0956001613 號函。

363 試辦金門馬祖澎湖與大陸地區通航實施辦法第 25 條規定：「金門、馬祖或澎湖與大陸地區運輸工具之往來及貨物輸出入、攜帶或寄送，以進出口論；其運輸工具、人員及貨物之通關、檢驗、檢疫、管理及處理等，依有關法令規定辦理（Ⅰ）。前項進口物品未經許可，不得轉運金門、馬祖或澎湖以外之臺灣地區；金門、馬祖或澎湖以外之臺灣地區物品，未經許可，不得經由金門、馬祖或澎湖轉運大陸地區。違者，依海關緝私條例第三十六條至第三十九條規定處罰（Ⅱ）。」另「自金門馬祖澎湖郵寄或旅客攜帶進入臺灣本島之少量自用大陸地區物品限量表」規定：大陸農產品、菸酒及脊椎動物中藥材禁止以郵包寄送臺灣本島或澎湖。

364 郵包物品進出口通關辦法第 7 條規定：「進口郵包物品應依相關規定徵收關稅、貨物稅、營業稅、菸酒稅、菸品健康福利捐、特種貨物及勞務稅及推廣貿易服務費。但完稅價格在新臺幣二千元以內者，免徵關稅、貨物稅及營業稅（Ⅰ）。前項免徵稅款之郵包物品，不包括菸酒及實施關稅配額之農產品（Ⅱ）。為因應緊急狀況需要，財政部得公告於一定期間內進口之特定物品，不受完稅價格新臺幣二千元以內免稅之限制（Ⅲ）。」

(2) 郵寄之包裹通常並未在包裝封皮上直接載明貨物或物品之內容，而係以黏貼「發遞單」、「包裹單」等表單之方式附具，倘該附具之表單已同封皮表示方式而具外顯性，且已正確載明貨物或物品之「品質、數額、重量、價值」者，則與本條處分沒入之要件不符。

（三）經查明有走私或逃避管制情事

參照司法實務見解[365]，所稱有走私或逃避管制情事，以來貨爲應稅物品或管制物，且又未於封皮記載或予附記，即足認有走私情事。

四、法律效果

（一）得沒入其貨物或物品

本條之效果爲「得」沒入貨物或物品，即代表海關有決定是否沒入之裁量權，俾海關以衡情彈性處理，以利執行。

（二）通知進口收件人或出口寄件人

揆諸本條之修正歷程，於62年時，原提修正草案規定爲「進口以收件人爲受處分人，出口以寄件人爲受處分人」，惟當時鑑於本條之主要目的，應爲沒入其貨物或物品，係對物的處分，而非對人的處分，乃修正爲「並通知進口收件或出口寄件人」。而現行實務做法，海關依本條規定處分時，仍係以收件人（進口郵包）或寄件人（出口郵包）爲受處分人。

---

365 最高行政法院85年度判字第2420號判決：「本件涉案郵包所裝均屬大量應稅應證物品，應依規定申報，繳驗憑證及繳納稅捐，方可謂合法輸入。然調查人員卻於免稅區查扣大量應稅、應證物品，並循線於待驗區查扣相同收件人之大批應稅應證貨物，且系案郵包上均無包裹單，又未於封皮上記載該批物品之品質、數額、重量、價值或予附記，**其有走私情事至明**，被告處分沒入該貨物，並通知收件人之原告，要非無據。」

98-00-17-01
中華民國郵政
POSTAL ADMINISTRATION
REPUBLIC OF CHINA

POSTAL PARCEL
國際包裹五聯單

CP72 發遞單/報關單 DISPATCH NOTE/CUSTOMS DECLARATION

CC336345085TW

CC336345085TW

航空 AIR MAIL □　水陸 SURFACE □　陸空 SAL □

本單式係一式五聯請用力填寫

PLEASE WRITE OR PRINT FIRMLY

寄件人姓名地址 Name & address of sender　合約編號 Contract No.

郵遞區號 Postal Code：TAIWAN(　　)　電話Tel

TO 收件人姓名及地址 Name and address of addressee

國名Country　電話Tel

保價 Insured □　保價金額 Insured value - Words　新臺幣（元）　數字 Figures　NT$　特別提款權 Insured value SDR　SDR

本件可依規定拆驗
The item/parcel may be opened officially

內裝物品 List of contents	數量 Number of items	商品原產國 Country of origin of goods	價值 Value NT$	重量 Weight	尺寸(公分) Dimensions in CM

長Length　寬Width　高Height
X　X

□ Gift 禮品　□ Documents 文件　□ Commercial Sample 商業貨樣　□ Returned Goods 退貨　□ Sales of Goods 銷售物品　□ Others Please specify 其他請詳述

稅則號數（倘已知）Tariff No (if known)

體積重量(公斤) Vol. wt.
公斤 (Kg)　Kg
長x寬x高(公分)/6000=體積重量(公斤)

若無法投遞時，寄件人之指定事項 Sender's instructions in case of non-delivery
凡勾註紅色欄框者，同意支付退回/改寄費 (Agree to pay return or redirection charges concerned)

□ 改寄至下列收件地址：(僅適用於受理改寄之國家) Only available for the post accepted alteration of address
□ 以實際可用郵路退回寄件人 Return to sender by available routes
□ 拋棄 Treat as abandoned

Redirect to:
Address:

茲證明本人於本報關單所列資料正確，且郵件無郵政規則禁寄之危險物品，如有不實，願負全部責任。
本人同意支付無法投遞時應支付之各項費用。
I certify that the particulars given in the customs declaration are correct and that this item does not contain any dangerous article prohibited by postal regulations. False information is punishable by law.
I also agree to pay the costs related to my adjacent instruction in case of non-delivery.

寄件人簽署及日期
Date and sender's signature

Office of origin　原寄郵局

Date mailed 交寄日期（西曆）
年(Y)　月(M)　日(D)

Postage 郵資
營業郵資券 ______ 元NT$
自備郵資券 ______ 元NT$
自備郵資 ______ 元NT$

日戳 Date stamp

經辦員簽署
Drawn by

投遞證明聯 Proof of Delivery

違法交寄危險禁寄物品，依民用航空法第112條之2規定，處新臺幣2萬元以上10萬元以下罰鍰。

填具本單之前，請詳閱反面之各項說明
BEFORE COMPLETING THIS DECLARATION, READ INSTRUCTIONS ON BACK CAREFULLY

109.10 永豐紙業

國際包裹五聯單（發遞單／報關單）範本

❖精選案例❖

簽收自柬埔寨進口夾藏毒品（K他命）之郵包，以其為收件人，依本條例第38條規定沒入貨物

（節略）緣93年11月15日原處分機關駐臺北郵局支局關員發現以訴願人為收件人，由柬埔寨郵寄進口之一件郵包內，其封皮上載明貨名為CANDY，顯有可疑。嗣經查驗結果，發現該郵遞之包裹內另有毒品K他命（純質淨重12.9公克），係屬管制物品。本案核屬郵遞之包裹內有管制物品，其封皮上未正確載明該項貨物或物品之品質、數額、重量、價值，亦未附有該項記載，經查明有走私或逃避管制情事，原處分機關爰依海關緝私條例第38條之規定，沒入上開毒品K他命。訴願人不服，主張伊不曾去過柬埔寨，不認識寄件人，此案件待法院調查中云云，申請復查，經原處分機關復查決定以，查該郵包（包裹單號碼：CC000060769KH）之收件人確為訴願人，原處分機關依上開法條規定，以訴願人為受處分人，而沒入系案K他命，洵無違誤為由，駁回其復查之申請，經核並無不妥。……衡諸經驗法則，除廣告品外，殊少有國外賣方憑空寄貨之情形；復按本件處分書送達地址與系案進口郵遞包裹收件人地址相同，既已送達，則原處分機關以其為受處分人，沒入系爭貨物，洵屬適當（財政部95/03/16台財訴字第09400617310號訴願決定書）。

❖司法判解❖

1. 郵遞包裹未記載實際內容之品質、數量及價值，自得沒收包裹

按郵遞之信函、包裹內夾帶應課稅之貨物，其封皮上並未載明該項貨物之品質、數量、價值，又未附有該項記載者，經查出時，得沒收其貨物，為海關緝私條例第26條[366]所明定。此項處分，係因該項貨物本身具有違法性而屬對物之處分。本件由香港寄予原告之郵遞包裹，其內容貨物，核與原包裹申報單上所申報之貨品、數量、價值，均不相符，又未於封皮上記載其實際內容之品質、數量及價值或予附記。按之首開規定，自得以原告為當事人而將該包裹貨物予以沒收（最高行政法院54年判字第3號判例）。

2. 包裹封皮未照實記載而夾帶應稅貨物，得以收件人為受處分人予以沒入

本件原包裹單上之記載，與郵遞包裹內之貨品數量既不相符，價值亦甚懸殊，顯應認為夾帶之應稅貨物，其包裹封皮上又未記載其實際內容之品質數量及價值或予附記。按之海關緝私條例第26條之規定，自得將該包裹貨物予以沒收。此項沒收處分，

---

[366] 即現行第38條。

係因該項貨物本身具有違法性而屬對物處分，寄件人既將該項貨物寄予原告，自應以原告爲當事人而沒收其貨物（最高行政法院 54 年判字第 22 號判例）。

❖釋示函令❖

1.郵包緝私案件之成立，以其申報單及封皮之記載爲認定依據

查郵遞之信函或包裹內，有應課關稅之貨物或管制物品，其封皮上未正確載明該項貨物或物品之品質、數額、重量、價值，亦未附有該項記載者，經查明有走私或逃避管制情事者，依海關緝私條例第 38 條規定，固得沒入其貨物或物品，但如無包裹申報單查對，則與獲案之貨物符合與否，即欠缺核定之依據，自不得遽依上開規定而予沒入，前經行政法院 60 年判字第 814 號判決釋示有案，亦即郵包緝私案件之能否成立，以及是否能依海關緝私條例第 38 條規定處分，端以包裹申報單及封皮等原始申報文件爲認定依據（海關總稅務司署 68/08/28 台北緝字第 1588 號函）。

2.違規郵寄大陸農產或菸酒至臺灣，應依緝私條例第38條規定處罰

主旨：關於金門、馬祖地區以郵包寄送大陸農產品或菸酒至臺灣本島，涉違反規定，於收件地之郵局查獲，海關於執行上發生法規適用疑義乙案。

說明：二、查「試辦金門馬祖與大陸地區通航實施辦法」第 26 條規定[367]：「金門、馬祖與大陸地區運輸工具之往來及貨物輸出入、攜帶或寄送，以進出口論；……。前項進口物品未經許可，不得轉運金門、馬祖以外之臺灣地區；金門、馬祖以外之臺灣地區物品，未經許可，不得經由金門、馬祖轉運大陸地區。違者，依海關緝私條例第三十六條至第三十九條規定處罰。」復查「自金門馬祖郵寄或旅客攜帶進入臺灣本島或澎湖之少量自用大陸地區物品限量表」[368]規定：「大陸農產品、菸酒及脊椎動物中藥材禁止以郵包寄送臺灣本島或澎湖[369]。」故違反上述規定，將大陸農產品或菸酒郵寄至臺灣本島，如查明有走私或逃避管制情事時，自應依海關緝私條例第 38 條之規定處罰（財政部關稅總局 95/01/10 台總政緝字第 0956001613 號函）。

---

367 現為「試辦金門馬祖澎湖與大陸地區通航實施辦法」第 25 條，且文字已修正為：「金門、馬祖或澎湖與大陸地區運輸工具之往來及貨物輸出入、攜帶或寄送，以進出口論；其運輸工具、人員及貨物之通關、檢驗、檢疫、管理及處理等，依有關法令規定辦理（Ⅰ）。前項進口物品未經許可，不得轉運金門、馬祖或澎湖以外之臺灣地區；金門、馬祖或澎湖以外之臺灣地區物品，未經許可，不得經由金門、馬祖或澎湖轉運大陸地區。違者，依海關緝私條例第三十六條至第三十九條規定處罰（Ⅱ）。前項許可條件，由經濟部公告，並刊登政府公報（Ⅲ）。金門、馬祖或澎湖私運、報運貨物進出口之查緝，依海關緝私條例之規定；離島兩岸通航港口，就通航事項，準用通商口岸之規定（Ⅳ）。」

368 即現行「自金門馬祖澎湖郵寄或旅客攜帶進入臺灣本島之少量自用大陸地區物品限量表」。

369 澎湖現已納入試辦區域。

3.廠商以郵包進口物品於海關放行後，經內地稅稽徵機關發現涉嫌低報貨物完稅價格案件之處理方式

關於廠商以郵包進口物品，於海關核發小額郵包進口稅款繳納證徵稅放行後，經內地稅稽徵機關發現涉嫌低報貨物完稅價格之案件，除經查明其包裹申報單及封皮等原始申報文件上有未正確載明貨物之價值等違法事證者，依前海關總稅務司署 68/08/28 台北緝字第 1588 號函釋示意旨，得依海關緝私條例第 38 條規定論處外，仍宜由內地稅稽徵機關自行處理（財政部關稅總局 96/08/14 台總局緝字第 0961016556 號函）。

第 39 條（旅客私運之處罰）

I 旅客出入國境，攜帶應稅貨物或管制物品匿不申報或規避檢查者，沒入其貨物，並得依第三十六條第一項論處。

II 旅客報運不隨身行李進口、出口，如有違法漏稅情事，依第三十七條論處。

❖立法（修正）說明❖（67/05/19修正）

現行條文第 1 項因適用第 36 條第 1 項及第 3 項之結果，形成除沒入貨物外尚必須科處罰鍰，致使海關於執行時遭遇困擾，因出入境旅客之違法情節類多輕微，依法沒入私貨外再科處罰鍰，實嫌過重，而對短期入境之外籍或觀光旅客，如因執行罰鍰，不准其未繳清前出境，恐將引起國際糾紛，反之讓其出境，勢必無法執行，造成懸案，爰明定沒入貨物爲必罰，遇情節重大者，始依第 36 條第 1 項併處罰鍰，俾利執行。

❖法條沿革❖

原條文	說明
（62/08/14 全文修正） 第 39 條 旅客出入國境攜帶行李，內有應稅貨物或管制物品而匿不申報或規避檢查者，依第三十六條第一項及第三項論處。 旅客報運不隨身行李進口、出口，如有違法漏稅情事，依第三十七條論處。	一、本條係新增。 二、旅客攜帶之自用行李物品，准予免稅之品目範圍，由財政部定之，現已定為關稅法第 26 條第 15 款。 三、旅客行李物品超出前述規定之應稅物品，遇有匿不申報及逃避檢查或其他違法漏稅情節，亦應在海關緝私條例內明白規定處罰條文，以利執行。

❖條文說明❖

一、第1項

（一）本項之適用

依據入境旅客攜帶行李物品報驗稅放辦法（以下簡稱「行李驗放辦法」）第 7 條及第 11 條規定[370]，旅客攜帶應稅或管制物品進入國境，均應向海關申報，並經由紅線檯查驗通關，如所攜帶者爲免稅物品，且無應申報事項者，始得經綠線檯通關，倘旅客對於所攜帶之物品可否經由綠線檯通關有疑義時，仍應經由紅線檯通關，若經綠線檯未申報，或經由紅線檯而申報不實，爲海關查獲，即有本項規定之適用。

（二）構成要件

1.行爲主體

出入國境之旅客，包括以過境方式入境之旅客，及民航機、船舶服務人員[371]。

---

370 入境旅客攜帶行李物品報驗稅放辦法第 7 條規定：「入境旅客於入境時，其行李物品品目、數量合於第十一條免稅規定且無其他應申報事項者，得免填報中華民國海關申報單向海關申報，並得經綠線檯通關（Ⅰ）。**入境旅客攜帶管制或限制輸入之行李物品，或有下列情形之一者，應填報中華民國海關申報單向海關申報，並經紅線檯查驗通關：一、攜帶菸、酒或其他行李物品逾第十一條免稅規定**。二、攜帶外幣、香港或澳門發行之貨幣現鈔總值逾等值美幣一萬元。三、攜帶無記名之旅行支票、其他支票、本票、匯票或得由持有人在本國或外國行使權利之其他有價證券總面額逾等值美幣一萬元。四、攜帶新臺幣逾十萬元。五、攜帶黃金價值逾美幣二萬元。六、攜帶人民幣逾二萬元，超過部分，入境旅客應自行封存於海關，出境時准予攜出。七、攜帶水產品及動植物類產品。八、有不隨身行李。九、攜帶總價值逾等值新臺幣五十萬元，且有被利用進行洗錢之虞之物品。十、有其他不符合免稅規定或須申報事項或依規定不得免驗通關（Ⅱ）。前項第九款所稱有被利用進行洗錢之虞之物品，指超越自用目的之鑽石、寶石及白金（Ⅲ）。入境旅客對其所攜帶行李物品可否經由綠線檯通關有疑義時，應經由紅線檯通關（Ⅳ）。經由綠線檯或經海關依第三條規定核准通關之旅客，海關認為必要時得予檢查，除於海關指定查驗前主動申報或對於應否申報有疑義向檢查關員洽詢並主動補申報者外，海關不再受理任何方式之申報；經由紅線檯通關之旅客，海關受理申報並開始查驗程序後，不再受理任何方式之更正。如查獲攜有應稅、管制、限制輸入物品或違反其他法律規定匿不申報或規避檢查者，依海關緝私條例或其他法律相關規定辦理（Ⅴ）。」第 11 條規定：「入境旅客攜帶自用家用行李物品進口，除關稅法及海關進口稅則已有免稅之規定，應從其規定外，其免徵進口稅之品目、數量、金額範圍如下：一、酒類一公升（不限瓶數），且以年滿十八歲之旅客為限。二、捲菸二百支或雪茄二十五支或菸絲一磅，且以年滿二十歲之旅客為限。三、前二款以外非屬管制進口之行李物品，如在國外即為旅客本人所有，並已使用過，其品目、數量合理，其單件或一組之完稅價格在新臺幣一萬元以下，經海關審查認可者，准予免稅（Ⅰ）。旅客攜帶前項准予免稅以外自用及家用行李物品（管制品及菸酒除外）其總值在完稅價格新臺幣二萬元以下者，仍予免稅。但有明顯帶貨營利行為或經常出入境且有違規紀錄者，不適用之（Ⅱ）。前項所稱經常出入境係指於三十日內入出境二次以上或半年內入出境六次以上（Ⅲ）。」

371 入境旅客攜帶行李物品報驗稅放辦法第 16 條規定：「入境旅客有下列情形之一者，其所攜帶行李物品之範圍，得予限制：一、有明顯帶貨營利行為或經常出入境且有違規紀錄之旅客，其所攜帶之行李物品數量及價值，得依第四條及第十四條規定折半計算。二、**以過境方式入境之旅客**，除因旅行必需隨身攜帶自用之衣服、首飾、化粧品及其他日常生活用品得免稅攜帶外，其餘所攜帶之行李物品得依前款規定

2.行爲客體

(1)應稅物品

A. 指應課徵進口稅之物品，不及於海關代徵之營業稅等內地稅。

B. 攜帶之物品是否應課徵進口稅，參酌民國 62 年增訂說明：「……旅客攜帶之自用行李物品，准予免稅之品目範圍，由財政部定之，……旅客行李物品超出前述規定之應稅物品，遇有匿不申報及逃避檢查或其他違法漏稅情節，亦應在海關緝私條例內明白規定處罰條文，以利執行。」即以所攜帶之自用行李物品，是否屬於免稅之品目範圍而定；換言之，**非屬免稅範圍者，即爲本條之應稅物品**[372]。另，財政部關政司 101/07/31 台關一字第 10105008400 號函亦表示，以物品應歸列之稅則爲準，如屬海關進口稅則規定稅率爲零之物品，即非本條之應稅物品。

C. 免稅範圍[373]：

(A) 以合於其本人自用及家用者爲限：依行李驗放辦法第 4 條規定，以合於其本人自用及家用者，始得免稅。如入境旅客自始即非出於自（家）用意思，其攜帶之貨物縱形式上符合免稅規定而未依規定向海關申報納稅，亦違反本條規定而屬私運貨物進口之貨物[374]。另應併予注意者，入境旅客攜帶之「貨樣、機器零件、原料、物料、儀器、工具」等貨物，其價值合於所規定限額者，依同辦法第 5 條第 2 項規定，**視同行李物品**，免辦輸入許可證，辦理徵、免稅放行。

(B) 免稅種類：

a. 法定免稅：指法律規定免徵關稅之情形，如關稅法第 49 條[375]第 1 項各款貨物。

辦理稅放。三、**民航機、船舶服務人員**每一班次每人攜帶入境之應稅行李物品完稅價格不得超過新臺幣五千元。其品目以准許進口類為限，如有超額或化整為零之行為者，其所攜帶之應稅行李物品，一律不准進口，應予退回國外。另得免稅攜帶少量准許進口類自用物品及紙菸五小包（每包二十支）或菸絲半磅或雪茄二十支入境。」

372 此類物品應按入境旅客攜帶行李物品報驗稅放辦法第 12 條第 1 項規定：「入境旅客攜帶行李物品，超出前條規定者，其超出部分應按海關進口稅則所規定之稅則稅率徵稅。但合於自用或家用之零星物品，得按海關進口稅則總則五所定稅率徵稅。」課徵進口稅。

373 入境旅客攜帶行李物品報驗稅放辦法第 4 條第 1 項規定：「入境旅客攜帶行李物品，其免稅範圍以合於其本人自用及家用者為限。」

374 103/09/16 台財訴字第 10313948530 號訴願決定書：「……縱旅客係攜帶免稅數量內之菸品入境，然該菸品顯非供該旅客自用或家用，非免稅或免辦輸入許可證之貨物，其未依規定向海關申報納稅，核屬私運進口之貨物」著有同旨可參。

375 關稅法第 49 條規定：「下列各款進口貨物，免稅：一、總統、副總統應用物品。二、駐在中華民國之各國使領館外交官、領事官與其他享有外交待遇之機關及人員，進口之公用或自用物品。但以各該國對中華民國給予同樣待遇者為限。三、外交機關進口之外交郵袋、政府派駐國外機構人員任滿調回攜帶自用物品。四、軍事機關、部隊進口之軍用武器、裝備、車輛、艦艇、航空器與其附屬品，及專供軍用之物資。五、辦理救濟事業之政府機構、公益、慈善團體進口或受贈之救濟物資。六、公私立各級學校、教育或研究機關，依其設立性質，進口用於教育、研究或實驗之必需品與參加國際比賽之體育團體訓

b. 稅則免稅：指依海關進口稅則規定，免徵關稅之情形，如**書籍**（稅則號別第37050000號20-8「書籍、文件、報章雜誌縮影膠片，已曝光及已顯影者」，國定稅率第1、2欄免稅）、**鈔票**[376]（稅則號別第49070010號10-2「新台幣鈔票」、90-5「其他鈔票」，國定稅率第1至3欄均免稅）、**黃金條塊**[377]（稅則號別第71081210號「黃金條塊非貨幣用」，國定稅率第1至3欄均免稅）、**音箱**（稅則號別第85182100號00-4「裝入音箱之單一揚聲器」，國定稅率第1、2欄免稅；或稅則號別第85182200號00-3「裝入同一音箱之多個揚聲器」，國定稅率第1、2欄免稅）、**古董**（稅則號別第97060000號「其他年代超過100年之古董」，國定稅率第1至3欄均免稅）。

c. 品目免稅：**菸酒**，依行李驗放辦法第11條第1項第1款、第2款規定，酒類1公升（不限瓶數；以年滿18歲之旅客爲限）；捲菸200支或雪茄25支或菸絲1磅（但以年滿20歲之成年旅客爲限）；**使用過之物品**，即依行李驗放辦法第11條第1項第3款規定，菸酒以外非屬管制進口之行李物品，如在國外即爲旅客本人**所有**，並**已使用過**，其**品目**、**數量合理**，其**單件或一組之完稅價格在新臺幣1萬元以下**者免稅。

d. 額度免稅：依行李驗放辦法第11條第2項規定，自（家）用行李物品總值在完稅價格新臺幣2萬元以下者免稅（但有明顯帶貨營利行爲或經常出入境且有違規紀錄者，不適用此免稅規定）[378]。

練及比賽用之必需體育器材。但以成品為限。七、外國政府或機關、團體贈送之勳章、徽章及其類似之獎品。八、公私文件及其類似物品。九、廣告品及貨樣，無商業價值或其價值在限額以下者。十、中華民國漁船在海外捕獲之水產品；或經政府核准由中華民國人民前往國外投資國外公司，以其所屬原為中華民國漁船在海外捕獲之水產品運回數量合於財政部規定者。十一、經撈獲之沉沒船舶、航空器及其器材。十二、經營貿易屆滿二年之中華民國船舶，因逾齡或其他原因，核准解體者。但不屬船身固定設備之各種船用物品、工具、備用之外貨、存煤、存油等，不包括在內。十三、經營國際貿易之船舶、航空器或其他運輸工具專用之燃料、物料。但外國籍者，以各該國對中華民國給予同樣待遇者為限。十四、旅客攜帶之自用行李、物品。十五、進口之郵包物品數量零星在限額以下者。十六、政府機關自行進口或受贈防疫用之藥品或醫療器材。十七、政府機關為緊急救難自行進口或受贈之器材與物品及外國救難隊人員為緊急救難攜帶進口之裝備、器材、救難動物與用品。十八、中華民國籍船員在國內設有戶籍者，自國外回航或調岸攜帶之自用行李物品。十九、政府機關為舉辦國際體育比賽自行進口或受贈之比賽用必需體育器材或用品（Ⅰ）。前項貨物以外之進口貨物，其同批完稅價格合併計算在財政部公告之限額以下者，免稅。但進口次數頻繁或經財政部公告之特定貨物，不適用之（Ⅱ）。第一項第二款至第六款、第九款、第十四款、第十五款與第十八款所定之免稅範圍、品目、數量、限額、通關程序及其他應遵行事項之辦法、前項但書進口次數頻繁之認定，由財政部定之（Ⅲ）。」

376 雖非應稅及管制物品，但違規攜出入者，仍有洗錢防制法加以規範。

377 同前註。

378 入境旅客攜帶行李物品報驗稅放辦法第11條第2項規定：「旅客攜帶前項准予免稅以外自用及家用行李物品（管制品及菸酒除外）其總值在完稅價格新臺幣二萬元以下者，仍予免稅。**但有明顯帶貨營利行為或經常出入境且有違規紀錄者，不適用之。**」

(2)管制物品

A.項目

依財政部 112/11/10 台財關字第 1121027391 號令，係指進口或出口下列依規定不得進口或出口或管制輸出入之物品。

<table>
<tr><th>海關緝私條例管制物品項目</th><th>管制方式</th><th colspan="2">相關法據</th></tr>
<tr><td>偽變造之貨幣、有價證券、製偽印模</td><td rowspan="2">入</td><td colspan="2">關 15 ①</td></tr>
<tr><td>侵害專利權、商標權及著作權之物品</td><td colspan="2">關 15 ②</td></tr>
<tr><td>動物用偽／禁藥</td><td rowspan="9">入</td><td rowspan="9">關 15 ③</td><td>動物用藥品管理法 4、5</td></tr>
<tr><td>偽／禁農藥</td><td>農藥管理法 6、7</td></tr>
<tr><td>警械</td><td>警械使用條例 1</td></tr>
<tr><td>私菸／酒</td><td>菸酒管理法 6</td></tr>
<tr><td>偽禁藥</td><td>藥事法 20、22</td></tr>
<tr><td>醫療器材</td><td>醫療器材管理法 25</td></tr>
<tr><td>特定用途化粧品</td><td>化粧品衛生安全管理法 5 Ⅰ</td></tr>
<tr><td>禁止輸入之植物／其產品、物品</td><td>植物防疫檢疫法 14、15</td></tr>
<tr><td>禁止輸入之動物及其產品</td><td>動物傳染病防治條例 33</td></tr>
<tr><td>槍械、子彈、事業用爆炸物</td><td rowspan="3">出／入</td><td colspan="2" rowspan="4">懲治走私條例 2 Ⅲ及「管制物品管制品項及管制方式」</td></tr>
<tr><td>偽變造之各種幣券、有價證券</td></tr>
<tr><td>毒品及其製劑、罌粟／古柯／大麻種子</td></tr>
<tr><td>未公告准許輸入之稅則第一章至第八章之物品、稻米（粉）、花生、茶葉、種子（球），完稅價格總額超過 10 萬元或重量超過 1,000 公斤</td><td>入</td></tr>
<tr><td>不得輸入之大陸物品（MW0、MP1）</td><td>入</td><td colspan="2">兩岸貿易許可辦法</td></tr>
<tr><td>貿易管制輸出／入物品（111、112）</td><td>出／入</td><td colspan="2">貿易法</td></tr>
</table>

B.應扣除免證範圍

同應稅物品應扣除免稅額（實務上慣稱「寬減額」）之旨，旅客攜帶出入境之物品如屬前列之管制項目，亦應扣除行李驗放辦法第 4 條第 2 項規定附表所列「**自用之農畜水產品、菸酒、大陸地區物品、自用藥物、環境及動物用藥**」所定限量及經濟部 101/03/06 經授貿字第 10140004370 號公告「**輸入少量大陸物品准許免辦輸入許可證之規定**」准許免證之範圍，始屬本條之管制物品。

入境旅客攜帶自用農畜水產品、菸酒、大陸地區物品、自用藥物、環境及動物用藥限量表

<table>
<tr><td colspan="5">一、農畜水產品及菸酒類貨品</td></tr>
<tr><td colspan="3">品　名</td><td>數　量</td><td>備　註</td></tr>
<tr><td colspan="3">農畜水產品類</td><td>六公斤</td><td>一、食米、花生（限熟品）、蒜頭（限熟品）、乾金針、乾香菇、茶葉各不得超過一公斤。
二、鮮果實禁止攜帶。
三、活動物及其產品禁止攜帶。但符合動物傳染病防治條例規定之犬、貓、兔及動物產品，以及經乾燥、加工調製之水產品，不在此限。其中符合動物傳染病防治條例規定之犬、貓、兔，不受限量六公斤之限制。
四、活植物及其生鮮產品禁止攜帶。但符合植物防疫檢疫法規定者，不在此限。</td></tr>
<tr><td colspan="4">菸酒類</td><td rowspan="5">一、限年滿二十歲之成年旅客攜帶，進口供自用，進口後並不得作營業用途使用。
二、其中每人每次酒類一公升（不限瓶數），捲菸二〇〇支或菸絲一磅或雪茄二十五支免稅。
三、不限瓶數，但攜帶未開放進口之大陸地區酒類限量一公升。</td></tr>
<tr><td>1</td><td colspan="2">酒</td><td>五公升</td></tr>
<tr><td rowspan="3">2</td><td rowspan="3">菸</td><td>捲菸</td><td>五條（一,〇〇〇支）</td></tr>
<tr><td>或菸絲</td><td>五磅</td></tr>
<tr><td>或雪茄</td><td>一二五支</td></tr>
<tr><td colspan="5">二、大陸地區物品</td></tr>
<tr><td colspan="3">品　名</td><td>數　量</td><td>備　註</td></tr>
<tr><td colspan="3">干貝</td><td>一・二公斤</td><td rowspan="5">一、食米、花生（限熟品）、蒜頭（限熟品）、乾金針、乾香菇、茶葉各不得超過一公斤。
二、鮮果實禁止攜帶。
三、活動物及其產品禁止攜帶。但符合動物傳染病防治條例規定之動物產品，以及經乾燥、加工調製之水產品，不在此限。
四、活植物及其生鮮產品禁止攜帶。但符合植物防疫檢疫法規定者，不在此限。</td></tr>
<tr><td colspan="3">鮑魚乾</td><td>一・二公斤</td></tr>
<tr><td colspan="3">燕窩</td><td>一・二公斤</td></tr>
<tr><td colspan="3">魚翅</td><td>一・二公斤</td></tr>
<tr><td colspan="3">農畜水產品類</td><td>六公斤</td></tr>
<tr><td colspan="3">罐頭</td><td>各六罐</td><td rowspan="2"></td></tr>
<tr><td colspan="3">其他食品</td><td>六公斤</td></tr>
</table>

入境旅客攜帶自用農畜水產品、菸酒、大陸地區物品、
自用藥物、環境及動物用藥限量表（續）

<table>
<tr><td colspan="3">三、自用藥物及錠狀、膠囊狀食品</td></tr>
<tr><th>類　別</th><th>規　定</th><th>備　註</th></tr>
<tr><td>西藥</td><td>一、非處方藥每種至多十二瓶（盒、罐、條、支），合計以不超過三十六瓶（盒、罐、條、支）為限。
二、處方藥未攜帶醫師處方箋（或證明文件）以二個月用量為限。處方藥攜帶醫師處方箋（或證明文件）者不得超過處方箋（或證明文件）開立之合理用量，且以六個月用量為限。
三、針劑產品須攜帶醫師處方箋（或證明文件）。</td><td rowspan="4">一、旅客或隨交通工具服務人員攜帶自用之藥物，不得供非自用之用途。
二、旅客或隨交通工具服務人員攜帶之管制藥品，須憑醫療院所之醫師處方箋（或出具之證明文件），並以治療其本人疾病者為限，其攜帶量不得超過該醫師處方箋（或出具之證明文件），且以六個月用量為限。
三、藥品成分含保育類物種者，應先取得主管機關（農委會）同意始可攜帶入境。
四、回航船員或航空器服務人員，其攜帶自用藥品進口，不具有醫師處方箋或出具之證明文件，其攜帶數量不得超過表訂限量之二分之一。
五、我國以處方藥管理之藥品，如國外係以非處方藥管理者適用非處方藥之限量規定。
六、本表所定之產品種類：瓶（盒、罐、條、支、包、袋）等均以「原包裝」為限。</td></tr>
<tr><td>中藥材及中藥製劑</td><td>一、中藥材每種至多一公斤，合計不得超過十二種。
二、中藥製劑（藥品）每種至多十二瓶（盒），合計以不超過三十六瓶（盒）為限。
三、於前述限量外攜帶入境之中藥材及中藥製劑（藥品），應檢附醫療證明文件（如醫師診斷證明），且不逾三個月用量為限。</td></tr>
<tr><td>錠狀、膠囊狀食品</td><td>每種至多十二瓶（盒、罐、包、袋），合計以不超過三十六瓶（盒、罐、包、袋）為限。</td></tr>
<tr><td>隱形眼鏡</td><td>單一度數六十片，惟每人以單一品牌及二種不同度數為限。</td></tr>
</table>

<table>
<tr><td colspan="4">四、環境用藥</td></tr>
<tr><th>藥品種類</th><th>編號</th><th>品　名</th><th>備　註</th></tr>
<tr><td rowspan="4">殺蟲劑</td><td>1</td><td>ANKILALL BRAND ANT KILLER</td><td rowspan="4">一、旅客或交通工具服務人員少量攜帶環境用藥不在表列者，須向行政院環境保護署申請核准文件始得進口。
二、少量攜帶進口之環境用藥限定數量：液體總量一公斤以</td></tr>
<tr><td>2</td><td>ANTI-BRUMM SPRAY SOLUTION</td></tr>
<tr><td>3</td><td>BAGON GENIUS</td></tr>
<tr><td>4</td><td>BAGON MOSQUITO COIL</td></tr>
</table>

入境旅客攜帶自用農畜水產品、菸酒、大陸地區物品、
自用藥物、環境及動物用藥限量表（續）

藥品種類	編號	品 名	備 註
殺蟲劑	5	BARAKI	下（含一公斤）；固體總量一公斤以下（含一公斤）。經常出入境者，每月僅能攜帶一次，以過境方式入境之旅客，不得攜帶。 三、數量超過規定之環境用藥，可選擇將超量部分退運。如不退運，得由海關逕行移送當地主管機關處理。 四、少量攜帶進口之環境用藥限供自用，不得對外販售。
	6	BAYGON BLUE 2	
	7	BAYGON GREEN 6	
	8	BAYGON H2S	
	9	BAYGON YELLOW 3	
	10	BLACK ANT KILLER	
	11	CHIPCO BRAND TOPCHOICE FIPRONIL INSECTICIDE	
	12	CLEAN BAIT	
	13	COMBAT COCKROACH BAIT GEL	
	14	COMBAT LIQUID	
	15	COMBAT LIQUID I	
	16	COMBAT LIQUID I (SCENT)	
	17	COMBAT LIQUID II	
	18	COMBAT LIQUID II (SCENT)	
	19	COMBAT POWER	
	20	COMBAT ROACH AEROSOL-HERB	
	21	COMBAT ROACH AEROSOL-UNSCENTED	
	22	COMBAT SILVER ANT	
	23	COMBAT SILVER ROACH	
	24	COMBAT SPEED-S HERB	
	25	COMBAT SPEED-S APPLE PEACH	
	26	COMBAT WATER-BASED AEROSOL-HERB	
	27	COMBAT WATER-BASED AEROSOL-UNSCENTED	

入境旅客攜帶自用農畜水產品、菸酒、大陸地區物品、
自用藥物、環境及動物用藥限量表（續）

藥品種類	編號	品 名	備 註
殺蟲劑	28	CROCODILE LIGHT MOSQUITO COILS	
	29	CROCODILE-P	
	30	CROCODELE-E MOSQUITO COIL	
	31	ECOLOGY WORKS INSECTICIDE	
	32	GAID ANT & ROACH KILLER 17-NATURAL FRESH	
	33	GLADE CLINIC	
	34	GOLDEN DRAGON MOSQUITO COIL	
	35	GOODNITE B	
	36	INSECT REPELLENT FOR WARDROBE	
	37	KINCHO MOTH REPELLENT HANGER FOR CLOSET	
	38	KING MAT	
	39	LASER FIK	
	40	LEADER MOSQUITO COIL	
	41	MAXFORCE GOLD	
	42	MOSQUITO GONE COIL	
	43	NEOPARA ACE	
	44	NEOPASS	
	45	OFF SKINTASTIC SPRAY	
	46	OFF! INSECT REPELLENT	
	47	ORGANIC RESOURCES MULTIPURPOSE INSECTICIDE	
	48	PERMA-GUARD HOUSEHOLD INSECTICIDE D-20	
	49	PIANCHU MOSQUITO COILS-II	

入境旅客攜帶自用農畜水產品、菸酒、大陸地區物品、
自用藥物、環境及動物用藥限量表（續）

藥品種類	編號	品　名	備　註
殺蟲劑	50	PINZA ORION AMBIENTADOR ANTIPOLILLA	
	51	PORTABLE VAPE	
	52	PORTABLE VAPE M	
	53	PREMISE COCKROACH BAIT	
	54	PUFF DINO-U MOSQUITO COIL	
	55	PYRPROXYFEN	
	56	QC1	
	57	QUICK BAYT	
	58	RAID ADVANCED ANT CONTROL	
	59	RAID ANT & ROACH KILLER 17	
	60	RAID ANT & ROACH KILLER 17-COUNTRY FRESH	
	61	RAID ANT & ROACH KILLER 17-UNSCENTED	
	62	RAID ANTIZANZARE PORTATILE	
	63	RAID BANG BLOSSOM	
	64	RAID BANG GERMKILL	
	65	RAID BANG-COUNTRY FRESH	
	66	RAID BANG-FRAGRANCE FREE	
	67	RAID BANG-UNSCENTED	
	68	RAID COIL	
	69	RAID CONCENTRATED DEEP REACH FOGGER	
	70	RAID E-45	
	71	RAID ELECTRIC LIQUID (III)	
	72	RAID EXTRA BLOSSOM	

入境旅客攜帶自用農畜水產品、菸酒、大陸地區物品、
自用藥物、環境及動物用藥限量表（續）

藥品種類	編號	品　名	備　註
殺蟲劑	73	RAID FIK FORMULA H1S-NATURAL FRESH	
	74	RAID HOUSE & GARDEN BUG KILLER	
	75	RAID KLOUSE & GARDEN BUG KILLER 7	
	76	RAID LASER FIK	
	77	RAID NEW 60 NIGHT LIQUID	
	78	RAID POWER TRIPLE KILL	
	79	RAID ROACH BAIT	
	80	RAID NEW 60 NIGHT LIQUID (K)	
	81	RECRUIT I I/AG	
	82	RED EARTH G	
	83	ROACH DROP	
	84	ROACH K-O LINE	
	85	SARATECT	
	86	SIEGE*2 % GEL	
	87	SPEED MOSQUITO COIL	
	88	SUMILARV 0.5 G	
	89	SUMILARV 0.5 G	
	90	VAPE ULTRA 0.015 MC	
	91	VSAFE HAND SPRAY	
	92	VSAFETM AEROSOL	
	93	XIANG ZI XIANG	
殺鼠劑	1	STORM 0.005% BAIT	
	2	BARAKI	
	3	DITRAC RODENTICIDE	
	4	RACUMIN PASTE	

入境旅客攜帶自用農畜水產品、菸酒、大陸地區物品、
自用藥物、環境及動物用藥限量表（續）

藥品種類	編號	品　名	備　註
殺鼠劑	5	COUMAFEN	
	6	NEOSOREXA PELLETS	
殺菌劑	1	LYSOL BRAND II DISINGECTANT SPRAY –COUNTRY SCENT	
	2	LYSOL BRAND II DISINGECTANT SPRAY-ORIGINAL SCENT	
	3	TIMSEN	

五、動物用藥

類　別	規　定	備　註
疫苗、血清、抗體、菌苗或其他生物藥品	左列動物用藥品，不得攜帶入境。但專供觀賞動物疾病治療使用之待美嘧唑及羅力嘧唑，不在此限。	產食動物：指為肉用、乳用、蛋用或其他提供人類食物之目的而飼養或管領之動物（如：牛、羊、豬、鹿、雞、鴨、鵝、火雞、水產動物等）。
產食動物用藥品		觀賞動物：指犬、貓或其他提供人類觀賞、玩賞或伴侶之目的而飼養或管領之動物（如：寵物、觀賞魚）。 瓶（盒、罐、條、支、包、袋）：指購買地原包裝使用之最小包裝單位。 處方藥品：指獸醫師（佐）處方藥品販賣及使用管理辦法第二條附表「獸醫師（佐）處方藥品品目及使用類別表」所定第一類至第三類之動物用藥品。 非處方藥品：指處方藥品以外之動物用藥品，例如「專供觀賞魚用非注射劑型之抗感染藥」、「外用液劑、外用散劑、條帶劑、噴霧劑之抗寄生蟲藥」及「專供觀賞魚用非注射劑型抗寄生蟲藥」。
硝基呋喃類（Nitrofurans） 乙型受體素類（β-agonists） 氯黴素（Chloramphenicol）		
鄰-二氯苯（ortho-Dichlorbenzenz或同義名稱之1,2-Dichlorbenzene、DCB、ODB、o-Dichlorobenzene）		
歐來金得（Olaquindox） 洛克沙生（Roxarsone） 待美嘧唑（Dimetridazole） 羅力嘧唑（Ronidazole）		

入境旅客攜帶自用農畜水產品、菸酒、大陸地區物品、
自用藥物、環境及動物用藥限量表（續）

類　別	規　定	備　註
其他經中央主管機關依動物用藥品管理法第五條第一項第一款規定公告禁止製造、調劑、輸入、輸出、販賣或陳列之藥品，或依第十四條第二項規定限制使用方法、範圍或廢止許可證之藥品		
處方藥品（須檢附獸醫師處方箋或其他證明文件）	除前述不得攜帶入境之動物用藥品外，入境旅客或隨交通工具服務人員得攜帶供自家寵物使用之動物用藥品劑型及數量如下： 一、處方藥品不得超過處方箋（或證明文件）開立之處方量，且不得超過三個月用量。 二、非處方藥品不得超過六種，單一品項不得超過六瓶（盒、罐、條、支、包、袋）；合計不得超過十八瓶（盒、罐、條、支、包、袋），且不得超過一百八十顆（錠、丸或粒）、一公斤或一公升。	
非處方藥品		

說明：
一、入境旅客攜帶行李物品合於本表品目範圍及本辦法第 11 條第 2 項規定之限額者，准免稅、免辦輸入許可證放行，如超過前開限額而未逾本辦法第 14 條第 1 項規定之限額者，其超過部分仍應依規定稅放。
二、入境旅客攜帶本表物品，超過其限量或逾本辦法第 14 條第 1 項規定之限額者，應依本辦法第 17 條規定辦理。
三、入境旅客攜帶本表物品，如屬應施檢疫品目範圍者，仍應依各該輸入規定辦理。

行政院公報資訊網-每日即時刊登行政院及所屬各機關公布之法令規章等資訊

經濟部公告　中華民國101年3月6日
經授貿字第10140004370號

主　旨：公告「輸入少量大陸物品准許免辦輸入許可證之規定」，並自中華民國101年3月20日生效。

依　據：臺灣地區與大陸地區貿易許可辦法第7條第1項第13款及第9條第1項第1款。

公告事項：

一、輸入下列「限制輸入貨品表」表外之大陸工業產品（稅則第25章至第97章），其起岸價格（CIF）在新臺幣32,000元以內，且單項產品在24件以內者（即24 PIECES/UNITS，不能以件數論計者，在40公斤以內），准許免證並免依「MXX」規定進口，但屬稅則第6802節下之石材、稅則第6907及6908節下之瓷磚者，其單項產品需同時符合在24件以內且在40公斤以內：

(一) 非屬本部公告准許輸入大陸物品項目。

(二) 本部公告准許輸入之大陸物品項目，列有特別規定「MXX」代號者。

二、「起岸價格」係指海關對全份進口報單所核定前述大陸物品之CIF總價。「單項產品」之項別係以型號認定，無型號者，則授權海關以報單之單一項次分別計算，不論有無型號，均不得以尺寸規格及顏色分項計算；惟稅則第68章及69章貨品，其有貨品專屬號列之相同貨品者，應以專屬號列作為計算「單項產品」之基礎，如專屬號列係以尺寸區分應合併計算（例如稅則第6907節下之瓷磚合併為一項次計算），若無專屬號列者，則以「貨品名稱」為計算基礎。

三、輸入前述准許免證並免依「MXX」規定之大陸物品，仍應依「中華民國輸出入貨品分類表」、「限制輸入貨品、海關協助查核輸入貨品彙總表」及「臺灣地區與大陸地區貿易許可辦法」等相關規定辦理。

四、本部96年6月22日經授貿字第09620022410號公告同時停止適用。

部　　長　施顏祥

經濟部 101/03/06 經授貿字第 10140004370 號公告
「輸入少量大陸物品准許免辦輸入許可證之規定」

3. 違反行政法上義務之行爲

(1) 匿不申報

指旅客攜有應稅或管制物品應至紅線檯申報，若擇由綠線檯通關，經執檢關員攔檢，查獲有應申報而未申報之行爲，即構成匿未申報之要件[379]，至於物品是否確有「藏匿」，則非所問。實務上對旅客行李之申報均以簡明爲原則，通常僅報明大件件數即認定爲已申報，無法要求就各別物品逐項列報[380]，如未逐一報明，參照最高行政法院判例[381]意旨，必其有所隱匿而足認有規避檢查之情形，始得依本項規定沒入。所稱「隱匿而足認有規避檢查」之情形，如攜帶商銷數量貨物、違禁品而未特別報明或違反常情

379 臺北高等行政法院101年度訴字第1391號判決、104年度訴字第591號判決、臺灣桃園地方法院109度稅簡字第27號判決。

380 洪啟清，緝私法規與緝案處理，財政部財稅人員訓練所編印，79年7月修訂3版，第284頁。

381 最高行政法院44年判字第48號判例。

Welcome to the Republic of China

中華民國海關申報單（空運）

CUSTOMS DECLARATION

入境日期 ： 日 Day 月 Month 年 Year
Date of Entry / /

姓名 Family Name Given Name		性別 Sex □男 M □女 F
護照號碼 Passport No.（入境證號）	國籍 Nationality	職業 Occupation
出生日期 Date of Birth 日 Day 月 Month 年 Year / /	飛機班次 Airline/Flight No.	起程地 From
隨行家屬人數 Number of family members traveling with you		
國內住址 Address in Taiwan		

1. 旅客有背面說明所列之應申報事項者，請於下表內填明，並選擇「應申報檯」（即紅線檯）通關。如無應 申報事項，本申報單免填報，請選擇綠線檯通關。
   Arriving travelers having to make declaration to Customs (Instructions on the reverse side) shall fill in the following blanks. If you have something to declare, follow the red channel. If you do not have anything to declare, follow the green channel.
2. 對於物品申報或選擇紅、綠線檯有疑問者，請先洽詢海關關員。
   If you have any question about articles for declaration or Red/Green channel selection, please consult with Customs Officer before clearance.

物品名稱 Description of Articles	數量 Quantity	總價 Value

茲聲明全部申報均屬正確無誤
I hereby declare that the above entries are correct and complete.
旅客簽名 Signature ____________________

海關處理欄
Customs Use

關員簽名 ____________________
Signature of Customs Officer

2023.01 1000本

通 關 說 明 Instructions

有下列應申報事項者，請於正面申報並選擇「應申報檯」（即紅線檯）通關（隨行家屬行李得由其中1人合併申報）：Arriving travelers carrying goods mentioned below shall declare to Customs and follow the "Goods to Declare" Channel（the Red Channel）.(Only one written declaration per family is required)：

1. 武器、槍械。Arms and ammunition.
2. 行李物品總價值逾免稅限額新臺幣2萬元或菸、酒逾免稅限量(捲菸200支或雪茄25支或菸絲1磅、酒1公升。菸品限年滿20歲旅客攜帶；酒類限年滿18歲旅客攜帶）。Baggage exceeding a total value of TWD20,000. Tobacco products and alcohol over the quantity of the duty exemption（200 cigarettes or 25 cigars or 1 pound of tobacco； 1 liter of alcohol. None of the tobacco products is allowed for travelers under the age of 20. Additionally, none of the alcohol is allowed for travelers under the age of 18.）
3. 外幣、香港或澳門發行之貨幣總額逾等值美幣1萬元、人民幣逾2萬元、新臺幣逾10萬元(如未申報或申報不實者，一經查獲超額部分將被沒入)。The equivalent in a foreign currency, Hong Kong or Macau currency, valued at over USD10,000, Chinese Yuan valuing more than CNY20,000, New Taiwan dollar notes of more than TWD100,000 (non-declaration or failure to declare will lead to the seizure of the exceeding amount).
4. 無記名之旅行支票、其他支票、本票、匯票或得由持有人在本國或外國行使權利之其他有價證券總面額逾等值美幣1萬元或黃金價值逾美幣2萬元(如未申報或申報不實者，處以相當於未申報或申報不實之有價證券價額或黃金之罰鍰)。Bearer traveler's checks, other types of check, promissory notes, drafts, or other forms of negotiable securities through with the bearer may exercise his/her right in the country or any other country with face value exceeding USD10,000 or its equivalent, or gold exceeding a total value of USD20,000. (In case of non-declaration or false declaration, a fine in the amount equivalent to the amount not declared or not truthfully declared shall be imposed.)
5. 有被利用進行洗錢之虞之物品，指超越自用目的之鑽石、寶石及白金逾等值新臺幣50萬元(如未申報或申報不實者，處以相當於未申報或申報不實之物品價額之罰鍰)。The articles, which could be probably used for money-laundering, are diamonds, precious stones and platinum more than the scope of personal use, valued at over TWD500,000. (In case of non-declaration or false declaration, a fine in the amount equivalent to the amount not declared or not truthfully declared shall be imposed.)
6. 水產品或動植物及其產製品(水果及其他經檢疫不合格物品一律銷毀或退運)。 Any aquatic products or any species of animal/plant or products thereof. (Fruit and other articles failing quarantine shall be destroyed or shipped back.)
7. 不隨身行李(後送行李)。Unaccompanied baggage.
8. 其他不符合免稅規定或應申報事項。Other dutiable articles or things to be declared.

以上應申報而未申報或申報不實者，將依海關緝私條例等相關法規議處。Failure to make the required declaration or any false statements on declaration shall be punished in accordance with "Customs Anti-smuggling Act."

敬 請 注 意 Attention

1. 除上列事項應詳為申報外，敬請旅客特別注意，未經主管機關許可，攜有下列物品者，將觸犯刑事法令規定而受罰：
   In addition to filling in the blank on the reverse side in detail, please also take note that travelers carrying the following articles without a permit from the authority concerned shall be punished for violating related laws and regulations.
   (1)武器、槍械、彈藥。Arms, ammunition, explosive.
   (2)非醫師處方或非醫療性之管制藥品，包括鴉片、海洛因、古柯鹼、安非他命、大麻菸等。 All controlled substances of a non-prescription, non-medical nature, including opium, heroin, cocaine, amphetamine, marijuana, etc. (3) 保育類野生動物及其產製品。Endangered species of animals and products thereof. (4) 違反「商標法」或「著作權法」之仿冒品。Counterfeit goods that violate "Trademark Act" or "Copyright Act."
2. 旅客攜帶進口供自用之物品，進口後不得作營業用途使用。
   The articles carried by inbound passengers are for personal use only, not for sale.

海關申報單（範本）

之存放物品方法[382]等均屬之。

(2)規避檢查

即設法躲避[383]檢查之意。例如，以衣服、報紙包裝管制物品，欲圖僞裝攜入[384]；將已達商銷數量之寶石手環、玉鐲藏匿於行李袋內、XO 酒盒內及身著褲袋內[385]；將未申報之應稅之大量 IC，放置於未提示檢查企圖闖關之手提袋內，意圖矇混闖關[386]；於桌、椅中之夾層中藏匿未申報之應稅物品[387]；將應稅及管制物品放於行李袋內，不肯將行李搬上檢查檯受檢[388]。

（三）減免及處罰

1.主動陳報免罰

本條例第 45 條之 3 第 2 項規定：「非屬前項情形，而有其他本條例所定應予處罰情事之行爲人，於海關、稅捐稽徵機關或其他協助查緝機關接獲檢舉、進行調查前，向各該機關主動陳報並提供違法事證，因而查獲並確定其違法行爲者，於陳報範圍內免予處罰。」

2.處罰

即沒入貨物。法條雖規定並得按第 36 條第 1 項規定處貨價三倍以下之罰鍰，惟目前海關實務上多以沒入貨物爲主，僅有少數個案[389]認有情節重大而再予裁處罰鍰。

（四）旅客受託攜帶商銷貨物

1.商銷貨物之報關程序

依行李驗放辦法第 4 條第 1 項規定：「入境旅客攜帶行李物品，其免稅範圍以合於其本人自用及家用者爲限。」同辦法第 9 條第 1 項規定：「入境旅客攜帶自用家用行李物品以外之貨物，以廠商名義進口者，應依關稅法第十七條規定塡具進口報單，辦理報關手續。」關稅法第 17 條第 1 項規定：「進口報關時，應塡送貨物進口報單，並檢附發票、裝箱單及其他進口必須具備之有關文件。」是以，廠商如委託他人以入境旅客攜帶方式，攜帶自（家）用以外之貨物，應依上開規定，塡送報單並檢附報關文件向海關

382 洪啟清，緝私法規與緝案處理，財政部財稅人員訓練所編印，79 年 7 月修訂 3 版，第 284-285 頁。
383 教育部國語辭典簡編本釋義。
384 最高行政法院 87 年度判字第 1790 號判決。
385 最高行政法院 78 年度判字第 1230 號判決。
386 最高行政法院 78 年度判字第 2227 號判決。
387 最高行政法院 80 年度判字第 338 號判決。
388 最高行政法院 74 年度判字第 637 號判決。
389 最高行政法院 80 年度判字第 338 號判決、89 年判字第 979 號判決。

申報。

2.違反之處罰

如有違反上開報關義務，所涉私運行爲應如何論處，茲分別論述如下：

(1)旅客部分

依據最高行政法院 56 年判字第 146 號判例：「商銷貨物……以之作隨身行李輸入……旅客未將此項應稅之大宗進口商銷貨物報關驗稅，即是構成私運貨物進口之行爲」，入境旅客攜帶之貨物僅限於自用家用行李物品，如屬商銷貨物而由旅客以攜帶方式輸入，仍屬進口貨物之範疇，應依關稅法第 17 條規定辦理報關手續；如有違反，即構成私運貨物進口之行爲。實務上，旅客基於商業販售目的而攜入應稅物品且匿不申報之情形，亦有依本條例第 39 條第 1 項，並依第 36 條第 1 項規定，沒入貨物及裁處貨價倍數罰鍰之案例[390]。

(2)委託人之廠商部分

查財政部 67/05/06 台財關字第 14736 號函釋：「海關緝私條例第 36 條第 1 項所稱『經營私運貨物者』，係指雖未有直接從事擔任私運貨物進出口之行爲，惟實際上居於經營、策劃或出資之地位，主使他人從事私運貨物進口、出口者而言……。」是若廠商居於經營、策劃或出資之地位，主使其職員、受僱人、從業人員或他人以旅客攜帶方式攜入商銷之應稅物品或管制物品者，除該旅客應依本條第 39 條第 1 項（得併依第 36 條第 1 項）規定論處外，參據前揭函釋，對該委託之廠商似仍得依本條例第 36 條第 1 項規定論處（實務上亦有對委託人追徵稅費並裁處漏稅罰之案例[391]）。

二、第2項

（一）本項之規定

本項爲旅客報運不隨身行李，遇有違法漏稅情節應如何處理之指示規定。

（二）不隨身行李之定義

本條例並未定義，惟參照行李驗放辦法第 2 條第 2 項規定，應指「不與入境旅客同機或同船入境之行李物品」。

---

390 最高行政法院 89 年判字第 979 號判決。

391 臺北高等行政法院 98 年度訴字第 1141 號判決（本案因未涉偷漏關稅，僅就逃漏營業稅部分追徵稅費及裁罰）。

（三）不隨身行李之報運程序

.入境旅客填報申報單

依行李驗放辦法規定[392]，入境旅客攜帶有不隨身行李，應填報中華民國海關申報單（Declaration Form, D/F）向海關申報；如有隨行家屬，其行李物品得由其中一人合併申報，其有不隨身行李者，亦應於入境時在中華民國海關申報單報明件數及主要品目[393]。

.經紅線檯查驗通關

依行李驗放辦法第7條第2項序文規定，紅線檯關員受理申報後，將查驗攜帶之行李物品後通關，並將相關資料（如已用之免稅額度）鍵入電腦建檔，以備嗣後送行李辦理稅放時查考。

3.行李物品之報關

(1) 行李進口期限：依行李驗放辦法第8條第2項規定，入境旅客之不隨身行李物品，得於旅客入境前或入境之日起六個月內進口。

(2) 報關期限：應於旅客入境後，自裝載行李物品之運輸工具進口日之翌日起15日內報關，逾限未報關者依關稅法第73條規定[394]辦理。

(3) 填具報單：依行李驗放辦法第8條第3項規定，不隨身行李物品進口時，應由旅客本人或以委託書委託代理人或報關業者填具進口報單向海關申報，除應詳細填報行李物品名稱、數量及價值外，並應註明入境日期、護照號碼、入境證件號碼或外僑居留證統一證號、在華地址。

（四）法律效果

1.共用免稅額

查行李驗放辦法並未直接規範報運不隨身行李物品之效果，惟自該辦法第8條第4項規定：「前項行李物品未在期限內進口、旅客入境時未在中華民國海關申報單上列報或未待旅客入境即先行報關者，按一般進口貨物處理，不適用本辦法相關免稅、免證之

---

392 入境旅客攜帶行李物品報驗稅放辦法第7條第2項第8款規定：「入境旅客攜帶管制或限制輸入之行李物品，或有下列情形之一者，**應填報中華民國海關申報單向海關申報**，並經**紅線檯查驗通關**：……八、有**不隨身行李**。」

393 入境旅客攜帶行李物品報驗稅放辦法第8條第1項規定：「應填具中華民國海關申報單向海關申報之入境旅客，如有隨行家屬，其行李物品得由其中一人合併申報，其有不隨身行李者，亦應於入境時在中華民國海關申報單報明件數及主要品目。」

394 關稅法第73條規定：「進口貨物不依第十六條第一項規定期限報關者，自報關期限屆滿之翌日起，按日加徵滯報費新臺幣二百元（Ⅰ）。前項滯報費徵滿二十日仍不報關者，由海關將其貨物變賣，所得價款，扣除應納關稅及必要之費用外，如有餘款，由海關暫代保管；納稅義務人得於五年內申請發還，逾期繳歸國庫（Ⅱ）。」

規定。但有正當理由經海關核可者，不在此限。」反面解釋，如已符合前揭報運程序相關規定之要求，即應適用行李驗放辦法有關旅客攜帶行李物品免稅、免證之規定，亦即隨身與不隨身行李物品得共用同一免稅範圍。

2. 違法漏稅之處罰

承上所述，不隨身行李物品與一般進出口貨物無異，仍應填具報單申報，故如有虛報或其他違法行爲，致有漏稅或逃避管制，依本項規定，應依本條例第 37 條相關規定論處。

❖精選案例❖

1. 入境旅客所攜帶之行李遭同行友人放置毒品而經司法調查確認其不知情者，得否仍認其爲共同私運行爲人，依本條例第39條規定裁罰

（節錄）參據前揭法院判決，已明確認定系案貨物爲何人所有，運輸毒品入境之眞正行爲人爲何，並認定訴願人未有共同運輸毒品之行爲，且於判決書之事實及理由欄中認定訴願人係「不知情」之證人或案外人，並非參與該運輸行爲之共犯，**凡此皆屬用以認定訴願人未參與私運行爲且無故意及過失之有利於訴願人事項，原處分機關對此並未多作調查，而徒以訴願人單方之陳述，逕予推認訴願人爲共同私運行爲人**，其所爲之證據調查程序即有違背行政程序法應依職權調查之責，且有悖於論理及經驗法則，而與行政程序法上開規定不符（財政部 95/11/17 台財訴字第 09500335360 號訴願決定書）。

2. 外籍旅客於國內購買特定貨物並攜帶出境，並依法完成購物退稅申請程序，離境後復攜帶該特定貨物入境即屬「進口貨物」範疇，自應報繳相關進口稅費，如匿不申報或規避檢查者，依法沒入其貨物

（節錄）本件訴願人以外籍旅客身分攜帶特定貨物出境，並依外籍旅客購買特定貨物申請退還營業稅實施辦法第 11 條第 1 項規定完成購物退稅申請程序，即得依法於出境時退還購買特定貨物所支付之營業稅，其離境後復攜帶上開特定貨物入境即屬「進口貨物」範疇，自應依法申報繳納關稅、營業稅等進口稅費。又海關緝私條例第 39 條第 1 項規定：「旅客出入國境，攜帶應稅貨物或管制物品匿不申報或規避檢查者，沒入其貨物，並得依第三十六條第一項論處。」**本件系爭貨物進口稅率均非爲零，核屬「應稅貨物」，尙不因係於國內購買與否而有所不同，其有匿不申報或規避檢查情事，即應論罰**；訴願人主張系爭貨物係於國內購買，並非於香港另外添購，並未構成海關緝私條例第 1 條所稱「私運貨物進出口」或「走私物品」，無同條例第 39 條第 1 項規定之適用，僅屬補稅問題等，殊有誤解，委不足採（財政部 102/01/10 台財訴字第 10100193340 號訴願決定書）。

3.入境旅客未據口頭或書面申報，逕擇由綠線（免申報）檯通關，經關員攔檢查獲手提行李內含已退稅之高價手錶，涉有攜帶應稅物品入境匿不申報，規避檢查之行為

（節錄）依原告出示之統一發票載明系爭手錶之**買受人**為HOAARON TIENLUN，且原告自承非其所有自用，則原告攜帶非本人自用物品，**本即不在前揭規定所定免稅範圍，因系爭手錶價值高達195萬元，依報驗稅放辦法第7條第2項第1款規定，屬應稅物品**，應向海關申報，並經由紅線檯查驗通關。**……所稱「匿不申報」，其意為旅客攜有應稅或管制物品應至紅線檯申報，若擇由綠線檯通關，經執檢關員攔檢，查獲有應申報而未申報之行為，即構成匿未申報之要件**。查被告就旅客攜帶應稅物品應向海關申報之相關規定，除於其網站載明外，桃園機場入境大廳行李轉盤上方及海關行李檢查檯前，皆有明顯標示告知，並印製有「旅客出入境通關須知」供旅客取閱，實已善盡宣導及公告周知之能事。原告其應注意，能注意而不注意，致有違反海關緝私條例情事，自應負過失責任。原告主張其違規行為非出於故意或過失，核與事實不符，亦非可採（臺北高等行政法院104年度訴字第591號判決[395]）。

4.旅客攜帶菸品入境，經查得有移作營業用途使用之情事，以私菸論處，並得依菸酒管理法第47條及第58條規定裁處；又未依規定申報納稅，屬海關緝私條例第3條規定所稱之私運貨物進口，其同時違反菸酒管理法及海關緝私條例，應依行政罰法第24條第1項規定，從一重論處

（節錄）免稅商店之貨品通關至國內，無論其產地，均應以國外商品看待，縱旅客係於免稅限量內攜帶入境，惟如日後查得有移作營業用途使用之情事，即無輸入時得免取具菸酒業許可執照規定之適用，而應依菸酒管理法第6條規定，以私菸論處，並得依同法第47條及第58條規定裁處（本部98/05/07台財庫字第09803054670號函釋意旨參照）；又旅客攜帶菸品入境，未依規定申報納稅，即屬海關緝私條例第3條規定所稱之私運貨物進口，如嗣後查有收受、收買或代銷該等私運貨物之情事，自得依同條例第36條第2項及第3項規定裁處；前開情形，如同時違反菸酒管理法及海關緝私條例者，應依行政罰法第24條第1項規定，從一重論處，如以菸酒管理法裁處為重者，由地方菸酒主管機關依法裁處，若海關緝私條例較重，則由海關依法裁處（財政部103/09/16台財訴字第10313948530號訴願決定書）。

5.海關在入境紅線檯發動指定查驗程序之前，應提醒旅客確認所填報阿拉伯數字的外幣數額無誤，若未提醒確認（未給予口頭更正之機會）即逕予沒入，難謂已踐行正當程序

（節錄）對於攜帶外幣現鈔總值逾等值美幣1萬元之入境旅客而言，其既已依規定

---

[395] 本案業經最高行政法院104年度裁字第1918號裁定駁回而告確定。

填報中華民國海關申報單向海關申報，如果申報之數目有誤，斷無不准其於海關啓動指定查驗程序前，以口頭更正之理。蓋行政程序法第 35 條前段規定：「當事人依法向行政機關提出申請者，除法規另有規定外，得以書面或言詞爲之。」及依行政程序法第 101 條第 1 項規定，行政處分如有誤寫、誤算或其他類此之顯然錯誤者，處分機關得隨時或依申請更正之；同理，人民依法提出申請後，如發現有誤寫、誤算或其他類此之顯然錯誤情形，亦應賦予更正的機制，否則稍有疏忽致申報內容有誤，一律施予沒入處分，難免情輕罰重，有違比例原則，並逾越管理外匯之目的。且觀諸目前海關提供入境旅客使用的「中華民國海關申報單」及「旅客或隨交通工具服務之人員攜帶外幣、人民幣、新臺幣或有價證券人出境登記表」，對於金額的填寫並無以數字單位（萬、千、十等）呈現之設計，則使用阿拉伯數字填報，於金額龐大時難免有誤寫、漏寫情形（例如漏寫或多寫一個「0」），故爲兼顧平衡國際收支，穩定金融，實施外匯管理之公益，與憲法保障人民財產權之目的，**對於入境選擇紅線檯通關者而言，海關在發動指定查驗程序之前，實應提醒旅客確認所填報的外幣數額無誤，並允許旅客口頭更正，方足以確認旅客並非因使用阿拉伯數字填報時漏寫或誤寫。若被告未提醒旅客確認（未給予口頭更正之機會）即逕予沒入，實難謂已踐行正當程序，亦難謂符合比例原則**，此乃就實施外匯管理之公益，與憲法保障人民財產權目的，權衡結果之價值判斷，是被告提出之**海關人員執行查驗工作手冊，雖無前揭提醒確認之明文，並不表示被告無須踐行前揭「提醒旅客確認申報無誤」之正當程序。……本院認爲海關在入境紅線檯發動指定查驗程序之前，實應提醒旅客確認所填報阿拉伯數字的外幣數額無誤，若海關未提醒旅客確認（未給予口頭更正之機會）即逕予沒入，難謂已踐行正當程序，其沒入亦難謂符合比例原則，尙不因過去海關「無此慣例」即可爲相反之解釋。……若海關發動指定查驗程序之前，未先提醒旅客確認所填報的外幣數額是否無誤，縱旅客在海關發動指定查驗程序之後，才口頭更正，亦難謂被告之沒入處分符合正當程序及比例原則。……至於提醒確認之方式，不一定要「複誦申報之金額」，只要「愼重其事地」請旅客再確認「書面申報之金額」，給予其口頭更正之機會，即可謂已踐行正當程序，之後再就違規之外幣予以沒入，即未違反比例原則（旅客以阿拉伯數字塡寫金額者，提醒時當然由官員或旅客複誦申報金額爲佳，至申報酒類之數量、容量、濃度，似無以複誦方式提醒之必要，其提醒方式可由海關依旅客誤寫、漏寫之可能性高低定之），此踐行提醒之結果，當然會造成紅線檯通關時間之拉長，但此爲維護人民憲法上權利之必要代價，且此代價可藉由執行方式之科技化而減到最小。……是關員在要求進一步開箱清點前，既未向原告詢問申報金額是否無誤（未給予口頭更正之機會）即逕予沒入，實難謂已踐行正當程序。且縱認「實施 X 光儀檢查」即屬海關「已指定對象查驗」，但本件被告在「實施 X 光儀檢查」之前，亦未向原告詢問申報金額是否無誤（未給予口頭更正之機會）即逕予沒**

入，亦難謂已踐行正當程序，其沒入處分即不符合比例原則**（臺北高等行政法院 107 年度訴更一字第 106 號判決[396]）。

❖司法判解❖

不能僅以旅客攜帶之應稅物品未在報單上逐一填明，即一律予以沒入

第一則：海關緝私條例第 21 條所謂私運貨物，係指逃避海關檢查，而私將貨物運入或運出口岸而言。又旅客攜帶行李物品報關規則第 2 條雖定明「旅客繕具報單，須將應行報明之物品逐項填報，倘有隱匿漏報，一經查出，除罰款外，所有該項物品以及置放該項物品之行李，得一併扣留充公。」但此項規則僅屬行政命令性質。其所謂扣留充公，自必另依法律規定得予處分沒收者，始得為之。質言之，必其所謂**隱匿漏報，足認其有逃避檢查私運貨物之情形，始得依上開海關緝私條例之規定，予以沒收。不能僅以旅客攜帶之應稅物品未在報單上逐一填明，據即一律予以沒收**。第二則：刑事判決所認定之事實，及其所持法律上見解，並不能拘束本院。本院應本於調查所得，自為認定及裁判（最高行政法院 44 年判字第 48 號判例）。

❖釋示函令❖

《一般情形》

1. 進口保育類野生動物或其產製品已翔實申報貨名而無規避檢查者，得依退運規定辦理

入境旅客攜帶已申報之保育類野生動物或其產製品，未依野生動物保育法等相關規定檢附有關文件，及此類報運進口案件，倘其已翔實申報貨名而無規避檢查者，海關得依關稅法第 55 條之 1[397]規定辦理（財政部 90/03/07 台財關字第 0900010108 號函）。

2. 旅客私運貨物進口復運出境時始被查獲之案件，仍依法論處

主旨：旅客攜帶應稅貨物或管制物品進口匿不申報或規避檢查，惟當時未被查獲，於復攜帶出境時，始被海關查獲之案件，如經查明屬實者，自應依據有關規定論處。

說明：按有違反「海關緝私條例」情事，除自情事發生已滿五年，依該條例第 44 條規定不得再為追繳或處罰者外，不論是否係於事後查獲或發覺，悉應依據有關規定處罰；惟認定事實，須憑證據，不得出於臆測，業經行政法院著有判例可按，故是否確有違反「海關緝私條例」之情事，仍應視個案情形，由海關憑證據分別認定（財政部 70/05/28 台財關字第 16197 號函）。

---

[396] 本案經最高行政法院 109 年度判字第 233 號判決駁回財政部關務署臺北關上訴在案。

[397] 即現行第 96 條。

3. 旅客於辦理行李登機出境之車站託運行李物品，經查獲內含管制物品者，應有本條例第39條規定之適用

一、辦理旅客行李物品登機出境之車站爲海關緝私條例第 2 條所稱「設有海關之港口、機場或商埠」之延伸。二、旅客於上揭車站託運行李物品，經查獲內含管制物品者，應有海關緝私條例第 39 條第 1 項規定之適用（財政部 104/10/28 台財關字第 1041015071 號令）。

《競合／智慧財產權》

4. 旅客出入國境攜帶侵害智慧財產權物品如何議處釋疑

主旨：所報旅客出入國境攜帶侵害智慧財產權物品案件，應依海關緝私條例第 39 條第 1 項，或第 39 條之 1 規定議處一案。

說明：二、旅客入境攜帶關稅法第 15 條第 2 款之物品，及旅客出境攜帶屬懲治走私條例「管制物品項目及其數額」乙項管制出口物品[398]，應依海關緝私條例第 39 條第 1 項規定論處。至旅客出境攜帶「管制物品項目及其數額」以外之其他侵害智慧財產權之物品，依法律保留原則，尚難依該條例第 39 條之 1 規定處罰（財政部 95/08/22 台財關字第 09500383440 號函）。

5. 旅客同時違反本條例及商標法案件之裁罰釋疑

有關旅客同時違反海關緝私條例及商標法之緝私案件，裁罰時發生行政罰法適用疑義乙案，請參據法務部意見辦理（財政部 96/02/13 台財關字第 09600054610 號函）。

附件：法務部96/01/30法律字第0960000121號函

主旨：有關旅客進出海關攜帶仿冒知名品牌物品未向海關申報，同時違反海關緝私條例及商標法之緝私案件處罰，適用行政罰法相關疑義乙案，本部意見如說明二至四。

說明：二、按行政罰法（以下簡稱本法）第 26 條第 1 項規定：「一行爲同時觸犯刑事法律及違反行政法上義務規定者，依刑事法律處罰之。但其行爲應處以其他種類行政罰或得沒入之物而未經法院宣告沒收者，亦得裁處之。」所稱之「一行爲」包括「自然一行爲」及「法律上之一行爲」。至於違法之事實是否爲「一行爲」？乃個案判斷之問題，並非僅就法規與法規間之關聯；或抽象事實予以抽象之判斷，而係必須就具體個案之事實情節依據行爲人主觀的犯意、構成要件之實現、受侵害法

---

398 現行「管制物品管制品項及管制方式」已刪除乙項管制出口物品。

益及所侵害之法律效果，斟酌被違反行政法上義務條文之文義、立法意旨、制裁之意義、期待可能性與社會通念等因素綜合判斷決定之（洪家殷著「行政罰法論」2006年11月2版1刷，第145頁；林錫堯著「行政罰法」2005年6月初版1刷，第51頁以下參照），合先敘明。復按上開規定舉凡於違反行政法上義務之「一行為」之「全部」或「一部」同時構成犯罪行為之全部或一部時，原則上即有其適用。（林錫堯著「行政罰法」2005年6月初版1刷，第48頁以下參照）三、商標法第82條[399]規定：「明知為前條商品而販賣、意圖販賣而陳列、輸出或輸入者，……」本條所稱「輸入」行為，係以概括式描述的一集合式行為概念，應係指商品由我國領域外以各種方式、工具及管道途徑經由運輸進入我國領域內而言，亦即將商品自我國領域外至進入我國領域內以達完成犯罪目的間之整體行為而言，其中依具體個案情節，可能包括各種階段不同行為，例如包括申請許可、裝載、運送、卸載、報關、查驗……等，屬於法律上構成要件之一行為（蔡震榮／鄭善印合著「行政罰法逐條釋義」2006年1月1版1刷，第318頁參照）。是以，如**行為人輸入仿冒商標物品，同時違反海關緝私條例（以下簡稱緝私條例）第36條及第39條時，因違反緝私條例第36條及第39條之行為，被包括於商標法第82條輸入行為之一部分，依前開說明，自有本法第26條第1項之適用**。四、至於本部95/06/12法律字第0950022324號函及95/09/04法律字第0950700651號書函係函復貴部95/06/06台財關字第09500255430號函所述之案例情形，係為行為人進入國境時所攜帶之行李中同時有藥事法第22條第1項第2款規定所稱未經核准擅自輸入之藥品（禁藥）；及不在藥事法規範之列而同時構成違反緝私條例第39條規定之其他應申報受檢物品（逾規定數量之知名品牌眼鏡框等），該案例事實如僅就攜帶之禁藥部分以觀，確與本案有相似之處，對於禁藥部分除違反藥事法第22條規定，涉及同法第82條刑事處罰外，並同時違反緝私條例第39條，依本法第26條第1項規定應依藥事法第82條規定處罰之，除具有本法第26條第2項規定外，不應再另處以行政罰鍰。惟其同一行李中又有不在藥事法規範之列其他應申報受檢物品，就該應申報受檢物品部分因違反緝私條例第39條規定之義務，自當依緝私條例規定處以行政罰鍰，應予辨明。

---

399 即現行商標法第97條，且文字已修正為：「販賣或意圖販賣而持有、陳列、輸出或輸入他人所為之前二條第一項商品者，處一年以下有期徒刑、拘役或科或併科新臺幣五萬元以下罰金（I）。前項之行為透過電子媒體或網路方式為之者，亦同（II）。」

《競合／毒、藥》

6.旅客同時違反本條例及毒品危害防制條例、懲治走私條例案件之裁罰釋疑

有關旅客同時違反海關緝私條例、毒品危害防制條例及懲治走私條例之緝私案件，裁罰時發生行政罰法適用疑義乙案，請參考法務部意見辦理（財政部 96/02/15 台財關字第 09600076840 號函）。

附件：法務部96/02/12法律字第0960003606號函

主旨：有關旅客攜帶毒品進出海關，同時違反海關緝私條例、毒品危害防制條例、懲治走私條例案件，適用行政罰法相關疑義乙案，本部意見如說明二至四。

說明：二、按行政罰法（以下簡稱本法）第 25 條規定：「數行為違反同一或不同行政法上義務之規定者，分別處罰之。」又本法第 26 條第 1 項規定：「一行為同時觸犯刑事法律及違反行政法上義務規定者，依刑事法律處罰之。但其行為應處以其他種類行政罰或得沒入之物而未經法院宣告沒收者，亦得裁處之。」所稱之「一行為」包括「自然一行為」及「法律上之一行為」。至於違法之事實是否為「一行為」？乃個案判斷之問題，並非僅就法規與法規間之關聯；或抽象事實予以抽象之判斷，而係必須就具體個案之事實情節依據行為人主觀的犯意、構成要件之實現、受侵害法益及所侵害之法律效果，斟酌被違反行政法上義務條文之文義、立法意旨、制裁之意義、期待可能性與社會通念等因素綜合判斷決定之（洪家殷著「行政罰法論」2006 年 11 月 2 版 1 刷，第 145 頁；林錫堯著「行政罰法」2005 年 6 月初版 1 刷，第 51 頁以下參照）。復按上開規定舉凡於違反行政法上義務之「一行為」之「全部」或「一部」同時構成犯罪行為之全部或一部時，原則上即有其適用（林錫堯著「行政罰法」2005 年 6 月初版 1 刷，第 48 頁以下參照），合先敘明。三、海關緝私條例第 39 條第 1 項規定：「旅客出入國境，攜帶應稅貨物或管制物品匿不申請或規避檢查者，沒入其貨物，並得依第三十六條第一項論處。」第 36 條第 1 項：「私運貨物進口、出口或經營私運貨物者，處貨價一倍至三倍之罰鍰。」第 39 條第 1 項所謂攜帶應稅貨物或管制物品匿不申請或規避檢查之行為，參酌同條例第 3 條規定：「本條例稱私運貨物進口、出口，謂規避檢查、偷漏關稅或逃避管制，未經向海關申報而運輸貨物進、出國境。……」實即為私運貨物進出口。懲治走私條例第 2 條規定：「私運管制物品進口、出口逾公告數額者[400]，處七年以下有期徒刑，得併科新臺幣三百萬元以下罰金。（第 1 項）前項之未遂犯罰之。（第 2 項）……」第 3 條規定：

[400] 現行已刪除「逾公告數額」等字。

「運送、銷售或藏匿前條第一項之走私物品者，處五年以下有期徒刑、拘役或科或併科新臺幣一百五十萬元以下罰金。（第 1 項）前項之未遂犯罰之。（第 2 項）」上開條文規定似均以防杜應稅或管制物品非法進出國境爲目的，本件入境旅客攜帶第三級毒品進入海關之行爲，應屬一行爲，除構成違反上開條文外，並同時觸犯毒品危害防制條例第 4 條第 3 項規定：「製造、運輸、販賣第三級毒品者，處五年以上有期徒刑，得併科新臺幣五百萬元[401]以下罰金。」依前開說明二，自有本法第 26 條規定之適用。四、另由於現行行政法規甚多，行政機關將一行爲同時觸犯刑事法律及違反行政法上義務規定之案件移送司法機關時，爲使司法機關知悉此一案件同時違反其他行政法上相關義務規定，如未受刑事處罰時，應依本法第 32 條第 2 項規定通知原移送行政機關，由行政機關依本法第 26 條第 2 項規定裁處，爰建議各行政機關將涉及刑事部分移送該管司法機關，並應於移送時載明（一）同時違反行政法上之義務與本法之規定；及其主管機關。（二）如司法機關爲不起訴處分、緩起訴處分、無罪、免訴、不受理或不付審理之裁判確定時，應依本法第 32 條第 2 項規定通知原移送機關之意旨，俾便後續處理。

7. 海關查獲旅客或隨交通工具服務人員攜帶明令公告禁止輸入之毒害藥品及超量攜帶自用藥品等案件如何議處釋疑

主旨：關於海關查獲旅客或隨交通工具服務人員攜帶明令公告禁止輸入之毒害藥品，以及超量攜帶自用藥品等案件，海關如何議處案，請依說明二辦理。

說明：二、參照法務部 84/09/05 法 (84) 檢第 22108 號函與 95/06/12 法律字第 0950022324 號函釋，對於旅客或隨交通工具服務人員攜帶明令公告禁止輸入之毒害藥品，經向海關申報者，責令退運；未申報者，分別依海關緝私條例及藥事法相關規定辦理。至旅客攜帶「入境旅客攜帶行李物品報驗稅放辦法」第 4 條附表規定之自用藥物，因非屬禁藥，其超量攜帶者，除非超越自用之目的，而爲販賣等行爲外，尚難依藥事法第 82 條及第 83 條規定論處（財政部 95/12/07 台財關字第 09500557210 號函）。

《其他／代徵內地稅》

8. 入境旅客攜帶進口稅率爲零且非屬管制物品，如涉及應課徵其他稅捐而未申報者，則依各該稅法規定論處

主旨：有關入境旅客攜帶海關進口稅則規定稅率爲零且非屬管制進口之物品，有無海關緝私條例第 39 條規定適用疑義案。

---

[401] 現已修正為 700 萬元。

說明：二、依海關緝私條例第 39 條規定之處罰構成要件為攜帶應稅貨物或管制物品匿不申報或規避檢查者，爰入境旅客攜帶海關進口稅則規定稅率為零且非屬管制進口之物品，未向海關申報者，尚無本條規定之適用。惟依稅捐稽徵法第 35 條之 1 規定：「國外輸入之貨物，由海關代徵之稅捐，其徵收及行政救濟程序，準用關稅法及海關緝私條例之規定辦理。」如涉及應課徵其他稅捐者，入境旅客仍應向海關申報，如未申報者，則依各該稅法規定論處，併予敘明（財政部關政司 101/07/31 台關一字第 10105008400 號函）。

9. 外籍旅客攜帶已退還營業稅貨物出境後復又攜帶入境匿未申報，應依海關代徵營業稅稽徵作業手冊相關規定辦理

外籍旅客攜帶已退還營業稅貨物出境後，復又攜帶入境，通關時匿未申報，規避檢查案件，是否依加值型及非加值型營業稅法第 51 條第 7 款[402]規定補稅處罰乙案，請依海關代徵營業稅稽徵作業手冊伍、十一、（二）、1 之規定辦理（財政部關稅總局 101/04/18 台總局緝字第 1011003764 號函）。

第 39 條之 1（報運仿冒、盜版品之處罰）
報運之進出口貨物，有非屬真品平行輸入之侵害專利權、商標權或著作權者，處貨價三倍以下之罰鍰，並沒入其貨物。但其他法律有特別規定者，從其規定。

❖立法（修正）說明❖（107/04/13修正）

鑑於個案違章情節輕重不一，為能酌情妥適處罰，以符比例原則，爰刪除法定罰鍰最低倍數規定，並酌作文字修正。

❖法條沿革❖

原條文	說明
（93/12/24 制定） 第 39 條之 1 報運之進出口貨物，有非屬真品平行輸入之侵害專利權、商標權或著作權者，處貨價一倍至三倍之罰鍰，並沒入其貨物。但其他法令有特別規定者，從其規定。	一、本條新增。 二、為加強打擊侵害智慧財產權之不法行為，強化邊境管制措施，全面查緝侵害智慧財產權貨物之進出口案件，就報運進出口貨物，及郵遞或旅客攜帶之進出口貨物，有侵害智慧財產權者，特予明定並加重其處罰，以利海關執行，並有效遏阻各項不法情事，爰增訂本條。

402 即現行第 1 項第 7 款。

❖條文說明❖

一、本文部分

（一）說明

本條文係邊境查獲侵權仿冒、盜版品之處罰規定。

（二）立法目的

揆諸本條93年增訂時之說明，本條旨重在強化邊境管制，並利海關執行，以有效遏阻各項侵害智慧財產權之不法情事等行政目的。

（三）適用範圍

1. 自本條規定之「報運之進出口貨物」以觀，應適用於報運貨物進出口之情形，即本條例第4條規定：「本條例稱報運貨物進口、出口，謂依關稅法及有關法令規定，向海關申報貨物，經由通商口岸進口或出口。」進出口人以進出口報單向海關申報貨物進出口者，即屬本條之適用範圍。縱申報進儲保稅區[403]、三角貿易[404]或退運出口（納稅辦法第94條）[405]而未進入課稅區，亦屬之。
2. 另，本條例第4條所稱「報運」，應包括船務及貨主報關兩階段之申報行為在內[406]。「船務報關」係指船長將其管領船舶所載貨物列入艙口單內（包括進口艙單、過境艙單、出口艙單及司多單等船務報關文件），運入通商口岸，並依規定向海關遞送各該艙單之報關行為而言；「貨主報關」，則指貨主向海關申報貨物進出口之謂。蓋報運定義若僅限狹義之「貨主報關」者，則從事國際貿易船舶載運貨物正常駛入通商口岸即構成未向海關申報之私運情事，難謂合理，故而所稱「報運」應認亦涵蓋「船務報關」在內。準此，納稅義務人遞送報單前之艙單階段，如查獲運輸工具所載進出口貨物有非屬眞品平行輸入之侵害專利權、商標權或著作權者，解釋上亦有本條處罰規定之適用。

---

403 智慧財產法院101年度行他訴字第1號判決。

404 所謂三角貿易，乃貿易方式的一種型態，其重點在於我國廠商接受國外客戶（買方）之訂單，而轉向第三國供應商（賣方）採購，亦即我國之中間商對出口國（第三國）供應商以買方地位，面對進口國進口商以賣方之地位，分別訂立買賣契約。而進、出口與轉口在關稅行政上係指通關程序。參考案例：智慧財產法院98年度行他更（一）字第1號判決；惟財政部101/01/18台財訴字第10000497820號訴願決定書對他案表示有法律適用上之疑義。

405 智慧財產法院101年度行他訴字第3號判決。

406 洪啟清，緝私法規與緝案處理，財政部財稅人員訓練所編印，79年7月修訂3版，第70-71頁。

（四）處罰要件

1. 進出口貨物有侵害專利權、商標權或著作權

(1) 指進出口貨物已構成侵權者，例如有商標法第 68 條[407]所列情事、侵害專利權人專有實施之權利（專利法第 58 條），或有著作權法第 87 條[408]第 1 項第 3 款、第 4 款規定所列情形。

(2) 所稱進出口貨物，指所有報運進口或出口之貨物，依司法實務見解[409]，應不包括轉口[410]貨物，蓋本條僅明文限於進出口貨物，且現行法律亦無準用規定，基於處罰法定主義，自不能任意擴張本條適用客體之範圍，使本條處罰規定及於轉口貨物。

2. 非屬眞品平行輸入

本條規範客體限於「非屬眞品」，故而所謂「眞品」爲何，至關重要，爰有探究必要，茲說明如下：

(1) 商標部分

A. 所謂「眞品平行輸入」（the parallel importation of genuine goods），法律並無明確定義，一般而言，係指輸入之商品係由我國取得商標權之人或其授權（或同意）之人所製造並使用商標，而在未經商標權人同意下，逕行自國外輸入之意，即俗稱之「水貨」。依最高法院見解[411]，以眞品平行輸入臺灣並加以販售並不構成侵害商標使用權，也就是並不會違反商標法，且有增加消費者選擇之優點[412]。

---

407 商標法第 68 條規定：「未得商標權人同意，有下列情形之一，為侵害商標權：一、於同一商品或服務，使用相同於註冊商標之商標者。二、於類似之商品或服務，使用相同於註冊商標之商標，有致相關消費者混淆誤認之虞者。三、於同一或類似之商品或服務，使用近似於註冊商標之商標，有致相關消費者混淆誤認之虞者（Ⅰ）。為供自己或他人用於與註冊商標同一或類似之商品或服務，未得商標權人同意，為行銷目的而製造、販賣、持有、陳列、輸出或輸入附有相同或近似於註冊商標之標籤、吊牌、包裝容器或與服務有關之物品者，亦為侵害商標權（Ⅱ）。」

408 著作權法第 87 條第 1 項規定：「有下列情形之一者，除本法另有規定外，視為侵害著作權或製版權：……三、輸入未經著作財產權人或製版權人授權重製之重製物或製版物者。四、未經著作財產權人同意而輸入著作原件或其國外合法重製物者。……」

409 最高行政法院 98 年度判字第 420 號判決：「至於海關緝私條例第 39 條之 1 規定：『報運之進出口貨物，有非屬真品平行輸入之侵害專利權、商標權或著作權者，處貨價一倍至三倍之罰鍰，並沒入其貨物。但其他法令有特別規定者，從其規定』之**適用客體限於進出口貨物，並未及於轉口貨物**，且法律尚無明文規定轉口貨物有非屬真品平行輸入之侵害專利權、商標權或著作權者，須準用海關緝私條例第 39 條之 1 加以處罰，則基於處罰法定主義，自不能任意將海關緝私條例第 39 條之 1 對於報運之進出口貨物之處罰規定準用於轉口貨物。」

410 所謂轉口，係指運輸工具的改變，亦即貨物在同一關區海關監管下，自進口運輸工具移轉至出口運輸工具之通關程序。國外貨物運輸工具運抵我國口岸後，暫時卸存貨棧，在同一關區等待轉裝另一運輸工具運送至國外目的地。

411 最高法院 82 年度台上字第 5380 號判決、81 年度台上字第 2444 號民事判決。

412 經濟部智慧財產局編印，商標法逐條釋義，110 年 9 月版，第 321-322 頁。

B. 眞品與否，應以該商品是否爲商標權人或其代工廠商生產線製造、生產之商品爲考量，至於該商品是否已經通過工廠之內部控管，既非外界自商品外觀所能察覺，應非所問[413]。

(2)專利部分

所謂眞品，應指專利權人自己或同意他人製造、販賣之專利物品。

(3)著作權部分

A. 所謂眞品，應指經著作財產權人或製版權人授權重製之重製物或製版物。

B. 另，應併予注意者，依著作權法第87條第1項第4款規定：「有下列情形之一者，除本法另有規定外，視爲侵害著作權或製版權：……四、未經著作財產權人同意而輸入著作原件或其國外合法重製物者。」未經著作財產權人同意而輸入著作原件或其國外合法重製物，雖亦屬侵害著作權，惟因其爲「眞品」而不符本條處罰要件，要難依本條規定處罰。然若已依規定查扣而申請人又取得法院民事確定判決，確定該物品屬侵權者，此際，海關亦得依著作權法第90條之1第5項前段規定：「查扣之物，經申請人取得法院民事確定判決，屬侵害著作權或製版權者，由海關予以沒入。」沒入該侵權物品。

（五）處罰對象

即報運之進出口人；於尙未遞送報單之艙單階段查獲者，應爲收貨人或眞正貨主。

（六）責任要件

1. 行爲非出於故意或過失，不得處罰

(1)有責任始有處罰

行政罰法第7條第1項規定：「違反行政法上義務之行爲非出於故意或過失者，不予處罰。」參諸本條立法理由明載：「一、現代國家基於『有責任始有處罰』之原則，對於違反行政法上義務之處罰，應以行爲人主觀上有可非難性及可歸責性爲前提，如行爲人主觀上並非出於故意或過失情形，應無可非難性及可歸責性，故第一項明定不予處罰。……三、現代民主法治國家對於行爲人違反行政法上義務欲加以處罰時，應由國家負證明行爲人有故意或過失之舉證責任，方爲保障人權之進步立法。……」基於「有責任始有處罰」之原則，對於違反行政法上義務之處罰，應以行爲人主觀上有可非難性及可歸責性爲前提，若行爲人主觀上並非出於故意或過失情形，應無可非難性及可歸責性，自不得予以處罰。

---

[413] 臺灣高等法院97年度上易字第48號判決。

(2)故意或過失之意義

行政罰應以行爲人具有故意或過失爲要件。所謂故意者，乃行爲人對於違反秩序行爲之構成要件事實，明知並有意使其發生（直接故意），或預見其發生，因其發生不違背本意，而任其發生（間接故意或未必故意）；所謂過失者，乃行爲人對於違反秩序行爲之構成要件之發生，雖非故意，但按其情節，應注意、能注意而不注意，以致未能預見其發生（無認識的過失），或雖預見其可能發生，而信其不發生之心態（有認識的過失）。

2.行爲人故意、過失之論證

於本條之適用上，以能證明「進出口侵權貨物」係出於行爲人之故意或過失者，始具依本條規定處罰之責任要件。

(1)本人之故意、過失

A. 一般而言，違章行爲之故意，其舉證甚爲困難，實務上雖多參考司法調查結果（例如法院判決、檢察官之起訴書、緩／不起訴處分書等）所認定之事實，審認違章行爲係出於故意。惟如所查獲之違章，其客觀事實（如收貨人已自承）依經驗法則判斷已足資證明行爲人「明知」者，亦得審認已具故意之責任要件。

B. 進出口人負有謹愼不報運侵害他人專利權、商標權、著作權物品之注意義務，即應主動查明確認所報運之貨物有無侵權情事，以免觸法受罰；於報運前，對於來貨有無侵權不明或存疑，亦得依海關管理貨櫃集散站辦法第 7 條第 9 款前段、海關管理進出口貨棧辦法第 21 條規定[414]，向海關申請准單，看樣查證，以明實到貨物狀況，再決定是否申報；如疏於查證，率爾向海關遞送報單，報運進出口貨物，致生侵害專利權、商標權、著作權之違章情事，該行爲縱非故意，亦有過失，自不能主張免責。

C. 另，參諸商標法及著作權法及其相關子法規定，進出口貨物涉及商標權或著作權時，進出口人對所進出口貨物並未侵害商標權或著作權之認識與確信，至少須達已取得授權證明文件或無侵權情事之證明文件之程度，始不至受不利之認定及相關後續處理；如未取得授權證明文件或無侵權情事證明文件之情況下，仍遽爲報運進出口之行

---

[414] 海關管理貨櫃集散站辦法第7條第9款規定：「進出口、轉運、轉口貨櫃（物）在集散站之存放、移動及處理，依下列規定辦理：……九、存站之進口、出口、轉運或轉口貨物，如須公證、抽取貨樣、**看樣**或進行必要之維護者，貨主應向海關請領准單，集散站業者須依准單指示在關員監視下辦理。至於所拆動之包件，應由貨主恢復包封原狀。但政府機關基於貨品檢驗（疫）需要所為之抽取貨樣、看樣作業，集散站業者依該機關核發之文件辦理。」海關管理進出口貨棧辦法第21條第1項規定：「存棧之進口、出口或轉運、轉口貨物，如須公證、抽取貨樣、看樣或進行必要之維護等，貨主應向海關請領准單，貨棧業者須依准單指示在關員監視下辦理，其拆動之包件應由貨主恢復包封原狀。但政府機關基於貨品檢驗（疫）需要所為之抽取貨樣、看樣作業，貨棧業者依該機關核發之文件辦理。」

爲，亦難謂無應注意、能注意而不注意之過失[415]。又如單憑外觀即能知悉應屬仿冒商標商品，亦得憑此認定進出口人進出口侵害商標權之貨物有應注意、能注意而不注意之過失情事[416]

(2) 推定故意、過失

行政罰法第 7 條第 2 項規定：「法人、設有代表人或管理人之非法人團體、中央或地方機關或其他組織違反行政法上義務者，其代表人、管理人、其他有代表權之人或實際行爲之職員、受僱人或從業人員之故意、過失，推定爲該等組織之故意、過失。」最高行政法院 100 年度 8 月份第 2 次庭長法官聯席會議決議：「人民以第三人爲使用人或委任其爲代理人參與行政程序，具有類似性，應類推適用行政罰法第 7 條第 2 項規定，即人民就該使用人或代理人之故意、過失負推定故意、過失責任。」準此，如經調查結果已得證明實際行爲人（即職員、受僱人、從業人員、使用人或代理人）就報運進出口貨物有侵權情事並有故意或過失，以職員、受僱人、從業人員、使用人或代理人參與進口貨物程序之人民（包括法人等組織）因適用或類推適用行政罰法第 7 條第 2 項規定結果，即應負推定故意、過失責任。

（七）減免及處罰

1. 誤裝免罰

進出口貨物查驗準則第 19 條規定：「進口貨物如有溢裝，或實到貨物與原申報不符，或夾雜其他物品進口情事，係出於同一發貨人發貨兩批以上，互相誤裝錯運，經舉證證明，並經海關查明屬實，免依關稅法及**海關緝私條例**有關規定論處。」海關實務上向依上揭規定之「出於同一發貨人發貨兩批以上，互相誤裝錯運」作爲認定誤裝之要件，亦即進口人或貨主需舉證證明係因國外發貨人同時發貨二批以上，所發之貨彼此對調或互換，產生裝載錯誤情形，致生來貨與運送契約不符情事，始得免依本條規定論處。

2. 主動陳報免罰

本條例第 45 條之 3 第 2 項規定：「非屬前項情形，而有其他本條例所定應予處罰情事之行爲人，於海關、稅捐稽徵機關或其他協助查緝機關接獲檢舉、進行調查前，向各該機關主動陳報並提供違法事證，因而查獲並確定其違法行爲者，於陳報範圍內免予處罰。」

---

415 參考案例：財政部 105/06/15 台財法字第 10513922500 號訴願決定書。

416 參考案例：智慧財產法院 105 年度行他訴字第 2 號判決。

3. 處罰

(1) 本條罰則

處貨價三倍以下之罰鍰，並沒入其貨物。

(2) 沒入貨物

非屬眞品平行輸入之侵害專利權、商標權或著作權之貨物，應予沒入，海關並無裁量權。

(3) 處貨價三倍以下之罰鍰

A. 貨價計算基礎

(A) 本條例第 5 條規定：「依本條例所處罰鍰以貨價爲準者，進口貨物按完稅價格計算，出口貨物按離岸價格計算。」

(B) 至於作爲罰鍰基礎之貨價應如何計算，究係以仿冒品或眞品爲準，法無明文。往昔有以「仿品」本身核估其價格者[417]，以符合實到貨物之狀況，並對受處分人有利；亦有以「眞品」之交易價格核估[418]之處理方式。目前多按「眞品」核估貨價，以嚇阻報運仿冒品之違章行爲。惟本文以爲，應以「仿品」核算貨價較爲合理，蓋仿品之貨價既須以推計之方式核估，即應斟酌與推計具有關聯性之一切重要事項，依合理客觀之程序及適切之方法爲之，以盡可能接近實額課稅之眞實[419]，以「眞品」核估價格依經驗法則論即嚴重偏離眞實，殊不合理。倘認有嚴懲類此違章之必要，正辦乃在法定罰鍰範圍內酌情加重（如增加裁罰倍數），尚無須以眞品估價方式嚇阻不法。

B. 照表裁罰

財政部關務署 107/05/18 台財關字第 1071010762 號令訂頒「緝私案件裁罰金額或倍數參考表」及使用須知，規範行使裁量權之客觀標準，用以協助各關妥適辦理海關緝私案件之裁罰。

緝私案件裁罰金額或倍數參考表

海關緝私條例條次及內容	違章情形	裁罰金額或倍數
第三十九條之一 報運之進出口貨物，有非屬真品平行輸入之侵害專利權、商標權或著作權者，處貨價三倍以下之罰鍰，並沒入其貨物。但其他法律有特別規定者，從其規定。	有本條違章行為。	處貨價一倍之罰鍰。

---

417 最高行政法院 97 年判字第 221 號判決。

418 智慧財產法院 101 年度行他訴字第 2 號判決、103 年度行他訴字第 1 號判決。

419 臺北高等行政法院 108 年度訴字第 1437 號判決。

C. 仍應審酌個案情節

對於構成本條之違章行爲而應予處罰者，原則上依前揭裁罰參考表所定區分違章情形予以裁罰，惟仍應審酌個案應受責難程度、所生影響、所得利益、受處罰者之資力及平等、比例原則，如認違章情節重大或出於故意或情節輕微者，得按表列裁罰倍數或金額加重或減輕其罰，至各該規定法定罰鍰額之最高限或最低限爲止[420]，以免有裁量怠惰之違法。

D. 罰鍰之扣抵

(A) 鑑於同一行爲人違反本條規定之行爲，於通常情形下，亦多有同時觸犯刑事法律（例如，商標法第97條第1項[421]、著作權法第91條之1第2項[422]及第93條第3款），依行政罰法第26條第1項規定之刑事優先原則，應依刑事法律處罰之。

(B) 倘上開觸犯刑事法律規定之行爲，業經緩起訴處分或緩刑宣告確定且經命行爲人向公庫或指定之公益團體、地方自治團體、政府機關、政府機構、行政法人、社區或其他符合公益目的之機構或團體，支付一定之金額或提供義務勞務者，行政機關雖得依行政罰法第26條第2項規定依違反行政法上義務規定裁處之，惟亦應依同條第3項規定[423]，將行爲人所支付之金額或提供之勞務，扣抵應裁處之罰鍰。

(C) 另，依法務部函釋[424]，緩起訴處分負擔之履行扣抵罰鍰，應以行爲受罰鍰之裁處爲必要，縱緩起訴處分負擔之履行與行爲人所應繳納之罰鍰已全額扣抵，仍應作成裁

---

420 緝私案件裁罰金額或倍數參考表使用須知第4點第1項規定：「個案經審酌應受責難程度、所生影響、所得利益、受處罰者之資力及平等、比例原則，認違章情節重大或出於故意或情節輕微者，得按表列裁罰倍數或金額加重或減輕其罰，至各該規定法定罰鍰額之最高限或最低限為止。」

421 商標法第97條第1項規定：「販賣或意圖販賣而持有、陳列、輸出或輸入他人所為之前二條第一項商品者，處一年以下有期徒刑、拘役或科或併科新臺幣五萬元以下罰金。」

422 著作權法第91條之1第2項規定：「明知係侵害著作財產權之重製物而散布或意圖散布而公開陳列或持有者，處三年以下有期徒刑，得併科新臺幣七萬元以上七十五萬元以下罰金。」第93條第3款規定：「有下列情形之一者，處二年以下有期徒刑、拘役，或科或併科新臺幣五十萬元以下罰金：……三、以第八十七條第一項第一款、第三款、第五款或第六款方法之一侵害他人之著作權者。但第九十一條之一第二項及第三項規定情形，不在此限。」第87條第1項第3款規定：「有下列情形之一者，除本法另有規定外，視為侵害著作權或製版權：……三、輸入未經著作財產權人或製版權人授權重製之重製物或製版物者。……」

423 行政罰法第26條第1項至第4項規定：「一行為同時觸犯刑事法律及違反行政法上義務規定者，依刑事法律處罰之。但其行為應處以其他種類行政罰或得沒入之物而未經法院宣告沒收者，亦得裁處之（Ⅰ）。前項行為如經不起訴處分、緩起訴處分確定或為無罪、免訴、不受理、不付審理、不付保護處分、免刑、緩刑之裁判確定者，得依違反行政法上義務規定裁處之（Ⅱ）。第一項行為經緩起訴處分或緩刑宣告確定且經命向公庫或指定之公益團體、地方自治團體、政府機關、政府機構、行政法人、社區或其他符合公益目的之機構或團體，支付一定之金額或提供義務勞務者，其所支付之金額或提供之勞務，應於依前項規定裁處之罰鍰內扣抵之（Ⅲ）。前項勞務扣抵罰鍰之金額，按最初裁處時之每小時基本工資乘以義務勞務時數核算（Ⅳ）。」

424 法務部108/09/18法律字第10803513740號函。

處書並為送達，始對受處分人發生效力，以維人民救濟權利。

二、但書部分

（一）規定

本條但書規定：「但其他法律有特別規定者，從其規定。」即將本條本文之處罰規定定性為普通規定，如有特別規定者，自應優先適用該特別規定。

（二）與貿易法之關係

茲有疑義者，綜觀現行法規，就輸出入侵害專利權、商標權或著作權物品之行政責任部分，似僅於貿易法訂有處罰規定，該法第17條第1款及第28條第1項第6款規定：「出進口人不得有下列行為：一、**侵害我國或他國依法保護之智慧財產權**。」「出進口人有下列情形之一者，經濟部國際貿易局得予以警告、處新臺幣六萬元以上三百萬元以下罰鍰或停止其一個月以上一年以下輸出、輸入或輸出入貨品：……六、有第十七條各款所定禁止行為之一。」是否即為本條但書所稱應從之特別規定？以下就所涉行為數之判斷及兩法間關係說明如下：

1.行為數判斷

(1) 法務部96/01/29法律決字第0960002641號函釋：「按行政罰法（以下簡稱本法）第24條規定：『一行為違反數個行政法上義務規定而應處罰鍰者，依法定罰鍰額最高之規定裁處。但裁處之額度，不得低於各該規定之罰鍰最低額。（第1項）前項違反行政法上義務行為，除應處罰鍰外，另有沒入或其他種類行政罰之處罰者，得依該規定併為裁處。但其處罰種類相同，如從一重處罰已足以達成行政目的者，不得重複裁處。（第2項）一行為違反社會秩序維護法及其他行政法上義務規定而應受處罰，如已裁處拘留者，不再受罰鍰之處罰。（第3項）』又第26條第1項規定：『一行為同時觸犯刑事法律及違反行政法上義務規定者，依刑事法律處罰之。但其行為應處以其他種類行政罰或得沒入之物而未經法院宣告沒收者，亦得裁處之。』上開所稱之『一行為』，包括『自然一行為』及『法律上之一行為」。至於違法之事實是否為『一行為』？乃個案判斷之問題，並非僅就法規與法規間之關聯；或抽象事實予以抽象之判斷，而係必須就具體個案之事實情節，依據行為人主觀的犯意、構成要件之實現、受侵害法益及所侵害之法律效果，斟酌被違反行政法上義務條文之文義、立法意旨、制裁之意義、期待可能性與社會通念等因素綜合判斷決定之（洪家殷著『行政罰法論』2006年11月2版1刷，第145頁；林錫堯著『行政罰法』2005年6月初版1刷，第51頁以下參照）。」

2) 考量行爲人報運進口非屬眞品之仿冒品行爲，於主觀犯意、構成要件之實現，侵害法益等均與貿易法第 17 條第 1 款所稱「侵害我國或他國依法保護之智慧財產權」相當，就其行爲外觀亦僅一報運行爲，依社會通念，宜認屬「一行爲」。法務部 111/02/22 法律字第 11103502970 號函釋：「主旨：有關進口人報運貨物進口，一行爲同時違反海關緝私條例第 39 條之 1 及貿易法第 17 條，適用行政罰法第 24 條及第 31 條規定之疑義乙案，復如說明二、三。說明：……有關一行爲同時違反海關緝私條例第 39 條之 1 及貿易法第 17 條規定，而應處罰鍰者，應先釐清上開規定間是否有普通法及特別法關係，如有疑義，建請洽詢貿易法主管機關經濟部表示意見。又如經貴署審認上開規定間未有普通法及特別法關係，因海關緝私條例第 39 條之 1 所定『處貨價三倍以下之罰鍰』屬法定罰鍰並非定額之情形，應先就具體個案計算貨價並乘以三倍作爲法定罰鍰最高額，再與貿易法第 28 條規定之罰鍰最高額即新臺幣 300 萬元比較輕重後，先由法定罰鍰最高之主管機關管轄及認定。……」亦已肯認屬一行爲。

2. 特別法與普通法關係

(1) 法務部 94/08/04 行政罰法諮詢小組第 2 次會議結論：「按一行爲違反二以上行政法上義務規定，而該二以上規定之間存有特別法與普通法關係者，於此情形，特別規定之構成要件必涵蓋普通規定之構成要件，從而，除法律別有規定外，應依特別法優先於普通法適用之原則，優先適用該特別規定，而不適用一行爲不二罰原則。申言之，**特別法優先適用之原則，爲更重要之法規適用原則，在法規適用之順序上，應更高於從一重處罰之原則**，故特別法中對於同一行爲雖其法定罰鍰額較低，仍應優先適用該特別法並由該特別法之主管機關爲裁罰之管轄機關。」是以，倘貿易法第 17 條與本條規定有特別法與普通法之關係者，即應優先適用特別規定。

(2) 經濟部國際貿易局 111/04/25 貿服字第 1110151227 號函釋：「主旨：關於報運進口貨物侵害智慧財產權之行爲，同時違反海關緝私條例及貿易法，應如何論處案。說明：二、參酌法務部 102/03/19 法律字第 10200042350 號函，普通法與特別法爲相對關係，應就二者之立法宗旨、法條結構與構成要件，比較其一般或特殊性質、粗疏或詳細程度及規定範圍廣泛或狹小，不因規定有『其他法律有特別規定者』，而認定係屬普通法。三、查貿易法之立法宗旨爲發展對外貿易，健全貿易秩序，以增進國家經濟利益；就法條結構與構成要件內容，分五章共計 37 條，第二章規定貿易管理及進口救濟，第三章與貿易推廣與輔導相關。依據同法第 2 條及第 3 條規定，貿易指貨品之輸出入行爲及有關事項；出進口人指已登記之出進口廠商及非以輸出入爲目的辦理特定項目貨品之輸出入者，而**同法第 17 條規定，出進口人不得有侵害**

我國或他國依法保護之智慧財產權行爲，似與海關緝私條例第 39 條之 1 爲強化邊境管制，全面查緝侵權貨物之進出口，所規範之報運進出口貨物，有規定範圍之差異。」依上開說明，經濟部國際貿易局並未認定貿易法第17條爲本條規定之特別法。

(3) 揆諸上開規定之立法歷程，貿易法於民國 82 年制定時，於第 17 條第 1 款即規定：「出進口人不得有左列之行爲：一、侵害我國或他國依法保護之智慧財產權。……」而本條文係於 93 年制定，倘認貿易法係本條之特別法者，豈不等同制定形同具文之普通法？

(4) 綜上，本文以爲主管機關並未明確肯認貿易法第 17 條規定爲本條之特別法，且自制定歷程論，尚難解釋二規定間具特別法與普通法關係。

3. 一事不二罰

(1) 從一重處罰

行政罰法第 24 條第 1 項、第 2 項規定：「一行爲違反數個行政法上義務規定而應處罰鍰者，依法定罰鍰額最高之規定裁處。但裁處之額度，不得低於各該規定之罰鍰最低額（Ⅰ）。前項違反行政法上義務行爲，除應處罰鍰外，另有沒入或其他種類行政罰之處罰者，得依該規定併爲裁處。但其處罰種類相同，如從一重處罰已足以達成行政目的者，不得重複裁處（Ⅱ）。」是報運進口仿冒品行爲之行政處罰，應先就具體個案計算貨價並乘以三倍作爲本條法定罰鍰最高額，再與貿易法第 28 條規定之罰鍰最高額即新臺幣 300 萬元比較輕重後，由法定罰鍰最高之主管機關管轄。

(2) 未因管轄競合喪失管轄權及裁處權

具體個案倘經審認，法定罰鍰最高額之規定係貿易法第 28 條者，即應由貿易法主管機關裁處，惟其依所管法規認定無須裁處罰鍰，僅裁處其他種類行政罰者，依法務部 111/02/22 法律字第 11103502970 號函釋：「……一行爲違反數個行政法上義務而應處罰鍰，數機關均有管轄權時，其管轄競合之處理方式，雖應由法定罰鍰額最高之主管機關管轄，惟並未剝奪各主管機關之管轄權及裁罰權（本部 107/09/05 法律字第 10703513150 號函及本法第 31 條立法理由參照）。……倘法定罰鍰最高額之主管機關依所管法規認定無須裁處罰鍰，僅裁處其他種類行政罰者，因其他主管機關並未因管轄競合喪失管轄權及裁處權，爰仍得依其所管法規併爲裁處罰鍰。」海關自得就違反本條規定之部分予以裁處。

❖精選案例❖

1.進口人報運之貨物上已標示商標，惟未檢附授權書，而該商標外觀顯非近似其他商標，海關得否逕憑其他商標之權利人單方面之鑑定意見，即認定系爭來貨侵害商標權，並依本條例第39條之1規定裁罰

（節錄）（一）依海關配合執行專利商標權及著作權益保護措施作業要點第 4 點第 3 款、第 4 款及第 5 點、第 7 點規定，海關經權利人等提示或執行職務時，發現進出口貨物有侵害商標權之虞時，應即以電話及電話傳眞通知權利人等於一定期限內至海關進行認定外，並另以電話及電話傳眞通知進出口人於一定期限內提出授權文件或其他證明無侵權情事之文件。若權利人於規定期間內提出侵權證明文件，但進出口人無法於規定時間內提出授權文件或其他證明無侵權情事之文件，則海關將全案依商標法第 82 條之規定移送法辦。若權利人於規定期間內提出侵權證明文件，但進出口人於規定時間內提出授權文件或其他證明無侵權情事之文件，海關則通知權利人是否向海關申請查扣貨物，並依商標法第 61 條規定就查扣物爲侵害物提起訴訟。（二）本件依卷附資料，原處分機關僅於 98 年 9 月 1 日傳眞電文予○公司在臺之代理人理律法律事務所，請其攜帶商標權利證明文件前來指認系爭貨物是否涉及侵權情事，惟有無通知訴願人提出授權文件或證明無侵權情事，並無相關資料可供查考。又比對原處分機關卷附系爭貨物照片及○公司之眞品照片，二者商標有顯著差異，且揆諸○公司 2009 年 9 月 4 日出具之鑑定報告書載明：「1. 系爭男用內褲之『J-PRESS』商標，與本公司之設計不同…… 」理律法律事務所 100 年 1 月 13 日函復原處分機關：「……（一）系爭貨物上之『J.PRESS』商標，與商標權利人之設計不同：系爭貨物所標示之『J』字母爲經設計之字樣，而商標權利人之商品則依商標註冊態樣標示。（二）系爭貨物上的包裝背面附有關於商品的說明，商標權利人之商品則無此類說明。（三）系爭貨物及商標權利人之商品雖均於鬆緊帶部位標示『J.PRESS』，惟系爭貨物係以書寫、細體字態樣標示，商標權利人之商標則以較粗體之態樣標示」等情，均指出二者商標外觀並未近似，則○公司復認定系爭貨物爲仿冒品，其理由依據爲何？茲訴願人訴稱○公司並未循法律途徑提起訴訟以保障權益，不無可議，且系爭貨品標註之商標係經泰國政府核可註冊，有商標權利證書可證等，是否屬實可採，原處分機關並未詳予查明審究，即逕憑○公司單方面之鑑定意見，認定系爭來貨侵害商標權，其處理程序顯與上開作業要點之規定不符，尙嫌速斷，難謂妥適，……（財政部 100/03/31 台財訴字第 09900449290 號訴願決定書）。

2.進口貨物是否爲仿冒品，海關得否與地檢署爲不同之認定

（節錄）本件系爭貨物既經臺中地檢署認定係屬合法輸入之眞品，並無侵害商標權之情事，原處分機關僅以行政罰與刑事罰之構成要件有別，二者證據法則之要求亦不相同等，逕認訴願人涉有行政違章事實，惟**未就刑事偵查認非屬仿冒品之論證，說明其不採之理由；復未斟酌訴願人所提授權文件、銷售清單等證據中對其有利之部分，逕對訴願人依海關緝私條例第 39 條之 1 裁處，顯有未盡調查之能事**……（財政部 103/02/18 台財訴字第 10313901670 號訴願決定書）。

3. 以三角貿易方式報運貨物進出口，經查驗結果發現來貨爲仿冒品，有無海關緝私條例第39條之1規定之適用；轉口貨物如爲仿冒品，是否同論

（節錄）海關緝私條例第 39 條之 1 之處罰規定，其適用客體限於進出口貨物，並未及於轉口貨物，且法律尚無明文規定轉口貨物有非屬眞品平行輸入之侵害專利權、商標權或著作權者，須準用海關緝私條例第 39 條之 1 加以處罰。因此，**基於處罰法定主義**，自不能任意將海關緝私條例第 39 條之 1 對於報運之進出口貨物之處罰規定準用於轉口貨物（最高行政法院 98 年度判字第 420 號判決參照）。……**原告從事三角貿易，並於貨物過境時辦理「進口旋即出口」之通關程序，並非單純立於承攬運送人之地位，而以自己名義，爲進出口商之計算，使船舶運送業運送系爭貨物，並於貨物過境時辦理通關手續。故原告輸入非屬平行輸入眞品之侵害商標權之貨物，應依海關緝私條例第 39 條之 1 論處**（智慧財產法院 98 年度行他更 (一) 字第 1 號行政判決[425]）。

4. 權利人對涉案貨物之部分款式爲鑑定，經認屬仿冒品者，是否得認定其他款式之貨物亦爲仿冒品

（節錄）惟：1. 就上揭鑑定報告之內容而言，無論所指與眞品設計不符之正面浮刻字樣或商標圖樣，均係針對二款男短皮夾之外觀爲認定，且其結論亦僅謂此二款男短皮夾爲仿冒品；然系爭貨物除男用短皮夾外，尙有男用長皮夾及女用長皮夾，鑑定報告所爲仿冒品之認定是否得適用於訴願人進口之全部貨物，已非無疑。況皮件商品本身所檢附之保證卡（俗稱吊牌）或防僞雷射標籤，僅係用以表彰該商品之來源或原廠加諸之防僞保證機制，非謂有此一附件者，即足證商品本身爲眞品無訛，亦非謂無此一附件者，必爲仿冒品，前開附件充其量僅係認定眞仿品之依據之一，最終仍須回歸商品本身加以審查，始稱完備，且衡諸一般交易市場上販售皮件之常情，亦無將全數之吊牌均顯示於皮件外觀之習慣，故是否得僅以系爭貨物並未附有所謂原廠保證卡或防僞雷射標籤，即逕認本件均爲仿冒品，非無再行斟酌之餘地（財政部 103/02/18 台財訴字第 10313901670 號訴願決定書）。

---

[425] 財政部 101/01/18 台財訴字第 10000497820 號訴願決定書（他案）表示有法律適用上之疑義。

.系爭貨物是否屬眞品平行輸入之侵害商標權物品仍在司法調查程序中，未待法院最終之判定結果，得否單憑證據力已有可疑之鑑定報告即對進口人裁罰

（節錄）進出口人所提出「無侵權情事之證明文件」之表面證據，海關及該局皆無法依職權進行實質審查，仍須法院判決以爲斷等詞，益徵有無侵害商標權情事之實質判斷，應爲司法機關之權責。從而，原處分機關於訴願答辯理由中雖陳稱訴願人提供之美國C○賣場發票影本，並無法直接認定即爲本案貨物之發票，且縱認其係本案貨物之發票，但從正常通路購買亦非即爲眞品；及M○ Nutrition回覆之電子郵件僅能證明「PP3○」爲該公司所生產商品之合法批號，並無法直接證明本案貨物即爲眞品等，亦僅爲對訴願人所提出反證之質疑，尙無法改變系爭貨物究屬眞品，或仿冒品，仍處於事實不明之狀態。本件既然相關司法調查程序仍在進行中，原處分機關未待法院最終之判定結果，單憑證據力已有可疑之鑑定報告對訴願人予以裁罰，自嫌率斷（財政部104/09/15台財訴字第10413947650號訴願決定書）。

❖釋示函令❖

1.眞品輸出縱違反出口限制，尙無構成商標法規定之侵權情事

出口人輸出之眞品縱違反與登錄商標專用權人出口限制之約定，惟非爲仿冒品之輸出行爲，應屬違背私法契約之履行義務，尙無構成我國商標法規定之侵權情事（經濟部國際貿易局90/06/19貿二發字第09000109550號函）。

2.虛報進口仿冒品依本條例第39條之1規定處罰

報運進口仿冒品，同時違反海關緝私條例第37條第1項、第3項及第39條之1案件，應依該條例第39條之1處罰（財政部100/04/12台財關字第10005902340號令）。

3.報運出口疑似侵害商標權貨物，雖經法院判決無罪確定，是否仍有本條例第39條之1之適用，仍宜就報運出口人之行爲據以認定

主旨：廠商報運出口疑似侵害商標權貨物，經法院判決無罪確定，是否仍有海關緝私條例第39條之1之適用疑義案，請依說明二辦理。

說明：二、查本案廠商負責人違反商標權案件雖經法院查無其他證據可證明被告主觀上有侵害商標之故意，認無違反商標權犯行而爲無罪之諭知，惟依據行政罰法第7條規定，違反行政法上義務之責任要件，除出於故意外，尙包括過失，另揆諸海關緝私條例第39條之1之處罰主體爲報運進、出口人，與商標法係處罰自然人與故意犯之規定不盡相同。爰本案仍宜就報運出口人之行爲，參據行政罰法第7條規定，檢視有無海關緝私條例第39條之1之適用（財政部101/10/12台財關字第10100671790號函）。

4. 個人報運進口侵害商標權貨物，事後取得授權獲不起訴處分，是否仍得依本條例第39條之1規定沒入貨物釋疑

主旨：個人報運進口侵害商標權貨物，事後取得其商標權人之授權並撤回侵權報告書，且檢察官亦予不起訴處分，是否仍得依海關緝私條例第 39 條之 1 規定單科沒入貨物乙案。

說明：二、本案雖事後取得授權並由權利人撤回侵權報告書，惟參酌臺灣臺中地方法院檢察署檢察官不起訴處分書所載理由，旨揭貨物仍應認有涉及仿冒商標而屬侵害商標權之物，依刑法第 40 條第 2 項及商標法第 98 條規定，應爲法院宣告沒收之客體，爰請先移請檢察官向所屬法院聲請單獨宣告沒收，以符合正當法律程序及行政罰法第 26 條第 1 項規定之刑事優先原則。三、旨案貨物倘經踐行上述程序而法院未爲沒收之宣告者，爲加強打擊侵害智慧財產權之不法行爲，強化邊境管制措施，有效遏阻各項不法情事，落實海關緝私條例第 39 條之 1 之立法目的，請依該條規定裁處沒入貨物（財政部關務署 103/06/16 台關緝字第 1031012110 號函）。

5. 報運進口貨物侵害商標權之行爲，同時違反海關緝私條例及貿易法，應如何論處釋疑

主旨：報運進口貨物侵害商標權之行爲，同時違反海關緝私條例及貿易法，應如何論處一案。

說明：一、依據法務部 111/02/22 法律字第 11103502970 號書函、經濟部國際貿易局 111/04/25 貿服字第 1110151227 號函……辦理。二、依行政罰法第 24 條第 1 項、第 2 項及第 31 條第 2 項、第 3 項規定，一行爲違反數個行政法上義務而應處罰鍰，數機關均有管轄權時，其管轄競合之處理方式，雖應由法定罰鍰額最高之主管機關管轄，惟並未剝奪各主管機關之管轄權及裁罰權（法務部 107/09/05 法律字第 10703513150 號函及行政罰法第 31 條立法理由參照）。三、依前揭經濟部國際貿易局函及法務部書函意旨，海關緝私條例第 39 條之 1 及貿易法第 17 條規定間似未有普通法及特別法關係。又有關一行爲同時違反海關緝私條例第 39 條之 1 及貿易法第 17 條規定，而應處罰鍰者，因海關緝私條例第 39 條之 1 所定「處貨價三倍以下之罰鍰」屬法定罰鍰並非定額之情形，應先就具體個案計算貨價並乘以三倍作爲法定罰鍰最高額，再與貿易法第 28 條規定之罰鍰最高額即新臺幣 300 萬元比較輕重後，先由法定罰鍰最高之主管機關管轄及認定。倘法定罰鍰最高額之主管機關依所管法規認定無須裁處罰鍰，僅裁處其他種類行政罰者，因其他主管機關並未因管轄競合喪失管轄權及裁處權，爰仍得依其所管法規併爲裁處罰鍰（財政部關務署 111/05/29 台關緝字第 1111011794 號函）。

附件1：法務部111/02/22法律字第11103502970號書函

主旨：有關進口人報運貨物進口，一行為同時違反海關緝私條例第 39 條之 1 及貿易法第 17 條，適用行政罰法第 24 條及第 31 條規定之疑義乙案，復如說明二、三。

說明：二、按行政罰法（下稱本法）第 24 條第 1 項及第 2 項規定：「一行為違反數個行政法上義務規定而應處罰鍰者，依法定罰鍰額最高之規定裁處。但裁處之額度，不得低於各該規定之罰鍰最低額（第 1 項）。前項違反行政法上義務行為，除應處罰鍰外，另有沒入或其他種類行政罰之處罰者，得依該規定併為裁處。但其處罰種類相同，如從一重處罰已足以達成行政目的者，不得重複裁處（第 2 項）。」第 31 條第 2 項及第 3 項規定：「一行為違反數個行政法上義務而應處罰鍰，數機關均有管轄權者，由法定罰鍰額最高之主管機關管轄。法定罰鍰額相同者，依前項規定定其管轄（第 2 項）。一行為違反數個行政法上義務，應受沒入或其他種類行政罰者，由各該主管機關分別裁處。但其處罰種類相同者，如從一重處罰已足以達成行政目的者，不得重複裁處（第 3 項）。」依上開規定，一行為違反數個行政法上義務而應處罰鍰，數機關均有管轄權時，其管轄競合之處理方式，雖應由法定罰鍰額最高之主管機關管轄，惟並未剝奪各主管機關之管轄權及裁罰權（本部 107/09/05 法律字第 10703513150 號函及本法第 31 條立法理由參照）。三、次按海關緝私條例第 39 條之 1 規定：「報運之進出口貨物，有非屬眞品平行輸入之侵害專利權、商標權或著作權者，處貨價三倍以下之罰鍰，並沒入其貨物。但其他法律有特別規定者，從其規定。」及貿易法第 17 條第 1 款規定：「出進口人不得有下列行為：一、侵害我國或他國依法保護之智慧財產權。」第 28 條第 1 項第 6 款規定：「出進口人有下列情形之一者，經濟部國際貿易局得予以警告、處新臺幣六萬元以上三百萬元以下罰鍰或停止其一個月以上一年以下輸出、輸入或輸出入貨品：……六、有第十七條各款所定禁止行為之一。」有關一行為同時違反海關緝私條例第 39 條之 1 及貿易法第 17 條規定，而應處罰鍰者，應先釐清上開規定間是否有普通法及特別法關係，如有疑義，建請洽詢貿易法主管機關經濟部表示意見。又如經貴署審認上開規定間未有普通法及特別法關係，因海關緝私條例第 39 條之 1 所定「處貨價三倍以下之罰鍰」屬法定罰鍰並非定額之情形，應先就具體個案計算貨價並乘以三倍作為法定罰鍰最高額，再與貿易法第 28 條規定之罰鍰最高額即新臺幣 300 萬元比較輕重後，先由法定罰鍰最高之主管機關管轄及認定。倘法定罰鍰最高額之主管機關依所管法規認定無須裁處罰鍰，僅裁處其他種類行政罰者，因其他主管機關並未因管轄競合喪失管轄權及裁處權，爰仍得依其所管法規併為裁處罰鍰。

附件2：經濟部國際貿易局111/04/25貿服字第1110151227號函

主旨：關於報運進口貨物侵害智慧財產權之行爲，同時違反海關緝私條例及貿易法，應如何論處案。

說明：二、參酌法務部102/03/19法律字第10200042350號函，普通法與特別法爲相對關係，應就二者之立法宗旨、法條結構與構成要件，比較其一般或特殊性質、粗疏或詳細程度及規定範圍廣泛或狹小，不因規定有「其他法律有特別規定者」，而認定係屬普通法。三、查貿易法之立法宗旨爲發展對外貿易，健全貿易秩序，以增進國家經濟利益；就法條結構與構成要件內容，分五章共計37條，第二章規定貿易管理及進口救濟，第三章與貿易推廣與輔導相關。依據同法第2條及第3條規定，貿易指貨品之輸出入行爲及有關事項；出進口人指已登記之出進口廠商及非以輸出入爲目的辦理特定項目貨品之輸出入者，而**同法第17條規定，出進口人不得有侵害我國或他國依法保護之智慧財產權行爲，似與海關緝私條例第39條之1爲強化邊境管制，全面查緝侵權貨物之進出口，所規範之報運進出口貨物，有規定範圍之差異**。

第40條（攜帶或持有空白發票之處罰）

由國外寄遞或攜帶入境或在國內持有，經國外發貨廠商簽字，可供填寫作為進口貨物發票之預留空白文件者，處持有人新臺幣三萬元以下罰鍰，並沒入其文件。

❖立法（修正）說明❖（107/04/13修正）

修正貨幣單位，依現行法規所定貨幣單位折算新臺幣條例第2條規定，將「元」改以「新臺幣元」之三倍折算之。

❖法條沿革❖

原條文	說明
（23/06/01制定） 第24條 由外國寄遞，攜帶或在中國持有可用以填寫進口貨發票之空白票據，並附有其他文件，足以證明該票據可供填作真實發票之用者，該寄遞、攜帶或持有之人，如不能提出正當理由時，處一千元以下罰金，並沒收其票據。	N/A

原條文	說明
（62/08/14 全文修正） 第 40 條 由外國寄遞、攜帶或在國內持有，業經外國發貨廠商簽字，可供填寫作為進口貨物發票之預留空白文件者，處五千元以下罰鍰，並沒入其文件。	原條文第 24 條文字修正，刪除「如不能提示正當理由時」一句，俾便處理，並加重罰鍰。
（67/05/19 修正） 第 40 條 由國外寄遞或攜帶入境或在國內持有，經國外發貨廠商簽字，可供填寫作為進口貨物發票之預留空白文件者，處持有人五千元以下罰鍰，並沒入其文件。	一、修正文字。 二、現行條文科處罰鍰對象既非限於持有人，則於寄遞場合，既無法處罰國外之寄件人，勢必以國內收件人為對象，如此則易使本條形成不肖分子陷害他人之工具。爰參照第 38 條立法意旨，僅沒入該空白文件，惟對持有人則仍維持罰鍰之處分。
（72/12/13 修正） 第 40 條 由國外寄遞或攜帶入境或在國內持有，經國外發貨廠商簽字，可供填寫作為進口貨物發票之預留空白文件者，處持有人一萬元以下罰鍰，並沒入其文件。	提高罰鍰數額，理由同第 23 條修正說明。

❖條文說明❖

一、規範客體

（一）所謂「發票」，一般係由出賣人於銷售貨物或勞務時，所開立載明買賣標的物、價格及其他與買賣有關事項之證明文件。於國際貿易情形，係重要之交易單據之一，通常由出口商開立並交予進口商作爲記帳、支付貨款及報關納稅之依據，亦係用以向銀行貸款之憑證。

（二）倘出賣人簽發（已簽署或加蓋印章）之發票，將貨物名稱、規格、數量或價格等交易重要事項予以空白者（即所謂空白發票），於正常商業交易常規及自上述發票特性以觀，絕非合理，亦無任何正當性而言。

（三）鑑於空白發票經人塡空即得作爲進口貨物發票使用，恐影響關稅課徵正確性及邊境管制執行效果，爰本條將「國外發貨廠商簽字，可供塡寫作爲進口貨物發票之預留空白文件」列入規範。

二、依本條處分情形有三

（一）**由國外寄遞空白發票者**：參照 67 年時本條之修正理由：「……於寄遞場合，既

無法處罰國外之寄件人，勢必以國內收件人爲對象，如此則易使本條形成不
分子陷害他人之工具。爰參照第 38 條立法意旨，僅沒入該空白文件。」空白
票似亦認具違法性，海關查獲時應對物處分沒入，並參照本條例第 38 條規定
做法，通知收件人。

（二）**攜帶空白發票入境者**：空白發票通常非應稅物品或管制物品，以旅客身分攜帶
境者，即無本條例第 39 條第 1 項規定之適用，惟鑑於空白發票仍具違法性，
本條規定，除沒入外，並對持有人（即攜帶者）處新臺幣 3 萬元以下之罰鍰。

（三）**在國內持有空白發票者**：非屬寄遞、攜帶情形而於國內查獲持有空白發票者，
本條規定，沒入該文件，並對持有人處新臺幣 3 萬元以下之罰鍰。

第 41 條（刪除）

I ~~報關業者向海關遞送報單，對於貨物之重量、價值、數量、品質或其他事項，為不實記載者，處以所漏或沖退稅額二倍至五倍之罰鍰，並得停止其營業一個月至六個月；其情節重大者，並廢止其報關業務證照。~~

II ~~前項不實記載，如係由貨主捏造所致，而非報關業者所知悉者，僅就貨主依第三十七條規定處罰。~~

III ~~第一項之不實記載等情事，如係報關業者與貨主之共同行為，應分別處罰。~~

❖立法（修正）說明❖（107/04/13刪除）

一、本條刪除。

二、報關業者於報單上爲不實記載，致有漏稅或溢沖退稅情事者，依本條規定係由報關業者負其責任，惟由海關代徵之內地稅部分（如貨物稅、加值型及非加值型營業稅等），其漏稅則係處罰納稅義務人（即貨主），二者未臻一致。爲使關稅之漏稅或溢沖退稅，回歸依第 37 條及第 43 條規定處罰貨主，以使關稅及內地稅之裁罰對象一致，並考量報關業者之管理，關稅法第 10 條第 3 項授權訂定之貨物通關自動化實施辦法第 11 條、第 12 條第 1 項、第 19 條、第 20 條與依同法第 22 條第 3 項授權訂定之報關業設置管理辦法第 13 條第 1 項、第 35 條第 1 項已訂有相關規定，如有違反則分別依關稅法第81條及第84條規定處罰，爲避免重複規範，爰刪除本條。

第 41 條之 1（登載不實之處罰）

I 報關業者或貨主明知為不實事項，而使運輸業或倉儲業登載於進口、出口貨物之進、出站或進、出倉之有關文件上或使其為證明者，處新臺幣六千元以上六萬元以下罰鍰。

II 運輸業或倉儲業，明知為不實事項而為登載或證明者，依前項規定處罰。

❖立法（修正）說明❖（96/03/02修正）

一、配合關稅法用語，將第 1 項所稱「報關行」修正為「報關業者」。另依現行法規所定貨幣單位折算新臺幣條例第 3 條規定，將「元」折以「新臺幣」計算。

二、第 2 項未修正。

❖法條沿革❖

原條文	說明
（72/12/13 增訂） 第 41 條之 1 報關行或貨主明知為不實事項，而使運輸業或倉儲業登載於進口、出口貨物之進、出站或進、出倉之有關文件上或使其為證明者，處二千元以上二萬元以下罰鍰。 運輸業或倉儲業，明知為不實事項而為登載或證明者，依前項規定處罰。	一、本條新增。 二、集散站或貨棧在出口貨物未到齊或未進站，經常偽簽進站（倉）證明，以供貨主憑以遞單報關，造成假出口案件之發生，亟待防止；而運輸業或倉儲業對有關文件為不實之登載或證明，多係出於報關行或貨主之要求或由於報關行或貨主提供不實資料所致，爰增訂第 1 項，明定處罰之規定。 三、運輸業或倉儲業對其業務上所掌管之有關文件，原有據實記載或出具證明之義務，如明知其不實而仍予登載或證明者，自亦不能無罰，爰予規定，以加強管理。

❖條文說明❖

一、第1項（使運輸業、倉儲業登載不實）

（一）說明

往昔集散站或貨棧在出口貨物未到齊或未進站，常有偽簽進站（倉）證明，以供貨主憑以遞單報關，造成假出口案件之發生，亟待防止；而運輸業或倉儲業對有關文件為不實之登載或證明，多係出於報關行或貨主之要求或由於報關行或貨主提供不實資料所致，爰於 72 年修正本條例時，增訂本條第 1 項之處罰規定。

（二）處罰要件

本項規定應予處罰之行爲係「報關業者或貨主明知爲不實事項，而使**運輸業**或倉儲業登載於進口、出口貨物之進、出站或進、出倉之有關文件上或使其爲證明者」，茲說明如下：

1. 運輸業

指運輸工具進出口通關管理辦法第 5 條規定：「本辦法所稱運輸業，係指以運輸工具經營國際客貨運送業務並經依法設立登記之營利事業或其代理人。」所稱之運輸業。

2. 倉儲業

應指經營貨棧[426]、貨櫃集散站[427]、保稅倉庫[428]、自由貿易港區貨棧[429]等儲存進出口貨物之業者。

3. 使登載不實或爲不實之證明

(1) 指使倉儲業或運儲業將不實事項登載於其所職掌之進口、出口貨物之進、出站或進、出倉之有關文件上或使其爲不實之證明者。

(2) 所稱不實之事項，指與進出站／倉有關且與事實不符之事項而言，例如，實際未進出倉／站而登載已進出，或未有短溢卸情形而僞稱短溢卸等；所稱登載或證明，指將不實之進出站／倉事項，予以登載於業務上所掌管之有關文件或以其他方法予以證明者（例如於提貨出棧之單據、文件予以戳記，或以電腦發送進倉訊息至海關或海關核可平臺，或於海關核可平臺辦理登錄作業[430]等）。

---

426 海關管理進出口貨棧辦法第 2 條規定：「本辦法所稱之貨棧，係指經海關核准登記專供存儲未完成海關放行手續之進口、出口或轉運、轉口貨物之場所。」

427 海關管理貨櫃集散站辦法第 2 條第 4 項規定：「本辦法所稱貨櫃集散站（以下簡稱集散站）指經海關完成登記專供貨櫃及櫃裝貨物集散倉儲之場地。」

428 保稅倉庫設立及管理辦法第 2 條第 1 項規定：「經海關核准登記供存儲保稅貨物之倉庫為保稅倉庫，其設立及管理，依本辦法規定辦理。本辦法未規定者，適用其他相關法令之規定。」

429 自由貿易港區貨物通關管理辦第 2 條規定：「本辦法所稱港區貨棧，指自由貿易港區（以下簡稱自由港區）管理機關核准設立，具有與港區門哨單位電腦連線之設備，及可供自由港區事業貨物存儲、進出區貨物查驗、拆裝盤（櫃）之場所。」

430 海關管理進出口貨棧辦法第 15 條第 3 項、第 4 項規定：「貨棧業者點收進口、轉運或轉口貨物無訛後，應立即辦理進倉作業（Ⅲ）。前項貨物進倉後，空運貨棧及快遞專區貨棧業者應即以電腦發送進（轉）口貨物進倉訊息至海關或海關核可平臺；海運貨棧業者得於海關核可平臺辦理登錄作業，替代傳輸進倉訊息（Ⅳ）。」第 18 條第 3 項規定：「貨棧業者對第一項所列准憑提貨出棧之單據、文件，應於貨物提領完畢時即予收回，於提貨單上加蓋『貨物已全部出倉，本提貨單註銷』戳記，並按艙單別裝訂，妥為保管，如為部分提貨者亦應加蓋『本提貨單 ×× 部分出倉』戳記，俟貨物全部提清時予以收回，並加蓋『貨物已全部出倉，本提貨單註銷』戳記後，裝訂保管，如依前項規定，以其他書面或電子文件取代提貨單辦理提貨者，應留存提貨紀錄備查；應於轉運准單上加蓋『本批貨物已辦妥轉運』戳記後，

（三）處罰對象

本項處罰對象爲報關業者或貨主，即使運輸業或倉儲業登載不實或使其爲不實證明之人。

（四）責任要件

1. 本項規定係以「報關業者或貨主明知爲不實事項」爲裁罰要件，即以「確定故意[431]」爲歸責要件，若係出於過失，或「預見錯誤行爲發生，其發生不違背其本意」之未必故意[432]，即非構成裁罰要件[433]而無本項處罰規定之適用。
2. 另，本項之「明知」，係指「報關業者或貨主」而言；至於運輸業或倉儲業是否明知，則非所問。惟倘運輸業或倉儲業對於不實事項亦屬明知者，對涉案之業者則應依本條第2項規定論處。

（五）處罰

1. 本項罰則：處新臺幣6,000元以上6萬元以下罰鍰。
2. 照表裁罰：財政部關務署107/05/18台財關字第1071010762號令訂頒「緝私案件裁罰金額或倍數參考表」及使用須知，規範行使裁量權之客觀標準，用以協助各關妥適辦理海關緝私案件之裁罰。

裝訂保管；或於海關核准文件上加蓋『本批貨物已辦妥出倉』戳記後，裝訂保管。」第19條第1項規定：「貨棧業者點收出口貨物無訛後，應立即辦理進倉作業，進倉完畢應出具進倉證明，並立即傳送海關。」海關管理貨櫃集散站辦法第8條第1項規定：「集散站業者應依海關規定格式，備具貨櫃及貨物存站紀錄簿冊或建置電腦進倉總簿檔，對於貨櫃及貨物之存入、提出、抽取貨樣或其他海關規定之事項，均須分別詳細立即登載，海關得隨時派員前往集散站檢查貨物及簿冊或要求查閱或印取有關資料，集散站業者不得拒絕。」第12條第2項第1款、第4款規定：「運輸業者、承攬業者及集散站業者辦理貨櫃卸船、裝船、出站、進站及存站手續，應依下列規定辦理：一、集散站業者應擷取運輸業者及承攬業者以電子資料傳輸分送之進口艙單訊息及卸貨准單、特別准單（含貨櫃清單）訊息辦理存站手續。如未與通關網路連線者，則憑書面文件辦理之。……四、運輸業者、承攬業者及集散站業者於貨櫃卸船、裝船、出站、進站、存站等各階段作業完畢後及貨櫃拖車進站領櫃時，應即以電子資料傳輸至海關核可平臺辦理登錄作業。」第14條第1項規定：「集散站業者點收出口貨櫃（物）後應出具進倉證明，並立即傳送海關。」

431 亦稱「直接故意」，乃對於構成違反行政法上義務之事實，明知並有意使其發生之謂。

432 又稱間接故意。

433 高雄高等行政法院90年度簡字第1098號判決意旨參照。

組私案件裁罰金額或倍數參考表

海關組私條例條次及內容	違章情形	裁罰金額或倍數
第四十一條之一 報關業者或貨主明知為不實事項，而使運輸業或倉儲業登載於進口、出口貨物之進、出站或進、出倉之有關文件上或使其為證明者，處新臺幣六千元以上六萬元以下罰鍰。 運輸業或倉儲業，明知為不實事項而為證明者，依前項規定處罰。	有本條違章行為且涉及下列情形者： 逃避管制及逃漏或溢沖退稅。	處新臺幣五萬元罰鍰。
	逃避管制。	處新臺幣四萬元罰鍰。
	涉及逃漏或溢沖退稅。	處新臺幣三萬元罰鍰。
	其餘情形。	處新臺幣一萬二千元罰鍰。

3. 仍應審酌個案情節：對於構成本條之違章行爲而應予處罰者，原則上依前揭裁罰參考表所定區分違章情形予以裁罰，惟仍應審酌個案應受責難程度、所生影響、所得利益、受處罰者之資力及平等、比例原則，如認違章情節重大或出於故意或情節輕微者，得按表列裁罰倍數或金額加重或減輕其罰，至各該規定法定罰鍰額之最高限或最低限爲止[434]，以免有裁量怠惰之違法。

二、第2項（運輸業、倉儲業登載不實）

（一）說明

運輸業或倉儲業對其業務上所掌管之有關文件，原有據實記載或出具證明之義務，如明知其不實而仍予登載或證明者，自亦不能無罰，爰於 72 年修正本條例時，增訂本條第 2 項規定，以加強管理。

（二）處罰要件

1. 登載不實事項或爲證明：（詳本條第 1 項說明）。
2. 處罰對象：運輸業或倉儲業。

（三）責任要件

本項規定亦係以「明知爲不實事項」爲裁罰要件，即以「確定故意」爲歸責要件，若係出於過失，或「預見錯誤行爲發生，其發生不違背其本意」之未必故意，即非構成裁罰要件而無本項處罰規定之適用。

---

434 緝私案件裁罰金額或倍數參考表使用須知第 4 點第 1 項規定：「個案經審酌應受責難程度、所生影響、所得利益、受處罰者之資力及平等、比例原則，認違章情節重大或出於故意或情節輕微者，得按表列裁罰倍數或金額加重或減輕其罰，至各該規定法定罰鍰額之最高限或最低限為止。」

（四）處罰

本項罰則：依前項規定處罰，即按本條第 1 項規定處新臺幣 6,000 元以上 6 萬元以下罰鍰。

照表裁罰：財政部關務署 107/05/18 台財關字第 1071010762 號令訂頒「緝私案件裁罰金額或倍數參考表」及使用須知，規範行使裁量權之客觀標準，用以協助各關妥適辦理海關緝私案件之裁罰。

仍應審酌個案情節：對於構成本條之違章行爲而應予處罰者，原則上依前揭裁罰參考表所定區分違章情形予以裁罰，惟仍應審酌個案應受責難程度、所生影響、所得利益、受處罰者之資力及平等、比例原則，如認違章情節重大或出於故意或情節輕微者，得按表列裁罰倍數或金額加重或減輕其罰，至各該規定法定罰鍰額之最高限或最低限爲止[435]，以免有裁量怠惰之違法。

（五）相關刑責

1. 違反本項規定之情形，通常行爲人亦涉有僞造文書、業務登載不實之刑責[436]，海關於執行職務如有發現類此犯罪嫌疑，即應依刑事訴訟法第 241 條規定及本條例第 16 條之 1 規定，告發犯罪，並移送司法機關偵辦。
2. 參考案例：臺灣高等法院臺中分院 92 年度上易字第 28 號刑事判決。

❖精選案例❖

1.進倉操作員明知未進貨而直接刷讀黏附於手上之條碼，使貨棧電腦爲不實之進倉登載

（節錄）海關緝私條例第 41 條之 1 第 1 項……所稱「明知」，係指「確定故意（又稱直接故意）」，如僅爲「未必故意（又稱間接故意）」或「過失」，尚無該項規定之適用（高雄高等行政法院 90 年度簡字第 1098 號判決意旨參照）。訴願人之理貨人員陳○甯君，於 103 年 11 月 1 日 6 時 10 分，在原處分機關監管之遠○航空自由貿易港區股份有限公司快遞貨物專區貨棧通關第 1 線 1-1 通關口處，於明知無進口貨物之情形下，要求遠○公司之刷碼進倉操作員，**直接刷讀黏附於其手上之條碼**，使貨棧電腦爲不實之進、出倉登載，經原處分機關審理訴願人明知爲不實事項，而使倉儲業登載於進口貨物

---

435 緝私案件裁罰金額或倍數參考表使用須知第 4 點第 1 項規定：「個案經審酌應受責難程度、所生影響、所得利益、受處罰者之資力及平等、比例原則，認違章情節重大或出於故意或情節輕微者，得按表列裁罰倍數或金額加重或減輕其罰，至各該規定法定罰鍰額之最高限或最低限為止。」

436 中華民國刑法第 215 條規定：「從事業務之人，明知為不實之事項，而登載於其業務上作成之文書，足以生損害於公眾或他人者，處三年以下有期徒刑、拘役或一萬五千元以下罰金。」第 216 條規定：「行使第二百一十條至第二百一十五條之文書者，依偽造、變造文書或登載不實事項或使登載不實事項之規定處斷。」

之進、出倉有關文件之違章成立，乃依海關緝私條例第 41 條之 1 第 1 項規定，處訴願人罰鍰計新臺幣 6,000 元（財政部 104/08/20 台財訴字第 10413939680 號訴願決定書）

2. 本條之責任要件爲直接故意，並應證明之

（節錄）緣原告（報關公司）受託報運出口螺絲乙批，經電腦審核以 C1 方式通關放行後，以重複誤報貨櫃號碼爲由，申請退關，經查驗結果，發現本案貨物實際尚未進倉，以其明知兩艘不同船號裝載之兩批貨物，不應有申報相同貨櫃出口之事項發生，卻疏未審查，即同時分別填寫出口報單，不同船名、船隻掛號，而相同櫃號之兩份「申請進倉證明單」，提交陽明海運公司申請開具不實之「海運出口貨物進倉證明書」，本案貨未進倉、進站，即已取得進倉證明，並經傳輸進倉訊息，造成電腦碰檔放行之情事，乃依據海關緝私條例第 41 條之 1 第 1 項規定，裁處 6,000 元之罰鍰，……海關緝私條例第 41 條之 1 第 1 項規定係以「報關行或貨主明知爲不實事項」爲裁罰要件，即以確定故意爲歸責要件，則「預見錯誤行爲發生，其發生不違背其本意」之未必故意，即非構成裁罰要件，要無疑義。是被告另辯稱：原告同日填寫進倉證明，則預見錯誤行爲發生，且該錯誤發生不違背本意，仍應予裁罰云云，即誤認未必故意，仍該當裁罰要件，委無可採。此外，本件**被告復未能舉證證明原告確定故意事實，尚難遽以前開規定予以處罰**（高雄高等行政法院 90 年度簡字第 1098 號判決）。

第 42 條（緝私之查核調查權）

I 海關對於報運貨物進口、出口認有違法嫌疑時，得通知該進口商、出口商、貨主或收貨人，將該貨物之發票、價單、帳單及其他單據送驗，並得查閱或抄錄其與該貨物進口、出口、買賣、成本價值、付款各情事有關之帳簿、信件或發票簿。

II 不為送驗或拒絕查閱抄錄，或意圖湮滅證據，將該項單據、帳簿及其他有關文件藏匿或毀壞者，處新臺幣六萬元以下罰鍰。

❖立法（修正）說明❖（107/04/13修正）

一、第 1 項未修正。

二、修正第 2 項貨幣單位，依現行法規所定貨幣單位折算新臺幣條例第 2 條規定，將「元」改以「新臺幣元」之三倍折算之。

❖法條沿革❖

原條文	說明
（23/06/01 制定） 第 23 條 貨物確有違法進口出口之嫌疑，經海關緝獲扣留者，其進口商出口商貨主或承領人，經海關通知後，應將該貨物發票價單賬單，及其他單據呈驗，其與該貨物進口、出口、賣買、成本、價值、付款各情事有關之賬簿，信件簿，或發票簿，海關並得查閱或抄錄。 不為前項呈驗或拒絕查閱或抄錄，或意圖湮滅證據，將前項關係單據賬簿藏匿毀壞者，處一千元以下罰金。	N/A
（62/08/14 全文修正） 第 42 條 海關對於報運貨物進口、出口認有違法嫌疑時，得通知該進口商、出口商、貨主或收貨人，將該貨物之發票、價單、帳單及其他單據送驗，並得查閱或抄錄其與該貨物進口、出口、買賣、成本價值、付款各情事有關之帳簿、信件或發票簿。 不為送驗或拒絕查閱抄錄，或意圖湮滅證據，將該項單據、帳簿及其他有關文件藏匿或毀損者，處五千元以下罰鍰。	原條文第 23 條文字修正，並加重罰金額。
（72/12/13 修正） 第 42 條 海關對於報運貨物進口、出口認有違法嫌疑時，得通知該進口商、出口商、貨主或收貨人，將該貨物之發票、價單、帳單及其他單據送驗，並得查閱或抄錄其與該貨物進口、出口、買賣、成本價值、付款各情事有關之帳簿、信件或發票簿。 不為送驗或拒絕查閱抄錄，或意圖湮滅證據，將該項單據、帳簿及其他有關文件藏匿或毀壞者，處二萬元以下罰鍰。	一、第 1 項未修正。 二、提高第 2 項之罰鍰數額，理由同第 23 條修正說明。

❖條文說明❖

一、說明

本條第 1 項乃賦予海關職權調查之權力，並規範相關行政法上之協力義務；第 2 項則爲違反第 1 項規定義務之罰則。

二、緝私查核與協力義務

（一）查核之發動

1. 對於報運貨物進口、出口認有違法嫌疑，即得依本條第1項規定發動查核。
2. 所謂「違法嫌疑」，無論在構成要件嚴格之刑事法領域，抑或其有裁量權限之行政法領域，均必須本於相關調查結果，足以合理懷疑涉有違法情事，始足當之[437]。
3. 實務上，海關或基於檢舉、或因他機關移請調查、或本於職權選案查核、或已實施事後稽核等原因，經初步調查，足以合理懷疑進出口貨物涉有違法情事者，即得依本條規定發動實施進一步之查核；至查核結果是否應依本條例規定處罰，乃屬事實認定之別一問題[438]，並不影響實施查核之適法。

（二）查核對象

進口商、出口商、貨主或收貨人。

（三）查核期間

本條例第44條規定：「有違反本條例情事者，除依本條例有關規定處罰外，仍應追徵其所漏或沖退之稅款。但自其情事發生已滿五年者，不得再為追徵或處罰。」依上開但書規定，海關得就尚在五年追徵或處罰期間之案件，實施本條之查核調查權。

（四）查核權限

1.通知送驗

(1) 通知將該貨物之發票、價單、帳單及其他單據送驗。
(2) 應併予注意者，海關依本條所為之通知，其效力並不及於「請求相關機關及機構提供與進出口貨物有關之資料及其他文件」，如確有請求提供必要，則應依行政程序法第40條規定[439]辦理。

2.查閱或抄錄

(1) 指查閱或抄錄其與該貨物進口、出口、買賣、成本價值、付款各情事有關之帳簿、信件或發票。
(2) 為行使本條之查核調查權，亦得派員實地查核，被查核人即應善盡協力義務，就其掌有相關帳證資料，據實提供查核。

---

[437] 臺北高等行政法院106年度訴字第1345號判決意旨參照。

[438] 最高行政法院99年度判字第597號判決。

[439] 行政程序法第40條規定：「行政機關基於調查事實及證據之必要，得要求當事人或第三人提供必要之文書、資料或物品。」

（五）協力義務

1. 稅務案件具有課稅資料多存於納稅義務人所掌握，以及大量行政之事務本質，稽徵機關欲完全調查、取得，容有困難，且有違稽徵便利之考量，故爲貫徹公平實現稅捐債權及合法課稅之目的，稅法上多課予納稅義務人於稽徵程序應主動提供課稅資料之協力義務[440]。司法院釋字第537號解釋亦闡明：「……租稅稽徵程序，稅捐稽徵機關雖依職權調查原則而進行，惟有關課稅要件事實，多發生於納稅義務人所得支配之範圍，稅捐稽徵機關掌握困難，爲貫徹公平合法課稅之目的，因而課納稅義務人申報協力義務……。」
2. 納稅義務人對於所支配管理範圍內之事項，負擔與稽徵機關查明事實責任，本於「協同合作原則」，對於稽徵機關調查事實關係應予以協力的義務。尤其應於課稅有關事實應完整而眞實的開示，並應提出其所知悉之證據方法。協力義務之成立，基於法律保留原則，應有特別的法律依據，部分基於稅法直接規定，例如稅捐申報義務或帳簿記載及憑證保持義務，也有部分基於稽徵機關依據稅法規定之協力要求。此項協力，性質上爲裁量行政處罰；此項協力，必須對於課稅事實關係之查明，爲適當的（可履行的）、必要的且符合比例的手段。如果因爲違反協力義務而稽徵機關亦窮盡自己的調查手段，仍無法查明事實時，則可對課稅基礎進行推估（推計課稅）；若因爲欠缺納稅人之協力，導致無法查明事實時，則納稅義務人應在其管領領域責任範圍內，承擔證明風險[441]。
3. 依本條規定可知，進口商、出口商、貨主或收貨人負有依海關通知將貨物之發票、價單、帳單及其他單據送驗及提供與貨物進口、出口、買賣、成本價值、付款各情事有關之帳簿、信件或發票供海關查閱或抄錄之協力義務。

三、違反行政法上義務

（一）條文規範

本條第2項規定：「不爲送驗或拒絕查閱抄錄，或意圖湮滅證據，將該項單據、帳簿及其他有關文件藏匿或毀壞者，處新臺幣六萬元以下罰鍰。」依本條第1項規定，受查核之對象（進口商、出口商、貨主或收貨人）有合理說明並提出證據之協力義務，如有違反協力義務，即得依本項規定處罰。

---

440 最高行政法院100年度判字第1353號判決。

441 陳清秀，稅法總論，元照出版有限公司，2019年9月11版，第506-507頁。

（二）行為態樣

1. 不爲送驗

指不將進、出口貨物有關之發票、價單、帳單及其他單據送驗而言。

2. 拒絕查閱抄錄

指拒絕海關查核、檢閱、抄寫、謄錄與貨物之進出口、買賣、成本價值、付款各情事有關之帳簿、信件或發票而言。至於拒絕之方式，應包含積極之拒卻與消極之不配合。

3. 意圖湮滅證據，將該項單據、帳簿及其他有關文件藏匿或毀壞

(1) 指出於湮滅證據之意圖，而將進出口貨物之發票、價單、帳單、其他單據、與該貨物進口、出口、買賣、成本價值、付款各情事有關之帳簿、信件或發票簿等有關文件予以藏匿或毀壞之，使海關無從查核、檢驗而言。

(2) 所謂意圖，乃違反本條協力義務之主觀的違法要素，亦屬違章之成立要件，而行爲人是否具有湮滅證據之意圖，必須有相當之客觀事實，足以表明其主觀上意念之遂行性及確實性，始足當之。故行爲人是否具有滅證之意圖，自應憑積極證據認定之，若無積極證據或其證據不足以證明，自不能以推測或擬制之方法而認定有此意圖。

（三）違反協力義務之處理

1. 行政處罰

(1) 處新臺幣 6 萬元以下罰鍰：依本條第 2 項規定，如有**不爲送驗、拒絕查閱抄錄、意圖湮滅證據，將該項單據、帳簿及其他有關文件藏匿或毀壞之行爲者，處行爲人新臺幣 6 萬元以下罰鍰。**

(2) 照表裁罰：財政部關務署 107/05/18 台財關字第 1071010762 號令訂頒「緝私案件裁罰金額或倍數參考表」及使用須知，規範行使裁量權之客觀標準，用以協助各關妥適辦理海關緝私案件之裁罰。

緝私案件裁罰金額或倍數參考表

海關緝私條例條次及內容	違章情形	裁罰金額或倍數
第四十二條第二項 不為送驗或拒絕查閱抄錄，或意圖湮滅證據，將該項單據、帳簿及其他有關文件藏匿或毀壞者，處新臺幣六萬元以下罰鍰。	湮滅證據或毀壞單據、帳簿及其他有關文件者。 不為送驗或拒絕查閱抄錄單據、帳簿及其他有關文件者。	處新臺幣四萬元罰鍰。 處新臺幣一萬二千元罰鍰。

3) 仍應審酌個案情節：對於構成本條之違章行爲而應予處罰者，原則上依前揭裁罰參考表所定區分違章情形予以裁罰，惟仍應審酌個案應受責難程度、所生影響、所得利益、受處罰者之資力及平等、比例原則，如認違章情節重大或出於故意或情節輕微者，得按表列裁罰倍數或金額加重或減輕其罰，至各該規定法定罰鍰額之最高限或最低限爲止[442]，以免有裁量怠惰之違法。

2.就處罰之要件事實仍應負擔證明責任

(1)舉證責任

A. 所謂舉證責任，乃訴訟中之當事人，有提出證據以證明其所主張之事實爲眞實之責任，亦即爲證明之負擔或舉證證明之負擔。如不能舉證證明其主張，則負擔不能依其主張爲裁判之危險[443]。

B. 依行政訴訟法第 125 條第 1 項規定：「行政法院應依職權調查事實關係，不受當事人事實主張及證據聲明之拘束。」第 133 條規定：「行政法院應依職權調查證據。」行政法院在審理案件時應盡闡明義務，使當事人盡主張事實及聲明證據之能事，並盡職權調查義務，以查明事實眞相，避免眞僞不明之情事發生，惟如已盡闡明義務及職權調查義務後，事實仍眞僞不明時，則作舉證責任之分配，使應負舉證責任之人負擔該不利之結果[444]。

(2)舉證責任之分類

A. 主觀舉證責任：依上開行政訴訟法第 125 條、第 133 條等規定可知，我國行政訴訟法對於各種類型之行政訴訟，係採職權探知（調查）主義，當事人（包括被告機關）並無主觀舉證責任（向法院提出證據之行爲責任）。

B. 客觀舉證責任：

(A) 行政法院依職權調查證據有其限度，仍不免有要件事實不明之情形，而必須決定其不利益結果責任之歸屬，故當事人仍有客觀之舉證責任。行政訴訟法第 136 條[445]準用民事訴訟法第 277 條前段規定：「當事人主張有利於己之事實者，就其事實有舉證之責任。」是以，行政法院就應依職權調查證據之撤銷訴訟案件，僅係免除行政訴訟當事人之主張責任（所謂主觀舉證責任），並非免除當事人之舉證義務（所謂客觀舉證責任），亦即待證事實陷於不明時，當事人仍應負擔不利益之舉證責任分配。

---

442 緝私案件裁罰金額或倍數參考表使用須知第 4 點第 1 項規定：「個案經審酌應受責難程度、所生影響、所得利益、受處罰者之資力及平等、比例原則，認違章情節重大或出於故意或情節輕微者，得按表列裁罰倍數或金額加重或減輕其罰，至各該規定法定罰鍰額之最高限或最低限為止。」

443 最高行政法院 101 年度判字第 131 號判決。

444 最高行政法院 94 年度判字第 58 號判決意旨參照。

445 行政訴訟法第 136 條規定：「除本法有規定者外，民事訴訟法第二百七十七條之規定於本節準用之。」

(B) 課徵租稅構成要件事實之認定，基於依法行政及規範有利原則，稽徵機關就其事實有客觀舉證之責任（稅捐稽徵法第 12 條之 1[446]第 4 項、納稅者權利保護法第 7 條第4項、第11條第2項參照）[447]，但有利於減少或免除稅捐的要件事實，如果眞僞不明，則應由納稅義務人承擔其不利益之結果[448]。稽徵機關所提證據必須使法院之心證達到眞實確信之程度，始可謂其已盡舉證之責，若僅使事實關係陷於眞僞不明之狀態，行政法院仍應認定該課稅要件事實爲不存在，而將其不利益歸於稽徵機關。

(3)協力義務與裁罰之舉證

A. 納稅義務人協力義務之違反，尙不足以轉換（倒置）課稅要件事實的客觀舉證責任，僅能容許稽徵機關原本應負擔的證明程度，予以合理減輕而已，惟最低程度仍不得低於優勢蓋然性（超過 50% 之蓋然率，或稱較強的蓋然性）。

B. 租稅裁罰爭訟案件，係國家行使處罰高權的結果，與課稅平等或稽徵便利無關，而與刑事罰類似，當事人並無協力義務或責任以自證己罪或自證無違規事實，且有「無罪推定」及「疑則無罪」原則之適用，故稽徵機關就處罰之要件事實亦應負擔證明責任（納稅者權利保護法第 11 條第 2 項參照），且其證明程度至少應達到「幾近於眞實的蓋然性」（蓋然率 99.8% 以上，或稱眞實的確信蓋然性），始可謂其已盡舉證之責，否則法院仍應認定該處罰要件事實爲不存在，而將其不利益歸於稽徵機關[449]。

四、區別與比較

（一）與關稅法第13條之差異

鑑於本條查核調查權之行使多在貨物放行後階段，與關稅法第 13 條第 1 項規定之事後稽核頗爲相像，爲免混淆，爰在此加以說明釐清：

1. 發動原因不同：本條查核調查權之發動，須有「認有違法嫌疑」之前提，始得爲之；而事後稽核之發動，法無明文，惟其既爲代替或延續線上查核之措施，故而應與線上查核相同而無待特定原因（如檢舉）發生，即得本於職權實施。實務上，海關係依海關事後稽核實施辦法第 3 條[450]及海關事後稽核作業規定第 5 點規定[451]，就進出

---

[446] 本條規範事項，於納稅者權利保護法第 7 條已有相關規定，為避免重複，爰於 110 年 11 月 30 日經立法院三讀修正刪除本條。

[447] 最高行政法院 109 年度判字第 153 號判決。

[448] 最高行政法院 109 年度判字第 32 號判決。

[449] 最高行政法院 108 年度判字第 39 號判決。

[450] 海關事後稽核實施辦法第 3 條規定：「海關為篩選事後稽核案件，得於下列範圍選定之：一、進口案件。二、出口案件。三、保稅案件。四、沖退稅案件。五、其他關稅法規規定之相關事項。」

[451] 海關事後稽核作業規定第 5 點規定：「海關得參考下列資料篩選事後稽核案件：（一）關稅法第十五條規定不得進口、管制進出口及高稅率貨品。（二）報運貨物進出口有虛報情事、或成立緝案或申請更改

口、保稅、沖退稅等案件，篩選事後稽核案件。

2. **目的不同**：本條查核調查權，目的乃在調查違法嫌疑；而事後稽核，自 90 年增訂理由：「……二、爲利海關實施事後稽核制度，改變傳統通關線上對貨物之查核，轉爲放行後對帳冊之查核，以加速貨物通關，增進貿易便捷化，同時確保進出口貨物申報資料之正確性，增訂本條以爲法源依據。」以觀，係爲快速通關所採行之代替或延續線上查核之事後（放行後）審查行爲，其目的在審核進出口貨物之申報事項。
3. **程序要求不同**：(1) 實施事後稽核，須於進出口貨物放行之翌日起六個月內先行通知被稽核人，始得爲之；而本條之查核調查權，乃賦予海關依職權查核之權利，而非要求海關須踐行通知提供資料送驗，始得進行調查，亦即，依本條規定進行調查，毋庸先行通知被調查人。(2) 另，依本條所爲之通知，即爲行使查核調查權之一環；而事後稽核之通知，乃實施之前提要件，二者性質並不相同。
4. **實施期間不同**：本條查核調查權，於違反本條例情事發生之日起五年內均得實施；事後稽核，則須於進出口貨物放行之翌日起二年內實施。
5. **實施對象不同**：本條之查核調查對象乃進口商、出口商、貨主或收貨人；事後稽核之對象則爲納稅義務人、貨物輸出人或其關係人。
6. **調查權限不同**：本條之查核調查權限乃通知被查核人將貨物相關之單據送驗及查核帳簿；事後稽核則要求被稽核人提供與貨物相關文件資料、通知備詢及現場調查。
7. **罰則不同**：違反本條第 1 項之協力義務而有不爲送驗或拒絕查閱抄錄，或意圖湮滅證據，將該項單據、帳簿及其他有關文件藏匿或毀壞者，依本條第 2 項規定，處新臺幣 6 萬元以下罰鍰；至於違反關稅法第 13 條第 2 項有關事後稽核之配合調查義務而有規避、妨礙或拒絕提供資料、到場備詢或配合調查者，依關稅法第 75 條規定，處新臺幣 3,000 元以上 3 萬元以下罰鍰；並得按次處罰。
8. **處罰之救濟方式不同**：違反本條例規定之處罰，其救濟方式依本條例第 47 條、第 48 條規定，應申請復查、提起訴願及行政訴訟；至於違反關稅法事後稽核之配合調查義務務所爲之處罰，因無另有規定，即應適用訴願法第 1 條第 1 項及行政訴訟法第 4 條第 1 項規定[452]，循序提起訴願及行政訴訟。

進出口艙單、報單相關欄位，如艙單收貨人、稅則號別、完稅價格、查驗方式等涉及影響稅費之徵收、逃避管制、違反限制規定案件。（三）海關各單位提供之異常廠商或貨品資料。（四）實施事後稽核發現異常之案件。（五）密報檢舉案件。（六）貨物逾期不報關、不繳稅或不提領案件。（七）滯欠稅費罰鍰未能徵起之廠商及其相關公司。（八）國內外媒體報導之貿易異常資料及業界提供之進出口貨物資料等。（九）稅捐稽徵機關提供之資料。（十）其他可供參考之資料。」

452 訴願法第 1 條第 1 項規定：「人民對於中央或地方機關之行政處分，認為違法或不當，致損害其權利或利益者，得依本法提起訴願。但法律另有規定者，從其規定。」行政訴訟法第 4 條第 1 項規定：「人民因中央或地方機關之違法行政處分，認為損害其權利或法律上之利益，經依訴願法提起訴願而不服其決

	緝私查核	事後稽核
法據	緝 42	關 13
發動	認有違法嫌疑	對於申報事項存疑或認有高風險
目的	調查違法嫌疑	審核申報事項
規範對象	進口商、出口商、貨主或收貨人	1. 納稅義務人、貨物輸出人或其關係人 2. 關係人指與進出口貨物有關之報關業、運輸業、承攬業、倉儲業、快遞業及其他企業、團體或個人
權能	1. 通知將貨物之發票、價單、帳單及其他單據送驗 2. 查閱或抄錄與該貨物進口、出口、買賣、成本價值、付款各情事有關之帳簿、信件或發票簿	1. 要求提供與進出口貨物有關之紀錄、文件、會計帳冊及電腦相關檔案或資料庫等 2. 通知其至海關辦公處所備詢，或由海關人員至其場所調查 3. 海關執行事後稽核時，發現重大違法漏稅案件，得協調稅捐稽徵機關、其他有關機關協查或組成專案小組會同稽核（稽核辦法 7 Ⅰ）
程序要求	得逕行調查	應先通知
實施期間	5 年	2 年
違章行為	1. 不為送驗 2. 拒絕查閱抄錄 3. 意圖湮滅證據，將該項單據、帳簿及其他有關文件藏匿或毀壞者	規避、妨礙或拒絕提供資料、到場備詢或配合調查者
處罰依據	緝 42 Ⅱ	關 75
法律效果	處新臺幣 6 萬元以下罰鍰	處新臺幣 3,000 元以上 3 萬元以下罰鍰；並得按次處罰
救濟方式	復查、訴願、行政訴訟	訴願、行政訴訟

（二）引據錯誤

適用法律爲處分適法性之重點之一，倘引用法律錯誤，所爲之處分亦難謂爲合法，

定，或提起訴願逾三個月不為決定，或延長訴願決定期間逾二個月不為決定者，得向行政法院提起撤銷訴訟。」

即得構成處分撤銷之理由；惟此瑕疵，尚非行政程序法第111條[453]所列處分無效之事由，換言之，即得依同法第114條第1項、第2項規定[454]，於訴願程序終結前予以補正。實務上，曾有關區於貨物放行後逾六個月後始通知實施事後稽核並引據本條例第42條規定，而於復查決定卻載明依據「關稅法第13條第1項規定」實施事後稽核，該項誤載固已構成得撤銷之瑕疵，惟嗣經原處分機關於訴願答辯時已改稱其實施事後稽核係依本條例第42條第1項規定辦理，則復查決定誤載之理由，依上開行政程序法規定即告補正[455]。

第43條（不正當方法請求減免或沖退稅之處罰）
以不正當方法請求免稅、減稅或退稅，而有逃漏稅或溢沖退稅情事者，處所漏或溢沖退稅額五倍以下之罰鍰，並得沒入其貨物。

❖立法（修正）說明❖（107/04/13修正）

鑑於本條屬漏稅罰性質，爰定明其構成要件，另個案違章情節輕重不一，為能酌情妥適處罰，以符比例原則，爰刪除原法定罰鍰最低倍數規定，並酌作文字修正。

❖法條沿革❖

原條文	說明
（23/06/01 制定） 第25條 用欺詐方法，請求免稅減稅或退稅者，處二千元以下罰金，並得沒收其貨物。	N/A

---

453 行政程序法第111條規定：「行政處分有下列各款情形之一者，無效：一、不能由書面處分中得知處分機關者。二、應以證書方式作成而未給予證書者。三、內容對任何人均屬不能實現者。四、所要求或許可之行為構成犯罪者。五、內容違背公共秩序、善良風俗者。六、未經授權而違背法規有關專屬管轄之規定或缺乏事務權限者。七、其他具有重大明顯之瑕疵者。」

454 行政程序法第114條第1項、第2項規定：「違反程序或方式規定之行政處分，除依第一百十一條規定而無效者外，因下列情形而補正：一、須經申請始得作成之行政處分，當事人已於事後提出者。**二、必須記明之理由已於事後記明者**。三、應給予當事人陳述意見之機會已於事後給予者。四、應參與行政處分作成之委員會已於事後作成決議者。五、應參與行政處分作成之其他機關已於事後參與者（I）。**前項第二款至第五款之補正行為，僅得於訴願程序終結前為之**；得不經訴願程序者，僅得於向行政法院起訴前為之（II）。」

455 參考案例：最高行政法院98年度判字第178號判決。

原條文	說明
（62/08/14 全文修正） 第 43 條 以不正當方法請求免稅、減稅或退稅者，處所漏或沖退稅額二倍至五倍之罰鍰，並得沒入其貨物。	一、原案： （一）原條文第 25 條所定之罰鍰過低，修正改按所漏沖退稅額計罰。 （二）為避免依照第 1 項規定所得處罰之罰額過低，有失加重處罰之原意，乃增列第 2 項，規定定額罰鍰，以資補救。 二、審查案： 為期條文簡潔，對於免稅、減稅、退稅者，本條第 1 項已有處罰罰鍰之規定，並得沒入其貨物，爰修正將第 2 項刪除如上。

❖條文說明❖

一、說明

本條爲對用不正當方法請求免稅、減稅或退稅之行爲人施以處罰之規定。

二、適用範圍

本條所稱之「稅」係專指關稅而言，並不及於貨物稅、營業稅等內地稅，如有以詐欺或其他不正當方法逃漏內地稅者，應屬稅捐稽徵法第 41 條規定[456]之適用範圍，而非本條規定。

三、處罰要件

（一）以不正當方法請求免稅、減稅或退稅

1.請求免稅、減稅或退稅

(1) 指請求免除或減少關稅之繳納，或請求退還已繳納之關稅，或請求沖銷尚未繳納之記帳關稅。

(2) 請求免稅、減稅者，即請求海關依關稅法、海關進口稅則（國定稅率各欄稅率及各章增註）或其他法律[457]減免關稅。減免關稅之請求雖以發生在進口申報之同時爲常

---

456 稅捐稽徵法第 41 條第 1 項規定：「納稅義務人以詐術或其他不正當方法逃漏稅捐者，處五年以下有期徒刑，併科新臺幣一千萬元以下罰金。」

457 例如：獎勵民間參與交通建設條例第 30 條第 1 項規定：「本條例所獎勵之民間機構，進口供其興建交通建設使用之營建機器、設備、施工用特殊運輸工具、訓練器材及其所需之零組件，經交通部證明屬實，並經經濟部證明在國內尚未製造供應者，免徵進口關稅。」促進民間參與公共建設法第 38 條第 1 項規定：「民間機構及其直接承包商進口供其興建重大公共建設使用之營建機器、設備、施工用特殊運輸工具、訓練器材及其所需之零組件，經主辦機關證明屬實，並經經濟部證明在國內尚未製造供應者，免徵進口關稅。」

態，亦即於申報時就檢具減免關稅之有關證明文件[458]申請減免，惟並不以此種情形爲限；進口時採提供擔保之方式先行驗放[459]者，亦得於貨物放行後，甚至復運出口後，再行檢具減免關稅證明或於出口報單申請返還保證金或解除保證，此種情形，解釋上亦係就原進口貨物請求免稅之表示。

3) 至於「請求退稅」，則係對於已繳納或記帳之關稅，於符合減免關稅或其他符合退稅之規定[460]時，請求退還已繳納之關稅（免稅者退全額；減稅者退差額），或請求沖銷記帳之關稅。

4) 至於請求之方式，不論係於報單（其他申報事項欄）內直接註明或於報單「納稅辦法」欄塡具足以代表申請減免關稅之特定代碼[461]以間接表示，或另以提出「申請書」[462]方式請求，僅需有請求減免關稅或沖退稅之意思表示，應認均足該當本條「請求」之要件。

2. 不正當方法

(1) 本條文於23年制定時原以「詐欺」爲非法請求免稅、減稅或退稅之方法，惟鑑於「詐欺」屬於刑法罪，如予規定勢必要照刑法處罰，爰於62年修正時，將之改爲「不正當方法」，如此修正，除可避免入罪，並較原來之「詐欺」範圍更廣泛。

(2) 所謂「不正當方法」，係指不依合法正當之手段，請求免稅、減稅或退稅而言，凡以不合法方法爲之即足以構成處罰要件[463]。

---

458 例如：「申請救濟物資進口免稅核轉通知書」、「產地證明書」、各主管機關之證明文件等。

459 關稅法第18條第3項規定：「進口貨物有下列情事之一者，不得依第一項規定先行徵稅驗放。但海關得依納稅義務人之申請，准其繳納相當金額之保證金，先行驗放，並限期由納稅義務人補辦手續，屆期未補辦者，沒入其保證金：一、納稅義務人未即時檢具減、免關稅有關證明文件而能補正。二、納稅義務人未及申請簽發輸入許可文件，而有即時報關提貨之需要。但以進口貨物屬准許進口類貨物者為限。三、其他經海關認為有繳納保證金，先行驗放之必要。」

460 例如：關稅法第63條第1項規定：「外銷品進口原料關稅，除經財政部公告取消退稅之項目及原料可退關稅占成品出口離岸價格在財政部核定之比率或金額以下者，不予退還外，得於成品出口後依各種外銷品產製正常情況所需數量之原料核退標準退還之。」第64條規定：「已繳納關稅進口之貨物，有下列各款情事之一者，退還其原繳關稅：一、進口一年內因法令規定禁止其銷售、使用，於禁止之翌日起六個月內原貨復運出口，或在海關監視下銷毀。二、於貨物提領前，因天災、事變或不可抗力之事由，而遭受損失或損壞致無價值，並經海關查明屬實。三、於貨物提領前，納稅義務人申請退運出口或存入保稅倉庫，經海關核准。」第65條第1項規定：「短徵、溢徵或短退、溢退稅款者，海關應於發覺後通知納稅義務人補繳或具領，或由納稅義務人自動補繳或申請發還。」

461 例如：納稅辦法代碼38（按租賃或使用費課稅）、39（按修理費課稅）、3E（按租賃費或使用費課稅）、3F（按加工費課稅）、50（稅則免稅）、51（稅則增註免稅）、52（機器設備免稅，獎參條例免稅）、53（其他一般免稅）

462 例如：「進口教育用品免稅申請書」、「進口貨物賠償、調換或短裝補運進口免稅申請書」、「外銷品沖退稅申請書」。

463 最高行政法院73年度判字第1131號判決；財政部關務署109/04/28台關緝字第1081025201號函亦有

(3) 實務上常見之「不正當方法」如下：

A. 爲減免關稅之不正當方法：(A) 持憑國內無產製證明申請書，申請按稅則增訂規定免稅，惟實際貨物爲部分零、配件[464]。(B) 持僞造之產地證明文件，申請減免關稅[465]。(C) 以救濟物質免稅進口，或以船用器材經主管機關證明照低稅率進口，而移作他用[466]。

B. 爲沖退關稅之不正當方法：(A) 貨物進口並繳稅放行後，明知貨物早已轉售國外，仍故意以不實之切結書向工業局申請「國內尚未製造證明書」，並持憑向海關申請退還已繳之關稅等情[467]。(B) 進口貨物後未經加工程序而申報爲「經加工之國貨成品」並申請出口退稅[468]。(C) 持憑僞造之出口副報單申請沖退稅[469]。(D) 在出口副報單上擅自加註厚度、使用原料規格[470]。(E) 出口之外銷品非由進口原料所製成仍申請沖退進口原料關稅[471]。(F) 溢報使用原料數量[472]。(G) 無實際貨物出口而矇請沖退原料進口稅[473]。(H) 重複申請沖退稅[474]。

（二）有逃漏稅或溢沖退稅情事

參照司法實務見解：「以不正當方法請求退稅，不問其已否獲得溢沖退之稅款或其本身有否實益，自係構成違章之責任[475]」，「按海關緝私條例第 43 條，係以申請人以不正當方法請求免稅、減稅或退稅者爲構成要件，並未以實際發生溢沖退稅之結果爲必要，換言之，只須退稅申請人提出之證件不實，且據以申請之沖退稅額有溢計者，即該當上述違法行爲。[476]」是所稱「有逃漏稅或溢沖退稅情事」，應指有逃漏應繳納之關稅之事實或據以申請之沖退稅額有所溢計，即足構成本條要件，並不以實際發生免稅、減稅，或溢沖退稅之結果爲必要。

同旨。

464 參考案例：臺中高等行政法院 94 年度訴字第 515 號判決。

465 參考案例：臺中高等行政法院 100 年度訴字第 154 號判決。

466 時任財政部關務署郭署長梓強於立法院發言時所舉適例（詳見立法院公報第 62 卷第 52 期委員會紀錄，第 1 頁）。

467 參考案例：最高行政法院 100 年度判字第 196 號判決。

468 參考案例：最高行政法院 101 年度判字第 1012 號判決。

469 參考案例：最高行政法院 71 年度判字第 857 號判決。

470 參考案例：最高行政法院 74 年度判字第 1824 號判決。

471 參考案例：最高行政法院 108 年度判字第 288 號判決。

472 參考案例：最高行政法院 76 年度判字第 46 號判決。

473 參考案例：最高行政法院 71 年度判字第 485 號判決、71 年度判字第 1178 號判決。

474 參考案例：最高行政法院 67 年度判字第 72 號判決、74 年度判字第 2104 號判決。

475 最高行政法院 68 年度判字第 113 號判決。

476 臺北高等行政法院 106 年度訴更一字第 77 號判決。

四、處罰對象

本條應予非難之對象爲請求免稅、減稅或退稅之人，至於有無因違法獲益，並無解在公法上應負之責任[477]。

五、責任要件

（一）行為非出於故意或過失，不得處罰

1. 有責任始有處罰

行政罰法第 7 條第 1 項規定：「違反行政法上義務之行爲非出於故意或過失者，不予處罰。」參諸本條立法理由明載：「一、現代國家基於『有責任始有處罰』之原則，對於違反行政法上義務之處罰，應以行爲人主觀上有可非難性及可歸責性爲前提，如行爲人主觀上並非出於故意或過失情形，應無可非難性及可歸責性，故第一項明定不予處罰。……三、現代民主法治國家對於行爲人違反行政法上義務欲加以處罰時，應由國家負證明行爲人有故意或過失之舉證責任，方爲保障人權之進步立法。……」基於「有責任始有處罰」之原則，對於違反行政法上義務之處罰，應以行爲人主觀上有可非難性及可歸責性爲前提，若行爲人主觀上並非出於故意或過失情形，應無可非難性及可歸責性，自不得予以處罰。

2. 故意或過失之意義

行政罰應以行爲人具有故意或過失爲要件。所謂故意者，乃行爲人對於違反秩序行爲之構成要件事實，明知並有意使其發生（直接故意），或預見其發生，因其發生不違背本意，而任其發生（間接故意或未必故意）；所謂過失者，乃行爲人對於違反秩序行爲之構成要件之發生，雖非故意，但按其情節，應注意、能注意而不注意，以致未能預見其發生（無認識的過失），或雖預見其可能發生，而信其不發生之心態（有認識的過失）。

（二）本條之適用不以故意為限

依司法實務見解[478]，以不正當方法請求免稅、減稅或退稅之行爲，並不以出於故意

---

477 最高行政法院 71 年度判字第 484 號判決。

478 最高行政法院 71 年度判字第 881 號判決：「第 43 條：『以不正當方法請求免稅、減稅者，處所漏或沖退稅額二倍至五倍之罰鍰……』，則屬於『報運』之範圍，依同條例第 4 條有關『報運』意旨之規定，既不以有故意行為為必要，則一有以不正當方法請求免稅、減稅之事實，即應處罰，而不問其有無故意行為，法意至明。」最高行政法院 73 年度判字第 1346 號判決：「依海關緝私條例第 43 條所為處分，係屬行政罰，而行政罰不以故意為要件，一有違章情事發生，即應就其事實，依法論罰，至其導致違法之原因為何，要非所問。」最高行政法院 76 年度判字第 46 號判決：「對以不正當方法請求退稅案件，

者爲限，若有過失，亦得依本條規定處罰。

六、本條與其他規定之適用上關係

（一）與本條例第37條第1項（虛報漏稅）之關係

本條例第 37 條第 1 項係以虛報或其他違法行爲致少繳進口稅，而本條則以不正當方法請求免稅、減稅或退稅，二者之規範並不相同。實務上，對於虛報貨物名稱而請求免稅之情形，即適用本條之處罰規定，並爲司法實務所肯認[479]。

（二）與本條例第37條第4項（虛報外銷品溢沖退稅）之關係

本條例第 37 條第 4 項乃規範虛報外銷品而有溢沖退稅之違章，其虛報手段亦屬本條所稱之「不正當方法」，究應如何適用本條或本條例第 37 條第 4 項規定，茲說明如下：

1.申請沖退稅後查獲者，按本條規定處罰

(1) 出口外銷品至完成沖退稅依行爲發生時序約可分爲報運出口、貨物已放行、申請沖退稅、完成沖退稅四階段，每一階段均有可能查獲虛報情事，依財政部函釋[480]：「『以不正當之方法請求……退稅者，處所……沖退稅額二倍至五倍之罰鍰[481]……』，其違法行爲之構成要件爲以僞造之出口副報單[482]、進口憑證或重複申請等不正當方法請求退稅，**故祇須退稅申請人提出之證件不實或重複申請退稅時即構成上述違法行爲，自應依第 43 條規定處罰退稅之申請人**。在實務上，以不正當方法請求退稅者如在報運出口階段查獲者，依同條例第 37 條第 4 項論處報運出口人；如在出口階段未被查獲，至申請沖退稅階段始被發覺者，則依第 43 條論罰退稅申請人。」即就虛報出口外銷品案件以是否經「申請」沖退稅作爲適用本條與本條例第 37 條之區別標準，簡言之，經申請沖退稅者，按本條規定論處。

(2) 至於完成沖退稅者，司法實務見解[483]：「本條例第 37 條第 4 項規定，並非以發生納

則一經發覺，即予處罰，不須通知補正。尤以本案係屬行政罰，不以故意為成立要件，其導致違法之原因為何，並非所問。」

479 參考案例：最高行政法院 95 年度判字第 1865 號判決。

480 財政部 75/04/04 台財關字第 7541859 號函。

481 現為五倍以下之罰鍰。

482 現改為出口報單副本。

483 最高行政法院 70 年度判字第 90 號判決：「按沖退進口原料稅捐之加工外銷貨物，報運出口而有虛報所運貨物之品質、價值或規格者，處以溢額沖退稅額二倍至五倍之罰鍰，並得沒入其貨物，海關緝私條例第 37 條第 1 項第 2 款及同條第 4 項定有明文，此條項之違章行為以虛報出口貨物之品質規格，可以溢額沖退稅捐即已構成，不以實際已沖退稅捐為要件。」（高雄高等行政法院 91 年度訴字第 637 號判決、最高行政法院 93 年度判字第 165 號判決仍採相同見解）。

稅義務人溢額沖退稅之結果爲要件，納稅義務人僅須就此項之違章行爲以虛報出口貨物之品質、規格，可以溢額沖退稅捐即已構成，不以實際已沖退稅捐爲要件。惟倘已完成沖退稅，則應依本條處罰，而非依本條例第37條第4項規定處罰。」亦與上開函釋見解結果相同，換言之，完成沖退稅後，亦應按本條規定處罰。

2. 出口階段查獲者，按本條例第37條第4項規定處罰

(1) 依前揭財政部函釋[484]：「**……以不正當方法請求退稅者如在報運出口階段查獲者，依同條例第37條第4項論處報運出口人**；如在出口階段未被查獲，至申請沖退稅階段始被發覺者，則依第43條論罰退稅申請人。」於出口階段即查獲虛報而有溢沖退稅者，應依本條例第37條第4項規定處罰。

(2) 至於出口外銷品放行後，於申請沖退稅前，始查獲虛報情事者，應如何論處，司法實務及行政釋示對此並無明確闡釋，惟本文以爲，鑑於前揭財政部函釋，係以沖退稅之「申請」作爲適用本條與本條例第37條第4項規定之區別標準，故而，貨物於放行後申請沖退稅前，應認屬出口階段之延續，是以，外銷品放行後，於申請沖退稅前，始查獲虛報情事者，自宜參照前揭函釋，依本條例第37條第4項規定論處出口人。

違章情形	虛報出口外銷品而有溢沖退稅			
查獲階段	報運出口時	貨物放行後	申請沖退稅	完成沖退稅
適用法據	緝37 Ⅳ		緝43	

七、處罰

（一）本條罰則

處所漏或溢沖退稅額五倍以下之罰鍰，並得沒入其貨物。

（二）處所漏或溢沖退稅額五倍以下之罰鍰

1. 照表裁罰

財政部關務署107/05/18台財關字第1071010762號令訂頒「緝私案件裁罰金額或倍數參考表」及使用須知，規範行使裁量權之客觀標準，用以協助各關妥適辦理海關緝私案件之裁罰。

---

[484] 財政部75/04/04台財關字第7541859號函。

組私案件裁罰金額或倍數參考表

海關緝私條例條次及內容	違章情形	裁罰金額或倍數
第四十三條 以不正當方法請求免稅、減稅或退稅，而有逃漏稅或溢沖退稅情事者，處所漏或溢沖退稅額五倍以下之罰鍰，並得沒入其貨物。	所漏或溢沖退稅額逾新臺幣五十萬元。	處所漏或溢沖退稅額三倍之罰鍰。但於裁罰處分核定前，已補繳稅款或同意以足額保證金抵繳者，處二・五倍之罰鍰。
	所漏或溢沖退稅額逾新臺幣十萬元至五十萬元。	處所漏或溢沖退稅額二・五倍之罰鍰。但於裁罰處分核定前，已補繳稅款或同意以足額保證金抵繳者，處二倍之罰鍰。
	所漏或溢沖退稅額在新臺幣十萬元以下。	處所漏或溢沖退稅額二倍之罰鍰。但於裁罰處分核定前，已補繳稅款或同意以足額保證金抵繳者，處一・五倍之罰鍰。
	行為人未符合本條例第四十五條之三免罰要件，惟於海關、稅捐稽徵機關或其他協助查緝機關尚未發現不符前，主動陳報或提供違法事證，協助查獲違章者。	於協助查獲違章範圍內，按前三點裁罰倍數減輕其罰鍰五分之一。

2.仍應審酌個案情節

對於構成本條之違章行為而應予處罰者，原則上依前揭裁罰參考表所定區分違章情形予以裁罰，惟仍應審酌個案應受責難程度、所生影響、所得利益、受處罰者之資力及平等、比例原則，如認違章情節重大或出於故意或情節輕微者，得按表列裁罰倍數或金額加重或減輕其罰，至各該規定法定罰鍰額之最高限或最低限為止[485]，以免有裁量怠惰之違法。

---

485 緝私案件裁罰金額或倍數參考表使用須知第4點第1項規定：「個案經審酌應受責難程度、所生影響、所得利益、受處罰者之資力及平等、比例原則，認違章情節重大或出於故意或情節輕微者，得按表列裁罰倍數或金額加重或減輕其罰，至各該規定法定罰鍰額之最高限或最低限為止。」

八、區別與比較

	海關緝私條例 第 43 條	稅捐稽徵法 第 41 條
條文內容	以不正當方法請求免稅、減稅或退稅，而有逃漏稅或溢沖退稅情事者，處所漏或溢沖退稅額五倍以下之罰鍰，並得沒入其貨物。	納稅義務人以詐術或其他不正當方法逃漏稅捐者，處五年以下有期徒刑，併科新臺幣一千萬元以下罰金。 犯前項之罪，個人逃漏稅額在新臺幣一千萬元以上，營利事業逃漏稅額在新臺幣五千萬元以上者，處一年以上七年以下有期徒刑，併科新臺幣一千萬元以上一億元以下罰金
性質	行政罰	刑事罰
主觀要件	故意、過失	故意
逃漏範圍	關稅	內地稅
影響	追徵處罰時效為 5 年（緝 44 但書）	核課期間為 7 年（稅 21 Ⅰ③）

❖精選案例❖

《不正當方法請求免稅》

1. 不正當方法取得之經濟部工業局進口貨品適用減免繳納稅捐用途證明申請書，辦理貨物免稅進口，涉有以不正當方法請求免稅（臺北高等行政法院 94 年度訴字第 562 號判決）。
2. 進口人非屬海關進口稅則第 84 章增註 9 規定及工廠管理規定之製造業及技術服務業，不符合免稅規定，對於其所委請之報關行持冒用他人名義之經濟部工業局核准「進口貨品適用減免繳納稅捐用途證明申請書」向海關辦理貨物免稅進口，涉有以不正當方法請求免稅（最高行政法院 98 年度判字第 498 號判決）。
3. 非殘障人士卻與他人共同假借其他殘障人士名義進口車輛，於免徵關稅通關放行後旋即過戶登記並變更非殘障用車，涉及共同以不正當方法請求免稅（最高行政法院 95 年度判字第 155 號判決、臺中高等行政法院 97 年度訴更一字第 00008 號判決）[486]。
4. 進口人持其委託之報關行冒用他人名義所申請到之「進口貨品適用減免繳納稅捐用途證明」辦理免稅進口，涉有以不正當方法請求免稅（最高行政法院 96 年度判字第 1012 號判決）。

---

[486] 本案業經最高行政法院 97 年度裁字第 5176 號裁定駁回上訴確定。

《不正當方法請求退稅／一般退稅》

5. 進口人於貨物進口並繳稅放行後，明知貨物已轉售國外，仍故意以不實之切結書向工業局申請「國內尚未製造證明書」，並持憑向海關申請退還已繳之關稅，涉及以不正當方法請求退稅（最高行政法院 100 年度判字第 196 號判決）。

《不正當方法請求退稅／外銷品退稅／無加工事實》

6. 將進口貨物虛報爲半成品後，旋即將該貨物申報爲「經加工之國貨成品」辦理出口並據以申請退稅，涉有以不正當方法請求退稅（最高行政法院 101 年度判字第 1012 號判決）。

《不正當方法請求退稅／外銷品退稅／僞造、僞記出口報單》

7. 原告既有持憑僞造之副報單具名簽章，申請沖退稅之行爲，即應認係以不正當方法請求退稅，原處分依法科處並無違誤（最高行政法院 71 年度判字第 548 號判決）。
8. 外銷成衣既未依規定於報運出口時檢附進口布樣向海關申請核對，自不得辦理沖退稅，而原告於涉案出口副報單退稅聯上，擅自加蓋「進口布樣已核對進口報單號碼××」戳記，並持以申請沖退稅，其有以不正當方法請求沖稅退之事實，自應依法論罰（最高行政法院 70 年度判字第 1207 號判決）。
9. 在出口副報單上擅自加註厚度、使用原料規格及外銷指定廠商、方式者，顯有以不正當方法請求退稅之違法行爲（最高行政法院 74 年度判字第 1824 號判決）。

《不正當方法請求退稅／外銷品退稅／矇混原料、超報用料》

10. 使用之原料如不能認定爲某公司所進口出售，其遽以該公司之同意書矇請沖退原料稅捐，即構成以不正當方法請求退稅（最高行政法院 67 年度判字第 853 號判決）。
11. 被告機關審核結果，發現該出口副報單所附之「外銷品使用原料及其供應商資料表」超報使用原料，認有以不正當方法請求退稅之違法行爲（最高行政法院 76 年度判字第 46 號判決）。

《不正當方法請求退稅／外銷品退稅／無實際出口貨物》

12. 持憑沖退稅之出口副報單，經查明係利用空號僞造，並無實際貨物出口，係以不正當方法請求沖退稅之行爲，依法自應論處（最高行政法院 71 年度判字第 485 號判決）。

《不正當方法請求退稅／外銷品退稅／重複申請退稅》

13. 以同批外銷品兩次重複申請沖退原料進口稅捐，即已構成以不正當方法請求沖退稅

（最高行政法院 68 年度判字第 102 號判決）。

14. 持憑同號同內容之出口副報單退稅聯補發本，重複申請沖退稅捐，係屬以不正當方法請求退稅（最高行政法院 69 年度判字第 531 號判決）。
15. 以同一批外銷品重複申請沖退原料進口稅捐，即構成以不正當方法請求沖退稅之違章行爲（最高行政法院 69 年度判字第 630 號判決）。
16. 以同一號碼及內容之出口副報單暨其補發本，重複申請沖退稅者，顯然有以不正當方法請求沖退稅之違法行爲（最高行政法院 74 年度判字第 2104 號判決）。

《不正當方法請求退稅／外銷品退稅／處罰對象》

17. 退稅之申請人即爲沖退稅款之受益人，該項退稅既經發現退稅之憑證有不法僞造之事，可不究爲何人從事僞造，僅須對行爲人予以處罰即可達到行政罰之目的（最高行政法院 71 年度判字第 454 號判決）。

❖司法判解❖

《不須通知補正》

1. 海關退稅單位於審核退稅案件，如因手續不符或證件不全而不能辦理時，始依「外銷品沖退原料稅捐辦法」第 20 條規定，以書面通知申請人補正，對以不正當方法請求退稅案件，則一經發覺，即予處罰，不須通知補正。尤以本案係屬行政罰，不以故意爲成立要件，其導致違法之原因爲何，並非所問（最高行政法院 76 年度判字第 46 號判決）。

《不正當方法》

2. 以不正當方法請求退稅者，係指不依合法正當之手段，請求退稅而言，故以不合法之方法申請退稅即足以構成處罰之要件（最高行政法院 73 年度判字第 1131 號判決）。

《不問是否獲得稅款》

3. 本件原告持憑同號同內容外銷品出口報單重複申請沖退原料進口稅捐之事實，並有該兩次外銷品沖退稅捐申請書甲、乙表影本存原處分卷內可稽，所爲即屬以不正當方法請求退稅，不問其已否獲得溢沖退之稅款或其本身有否實益，自係構成違章之責任（最高行政法院 68 年度判字第 113 號判決）。

《不以故意爲必要》

4. 海關緝私條例第 43 條以不正當方法請求免稅、減稅之規定，屬於「報運」之範圍，依同條例第 4 條有關「報運」之規定，不以有故意行爲爲必要（最高行政法院 71 年度判字第 881 號判決）。

5. 以不正當方法請求退稅者，其所受之處分，係屬行政罰，並不以故意爲要件，縱令係他人之作業疏忽所致，亦僅其私人之間在私法上之損害賠償問題，不得免責（最高行政法院 73 年度判字第 1346 號判決）。

《不正當方法之主觀認識》

6. 所謂以不正當方法，係指請求免稅、減稅或退稅之人，其本身在主觀之認識上，有以不正當方法而言，亦即其本身有以不正當方法而成爲應受行政罰之主體時，固可依行政罰予以處罰，反之如請求免稅、減稅或退稅之人，本身並無以不正當方法，其所發生以不正當方法請求免稅、減稅或退稅者，爲可得而知另外之人，與海關本身人員所爲違法行爲所引發而又不能證明該實際請求免稅、減稅或退稅之人有共同串謀勾結之情形時，自不得以該實際請求免稅、減稅或退稅之人爲科處罰鍰之對象（最高行政法院 71 年度判字第 1265 號判決）。

❖釋示函令❖

1. 重複申請沖退稅捐案件，按其可能溢額沖退進口稅額二倍計罰

海關對重複申請沖退稅捐案件，先須查明受處分人所申請沖退稅捐之進口憑證有無餘額，再從輕按其可能溢額沖退進口稅額二倍計罰，如其進口憑證之餘額小於重複申請之沖退稅額者，從其餘額核計（財政部 67/12/23 台財關字第 23574 號函）。

2. 以不正當方法冒沖退稅論處案件，不得加徵滯納金

外銷廠商以不正當方法冒沖退稅，經依海關緝私條例第 43 條及第 44 條規定論處案件，不得再援依關稅法第 52 條[487]及外銷品沖退原料稅捐辦法第 16 條、第 17 條[488]之規定加徵滯納金（財政部 75/08/05 台財關字第 7505682 號函）。

3. 進口人以不實切結取得之免稅證明向海關申請適用稅則增註免稅規定，屬以不正當方法請求免稅

主旨：進口人持憑經濟部工業局核發之免稅證明向海關申請適用稅則增註免稅規定，嗣查該進口人非增註所定免稅主體且有爲不實切結情事，是否涉有海關緝私條例第 43 條以不正當方法請求免稅之違章一案。

說明：二、按海關緝私條例（下稱本條例）第 43 條規定所稱「以不正當方法請求免稅、

---

[487] 即現行第 79 條。

[488] 即現行外銷品沖退原料稅辦法第 17 條、第 20 條。

減稅或退稅」，係指不依合法正當之手段，請求免稅、減稅或退稅而言，故凡以不合法方法爲之即足以構成處罰要件，諸如假冒身分資格、僞變造證明文件，抑或以不實切結取得主管機關核發之證明文件等均屬之。另財政部 75/04/04 台財關第 7541859 號函（107 年版關稅海關緝私法令彙編，第 327 頁第 2 則）僅係就「以不正當方法請求退稅」之違章予以例示說明，並未限定須以該函所列方式爲之，始屬旨揭規定所稱「不正當方法」，合先敘明。三、本案依基隆關來函所示，進口人明知其非屬稅則第 74 章增註 1 所定免稅主體，仍以符合該增註規定爲由申請免稅並爲不實切結，以獲取經濟部工業局（下稱工業局）核發之「進口貨品適用減免稅捐用途證明書」（下稱免稅證明），持憑向該關申請適用稅則增註免稅規定，嗣經工業局撤銷免稅證明在案。揆諸前開說明，進口人顯係以不正當方法獲取主管機關核發之免稅證明並持憑向海關申請免稅，自得依本條例第 43 條「以不正當方法請求免稅」規定論處（財政部關務署 109/04/28 台關緝字第 1081025201 號函）。

第 44 條（追徵處罰期間）

有違反本條例情事者，除依本條例有關規定處罰外，仍應追徵其所漏或沖退之稅款。但自其情事發生已滿五年者，不得再為追徵或處罰。

❖立法（修正）說明❖（62/08/14全文修正）

一、就原條文第 30 條，參照司法院 22 年院字第 1643 號解釋：「其因違犯同條例處罰之行爲，不因發覺之在當時或事後而有區別，雖在事後發覺者，除追繳未納稅款外，亦得再予處罰。」而增列其處罰之規定。

二、參照決算法第 7 條規定[489]將原規定三年修正爲五年。

❖法條沿革❖

原條文	說明
（23/06/01 制定） 第 30 條 有違犯本條例情事，而於事後發覺者，得追繳未納稅款，但以其情事發生後未滿三年者為限。	N/A

[489] 決算法第 7 條規定：「決算所列各項應收款、應付款、保留數準備，於其年度終了屆滿四年，而仍未能實現者，可免予編列。但依其他法律規定必須繼續收付而實現者，應於各該實現年度內，準用適當預算科目辦理之。」

❖條文說明❖

一、說明

依本條規定，有違反本條例情事者，除處罰外，亦應追徵其所漏或沖退之稅款，並於但書訂明追徵或處罰期間爲五年。

二、追徵稅款

（一）追徵所漏之關稅

關稅係對國外進口貨物所課徵之進口稅，性質爲過境稅，故而一有貨物過境，即有課稅事實並生稅捐債權，不以境內消費爲必要，是以，有偷漏關稅者，應追徵所漏稅款。

（二）沒入貨物之影響

1. 不再追徵

(1) 本條例對於偷漏關稅之行爲，並非均以漏稅罰加以規範，如私運（第 27 條、第 36 條、第 39 條第 1 項）或逃避管制（第 37 條第 3 項），以行爲罰作爲罰則，即不論漏稅爲何，概以貨價倍數或沒入貨物處罰。

(2) 於沒入貨物之情形，貨物因進口而生之關稅債權是否同消費稅[490]債權而予免徵？綜觀關稅法全文，並無以「沒入貨物」作爲免稅或免徵關稅之明文，似仍應追徵沒入貨物所偷漏之關稅，惟貨物既經沒入，受處分人再無使用、收益、處分之權能，如仍令其負擔因貨物所生之稅捐債務，於理未合，不無過苛之嫌。

(3) 依財政部 91/11/26 台財關字第 0910062390 號函釋：「廠商進口實施關稅配額貨物

---

[490] 財政部 91/03/11 台財稅字第 0910450215 號函釋：「關於收買私運貨物違反海關緝私條例第 36 條規定處以沒入涉案貨物之案件，得參照財政部 78/01/10 台財稅第 770667593 號函說明二、（二）1 規定，無須依貨物稅條例第 32 條第 10 款規定處漏稅罰。」財政部 93/06/21 台財稅字第 0930030512 號函：「廠商報運貨物進口，藏匿大陸仿冒香菸，經依海關緝私條例規定處以沒入涉案菸品之案件，無須依菸酒稅法第 19 條第 3 款規定補徵**菸酒稅、菸品健康福利捐**及處漏稅罰。」財政部 78/01/10 台財稅字第 770667593 號函釋：「進口貨物違反海關緝私條例之規定，該貨物收貨人或持有人，其營業稅之徵免與處罰依左列原則辦理：（一）依加值型及非加值型營業稅法（以下簡稱營業稅法）第 9 條規定進口免徵營業稅之貨物，於進口時依法既可免徵營業稅，不論有否涉嫌違反海關緝私條例，並不發生補徵營業稅與處罰之問題。（二）進口不屬營業稅法第 9 條規定免徵營業稅之貨物，經查獲涉嫌違反海關緝私條例者，依下列事實分別認定處分之：1. 依照海關緝私條例第 36 條第 3 項、第 37 條、第 38 條、第 39 條及第 43 條之規定，處分沒入貨物或處以罰鍰併沒入貨物之案件，其貨物既予沒入，無須依營業稅法第 51 條規定補稅處罰。2. 依照海關緝私條例第 37 條、第 39 條第 2 項及第 43 條規定，未經沒入僅處以漏稅罰鍰之案件，應按營業稅法第 51 條第 1 項第 7 款規定，追繳稅款並按所漏稅額處五倍以下罰鍰。3. 進口免徵關稅之貨物，除關稅法第 49 條規定者外，其應課徵營業稅者，如有短漏報而發生逃漏營業稅情事，應依營業稅法第 51 條第 1 項第 7 款規定補稅處罰。」

涉及虛報案件，其虛報部分之貨物若**未經處分沒入**，如進口人申請提領，**應按其所漏稅額課徵稅款**，其漏稅額請仍依本部台財關第 0910028083 號函核示，按關稅配額外稅率核計。」之反面解釋，貨物如經處分沒入，即不再按所漏稅額課徵關稅。準此，本文以爲，上開函釋即同消費稅之處理方式，且與事理相符，以之爲免徵依據，亦無不可，是以，「沒入貨物」宜解爲「超法規」之免徵事由。

.裁處沒入貨物價額者，仍應追徵稅款

進口貨物因私運或虛報等違法行爲致有逃漏進口稅捐情事發生，倘貨物事實上不能裁處沒入而須依行政罰法第 23 條第 1 項以裁處沒入貨物價額代替沒入之處分者，是否仍應追徵稅款及處漏稅罰？法無明文，亦無相關釋示可資遵循。本文以爲，裁處沒入貨物價額雖爲替代沒入之措施，惟並無剝奪貨物所有權之效果，貨物既已完成進口而進入課稅區，課稅事實明確，自難比照沒入貨物而免徵稅款。

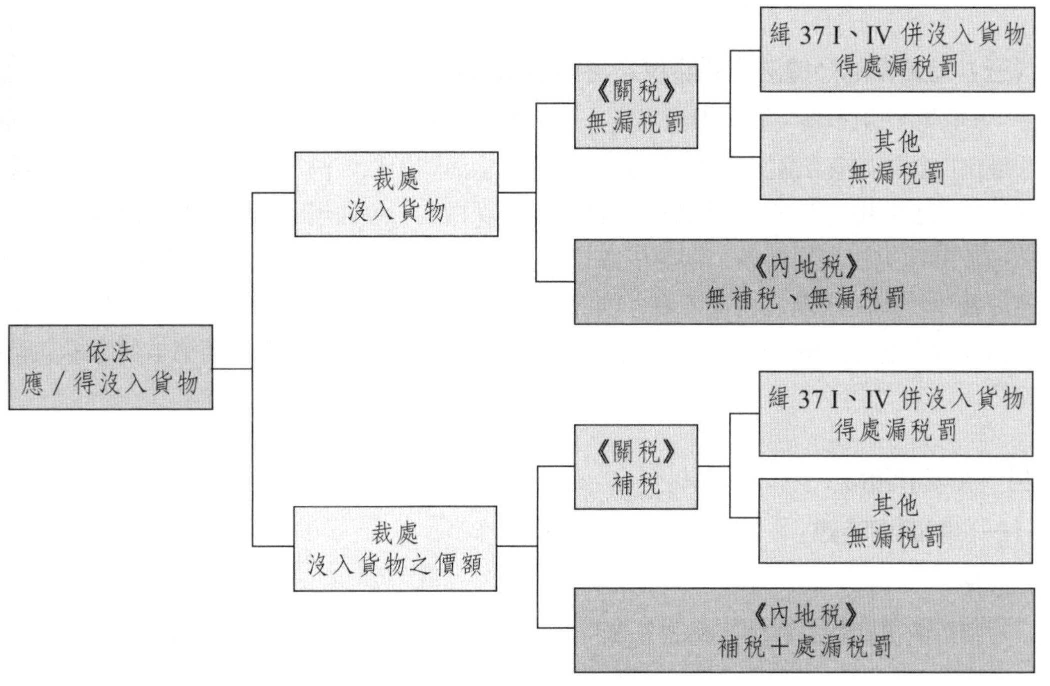

沒入貨物與漏稅罰關係圖

三、追徵期間

（一）核課期間

係指稅捐稽徵機關得以核課稅捐之期間。課稅事實（如繼承、贈與、進口貨物等）

發生後，在稅法規定之一定期間內，稅捐稽徵機關得作成課稅處分，該期間即為核課期間，若超過此期間而未予核課者，即不得再行核課。

（二）關稅之核課期間

關稅法第 18 條第 1 項規定：「為加速進口貨物通關，海關得按納稅義務人應申報之事項，先行徵稅驗放，事後再加審查；該進口貨物除其納稅義務人或關係人業經海關通知依第十三條規定實施事後稽核者外，如有應退、應補稅款者，應於貨物放行之翌日起六個月內，通知納稅義務人，逾期視為業經核定。」第 13 條規定：「海關於進出口貨物放行之翌日起六個月內通知實施事後稽核者，得於進出口貨物放行之翌日起二年內，對納稅義務人、貨物輸出人或其關係人實施之。依事後稽核結果，如有應退、應補稅款者，應自貨物放行之翌日起三年內為之。」上開有關「貨物放行之翌日起六個月內應補稅款」及「貨物放行之翌日起三年內應補稅款」之規定，應屬「關稅」之核課期間[491]，若超過此期間而未予核課者，即不得再行核課。

（三）追徵期間乃違法偷漏關稅之特別核課期間

惟關稅法第 1 條、第 94 條亦規定：「關稅之課徵、貨物之通關，依本法之規定。」「進出口貨物如有私運或其他違法漏稅情事，依海關緝私條例及其他有關法律之規定處理。」依上開規定可知，關稅法固係關於關稅課徵之一般性規範，惟若進出口貨物涉及私運或其他違法漏稅情事，則應依本條例及其他有關法律規定處理之。故進出口貨物若涉及本條例所規範之違章情事，則關於其違章漏稅之追徵，其核課之時效期間依本條但書規定為自情事發生五年內，而與關稅法第 13 條第 1 項、第 18 條第 1 項之規定無涉[492]。

四、處罰期間

（一）裁處權時效

1. 意義

指行政機關對於違反行政法上義務之人得行使裁罰性不利處分之期間，逾此期間而未予裁罰者，則將使裁罰權消滅，不得再予處罰。

2. 一般規定

行政罰法第 27 條第 1 項規定：「行政罰之裁處權，因三年期間之經過而消滅。」

---

491 最高行政法院 109 年度判字第 584 號判決。

492 最高行政法院 100 年度判字第 399 號判決、98 年度判字第 10 號判決意旨參照。

依上開規定，一般裁處權時效爲三年。

（二）本條例之裁處權時效

1. 本條爲特別規定

承上，行政罰之裁處權時效，原則因三年期間之經過而消滅，即逾時效而不得再爲裁處。惟同法第 1 條但書規定：「違反行政法上義務而受罰鍰、沒入或其他種類行政罰之處罰時，適用本法。**但其他法律有特別規定者，從其規定**。」本條例第 44 條但書規定屬對海關緝私條例違章行爲裁罰時效之特別規定，依行政罰法第 1 條但書規定，自應優先於該法第 27 條第 1 項而爲適用；換言之，違反本條例規定所應爲之裁處，依本條但書規定：「但自其情事發生已滿五年者，不得再爲追徵或處罰。」其裁處權時效爲五年。

2. 適用範圍

本條例處理事項，因不限於進出口貨物違法漏稅，且及於其貿易管制事宜，是本條但書規定之五年處罰時效，並非以有「追徵稅款」或「依漏稅款裁處罰鍰」時始有其適用，凡本條例規範之各種行政裁罰，其時效均一概延長爲五年[493]。

3. 期間之起算

(1) 一般情形—自違反本條例情事發生起算

本條但書規定：「但其情事發生已滿五年者，不得再爲追徵或處罰。」係以「其情事發生」爲裁處權時效之起算時點，而所稱「其情事」即指本文之「有違反本條例情事」，例如，報運進出口有虛報情事或私運貨物進出口而有違反本條例第 37 條、第 36 條規定，即分別以申報日、私運行爲日爲起算時點。

(2) 特別情況

A. 同時涉及違反刑事法律者—自司法處分／裁判確定日起算

(A) 按行政罰法第 26 條第 1 項規定：「一行爲同時觸犯刑事法律及違反行政法上義務規定者，依刑事法律處罰之。但其行爲應處以其他種類行政罰或得沒入之物而未經法院宣告沒收者，亦得裁處之。」一行爲如同時違反本條例規定，亦觸犯刑事法律規定（例如，私運未開放之大陸香菇逾 1,000 公斤，已同時違反本條例第 36 條及觸犯懲治走私條例第 2 條規定），即應依刑事法律（即懲治走私條例）處罰之，違反本條例之部分則不再論究。(B) 惟行政罰法第 26 條第 2 項規定：「前項行爲如經不起訴處分、緩起訴處分確定或爲無罪、免訴、不受理、不付審理、不付保護處分、免刑、緩刑之裁判

---

[493] 最高行政法院 110 年度上字第 227 號判決意旨參照。

確定者，得依違反行政法上義務規定裁處之。」亦即經司法機關審認結果，未依刑事法律規定處罰者，行政機關得就違反行政法上義務部分，予以行政裁處。此際，依同法第27條第3項規定：「前條第二項之情形，第一項期間自不起訴處分、緩起訴處分確定或無罪、免訴、不受理、不付審理、不付保護處分、免刑、緩刑之裁判確定日起算。」裁處權時效即自處分／裁判確定日起算。

B. 行政裁處經行政救濟程序撤銷者－自被撤銷確定之日起算

行政罰法第27條第4項規定：「行政罰之裁處因訴願、行政訴訟或其他救濟程序經撤銷而須另爲裁處者，第一項期間自原裁處被撤銷確定之日起算。」處分經撤銷後，即不復存在，如撤銷處分時，並諭知須另爲處分時，則該處分之裁處權時效，依上開規定，即自原裁處被撤銷確定之日起算。

五、海關代徵內地稅之核課及處罰期間

（一）海關代徵之稅目

依現行稅法規定，國外輸入之進口貨物，由海關代徵之稅捐包括貨物稅[494]、菸酒稅[495]、菸品健康福利捐[496]、特種貨物及勞務稅[497]、營業稅[498]。

（二）代徵稅捐之核課及處罰期間

1. 核課及處罰期間之法據

稅捐稽徵法第35條之1規定：「國外輸入之貨物，由海關代徵之稅捐，其徵收及行政救濟程序，準用關稅法及海關緝私條例之規定辦理。」進口貨物由海關代徵之稅捐，雖依上開規定，其徵收及救濟程序準用關稅法及本條例規定，惟稅捐之「核課期間」及「應否處罰」係屬實體事項，非程序事項，尚無上開準用規定之適用[499]，是以，

---

494 貨物稅條例第23條第2項規定：「進口應稅貨物，納稅義務人應向海關申報，並由海關於徵收關稅時代徵之。」

495 菸酒稅法第12條第2項規定：「進口應稅菸酒，納稅義務人應向海關申報，並由海關於徵收關稅時代徵之。」

496 菸害防制法第6條規定：「菸品健康福利捐由菸酒稅稽徵機關於徵收菸酒稅時代徵之；其繳納義務人、免徵、退還、稽徵及罰則，依菸酒稅法之規定辦理。」

497 特種貨物及勞務稅條例第16條第6項規定：「進口特種貨物應徵之稅額，納稅義務人應向海關申報，並由海關代徵之；其徵收及行政救濟程序，準用關稅法及海關緝私條例之規定辦理。」

498 加值型及非加值型營業稅法第41條規定：「貨物進口時，應徵之營業稅，由海關代徵之；其徵收及行政救濟程序，準用關稅法及海關緝私條例之規定辦理。」

499 財政部86/02/14台財稅字第861884082號函釋：「稅捐稽徵法第35條之1規定：『國外輸入之貨物，由海關代徵之稅捐，其徵收及行政救濟程序，準用關稅法及海關緝私條例之規定辦理。』進口貨物由海關代徵之貨物稅，其核課期間係屬實體事項，非程序事項，故尚無上開法條之適用，仍應依稅捐稽徵法第21條規定辦理。」財政部97/05/01台財稅字第09704523310號函釋：「主旨：有關貴局對於本部

務稅捐之核課及處罰期間，並無適用本條但書規定之餘地，仍應依稅捐稽徵法有關核課及處罰期間之規定。

2.代徵稅捐之核課期間

稅捐稽徵法第21條規定：「稅捐之核課期間，依下列規定：一、**依法應由納稅義務人申報繳納之稅捐，已在規定期間內申報，且無故意以詐欺或其他不正當方法逃漏稅捐者，其核課期間為五年**。二、依法應由納稅義務人實貼之印花稅，及應由稅捐稽徵機關依稅籍底冊或查得資料核定課徵之稅捐，其核課期間為五年。三、未於規定期間內申報，**或故意以詐欺或其他不正當方法逃漏稅捐者，其核課期間為七年**（Ⅰ）。在前項核課期間內，經另發現應徵之稅捐者，仍應依法補徵或並予處罰；在核課期間內未經發現者，以後不得再補稅處罰（Ⅱ）。」依上開規定，海關代徵內地稅之核課期間，原則為五年，但故意以詐欺或其他不正當方法逃漏稅捐者，則核課期間為七年。

3.漏稅之處罰期間

稅捐稽徵法第49條第1項本文規定：「滯納金、利息、滯報金、怠報金及罰鍰等，除本法另有規定者外，準用本法有關稅捐之規定。……」海關代徵內地稅之漏稅處罰期間，依稅捐稽徵法第49條第1項準用第21條第1項第1款及第3款規定，即同稅捐核課期間，處罰期間原則為五年，但故意以詐欺或其他不正當方法逃漏稅捐者，則處罰期間為七年。

稅捐之核課期間及裁處權時效

		關稅	內地稅
核課期間	原則	6個月（關18Ⅰ） 或3年（關13）	5年（稅21Ⅰ①） 或7年（稅21Ⅰ③）
	例外	5年 （緝44但書）	
裁處權時效		5年 （緝44但書）	同核課期間 （稅49Ⅰ準用21Ⅰ①③）

96/10/23台財稅字第09604553460號函適用疑義乙案。說明：二、按稅捐稽徵法第35條之1規定，國外輸入之貨物，由海關代徵之稅捐，其徵收及行政救濟程序，準用關稅法及海關緝私條例之規定辦理。**進口貨物漏繳貨物稅應否處罰，係屬實體事項**，應依貨物稅條例相關規定辦理，尚無上開準用海關緝私條例規定之適用，先此敘明。三、查本部96/10/23台財稅字第09604553460號函釋已明確規定，應課徵貨物稅之貨物，進口人於進口時未據實申報應納之貨物稅，經海關緝獲，應依貨物稅條例第32條第10款規定補稅處罰。按此，上揭函釋適用之範圍，並不以實際到貨與申報不符，違反海關緝私條例規定而涉及逃漏貨物稅者為限，凡未據實申報應納之貨物稅經查獲有逃漏情事者，應均有其適用。」

❖精選案例❖

查獲進口貨卻未能取具報關單及相關稅費等憑證而有漏稅事實，惟未能證明係出於私運或以其他不法方式進口者，僅依第 44 條規定追徵所漏稅款（最高行政法院 96 年度判字第 1885 號判決）。

❖釋示函令❖

1.廠商進口虛報經查無漏稅額或屬免罰，仍應依本條例第44條規定追徵關稅並核發處分書

主旨：廠商進口貨物涉虛報情事，經查無漏稅額或屬符合海關緝私條例第 45 條之 1 情節輕微認定標準[500]之免罰案件，應否依海關緝私條例第 44 條規定追徵關稅並核發處分書乙案。

說明：二、按稅捐之繳納乃法定義務之履行，而行政罰則係對違反行政法上義務行為之處罰，二者性質並不相同，不得混為一談。是否構成繳納義務或違反義務，仍應就其各別之構成要件判斷之，縱違反義務之行為依法免予處罰，亦僅免除其違章之行政責任，而於稅捐繳納義務之判斷，不受任何影響。三、查依據關稅法第 94 條：「進出口貨物如有私運或其他違法漏稅情事，依海關緝私條例及其他有關法律之規定處理。」及海關緝私條例第 44 條：「有違反本條例情事，除依本條例有關規定處罰外，仍應追徵其所漏或沖退之稅款。…… 」同條例第 46 條第 1 項：「海關依本條例處分之緝私案件，應制作處分書送達受處分人。」等規定，復參照本總局 92/11/12 台總政緝字第 0920601113 號函示意旨，有關違反海關緝私條例之案件，其相關所漏稅款仍應由海關制作處分書追徵之，要無疑義。旨揭屬符合海關緝私條例第 45 條之 1 情節輕微認定標準之免罰案件，因仍屬違反海關緝私條例，僅係依法酌情免除其違章所生之責任，並未一併免除其稅捐繳納之義務，故而所漏之進口稅，倘未罹於同條例第 44 條規定之五年追徵期間，海關即應制作處分書追徵之。四、至於虛報案件，如查無漏稅結果，且未涉及逃避管制或非屬單科沒入者，應否核發處分書乙節，以是類案件因無漏稅，依財政部 83/08/02 台財關字第 830259945 號函示意旨，既不得依海關緝私條例第 37 條第 1 項規定處罰，自無核發處分書之餘地（財政部關稅總局 101/06/14 台總局緝字第 1011006659 號函）。

2.海關緝私條例第44條規定屬對違章行為裁罰時效之特別規定，應優先於行政罰法第27條第1項及第2項而為適用

主旨：海關沒入貨物裁處權時效等疑義乙案。

---

[500] 即現行「海關緝私案件減免處罰標準」。

明：一、依據法務部 103/02/11 法律字第 10303501590 號書函辦理。二、經參據前揭務部書函說明，本案沒入貨物（或其價額）之裁處權時效應於停止原因消滅（未宣沒收之判決確定）之翌日起算（行政罰法第 28 條第 2 項規定參照）（財政部關務署03/02/18 台關緝字第 1031002990 號函）。

附件：法務部103/02/11法律字第10303501590號書函

主旨：所詢有關海關沒入貨物裁處權時效等疑義乙案，復如說明。

說明：二、按行政罰法第 1 條、海關緝私條例第 44 條規定：「違反行政法上義務而受罰鍰、沒入或其他種類行政罰之處罰時，適用本法。但其他法律有特別規定者，從其規定。」「有違反本條例情事者，除依本條例有關規定處罰外，仍應追繳其所漏或沖退之稅款。但自其情事發生已滿五年者，不得再為追繳或處罰。」海關緝私條例前開規定，屬對違章行為裁罰時效之特別規定，應優先於行政罰法第 27 條第 1 項及第 2 項而為適用。準此，行政機關依海關緝私條例第 36 條第 3 項沒入私運貨物，其裁罰時效應優先適用海關緝私條例第 44 條規定（最高行政法院 101 年裁字第 1411 號裁定參照）。三、次查海關緝私條例就一行為同時觸犯刑事法律及違反該條例所定義務之情形並無特別規定，爰應回歸適用行政罰法相關規定。按行政罰法第 26 條第 1 項規定：「一行為同時觸犯刑事法律及違反行政法上義務規定者，依刑事法律處罰之。但其行為應處以其他種類行政罰或得沒入之物而未經法院宣告沒收者，亦得裁處之。」爰以，一行為同時觸犯刑事法律及違反海關緝私條例所定義務者，海關依該條例第 36 條第 3 項規定得沒入之私運貨物，須於「未經法院宣告沒收」時始具有沒入之裁處權。四、再按行政罰法第 28 條第 1 項規定：「裁處權時效，因天災、事變或依法律規定不能開始或進行裁處時，停止其進行。」其立法意旨略以：「裁罰權若懸之過久不予行使，將失去其制裁之警惕作用，亦影響人民權益，俾藉此督促行政機關及早行使公權力，惟如行政機關因天災（如九二一地震）、事變致事實上不能執行職務或法律另有規定之事由，無法開始或進行裁處時，因非屬行政機關之懈怠，自宜停止時效進行，爰規定裁處權時效之停止事由。」查本件一行為同時觸犯刑事法律及違反海關緝私條例所定義務，經法院判決「有罪」確定，而未宣告沒收，尚非行政罰法第 26 條第 2 項及第 27 條第 3 項所規範之情形。又本案因法院未宣告沒收，故海關依行政罰法第 26 條第 1 項及海關緝私條例第 36 條第 3 項規定得沒入私運貨物。另在刑事法院未就宣告沒收與否判決確定前，海關不得裁處沒入貨物，此應屬行政罰法第 28 條第 1 項規定「裁處權時效，因依法律規定不能開始」之情形，故其裁處權時效在法院判決確定前應停止進行。爰以，本案沒入貨物

（或其價額）之裁處權時效應於停止原因消滅（未宣告沒收之判決確定）之翌日起算（行政罰法第28條第2項規定參照），尚無類推行政罰法第27條第3項之必要（法務部 103/02/11 法律字第 10303501590 號函）。

3. 已罹於菸酒管理法裁處權時效之運輸私菸行爲，仍得於海關緝私條例裁處時效內依該條例裁處

主旨：船長以漁船私運菸品進口，違反菸酒管理法（下稱菸管法）案件，倘主管機關未爲裁處而罹於三年裁處權時效，海關得否於海關緝私條例（下稱本條例）所定五年裁處期間內依本條例裁處一案。

說明：二、按財政部國庫署函釋意旨略以，菸管法第 46 條第 2 項之立法目的，主要在統一運輸私菸酒違章之「裁罰標準」，就一行爲同時違反菸管法第 46 條第 1 項與本條例相關規定而應處罰鍰者，一律優先引據前者裁處，並非成立菸管法第 46 條第 1 項違章者，即不成立本條例違章。本案就菸管法而言已罹於三年裁處權時效，自與本條例不生裁處權競合問題，復衡酌菸管法第 46 條第 2 項規定於 104 年 1 月 1 日修正施行前，與本條例適用競合時係採從一重原則裁處，而修正施行後，未依菸管法第 46 條第 1 項論罰，仍得依本條例規定審認核處，爰基於法律適用一致性及符合平等原則考量，應可適用本條例相關規定，惟是否該當本條例第 36 條第 1 項之處罰構成要件，請本諸權責審認之（財政部關務署 108/07/11 台關緝字第 1081014062 號函）。

4. 已罹於藥事法裁處權時效之未經核准擅自輸入醫療器材行爲，仍得於海關緝私條例裁處時效內依該條例裁處

主旨：所報○○公司報運貨物進口，一行爲同時違反藥事法及海關緝私條例（下稱本條例）規定而從重依藥事法論處，因藥事法主管機關未處罰鍰而罹於三年裁處權時效，惟仍在本條例所定五年裁處期間內，應否依本條例裁處罰鍰一案。

說明：二、按前開法務部函釋意旨略以，行政罰法第 24 條第 1 項規定，係就同一違反行政法上義務之事實（案件）限制行政機關之裁處權，以避免一事不二罰，故遇有無法依法定罰鍰較高之規定裁罰時（例如逾裁處權時效），尚非不得依法定罰鍰較低而裁處權時效尚未消滅之規定予以裁罰，另同法第 31 條第 2 項乃在規定數機關均有管轄權時，其管轄競合之處理方式，並未剝奪各主管機關之管轄權及裁罰權。倘法定罰鍰額最高之主管機關，因其裁處權罹於時效而不能進行裁處，惟仍有法定罰鍰額較低而裁處權時效尚未消滅之規定可資適用者，仍得由該尚未罹於裁處權時效之法律主管機關依法另爲裁處之。準此，本案仍有本條例裁罰規定之適用，至於具體案件是否確有違反本條例之違章情事，核屬個案事實認定問題，請就調查所得事證，本諸職權核實審認之（財政部關署 107/10/01 台關緝字第 1071021940 號函）。

附件：法務部107/09/05法律字第10703513150號函

主旨：有關廠商報運貨物進口，一行爲同時違反藥事法及海關緝私條例規定而從重依藥事法論處，因藥事法主管機關未處罰鍰而罹於三年裁處權時效，惟仍在海關緝私條例所定五年裁處期間內，海關應否裁處罰鍰疑義乙案，復如說明二、三，請查照參考。

說明：二、按行政罰法（下稱本法）第 24 條第 1 項規定：「一行爲違反數個行政法上義務規定而應處罰鍰者，依法定罰鍰額最高之規定裁處。但裁處之額度，不得低於各該規定之罰鍰最低額。」其立法意旨在於一行爲違反數個行政法上義務規定而應處罰鍰者，因行爲單一，且違反數個規定之效果均爲罰鍰，處罰種類相同，從其一重處罰已足以達成行政目的，故僅得裁處一個罰鍰，並依法定罰鍰額最高之規定裁處，惟仍不得低於各該規定之罰鍰最低額。準此，上開規定係就同一違反行政法上義務之事實（案件）限制行政機關之裁處權，以避免一事不二罰，故遇有無法依法定罰鍰較高之規定裁罰時（例如逾裁處權時效），尚非不得依法定罰鍰較低而裁處權時效尚未消滅之規定予以裁罰。三、次按本法第 31 條第 2 項規定：「一行爲違反數個行政法上義務而應處罰鍰，數機關均有管轄權者，由法定罰鍰額最高之主管機關管轄。法定罰鍰額相同者，依前項規定定其管轄。」乃在規定數機關均有管轄權時，其管轄競合之處理方式，並未剝奪各主管機關之管轄權及裁罰權（立法理由參照）。從而來函所述情形，倘法定罰鍰額最高之主管機關，因其裁處權罹於時效而不能進行裁處，惟如上所述，仍有法定罰鍰額較低而裁處權時效尚未消滅之規定可資適用者，仍得由該尚未罹於裁處權時效之法律主管機關依法另爲裁處之。

5. 海關沒入貨物（或其價額）之裁處權時效，應於停止原因消滅（未宣告沒收之判決確定）之翌日起算

主旨：海關沒入貨物裁處權時效等疑義乙案。

說明：一、依據法務部 103/02/11 法律字第 10303501590 號書函辦理。二、經參據前揭法務部書函說明，本案沒入貨物（或其價額）之裁處權時效應於停止原因消滅（未宣告沒收之判決確定）之翌日起算（行政罰法第 28 條第 2 項規定參照）（財政部關務署 103/02/18 台關緝字第 1031002990 號函）。

附件：法務部103/02/11法律字第10303501590號書函

主旨：所詢有關海關沒入貨物裁處權時效等疑義乙案，復如說明。

說明：二、按行政罰法第1條、海關緝私條例第44條規定：「違反行政法上義務而受罰鍰、沒入或其他種類行政罰之處罰時，適用本法。但其他法律有特別規定者，從其規定。」「有違反本條例情事者，除依本條例有關規定處罰外，仍應追繳其所漏或沖退之稅款。但自其情事發生已滿五年者，不得再爲追繳或處罰。」海關緝私條例前開規定，屬對違章行爲裁罰時效之特別規定，應優先於行政罰法第27條第1項及第2項而爲適用。準此，行政機關依海關緝私條例第36條第3項沒入私運貨物，其裁罰時效應優先適用海關緝私條例第44條規定（最高行政法院101年裁字第1411號裁定參照）。三、次查海關緝私條例就一行爲同時觸犯刑事法律及違反該條例所定義務之情形並無特別規定，爰應回歸適用行政罰法相關規定。按行政罰法第26條第1項規定：「一行爲同時觸犯刑事法律及違反行政法上義務規定者，依刑事法律處罰之。但其行爲應處以其他種類行政罰或得沒入之物而未經法院宣告沒收者，亦得裁處之。」爰以，一行爲同時觸犯刑事法律及違反海關緝私條例所定義務者，海關依該條例第36條第3項規定得沒入之私運貨物，須於「未經法院宣告沒收」時始具有沒入之裁處權。四、再按行政罰法第28條第1項規定：「裁處權時效，因天災、事變或依法律規定不能開始或進行裁處時，停止其進行。」其立法意旨略以：「裁罰權若懸之過久不予行使，將失去其制裁之警惕作用，亦影響人民權益，俾藉此督促行政機關及早行使公權力，惟如行政機關因天災（如九二一地震）、事變致事實上不能執行職務或法律另有規定之事由，無法開始或進行裁處時，因非屬行政機關之懈怠，自宜停止時效進行，爰規定裁處權時效之停止事由。」查本件一行爲同時觸犯刑事法律及違反海關緝私條例所定義務，經法院判決「有罪」確定，而未宣告沒收，尙非行政罰法第26條第2項及第27條第3項所規範之情形。又本案因法院未宣告沒收，故海關依行政罰法第26條第1項及海關緝私條例第36條第3項規定得沒入私運貨物。另在刑事法院未就宣告沒收與否判決確定前，海關不得裁處沒入貨物，此應屬行政罰法第28條第1項規定「裁處權時效，因依法律規定不能開始」之情形，故其裁處權時效在法院判決確定前應停止進行。爰以，本案沒入貨物（或其價額）之裁處權時效應於停止原因消滅（未宣告沒收之判決確定）之翌日起算（行政罰法第28條第2項規定參照），尙無類推行政罰法第27條第3項之必要。

第 45 條（再犯之加重處罰）

追徵或處罰之處分確定後，五年內再犯本條例同一規定之行為者，其罰鍰得加重二分之一，犯三次以上者，得加重一倍。

❖立法（修正）說明（62/08/14全文修正）

原條文第 29 條文字修正，「罰金」改爲「罰鍰」。

❖法條沿革❖

原條文	說明
（23/06/01 制定） 第 29 條 自處分確定之日起，五年以內，再犯本條例同條之規定者，其罰金得加重二分之一，犯三次以上者得加重一倍。	N/A

❖條文說明❖

一、說明

本條係就「再犯」規範加重處罰之要件及法律效果。本條之加重處罰爲「得」加重而非「應」加重，行政機關有裁量是否予加重處罰之權責。又行使裁量權時，不得逾越法定之裁量範圍，並應符合法規授權之目的[501]，如作成裁量與法律授權之目的不符，或出於無合理關聯之動機、理由或違反一般法律原理、原則，而不論個案情節輕重，一律加重，致生行爲人所受之處罰超過其所應負擔罪責，則有濫用裁量之瑕疵，亦有不符罪刑相當原則及牴觸比例原則之虞。

二、加重處罰

（一）加重之要件

1. 追徵或處罰之處分確定後

(1) 本條加重處罰之適用，必以行爲之再犯爲前提，而所謂之再犯，即再次違犯之意，亦即於首次違犯本條例後，再次違犯本條例，始足當之。對於首犯，本條特定，應有「追徵或處罰之處分」且「已確定」之狀態方得認定「再犯」。而所稱「追徵或處罰之處分」，即依本條例所處罰之追徵稅款及行政罰（包括罰鍰、沒入及其他種

---

501 行政程序法第 10 條規定。

類行政罰），追徵與處罰，不必俱在，有其一即可，是以個案如有不予處罰情形（如未有故意、過失、小額漏稅、主動更正或陳報等）而僅追徵稅款者，亦得認構成「首犯」，作爲判斷是否構成再犯之準據。

(2) 所謂「確定」，係指處分經過法定救濟期間而未提起救濟，或已窮盡通常救濟管道而言。換言之，對於處分如已不能再依循通常程序尋求救濟之狀態，該處分即屬「確定」。

(3) 本條之加重處罰，乃「得」加重，海關有裁量權。實務上，爲簡化行政作業及節省稽徵成本，適用海關緝私案件減免處罰標準規定免予處罰之輕微案件，追徵之進口稅款未逾新臺幣 5,000 元者，得以核發稅款繳納證之簡易方式處分，此類免罰而追徵小額稅款案件，因其漏稅情形輕微且不涉及處罰，故處分縱經確定，亦不列作加重處罰之事由[502]，亦即不當作「首犯」。

(4) 另，一行爲同時違反海關緝私條例及其他法律規定，經依法移送其他機關處罰而海關已不得再爲裁處且亦未辦理追徵者，即無依該條例處分之事實存在，自不符合本條所訂「追徵或處罰之處分確定」要件，嗣後五年內再犯該條例同一規定之行爲者，尚難據以依該條規定而加重處罰[503]。

2. 五年內再犯本條例同一規定之行爲

(1) 所稱之再犯，指同一行爲主體再次違犯本條例之行爲而言。如屬不同行爲主體，則不符再犯之要件，要難依本條規定予以加重處罰。獨資商號應以該獨資經營之自然人爲權利義務主體，如有觸犯稅法上之違章事實應受處罰時，亦應以該獨資經營之自然人（登記負責人）爲論處對象；倘獨資商號前後二案違章如非屬同一行爲主體（負責人）所爲，即無該條「累犯」加重處罰規定之適用[504]。

(2) 所稱「再犯本條例『同一規定之行爲』」，指再犯「同條項規定之行爲」，無細分至「款」之情形[505]。

(3)「追徵或處罰之處分確定後」爲五年時間之起算時點，縱因二案之確定日爲同一日，

---

502 財政部關務署 105/02/17 台關政緝字第 1056002906 號函。

503 財政部關務署 103/08/20 台關緝字第 1031012757 號函。

504 財政部關務署 109/02/06 台關緝字第 1081020393 號函釋：「主旨：獨資商號前負責人違反海關緝私條例（下稱本條例）相關規定經處分確定，嗣變更負責人後再犯同一規定，得否依本條例第 45 條規定加重處罰一案。說明：二、按財政部 86/05/07 台財稅第 861894479 號函核釋略以，獨資商號應以該獨資經營之自然人為權利義務主體，如有觸犯稅法上之違章事實應受處罰時，亦應以該獨資經營之自然人（登記負責人）為論處對象。次按本條例第 45 條『累犯』加重處罰規定，係就同一行為主體處分確定後五年內再犯同一規定之行為，予以加重罰鍰之裁處。準此，旨揭獨資商號前後二案違章既非屬同一行為主體（負責人）所為，自無該條『累犯』加重處罰規定之適用。……」。

505 財政部 92/12/16 台財關字第 0920550915 號函。

仍應以該確定日爲起算時點，自該日起五年內再犯該條例同一規定之行爲者，其罰鍰得加重二分之一；五年內再犯三次以上者，得加重一倍[506]。

（二）加重之範圍

僅止於罰鍰，不及於其他之行政罰（例如沒入、停止結關處分等）。

（三）加重之方式

應照所犯法條規定，得科處之數額或倍數，最高最低均予加重，然後在此限度內依其情節輕重裁量決定其罰鍰金額或倍數[507]。例如，本條例第 27 條第 1 項罰則爲「新臺幣五萬元以上五十萬元以下罰鍰」，經加重後，其法定罰鍰範圍應爲「新臺幣十萬元以上一百萬元以下罰鍰」，並就此範圍內裁罰。

（四）加重之程度

五年內再犯者，其罰鍰得加重二分之一，犯三次以上者，得加重一倍。所稱犯三次以上，係以第二次之處分亦確定後，始對第三次以上續犯者審酌加重罰鍰一倍[508]。

三、本文建議

（一）本條刪除。

（二）查現行立法予明文加重再犯之處罰者，幾希矣，且據筆者觀察實務執行狀況，再犯之案件，不論情節，均一律加重，已有濫用裁量之疑慮。另，考量實務之加重處罰，不論加重二分之一或加重一倍之結果，均仍在法定罰鍰之範圍內，是縱未有本條規定，仍得就其再犯行爲依行政罰法第 18 條第 1 項規定：「裁處罰鍰，應審酌違反行政法上義務行爲應受責難程度、所生影響及因違反行政法上義務所得之利益，並得考量受處罰者之資力。」於法定罰鍰範圍內酌量予以重罰，以充分實現個案正義及規範目的。基此，本條之存在，似無實益，爲免執行上徒生爭議，爰建議刪除本條規定。

❖釋示函令❖

1.「加重處罰」應照法定最高最低數額均予加重後，在該限度內裁決

主旨：關於海關緝私條例第 45 條規定之加重處罰，應照所犯法條規定，得科處之數額或倍數，最高最低均予加重，然後在此限度內裁決。

---

506 財政部 96/07/18 台財關字第 09600297000 號函。

507 財政部 63/06/05 台財關字第 14964 號函。

508 財政部 93/08/13 台財關字第 09300415460 號函。

說明：關於同一受處分人連續觸犯本條例同一規定而未經處分確定者，仍得由各關就罰則各條規定之最低與最高處罰標準，依其情節輕重裁量決定其罰鍰金額或倍數（財政部 63/06/05 台財關字第 14964 號函）。

2. 所稱犯同一規定之行為，係指犯同條項規定之行為

主旨：海關緝私條例第 45 條規定所稱「再犯本條例『同一規定之行為』」，指再犯「同條項規定之行為」。

說明：二、行政機關所為行政罰之目的，係為維持行政秩序，達成國家行政之目的。查海關緝私條例第 37 條第 1 項各款規定，所處罰者乃報運人違反其依法應誠實申報之義務，亦即報運人對於進口貨物之虛報行為；至同條例第 45 條則係為嚴懲行為人再犯同一規定之行為而加重處罰。為避免行為人利用該條例第 37 條第 1 項各款所列之不同違法行為態樣逃漏進口稅捐，藉以規避加重處罰規定，而使上開行政目的無法達成。是再犯海關緝私條例第 37 條「同條項」規定之行為者，即有本條例第 45 條之加重處罰規定之適用。至於同條例第四章罰則中其他列有處罰規定之條文，因僅屬分項列明不同之違法行為態樣，或構成處罰要件，且無細分至「款」之情形，是以再犯「同條項」規定之行為者，即構成本條例第 45 條之再犯「同一規定」之行為（財政部 92/12/16 台財關字第 0920550915 號函）。

3. 犯三次以上得加重罰鍰者，係以第二次之處分亦確定後始對續犯者加重罰鍰

所報海關緝私條例第 45 條所稱犯三次以上，得加重罰鍰一倍之規定，擬以第二次之處分亦確定後，始對第三次以上續犯者審酌加重罰鍰一倍案，准予備查（財政部 93/08/13 台財關字第 09300415460 號函）。

4. 本條例第45條累犯加重處罰規定，應以追徵或處分確定日為起算時點

主旨：所報海關緝私條例第 45 條有關五年內再犯本條例同一規定之行為者，及犯三次以上者，究應以確定日期或案件數為計算基準一案。

說明：二、查海關緝私條例第 45 條係對五年內犯同一規定之累犯所為加重處罰規定，爰「追徵或處罰之處分確定後」為五年時間之起算時點，縱因二案之確定日為同一日，仍應以該確定日為起算時點，自該日起五年內再犯該條例同一規定之行為者，其罰鍰得加重二分之一；五年內再犯三次以上者，得加重一倍，始符合該條文之立法意旨（財政部 96/07/18 台財關字第 09600297000 號函）。

5. 一行為同時違反本條例及其他法規，經其他機關處罰而海關已不得再為裁處，嗣後再犯同一規定行為者得否據以加重處罰釋疑

主旨：所報一行為同時違反海關緝私條例及其他法規，經其他機關處罰確定後海關依法不再裁處，則該次行爲是否仍應列入廠商違規紀錄，以作爲海關緝私條例第 45 條適用加重處罰之憑據乙案。

說明：二、按一行爲同時違反海關緝私條例及其他法律規定，經依法移送其他機關處罰而海關已不得再爲裁處且亦未辦理追徵者，即無依該條例處分之事實存在，自不符合第 45 條所訂「追徵或處罰之處分確定」要件，嗣後五年內再犯該條例同一規定之行爲者，尚難據以依該條規定而加重處罰。三、另按行政罰法第 18 條第 1 項規定：「裁處罰鍰，應審酌違反行政法上義務行爲應受責難程度、所生影響及因違反行政法上義務所得之利益，並得考量受處罰者之資力。」又行政程序法第 10 條規定：「行政機關行使裁量權，不得逾越法定之裁量範圍，並應符合法規授權之目的。」是以，貴關依海關緝私條例規定爲行政裁罰時，自得斟酌旨揭情事，於法定罰鍰金額範圍內酌量予以重罰，以實現個案正義及規範目的，併此敘明（財政部關務署 103/08/20 台關緝字第 1031012757 號函）。

6. 小額漏稅免罰案件，得以核發稅款繳納證之簡易方式處分，不列入第45條加重處罰事由

主旨：爲期簡化行政作業及節省稽徵成本，適用海關緝私案件減免處罰標準規定免予處罰之輕微案件，追徵之進口稅款未逾新臺幣 5,000 元者，得以核發稅款繳納證之簡易方式處分。

說明：二、旨揭免罰追徵小額稅款案件，因其漏稅情形輕微且不涉及處罰，故處分縱經確定，亦不列作海關緝私條例第 45 條規定加重處罰之事由（財政部關務署 105/02/17 台關政緝字第 1056002906 號函）。

7. 獨資商號前後二案違章既非屬同一行爲主體所爲，自無累犯加重處罰規定之適用

主旨：獨資商號前負責人違反海關緝私條例（下稱本條例）相關規定經處分確定，嗣變更負責人後再犯同一規定，得否依本條例第 45 條規定加重處罰一案。

說明：二、按財政部 86/05/07 台財稅字第 861894479 號函核釋略以，獨資商號應以該獨資經營之自然人爲權利義務主體，如有觸犯稅法上之違章事實應受處罰時，亦應以該獨資經營之自然人（登記負責人）爲論處對象。次按本條例第 45 條「累犯」加重處罰規定，係就同一行爲主體處分確定後五年內再犯同一規定之行爲，予以加重罰鍰之裁處。準此，旨揭獨資商號前後二案違章既非屬同一行爲主體（負責人）所爲，自無該條「累犯」加重處罰規定之適用。三、另獨資商號前負責人倘藉由變更負責人之方式，以規避本條例第 45 條「累犯」加重處罰規定之適用，而與變更後負責人（按即報單所載「納稅義務人」或「貨物輸出人」，下稱進出口人）故意共同實施違反本條例第 37 條「虛報」之違章行爲，縱其不具進出口人身分，仍應按行政罰法第 14 條第 1 項、第 2 項規定，依本條例第 37 條規定予以處罰。又獨資商號前負責人倘未受處罰，亦得視其是否因該案違章受有財產上利益，而依行政罰法第20條第2項規定追繳其不當利得（法務部103/04/01法律字第10303503100號函意旨參照），併予敘明（財政部關務署109/02/06台關緝字第1081020393號函）。

第45條之1（情節輕微之減免處罰）

I 依本條例規定應處罰鍰之行為，其情節輕微者，得減輕或免予處罰。

II 前項情節輕微及減免標準，由財政部定之。

❖立法（修正）說明❖（102/05/31修正）

鑑於違反本條例行政義務之情節輕微行為，不限於依第36條第1項、第37條第1項、第2項、第4項規定處罰鍰之案件，爰參照稅捐稽徵法第48條之2規定修正本條，定明依本條例規定應處罰鍰之案件，其情節輕微者得減輕或免予處罰，其情節輕微及減免標準並授權由財政部定之，以符合比例原則。

❖法條沿革❖

原條文	說明
（72/12/13增訂） 第45條之1 應依第三十六條第一項、第三十七條第一項、第四項處以罰鍰之案件，情節輕微並合於財政部之規定者，得免予處罰。	一、本條新增。 二、對於違反海關緝私條例之案件，其情節輕微，私貨價值或所逃漏或溢沖退稅額在新臺幣5,000元以下者，得免予處罰，爰增列本條。
（96/03/02修正） 第45條之1 應依第三十六條第一項、第三十七條第一項、第二項、第四項及第四十一條第一項規定處以罰鍰之案件，情節輕微者，得免予處罰。 前項情節輕微之認定標準，由財政部定之。	一、按報運貨物出口，涉及海關緝私條例第37條第1項各款情事之一者，依同條第2項規定處罰之案件，因其違章情節較現行本條所列舉免罰案件之違章情形為輕，基於衡平原則，納為第1項得免予處罰規定。 二、另報關業者向海關遞送之報單涉及不實記載，違反第41條第1項規定，其情節輕微者，依現行該條第4項規定，處以較輕之定額罰鍰，並無本條得免予處罰規定之適用。基於報單記載不實之案件，如能於海關察覺前主動申請更正補稅，將可鼓勵誠實申報及節省行政稽徵成本，達成稅捐稽徵目的，爰增列依第41條第1項規定處以罰鍰之案件，經依財政部所定標準認定屬情節輕微者，得免予處罰。

原條文	說明
	三、人民違反法律規定應予處罰之行為，是否情節輕微得免予處罰，因涉及人民權利義務，爰增訂第2項授權由財政部訂定其認定標準。
（99/05/18 修正） 第45條之1 應依第三十六條第一項、第三十七條第一項、第二項、第四項規定處以罰鍰之案件，情節輕微者，得免予處罰。 前項情節輕微之認定標準，由財政部定之。	恢復第41條第4項情節輕微之罰鍰規定後，即不宜再由第45條之1授權財政部另定情節輕微認定標準。

❖條文說明❖

一、說明

違反本條例規定如遇情節輕微而仍予處罰者，恐有過苛及違反比例原則之虞，亦屬浪費行政資源，爰於72年增訂免罰規定，並授權由財政部訂定相關規定，以利執行。

二、適用範圍

本條免罰規定之適用，初以違反本條例第36條第1項（私運貨物或經營私運貨物）及第37條第1項、第4項規定（虛報進口漏稅或虛報出口溢沖退稅）爲適用範圍，嗣於96年擴大適用於第37條第2項（虛報出口）及第41條規定（報關業記載不實；已於107年修正刪除），並於102年時考量違反本條例行政義務之情節輕微行爲，應不限於依第36條第1項、第37條第1項、第2項、第4項規定處罰鍰之案件，爰參照稅捐稽徵法第48條之2之立法例，修正本條定明依本條例規定應處罰鍰之案件，其情節輕微者均得減輕或免予處罰，以符合比例原則。

三、法律效果

（一）依本條例規定應處罰鍰之行爲，如經認定其情節屬於輕微者，得依各該規定減輕或免予處罰。

（二）另，應併予注意者，本條之效果僅在減輕或免除「罰鍰」，並不及於其他行政罰（如沒入或停止結關之處罰）。

四、授權訂定標準認定情節輕微

人民違反法律規定應予處罰之行爲，是否情節輕微得免予處罰，因涉及人民權利義務，爰於本條第2項授權由財政部訂定相關標準，財政部依此授權即訂定「海關緝私條例第45條之1情節輕微認定標準」（102年12月18日修正名稱為「海關緝私案件減免處罰標準」），以利實務執行。凡該當「海關緝私案件減免處罰標準」各條規定之減免要件，應認屬情節輕微並賦予各該條規定之減免處罰效果。

五、海關緝私案件減免處罰標準

第1條（授權法據）
本標準依海關緝私條例（以下簡稱本條例）第四十五條之一第二項規定訂定之。

第2條（適用範圍）
依本條例規定應處罰鍰案件合於本標準規定者，得減輕或免予處罰。

第3條（以運輸工具私運）
依本條例第二十七條第一項規定應處罰鍰案件，其進口貨物完稅價格或出口貨物離岸價格未逾新臺幣五千元者，按該項規定應處罰鍰最低額減輕二分之一。

第4條（私運及逃避管制）
依本條例第三十六條第一項、第二項或第三十七條第三項規定應處罰鍰案件，其進口貨物完稅價格或出口貨物離岸價格未逾新臺幣五千元者，免處罰鍰。但貨物為槍砲、彈藥或毒品或一年內有相同違章事實三次以上者，不適用之。

補充說明

1. 本條之適用情形

(1) 本條已明列違反本條例第36條第1項、第2項及第37條第3項為免罰之適用範圍。

(2) 至於違反其他法律規定而依法應轉依本條例第36條第1項規定處罰之違章情形（例如本條例第31條[509]、關稅法第78條[510]、科技產業園區設置管理條例第36

[509] 海關緝私條例第31條規定：「船舶、航空器、車輛或其他運輸工具所載貨物，有下列情事之一，且經海關查明未具有貨物運送契約文件者，依第三十六條第一項及第三項規定處罰運輸業者；責任歸屬貨主者，處罰貨主；運輸業者與貨主共同為之者，分別處罰之：一、未列入艙口單或載貨清單。二、貨物由二包以上合成一件，而未在艙口單或載貨清單內註明。」

[510] 關稅法第78條規定：「違反第五十九條第二項規定，將保稅工廠之產品、免徵關稅之原料出廠，或將未依第五十九條第三項但書規定補繳關稅之自用機器、設備輸往課稅區者，以私運貨物進口論，依海關

條[511]、科學園區設置管理條例第30條[512]、自由貿易港區設置管理條例第38條[513]、臺灣地區與大陸地區人民關係條例第95條之1[514]），本於文義解釋，似無本條之適用，惟如此解釋，恐失衡平，爰本文以爲，似有參照107年修正理由再予修正之必要，並俾明確。

2. 一年內有相同違章事實三次以上[515]

(1) 所稱「一年內」，指自每次查獲日起至次年當日之前一日止。

(2) 所稱「相同違章事實」，指行爲人違反海關緝私條例「同條項」規定。

(3) 另違章事實次數之計算，以查獲次數爲準，一次查獲數件違章者，其違章事實次數以一次計。又違章事實無論是否經處分及確定，均應計入違章事實次數，但依海關緝私條例第45條之3規定免予處罰者，不予計入。

第5條（虛報進口漏稅及出口溢沖退稅）

依本條例第三十七條第一項或第四項規定應處罰鍰案件，其所漏進口稅額或溢沖退稅額未逾新臺幣五千元者，免予處罰。但一年內有相同違章事實三次以上者，不適用之。

前項漏稅額之計算，以實到貨物依關稅法核定之完稅價格及應歸屬稅則號別之稅率核算實際應徵稅額，減去原申報貨物依關稅法核定之完稅價格及實際應歸屬稅則號別之稅率計算應課稅額之差額計算。但涉及虛報進口貨物價值者，按實到進口貨物依關稅法核定之完稅價格與原申報價格之差額計算。

第一項溢沖退稅額之計算，以原申報出口貨物可得申請沖退稅額減去實到出口貨物可得申請沖退稅額之差額計算。但不得逾違反本條例情事發生時可得申請沖退稅額

緝私條例有關規定處罰。」

511 科技產業園區設置管理條例第36條規定：「區內事業有從事走私行為或其他違法漏稅情事者，依海關緝私條例或其他有關法律之規定處理。」

512 科學園區設置管理條例第30條規定：「園區事業之輸出入貨品，有私運或其他違法漏稅情事者，依海關緝私條例或其他有關法律之規定處理。」

513 自由貿易港區設置管理條例第38條第3項規定：「自由港區事業違反第十七條第一項或第二項規定，擅將貨物運往其他自由港區、課稅區或保稅區而有私運行為者，由海關依海關緝私條例規定處罰。」

514 臺灣地區與大陸地區人民關係條例第95條之1第4項至第5項規定：「輸入試辦實施區域之大陸地區物品，未經許可，不得運往其他臺灣地區；試辦實施區域以外之臺灣地區物品，未經許可，不得運往大陸地區。但少量自用之大陸地區物品，得以郵寄或旅客攜帶進入其他臺灣地區；其物品項目及數量限額，由行政院定之（Ⅳ）。違反前項規定，未經許可者，依海關緝私條例**第三十六條**至第三十九條規定處罰；郵寄或旅客攜帶之大陸地區物品，其項目、數量超過前項限制範圍者，由海關依關稅法第七十七條規定處理（Ⅴ）。」

515 詳參財政部109/10/22台財關字第1091016013號令。

之有關進口憑證所示尚未沖退餘額。

補充說明

1. 本條之適用情形

本條第 1 項免罰規定之適用，應以單純違反本條例第 37 條第 1 項或第 4 項規定之情形為限；如同一報單，一部為漏稅（本條例第 37 條第 1 項）或溢沖退稅（本條例第 37 條第 4 項），一部另涉逃避管制（本條例第 37 條第 3 項）或進出口非屬眞品而屬侵害智慧財產權物品（本條例第 39 條之 1）者，則為本標準第 16 條規定之適用範圍。

2. 漏稅額之計算

(1) 虛報價值（本條第2項但書）

《舉例》進口人報運進口地瓜渣粉一批，原申報價格 CFR USD 0.31/KG，數量 26,000 KG，稅則第 1108.19.90.00-9 號，稅率 15%，經海關審認有繳驗不實發票、虛報價值之違章，並核定價格 CFR USD 0.558/KG（匯率 1 美金：31.33），貨物並歸列稅則第 2303.10.00.00-8 號，按稅率 2% 課徵，所漏稅額 4,040 元【計算式：（0.558*26,000-0.31*26,000）*31.33*2%=4,040】未達 5,000 元，屬情節輕微而予免罰。

(2) 虛報其他項目（本條第2項本文）

《舉例[516]》進口人報運進口女鞋一批，原申報材質為「UPPER：布面，OUTSOLE：橡膠」，價格為 FOB USD 13.7/PST，貨品分類號列第 6402.99.90.23-8 號「高跟鞋，外底以橡膠或塑膠製而鞋面以塑膠製者」，稅率 7.5%（惟依申報之材質，實際應列貨品分類號列第 6404.19.00.80-2 號「高跟鞋，外底以橡膠或塑膠製而鞋面以紡織材料製者」，稅率 7.5%）。經查驗結果，實際來貨材質為「UPPER：PU，OUTSOLE：橡膠」，應歸列貨品分類號列第 6402.99.90.23-8 號「高跟鞋，外底以橡膠或塑膠製而鞋面以塑膠製者」，稅率 7.5%，屬財政部 101/12/13 台財關字第 10105538220 號公告應課徵反傾銷稅（稅率 43.46%）之貨物，嗣據查價結果，實到貨物改按 FOB USD 17/PST 核估完稅價格，所漏關稅額（含反傾銷稅）計 6,017 元。

---

516 參考案例：財政部 110/03/17 台財法字第 11013905110 號訴願決定書。

	品質 （材質）	完稅價格	稅則號別 （稅率）	稅額
實到貨物	UPPER：PU， OUTSOLE：橡膠	FOB USD 17/PST （核定13,400）	6402.99.90.23-8 高跟鞋，外底以橡膠或塑膠製，而鞋面以塑膠製者 稅率 7.5% 屬應課徵反傾銷稅（稅率 43.46%）之貨物	（實到貨物之實際應徵稅額） 13,400*7.5% + 13,400*43.46% = 1,005 + 5,825 = 6,830
原申報貨物	UPPER：布面， OUTSOLE：橡膠	FOB USD 13.7/PST （核定10,840）	（實際應歸屬稅則號別） 6404.19.00.80-2 高跟鞋，外底以橡膠或塑膠製，而鞋面以紡織材料製者 稅率 7.5%	（原申報貨物應課稅額） 10,840*7.5% = 813
			（原申報稅則） 6402.99.90.23-8 高跟鞋，外底以橡膠或塑膠製而鞋面以塑膠製者 稅率 7.5%。	
【所漏稅額計算式】 所漏稅額 = 實到貨物之實際應徵稅額（6,830）– 原申報貨物應課稅額（813） = 6,017				

第 5 條之 1（申請退運及三角貿易）

報運貨物進出口，申報內容與實到貨物不符案件，於最初報關時即申請退運或以三角貿易方式轉售貨物至第三地者，免依本條例第三十七條規定處罰。

補充說明

1. 本條規定乃免除違反本條例第 37 條規定之處罰，至於有違反其他規定之情形，例如刑事法律規定、相關稅法規定或本條例第 39 條之 1，則非本條之適用範圍。
2. 另，本標準乃本條例授權財政部就「本條例規定應處罰鍰之行爲」訂定情節輕微得減輕或免予處罰鍰之規範，其效果應僅止於「罰鍰」之減輕及免除。又本條例第 37 條除處以罰鍰外，亦有處分沒入貨物，是以，本條所言「免依本條例第三十七條規定處罰」已將沒入貨物之處罰亦予免除，似有逾越授權範圍之虞，爰本文以爲，本條規定宜參照本條例第 45 條之 3 之立法例，以「法律」之方式規範，方符法律保留原則。

第6條（虛報出口）

依本條例第三十七條第二項規定應處罰鍰案件，其貨物離岸價格與原申報價格差額未逾新臺幣五萬元者，免予處罰。但有下列情事之一者，不適用之：

一、出口貨物涉及違反相關輸出規定。

二、出口貨物涉及規避其他國家或地區特別關稅。

三、出口贓車、贓物或已依動產擔保交易法交易之車輛。

四、虛報出口貨物名稱，夾藏汽、機車引擎，其號碼遭磨滅、變造致無法辨識或查無車籍登錄紀錄。

前項之差額，以整份出口報單之原申報價格減除實到貨物價格計算之。

第7條（刪除）

第8條（一般合理誤差）

報運貨物進、出口及加工外銷貨物報運出口，而有虛報數量、重量或品質之案件，其虛報數量、重量或品質誤差未逾百分之五者，免予處罰。出口貨物溢報原料使用量者，亦同。

依前項規定已訂有國家標準之產品，如其誤差容許率在百分之五以上者，適用該標準。

補充說明

1. 非單純虛報數（重）量者，不適用5%之免罰標準

涉有虛報數量、重量之項目，並涉及品質、廠牌等不符者，因非單純虛報數量、重量，故不計算其數量、重量是否逾越 5%，僅計算漏稅額或溢沖退稅額是否在免罰限額內（本標準第 15 條第 5 款）。

2. 原則上以單項產品計算

核計報運進、出口貨物及加工外銷貨物報運出口，有無虛報數量、重量或品質逾 5% 者，以單項產品計算。但進口貨物以同一貨名、同一規格、同一廠牌；出口貨物以同一類貨品、同一廠牌；加工外銷貨物以同一類貨品或材質爲一計算單位時，得合併計算（本標準第 15 條第 1 款）。

3. 未逾越5%之免罰標準者，免罰，亦免併計其漏稅或溢沖退稅額

(1) 各項不符均未逾越原申報數量、重量 5% 者，不論其漏稅額或溢沖退稅額總數若干均免罰（本標準第 15 條第 2 款）。

(2) 各項不符雖均逾原申報數量、重量，惟其中有逾 5% 者，亦有未逾 5% 者，核計漏稅額或溢沖退稅額時，未逾 5% 者不必合併核計（本標準第 15 條第 3 款前段）。

4.報運貨物進出口虛報數量逾5%者，按虛報之全額論處

報運貨物進出口而有虛報數（重）量及以不正當方法申請沖退稅之案件，如其誤差超過 5%（或國家標準）者，應一律依章就虛報（或誤差）部分全額論處，無須再行扣除 5%（或國家標準）之寬容量（財政部 71/07/19 台財關字第 19131 號函）。

第 9 條（特殊貨物之合理誤差－木板及木材薄片之材積數量）

報運進口木板條及木材薄片，其實到貨物之材積數量，超過原申報材積數量未逾百分之二十者，免予處罰。

補充說明

進口木板條等逾申報數量 20% 以上者，就虛報之全額論處，依財政部函釋[517]，應就虛報部分全額論處，無須再行扣除 20% 之寬容量。

第10條（特殊貨物之合理誤差－電子零件之數量）

報運進口電子零件，其體積細小，種類繁多，點數困難者，實到數量超過原申報數量未逾百分之十者，免予處罰。

第11條（加工出口區內事業）

加工出口區區內事業，自國外報運進口物資，其所申報之品名、數量相符，僅廠牌、規格、品質不符，而經經濟部加工出口區管理處同意改證並核准其輸入者，免予處罰。

第12條（保稅工廠小額盤差）

保稅工廠年度盤存盤差數量超越常情處分罰鍰案件，以盤存結算表中所列單項原料貨價爲基準，其貨物完稅價格在新臺幣五千元以下者，免予處罰。

[517] 財政部 72/10/26 台財關字第 26024 號函。

第13條（聯合採購散裝穀物）

廠商聯合採購進口散裝穀物，如經貨主聯合同時報關，應檢附起運口岸之公證報告書（包括官方出具證明書）辦理報關，並依其申報數量核課關稅，其申報數量與實際卸貨數量，相差未逾百分之五者，免予處罰。

第14條（船舶存油）

經海關、船東及石油輸入業者代表會簽之進口解體船舶存油收油紀錄單與船東申報存油數量不符，其差額在百分之五以內，或其差額超過百分之五，而數量不足五公秉，並經查明無私運進口或其他取巧違章情事者，免予處罰。

第15條（多項不符）

同一報單內有多項申報不符（有短報、溢報、短溢報兼有或有匿報）時，計算有無逾越免罰標準之方式如下：

一、核計報運進、出口貨物及加工外銷貨物報運出口，有無虛報數量、重量或品質逾百分之五者，以單項產品計算。但進口貨物以同一貨名、同一規格、同一廠牌；出口貨物以同一類貨品、同一廠牌；加工外銷貨物以同一類貨品或材質為一計算單位時，得合併計算。

二、各項不符均未逾越原申報數量、重量百分之五者，不論其漏稅額或溢沖退稅額總數若干均免罰。

三、各項不符雖均逾原申報數量、重量，惟其中有逾百分之五者，亦有未逾百分之五者，核計漏稅額或溢沖退稅額時，未逾百分之五者不必合併核計。若總數超過新臺幣五千元應予論罰，不因某項未超過新臺幣五千元而免罰；若總數未超過新臺幣五千元，亦不因某單項超過百分之五而予以處罰。

四、各項不符中有短報或溢報超過百分之五，並有短裝或溢裝者，核計漏稅額或溢沖退稅額時，短裝或溢裝部分准予扣除；其未逾新臺幣五千元者免罰。

五、涉有虛報數量、重量之項目，並涉及品質、廠牌等不符者，因非單純虛報數量、重量，故不計算其數量、重量是否逾越百分之五，僅計算漏稅額或溢沖退稅額是否在免罰限額內。

六、同一報單內分別申報多項產品，其中部分虛報數量、重量，部分虛報貨名，部分虛報型號等之案件，僅對虛報數量、重量部分計算是否逾越百分之五，逾越百分之五者再與虛報貨名、型號等之項目合併核計漏稅額或溢沖退稅額。

補充說明

1. 本條適用情形

同一報單內有多項申報不符（有短報、溢報、短溢報兼有或有匿報）之案件

2. 核計有無逾越免罰標準及核計漏稅或溢沖退稅額

(1) 非單純虛報數（重）量者，不適用5%之免罰標準

涉有虛報數量、重量之項目，並涉及品質、廠牌等不符者，因非單純虛報數量、重量，故不計算其數量、重量是否逾越 5%，僅計算漏稅額或溢沖退稅額是否在免罰限額內（本標準第 15 條第 5 款）。

(2) 有無逾越5%免罰標準之計算單位（本標準第15條第1款）

A. 原則—以單項產品計算：核計報運進、出口貨物及加工外銷貨物報運出口，有無虛報數量、重量或品質逾 5% 者，以單項產品計算。

B. 例外—合併計算：(A) 同一貨名、同一規格、同一廠牌之進口貨物。(B) 同一類貨品、同一廠牌之出口貨物。(C) 同一類貨品或材質之加工外銷貨物。

(3) 未逾越5%之免罰標準者，免罰，亦免併計其漏稅或溢沖退稅額

A. 各項不符均未逾越原申報數量、重量 5% 者，不論其漏稅額或溢沖退稅額總數若干均免罰（本標準第 15 條第 2 款）。

B. 各項不符雖均逾原申報數量、重量，惟其中有逾 5% 者，亦有未逾 5% 者，核計漏稅額或溢沖退稅額時，**未逾 5% 者不必合併核計**（本標準第 15 條第 3 款前段）。

(4) 核計漏稅或溢沖退稅額時，准予扣除短裝或溢裝部分

各項不符中有短報或溢報超過 5%，並有短裝或溢裝者，核計漏稅額或溢沖退稅額時，短裝或溢裝部分准予扣除；其未逾新臺幣 5,000 元者免罰（本標準第 15 條第 4 款）。

《舉例》，同一進口報單內有短報人參 1,000 公斤（已逾 5%）並有短裝甘草 1,000 公斤，於核計人參之漏稅額時，依本款規定，應扣除甘草短裝之部分（稅額），如所漏稅額未逾 5,000 元者，即得免予處罰。

(5) 逾越5%免罰標準之部分，其漏稅或溢沖退稅額總數或與虛報貨名等項目併計後逾5,000元者，應予論罰

A. 各項不符雖均逾原申報數量、重量，惟其中有逾 5% 者，亦有未逾 5% 者，核計漏稅額或溢沖退稅額時，未逾 5% 者不必合併核計。若總數超過新臺幣 5,000 元應予論罰，不因某項未超過新臺幣 5,000 元而免罰；若總數未超過新臺幣 5,000

元，亦不因某單項超過 5% 而予以處罰（本標準第 15 條第 3 款）。

B. 同一報單內分別申報多項產品，其中部分虛報數量、重量，部分虛報貨名，部分虛報型號等之案件，僅對虛報數量、重量部分計算是否逾越 5%，逾越 5% 者再與虛報貨名、型號等之項目合併核計漏稅額或溢沖退稅額（本標準第 15 條第 6 款）。

第16條（逃避管制與進出口侵權物品）

同一報單內貨物，部分適用本條例第三十七條第三項規定，部分適用本條例第三十七條第一項或第四項規定，其依法應沒入之進口貨物完稅價格或出口貨物離岸價格與所漏進口稅額或溢沖退稅額，合計未逾新臺幣五千元者，免處罰鍰。但一年內有相同違章事實三次以上者，不適用之。

同一報單內貨物，部分適用本條例第三十九條之一規定，部分適用本條例第三十七條第一項或第四項規定，其依法應沒入之進口貨物完稅價格或出口貨物離岸價格與所漏進口稅額或溢沖退稅額，合計未逾新臺幣五千元者，其適用本條例第三十七條第一項或第四項規定部分，免處罰鍰。但一年內有相同違章事實三次以上者，不適用之。

補充說明

1. 本條之適用

因逃避管制（本條例第 37 條第 3 項）或進出口非屬眞品而屬侵害智慧財產權物品（本條例第 39 條之 1）之違章情節較爲嚴重，如同一報單內有一部涉犯此情節，一部爲漏稅（本條例第 37 條第 1 項）或溢沖退稅（本條例第 37 條第 4 項）者，此種複合情形之違法性究非單純漏稅或溢沖退稅所能比擬，爰規範特別之免罰要件，並應優先適用。

2.免罰要件

(1) 一部逃避管制，一部漏稅或溢沖退稅

A. 同一報單內貨物，部分適用本條例第 37 條第 3 項規定，部分適用本條例第 37 條第 1 項或第 4 項規定，其依法應沒入之進口貨物完稅價格或出口貨物離岸價格與所漏進口稅額或溢沖退稅額，合計未逾新臺幣 5,000 元者，免處罰鍰。但一年內有相同違章事實三次以上者，不適用之（本標準第 16 條第 1 項）。所稱「依法應沒入之貨物」，應指涉有違反本條例第 3 項規定之進／出口貨物，是否確應依本條例規定處分沒入，則非所問，是縱依行政罰法相關規定，已移由貨品主管機關依

法裁處罰鍰及沒入貨物，其仍屬「依法應沒入之進口貨物」[518]。

B. 依本項規定，同一報單之漏稅或溢沖退稅額應併計逃避管制之進口貨物完稅價格或出口貨物離岸價格（貨價），未逾新臺幣 5,000 元時，始得免罰。舉例來說，同一報單，項次 1 漏稅額僅 3,000 元，項次 2 涉逃避管制，其貨價為 3,000 元，各項雖分別依本標準第 5 條第 1 項及第 4 條規定，得免處罰鍰，惟因優先適用本項規定，漏稅額併計貨價達 6,000 元，已逾本項之免罰標準，爰不得免罰。

(2)一部進出口侵權物品，一部漏稅或溢沖退稅

A. 同一報單內貨物，部分適用本條例第 39 條之 1 規定，部分適用本條例第 37 條第 1 項或第 4 項規定，其依法應沒入之進口貨物完稅價格或出口貨物離岸價格與所漏進口稅額或溢沖退稅額，合計未逾新臺幣 5,000 元者，其適用本條例第 37 條第 1 項或第 4 項規定部分，免處罰鍰。但一年內有相同違章事實三次以上者，不適用之（本標準第 16 條第 2 項）。

B. 依本項規定，同一報單之漏稅或溢沖退稅額應併計侵權之進口貨物完稅價格或出口貨物離岸價格（貨價），未逾新臺幣5,000元時，始得免罰。又本項之「免罰」，應指免除「漏稅」或「溢沖退稅」部分之處罰，至於違反本條例第 39 條之 1 部分應處之罰鍰，參照本條於 96 年修正時之說明，則非免除之範圍。舉例來說，同一報單，項次 1 漏稅額僅 3,000 元，項次 2 涉進口非屬真品之侵害商標權物品，其貨價為 3,000 元，項次 1 部分雖依本標準第 5 條第 1 項規定，得免處罰鍰，惟因優先適用本項規定，漏稅額併計侵權貨價達 6,000 元，已逾本項之免罰標準，爰所涉漏稅部分不得免罰。

第17條（刪除）

第18條（施行日期）

本標準自發布日施行。但第七條條文自中華民國一百零二年六月二十一日施行。

本標準中華民國一百零七年九月三日修正發布之條文，自發布日施行。

❖釋示函令❖

1. 報運貨物進出口虛報數量逾5%者，按虛報之全額論處

報運貨物進出口而有虛報數（重）量及以不正當方法申請沖退稅之案件，如其誤差超過 5%（或國家標準）者，應一律依章就虛報（或誤差）部分全額論處，無須再行扣

518 財政部關稅總局 100/06/16 台總局緝字第 1001009199 號函。

除 5%（或國家標準）之寬容量（財政部 71/07/19 台財關字第 19131 號函）。

2. 出口貨物溢報原料使用量未逾5%者，仍應更正用料使用量

關於出口貨物溢報原料使用量未逾原申報數量或重量 5% 之免罰案件，仍應按實際化驗結果更正其用料使用量（海關總稅務司署 72/01/17 台總署訴字第 0228 號函）。

3. 進口木板條等逾申報數量20%以上者，就虛報之全額論處

報運進口木板條及木材薄片如超過申報材積數量在 20% 以上者，應就虛報部分全額論處，無須再行扣除 20% 之寬容量（財政部 72/10/26 台財關字第 26024 號函）。

4. 海關緝私案件減免處罰標準所稱「依法應沒入之進口貨物」之範圍

主旨：廠商報運貨物進口涉及虛報，部分項目同時違反海關緝私條例第 37 條第 3 項及菸酒管理法第 47 條規定，已移由菸酒主管機關依法裁處罰鍰及沒入貨物者，其他虛報項目之漏稅額未逾新臺幣 5,000 元，可否依海關緝私條例第 45 條之 1 情節輕微認定標準[519]予以免罰乙案。

說明：二、關於廠商報運貨物進口涉及虛報，部分項目同時違反海關緝私條例第 37 條第 3 項及菸酒管理法第 47 條規定，縱依行政罰法相關規定，已移由菸酒主管機關依法裁處罰鍰及沒入貨物，其仍屬海關緝私條例第 45 條之 1 情節輕微認定標準第 14 條[520]第 1 項所稱之「依法應沒入之進口貨物」，故仍應將其完稅價格與其他虛報項目之所漏進口稅額合併計算，以判斷有無情節輕微免罰規定之適用（財政部關稅總局 100/06/16 台總局緝字第 1001009199 號函）。

5. 凡該當「海關緝私案件減免處罰標準」各條規定之減免要件，應認屬情節輕微並賦予各該條規定之減免處罰效果

主旨：關於貴事務所函詢「海關緝私案件減免處罰標準」第 17 條規定之解釋疑義乙案。

說明：二、按海關緝私條例第 45 條之 1 規定：「依本條例規定應處罰鍰之行為，其情節輕微者，得減輕或免予處罰。前項情節輕微及減免標準，由財政部定之。」為利海關實務執行及認定情節輕微與減免處罰效果，本部業依前開條文第 2 項授權規定訂定「海關緝私案件減免處罰標準」在案。**凡該當「海關緝私案件減免處罰標準」各條規定之減免要件，應認屬情節輕微並賦予各該條規定之減免處罰效果**。有關所詢旨揭疑義部分，查海關緝私案件減免處罰標準第 17 條規定：「於海關或其他協助查緝機關接獲檢舉或進行調查前，因違法行為人主動陳報或提供違法事證，並因而查獲或確定其違法

---

519 即現行「海關緝私案件減免處罰標準」。

520 即現行處罰標準第 16 條。

行爲者，免予處罰。」是以，應依本條例規定處罰鍰之違法行爲人，若於海關或其他協助查緝機關接獲檢舉或進行調查前，已主動陳報或提供違法事證，以致查獲或確定其違法行爲者，已符合本條規定而認屬情節輕微，自應依該條規定予以免罰（財政部104/03/18 台財關字第 1041004670 號書函）。

6.「一年內有相同違章事實三次以上」之意義

一、海關緝私案件減免處罰標準第 4 條、第 5 條第 1 項及第 16 條有關「一年內有相同違章事實三次以上」不適用該標準免予處罰之規定，所稱「一年內」，指自每次查獲日起至次年當日之前一日止；所稱「相同違章事實」，指行爲人違反海關緝私條例「同條項」規定；另違章事實次數之計算，以查獲次數爲準，一次查獲數件違章者，其違章事實次數以一次計。又違章事實無論是否經處分及確定，均應計入違章事實次數，但依海關緝私條例第 45 條之 3 規定免予處罰者，不予計入。二、稅務違章案件減免處罰標準第 24 條第 1 款有關納稅義務人「一年內有相同違章事實三次以上」不適用該標準減輕或免予處罰之規定，於營業稅、貨物稅、菸酒稅、菸品健康福利捐與特種貨物及勞務稅違章案件，所稱「一年內」，指自每次查獲日起至次年當日之前一日止；所稱「相同違章事實」，指行爲人違反稅法「同條項款」規定；另違章事實次數之計算，以查獲次數爲準，一次查獲數件違章者，其違章事實次數以一次計。又違章事實無論是否經處分及確定，均應計入違章事實次數，但依稅捐稽徵法第 48 條之 1 規定免除處罰者，不予計入。三、本令發布日前，尚未處分或已處分尚未確定之案件，均有本令適用（財政部 109/10/22 台財關字第 1091016013 號令）。

第 45 條之 2（沒入之擴充）
依本條例規定裁處沒入之貨物或物品，不以屬受處分人所有為限。

❖立法（修正）說明❖（102/05/31增訂）

一、本條新增。

二、依行政罰法第 21 條規定，沒入之物，除該法或其他法律另有規定外，以屬於受處罰者所有爲限。慮及私貨之所有人，常有不詳或遠在國外而無法查證之國際貿易特性，以及爲有效執行貨物邊境管制之目的，俾維護國內經濟、財政等秩序及衛生、環保、國防、社會等安全，增訂對於私運貨物或物品，如依本條例裁處沒入者，不究該私運貨物或物品是否屬行爲人所有，一律應予沒入，俾利貨物邊境管制目的之達成。

❖條文說明❖

一、說明

私運行爲進行中，或爲俟機走私而於海上丟包，或見事跡即將敗露而丟棄所運之貨物，實務上多有於海上或通商口岸拾獲（得）私貨而無法查得行爲人或所有人之情形，對此，究應如何對行爲人處分沒入貨物，執行上不無疑義。

二、沒入之擴充

（一）昔依財政部令[521]准法務部 96/12/19 法規字第 0960041480 號函釋：「海關緝私條例並未就物之所有誰屬或不須問誰屬均得予以沒入等爲相關規定，仍應有行政罰法第 21 條及第 22 條規定[522]之適用，即對得沒入之物，尚不得不問物之所有人爲何人或不問屬於何人所有即逕爲裁處沒入。如以該等物係可爲證據之物，得依行政罰法第 36 條以下規定，先予扣留，待爾後發還時，如因不知所有人爲何人，自得依無主物方式處理，在無人領取時，依無主物無人領取予以歸公。」即以本條例並無不論私貨誰屬均予沒入之特別規定，而仍應適用行政罰法第 21 條「沒入之物，以屬於受處罰者所有爲限」之原則性規定，申言之，海關處分沒入貨物之前提，在於查明應受處罰之行爲人，以判別貨物之所有歸屬，而於查得行爲人或所有人前，尚不得逕予沒入。

（二）復依法務部函釋[523]，得沒入之物，於查無私運行爲人或貨主而不得逕爲裁處沒入

---

521 財政部 97/05/05 台財關字第 09705501970 號令（本令業經財政部以 103/01/22 台財關字第 1031001328 號令廢止）。

522 行政罰法第 21 條規定：「沒入之物，除本法或其他法律另有規定者外，以屬於受處罰者所有為限。」第 22 條規定：「不屬於受處罰者所有之物，因所有人之故意或重大過失，致使該物成為違反行政法上義務行為之工具者，仍得裁處沒入（Ⅰ）。物之所有人明知該物得沒入，為規避沒入之裁處而取得所有權者，亦同（Ⅱ）。」

523 主旨：有關在海上拾獲之漂流物或在通商口岸拾得之遺失物，經判斷應屬走私物品，因查無私運行為人，依行政罰法先予扣留，該扣留物應如何處理一案，復如說明二、三。說明：二、按本部 96/12/19 法規字第 0960041480 號函釋略以：「適用海關緝私條例為『沒入』處罰時，仍應有上開行政罰法第 21 條及第 22 條規定之適用。即對得沒入之物，除法律另有明文規定外，尚不得不問物之所有人為何人或不問屬於何人所有即逕為裁處沒入。惟在修法前，如以該等物係可為證據之物，得依行政罰法第 36 條以下規定，先予扣留，待爾後發還時，如因不知所有人為何人，自得依無主物方式處理，在無人領取時，依無主物無人領取予以歸公」，其文義明確，並無疑義。又海關緝私條例第 2 條規定：「本條例稱私運貨物進口、出口，謂規避檢查、偷漏關稅或逃避管制，未經向海關申報而運輸貨物進、出國境。」準此，來函所稱「走私物品」應屬上開規避檢查、偷漏關稅或逃避管制，私運進口之貨物，以有違反行政法上義務之走私行為為前提，自得依行政罰法第 36 條第 1 項規定予以扣留之。三、次按民法第 803 條至第 807 條所稱之「遺失物」，係指非基於占有人之意思而喪失其占有，現又無人占有且非為無主之動產而言；又民法第 810 條所稱「漂流物」，指非因占有人之意思喪失占有而漂流於水上或已附著於岸邊，無人占有且非為無主之物〔參照本部 83/06/03(83) 法律字第 11530 號函；謝在全著，民法物權論

時，僅得依法先予扣留，待爾後發還時，如因不知所有人爲何人，自得依無主物方式處理，在無人領取時，依無主物無人領取予以歸公方式辦理。

（三）惟爲有效執行貨物邊境管制之目的，俾維護國內經濟、財政等秩序及衛生、環保、國防、社會等安全，達成貨物邊境管制之目的，實有不究該私運貨物或物品是否屬行爲人所有而一律予以沒入之必要，爰於 102 年修正本條例時，增訂本條規定：「依本條例規定裁處沒入之貨物或物品，不以屬受處分人所有爲限。」以排除前揭行政罰法第 21 條之原則性規定，使查無行爲人或貨主，及非行爲人所有之私貨，均得依本條規定裁處沒入。

三、責任要件

（一）現行法律對於違反行政法上義務行爲之規定而訂有「……不問何人所有沒入之」「……不問屬於行爲人或犯人與否，均得沒入……」「……不問屬於受處罰人與否，沒入之……」或相類似之規定者，是否仍以行爲人或物之所有人具有責任要件時，行政機關始得沒入？換言之，是否排除行政罰法第 7 條規定[524]之適用？關於此一問題，於法務部 96 年 2 月 13 日召開之行政罰法諮詢小組第 6 次會議，出席委員曾有意見豐富之討論，有持肯定說（前揭規定僅排除行政罰法第 21 條規定之適用，惟仍應具備故意過失之責任要件），亦有採否定說（屬對物處分，不以故意過失爲要件），會議最後似因無多數共識而僅作成「將委員意見完整記錄，留供作爲相關機關參考」之結論。

（二）本條雖係於 102 年所增訂，惟既規定：「依本條例規定裁處沒入之貨物或物品，不以屬受處分人所有爲限。」則亦應屬上開問題討論之範疇，是依本條例規定裁處沒入之貨物或物品，應否以行爲人或物品所有人具備故意、過失之責任要件，始得爲之，亦屬未決之爭議，誠如學者所言：「行政罰法亦欠缺相關之規

（上），99 年 9 月修訂 5 版，第 438 頁〕，如拾獲之動產為無主物（如經原所有人拋棄之物）或非得為拾得之客體（如禁制物原非私人所得享有），即不得依上開民法規定主張拾得之效果（鄭冠宇著，民法物權，99 年 8 月 1 版，第 114 頁及第 119 頁參照）。來函所詢走私物品如由海關以外之機關、團體或民眾拾獲後移交海關，海關無法查明貨物所有人為何人時，得否依民法第 803 條至第 807 條有關遺失物招領規定辦理乙節，應視其是否符合上揭遺失物或漂流物之要件而定。如經判斷應屬走私物品，雖一時無法查明行為人，仍宜依上開行政罰法第 36 條規定扣留之，如該物品係原所有人拋棄而屬「無主物」，或該走私物品依法不得由任何人取得所有權，似不得依遺失物之拾得程序處理，而取得所有權。惟事涉具體個案事實之認定及貴部主管法規之解釋適用問題，仍請參考前開說明本於權責自行審認之（法務部 100/02/22 法律字第 0999051069 號函）。

524 行政罰法第 7 條規定：「違反行政法上義務之行為非出於故意或過失者，不予處罰（Ⅰ）。法人、設有代表人或管理人之非法人團體、中央或地方機關或其他組織違反行政法上義務者，其代表人、管理人、其他有代表權之人或實際行為之職員、受僱人或從業人員之故意、過失，推定為該等組織之故意、過失（Ⅱ）。」

定，此部分應係行政罰法所必須面對解決之課題。[525]」

四、公告或登報

本條例第46條規定：「海關依本條例處分之緝私案件，應製作處分書送達受處分人。但裁處沒入貨物或物品之所有人不明者，其送達以公告或刊登政府公報或新聞紙代替之。」對於查無行爲人或貨主之私貨裁處沒入時，依上開規定，亦應製作處分書，與一般情形不同者，乃在於處分書「受處分人」欄，係以記載「不詳」之方式表示受處分人，並以公告方式代替送達。

第 1 頁

財政部關務署高雄關處分書

110年第11000204號

本案號數	(110) 高法緝字第0004號	
受處分人	姓名\名稱	不詳
	事務所或營業所	不詳
	證號\出生年月日\性別	不詳
主　　旨	沒入下列貨物。	

本案關係船舶車輛貨物事項

項次	產地	品名	數量及單位	稅則號別	稅率	完稅價格
1	CN	香菇	3箱	0712.39.20.00-0	369元/公斤	6,415

重量:36KG

本案事實	107年5月5日，行政院海洋委員會海巡署南部分署第五岸巡隊在高雄港第17號碼頭緝獲上列無主私運貨物，案經該機關於110年2月8日以南五隊字第1101001099號走私案件移送書移交本關處理，經核具體事實並參酌移送書所載，當予依法論處。
理由及其法令依據	裝運私運貨物，惟貨物所有人不詳，依據海關緝私條例第36條第3項及第45條之2規定，處分如主旨。

附註：

一、受處分人如不服本處分，得於收到處分書之翌日起30日內，依照處分書附件（或背面）所印格式，以書面向本關申請復查，逾期者不予受理。(復查案件之申請，以掛號郵寄方式向本關提出者，其受理日期以交郵當日之郵戳為準；非以掛號方式提出者，以本關收受復查申請書之日期為準)

二、洽詢電話：07-5628333

關務長 蘇淑貞

中華民國　110　年　04　月　20　日

受處分人不詳之沒入處分案例

資料來源：財政部高雄關網站。

---

[525] 洪家殷，論行政罰法上沒入之性質，東吳法律學報，第29卷第3期，第16頁。

第 45 條之 3（主動更正或陳報）

Ⅰ 納稅義務人或貨物輸出人因報單申報錯誤而有第三十七條或第三十九條第二項所定情事者，於海關、稅捐稽徵機關或其他協助查緝機關接獲檢舉、進行調查前，主動申請更正，經海關准予更正且符合下列情形之一者，於更正範圍內免予處罰：

一、貨物放行前：

（一）經海關核定免驗貨物。

（二）經海關核定應驗貨物且未涉及逃避管制者，於向海關補送報單及有關文件前申請更正。但未於接獲海關連線核定通知之翌日辦公時間終了前補送者，不適用之。

二、貨物放行後，未經海關通知實施事後稽核。

Ⅱ 非屬前項情形，而有其他本條例所定應予處罰情事之行為人，於海關、稅捐稽徵機關或其他協助查緝機關接獲檢舉、進行調查前，向各該機關主動陳報並提供違法事證，因而查獲並確定其違法行為者，於陳報範圍內免予處罰。

Ⅲ 依前二項規定主動更正或陳報者，如有應補繳之稅款，應自該項稅款原繳納期間屆滿、核定免稅或沖退稅之翌日起算至補繳之日止，按原應繳納稅款期間屆滿、核定免稅或沖退稅之日郵政儲金一年期定期儲金固定利率，按日加計利息一併繳納，始得免予處罰。

❖立法（修正）說明❖（107/04/13增訂）

一、本條新增。

二、第 1 項定明納稅義務人或貨物輸出人申請更正報單免罰規定：

（一）按關稅法第 17 條第 6 項及第 7 項有關納稅義務人或貨物輸出人報運貨物進出口，因申報錯誤涉及違反本條例之免罰規定，體例上宜移由本條例規範，爰為本項規定，並依「貨物放行前後」及「核定免驗（C1、C2）或應驗（C3）」，分別明定得予免罰之情形。

（二）次按本條例所定違章情事，亦可能因稅捐稽徵機關或其他協助查緝機關接獲檢舉、進行調查而緝獲，如於該等機關接獲檢舉、進行調查後始向海關申請更正報單，自不得免罰，爰於序文予以明定。

（三）依關稅法第 17 條第 6 項規定，納稅義務人或貨物輸出人須於海關核定應驗貨物前主動申請更正報單，始得免罰。惟依現行實務運作，貨物一經申報，海關電腦專家系統旋即核定通關方式，納稅義務人或貨物輸出人無從於海關核定應驗貨物前申請更正報單。為落實主動陳報免罰之規範意旨，爰於本項第 1 款第 2 目規定，經海關核定應驗貨物且未涉及逃避管制者，其申請更正報單免罰時點，放寬至補送報單及有關文件前。另未來實施通關無紙化制度後，納稅義務人或貨物輸出人得選擇以電子資料傳輸等方式提供報單及有關文件，爰所定「補送」，除得以書面為之，亦包含電子資料傳輸等方式。又補送之時點宜設期限，以利遵循，爰參照貨物通關自動化實施辦法第 14 條第 3 項規定，於但書明定至遲應於接獲海關連線核定通知之翌日辦公時間終了前補送之，始得適用免罰規定。

（四）經海關核定應驗貨物案件，如屬涉及逃避管制者，本質上即屬海關基於風險管理機制查核管控之核心範疇，尚無申請更正報單免罰規定之適用，併予敘明。

三、第2項定明非屬第1項，而有其他本條例所定應予處罰情事者之主動陳報免罰規定：

（一）按依第 45 條之 1 第 2 項授權訂定之海關緝私案件減免處罰標準第 17 條規定，本質上為主動陳報免罰之規定，與授權母法第 45 條之 1 所定「情節輕微」尚屬有間，為避免實務運作產生該條規定是否僅限違章情節輕微始得適用之疑慮，爰參照稅捐稽徵法第 48 條之 1 立法例，為本項規定。另為避免與第 1 項規定產生競合，爰明定本項適用範圍係以非屬前項情形，而有其他本條例所定應予處罰之情事者為限。

（二）第 1 項及第 2 項所稱「其他協助查緝機關」，指該機關依其法定職權進行調查所得之事實內容或事證資料，客觀上有助於海關查緝違反本條例情事者，其範圍涵蓋第 16 條第 1 項所定受海關請求協助緝私之軍警等機關，不以行政機關為限，亦包含法院及檢察署等司法機關。

四、參照稅捐稽徵法第 48 條之 1 第 3 項規定，於第 3 項明定依前二項申請更正報單或主動陳報之案件，如有應補繳之稅款，應加計利息一併繳納，始得免罰。

❖條文說明❖

一、說明

依立法說明可知，本條係整合原關稅法第 17 條第 6 項、第 7 項[526]有關更正報單及海關組私案件減免處罰標準第 17 條[527]有關主動陳報之免罰規定而訂定。

---

[526] 107 年 4 月 13 日修正前關稅法第 17 條第 6 項、第 7 項規定：「納稅義務人或貨物輸出人於貨物放行前因申報錯誤申請更正報單，如其錯誤事項涉及違反本法或海關緝私條例之規定，而其申請更正時尚未經海關核定應驗貨物、發現不符或接獲走私密報者，免依本法或海關緝私條例之規定處罰（VI）。納稅義務人或貨物輸出人於貨物放行後因申報錯誤申請更正報單，如其錯誤事項涉及違反本法或海關緝私條例之規定，而其申請更正時尚未經海關發現不符、接獲走私密報或通知事後稽核者，免依本法或海關緝私條例之規定處罰（VII）。」

[527] 107 年 9 月 3 日修正前海關緝私案件減免處罰標準第 17 條規定：「於海關或其他協助查緝機關接獲檢舉或進行調查前，因違法行為人主動陳報或提供違法事證，並因而查獲或確定其違法行為者，免予處

二、類型

本條將免罰之情形，區分爲二種類型，並分別規範其要件，茲說明如下：

（一）主動申請更正報單

1.條文內容（本條第1項）

納稅義務人或貨物輸出人因報單申報錯誤而有第 37 條或第 39 條第 2 項所定情事者，於海關、稅捐稽徵機關或其他協助查緝機關接獲檢舉、進行調查前，主動申請更正，經海關准予更正且符合下列情形之一者，於更正範圍內免予處罰：(1) 貨物放行前：A. 經海關核定免驗貨物。B. 經海關核定應驗貨物且未涉及逃避管制者，於向海關補送報單及有關文件前申請更正。但未於接獲海關連線核定通知之翌日辦公時間終了前補送者，不適用之。(2) 貨物放行後，未經海關通知實施事後稽核。

2.適用範圍

依本條第 1 項規定，主動更正報單之免罰，僅適用於有本條例第 37 條（虛報進出口、逃避管制、溢沖退稅）及第 39 條第 2 項（虛報不隨身行李）情形之案件。

3.免罰要件

(1)於海關、稅捐稽徵機關或其他協助查緝機關接獲檢舉、進行調查前，主動申請更正報單

A.「其他協助查緝機關」

指依其法定職權進行調查所得之事實內容或事證資料，客觀上有助於海關查緝違反本條例情事之機關[528]，其範圍解釋上應涵蓋第 16 條第 1 項所定受海關請求協助緝私之軍警等機關，不以行政機關爲限，亦包含法院及檢察署等司法機關。

B. 本項「進行調查前」之認定

(A) 財政部業訂定「海關緝私條例第四十五條之三進行調查認定原則」（下稱「調查認定原則」）釋示進行調查之基準時點，可作爲判斷主動更正報單是否符合「於進行調查前」之免罰要件，茲將海關進行調查之基準時點如下表所示：

（一）貨物放行前：1. 電腦核定按免審免驗（C1）或文件審核（C2）方式通關者	(1) 海關核定改按貨物查驗方式通關時。 (2) 海關就貨櫃（物）通知實施 X 光儀器檢查時。但未涉逃避管制者，以海關就該報單之第一只貨櫃（物）啓動掃描時為準。 (3) 海關就快遞貨物實施 X 光儀器檢查判讀影像異常者，以啓動掃描時為準。

罰。」

528 海關緝私條例第四十五條之三進行調查認定原則第 4 點第 2 項。

	(4) 財政部關務署交查（不含統計複核）或他關函請查核之發文日。 (5) 海關以書面通知提供與報單錯誤原因具關聯性文件之發文日。 (6) 海關以電腦發送與報單錯誤原因具關聯性之應補辦事項通知訊息時。 (7) 海關依規定進行調查或發覺異常，以通報單（含紙本及電腦建檔，以下同）所載時間先者為準。
2. 電腦核定按貨物查驗（C3，含儀器查驗及人工查驗）方式通關者	(1) 涉及逃避管制，以電腦核定按貨物查驗方式通關時。 (2) 未涉逃避管制： 甲、依規定應補送報單及有關文件： （甲）海關就該報單之第一只貨櫃（物）實施 X 光儀器檢查啓動掃描時。 （乙）海關就快遞貨物實施 X 光儀器檢查判讀影像異常者，以啓動掃描時為準。 （丙）財政部關務署交查（不含統計複核）或他關函請查核之發文日。 （丁）海關完成補收單時，至遲不得逾連線核定通知之翌日辦公時間終了時。 （戊）海關依規定進行調查或發覺異常，以通報單所載時間先者為準。 乙、依規定免補送報單及有關文件： （甲）海關核定由儀器查驗（C3X）改按人工查驗（C3M）方式通關時。 （乙）海關就快遞貨物實施 X 光儀器檢查判讀影像異常者，以啓動掃描時為準。 （丙）財政部關務署交查（不含統計複核）或他關函請查核之發文日。 （丁）海關就電腦核定儀器查驗報單之第一只貨櫃（物）啓動掃描時，至遲不得逾連線核定通知之翌日辦公時間終了時。 （戊）海關就電腦核定人工查驗之貨物首次派驗時。 （己）海關依規定進行調查或發覺異常，以通報單所載時間先者為準。
（二）貨物放行後	1. 海關於電腦取消（註銷）放行訊息時。 2. 海關就貨櫃（物）通知實施 X 光儀器檢查時。但未涉逃避管制者，以海關就該報單之第一只貨櫃（物）啓動掃描時為準。 3. 海關就快遞貨物實施 X 光儀器檢查判讀影像異常者，以啓動掃描時為準。 4. 財政部關務署交查（不含統計複核）或他關函請查核之發文日。 5. 海關以書面通知提供與報單錯誤原因具關聯性文件之發文日。 6. 海關以電腦發送與報單錯誤原因具關聯性之應補辦事項通知訊息時。 7. 海關以電腦調閱報單（應載明具體查核事由及範圍）時。 8. 海關依規定進行調查或發覺異常，以通報單所載時間先者為準。

(B) 稅捐稽徵機關或其他協助查緝機關協助查核之案件，則以該機關進行調查時爲調查基準時點（調查認定原則第 4 點第 1 項）。

(C) 同一案件如有數個調查基準時點者，以最先進行調查之時點爲準（調查認定原刂第 5 點）。

C. 主動更正報單

(A) 指納稅義務人或貨物輸出人應出於自由意志、未有外力強制情形，而自行檢具目關證明文件，向貨物進出口地海關申請更正進、出口報單申報錯誤之事項或與事實不符之處。

(B) 至於主動更正報單之表示方式，因本條並未限制辦理方式，基於鼓勵主動陳報自新之立法意旨，進出口人以電子郵件爲之，應非法所不許。惟爲利明確認定申請更正事項及範圍，並兼顧當事人權益及踐行正當法律程序，應輔導進出口人填具「連線進／出口報單更正申請書」，並檢附相關證明文件向海關爲之，以憑辦理後續事宜[529]。

(2) 符合特定情形

A. 貨物放行前

(A) 經海關核定免驗貨物：指海關核定貨物之通關方式爲「免審免驗」（C1）及「應審文件」（C2）。

(B) 經海關核定應驗貨物且未涉及逃避管制者，於向海關補送報單及有關文件前申請更正。但未於接獲海關連線核定通知之翌日辦公時間終了前補送者，不適用之：指海關核定貨物之通關方式爲「應驗貨物」（C3），且未有涉及逃避管制[530]。另，依本條第 1 項第 1 款第 2 目但書規定，貨物放行前更正報單者，應於向海關補送報單及有關文件前申請更正，至遲應於接獲海關連線核定通知之翌日辦公時間終了前爲之。

B. 貨物放行後

未經海關通知實施事後稽核即主動申請更正報單，應於海關通知實施事後稽核前爲之。所稱「通知實施事後稽核」，指海關依關稅法第 13 條[531]及海關事後稽核實核辦法第 4 條規定[532]以書面通知被稽核人實施事後稽核而言。

---

529 財政部關務署 108/08/06 台關緝字第 1081005313 號函。

530 有關管制涵義，請詳參本條例第 3 條說明。

531 關稅法第 13 條規定：「海關於進出口貨物放行之翌日起六個月內通知實施事後稽核者，得於進出口貨物放行之翌日起二年內，對納稅義務人、貨物輸出人或其關係人實施之。依事後稽核結果，如有應退、應補稅款者，應自貨物放行之翌日起三年內為之（Ⅰ）。為調查證據之必要，海關執行前項事後稽核，得要求納稅義務人、貨物輸出人或其關係人提供與進出口貨物有關之紀錄、文件、會計帳冊及電腦相關檔案或資料庫等，或通知其至海關辦公處所備詢，或由海關人員至其場所調查；被調查人不得規避、妨礙或拒絕（Ⅱ）。第一項所稱關係人，指與進出口貨物有關之報關業、運輸業、承攬業、倉儲業、快遞業及其他企業、團體或個人（Ⅲ）。海關執行第一項事後稽核工作，得請求相關機關及機構提供與進出口貨物有關之資料及其他文件（Ⅳ）。海關實施事後稽核之範圍、程序、所需文件及其他應遵行事項之辦法，由財政部定之（Ⅴ）。」

532 海關事後稽核實核辦法第 4 條規定：「海關選定事後稽核案件後，除應於進出口貨物放行之翌日起六個月內以書面通知被稽核人實施事後稽核外，應視案件需要，依下列作業程序辦理：……」

(3)經海關准予更正

指海關業據納稅義務人或貨物輸出人之申請而更正進、出口報單而言。如申請更正事項（貨物名稱、規格、產地、數量、重量等）及理由未臻具體，海關得不准予更正[533]。

(4)補繳稅款及利息

依本條第 3 項規定，主動更正報單，如有應補繳之稅款，應自該項稅款原繳納期間屆滿、核定免稅或沖退稅之翌日起算至補繳之日止，按原應繳納稅款期間屆滿、核定免稅或沖退稅之日郵政儲金一年期定期儲金固定利率，按日加計利息一併繳納，始得免予處罰。

（二）主動陳報違法行為

1. 條文內容（本條第2項）

非屬第 1 項情形，而有其他本條例所定應予處罰情事之行為人，於海關、稅捐稽徵機關或其他協助查緝機關接獲檢舉、進行調查前，向各該機關主動陳報並提供違法事證，因而查獲並確定其違法行為者，於陳報範圍內免予處罰。

2. 適用範圍

本項係以「非屬前項情形，而有其他本條例所定應予處罰之情事」者為限，亦即主動陳報違法行為之免罰，適用於本條例第 37 條、第 39 條第 2 項情形以外而依本條例應予處罰之案件。

3. 免罰要件

(1)於海關、稅捐稽徵機關或其他協助查緝機關接獲檢舉、進行調查前，向各該機關主動陳報並提供違法事證

A. 有關「其他協助查緝機關」

（同前段說明）。

B. 本項「進行調查前」之認定

(A) 依「調查認定原則」第 3 點規定，海關進行調查之基準時點如下表所示：

（一）艙單階段所涉違章案件	1. 海關就貨櫃（物）通知實施 X 光儀器檢查時。但未涉逃避管制者，以海關就該艙單之第一只貨櫃（物）啓動掃描時為準。 2. 海關依規定進行調查或發覺異常，以通報單所載時間先者為準。

533 進出口報單申報事項更正作業辦法第 3 條第 1 項。

（二）郵遞之信函或包裹所涉違章案件	1. 海關實施X光儀器檢查判讀影像異常並於封皮或以其他方式註記時。 2. 海關實際開驗時。 3. 海關依規定進行調查或發覺異常，以通報單所載時間先者為準。
（三）入境旅客攜帶隨身行李物品所涉違章案件	1. 旅客經紅線檯通關者，為海關受理申報並開始查驗程序時。 2. 旅客經綠線檯通關者，為海關依入境旅客攜帶行李物品報驗稅放辦法第7條第5項規定指定查驗時。 3. 執勤犬（含緝毒犬及緝菸犬等）嗅聞呈現異常反應並經海關表明應予查驗時。 4. 海關依規定進行調查或發覺異常，以通報單所載時間先者為準。
（四）前三款所列情形以外之案件	以海關就貨物、運輸工具、場所或人員等實施檢查、勘驗、搜索、詢問，或針對具體查核範圍進行函查、調卷、調閱相關資料或其他調查作為之時為調查基準時點，海關應以通報單、筆錄、簽函等書面或電腦系統詳予記錄，以資查考。

(B) 稅捐稽徵機關或其他協助查緝機關協助查核之案件，則以該機關進行調查時爲調查基準時點（調查認定原則第4點第1項）。

(C) 同一案件如有數個調查基準時點者，以最先進行調查之時點爲準（調查認定原則第5點）。

C. 主動陳報並提供違法事證

(A) 指違法行爲人出於自由意志、未有外力強制情形，而自行陳報違法情事，並提供相關證明文件而言。是否構成主動陳報，屬事實認定問題，應依個案情節綜合審認，舉例說明，於私運貨物案件，應據實陳報貨主名稱、貨物明細及其所在等構成違法行爲之相關具體事實，並保留貨物原狀供海關前往調查[534]，始得謂爲主動陳報。

(B) 另，應併予注意者，海關依本條例第42條第1項規定，通知行爲人提供相關帳證資料，行爲人所爲之提供，係履行其於租稅法上之協力義務，尚難謂爲「主動陳報」[535]。

(2) 因而查獲並確定其違法行爲

指因違法行爲人之主動陳報，海關得以發動調查並因而查獲違法事實及確定其違法行爲。如行爲人所爲之陳報屬泛稱、籠統並未具體、明確者，海關雖亦發動調查而查獲，惟與其陳報並無直接關係，爰本文以爲，因不符「因而查獲」之要件，故不得適用本項免罰規定。

---

534 最高行政法院104年度判字第399號判決意旨參照。

535 臺北高等行政法院104年度訴字第1576號判決意旨參照。

(3) 補繳稅款及利息

（同前段說明）。

三、免罰效果

（一）免罰之主、客體

符合本條規定之要件者，於更正或陳報範圍內免予處罰。至於虛報或違法行為之客體為何，參照財政部關務署就修正前海關緝私案件減免處罰標準第 17 條所為之釋示[536]，應非所問，故而，縱屬危害治安或身心健康之毒品、武器等物品，亦予免罰。

（二）免罰之內涵

惟本條第 1 項、第 2 項所稱「免予處罰」究係何指，是否本條例所訂定行政罰（如罰鍰、沒入、停止結關等處罰）均予免除，因法未定明，不無疑義。本文以為本條第1項、第 2 項之「免予處罰」，其內涵應有所不同，茲說明如下：

1. 本條第1項（主動更正報單）之免予處罰，應包括免除「罰鍰」及「沒入」之處罰

(1) 修正前關稅法第17條第6項、第7項對於符合要件之更正報單，皆規定其效果為「免依本法或海關緝私條例之規定處罰」，申報錯誤而來貨涉有違反相關機關主管法律規定而嚴重影響國內政治、經濟、社會、環保或國際形象或逃避管制等，得依海關緝私條例第 37 條第 1 項、第 3 項沒入貨物之情形，均得免除沒入之處罰。惟該貨物究屬不得進口之物品，仍應依關稅法第 96 條規定辦理。

(2) 本條第 1 項既係承襲修正前關稅法第 17 條規定而來，自得採歷史解釋方式加以界定其範圍，是以，所稱「免予處罰」解釋上應同修正前關稅法規定「免依本法或海關緝私條例之規定處罰」效果，而得免除罰鍰及沒入之處罰。

2. 本條第2項（主動陳報違法）之免予處罰，應不包括「沒入」之處罰

(1) 依歷史解釋，本條第 2 項乃承襲修正前海關緝私案件減免處罰標準第 17 條規定而來，該規定原本之免罰效果，僅免除罰鍰而已，並不及於沒入處罰，是本條第 2 項，其免罰之範圍亦應不及於沒入處罰。

(2) 況，主動陳報違法之免罰，適用於本條第 1 項所列以外之案件，舉凡私運貨物（海

---

536 財政部關務署 104/05/25 台關緝字第 1041003486 號函釋：「所報危害治安或身心健康之毒品、武器等物品，應否排除海關緝私案件減免處罰標準第 17 條免罰規定之適用疑義乙案。說明：二、按財政部 104/03/18 台財關字第 1041004670 號書函（副本諒達）說明二略以，凡該當海關緝私案件減免處罰標準各條規定之減免要件，應認屬情節輕微並賦予各該條規定之減免處罰效果。又現行減免處罰標準第 17 條並未明文將旨揭貨物列為免罰規定之消極要件而排除適用，故本案仍請依前揭財政部函釋辦理。」

關緝私條例第 36 條第 1 項、第 39 條第 1 項）、起卸、收買、代銷私運貨物（海關緝私條例第 36 條第 2 項）、報運進出口仿冒品、盜版品（海關緝私條例第 39 條之 1）等均為適用範圍，涉案物品本身具違法性，亦無保障交易安全或保護善意第三人之問題，當不容行為人藉主動陳報違法而取得合法持有之權利，故而，本條之免予處罰，應不及於「沒入」之處罰。

本條例免罰規定之比較

	緝 36 Ⅳ（不知為私運貨物）	緝 45-1（情節輕微）	緝 45-3 Ⅰ（主動更正報單）	緝 45-3 Ⅱ（主動陳報違法）
法條用語	免罰	免予處罰	免予處罰	免予處罰
免罰效果	免處罰鍰；違禁品或管制物品仍應單科沒入	免處罰鍰	免處罰鍰及沒入	免處罰鍰

❖精選案例❖

主動陳報違法行為，應據實陳報貨主名稱、貨物明細及其所在等構成違法行為之相關具體事實，並保留貨物原狀供被上訴人前往調查（最高行政法院 104 年度判字第 399 號判決）。

❖釋示函令❖

1. 主動陳報免罰規定，於涉案貨物為危害治安或身心健康之毒品、武器亦有其適用

主旨：所報危害治安或身心健康之毒品、武器等物品，應否排除海關緝私案件減免處罰標準（下稱減免處罰標準）第 17 條免罰規定之適用疑義乙案。

說明：二、按財政部 104/03/18 台財關字第 1041004670 號書函（副本諒達）說明二略以，凡該當海關緝私案件減免處罰標準各條規定之減免要件，應認屬情節輕微並賦予各該條規定之減免處罰效果。又現行減免處罰標準第 17 條並未明文將旨揭貨物列為免罰規定之消極要件而排除適用，故本案仍請依前揭財政部函釋辦理。三、另所報案例是否確已符合旨揭減免處罰標準之減免處罰規定，應屬事實認定問題，請本於職權審認，併此敘明（財政部關務署 104/05/25 台關緝字第 1041003486 號函）。

2.「其他查緝機關」之意義

主旨：所報海關緝私案件減免處罰標準第 17 條之解釋及適用疑義乙案。

說明：二、旨揭規定所稱「其他協助查緝機關」，**依文義解釋應指協助海關查緝違反海關緝私條例（以下稱本條例）情事之其他機關，其他機關倘已依法定職權就特定事實行**

使調查權，所爲之調查有助於海關認定或查獲違反本條例情事者，即當屬之。從而，他協助查緝機關已就違反本條例情事之相關事實進行調查，嗣後縱經違法行爲人主動報違法，亦不得適用旨揭規定而予免罰。三、所報案例事實中地檢署所爲之調查是否助於海關查緝違反本條例情事，屬事實認定問題，請依上開說明本於職權審認之（財部關務署 104/07/22 台關緝字第 1041006882 號函）。

3. 財政部關務署統計室函請統計複核及海關以電話通知出口人補件之情形，非屬本條所稱「進行調查」

主旨：南亞塑膠工業股份有限公司（下稱出口人）報運貨物出口，涉有高報離岸價格之違章，得否適用海關緝私條例（下稱本條例）第45條之3第1項主動更正免罰規定一案。

說明：二、按本條例第 45 條之 3 第 1 項規定，出口人因報單申報錯誤，涉有同條例第 37 條所定違章情事者，倘於海關、稅捐稽徵機關或其他協助查緝機關接獲檢舉、進行調查前，主動申請更正並經海關准予更正，且於貨物放行後未經海關通知實施事後稽核者，於更正範圍內免予處罰。三、依「海關緝私條例第四十五條之三進行調查認定原則」第 2 點第 2 款規定，本案「本署統計室函請統計複核」及「海關以電話通知出口人補件」之情形，非屬該款第 4 目至第 6 目所稱進行調查，至於有無該款其他各目或第點所定進行調查情事，及是否符合本條例第 45 條之 3 第 1 項所定「未經接獲檢舉」、「放行後未經海關通知實施事後稽核」等免罰要件，未見來函敘明，宜由貴關就個案具體事實審認之。四、又本條例第 45 條之 3 第 1 項所稱「主動申請更正」，並未限制辦理方式，基於鼓勵主動陳報自新之立法意旨，進出口人以電子郵件爲之，應非法所不許。惟爲利明確認定申請更正事項及範圍，並兼顧當事人權益及踐行正當法律程序，應輔導進出口人塡具「連線進／出口報單更正申請書」，並檢附相關證明文件向海關爲之，以憑辦理後續事宜。至於本案出口人電子郵件所述內容，是否已臻具體明確而得認有旨揭主動申請更正免罰規定之適用，核屬個案事實認定問題，宜由貴關本諸職權審認之（財政部關務署 108/08/06 台關緝字第 1081005313 號函）。

4. 對於主動陳報案件，得於函復時併附條件免罰

主旨：關於廠商未申報進倉資料，嗣主動函請補報關及補繳稅費，究應以何種方式補報進口及有無主動陳報免罰規定適用一案，復請查照。

說明：二、按預報貨物通關報關手冊進口篇參、進口貨物通關作業基本規定六、單證合一進口報單（NX5105）類別、代碼意義規定，G1（外貨進口）報單適用範圍爲「一般廠商、個人自國外輸入貨物……。」G2（本地補稅案件）報單適用範圍爲「(1)……(4) 其他應補稅案件。」本案性質符合 G1 及 G2 報單適用範圍，且採何種報單類別報關並不影響稅費徵收，得本諸職權擇一受理，惟實務上如因故未能補傳送艙單，得視個案求採G2報單報關。三、另本案行為時適用海關緝私案件減免處罰標準（下稱減免罰標準）第17條主動陳報免罰規定（下稱舊法），嗣107年5月9日總統修正公布海關緝私條例增訂第45條之3自動補報補繳加計利息免罰規定，並於同年月11日生效（下稱新法），另為避免重複規範，前開減免罰標準第17條規定將配合修正刪除。準此，本案如經貴關審認行為人有主動陳報及應補繳關稅之情事，即應依行政罰法第5條從新從輕原則比較前開新舊法規，適用最有利於行為人之免罰規定。四、又前開各該規定所稱「其他協助查緝機關」涵蓋範圍甚廣，實務上無法逐一函詢各該機關是否接獲檢舉或進行調查，爰同意得先行探詢行為人主動陳報之理由及說明，以瞭解其他機關有無啟動調查之情事，並以行為人陳報時海關已知事證及函詢相關協查機關結果，先予評判是否符合免罰規定；如准予免罰，得於函復中併予敘明，倘海關嗣後發現行為人於主動陳報前，業經稅捐稽徵機關或其他協助查緝機關接獲檢舉、進行調查，而不符合免罰規定，則仍可依法論罰，以保留海關日後裁罰權限，並杜爭議（財政部關務署107/06/26台關緝字第1071005138號函）。

5.海關緝私條例第45條之3進行調查認定原則

一、為使徵納雙方對於海關緝私條例（以下簡稱本條例）第45條之3所定進行調查時點有客觀明確之認定基準可資遵循，特訂定本原則。二、海關對於報單階段所涉違章案件進行調查之基準時點如下：（一）**貨物放行前**：1.電腦核定按免審免驗（C1）或文件審核（C2）方式通關者：(1)海關核定改按貨物查驗方式通關時。(2)海關就貨櫃（物）通知實施X光儀器檢查時。但未涉逃避管制者，以海關就該報單之第一只貨櫃（物）啟動掃描時為準。(3)海關就快遞貨物實施X光儀器檢查判讀影像異常者，以啟動掃描時為準。(4)財政部關務署交查（不含統計複核）或他關函請查核之發文日。(5)海關以書面通知提供與報單錯誤原因具關聯性文件之發文日。(6)海關以電腦發送與報單錯誤原因具關聯性之應補辦事項通知訊息時。(7)海關依規定進行調查或發覺異常，以通報單（含紙本及電腦建檔，以下同）所載時間先者為準。2.電腦核定按貨物查驗（C3，含儀器查驗及人工查驗）方式通關者：(1)涉及逃避管制，以電腦核定按貨物查驗方式通關時。(2)未涉逃避管制：甲、依規定應補送報單及有關文件：（甲）海關就該報單之第一只貨櫃（物）實施X光儀器檢查啟動掃描時。（乙）海關就快遞貨物實施X光儀器檢查判讀影像異常者，以啟動掃描時為準。（丙）財政部關務署交查（不含統計複核）或他關函請查核之發文日。（丁）海關完成補收單時，至遲不得逾連線核定通知之翌日辦公時間終了時。（戊）海關依規定進行調查或發覺異常，以通報單所載時間先者為準。乙、依規定免補送報單及有關文件：（甲）海關核定由儀器查驗（C3X）改按人工查驗（C3M）方式通關時。（乙）海關就快遞貨物實施X光儀器檢查判讀影像異常者，以啓動掃描時爲準。（丙）財政部關務署交查（不含統計複核）或他關函請查核之發文日。（丁）海關就電腦核定儀器查驗報單之第一只貨櫃（物）啓動掃描時至遲不得逾連線核定通知之翌日辦公時間終了時。（戊）海關就電腦核定人工查驗之貨物首次派驗時。（己）海關依規定進行調查或發覺異常，以通報單所載時間先者爲準（二）**貨物放行後**：1. 海關於電腦取消（註銷）放行訊息時。2. 海關就貨櫃（物）通知實施 X 光儀器檢查時。但未涉逃避管制者，以海關就該報單之第一只貨櫃（物）啓動掃描時爲準。3. 海關就快遞貨物實施 X 光儀器檢查判讀影像異常者，以啓動掃描時爲準。4. 財政部關務署交查（不含統計複核）或他關函請查核之發文日。5. 海關以書面通知提供與報單錯誤原因具關聯性文件之發文日。6. 海關以電腦發送與報單錯誤原因具關聯性之應補辦事項通知訊息時。7. 海關以電腦調閱報單（應載明具體查核事由及範圍）時。8. 海關依規定進行調查或發覺異常，以通報單所載時間先者爲準。三、海關對於非屬前點所列案件進行調查之基準時點如下：（一）艙單階段所涉違章案件：1. 海關就貨櫃（物）通知實施 X 光儀器檢查時。但未涉逃避管制者，以海關就該艙單之第一只貨櫃（物）啓動掃描時爲準。2. 海關依規定進行調查或發覺異常，以通報單所載時間先者爲準。（二）郵遞之信函或包裹所涉違章案件：1. 海關實施 X 光儀器檢查判讀影像異常並於封皮或以其他方式註記時。2. 海關實際開驗時。3. 海關依規定進行調查或發覺異常，以通報單所載時間先者爲準。（三）入境旅客攜帶隨身行李物品所涉違章案件：1. 旅客經紅線檯通關者，爲海關受理申報並開始查驗程序時。2. 旅客經綠線檯通關者，爲海關依入境旅客攜帶行李物品報驗稅放辦法第 7 條第 5 項規定指定查驗時。3. 執勤犬（含緝毒犬及緝菸犬等）嗅聞呈現異常反應並經海關表明應予查驗時。4. 海關依規定進行調查或發覺異常，以通報單所載時間先者爲準。（四）前三款所列情形以外之案件，以海關就貨物、運輸工具、場所或人員等實施檢查、勘驗、搜索、詢問，或針對具體查核範圍進行函查、調卷、調閱相關資料或其他調查作爲之時爲調查基準時點，海關應以通報單、筆錄、簽函等書面或電腦系統詳予記錄，以資查考。四、稅捐稽徵機關或其他協助查緝機關協助查核之案件，以該機關進行調查時爲調查基準時點。前項所稱其他協助查緝機關，指依其法定職權進行調查所得之事實內容或事證資料，客觀上有助於海關查緝違反本條例情事之機關。五、同一案件依第 2 點至第 4 點規定有數個調查基準時點者，以最先進行調查之時點爲準（財政部 111/01/10 台財關字第 101020298 號令）。

第 45 條之 4（沒入物處理費用之負擔）

I 依本條例裁處沒入之貨物或物品，須為適當處理而其費用逾財政部公告之一定金額者，由海關命受處分人負擔全額費用。

II 前項費用之追繳、救濟、保全及執行程序，準用第四十六條至第四十八條、第四十九條之一第一項、第五十條、第五十一條及關稅法第九條規定。
III 依第一項規定命負擔全額費用之處分，應於支付處理費用之日起五年內為之。但貨物或物品於沒入處分確定前已支付處理費用者，自沒入處分確定之日起算。

❖立法（修正）說明❖（107/04/13增訂）

一、本條新增。
二、依本條例處分沒入之貨物或物品，其所有權歸屬國家，惟於處理無益貨物之情形，往往所費甚鉅，概由國庫支付，未符公平正義，爰參照農藥管理法第 56 條立法例，於第 1 項規定沒入物處理費用逾財政部公告之一定金額者，由受處分人全額負擔。
三、鑑於追繳處理費用並非行政罰，亦非追徵稅款，無從適用本條例有關製作處分書及相關救濟、保全及執行程序規定，爲資依循，爰於第 2 項定明準用第五章處分程序及第六章執行之相關規定；另依關稅法第 9 條第 5 項規定，依該法應徵之費用準用有關關稅及罰鍰徵收期間、執行期間等規定，則依本條例所爲處理費用之追繳允宜爲相同規範，爰明定準用關稅法第 9 條之規定。
四、依第 1 項規定所爲處分，其時效允宜併加規範，以杜爭議，爰參照行政程序法第 131 條第 1 項規定，於第 3 項規定應於海關或其他機關支付處理費用之日起五年內爲之，惟貨物或物品於沒入處分確定前已支付處理費用者，自沒入處分確定之日起算，俾資遵循。

❖條文說明❖

一、說明

依本條例處分沒入之貨物或物品，其所有權歸屬國家，其處理所衍生之費用本應由國家負擔，惟於處理無益貨物（例如含有醫療或毒劇藥品之染髮劑[537]、農藥、冷媒及其他毒性化學物質、蒙特婁議定書列管化學物質等）之情形，往往所費甚鉅，概由國庫支付，未符公平正義，爰於 107 年本條例修法時，參照農藥管理法第 56 條[538]之立法例，增訂本條，規定已逾一定金額之處理費用應由受處分人負擔，並由海關核發處分書追繳。

---

537 參考案例：財政部 109/11/25 台財法字第 10913938570 號訴願決定書。
538 農藥管理法第 56 條規定：「依本法規定沒入之農藥、器械、原料及物品，需為適當處理時，其費用由受處分人負擔。」

二、追繳性質

海關依本條規定所爲之追繳處分，其性質乃公法上請求權之行使，並非追徵稅款雖爲不利處分，惟因不具裁罰性而非行政處罰，自無行政罰法相關規定之適用，以，縱受處分人因同一沒入案件受有罰鍰處分，甚或已受刑事法律處罰，亦不生一事罰之問題。

三、追繳要件

（一）依本條例裁處沒入之貨物或物品

指貨物或物品之沒入，其裁處法據爲本條例之意，如係依其他法律沒入者，例如依菸酒管理法[539]規定沒入入境旅客攜帶之超量菸酒，則非本條之適用範圍。

（二）須為適當處理

指沒入之貨物或物品應另支付費用處理之意。而所稱「適當處理」，指貨物或物品最適之處理方式，其方式應視貨物或物品之種類與性質而定。一般而言，沒入之貨物或物品之適當處理，包括購回、變賣、銷毀、捐贈、供學術研究、留供展示或移交其他機關處理等方式，但凡因處理貨物或物品而衍生之費用，爲符公平正義，均應屬本條規定追繳之範圍。

（三）費用逾財政部公告之一定金額

依財政部 107/09/27 台財關字第 1071021392 號公告，本條所稱之一定金額爲新臺幣 5,000 元，倘沒入物之處理費用已逾 5,000 元者，即已符合追繳要件。

四、追繳期間

依本條第 3 項規定，命負擔全額費用之處分，應於支付處理費用之日起五年內爲之。但貨物或物品於沒入處分確定前已支付處理費用者，自沒入處分確定之日起算。

五、相關規定之準用

依本條第 2 項規定，沒入物之處理費用，其追繳、救濟、保全及執行程序，準用第 46 條至第 48 條、第 49 條之 1 第 1 項、第 50 條、第 51 條及關稅法第 9 條規定。

---

539 菸酒管理法第 45 條第 4 項規定：「入境旅客隨身攜帶菸酒超過免稅數量，未依規定向海關申報者，超過免稅數量之菸酒由海關沒入，並由海關分別按每條捲菸、每磅菸絲、每二十五支雪茄或每公升酒處新臺幣五百元以上五千元以下罰鍰，不適用海關緝私條例之處罰規定。」

（一）追繳處分

處理費用之追繳，應製作處分書送達受處分人（海關緝私條例第 45 條之 4 第 2 項準用第 46 條）。

（二）救濟程序

1. 受處分人不服追繳處理費用之處分，得於收到處分書之翌日起算 30 日內，依規定格式，以書面向原處分海關申請復查（海關緝私條例第 45 條之 4 第 2 項準用第 47 條第 1 項）。
2. 海關應於接到復查申請書之翌日起算二個月內爲復查決定，並作成復查決定書；必要時，得予延長，並通知受處分人或利害關係人。延長以一次爲限，最長不得逾二個月（海關緝私條例第 45 條之 4 第 2 項準用第 47 條第 2 項）。
3. 復查決定書之正本，應於決定之翌日起算十五日內送達受處分人（海關緝私條例第 45 條之 4 第 2 項準用第 47 條第 3 項）。
4. 受處分人及利害關係人不服復查決定者，得依法提起訴願及行政訴訟（海關緝私條例第 45 條之 4 第 2 項準用第 48 條第 1 項）。

（三）保全及執行程序

1. **假扣押執行**：受處分人未經扣押貨物或提供適當擔保者，海關爲防止其隱匿或移轉財產以逃避執行，得於處分書送達後，聲請法院假扣押或假處分，並免提擔保。但受處分人已提供相當財產保證者，應即聲請撤銷或免爲假扣押或假處分（海關緝私條例第 45 條之 4 第 2 項準用第 49 條之 1 第 1 項）。
2. **催繳、抵付或變價取償**：依本條例處分確定案件，收到海關通知之翌日起算 30 日內未將稅款及罰鍰繳納者，得以保證金抵付或就扣押物或擔保品變價取償。有餘發還，不足追徵。前項變價，應以拍賣方式爲之，並應於拍賣五日前通知受處分人（海關緝私條例第 45 條之 4 第 2 項準用第 50 條）。
3. **移送強制執行**：追繳處理費用之受處分人未於期限內繳納費用而無保證金抵付，亦無扣押物或擔保品足以變價取償，或抵付、變價取償尙有不足者，移送強制執行；海關並得停止受處分人在任何口岸報運貨物進口、出口，至稅款及罰鍰繳清之日止（海關緝私條例第 45 條之 4 第 2 項準用第 51 條）。
4. **追繳費用之徵收期間**：追繳費用，自確定之翌日起，五年內未經徵起者，不再徵收。但於五年期間屆滿前，已移送執行，或已依強制執行法規定聲明參與分配，或已依破產法規定申報債權尙未結案者，不在此限（海關緝私條例第 45 條之 4 第 2 項準用關稅法第 9 條第 1 項）。

❖釋示函令❖

海關緝私條例第 45 條之 4 第 1 項之一定金額

自中華民國 107 年 5 月 11 日起，依海關緝私條例裁處沒入之貨物或物品，須爲適當處理，且處理費用逾新臺幣 5,000 元者，由海關命受處分人負擔全額費用（財政部 107/09/27 台財關字第 1071021392 號公告）。

第五章
處分程序

第 46 條（製作處分書及送達）
海關依本條例處分之緝私案件，應製作處分書送達受處分人。但裁處沒入貨物或物品之所有人不明者，其送達以公告或刊登政府公報或新聞紙代替之。

❖立法（修正）說明❖（102/05/31修正）

一、第 1 項之制作修正為製作，以符法制用語。

二、本條例有關處分書之送達方法，應依行政程序法總則章第十一節送達之相關規定辦理，爰刪除原條文第 2 項規定。

❖法條沿革❖

原條文	說明
（62/08/14 全文修正） 第 46 條 海關依本條例處分之緝私案件，應制作處分書送達受處分人。 前項處分書之送達方法，準用刑事訴訟法有關送達之規定。	本條新增。「處分書」係將原條例第 31 條所定「處分通知書」予以改定，其送達方法則準用刑事訴訟法關於送達之規定，以求簡捷。

❖條文說明❖

一、要式及生效

海關依本條例規定所為之緝私處分，除應製作書面之「處分書」外，尚須將該文書送達予受處分人，此處分始得依行政程序法第 110 條第 1 項規定[1]對其發生效力，並以

---

1 行政程序法第 110 條第 1 項規定：「書面之行政處分自送達相對人及已知之利害關係人起；書面以外之行政處分自以其他適當方法通知或使其知悉時起，依送達、通知或使知悉之內容對其發生效力。」

此起算救濟期間。

二、依本條例處分之緝私案件

依本條例處分者，包括扣押處分（本條例第 17 條、第 18 條規定）、罰鍰、追徵稅款、沒入及停止結關處分（本條例第四章罰則各條規定）、保全處分（本條例第 49 條之 1 準用關稅法第 48 條規定）、欠稅之停止報運處分（本條例第 51 條規定）等，惟本條所稱「依本條例處分之緝私案件」，應專指依本條例第四章罰則各條規定之處分案件（實務通稱「緝案」）。至於其他處分案件，則非本條之適用範圍，其救濟程序亦無本條例第 47 條（申請復查）、第 48 條（提起訴願、行政訴訟）之適用。

三、製作處分書之程序

行政處分是否適法、妥當，著重在案件認定事實及適用法律是否正確，而認定事實應憑證據，亦不得以臆測之方式認定違法，準此，海關實務上在作成處分前，即踐行一定嚴謹之程序，俾正確認事用法。茲將該等程序說明如下：

（一）查驗估價

1. 即查驗貨物及分類估價。
2. 查驗貨物之重點，乃在查得貨物名稱、牌名（或商標）、品質、貨號、型號、規格尺寸、加工程度、材質、來源地名（產地或生產國別）及標示、數量（長度、面積、容量等均用公制單位）、淨重：Net Weight，即貨物毛重扣除包裝（包括內外包裝）後之重量（用公制單位）等[2]，以利判別貨品屬性，進而得憑以依據「中華民國海關進口稅則」各稅則號別之貨名，各類、章註及解釋準則之規定及參據關稅合作理事會編纂之 HS 註解及其他有關文件歸列稅則號別、貨品分類號列及依序適用（進口案件）或類推適用（出口案件）關稅法第 29 條、第 31 條至第 35 條規定核估貨物價格（值）。

（二）送外鑑定

貨品一旦屬性不明，即難判別是否為管制物品，亦將影響稅則歸列、核估價格（值）。是以，貨品如有屬性不明有賴專業機關（構）或專家學者加以釐清者，則應送請鑑定。財政部關務署並訂有「進出口貨物送往外界化驗鑑定權威機構清表」，清表內之機構均具有專業之鑑定能力及公信力，所為之鑑定報告亦多為司法實務所採。例如：貨物為棕櫚油或酥脆油，請求清表內「財團法人食品工業發展研究所」協助鑑定；貨物

---

2 進出口貨物查驗注意事項第 6 點第 4 款、第 23 點第 7 款。

爲玄武岩建築用石或輝長岩建築用石，請求清表內「國立成功大學」協助鑑定[3]；酒精是否爲未變性，請求清表內「臺灣檢驗科技股份有限公司」[4]等。

（三）未開放大陸物品之主動通知補正

財政部 97/11/03 台財關字第 09705505100 號令：「一、海關緝獲廠商違章進口尚未開放准許間接進口之大陸物品，依下列規定辦理：（一）進口非屬『懲治走私條例』管制物品之案件，如經海關通知之翌日起二個月內補送專案輸入許可文件者，免依逃避管制論處。」適用本令規定之案件應依本令規定通知補正，俾認定是否構成逃避管制及適用法據。

（四）醫療器材待退運結果

1. 財政部關務署 102/09/10 台關緝字第 1021012308 號函釋：「主旨：進口人虛報進口未經核准輸入之醫療器材，衛生主管機關僅依藥事法規定責令進口人將涉案貨物退運出口，或併處定額罰鍰，而未沒入貨物，是否仍構成海關緝私條例第 37 條第 3 項所稱『逃避管制』乙案。說明：二、本案進口未經核准輸入醫療器材雖涉及違章虛報，惟貨品主管機關已准予退運而未沒入涉案貨物，從而不符財政部 101/11/08 台財關字第 10100653890 號令[5]示『管制』涵義所稱『應予沒收或沒入』之要件至明，尚難依海關緝私條例第 37 條第 3 項論罰。」
2. 海關查獲未經核准輸入之醫療器材是否涉及逃避管制（本條例第 37 條第 3 項），抑或係單純漏稅案件（本條例第 37 條第 1 項），仍應視主管機關是否已准予退運而未沒入而定。

（五）輔導知悉減罰規定

1. 財政部 99/12/08 台財稅字第 09904544720 號令釋：「稽徵機關及海關依加值型及非加值型營業稅法及稅務違章案件裁罰金額或倍數參考表辦理裁罰前，**應以適當方式輔導受處分人知悉稅務違章案件裁罰金額或倍數參考表所定減輕處罰倍數規定**，並給予陳述意見之機會。」依本令規定，涉及進口貨物營業稅裁罰時，於處分前應先通知受處分人使其知悉減輕處罰倍數規定（如於裁罰處分核定前已補繳稅款或同意以足額保證金抵繳者，處較低倍數之罰鍰），程序上始稱完備。
2. 另，前述之通知文書，其內容係通知於裁罰處分核定前補繳稅款等可從輕處罰之規

3　臺中高等行政法院 109 年度訴字第 214 號判決。

4　最高行政法院 104 年度判字第 740 號判決。

5　本令已廢止，並改以財政部 112/11/10 台財關字第 1121027391 號令重新釋示。

定，其內容係對人民權利義務有重大影響，應爲掛號送達[6]，併此提明。

（六）繕寫緝私報告

於製作處分書之前，實務上尚有所謂之繕寫「緝私報告」（Smuggling Report, S/R）之內部前置作業。對於涉及違反海關緝私條例之案件（即本條所稱緝私案件），由海關緝獲單位（其他協助查緝機關查獲移送海關之案件，則由海關法務緝案單位）依規定格式，塡具違章事實、敘明緝獲經過、出力人員如何配置、處理經過等，就整個案情之人、事、時、地、物作一完整之陳述，並將觸犯法條、擬予處分之內容（罰鍰或沒入等）及其法律依據，作成「緝私報告」，而後送由法務緝案單位審核認事用法無誤後，編列緝案編號，並憑以製作及核發處分書。緝私報告在救濟過程中亦常引爲處分適法性之憑據，已非單純內部文書，當予審慎製作。

（七）製作處分書

1. 應依本條例予以處分之緝私案件，如案情已臻明確，證據完整且無重大爭議，亦無涉其他需協力之事項，即應開始製作處分書。
2. 處分書形式：
(1) **一般形式（財政部關務署○○關處分書）**：緝私案件處分書範例[7]。
(2) **簡易形式（稅款繳納證）**：爲簡化行政作業及節省稽徵成本，海關實務上對於適用海關緝私案件減免處罰標準規定免予處罰之輕微案件，而追徵之進口稅款未逾新臺幣 5,000 元件者，即以核發稅款繳納證之簡易方式處分[8]。

---

6 臺北高等行政法院 91 年度訴字第 422 號判決（法務部，行政程序法裁判要旨彙編，第 105 頁）。
7 資料來源：財政部關務署高雄關網站。
8 財政部關務署 105/02/17 台關政緝字第 1056002906 號函。

第 1 頁

財政部關務署基隆關處分書

年第　　　號

本案號數	(　)　　移字第　　號	
受處分人	姓名\名稱 事務所或營業所 證號\出生年月日\性別	
主　　旨	處下列貨物貨價　倍之罰鍰計新臺幣(下同)　　元，併沒入貨物。	
本案關係船舶車輛貨物事項	項次 產地品　　名 數　量及單位 稅　則　號　別 稅　　率 完 稅 價 格	
本案事實		
理由及其法令依據	裝運私運進口貨物，符合處貨價　倍罰鍰之要件，依海關緝私條例第36條第2項、第3項、緝私案件裁罰金額或倍數參考表列前揭條項之裁罰規定及行政罰法第7條第1項之規定，處分如主旨。	

附註：

一、受處分人如不服本處分，得於收到處分書之翌日起30日內，依照處分書附件（或背面）所印格式，以書面向本關申請復查，逾期者不予受理。(復查案件之申請，以掛號郵寄方式向本關提出者，其受理日期以交郵當日之郵戳為準；非以掛號方式提出者，以本關收受復查申請書之日期為準)

二、有關繳款事宜除逕向本關法務緝案組業務課辦理外(洽詢電話：02-24202951 轉3222~3226)並得以劃撥方式繳納，帳號及戶名如下：
郵局劃撥帳號：01539007
戶名：財政部關務署基隆關基隆郵局經收罰鍰專戶

三、納稅者權利保護法提供納稅義務人之權益保護，相關簡介及申辦方式請至本關網站/主題專區/納稅者權利保護專區，點選我要申辦納稅者權利保護事項，即可選擇線上申辦或下載申請書書面辦理。

關務長

中華民國　　　　年　　　　月　　　　日

緝私案件處分書

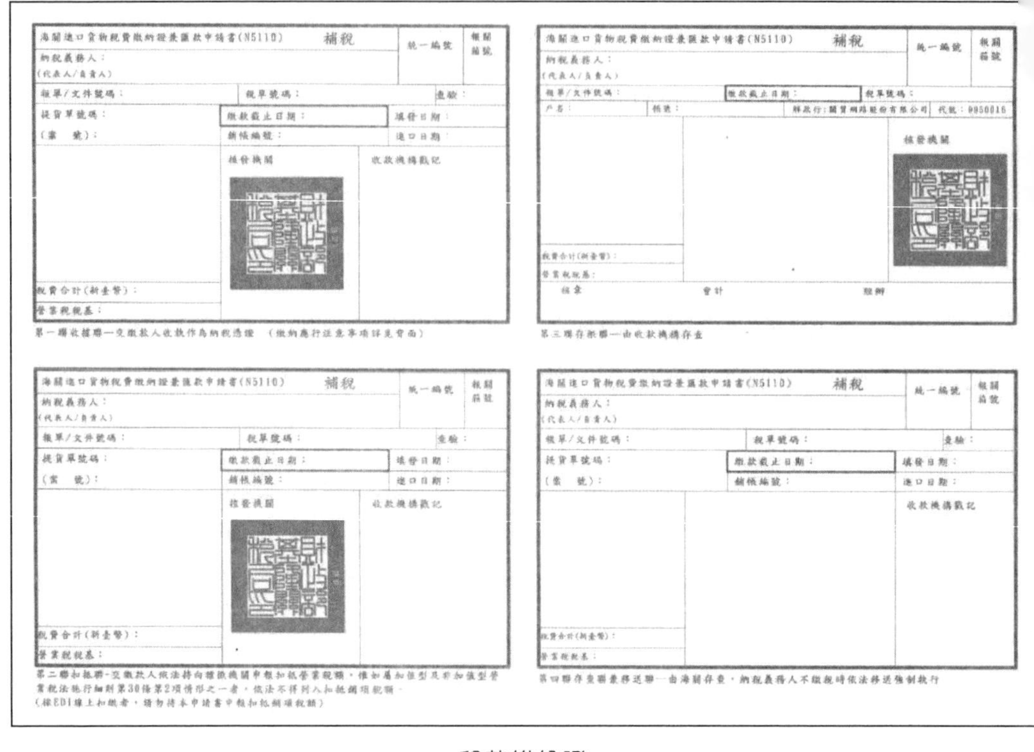

海關進口貨物稅費繳納證兼匯款申請書(N5110) 補稅
統一編號
稅籍編號
納稅義務人：
(代表人/負責人)
報單/文件號碼：
稅單號碼：
查驗：
提貨單號碼：
繳款截止日期：
填發日期：
(案 號)：
艙帳編號：
進口日期：
核發機關
收款機構戳記
稅費合計(新臺幣)：
營業稅稅基：
第一聯收據聯—交繳款人收執作為納稅憑證 (繳納應行注意事項詳見背面)

海關進口貨物稅費繳納證兼匯款申請書(N5110) 補稅
統一編號
稅籍編號
納稅義務人：
(代表人/負責人)
報單/文件號碼：
繳款截止日期：
稅單號碼：
戶名：
帳號：
解款行：關貿網路股份有限公司
代號：0050016
核發機關
稅費合計(新臺幣)：
營業稅稅基：
核章 會計 經辦
第三聯存根聯—由收款機構存查

海關進口貨物稅費繳納證兼匯款申請書(N5110) 補稅
統一編號
稅籍編號
納稅義務人：
(代表人/負責人)
報單/文件號碼：
稅單號碼：
查驗：
提貨單號碼：
繳款截止日期：
填發日期：
(案 號)：
艙帳編號：
進口日期：
核發機關
收款機構戳記
稅費合計(新臺幣)：
營業稅稅基：
第二聯扣抵聯-交繳款人依法持向稽徵機關申報扣抵營業稅額，惟如屬加值型及非加值型營業稅法施行細則第30條第2項情形之一者，依法不得列入扣抵銷項稅額。
(採EDI線上扣繳者，請勿持本申請書申報扣抵銷項稅額)

海關進口貨物稅費繳納證兼匯款申請書(N5110) 補稅
統一編號
稅籍編號
納稅義務人：
(代表人/負責人)
報單/文件號碼：
稅單號碼：
查驗：
提貨單號碼：
繳款截止日期：
填發日期：
(案 號)：
艙帳編號：
進口日期：
收款機構戳記
稅費合計(新臺幣)：
營業稅稅基：
第四聯存查聯兼移送聯—由海關存查，納稅義務人不繳稅時依法移送強制執行

稅款繳納證

3. 處分書應記載之事項：本條例並未規定處分書應記載事項爲何，惟處分書既是行政處分之書面，依行政程序法第 96 條第 1 項規定，即應記載下列事項：

(1) 處分相對人之姓名、出生年月日、性別、身分證統一號碼、住居所或其他足資辨別之特徵；如係法人或其他設有管理人或代表人之團體，其名稱、事務所或營業所，及管理人或代表人之姓名、出生年月日、性別、身分證統一號碼、住居所。

A.僅記載足資識別處分相對人即可：書面行政處分記載處分相對人之姓名、住址等，以確定處分相對人究竟爲何，爲法定記載事項。惟實務上行政機關製作行政處分書時，或有考量事實上執行困難、行政效能或保障當事人權益，**僅記載足資識別處分相對人即可**，應無違背該條項款之立法目的，並非不可將部分個人資料省略。另受處分相對人爲法人或其他設有管理人或代表人之團體處分書記載方式，對於代表人、管理人部分亦同[9]。

B.處分相對人爲獨資商號者：獨資經營之商號，本身並無法律上人格，當不具權利能力，故不得單獨享受權利、負擔義務；惟因與其主人既屬一體，以獨資行號名

---

9 法務部 96/01/26 法律決字第 0960000700 號函。

義對外所爲之法律行爲，其法律效果實際上仍歸屬於獨資事業主本人[10]。獨資商號並無當事人能力，而應以商號負責人爲當事人，商號負責人有違反行政法上義務應受處罰時，不能直接對商號處罰，而應以商號負責人爲處罰對象，其記載爲「○○○即○○商號」[11]。

C.處分相對人爲合夥事業者：合夥組織具有團體性，屬非法人團體，以其代表人或管理人爲行政程序行爲者，對合夥組織予以處分，其受處分人之記載應爲「○○商號名稱（即○○○與○○○之合夥團體）」、「代表人○○○」，始爲適法。

D.行政處分如漏未記載管理人或代表人之個人資料，是否影響該處分之效力，則應視其是否因而影響行政處分相對人身分之認定，如不致有識別之錯誤，似尚不致影響行政處分之效力[12]。

(2) 主旨、事實、理由及其法令依據。行政程序法第 101 條第 1 項規定：「行政處分如有誤寫、誤算或其他類此之顯然錯誤者，處分機關得隨時或依申請更正之。」行政處分如有上揭顯然錯誤，基於確保行政處分之明確性及程序經濟之考量，固得由行政機關逕予更正。然行政處分機關處分書所引用條文條號、內容不正確，非屬前揭規定可得更正之事項，屬得撤銷之瑕疵，自不能更正。

(3) 有附款者，附款之內容。

(4) 處分機關及其首長署名、蓋章，該機關有代理人或受任人者，須同時於其下簽名。但以自動機器作成之大量行政處分，得不經署名，以蓋章爲之。

(5) 發文字號及年、月、日。

(6) 表明其爲行政處分之意旨及不服行政處分之救濟方法、期間及其受理機關。

四、處分書送達

（一）意義

行政文書之送達，係法定送達機關將應送達於當事人或其他關係人之文書，依有關送達規定，交付於應受送達人本人；於不能交付本人時，以其他方式使其知悉文書內容或居於可得知悉之地位，俾使行政行爲發生法定效力，並利應受送達人決定是否爲必要之行爲，以保障其權益[13]。

---

10 最高法院 42 年台抗字第 12 號民事判例、43 年台上字第 601 號民事判例。

11 最高行政法院 68 年 8 月份庭長評事聯席會議決議參照。

12 法務部 90/08/20 (90) 法律決字第 029280 號函。

13 司法院釋字第 667 號解釋。

（二）準據

組私案件處分書之送達，於 102 年修正前依本條第 2 項規定係準用「刑事訴訟法」有關送達之規定，惟修正刪除後，因已無特別規定，則應適用行政程序之一般規定，即行政程序法總則章第十一節送達之相關規定。

❖司法判解❖

1. 行政處分通知屬公文書，應受公文程式限制且須具備法定程式

行政官署對於人民所爲之行政處分，製作以處分爲內容之通知。此項通知，原爲公文程式條例所稱處理公務文書之一種，除法律別有規定者外，自應受同條例關於公文程式規定之適用及限制，必須其文書本身具備法定程式，始得謂爲合法之通知（司法院釋字第 97 號解釋）。

2. 送達未作送達證書不得謂無送達效力

送達證書僅爲送達之證據方法，與事實上送達之行爲，係屬兩事。故送達未作送達證書或其證書不合程式，不得即謂無送達之效力（最高行政法院 61 年度裁字第 156 號判例）。

❖釋示函令❖

《製作處分書》

1. 命公司履行公法上金錢給付義務之處分書，應記載代表人姓名並向其送達

檢送法務部行政執行署 94/06/03 行執一字第 0946000305 號函乙份，請查照並轉知所屬照辦（財政部 94/07/07 台財稅字第 09404548430 號函）。

附件：法務部行政執行署94/06/03行執一字第0946000305號函

主旨：各移送機關以行政處分書命公司履行公法上金錢給付義務，該行政處分書應依行政程序法第 96 條規定記載該公司之「代表人」姓名，並依行政程序法第 69 條或稅捐稽徵法第 19 條規定向公司「代表人」爲送達，以符法制。

說明：一、按行政程序法第 96 條規定：「行政處分以書面爲之者，應記載下列事項：一、處分相對人之姓名、出生年月日、性別、身分證統一號碼、住居所或其他足資辨別之特徵；如係法人或其他設有管理人或代表人之團體，其名稱、事務所或營業所，及管理人或代表人之姓名、出生年月日、性別、身分證統一號碼、住居所。」是行政機關如以行政處分書命公司履行公法上金錢給付義務，該行政處分書應記載該公司之「代表人」姓名、出生年月日、性別、身分證統一號碼、住居所等資料。

惟因現行實務上，仍有部分行政機關於行政處分書上列印「負責人」或「法定代表人」欄位，不符上揭行政程序法之規定，爰建請予以修正外，並請遵照上揭規定，確實填載受**行政處分之公司之代表人**姓名，以精進法制作業。二、次按「對於機關、法人或非法人團體為送達者，應向其代表人或管理人為之。」復為行政程序法第 69 條第 2 項所明定，是稅捐稽徵機關以外之行政機關，以行政處分書命公司履行公法上金錢給付義務時，應將行政處分書依上揭規定向「代表人」為送達。至於稅捐稽徵機關對公司核發稽徵稅捐之行政處分書，依稅捐稽徵法第 19 條第 1 項規定：「為稽徵稅捐所發之各種文書，得向納稅義務人之代理人、代表人、經理人或管理人以為送達」，亦明定向「代表人」送達。是請轉知所屬確實依據前揭規定辦理送達，以減少義務人對執行名義送達不合法為爭議，俾助公法債權執行業務之推行。

2. 變更原處分及誤寫誤繕更正之處理方式

關於緝案之處分，於聲明異議後復經核發處分書更正本之案件，應即查明所發送之處分書更正本其性質究屬對原處分書錯誤之更正？抑或變更原處分之性質，因變更後之處分為另一處分，受處分人如仍有不服，固應重行聲明異議，惟若其僅為對原處分書內容錯誤之更正，因受處分人既已對該項處分聲明異議，自毋庸再對處分書之更正本聲明異議，其原提異議應屬有效。查處分書一經核發，人民之權益立即受到影響，如有不服，對之提起行政救濟者，當應受海關緝私條例第 47 條、第 48 條及行政訴訟法第 10 條[14]第 1 項規定之拘束，而處分書更正本之核發，因係變更原處分而為另一新處分，自亦有上述之效果，故其核發應限以涉及處分主文或受處分人之變更等足以構成另一新處分者，始得為之，至如其他違法事實、援用法條、受處分人姓名、地址等誤寫、誤算之更正並不涉及原處分實體之變更者，其更正錯誤自毋庸以處分書更正本為之，可逕以更正函通知更正，以資簡捷，並杜應否須再依海關緝私條例第 47 條規定另行遞送異議書之爭議（財政部 68/09/24 台財關字第 20906 號函）。

3. 追徵稅款與其應繳之推廣貿易服務費，應合併處分書追徵

關於報運貨物進口，涉及應依海關緝私條例第 44 條追徵其所漏或沖退稅款案件，其應繳之「推廣貿易服務費」等非屬稅款之特別公課等費用，仍應與進口稅合併於處分書內追徵，並於處分書內加註其法令依據（財政部關稅總局 92/11/12 台總政緝字第 0920601113 號函）。

---

14 即現行法第 106 條。

《送達／囑託代為送達》

4. 船長違章處分書先行囑託船公司代為送達釋疑

主旨：關於貴局查獲○○輪船長虛報進口艙單所載貨物起運口岸之處分事宜乙案，請即依海關緝私條例第 46 條規定制作處分書，並依照「運輸工具進出口通關管理辦法」第 17 條第 2 項規定先行囑託船公司代為送達；如有事實上之困難無法送達時，再行準用刑事訴訟法有關送達之規定，函請財團法人海峽交流基金會代為送達。

說明：三、本案○○輪船長為大陸籍，以其為受處分人之處分書可否委託財團法人海峽交流基金會（以下簡稱海基會）辦理送達乙節，在「臺灣地區與大陸地區人民關係條例」雖無專屬法條規範，惟經電詢海基會法律服務處處長稱，實務上均將此類處分書歸類為廣義的司法行政文書，適用「臺灣地區與大陸地區人民關係條例」第 8 條規定：「應於大陸地區送達司法文書或為必要之調查者，司法機關得囑託或委託第 4 條之機構或民間團體為之。」及「行政院大陸委員會與財團法人海峽交流基金會簽訂之委託契約及附件」三、「各機關請行政院大陸委員會統籌委託財團法人海峽交流基金會處理有關遣返（送）暨文書送達及查證事項一覽表」貳一、「關於對大陸地區之文書送達及證據調查事項」，由海基會代為辦理送達事宜，該會已有多起代辦案例，並承諾可代海關送達處分書[15]（財政部關稅總局 82/12/03 台總局緝字第 3973 號函）。

《送達／應受送達人》

5. 獨資商號於辦理決清算申報後經查獲有違章情事，仍得依法處罰

按獨資商號與公司於合法辦理清算完結後即歸於消滅不同，本案該建材行雖已辦理營利事業決、清算申報，仍得對其違章情節處罰（財政部 85/04/30 台財稅字第 851903755 號函）。

6. 合夥組織雖已辦註銷登記，在未辦理清算完結前，主體仍屬存在

○○餐廳係合夥組織，雖已辦理註銷登記，惟尚未依法定程序辦理清理[16]完結前，該合夥組織仍屬存在，其所欠繳之稅款，應以合夥主體○○餐廳名義移罰[17]（財政部 74 台財稅字第 14035 號函）。

7. 有限公司董事長死亡未改選而他遷不明時，其繳款書送達方式

主旨：核釋有限公司董事長死亡後，未選任新董事長，即擅自歇業他遷不明，其各稅或罰鍰繳款書之送達取證方式。

---

15 現應改依行政程序法有關送達之規定辦理。

16 依民法第二編第二章第十八節合夥之規定，此處應指「清算」。

17 現改由稽徵機關自行裁罰。

說明：二、公司法第108條第1項規定，董事有數人，但未以章程特定一人爲董事長時，全體董事均有代表公司之權限。有限公司董事長死亡後，未選任新董事長，可認爲回復至未選任董事長之情形，依上開法條規定得以其他董事爲公司之代表人，對其送達稅捐稽徵文書；若有經理人，亦得依稅捐稽徵法第19條之規定對其送達；如董事及經理人行蹤不明，經向戶籍機關查明仍無著落時，可依稅捐稽徵法第18條第2項[18]規定爲公示送達；無董事亦無經理人時，參照法務部78/01/26律字第1714號函釋，可依非訟事件法第65條規定向法院聲請選任臨時管理人[19]；又如該公司停業已逾六個月，亦可依公司法第10條規定由稽徵機關以利害關係人身分請求解散該公司，進行清算，而以清算人爲稅捐稽徵文書之應受送達人（財政部88/06/11台財稅字第881918846號函）。

附件：法務部78/01/26律字第1714號函

本案經轉准司法院秘書長78/01/13秘台廳一字第1029號函復略以：「來函所稱公司之董事及監察人均因法院裁定假處分，而不得行使其職權，……此時，公司之業務如有處理之必要，似得分別其情形，依如下各有關規定，定其代表人：一、依公司法第8條第2項規定，公司之經理人，在執行職務之範圍內，爲公司之負責人。二、公司係屬營利之社團法人，僅其組織、登記係依公司法成立而已（民法第45條、公司法第1條參照），故……非訟事件法有關法人之監督及維護事件之規定（非訟事件法第62條至第65條），除公司法另有特別規定外，對於公司似亦有其適用。是則如有必要，利害關係人或檢察官似得依非訟事件法第65條第1項規定，請求法院選任臨時管理人，代行董事之職權。三、法人之代表人在民法上固非所謂法定代理人，在民事訴訟法上則視做法定代理人，適用關於法定代理之規定（司法院院解字第2936號解釋參照）。故公司如有應訴或起訴之必要，對公司起訴之原因或公司之利害關係人，得依民事訴訟法第51條第1項或第2項，聲請受訴法院之審判長，選任特別代理人。」

8.公司登記狀況爲命令或裁定解散而尚未撤銷或廢止者，其稅捐文書送達及限制出境對象依清算期間相關規定辦理

本案經函准經濟部96/12/27經商字第09602170080號函復略以：「按公司之解散，一經解散即生效力，其向主管機關登記，僅生對抗要件……。依公司法第24條規定：『解散之公司除因合併、分割或破產而解散外，應行清算』。是以，公司之解散，不論

---

18 該項已刪除，現依行政程序法第78條辦理。

19 現行第64條規定係選任臨時董事。

係命令解散或裁定解散，均應行清算」。準此，公司登記狀況爲命令解散或裁定解散而尚未撤銷或廢止者，既應依公司法第 24 條規定進行清算，有關稅捐文書送達及辦理限制出境之對象，即應依本部關於公司清算期間之相關規定辦理（財政部 97/01/02 台財稅字第 09600527460 號函）。

9. 公司清算期間，應以清算人爲送達稅單之對象

主旨：公司清算期間，稅單應向清算人送達；如有限制負責人出境必要時，應以清算人爲限制出境對象。

說明：二、查公司法第 334 條及第 84 條規定，清算人爲執行清算職務，有代表公司爲訴訟上或訴訟外一切行爲之權，是以清算期間，應以清算人爲法定代理人；復依稅捐稽徵法第 13 條規定，法人解散清算時，清算人於分配賸餘財產前，應依法按稅捐受清償之順序，繳清稅捐；又參照本部 68 年台財稅第 34927 號函釋，限制出境之營利事業負責人應以依法得代表該營利事業之負責人爲限。準此，清算期間稅單應向清算人送達；如有限制負責人出境必要時，應以清算人爲限制出境對象（財政部 83/12/02 台財稅字第 831624248 號函）。

10. 公司應清算而未規定或選任清算人者，其稅單應載明全體股東或董事，並向其中一人送達

主旨：公司組織有應行清算事由，惟未依規定進行清算，公司章程未規定清算人，公司股東（或股東會）亦未決議選任清算人，有關繳納文書之負責人應如何塡載、如何送達及以何人爲限制出境對象等疑義乙案。

說明：二、公司組織之營利事業應行清算，未以章程規定或選任清算人者，於無限公司及有限公司，係以全體股東爲清算人（公司法第 79 條、第 113 條參照）；於股份有限公司，係以董事爲清算人（公司法第 322 條參照），是於塡發稅捐繳納文書時，關於負責人部分，應載明全體清算人（即全體股東或董事）之姓名。又按行政程序法第 69 條第 3 項規定：「法定代理人、代表人或管理人有二人以上者，送達得僅向其中一人爲之」，從而，上述稅捐繳納文書得僅向其中一位清算人送達，即爲合法送達。另依本部 83/12/02 台財稅第 831624248 號函規定，公司清算期間，稅單應向清算人送達；如有限制負責人出境之必要時，應以清算人爲限制出境對象（財政部 96/04/16 台財稅字第 09604522400 號函）。

11. 董事長死亡未改選時，得將繳款書送達於常務董事

主旨：財團法人董事長死亡後，未選任新董事長，有關稅捐繳款書之送達，應以何者爲代表人乙案。

說明：二、按定有代表法人之董事者，其姓名為財團設立登記時之應登記事項，民法第61條第1項第7款定有明文；復依同法第31條規定，如董事變更時，應為變更登記，不為變更登記者，不得以其事項對抗第三人。案內財團法人○○寺經依基隆市政府函附之董事名冊，皆係以駱君為常務董事，本案如經查明於繳款書送達時駱君仍為該寺之常務董事者，以其為法人代表予以送達，應尚屬適法（財政部89/05/12台財稅字第890452515號函）。

12. 公司董事長死亡後未改選即擅自歇業他遷不明，其文書如何送達釋疑

股份有限公司董事長死亡後，未選任新董事長，即擅自歇業他遷不明時，稅捐稽徵文書應如何送達乙案，請參照法務部行政執行署法規及業務諮詢委員會第70次會議決議辦理（財政部95/03/22台財稅字第09504513690號函）。

附件：法務部行政執行署法規及業務諮詢委員會第70次會議紀錄

討論事項：（一）股份有限公司董事長死亡後，未選任新董事，即擅自歇業他遷不明時，稅捐稽徵文書應如何送達？

決議：原則上應由全體常務董事或全體董事代表公司，惟依行政程序法第69條第3項規定：「法定代理人、代表人或管理人有二人以上者，送達得僅向其中一人為之。」即列全體董事為代表人，僅向其中一人送達即為合法。另移送機關亦得依公司法第208條之1、非訟事件法第183條第1項之規定，以利害關係人之身分向法院聲請選任臨時管理人，代行董事長職權，並向臨時管理人為送達。

《送達／送達處所》

13. 行政處分送達處所釋疑

主旨：檢送99/02/05行政院林秘書長中森主持研商行政處分送達處所會議紀錄一份，請確實依該會議決議事項辦理。

說明：依據行政院秘書處99/02/24院台交字第0990093268號函辦理（財政部99/03/03台財規字第09900081690號函）。

附件：研商行政處分送達處所會議紀錄

決議事項一、行政處分送達住居所、就業處所及戶籍地址，依照行政程序法第72條規定，均屬合法有效之送達。**惟為簡政便民，未來行政處分之送達，應優先寄送民眾填列之住居所、就業處所；倘無法送達時，始寄送戶籍地址**；若上開方式均無法送達，則依同法第 74 條規定辦理寄存送達。二、如民眾通訊地址係填列「郵政信箱」，因其非屬「住居所」及「就業處所」，應由行政機關將處分書寄送戶籍地址，同時以明信片寄送該郵政信箱。三、未來各機關於提供民眾登錄基本資料時，應增列「住居所、就業處所」之送達處所選項，並鼓勵民眾於臨櫃或經由網路申請登錄，以利送達。

《送達 / 對在監所人之送達》

14. 在監服刑之應受送達人拒絕收受稅捐稽徵文書時，得逕爲留置送達

案經函准法務部 95/01/10 法律字第 0940051465 號函略以：「稅捐稽徵機關對於在監服刑人所發之稅捐稽徵各項文書，依行政程序法第 89 條規定，應囑託該監所長官爲之，此時該受囑託之監所長官即立於送達人之地位，由監所長官對於在監服刑之受刑人按同法第 72 條第 1 項規定爲送達。倘在監服刑之受刑人（應受送達人）拒絕接受時，得依同法第 73 條第 3 項規定逕爲留置送達，且生合法送達之效力。又爲證明之必要，送達人（即爲受囑託之監所長官）得依同法第 76 條規定製作送達證書，並提出於行政機關（即爲囑託之稅捐稽徵機關）附卷。稅捐稽徵機關於受囑託之機關或公務員之通知（已爲送達或不能爲送達者）應依同法第 91 條規定將通知書附卷。」（財政部 95/01/20 台財稅字第 09504504390 號函）。

《送達 / 補充送達》

15. 郵務送達僅由申請人所屬大樓管理委員會蓋章而未經管理員簽章者，應洽郵局補正

關於對送達復查申請人（異議人）或訴願人之文書採用郵務送達者，如僅由行政救濟人所屬大樓管理委員會於送達證書上蓋章，而未經管理員簽名或蓋章，應及時洽請郵局補正後，再將送達證書附卷；並請於以掛號郵件郵寄處分文書時，應在「掛號郵件收件回執」背面加註足以表示處分文書之字樣，以利郵務人員比照送達訴願文書注意事項辦理（財政部關稅總局 85/05/08 台總局評第 85103840 號函）。

《送達 / 寄存送達》

16. 寄存送達以寄存之日爲送達日；寄存機關對於文書之保存，並不影響送達之生效日期

說明：二、按行政機關或郵政機關依行政程序法第 74 條第 1 項規定爲送達者，如於應受送達處所確已完成文書寄存於送達地之地方自治、警察機關或郵政機關（限郵務人員送達適用），並製作送達通知書二份，一份黏貼於送達處所之門首，另一份交由鄰居轉交或置於送達處所信箱或其他適當位置時，無論應受送達人實際上於何時受領文書，均寄存之日視爲收受送達之日期，而發生送達效力。至於同條第 3 項規定：「寄存機關收受寄存文書之日起，應保存三個月。」係就寄存機關保存送達文書之期限爲規定，於送達生效日期之認定，並無影響（法務部 93/04/13 法律字第 0930014628 號函）。

7. 稅捐稽徵文書應送達處所爲不按址投遞區，經郵務機構依規定遞送逾期未領寄存三個月者，並無寄存送達效力

主旨：稅捐繳納通知文書之應送達處所爲「不按址投遞區」，經郵務人員依「郵務機構送達訴訟文書實施辦法」第 3 條規定遞送並將逾期未領郵件寄存於郵務機構三個月者，得否視爲寄存送達疑義。

說明：二、經函准法務部 97/08/04 法律字第 0970024280 號函復略以：「按『郵務機構送達訴訟文書實施辦法』第 3 條規定：『郵務機構送達訴訟文書，以送達地設有郵務機構者爲限。若送達地爲不按址投遞區，得以通知單放置應受送達人所設路邊受信箱、郵務機構設置之公用受信箱或應受送達人指定之處所，通知於指定期間內前往最近之郵務機構領取，經通知二次而逾期不領取者，得註明緣由，退回原寄法院。』查不按址投遞區之應受送達人所設路邊受信箱、郵務機構設置之公用受信箱或應受送達人指定之處所，並非行政程序法第 72 條規定應送達處所之範圍，是貴部認爲稅捐稽徵文書經郵務人員依『郵務機構送達訴訟文書實施辦法』第 3 條規定遞送，因未向應受送達人之應送達處所送達，不得適用行政程序法第 74 條規定，發生寄存送達之效力，本部敬表同意。」是稅捐繳納通知文書之應送達處所爲「不按址投遞區」，經郵務人員依「郵務機構送達訴訟文書實施辦法」第 3 條規定遞送並將逾期未領郵件寄存於郵務機構三個月者，尚不得適用行政程序法第 74 條規定，發生寄存送達之效力。三、納稅義務人如蓄意將戶籍遷至不按址投遞區以規避稅賦乙節，按行政程序法第 72 條第 1 項前段所稱「住居所」係民法上概念（民法第 20 條至第 24 條參照），指當事人依一定事實，足認以久住之意思，住於一定之地域者，即爲設定其住所於該地；所謂「一定事實」，包括戶籍登記、居住情形等，尤以戶籍登記資料爲主要依據，但不以登記爲要件，又戶籍登記之住址，爲戶籍管轄區內之處所，主要發生選舉、兵役、教育等公法上效力。實務上，戶籍法上之住址與民法上之住居所，絕大多數情形雖爲同一處所，但並非當然同一。準此，戶籍登記地址僅係作爲應送達處所之參考，如行政機關知悉戶籍地址送達確非應受送達人住居所，自不應以該戶籍地址爲送達處所。納稅義務人如爲規避稅捐繳納通知文書之送達而蓄意設籍於不按址投遞區者，得依上開規定查明其應送達處所，辦理稅捐繳納通知文書之送達（財政部 97/08/11 台財稅字第 09700302000 號函）。

《送達／公示送達》

18. 大陸人民經遣返後，其罰鍰處分書無法送達者應公示送達

主旨：大陸地區人民違反海關緝私條例後，經遣返大陸，致處分書或處分確定後之罰鍰催繳函無法送達案件，應如何處理乙案。

說明：二、有關大陸地區人民違反海關緝私條例處分後受遣返案件，其處分書之送達依同條例第46條規定，應準用刑事訴訟法有關送達之規定辦理[20]，至是否符合該法第5條之規定辦理公示送達，則屬事實認定問題。此類案件既可委託財團法人海峽交流基金會（以下簡稱海基會）送達，則仍應依規定辦理，至確認送達與否乙節，則應先函海基會發函大陸海峽兩岸關係協會（以下簡稱海協會）查詢送達結果，如仍未獲海協會函復，則自海基會轉請海協會送達之日起逾 37 日（參酌「訴願扣除在途期間表」，住居大陸地區者其扣除在途期間不得低於 37 日）後，應可認係不能送達，而得準用刑事訴訟法第 59 條第 3 款規定爲公示送達。另並應參酌「司法院大陸法制研究小組」法律問題 23 結論：「須注意公示送達之方式，以使大陸地區人民有知悉之機會爲宜（如在香港登報或委託海基會、海協會公告），否則公示送達仍不發生效力。」辦理。三、另依海關緝私條例第 50 條規定，處分確定案件，收到海關通知後 30 日內未將稅款及罰鍰繳納者，得以保證金抵付或就扣押物或擔保品變價取償。是以罰鍰催繳函應送達受處分人，始有上開規定之適用。其送達之方式應與上述處分書之處理一致（財政部 83/11/01 台財關字第 830512632 號函）。

19. 應受送達人之戶籍暫遷至戶政事務所，如查無其他應受送達處所者，可公示送達

稅捐稽徵文書之應受送達人戶籍經依戶籍法第 47 條[21]及同法施行細則第 15 條[22]規定，暫遷至戶政事務所者，因該戶政事務所並非應受送達人可得收受文書送達之處所，稅捐稽徵機關無須將該稅捐稽徵文書寄送該戶政事務所。如應受送達人之住居所、營業所、事務所或其他應受送達之處所不明，不能以其他方法爲送達者，稅捐稽徵機關應依規定辦理公示送達（財政部 96/02/08 台財稅字第 09604505180 號令）。

20. 以公示送達稅捐稽徵文書之處理方式

以公示送達稅捐稽徵文書者，除依行政程序法第 80 條前段及第 82 條規定，由稅捐稽徵機關保管送達之文書，而於稅捐稽徵機關公告欄黏貼公告，告知應受送達人得隨時領取並製作公示送達證書附卷外，宜另行於政府公報或新聞紙刊登文書或其節本（財政

---

20 現已改依行政程序法有關送達之規定辦理。

21 即現行第 50 條。

22 即現行第 19 條。

部 97/07/15 台財稅字第 09700321200 號函）。

《送達／其他》

1. 商業主管機關依緩起訴處分撤銷公司負責人變更登記，原合法送達文書之效力不受影響

要旨：商業主管機關依檢察機關之緩起訴處分撤銷公司負責人變更登記，回復至未變更登記前之負責人時，原合法送達之稅捐稽徵文書及公文書是否有效等疑義乙案。

說明：二、依公司法第 12 條規定：「公司設立登記後，有應登記之事項而不登記，或已登記之事項有變更而不為變更之登記者，不得以其事項對抗第三人。」次依最高法院 77 年 5 月 17 日 77 年度第 9 次民事庭會議決議（二）：「主管機關之公司登記有公信力，公司董事長之改選雖無效，但既經主管機關變更登記，其代表公司所簽發之本票，除執票人為惡意外，對公司應發生效力。」及經濟部 63/11/18 商字第 29523 號函規定：「公司負責人變更，經主管機關核准變更登記時，該新登記之負責人在法律上即生對抗第三人之效力。但公司之法人人格並不因內部負責人之變更而有所影響，如本於法律對公司本身原有之處分，仍應依法予以執行。」本案某公司之登記負責人，前既經前臺灣省政府建設廳核准變更為原負責人之子，並經稅捐稽徵機關以該變更登記後之負責人為合法送達，且該負責人於收受稅捐稽徵文書及其他公文書時，並未提出異議。依上開規定，該公司尚不得以內部虛偽登記之事由，對外對抗第三人（即稽徵機關）。因此，稽徵機關原合法送達於該公司負責人之繳款書及其他公文書之效力，應不受商業主管機關依檢察機關之緩起訴處分撤銷該公司負責人變更登記，回復至未變更登記前負責人之影響，從而其已移送強制執行部分，應仍得繼續執行。上開意見，經分別洽據法務部 93/05/28 法律字第 0930019160 號函及經濟部 93/04/22 經商字第 09302061430 號函同意在案（財政部 93/06/14 台財稅字第 0930452377 號函）。

第 47 條（申請復查）

Ⅰ 受處分人及利害關係人不服前條處分者，得於收到處分書之翌日起算三十日內，依規定格式，以書面向原處分海關申請復查。

Ⅱ 海關應於接到復查申請書之翌日起算二個月內為復查決定，並作成復查決定書；必要時，得予延長，並通知受處分人或利害關係人。延長以一次為限，最長不得逾二個月。

Ⅲ 復查決定書之正本，應於決定之翌日起算十五日內送達受處分人。

❖立法（修正）說明❖（102/05/31修正）

為期不服依本條例處分案件申請復查、復查決定及復查決定書送達之期間起算時點明確，修正各項有關上開期間之起算時點為收到處分書、復查申請書及復查決定之翌日。

❖法條沿革❖

原條文	說明
（23/06/01 制定） 第 31 條 對於海關稅務司，所為罰金或沒收之處分不服者，得於接到處分通知書後十日內，以書面聲明異議，向該管稅務司請求撤銷。 前項請求，海關稅務司認為有理由者，應撤銷其原處分，認為無理由者，應以書面敘述理由，連同原請求書，呈經總稅務司轉呈關務署決定之。 關務署為受理前項案件，應設海關罰則評議會，其組織規程由行政院定之。	N/A
（62/08/14 全文修正） 第 47 條 受處分人不服前條處分者，得於收到處分書後十日內，以書面向原處分海關聲明異議。 海關於收到異議書後，經審核認為有理由者，應撤銷原處分或另為適當之處分；認為無理由者，維持原處分，並以書面通知受處分人。	原條文第 31 條文字修正，並加「或另為適當之處分」一句，以保彈性。
（89/12/22 修正） 第 47 條 受處分人不服前條處分者，得於收到處分書之日起三十日內，依規定格式，以書面向原處分海關申請復查。 海關應於接到復查申請書後二個月內為復查決定，並作成復查決定書；必要時，得予延長，並通知受處分人。延長以一次為限，最長不得逾二個月。 復查決定書之正本，應於決定後十五日內送達受處分人。	一、基於簡政便民之考量，並使徵納雙方易於遵行起見，乃參照稅捐稽徵法第 35 條第 1 項規定，修正第 1 項，將提起訴願先行程序「聲明異議」之用語，改為「申請復查」，期與內地稅之規定一致。 二、參照公務人員保障法之復查決定書、商標法之異議審定書及稅捐稽徵法第 35 條規定，修正為海關應將復查決定作成復查決定書，並另移列為第 2 項；又為維護受處分人之權益，參酌稅捐稅徵法第 35 條第 4 項規定，明定海關作成復查決定之期間，以資明確。 三、增訂第 3 項，將原條文末段酌作文字修正及移列。

條文說明❖

一、復查之意義

（一）復查乃自我審查之救濟程序

復查乃受處分人向原處分機關申請，藉由自我審查方式，檢視所為之處分是否合法、妥當之救濟程序，如審查結果認為原處分有違法、不當情事，即得自行撤銷或變更原處分，不待上級機關決定或法院判決撤銷原處分，避免浪費行政、司法資源，進而達到疏減訟源之目標。

（二）復查乃訴願先行程序

對於海關依本條例所為緝私處分（本條例第46條）有所不服而申請之復查程序，為訴願法第1條第1項所稱「法律另有規定」之情形，故受處分人不服處分，尚不得直接提起訴願，須經復查之先行程序，由處分之海關先行自我審查處分之合法性及合目的性。如未經依法定程序申請復查而逕行提起訴願及行政訴訟，即非合法。

二、申請復查之法定期間

（一）申請復查期間

本條第1項規定：「受處分人及利害關係人不服前條處分者，得於收到處分書之翌日起算三十日內，依規定格式，以書面向原處分海關申請復查。」

（二）期間之起算

按行政程序法第48條第2項規定：「期間以日、星期、月或年計算者，其始日不計算在內。但法律規定即日起算者，不在此限。」惟本法對於「之翌日起」並無明文規定始日應否計算在內，以致究竟應適用該法本文或但書規定，或有爭議，惟基於處理一致之原則，似可參照財政部賦稅署函釋[23]，將本條文所訂「之翌日起」同認屬行政程序

---

[23] 財政部賦稅署96/12/11台稅六發字第09604555340號函釋：「主旨：稅法中有關『之日起』之規定，該『之日起』始日應否算入疑義。說明：二、依稅捐稽徵法第1條規定：『稅捐之稽徵，依本法之規定；本法未規定者，依其他有關法律之規定。』次依行政程序法第3條第1項及第48條第2項規定：『行政機關為行政行為時，除法律另有規定外，應依本法規定為之。』『期間以日、星期、月或年計算者，其始日不計算在內。但法律規定即日起算者，不在此限。』是稅法中有關『之日起』規定，其期間之起算，稅捐稽徵法及各稅法尚無明文規定，自應依行政程序法第48條第2項規定辦理。又參照法務部90/10/09 (90)法律字第032121號函說明二後段略以，證券交易法第22條之2第1項第2款、第3款有關公司內部人應於向主管機關申報後始得轉讓股票，分別明定：『……之日起三日後……』、『……之日起三日內……』核屬上開行政程序法第48條第2項但書所定『但法律規定即日起算者，不在此限』之情形，自無同條項前段規定之適用。準此，本案所涉所得稅法有關『之日起』之規定，依上開規定，應自即日起算（即始日計算在內）。」

法第48條第2項但書「但法律規定即日起算者，不在此限」之情形，而將該日計算在內，亦即以收到處分書之隔日起算復查申請期間。

三、申請復查之時點

（一）原則採到達主義，例外（掛號）採發信主義

1. 公法上非對話之意思表示，其生效時點與私法上非對話意思表示相同，同採「到達原則」，必須意思表示到達時才生「表示」之法律效果[24]，是以，申請復查，原則上應以復查申請書到達原處分機關爲申請時點，並以此判斷有無逾越法定之復查期間。
2. 至於以掛號郵寄方式申請復查者，得否適用行政程序法第49條規定而以交郵掛號當日爲申請時點？參照法務函釋[25]，申請復查並非行政程序法第49條所稱「基於法規之申請」應無該法規定之適用。惟得否類推適用該規定，則由各主管機關本於職權審酌之。
3. 海關復查委員會審議注意事項第13點規定：「以掛號郵寄方式向受理機關提出復查申請書之復查案件，其受理日期以交郵當日之郵戳爲準；非以掛號方式提出者，以受理機關收受復查申請書之日期爲準；於關港貿單一窗口提出申請，並於翌日起三日內補送復查申請書至受理機關完成申請程序者，以於關港貿單一窗口提出申請日

24 臺北高等行政法院93年度簡字第261號裁定（收錄於法務部行政程序法裁判要旨彙編(二)，第78頁）。

25 法務部101/03/14法律字第10100009740號函釋：「說明：二、按行政程序法（以下簡稱本法）第49條規定：『基於法規之申請，以掛號郵寄方式向行政機關提出者，以交郵當日之郵戳為準。』所稱『基於法規之申請』，係指人民依法規請求行政機關為特定行政行為之公法上意思表示（林錫堯著『行政法要義』，2006年版，第531頁；周志宏等四人合著『行政程序法實用』，2007年版，第161頁參照）。換言之，人民提出申請，係因其依法對行政機關享有公法上請求權，得請求行政機關為特定行政行為，乃透過申請（公法上意思表示），行使其權利；因此，申請與陳情、訴願、請願等概念有所不同（林錫堯，前揭書參照）。查稅捐稽徵法第35條第1項規定：『納稅義務人對於核定稅捐之處分如有不服，應依規定格式，敘明理由，連同證明文件，依下列規定，申請復查……。』第38條第1項規定：『納稅義務人對稅捐稽徵機關之復查決定如有不服，得依法提起訴願及行政訴訟。』故稅捐稽徵法所定『復查』係屬法定特別救濟方式，與本法第49條所稱『基於法規之申請』有別，應無本法第49條規定之適用（本部100/08/03法律字第1000019184號函參照）；惟在實務上得否類推適用？宜由該行政法規主管機關（貴部）依法規之立法目的及具體個案情形，本於職權審酌之（本部98/02/23法律字第0980700032號函參照）。三、次按郵政法第6條第1項規定：『除中華郵政公司及受其委託者外，無論何人，不得以遞送信函、明信片或其他具有通信性質之文件為營業。』納稅義務人對於核定稅捐處分不服所申請之復查，具有意思通知之性質，核屬郵政法上開規定之『其他具有通信性質之文件』，該復查申請書即屬中華郵政公司專營業務之範圍（臺中高等行政法院97年度簡字第150號判決意旨參照）。設若申請復查得類推適用本法第49條規定，惟該條既係規定：『基於法規之申請，以掛號郵寄方式向行政機關提出者，以交郵當日之郵戳為準。』則其所稱『郵寄』者，自係指將復查申請書等文件交由中華郵政公司或受其委託者遞送且以掛號寄送者而言，此際，始得以交郵當日郵戳日期為申請復查日期（發信主義）；倘交由中華郵政公司以外之業者遞送，其申請日期自應以申請書送達行政機關之日期為準（到達主義）（最高行政法院97年度裁字第5018號裁定、高雄高等行政法院98年度訴字第284號判決意旨參照）。又如係採『到達主義』者，自無所謂扣除郵寄期間可言，併此敘明。」

期爲準（I）。復查誤向非管轄機關提起者，以該機關收受復查申請書之日期爲準（II）。復查申請期間之末日爲星期日、國定假日或其他休息日者，以該日之次日爲期間之末日；期間之末日爲星期六者，以其次星期一爲期間末日（III）。」及財政部 91/05/09 台財關字第 0910024276 號令釋：「關務復查案件之申請，以掛號郵寄方式向受理機關提出者，其受理日期以交郵當日之郵戳爲準；非以掛號方式提出者，以受理機關收受復查申請書之日期爲準。」即對於採掛號郵寄方式之復查申請，以交郵當日之郵戳作爲申請復查之受理日期。

4. 應併予注意者，所稱「郵寄」者，自係指將復查申請書等文件交由中華郵政公司或受其委託者遞送且以掛號寄送者而言，此際，始得以交郵當日郵戳日期爲申請復查日期（發信主義）；倘交由中華郵政公司以外之業者遞送，其申請日期仍應以申請書送達行政機關之日期爲準（到達主義）。

（二）無扣除在途期間之問題

本條例對於申請復查得否扣除在途期間並無明文規定，以掛號郵寄方式向受理機關提出者，依財政部 91/05/09 台財關字第 0910024276 號令[26]，其受理日期以交郵當日之郵戳爲準，已充分考量申請人不在原處分機關所在地之不便，且「海關異議案件扣除在途期間表」[27]業經財政部 84/09/05 台財關第 840469166 號令：「……並自 91 年 5 月 15 日起廢止本部 84/09/05 台財關第 840469166 號函訂定之『海關異議案件扣除在途期間表』。」廢止，足證海關復查案件，並無扣除在途期間之問題[28]。

四、復查之申請人

（一）本條例處分之緝私案件之受處分人及利害關係人。

（二）所稱「利害關係」，乃指法律上之利害關係而言（最高行政法院 75 年判字第 362 號判決參照）。而有關「法律上利害關係」之判斷，係以「新保護規範理論」爲界定利害關係人範圍之基準，即須先認定行政處分所依據之法規範對該第三人而言係爲保護規範，若法律已明文規定第三人得提起行政爭訟，固無疑義；如法律雖係爲公共利益或一般國民福祉而設之規定，但就法律之整體結構、適用對象、所欲產生之規範效果及社會發展因素等綜合判斷，可得知亦有保障特

---

[26] 財政部 91/05/09 台財關字第 0910024276 號令釋：「關務復查案件之申請，以掛號郵寄方式向受理機關提出者，其受理日期以交郵當日之郵戳為準；非以掛號方式提出者，以受理機關收受復查申請書之日期為準。」

[27] 異議程序現已改為復查程序。

[28] 財政部 95/11/23 台財訴字第 09500477810 號訴願決定書。

定人之意旨時，該非處分相對人亦得提起行政訴訟。是以，非處分相對人起訴主張其所受侵害者，若可藉由新保護規範理論判斷爲其法律上利益受損害，固可認爲具有訴訟權能，而得透過行政訴訟請求救濟；但若非法律上利益，而僅係單純政治、經濟、感情上等事實上利益或反射利益受損害，則非爲法律所保護之對象，不在上開所稱利害關係人之範圍內，該第三人執此起訴，即難謂有訴訟權能（最高行政法院 107 年度判字第 713 號判決參照）[29]。例如，受處分人於罰鍰處分送達後死亡者，因其財產將得強制執行，致限制其繼承人所得繼承之遺產，故應許該繼承人得以利害關係人身分申請復查[30]。

五、申請復查之格式

（一）本條第 1 項規定：「……依規定格式，以『書面』向原處分海關申請復查。」所稱書面格式，即指制式之「復查申請書」（範例如下）。

（二）本條已明定申請方式限以書面，自不得再以「言詞」方式申請復查。如未以復查申請書之形式（例如：函、陳情書、更正單等）提起者，承辦人員應先以函詢、電話或其他方式探求申請人之眞意，若其眞意爲申請復查者，應請其補正復查申請書，並以申請人表示不服之日，視爲申請復查之日。

---

29 智慧財產及商業法院 110 年度行他訴字第 1 號判決亦有同旨。

30 司法院釋字第 621 號解釋理由書：「……罰鍰處分生效後、繳納前，受處分人死亡而遺有財產者，依行政執行法第 15 條規定，該遺產既得由行政執行處強制執行，致對其繼承人依民法第 1148 條規定所得繼承之遺產，有所限制，自應許繼承人以利害關係人身分提起或續行行政救濟（訴願法第 14 條第 2 項、第 18 條，行政訴訟法第 4 條第 3 項、第 186 條，民事訴訟法第 168 條及第 176 條等參照）；又本件解釋範圍，不及於罰鍰以外之公法上金錢給付義務，均併予指明。」

查申請書 plication for Petition Review　　中華民國　年　月　日 Date (year/month/day)	申請人 Applicant　　蓋章 Stamp 出生年月日 Date of Birth 性別 Sex 職業 Occupation 營業所或住(居)所及聯絡電話 Address and Phone No. 身分證或營業人統一編號 ID No. or Business Account No.
請人　　茲因不服 applicant, ______ who is dissatisfied with 貴關　年第　號函附海關進口貨物各項稅費繳納證、國庫專戶存款收款書所為稅則號別、完稅價格、應繳或應補繳稅款、特別關稅、滯納金、滯報費、利息、處理變賣或銷毀貨物所需費用之核定(報單號碼：　　)，或 貴關　年第　號處分書所為之罰鍰(僅限依關稅法對納稅義務人所為者)、追繳貨價之處分，依關稅法第45條或第95條第2項之規定申請復查，請求撤銷。 the decision of Customs on the tariff classification, customs value, amount of duty payable or recoverable, special duty, delinquent fees, late fees, interest, expenses incurred in the disposal, sale or destruction of the goods of import duty memo and treasury deposit collection annexed to the Letter No.______ issued in ____ for imported goods (Declaration No:______), or the fines, only imposed on the duty-payer under the Customs Act, the order of paying the value of the goods by Customs on the disposition notice No.______ issued in ____, requests for a review and revocation in accordance with Article 45 or Paragraph Two of Article 95 of the Customs Act. 貴關　年第　號處分書所為　之處分，依海關緝私條例第47條第1項之規定申請復查，請求撤銷。 the disposition of Customs on the disposition notice No.______ issued in____, requests for a review and revocation in accordance with Article 47 of the Customs Anti-smuggling Act. 此致 To 財政部關務署　關 Customs, Customs Administration, Ministry of Finance	代表人（或管理人）Representative (or manager)　　蓋章 Stamp 出生年月日 Date of Birth 性別 Sex 職業 Occupation 住（居）所及聯絡電話 Address and Phone No. 身分證統一編號 ID No. 代理人 Agent　　蓋章 Stamp 出生年月日 Date of Birth 住（居）所及聯絡電話 Address and Phone No. 身分證統一編號 ID No.
請求事項 Matter of Request	
事實及理由 Facts and Reasons	
證據 Evidence	

復查申請書（範本）

資料來源：財政部關務署臺北關網站，https://taipei.customs.gov.tw/download/cus2_57949_2851。

六、復查程序之進行

（一）內部準備作業

1.程序審查

(1) 海關復查委員會審議注意事項第 5 點規定：「對於復查案件之審查，依下列規定辦理：（一）對於復查案件，應先爲程序審查，其無不應受理之情形者，再進而爲實體上之審查。如遇法規變更，除法規另有規定外，以程序從新、實體從舊爲審查之基準。（二）程序審查，除於關港貿單一窗口提出復查申請者，應不待通知，自行於提出申請翌日起三日內補送復查申請書，逾期視爲未申請外，發現有程式不合而其情形可補正者，應通知復查申請人於二十日內補正。」

(2) 審查事項：A. 復查申請書不依規定格式而不能補正，或經通知補正逾期不補正。B. 申請復查逾法定期間，非因不可抗力所致者，或未於海關通知補送復查申請書之期間內補送。C. 復查申請人不適格。D. 對於非行政處分或其他不屬於申請復查救濟範圍之事項申請復查。E. 復查標的已不存在、復查已無實益或原行政處分已不存在。F. 已決定或已撤回之復查案件重新申請復查。G. 其他應不受理之事由。

2. 實施調查、檢驗、勘驗或送鑑定

海關復查委員會審議注意事項第 16 點規定：「復查案件，有調查、檢驗、勘驗或送請鑑定之必要時，復查會得交由原承辦單位函請有關機關、學校、團體或人員實施之，不受復查申請人主張之拘束。」

3. 實體審查及擬具處理意見送審

(1) 實體審查

完成程序審查後，即應進行實體事項進行審查。程序不合案件，仍應就實體方面予以審理，以維護人民之權益。惟當實體亦無理由時，於復查決定書中無須詳論實體處分之理由，僅須於理由欄中敘明「實體上亦無理由」或「實體部分亦無違法或不當」即可。

(2) 送審

海關復查委員會審議注意事項第 6 點第 1 項規定：「組案由復查案件承辦人員，對合於程式之復查案件，移請原核擬處分單位擬具處理意見後；關稅案件由原承辦單位擬具處理意見後，檢同卷證送由復查會全體委員或三人以上分組委員審查，委員於詳閱卷證，研析事實及應行適用之法規後，核提審查意見，供審議之準備。」海關實務作業上，承辦單位應填寫「復查案情摘要說明表」敘明案情事實、違章情節及處分依據，檢附相關證明文件，並就申請人主張逐一辯駁，以供復查委員審閱。

4. 提會審議

(1) 復查委員會

A. 組成

(A) 為審議不服依本條例處分及關稅法第 45 條、第 95 條及稅捐稽徵法第 35 條之 1 之申請復查案件，於財政部關務署訂有「海關復查委員會設置要點」，並依此要點於各關設有「復查委員會」。

(B) 依上開要點第 2 點規定，復查委員會置委員七至十五人，其中一人為主任委員，由各關關務長兼任，除進口單位主管、法務組案單位主管及主任納稅者權利保護官為當然委員外，其餘委員由各關關務長就本關人員調派兼任或遴聘相關學者、專家擔任之。

B. 人員之迴避

(A) 迴避制度之規範目的乃在使行政程序之進行力求公正、公平，避免循私。行政序法第 32 條規定：「公務員在行政程序中，有下列各款情形之一者，應自行迴避：、本人或其配偶、前配偶、四親等內之血親或三親等內之姻親或曾有此關係者爲事件當事人時。二、本人或其配偶、前配偶，就該事件與當事人有共同權利人或共同義務之關係者。三、現爲或曾爲該事件當事人之代理人、輔佐人者。四、於該事件，曾爲證人、鑑定人者。」第 33 條第 1 項規定：「公務員有下列各款情形之一者，當事人得申請迴避：一、有前條所定之情形而不自行迴避者。二、有具體事實，足認其執行職務有偏頗之虞者。」已分別對於自行迴避及申請迴避訂有相關適用情形。

(B) 海關復查委員會審議注意事項第 2 點規定：「海關復查委員會（以下簡稱復查會）委員或承辦人員，對於復查案件有行政程序法第三十二條規定情形者，應自行迴避。」雖僅明定復查委員或承辦人員有行政程序法第 32 條規定情形時，應自行迴避，惟參照行政院就訴願事件所作釋示[31]，本文認爲，如有同法第33條規定當事人得申請迴避之情形（例如有具體事實，足認審議或承辦復查案件有偏頗之虞），亦應自行迴避，以示公正。

C. 定期開會審議

海關復查委員會審議注意事項第 7 點規定：「復查案件經復查會委員提出審查意見後，應由主任委員指定期日開會審議（Ⅰ）。前項審議，必要時得通知原承辦單位或其他有關機關，屆時派員到會列席陳述意見（Ⅱ）。」

D. 合併審議

海關復查委員會審議注意事項第 6 點第 3 項規定：「分別提起之數宗復查係基於同一當事人或同種類之事實上或法律上之原因者，受理復查機關得合併審議，並得合併決定。」

---

[31] 行政院 92/05/18 院台規字第 0930000835 號書函：「主旨：有關函請釋示『訴願法第 55 條自行迴避規定之適用疑義』一案，復如說明二。說明：二、按訴願法第 55 條『訴願審議委員會主任委員或委員對於訴願事件有利害關係者，應自行迴避，不得參與審議』所定『利害關係』，其範圍如何，於適用上既有不明確之處，則依行政程序法第 3 條第 1 項，訴願法未規定者，應適用行政程序法第 32 條及第 33 條有關公務員在行政程序中之迴避規定。次按行政程序法第 32 條及第 33 條，係分別規定行政程序中公務員『應自行迴避』及『申請迴避事由』；該法第 32 條因僅明列 4 款應自行迴避之事由，惟其規範目的既在使行政程序之進行力求公正、公平，從而公務員處理行政事務時有可能使行政程序『發生偏頗之虞』時，即應自行迴避，故同法第 33 條第 1 項第 2 款有關**『有具體事實，足認其執行職務有偏頗之虞者』，當事人得『申請迴避』之規定，於實務執行上，宜認係公務員自行迴避之事由之一，俾達確保當事人權益之立法意旨**。是以訴願會委員對於訴願事件是否有利害關係，宜本於上開意旨，就個案認定是否有行政程序法第 32 條各款及第 33 條第 1 項第 2 款之具體事實足認其於執行職務有偏頗之虞而定。」

（二）申請人之程序參與

1. 申請閱覽卷宗

海關復查委員會審議注意事項第 26 點規定：「復查案件有關資料或卷宗，復查請人或利害關係人得申請閱覽或抄寫、複印或攝影，或預納費用請求付與繕本、影本節本。但復查決定之擬稿及準備或審議文件或其他依規定不得申請閱覽或抄寫、複印攝影或預納費用請求付與繕本、影本或節本者，應拒絕其請求（I）。前項之收費準，準用『行政院及各級行政機關訴願文書使用收費標準』之規定辦理（II）。」

2. 申請陳述意見

海關復查委員會審議注意事項第 10 點規定：「復查會得依復查申請人之申請，列席陳述意見，復查委員亦得就相關問題詢問復查申請人。聽取意見後，主席應請列人員及復查申請人等退席，宣布進行審議，並作成決議。」

3. 申請調查證據

海關復查委員會審議注意事項第 17 點規定：「依職權或依申請調查證據之結果對復查申請人不利者，非經賦予復查申請人表示意見之機會，不得採爲對之不利之復查決定之基礎（I）。就復查申請人申請調查之證據認爲不必要者，應於決定理由中述明（II）。」

（三）作成復查決定

1. 作成期間

(1) 依本條第 2 項規定：「海關應於接到復查申請書之翌日起算二個月內爲復查決定，並作成復查決定書；必要時，得予延長，並通知受處分人或利害關係人。延長以一次爲限，最長不得逾二個月。」又海關復查委員會審議注意事項第 20 點規定：「復查之決定，自收到復查申請書之翌日起二個月內爲之；必要時得延長，並通知復查申請人。延長以一次爲限，最長不得逾二個月（I）。前項二個月之期間，復查申請書尙待補送或補正者，自補送或補正之翌日起算；未爲補送或補正者，自補送或補正期間屆滿之翌日起算（II）。」依上開規定，海關復查決定之作成，應於接到復查申請書起二個月內爲之，如其申請尙待補送或補正者，則自補送或補正之翌日起算；作成期間，必要時得延長一次，最長不得逾二個月。

(2) 訓示規定：本條所定作成復查決定之期限，屬督促行政機關儘速作成決定之訓示規定而非效力規定，於復查決定之效力並無影響[32]。

---

32 臺北高等行政法院 96 年度簡字第 247 號判決。

作成門檻

海關復查委員會審議注意事項第 9 點規定：「復查決定應經復查會會議之決議，其議以委員過半數之出席，出席委員過半數之同意行之，並得將不同意見載入紀錄，以備查考。出席委員之同意與不同意意見，人數相等時，取決於主席。」

決定內容之界限

(1) 適法性、妥當性之要求

復查決定亦為行政處分，自應適法、妥當。所謂適法，指符合及適用法規規定，包括法律、命令、行政規則及一般法律原理、原則，而適用之前提，乃在認定事實，事實之認定，應依經驗法則、論理法則及證據法則為之，如有不明或有認定錯誤或未憑證據，其適用法律自亦屬違誤，難謂適法。至於行使裁量權部分，不得有逾越法定之裁量範圍，或不符合法規授權之目的，或有裁量瑕疵等情形。

(2) 變更處分之限制

申請復查階段，原處分機關若事後發現據以處分之事實認定錯誤而影響法規之正確適用時，固得依職權變更原處分，另為適法之處分，惟變更原處分所應踐行之程序仍應兼顧受處分人各階段之行政救濟權益，始為適法[33]。是以，於事實認定錯誤而引用錯誤法條之情形，如原處分機關並未另行製作處分書，逕行於復查決定直接增加處分之法條，則有損及受處分人之程序利益，所踐行之程序，自難謂為妥適而有加以撤銷之必要。

(3) 撤銷重核案件應依訴願決定意旨

訴願法第 96 條規定：「原行政處分經撤銷後，原行政處分機關須重為處分者，應依訴願決定意旨為之，並將處理情形以書面告知受理訴願機關。」

(4) 受判決之拘束

A. 行政訴訟法第 4 條「行政法院之判決，就其事件有拘束各關係機關之效力」[34]，乃本於憲法保障人民得依法定程序，對其爭議之權利義務關係，請求法院予以終局解決之規定。故行政法院所為撤銷原決定及原處分之判決，如係指摘事件之事實尚欠明瞭，應由被告機關調查事證另為處分時，該機關即應依判決意旨或本於職權調查事證。倘依重為調查結果認定之事實，認前處分適用法規並無錯誤，雖得維持已撤銷之前處分見解；**若行政法院所為撤銷原決定及原處分之判決，係指摘其適用法律之見解有違誤時，該管機關即應受行政法院判決之拘束**。行政法院 60 年判字第 35 號判例謂：「本院所為撤

---

[33] 財政部 100/02/11 台財訴字第 09900506050 號訴願決定書。

[34] 原第 4 條已修正改列第 216 條。

銷原決定及原處分之裁判，如於理由內指明由被告官署另爲復查者，該官署自得本於權調查事證，重爲復查之決定，其重爲復查之結果，縱與已撤銷之前決定持相同之解，於法亦非有違。」其中與上述意旨不符之處，有違憲法第 16 條保障人民訴訟權意旨，應不予適用（司法院釋字第 368 號解釋）。

B. 行政訴訟法第 216 條規定：「撤銷或變更原處分或決定之判決，就其事件有拘束各關係機關之效力（I）。原處分或決定經判決撤銷後，機關須重爲處分或決定者應依判決意旨爲之（II）。前二項判決，如係指摘機關適用法律之見解有違誤時，該機關即應受判決之拘束，不得爲相左或歧異之決定或處分（III）。前三項之規定，於其他訴訟準用之（IV）。」

(5) 不利益變更禁止原則

A. 行政救濟程序中之不利益變更禁止原則，係指處分相對人於對處分不服而提起包括訴願、行政訴訟等救濟程序，該行政救濟機關作成訴願決定或判決時，依訴願法第 81 條第 1 項但書及行政訴訟法第 195 條第 2 項規定[35]，不得使該請求救濟者受較原處分更不利益之結果，此一規定係對行政救濟機關作成訴願決定書或判決時，所爲之拘束，並非在限制人民之訴訟權或訴願權。

B. 不利益變更禁止原則在訴願前置程序之復查程序是否有其適用，法無明文，實務上係依據行政法院 62 年判字第 298 號判例：「依行政救濟之法理，除原處分適用法律錯誤外，申請復查之結果，不得爲更不利於行政救濟人之決定。」而肯定之。海關復查委員會審議注意事項第 15 點第 1 項亦規定：「復查案件無第十二點第一項規定之情形，經實體上審查結果，復查申請有理由者，復查會會議應以決定撤銷原行政處分之全部或一部，並得視案件之情節，逕爲變更之決定。**但於申請人表示不服之範圍內不得爲更不利益之變更或處分**。」便係參照上開判例所作行政規則，用以拘束行政機關作成復查決定。是以，復查決定之作成亦有不利益變更禁止原則之適用，除原處分適用法律錯誤外，申請復查之結果，亦不得較原處分或決定更不利於受處分人。

4. 復查決定之內容

(1) 不受理決定

海關復查委員會審議注意事項第 12 點規定：「復查案件有下列各款情形之一者，應爲不受理之決定：（一）復查申請書不依規定格式而不能補正，或經通知補正逾期不

---

35 訴願法第 81 條第 1 項規定：「訴願有理由者，受理訴願機關應以決定撤銷原行政處分之全部或一部，並得視事件之情節，逕為變更之決定或發回原行政處分機關另為處分。但於訴願人表示不服之範圍內，不得為更不利益之變更或處分。」行政訴訟法第 195 條第 2 項規定：「撤銷訴訟之判決，如係變更原處分或決定者，不得為較原處分或決定不利於原告之判決。」

正。（二）申請復查逾法定期間，非因不可抗力所致者，或未於海關通知補送復查申書之期間內補送。（三）復查申請人不適格。（四）對於非行政處分或其他不屬於申請復查救濟範圍之事項申請復查。（五）復查標的已不存在、復查已無實益或行政處分已不存在。（六）對已決定或已撤回之復查案件重行申請復查。（七）其他應不受理之事由（Ⅰ）。逾前項第一款及第二款之期間，復查申請人在決定書核發前，向受理復查機關提出補正者，得註銷該不受理之決定（Ⅱ）。」不論實體有無理由，主文均爲「復查不受理」之決定，但經實體審查認有理由而擬依行政程序法第117條或其他規定撤銷或變更原處分者，得於理由欄論述後續處理作爲及原則。

(2)駁回決定

海關復查委員會審議注意事項第14點規定：「復查案件無第十二點第一項規定之情形，經實體上審查結果，其申請復查無理由者，復查會會議應爲駁回之決議（Ⅰ）。原處分所憑理由雖屬不當，但依其他理由認爲正當者，應以復查申請爲無理由（Ⅱ）。」

(3)撤銷或變更決定

海關復查委員會審議注意事項第15點規定：「復查案件無第十二點第一項規定之情形，經實體上審查結果，復查申請有理由者，復查會會議應以決定撤銷原行政處分之全部或一部，並得視案件之情節，逕爲變更之決定。但於申請人表示不服之範圍內不得爲更不利益之變更或處分（Ⅰ）。復查申請理由雖非可取，而依其他理由認爲原處分顯屬違法或不當者，仍應以復查申請爲有理由（Ⅱ）。」

七、撤回復查申請

（一）撤回期間及撤回效力

海關復查委員會審議注意事項第21點規定：「申請復查後，於復查決定書送達前，申請人得撤回之。復查申請經撤回後，不得復對同一事件申請復查。復查申請經撤回者，復查會應即終結審理程序，並通知復查申請人。」申請復查及撤回，均爲申請人之權利，申請人得於復查決定書送達前撤回復查申請；惟復查申請經撤回後，即以未申請復查論，亦不得再對同一事件申請復查、提起訴願。申請復查如經撤回後又提起復查者，依規定[36]，應爲不受理決定；如逕提訴願者，則以其訴願係屬未經法定復查程序而予決定駁回[37]。

---

36 海關復查委員會審議注意事項第12點第6款：「復查案件有下列各款情形之一者，應為不受理之決定：……（六）對已決定或已撤回之復查案件重行申請復查。」

37 參考案例：財政部97/02/13台財訴字第09600470110號訴願決定書。

（二）撤回不得附條件或期限

財政部 104/05/14 台財稅字第 10400568390 號函釋：「主旨：有關納稅義務人出具附期限之撤回復查申請書效力疑義乙案。說明：三、參照司法實務關於訴之撤回之原則上不得附條件及基於公益理由不許附條件者，亦不得附期限之法理，倘同意納稅義務人於復查程序中，出具附期限之撤回復查申請書，將使稅捐稽徵機關於期限屆至前暫緩進行復查程序，致納稅義務人享有未繳納稅款暫緩移送強制執行及免遭限制出境處分之權益。鑑於租稅公益性，關於納稅義務人復查申請之撤回，亦不得附期限。」基於同一法理，復查之撤回亦不得附條件或期限。

八、作成復查決定書及送達

（一）復查決定書

1. 意義及種類

復查決定書乃復查決定之書面。依審議原因之不同可分為復查決定書、重審復查決定書、重核復查決定書三種。

2. 應記載事項[38]

復查決定書應記載之事項如下：

(1) 復查申請人姓名、出生年月日、性別、身分證明文件字號、住居所或其他足資辨別之特徵；如係法人或其他設有管理人或代表人之團體，其名稱、事務所或營業所，及管理人或代表人之姓名、出生年月日、性別、身分證明文件字號、住居所。

(2) 有法定代理人或復查申請代理人者，其姓名、出生年月月、性別、身分證明文件字號、住居所。

(3) 主文、事實、理由及其法令依據。其係不受理決定者，得不記載事實。

(4) 決定機關及其首長。

(5) 發文字號及年、月、日。

(6) 如不服決定之救濟方法、期間及受理機關。

（二）復查決定書之送達

1. 送達期間

(1) 本條第 3 項規定：「復查決定書之正本，應於決定之翌日起算十五日內送達受處分人。」

---

38 海關復查委員會審議注意事項第 23 點。

2) 該復查決定書正本送達期限規定，屬訓示規定，苟有所違反，僅生行政責任之問題，對於復查決定及送達行爲之效力尙不生影響[39]。

3.送達方式

海關復查委員會審議注意事項第 24 點規定：「復查文書交付郵務送達者，應使用復查文書郵務送達證書（Ⅰ）。復查文書派員或囑託該管警察機關或其他有關機關送達者，應由執行送達人作成送達證書（Ⅱ）。復查文書之送達，應依行政程序法有關送達規定爲之（Ⅲ）。」

九、重審復查決定及重核復查決定

（一）重審復查決定

(1) 意義

A. 訴願法第 58 條規定：「訴願人應繕具訴願書經由原行政處分機關向訴願管轄機關提起訴願（Ⅰ）。原行政處分機關對於前項訴願應先行重新審查原處分是否合法妥當，其認訴願爲有理由者，得自行撤銷或變更原行政處分，並陳報訴願管轄機關（Ⅱ）。……」復查決定如經申請人提起訴願，原處分機關依上開規定先行重新審查後，如自行撤銷或變更原處分者，即應作成「重審復查決定」並送達訴願人。

B. 另，應併予注意者，依關務署 105/05/20 台關稅字第 1051010868 號函釋：「說明：三、經審查結果，原處分雖有法據適用不當或理由不妥等情形，惟其結論並無二致者；或原應作成復查不受理決定而誤爲復查駁回決定者，亦應以訴願答辯方式敘明重審結果，由受理訴願機關續爲審理，勿撤銷或變更原處分（復查決定）。」對於法據適用不當或理由不妥而結論並無二致，或應爲不受理而誤爲駁回決定之情形，原處分機關不宜作成「重審復查決定」撤銷原復查決定，而應續爲訴願程序。

(2) 重審復查決定後之行政作業

行政作業上，原處分機關如作成「重審復查決定」，應另以專函陳報財政部，主旨或說明欄應敘明原處分業經撤銷或變更之事實與其發文字號，並檢附該自行撤銷或變更原處分之函文影本。此外，原處分既自行撤銷或變更，已無須再爲實體上之答辯，但仍應將訴願人所提訴願書及附件正本，移送訴願管轄機關，供訴願管轄機關審查結案，切勿自行將訴願書件歸檔存查。

---

39 最高行政法院 106 年度裁字第 752 號裁定。

（二）重核復查決定

1.意義

經財政部訴願決定撤銷原處分（復查決定），併囑另爲處分[40]或法院判決撤銷復查決定而應重爲處分或決定[41]者，原處分機關（海關復查委員會）即應重新核定復查決定，而實務上此類公文書係以「重核復查決定」名之。

2.決定之作成

(1)不待訴願決定確定

行政院訴願審議委員會105年度第28次會議結論：「訴願決定將原處分撤銷，由原處分機關於二個月內另爲適法之處分，但經提起行政訴訟時，基於行政監督、保障人民權益，原處分機關仍應依訴願決定意旨爲適法之處分，不待訴願決定確定。」

(2)應依訴願決定意旨辦理

依訴願法第96條及行政訴訟法第216條第2項規定，原處分（復查決定）經訴願決定或法院判決撤銷後，原處分機關需重爲處分者，應依訴願決定及判決之意旨爲之，並將處理結果書面告知訴願決定機關。

(3)決定及判決之拘束

撤銷重核案件，重核復查決定之作成，其重點乃在於依撤銷理由究明事實或再予查證及補強證據，如認事用法有所違誤，自應撤銷或變更原處分，如已依訴願決定、判決意旨詳加調查事實、補強證據而仍認原處分適法妥當者，亦得再爲相同結果之決定而駁回復查申請。惟若訴願決定、判決係指摘原處分之法律見解有違誤者，重爲處分時即應受訴願決定、判決法律見解之拘束，不得違背而爲相左或歧異之處分。

3.性質及救濟

參據財政部50/05/25台財稅發字第03497號函釋：「訴願決定『原處分撤銷』係指撤銷復查決定之處分而言，復查決定既因訴願決定而撤銷，則原處分之稽徵機關應依照訴願決定意旨就原核定之所得類及應納稅額『重行查核』，此項重行查核即係踐行另一『復查』程序，故所作之『復查決定』處分已屬另一新處分，訴願人對此項新處分如仍有不服，得逕依法提起訴願及行政訴訟。」重核復查決定乃另一新處分，如對之有所不服，得依法提起訴願及行政訴訟。

---

[40] 訴願決定主文表示「原處分（復查決定）撤銷，由原處分機關另為處分。」

[41] 行政訴訟法第216條第1項至第3項規定：「撤銷或變更原處分或決定之判決，就其事件有拘束各關係機關之效力（Ⅰ）。原處分或決定經判決撤銷後，機關須重為處分或決定者，應依判決意旨為之（Ⅱ）。前二項判決，如係指摘機關適用法律之見解有違誤時，該機關即應受判決之拘束，不得為相左或歧異之決定或處分（Ⅲ）。」

❖判解釋示❖

《申請復查範圍》

1.緝私案件對罰鍰處分涉及貨物之稅則號別不服者，概依本條例救濟

主旨：進口人報運貨物進口，因觸犯海關緝私條例被處分時，如受處分人同時對原罰鍰（或科處沒入，或併科沒入）處分所涉及之同一實到貨物原核定之稅則號別或完稅價格有所不服者，應依海關緝私條例第 47 條之規定聲明異議[42]，不得再依關稅法第 23 條至第 25 條[43]之規定辦理該部分之行政救濟程序。

辦法：二、爲配合本函規定，嗣後對涉案違法部分貨物，如未處分沒入，受處分人欲先行提領時，不得塡發稅單，應改以繳納稅款押款方式放行。倘所追徵之所漏或沖退之稅款符合海關緝私條例第 44 條之規定者，除應在處分書之「處分理由」欄內加引上開法條外，其處分主文並應以：「科處漏稅額○倍之罰鍰計新臺幣○○○元，並追繳所漏進口稅捐新臺幣○○○元」方式表達，不得另發稅單予受處分人，俾免受處分人據以另行對估價及稅則分類聲明異議。三、無涉於緝案部分之貨物應仍依關稅法有關規定辦理（如：同一報單內報列 20 項貨物，僅其中 1 項虛報貨名成立緝案，則此項虛報貨名之貨物依本函規定辦理外，其餘 19 項貨物之通關，稅放及不服估價稅則分類等事項，仍依關稅法有關規定辦理，不受該虛報部分之貨物之影響）（海關總稅務司署 66/06/15 台基緝字第 1050 號函）。

《復查申請人》

2.對於從事走私行爲以外之人所有之貨物、物品或運輸工具裁處沒入應遵循之法律要件及救濟程序

對於從事走私行爲以外之人所有之貨物、物品或運輸工具裁處沒入，應遵循之法律要件及救濟程序如下：（一）如爲運輸工具所有人，其符合海關緝私條例第 23 條、第 24 條前段、第 25 條、第 27 條第 2 項及行政罰法第 21 條、第 22 條之裁處要件者，沒入其運輸工具時，應將其列爲受處分人；如爲貨物或物品所有人，裁處沒入其所有貨物或物品時，原則上應將其列爲受處分人，惟於該所有人無從調查或不詳時，則例外無須列入，此時其成爲該沒入處分之利害關係人。（二）對於沒入處分申請復查，應於法定期間內爲之，惟如上述利害關係人未受送達，依司法院院字第 1430 號解釋，法定期間自知悉時起算，至於何時知悉，應由利害關係人負舉證之責。（三）利害關係人對於已確定之行政處分，如其於法院實體判決程序中，曾以當事人或參加訴訟人之名義參與

---

42 現行規定為申請復查。

43 即現行第 45 條至第 47 條。

訴訟者，應循再審程序救濟，否則一律依復查程序辦理。而確定之處分得否撤銷、另爲處置，依司法院院字第 1557 號解釋，倘於利害關係人之權利或利益並不因之而受何損害，自得爲之。二、廢止本部 72/07/28 台財訴第 21161 號函及 73/04/23 台財訴第 1547 號函（財政部 103/10/29 台財關字第 1031024061 號令）。

《撤回復查申請》

3. 納稅義務人復查申請之撤回不得附期限

主旨：有關納稅義務人出具附期限之撤回復查申請書效力疑義乙案。

說明：三、參照司法實務關於訴之撤回之原則上不得附條件及基於公益理由不許附條件者，亦不得附期限之法理，倘同意納稅義務人於復查程序中，出具附期限之撤回復查申請書，將使稅捐稽徵機關於期限屆至前暫緩續行復查程序，致納稅義務人享有未繳納稅款暫緩移送強制執行及免遭限制出境處分之利益。鑑於租稅公益性，關於納稅義務人復查申請之撤回，亦不得附期限（財政部 104/05/14 台財稅字第 10400568390 號函）。

4. 復查決定作成以前，納稅人補提理由者均應受理審查

稅捐稽徵機關在第一次復查決定作成以前，納稅義務人補提理由，凡與其原來敘明之理由有所關聯，復足以影響應納稅額之核定者，稅捐稽徵機關均應自實體上予以受理審查，併爲復查決定（最高行政法院 75 年判字第 2063 號判例）。

《復查決定／不合程序》

5. 申請復查不合法定程序者，仍應作成復查決定書以程序不合駁回

主旨：納稅義務人申請復查之案件，其不合程序規定者，仍應作成復查決定書，以程序不合駁回。

說明：二、按 79 年 1 月 24 日修正公布之稅捐稽徵法已刪除第 36 條視爲未申請復查之規定，故納稅義務人逾越同法第 35 條規定期限申請復查之案件，應依主旨規定辦理，不得逕予函復不受理。對已確定之案件復申請同一之復查，或復查申請人非屬納稅義務人之當事人不適格案件亦同（財政部 80/12/13 台財稅字第 800425476 號函）。

《復查決定／變更原處分》

6. 變更原處分及誤寫誤繕更正之處理方式

關於緝案之處分，於聲明異議後復經核發處分書更正本之案件，應即查明所發送之處分書更正本其性質究屬對原處分書錯誤之更正？抑或變更原處分之性質，因變更後之處分爲另一處分，受處分人如仍有不服，固應重行聲明異議，惟若其僅爲對原處分書內容錯誤之更正，因受處分人既已對該項處分聲明異議，自毋庸再對處分書之更正本聲明異議，其原提異議應屬有效。查處分書一經核發，人民之權益立即受到影響，如有不服，對之提起行政救濟者，當應受海關緝私條例第 47 條、第 48 條及行政訴訟法第 10 條[44]第 1 項規定之拘束，而處分書更正本之核發，因係變更原處分而爲另一新處分，自亦有上述之效果，故其核發應限以涉及處分主文或受處分人之變更等足以構成另一新處分者，始得爲之，至如其他違法事實、援用法條、受處分人姓名、地址等誤寫、誤算之更正並不涉及原處分實體之變更者，其更正錯誤自毋庸以處分書更正本爲之，可逕以更正函通知更正，以資簡捷，並杜應否須再依海關緝私條例第 47 條規定另行遞送異議書之爭議（財政部 68/09/24 台財關字第 20906 號函）。

《復查決定／不利益變更禁止原則》

7. 行政救濟除原處分適用法律錯誤外，不得爲更不利之決定

依行政救濟之法理，除原處分適用法律錯誤外，申請復查之結果，不得爲更不利於行政救濟人之決定（最高行政法院 62 年度判字第 298 號判例）。

《復查決定／重核復查決定》

8. 原處分機關依判決重爲之查核，應屬另一復查程序

貴公司不服稅捐稽徵處補徵 58 年至 60 年度營業稅，及 58、59 年度營利事業所得稅，提起行政救濟一案，因行政法院對於本案之再審判決，其理由欄內指明由被告機關依法重爲翔實之查核，該被告機關自應依照判決意旨重新查核。至於判決主文「原處分撤銷」一語，係指撤銷原處分機關所爲之處分，復查決定既被撤銷，則原處分機關依照行政法院判決意旨所重爲之查核，應屬另一復查程序。貴公司仍有不服，毋庸再經復查程序，可逕行依法提起訴願（財政部 67/07/29 台財稅字第 35047 號函）。

9. 行政法院所爲撤銷判決，係指摘其適用法律見解違誤時，應受其拘束／撤銷原決定及處分之判決，若係適用法律見解有誤，則該機關應受拘束

行政訴訟法第 4 條「行政法院之判決，就其事件有拘束各關係機關之效力」，乃本於憲法保障人民得依法定程序，對其爭議之權利義務關係，請求法院予以終局解決之規定。故行政法院所爲撤銷原決定及原處分之判決，如係指摘事件之事實尚欠明瞭，應由被告機關調查事證另爲處分時，該機關即應依判決意旨或本於職權調查事證。倘依重爲調查結果認定之事實，認前處分適用法規並無錯誤，雖得維持已撤銷之前處分見解；**若行政法院所爲撤銷原決定及原處分之判決，係指摘其適用法律之見解有違誤時，該管機關即應受行政法院判決之拘束**。行政法院 60 年判字第 35 號判例謂：「本院所爲撤銷原

---

[44] 即現行第 106 條。

決定及原處分之裁判，如於理由內指明由被告官署另爲復查者，該官署自得本於職權調
查事證，重爲復查之決定，其重爲復查之決定，縱與已撤銷之前決定持相同之見解，於
法亦非有違」，其中與上述意旨不符之處，有違憲法第 16 條保障人民訴訟權之意旨
應不予適用（司法院釋字第 368 號解釋）。

《其他》

10. 行政救濟經法院以程序不合駁回後，發現原核定有誤得否變更原處分釋疑

主旨：某企業有限公司不服貴處就其 85 年至 86 年間漏稅違章所爲之補徵營業稅及裁處罰鍰之處分，提起行政救濟，經最高行政法院以程序不合駁回後，復以原核定之漏稅額有誤，請求依行政程序法第 128 條規定予以變更，經貴處查明原處分確有斟酌餘地，可否依行政程序法第 128 條規定，或本部 47 年台財參發第 8326 號令予以變更乙案。

說明：二、按行政程序法第 128 條第 1 項規定：「行政處分於法定救濟期間經過後，具有下列各款情形之一者，相對人或利害關係人得向行政機關申請撤銷、廢止或變更之：一、具有持續效力之行政處分所依據之事實事後發生有利於相對人或利害關係人之變更者。二、發現新事實或新證據者，但以如經斟酌可受較有利之處分者爲限。三、其他具有相當於行政訴訟法所定再審事由且足以影響行政處分者。」第 2 項復規定：「前項申請應自法定救濟期間經過後三個月內爲之；其事由發生在後或知悉在後者，自發生或知悉時起算。但自法定救濟期間經過後已逾五年者，不得申請。」本案某企業有限公司 85 年至 86 年間涉嫌違章漏稅，經稅捐稽徵機關核定補徵營業稅及裁處罰鍰，該公司於 87 年 10 月 7 日收到處分書、核定稅額繳款書及罰鍰繳款書，繳納期間自 87 年 10 月 11 日起至 87 年 10 月 20 日止，依稅捐稽徵法第 35 條規定納稅義務人如有不服，應於繳納期間屆滿翌日起算 30 日內（即 87 年 11 月 19 日止）申請復查，而納稅義務人於 87 年 11 月 20 日始申請復查，稽徵機關以納稅義務人逾法定復查期限始申請復查而予駁回，納稅義務人不服，主張 87 年 10 月 7 日之送達不合法，其未逾法定復查期限申請復查，循序提起行政救濟，經最高行政法院於 90 年 5 月 4 日以 87 年 10 月 7 日之送達應屬合法，本案已逾法定復查期限，以程序不合予以裁定駁回。納稅義務人復以原核定之漏稅額有誤，於 90 年 7 月 9 日申請依行政程序法第 128 條規定予以變更，經貴處查明原處分確有斟酌餘地，則其申請變更原處分，是否符合上開行政程序法第 128 條第 1 項規定之申請期限乙節，按上開行政程序法第 128 條規定所稱「法定救濟期間經過後」，就本案言，究係指申請復查之法定救濟期間（其截限日爲 87 年 11 月 19 日）經過後三個月內爲之，抑或係指最高行政法院以本案已逾法定復查期限裁定駁回後之三個月內爲之，經函准法務部以 91/02/25 法律字第 0090047973 號函復略以：「行政程序法第 128 條規定稱『法定救濟期間經過後』，係指行政處分因法定救濟期間經過後，不能再以通常之救

途徑，加以撤銷或變更，而發生形式確定力者而言。本件依來函所述，原處分相對人提起行政救濟，經最高行政法院於 90 年 5 月 4 日以程序不合予以裁定駁回。其裁定理由認定，原處分相對人申請復查『已逾法定復查期限……原告對已確定之行政處分提起行政訴訟，即爲法所不許』。準此，本件於申請復查之法定救濟期間經過後，原處分已發生形式確定力，上開所定『法定救濟期間經過後三個月內』之申請期限，即應自該時起算，但『其事由發生在後或知悉在後者，自發生或知悉時起算』。」三、至本件如無行政程序法第 128 條之適用，而原處分確有錯誤時，可否依本部 47 年台財參發第 8326 號令規定，本於職權辦理變更乙節，法務部前開函略以：「行政程序法第 117 條規定：『違法行政處分於法定救濟期間經過後，原處分機關得依職權爲全部或一部之撤銷；其上級機關，亦得爲之。但有下列各款情形之一者，不得撤銷：一、撤銷對公益有重大危害者。……』依其意旨，非授予利益之違法行政處分，於發生形式確定力後，是否依職權撤銷，原則上委諸行政機關裁量，但有該條第 1 款情形者，則不得撤銷。又此項撤銷權之行使，應遵守同法第 121 條第 1 項之期間，自不待言。有關本件如無行政程序法第 128 條之適用，而原處分確有錯誤時，可否由稽徵機關本於職權辦理變更乙節，除法律有特別規定外，請參酌上開說明處理之。」（財政部 91/03/26 台財稅字第 0910451701 號函）。

附件：法務部91/02/25法律字第0090047973號函

主旨：關於某企業有限公司不服稅捐稽徵機關所爲之補徵營業稅及裁處罰鍰處分，提起行政救濟，經最高行政法院以程序不合裁定駁回確定後，復以原核定之漏稅額有誤，請求依行政程序法第 128 條規定予以變更疑義乙案，本部意見如說明二、三。請查照參考。

說明：二、按行政程序法第 128 條規定：「行政處分於法定救濟期間經過後，具有下列各款情形之一者，相對人或利害關係人得向行政機關申請撤銷、廢止或變更之。……（第 1 項）前項申請，應自法定救濟期間經過三個月內爲之；其事由發生在後或知悉在後者，自發生或知悉時起算。但自法定救濟期間經過後已逾五年者，不得申請。（第 2 項）」其所稱「法定救濟期間經過後」，係指行政處分因法定救濟期間經過後，不能再以通常之救濟途徑，加以撤銷或變更，而發生形式確定力者而言。本件依來函所述，原處分相對人提起行政救濟，經最高行政法院於 90 年 5 月 4 日以程序不合予以裁定駁回。其裁定理由認定，原處分相對人申請復查「已逾法定復查期限……原告對已確定之行政處分提起行政訴訟，即爲法所不許」。準此，本件於申請復查之法定救濟期間經過後，原處分已發生形式確定力，上開所定「法定救濟期間經過後三個月內」之申請期限，即應自該時起算。但「其事由發生在後或知悉在後者，自發生或知悉時起算」。三、另按行政程序法第117條規定：「違法行政處分於法定救濟期間經過後，原處分機關得依職權爲全部或一部之撤銷；其上級機關，亦得爲之。但有下列各款情形之一者，不得撤銷：一、撤銷對公益有重大危害者。……」依其意旨，非授予利益之違法行政處分，於發生形式確定力後，是否依職權撤銷，原則上委諸行政機關裁量，但有該條第1款情形者，則不得撤銷。又此項撤銷權之行使，應遵守同法第121條第1項之期間，自不待言。有關來函說明二後段所述，本件如無行政程序法第128條之適用，而原處分確有錯誤時，可否由稽徵機關本於職權辦理變更乙節，除法律有特別規定外，請參酌上開說明處理之。

11. 一行爲誤認刑事判決確定而予行政處分得否撤銷釋疑

主旨：所報進口人涉嫌違反懲治走私條例及海關緝私條例，經臺灣○○地方法院判決無罪惟尚未確定，○○關稅局誤認判決已確定而依行政罰法第26條第2項規定裁處之行政處分可否撤銷一案，同意貴總局[45]所報意見，請本於職權依相關規定辦理。

說明：二、法務部96/11/20法律字第0960041826號函釋，宜於撤銷函中敘明事項，併請原處分機關注意辦理（財政部100/08/30台財關字第10000332700號函）。

附件：財政部關稅總局100/08/12台總局緝字第1001016290號函

主旨：關於進口人報運貨物進口，涉嫌違反懲治走私條例及海關緝私條例，經地方法院判決無罪後，海關誤認判決已確定，進而依行政罰法第26條第2項規定裁處，嗣檢方提起上訴，原處分可否撤銷，海關於執行上發生疑義，謹研具意見，報請鑒核。

說明：一、本案事實：（一）甲君（以下稱進口人）於98年9月18日、10月9日、12月4日及99年1月4日、1月6日向○○關稅局報運進口中國大陸產製「調製蓮藕」，原申報貨品分類號列第2008.99.91.90-1號「未列名經其他方式調製或保藏之果實及植物其他可食之部分，不論是否加糖或含其他甜味料」，經查驗並送請鑑定結果確認來貨爲「生鮮蓮藕」，並改列貨品分類號列第0714.90.91.10-6號「蓮藕，生鮮、冷藏或乾」，輸入規定MP1，屬經濟部尚未開放准許輸入之大陸物品及懲治走私條例第2條由行政院公告「管制物品項目及其數額」丙項[46]第5款規定之管制

---

[45] 指102年關務署改制前之財政部關稅總局。

[46] 即現行「管制物品管制品項及管制方式」第2點。

進口物品，該局乃依行政罰法第 26 條第 1 項規定，移送法辦。（二）案經臺灣○○地方法院 99 年 11 月 18 日 99 年度訴字第 742 號刑事判決進口人無罪，因○○關稅局誤認已判決確定，即於 100 年 1 月至 3 月間以本案已構成虛報貨名、品質及逃避管制爲由，依海關緝私條例予以裁處。因進口人未於法定期限內提起行政救濟，而於 100 年 2 月至 4 月期間分告確定。然查本案刑事部分臺灣高等法院○○分院另於 100 年 5 月 11 日以 100 年度上訴字第 106 號刑事判決駁回臺灣○○地方法院檢察署檢察官所提之上訴，而臺灣高等法院○○分院檢察署檢察官又於 100 年 5 月 19 日以 100 年度上訴字第 68 號上訴書提起上訴，致迄今仍未告確定。（三）本案進口人於 100 年 5 月 3 日以未列文號申請書 5 份申請重開行政程序及撤銷原處分，經○○關稅局依其所附之證據，認爲並無新事證，不符行政程序法第 128 條重開行政程序之要件，惟檢方既已提起上訴，本案刑事判決即未確定，可否因此予以撤銷該局所爲之確定處分，於執行上發生疑義。二、按違反行政罰法第 26 條第 1 項規定刑事優先原則所爲之行政裁處，其效果爲何，法無明文。查法務部 96/11/20 法律字第 0960041826 號函說明四雖已就「行政機關逕行認定其未觸犯刑事法律而予行政處分後，未來司法機關若因他人告發而偵辦並予以起訴後，行政機關已爲之行政處分如何處理」乙節予以闡明「……原處分機關仍應本於職權儘速主動撤銷之……」，惟本案情則爲「誤認判決已確定，而逕依行政罰法第 26 條第 2 項規定裁處」，二者案例情形並非完全一致，是否得予比照援用，不無疑義。本總局認爲，本案與前揭法務部函釋均係違反行政罰法第 26 條第 1 項「刑事優先原則」所爲之行政裁處，同屬違法之行政處分，似值比照援用該釋示。倘可比照，本案即應由原處分機關（即○○關稅局）本於職權儘速主動撤銷之，並於撤銷函中敘明該行政罰裁處權係因本法第 26 條第 1 項規定而一時不能發動，如有該條第 2 項規定情事仍得裁處云云。

第 48 條（提起訴願及行政訴訟）

I 受處分人及利害關係人不服前條復查決定者，得依法提起訴願及行政訴訟。

II 經依復查、訴願或行政訴訟確定應退還稅款者，海關應於確定之翌日起算十日內，予以退還；並自受處分人繳納該項稅款之翌日起，至填發收入退還書或國庫支票之日止，按退稅額，依繳納稅款之日郵政儲金一年期定期儲金固定利率，按日加計利息，一併退還。

❖立法（修正）說明❖（102/05/31修正）

一、第 1 項，內容修正為：受處分人及利害關係人不服前條復查決定者，得依法提起訴願及行政訴訟。

二、查現行經行政救濟程序確定應退稅款者，本條例無應按日加計利息一併退還之規定，對於已繳納稅款之受處分人權益之保護，尚欠周延，基於同一租稅事實及處理一致公平之考量，爰參照關稅法第 47 條第 2 項內容，增訂第 2 項規定，以期保障受處分人權益。

三、依據本條例第 50 條第 1 項及第 51 條規定，依本條例處分案件之稅款及罰鍰，受處分人只要於處分確定後接獲海關通知之 30 日內繳納，即無逾期繳納之問題；其與關稅法第 43 條第 1 項規定關稅之納稅義務人須於稅款繳納證送達之翌日起 14 日內繳納之情形有間，故對於依本條例規定處分所應繳納之關稅，尚無從發生處分確定前逾期繳納之情事，故無參照關稅法第 47 條第 3 項增訂處分確定後應加計利息一併徵收之必要，併此敘明。

❖法條沿革❖

原條文	說明
（23/06/01 制定） 第 32 條 對于前條關務署之決定不服者，得於接到決定書後二十日內，提起行政訴訟。	N/A
（62/08/14 全文修正） 第 48 條 受處分人於收到前條通知書後，得於十日內向海關總稅務司署提起訴願，於收到訴願決定書後，仍不服者，得於十日內向財政部關務署提起再訴願，於收到再訴願決定書後仍不服者，得於三十日內提起行政訴訟。	依立法委員討論結果修正[47]。
（72/12/13 修正） 第 48 條 受處分人於收到前條通知書後，得於十日內向海關總稅務司署提起訴願；於收到訴願決定書後仍不服者，得於十日內向財政部提起再訴願；於收到再訴願決定書後仍不服者，得於三十日內向行政法院提起行政訴訟。	按財政部組織法第 4 條第 1 款已將「關務署」改為「關政司」，為財政部所屬內部單位，已非得受理再訴願之機關，爰將「財政部關務署」修正為「財政部」，並於「提起行政訴訟」之上增列「向行政法院」等字，以求明確。

---

[47] 詳見立法院公報第 62 卷第 56 期院會紀錄（第 15-27 頁）、第 62 卷第 57 期院會紀錄（第 2-9 頁、第 20-23 頁）。

原條文	說明
（89/12/22 修正） 第 48 條 受處分人對海關之復查決定如有不服，得依法提起訴願及行政訴訟。	為配合新訴願法廢除再訴願程序，爰予刪除有關再訴願規定；另「海關緝私條例」對於有關提起訴願及行政訴期間之規定與訴願法及行政訴訟法不同，為期一致，避免人民有所混淆，修正為得依訴願法及行政訴訟法規定辦理；又配合本法第 47 條第 1 項將訴願之先行程序修正為「申請復查」之用語，併酌作文字修正。

❖條文說明❖

一、第1項（提起訴願、行政訴訟）

（一）說明

本條第 1 項規定乃明文不服復查決定之救濟程序，即得依序提起訴願、行政訴訟，以資救濟。

（二）提起訴願

1.何謂訴願

訴願爲人民之權利或利益因官署之違法或不當處分致受損害而設之救濟方法。訴願法第 1 條第 1 項規定：「人民對於中央或地方機關之行政處分，認爲違法或不當，致損害其權利或利益者，得依本法提起訴願。但法律另有規定者，從其規定。」本條第 1 項規定：「受處分人及利害關係人不服前條復查決定者，得依法提起訴願及行政訴訟。」對於依本條例規定所作之緝私處分，如有不服，應先依本條例第 47 條規定申請復查，經原處分機關作成復查決定後，如仍不服，得再依本條第 1 項及訴願法第 1 條第 1 項規定，提起訴願，以尋求救濟。

2.訴願期間

(1)處分達到之次日起30日內

訴願法第 14 條規定：「訴願之提起，應自行政處分達到或公告期滿之次日起三十日內爲之（Ⅰ）。利害關係人提起訴願者，前項期間自知悉時起算。但自行政處分達到或公告期滿後，已逾三年者，不得提起（Ⅱ）。」依上開規定，對於復查決定不服者，應於復查決定達到之次日起 30 日內提起訴願，始爲合法。逾法定不變期間始提起訴願者，受理訴願機關應依訴願法第 77 條第 2 款規定：「訴願事件有左列各款情形之一者，應爲不受理之決定：……二、提起訴願逾法定期間或未於第五十七條但書所定期間內補送訴願書者。」爲不受理之決定。

(2)應扣除在途期間

A. 訴願人不在受理訴願機關所在地住居者，應扣除在途期間

訴願法第 16 條規定：「訴願人不在受理訴願機關所在地住居者，計算法定期間，應扣除其在途期間。但有訴願代理人住居受理訴願機關所在地，得爲期間內應爲之訴願行爲者，不在此限（I）。前項扣除在途期間辦法，由行政院定之（II）。」即訴願人不在訴願管轄機關所在地住居，於計算訴願之法定期間時，應扣除的期間。例如：居住在新北市的某甲向財政部對所屬關務署基隆關依本條例規定所作成之復查決定表示不服而提起訴願者，其訴願期間 30 日之計算，應該扣除在途期間（二）日，亦即某甲要在收到復查決定後 30 日 +N 日（N 爲在途期間）內提起訴願，始不逾訴願期間。

B. 訴願人及訴願代理人不在原處分機關所在地住居且向原處分機關遞送訴願書者，得類推適用訴願法規定，扣除在途期間

關於訴願人及其訴願代理人不在原行政處分機關所在地住居，依訴願法第 58 條規定向原行政處分機關遞送訴願書者，以其住居地與受理訴願機關所在地間之區域關係，原不得扣除在途期間或在途期間較短時，得類推適用訴願法第 16 條規定，扣除其訴願書遞至原行政處分機關所需之在途期間[48]。舉例說明，訴願人住居於臺北市而經高雄關復查決定駁回其復查申請，經向原處分機關（高雄關）遞送訴願書，其因住居訴願管轄機關所在地而本無在途期間可資扣除，惟因類推適用訴願法規定而得扣除其與高雄

---

[48] 行政院 103/09/29 院台規字第 1030148122 號函釋：「主旨：關於訴願人及其訴願代理人不在原行政處分機關所在地住居，依訴願法第 58 條規定向原行政處分機關遞送訴願書者，以其住居地與受理訴願機關所在地間之區域關係，原不得扣除在途期間或在途期間較短時，得類推適用訴願法第 16 條規定，扣除其訴願書遞至原行政處分機關所需之在途期間。說明：一、關於訴願人及其訴願代理人不在原行政處分機關所在地住居，依訴願法第 58 條規定向原行政處分機關遞送訴願書者，有無扣除在途期間規定之適用，經提本院訴願審議委員會本（103）年 8 月 27 日會議討論，作成結論如下：（一）訴願法 87 年 10 月 28 日修正時，為免誤遞並發揮訴願自我省察功能，於第 58 條第 1 項增訂訴願人應經由原行政處分機關向訴願管轄機關提起訴願，而同法第 16 條則維持『訴願人不在受理訴願機關所在地居住者』，應扣除其在途期間之規定，致滋生訴願人依訴願法第 58 條規定提起訴願時，得否扣除在途期間之法規適用疑義。衡諸訴願法第 58 條及第 59 條既分別明定，訴願人應經由原行政處分機關或逕向訴願管轄機關提起訴願，同法第 14 條第 3 項復規定，訴願之提起，以原行政處分機關或受理訴願機關收受訴願書之日期為準，原行政處分機關既同為合法收受訴願書之機關，且其收受訴願書之日即為提起訴願之日期，同法第 16 條僅以訴願人不在受理訴願機關所在地為扣除在途期間之適用準據，應屬立法疏漏，為符合扣除在途期間制度在使當事人不受住居地影響，享有一致法定期間利益之原旨，**應解為訴願人依訴願法第 58 條規定向原行政處分機關遞送訴願書，其本人及訴願代理人不在原行政處分機關所在地住居者，得類推適用訴願法第 16 條及訴願扣除在途期間辦法規定扣除在途期間**。（二）鑒於自訴願法 89 年修正施行以來，訴願及司法實務見解咸依訴願法第 16 條規定之文義，凡訴願人不在受理訴願機關所在地住居者，即得扣除在途期間，不論其遞送訴願書之機關為何，為兼顧訴願人信賴法規及實務見解之利益，並減少衝擊，於法未修正前，原則仍維持該現行做法，僅額外於訴願人及其訴願代理人不在原行政處分機關所在地住居，而依訴願法第 58 條規定向原行政處分機關遞送訴願書者，以其住居地與受理訴願機關所在地間之區域關係，原不得扣除在途期間或在途期間較短時，得類推適用訴願法第 16 條規定，扣除其訴願書遞至原行政處分機關所需之在途期間。」

關之在途期間（五日）；又如，訴願人住居新北市經向原處分機關高雄關遞送訴願書，則在途期間（新北市—臺北市）原爲二日，因類推適用訴願法規定而得扣除其與高雄關之在途期間（六日）。

訴願在途期間表

訴願人住居地／在途期間／原處分機關所在地	臺北市	新北市	基隆市	桃園市	新竹縣	新竹市	苗栗縣	臺中市（一）	臺中市（二）	彰化縣	南投縣	雲林縣	嘉義縣	嘉義市	臺南市（一）	臺南市（二）	高雄市（一）	高雄市（二）	屏東縣	宜蘭縣	花蓮縣	臺東縣	澎湖縣	金門縣	連江縣	東沙島、太平島高雄市政府代管	金門縣管轄烏坵鄉
臺北市	○日	二日	二日	三日	四日	四日	四日	四日	四日	五日	四日	五日	五日	五日	五日	五日	五日	六日	六日	四日	六日	七日	二十日	三十日	三十日	三十日	三十日
新北市	二日	○日	二日	三日	四日	四日	四日	五日	五日	四日	五日	四日	四日	四日	四日	四日	六日	六日	六日	四日	五日	六日	二十日	三十日	三十日	三十日	三十日
基隆市	二日	二日	○日	三日	四日	四日	四日	五日	五日	四日	五日	四日	四日	四日	四日	四日	六日	六日	六日	四日	五日	六日	二十日	三十日	三十日	三十日	三十日
桃園市	三日	三日	三日	○日	三日	三日	三日	四日	四日	三日	四日	三日	三日	三日	三日	三日	六日	五日	五日	三日	四日	五日	二十日	三十日	三十日	三十日	三十日
新竹縣	四日	四日	四日	三日	○日	二日	四日	五日	五日	四日	五日	四日	四日	四日	四日	四日	五日	六日	六日	四日	五日	六日	二十日	三十日	三十日	三十日	三十日
新竹市	四日	四日	四日	三日	二日	○日	四日	五日	五日	四日	五日	四日	四日	四日	四日	四日	五日	六日	六日	四日	五日	六日	二十日	三十日	三十日	三十日	三十日
苗栗縣	四日	四日	四日	三日	四日	四日	○日	五日	五日	四日	五日	四日	四日	四日	四日	四日	五日	六日	六日	四日	五日	六日	二十日	三十日	三十日	三十日	三十日
臺中市（一）	四日	五日	五日	四日	五日	五日	五日	○日	三日	五日	六日	五日	五日	五日	五日	五日	五日	七日	七日	五日	六日	七日	二十日	三十日	三十日	三十日	三十日
臺中市（二）	四日	五日	五日	四日	五日	五日	五日	三日	○日	五日	六日	五日	五日	五日	五日	五日	四日	七日	七日	五日	六日	七日	二十日	三十日	三十日	三十日	三十日
彰化縣	五日	四日	四日	三日	四日	四日	四日	五日	五日	○日	五日	四日	四日	四日	四日	四日	四日	六日	六日	四日	五日	六日	二十日	三十日	三十日	三十日	三十日
南投縣	四日	五日	五日	四日	五日	五日	五日	六日	六日	五日	○日	五日	五日	五日	五日	五日	四日	七日	七日	五日	六日	七日	二十日	三十日	三十日	三十日	三十日
雲林縣	五日	四日	四日	三日	四日	四日	四日	五日	五日	四日	五日	○日	四日	四日	四日	四日	四日	六日	六日	四日	五日	六日	二十日	三十日	三十日	三十日	三十日
嘉義縣	五日	四日	四日	三日	四日	四日	四日	五日	五日	四日	五日	四日	○日	二日	四日	四日	四日	六日	六日	四日	五日	六日	二十日	三十日	三十日	三十日	三十日
嘉義市	五日	四日	四日	三日	四日	四日	四日	五日	五日	四日	五日	四日	二日	○日	四日	四日	四日	六日	六日	四日	五日	六日	二十日	三十日	三十日	三十日	三十日
臺南市（一）	五日	四日	四日	三日	四日	四日	四日	五日	五日	四日	五日	四日	四日	四日	○日	二日	三日	六日	六日	四日	五日	六日	二十日	三十日	三十日	三十日	三十日
臺南市（二）	五日	四日	四日	三日	四日	四日	四日	五日	五日	四日	五日	四日	四日	四日	二日	○日	二日	六日	六日	四日	五日	六日	二十日	三十日	三十日	三十日	三十日
高雄市（一）	五日	六日	六日	六日	五日	五日	五日	五日	四日	四日	四日	四日	四日	四日	三日	二日	○日	二日	三日	七日	六日	五日	二十日	三十日	三十日	三十日	三十日
高雄市（二）	六日	六日	六日	五日	六日	六日	六日	七日	七日	六日	七日	六日	六日	六日	六日	六日	二日	○日	四日	七日	六日	五日	二十日	三十日	三十日	三十日	三十日
屏東縣	六日	六日	六日	五日	六日	六日	六日	七日	七日	六日	七日	六日	六日	六日	六日	六日	三日	四日	○日	七日	六日	五日	二十日	三十日	三十日	三十日	三十日
宜蘭縣	四日	四日	四日	三日	四日	四日	四日	五日	五日	四日	五日	四日	四日	四日	四日	四日	七日	七日	七日	○日	五日	六日	二十日	三十日	三十日	三十日	三十日
花蓮縣	六日	五日	五日	四日	五日	五日	五日	六日	六日	五日	六日	五日	五日	五日	五日	五日	六日	六日	六日	五日	○日	五日	二十日	三十日	三十日	三十日	三十日
臺東縣	七日	六日	六日	五日	六日	六日	六日	七日	七日	六日	七日	六日	六日	六日	六日	六日	五日	五日	五日	六日	五日	○日	二十日	三十日	三十日	三十日	三十日
澎湖縣	二十日	二十日	二十日	二十日	二十日	二十日	二十日	二十日	二十日	二十日	二十日	二十日	二十日	二十日	二十日	二十日	二十日	二十日	二十日	二十日	二十日	二十日	○日	三十日	三十日	三十日	三十日
金門縣	三十日	三十日	三十日	三十日	三十日	三十日	三十日	三十日	三十日	三十日	三十日	三十日	三十日	三十日	三十日	三十日	三十日	三十日	三十日	三十日	三十日	三十日	三十日	○日	三十日	三十日	三十日
連江縣	三十日	三十日	三十日	三十日	三十日	三十日	三十日	三十日	三十日	三十日	三十日	三十日	三十日	三十日	三十日	三十日	三十日	三十日	三十日	三十日	三十日	三十日	三十日	三十日	○日	三十日	三十日

備註
1. 臺中市（一）指行政區域：豐原區、大里區、太平區、東勢區、大甲區、清水區、沙鹿區、梧棲區、后里區、神岡區、潭子區、大雅區、新社區、石岡區、外埔區、大安區、烏日區、大肚區、龍井區、霧峰區、和平區。
2. 臺中市（二）指行政區域：中區、東區、西區、南區、北區、西屯區、南屯區，北屯區。
3. 臺南市（一）指行政區域：新營區、永康區、鹽水區、白河區、麻豆區、佳里區、新化區、善化區、學甲區、柳營區、後壁區、東山區、下營區、六甲區、官田區、大內區、西港區、七股區、將軍區、北門區、新市區、安定區、山上區、玉井區、楠西區、南化區、左鎮區、仁德區、歸仁區、關廟區、龍崎區。
4. 臺南市（二）指行政區域：東區、南區、北區、中西區、安南區、安平區。
5. 高雄市（一）指行政區域：鹽埕區、鼓山區、左營區、楠梓區、三民區、新興區、前金區、苓雅區、前鎮區、旗津區、小港區。
6. 高雄市（二）指行政區域：鳳山區、林園區、大寮區、大樹區、仁武區、大社區、鳥松區、岡山區、橋頭區、燕巢區、田寮區、阿蓮區、路竹區、湖內區、茄萣區、彌陀區、永安區、梓官區、旗山區、美濃區、六龜區、甲仙區、杉林區、內門區、茂林區、桃源區、那瑪夏區。

(3)期間之計算

訴願法第 17 條規定：「期間之計算，除法律另有規定外，依民法之規定。」民法第 121 條第 1 項規定：「以日、星期、月或年定期間者，以期間末日之終止，爲期間之終止。」第 122 條規定：「於一定期日或期間內，應爲意思表示或給付者，其期日或其期間之末日，爲星期日、紀念日或其他休息日時，以其休息日之次日代之。」依上開規定，提起訴願期間之計算，應依民法之規定，以期間末日之終止爲期間之終止，如遇星期日、紀念日或其他休息日者，以其次日代之。例如，復查決定於 111 年 3 月 25 日送達，核計提起訴願之 30 日不變期間，係自 111 年 3 月 26 日起算，至 111 年 4 月 24 日（星期日）屆滿，因該日適爲例假日，依上開規定順延至次日 111 年 4 月 25 日（星期一），如訴願人遲於同年月 26 日後始提起訴願，則訴願之提起，已逾法定之不變期間，程序不合。

3. 提起訴願之時點

(1)提起訴願以收受訴願書爲準

訴願法第 14 條第 3 項規定：「訴願之提起，以原行政處分機關或受理訴願機關收受訴願書之日期爲準。」提起訴願採「到達主義」，以原處分機關或受理訴願機關收受訴願書之日期爲提起日（實務上，原處分機關或財政部均會蓋印收文章戳或黏貼收文條碼，以其所顯示之日期爲收受訴願書之日期），非以訴願書投郵日期爲準，是以，若以郵寄方式提起訴願，應切實掌握時效，以避免因郵務遲誤法定不變期間。

(2)視爲提起

A. 誤向其他機關提起訴願

訴願法第 14 條第 4 項規定：「訴願人誤向原行政處分機關或受理訴願機關以外之機關提起訴願者，以該機關收受之日，視爲提起訴願之日。」

B. 表示不服視爲提起訴願

訴願法第 57 條規定：「訴願人在第十四條第一項所定期間向訴願管轄機關或原行政處分機關作不服原行政處分之表示者，視爲已在法定期間內提起訴願。但應於三十日內補送訴願書。」

4. 訴願人與訴願能力

(1)處分之相對人及利害關係人

A. 訴願法第 18 條規定：「自然人、法人、非法人之團體或其他受行政處分之相對人及利害關係人得提起訴願。」即行政處分之相對人及利害關係人得提起訴願。

B.所謂利害關係乃指法律上之利害關係而言，不包括事實上之利害關係在內[49]。所謂利害關係人，係指違法行政處分之結果致其現已存在之權利或法律上之利益受影響者而言，若僅具經濟上、情感上或其他事實上之利害關係者則不屬之。至所謂利害關係，乃指法律上之利害關係，應就「法律保護對象及規範目的」等因素爲綜合判斷。亦即，如法律已明確規定特定人得享有權利，或對符合法定條件而可得特定之人，授予向行政主體或國家機關爲一定作爲之請求權者，其規範目的在於保障個人權益，固無疑義；如法律雖係爲公共利益或一般國民福祉而設之規定，但就法律之整體結構、適用對象、所欲產生之規範效果及社會發展因素等綜合判斷，可得知亦有保障特定人之意旨時，即應許其依法請求救濟[50]。

(2)訴願能力

A.訴願法第19條規定：「能獨立以法律行爲負義務者，有訴願能力。」所謂訴願能力即訴願行爲能力，換言之，其在訴願程序上發生法律效果之能力，依民法規定有行爲能力者，自亦有訴願行爲能力，無行爲能力人亦無訴願行爲能力，其訴願行爲應由法定代理人爲之（訴願法第20條第1項），關於法定代理則依民法之規定（同條第3項）[51]。無訴願能力人應由其法定代理人代爲訴願行爲，如未由其法定代理人代爲訴願行爲，經通知逾期仍未補正者，受理訴願機關應依訴願法第77條第4款規定：「訴願事件有左列各款情形之一者，應爲不受理之決定：……四、訴願人無訴願能力而未由法定代理人代爲訴願行爲，經通知補正逾期不補正者。」爲不受理之決定。

B.另，依訴願法第20條第2項規定，地方自治團體、法人、非法人之團體應由其代表人或管理人爲訴願行爲。如未由代表人或管理人爲訴願行爲，其訴願即屬不合法，倘經通知仍未補正者，受理訴願機關即應依訴願法第77條第5款規定：「訴願事件有左列各款情形之一者，應爲不受理之決定：……五、地方自治團體、法人、非法人之團體，未由代表人或管理人爲訴願行爲，經通知補正逾期不補正者。」爲不受理之決定。

5.提起訴願之程式

(1)應具訴願書併附行政處分書影本

A.訴願法第56條規定：「訴願應具訴願書，載明左列事項，由訴願人或代理人簽名或蓋章：一、訴願人之姓名、出生年月日、住、居所、身分證明文件字號。如係法

---

49 行政法院75年判字第362號判例。

50 司法院釋字第469號解釋理由意旨、最高行政法院100年度裁字第1904號裁定、101年度裁字第178號裁定參照。

51 吳庚，行政爭訟法論，88年3月初版，第309頁。

人或其他設有管理人或代表人之團體，其名稱、事務所或營業所及管理人或代表人之姓名、出生年月日、住、居所。二、有訴願代理人者，其姓名、出生年月日、住、居所、身分證明文件字號。三、原行政處分機關。四、訴願請求事項。五、訴願之事實及理由。六、收受或知悉行政處分之年、月、日。七、受理訴願之機關。八、證據。其爲文書者，應添具繕本或影本。九、年、月、日（I）。訴願應附原行政處分書影本（II）。」依上開規定，申請人或利害關係人不服復查決定提起訴願者，應繕具訴願書，載明上開法定應記載事項，並附復查決定書及原處分書影本，始爲合法。實務上，如未載明訴願理由，財政部均會發函通知補正；逾期未補者，於審核原處分無顯屬違法或不當後，即認其訴願無理由而爲駁回之決定[52]。

B. 訴願法第 98 條規定：「依本法規定所爲之訴願、答辯及應備具之書件，應以中文書寫；其科學名詞之譯名以國立編譯館規定者爲原則，並應附註外文原名（I）。前項書件原係外文者，並應檢附原外文資料（II）。」

(2)經由原處分機關向訴願管轄機關提起訴願

A.訴願管轄機關

訴願法第 4 條第 6 款規定：「訴願之管轄如左：……六、不服中央各部、會、行、處、局、署所屬機關之行政處分者，向各部、會、行、處、局、署提起訴願。」對於財政部關務署所屬各關所作之復查決定有所不服，依本條規定，應向財政部提起訴願。

B.經由原處分機關向訴願管轄機關提起訴願

(A) 訴願法第 58 條規定：「訴願人應繕具訴願書經由原行政處分機關向訴願管轄機關提起訴願（I）。……原行政處分機關不依訴願人之請求撤銷或變更原行政處分者，應儘速附具答辯書，並將必要之關係文件，送於訴願管轄機關（III）。原行政處分機關檢卷答辯時，應將前項答辯書抄送訴願人（IV）。」

(B) 行政院及各級行政機關訴願審議委員會審議規則（以下簡稱「訴願審議規則」）第 6 條第 1 項規定：「原行政處分機關收受之訴願書未具訴願理由者，應於十日內移由訴願管轄機關審理；附具訴願理由者，應於二十日內依本法第五十八條第二項至第四項規定辦理。」實務上，財政部要求[53]原處分之海關於收受訴願書後，不論有無載明理由，均應於五日內將訴願書「正本」（原處分機關自行留存影本以憑辦理答辯）送交財政部立案，以利控管案件進度，避免遲誤法定訴願決定期間。

---

52 參考案例：財政部 99/06/11 台財訴字第 09913503970 號訴願決定書、104/06/25 台財訴字第 10413930000 號訴願決定書。

53 已列入關務機關行政救濟業務平時考評表考評項目。

C.逕向訴願管轄機關提起訴願

訴願法第 59 條規定：「訴願人向受理訴願機關提起訴願者，受理訴願機關應將訴願書影本或副本送交原行政處分機關依前條第二項至第四項規定辦理。」

D.誤向其他機關提起訴願

訴願法第 61 條規定：「訴願人誤向訴願管轄機關或原行政處分機關以外之機關作不服原行政處分之表示者，視爲自始向訴願管轄機關提起訴願（Ⅰ）。前項收受之機關應於十日內將該事件移送於原行政處分機關，並通知訴願人（Ⅱ）。」

訴 願 書

稱謂	姓名或名稱	出生年月日	身分證統一編號	住居所或營業所	聯絡電話
訴願人					
代表人					
代理人					(附委任書)
原行政處分機關(或應為行政處分之機關)	(應附原行政處分書影本)				
原行政處分書發文日期及文號				收受或知悉行政處分之年月日	

訴願請求：

事實：

理由：

此　致

（原處分機關）

轉呈

財政部

訴願人：　（簽名蓋章）

代表人：　（簽名蓋章）

代理人：　（簽名蓋章）

中　華　民　國　　年　　月　　日

附件：

一、

二、

訴願書（範本）

資料來源：行政院網站。

6.原處分機關之配合事項

(1)重新審查

訴願法第 58 條第 2 項規定：「原行政處分機關對於前項訴願應先行重新審查原處分是否合法妥當，其認訴願爲有理由者，得自行撤銷或變更原行政處分，並陳報訴願管轄機關。」實務上，海關復查委員會如經審視訴願人訴願理由後，認爲原處分並非合法、妥當，即作成「重審復查決定」自行撤銷或變更原處分，並陳報財政部。

(2)檢卷答辯

A.訴願法規定

訴願法第 58 條第 3 項、第 4 項規定：「原行政處分機關不依訴願人之請求撤銷或變更原行政處分者，應儘速附具答辯書，並將必要之關係文件，送於訴願管轄機關（III）。原行政處分機關檢卷答辯時，應將前項答辯書抄送訴願人（IV）。」訴願審議規則第 6 條第 2 項規定：「訴願人向受理訴願機關提起訴願者，對於合於法定程式之訴願事件，受理訴願機關應即函請原行政處分機關於二十日內依本法第五十八條第二項至第四項規定辦理；其逾限未陳報或答辯者，應予函催；其答辯欠詳者，得發還補充答辯。」實務上，原處分之海關於收到訴願書或財政部通知答辯函，即應於 20 日內檢卷答辯，以爭取訴願審理時效。

B.檢卷重點

(A) 區分卷宗：訴願法第 75 條第 1 項規定：「原行政處分機關應將據以處分之證據資料提出於受理訴願機關。」行政程序法第 46 條規定：「當事人或利害關係人得向行政機關申請閱覽、抄寫、複印或攝影有關資料或卷宗。但以主張或維護其法律上利益有必要者爲限（Ｉ）。行政機關對前項之申請，除有下列情形之一者外，不得拒絕：一、行政決定前之擬稿或其他準備作業文件。二、涉及國防、軍事、外交及一般公務機密，依法規規定有保密之必要者。三、涉及個人隱私、職業秘密、營業秘密，依法規規定有保密之必要者。四、有侵害第三人權利之虞者。五、有嚴重妨礙有關社會治安、公共安全或其他公共利益之職務正常進行之虞者（II）。前項第二款及第三款無保密必要之部分，仍應准許閱覽（III）。……」原處分機關據以處分之卷證資料提出於受理訴願機關，應依上開規定區分「可閱覽」及「不可閱覽」二卷宗。

(B) 資料齊全：應檢送之資料如下，並繕寫清表：a. 當事人之申請書及附證或據以作成處分之原因事實相關資料，例如報單（影本）。b. 作成處分或決定前與當事人往來書函。c. 申請否准或依法處分之文書。d. 送達處分書之回執或送達證書。e. 復查申請書（影本）、訴願書影本（訴願書正本應隨函檢送，不得裝訂於案卷內），如爲郵寄者應附信封。f. 復查決定書及送達證書。g. 其他與案件有關並可供審理參辦之資料（如相關裁罰基準表及法令依據、其他相關文件、證據等）。

(C) 標明頁次：卷內資料均應標明頁次，以供便利查對。

(D) 裝訂完整：檢送之資料應裝訂成冊並加裝封面底頁，以避免資料散逸。

C. 答辯重點

答辯書應包括事實及理由，並分別就「事實欄」、「理由欄」分別敘述：

(A) 事實欄：詳細敘述受處分人違法事實經過、原處分機關查獲經過、查獲時現場情況及確實證據。

(B) 理由欄：說明原處分之法律依據，並且針對「訴願理由」及訴願人主張事項，逐一予以論辯。原復查決定以程序不合駁回者，答辯書答辯理由欄中，應分別按程序部分及實體部分答辯。

(C) 如已有同性質或相類似或相牽連案件，應註明其處理情形。

(3) 列席說明

訴願審議規則第 12 條規定：「訴願事件經訴願會委員提出審查意見後，應由主任委員指定期日開會審議（Ⅰ）。訴願事件依前條第二項但書規定免送訴願會委員審查者，應由主任委員逕行指定期日開會審議（Ⅱ）。前二項審議，得通知原行政處分機關或其他有關機關，屆時派員到會列席說明（Ⅲ）。」

(4) 參加言詞辯論

（後述）。

(5) 辦理送達

訴願決定作成後，如送達未果，實務上將囑託原處分機關調查訴願人應為受送達之處所，並協助辦理送達，若仍無從送達，始依法辦理公示送達。

7. 訴願人之程序參與

(1) 閱覽卷宗

A. 訴願法第 75 條規定：「原行政處分機關應將據以處分之證據資料提出於受理訴願機關（Ⅰ）。對於前項之證據資料，訴願人、參加人或訴願代理人得請求閱覽、抄錄或影印之。受理訴願機關非有正當理由，不得拒絕（Ⅱ）。」訴願人及其代理人得依上開規定請求閱覽、抄錄或影印原處分機關據以處分之證據資料，惟已依行政程序法第 46 條第 2 項規定編成不可閱覽之卷宗，則非閱覽之範圍。

B. 申請閱覽之程序：實務上閱覽卷宗，係由訴願人或其代理人以書面向財政部提出申請，由財政部審核符合要件時，依訴願法第 75 條第 3 項規定，函復准許並指定閱覽之日、時、處所。

C. 否准閱覽之救濟：受理訴願機關於訴願程序進行中否准訴願人或參加人閱覽卷宗者，係屬訴願程序進行中所為之程序上處置，依訴願法第 76 條規定：「訴願人或參加人對受理訴願機關於訴願程序進行中所為之程序上處置不服者，應併同訴願決定提起行政訴訟。」如有不服，應併同訴願決定提起行政訴訟。換言之，不得單獨對訴願程序進行中所為之程序上處置提起撤銷訴訟，僅得對該程序所為之訴願決定提起行政訴訟中，就處置之違法為主張。

(2)陳述意見

A.發動與拒絕

(A) 依職權或依申請通知陳述意見，訴願法第 63 條第 2 項、第 3 項規定：「受理訴願機關必要時得通知訴願人、參加人或利害關係人到達指定處所陳述意見（II）訴願人或參加人請求陳述意見而有正當理由者，應予到達指定處所陳述意見之機會（III）。」依上開規定，受理訴願機關得依職權或依訴願人、參加人或利害關係人之申請，准其到場陳述意見。至於申請之方式，依「財政部訴願案件陳述意見處理要點」（以下簡稱「陳述意見要點」）第 3 點規定[54]，得以書面或透過網路之方式爲之。

(B) 拒絕陳述意見，訴願審議規則第 10 條第 1 項規定：「訴願人或參加人依本法第六十三條第三項規定請求陳述意見，而無正當理由者，受理訴願機關得通知拒絕，或於決定理由中指明。」所稱無正當理由，實務上向依陳述意見要點第 4 點規定[55]認定，即有該要點所列情形者，拒絕其陳述意見，並於作成訴願決定時，在決定理由欄末併予指明「申請陳述意見乙節，參據行政院及各級行政機關訴願審議委員會審議規則第 10 條規定，經依職權審酌後，認定所請尚無必要」。

(C) 通知到場陳述意見：如無得拒絕陳述意見之情形者，即通知申請人於指定之日、時、處所陳述意見。

B.陳述意見之進行

(A) 指定委員聽取陳述：訴願法第 64 條規定：「訴願審議委員會主任委員得指定委員聽取訴願人、參加人或利害關係人到場之陳述。」訴願審議規則第 10 條第 2 項規定：「訴願會主任委員得依本法第六十四條規定，指定委員偕同承辦人員，聽取意見之陳述，並作成紀錄附訴願卷宗。」經通知准予陳述意見時，即由訴願會主任委員指定其他委員偕同承辦本件訴願案之人員接見訴願人、參加人或利害關係人，並聽取其陳述之各種意見。

(B) 以國語陳述：陳述意見以國語舉行爲原則，使用其他語言者，得申請翻譯人員，財政部將視語言通曉難易情形，酌情提供通譯服務（陳述意見要點第9點第3項）。

(C) 禁止錄音、錄影或攝影：參與陳述意見程序之人員，非經本部許可，不得錄

---

54 財政部訴願案件陳述意見處理要點第 3 點規定：「訴願人或參加人得敘明申請人姓名、與訴願案之法律關係、住居所、電話等相關資料及請求之理由，以書面或透過網路向本部申請到部為陳述意見。」

55 財政部訴願案件陳述意見處理要點第 4 點規定：「申請陳述意見而有下列情形之一，本部得以書面敘明理由通知拒絕或於決定理由中指明拒絕陳述意見之理由：（一）訴願提起程序不合，且無從補正者。（二）未具陳述意見理由者。（三）申請陳述意見事項與訴願標的或案情無關者。（四）無故未於指定期日到部，且未申請核准改期，而事後重複申請者。（五）行政程序法第一百零三條規定之事項。（六）行政程序法第一百零九條免除訴願程序之案件。（七）其他經本部訴願會依職權審酌，認無陳述意見之必要者。」

、錄影或攝影（陳述意見要點第9點第2項）。

(D)陳述時間30分鐘：陳述意見之進行，以30分鐘爲原則；必要時，得延長之（陳述意見要點第9點第4項）。

(E)中止陳述或制止：參與陳述意見程序之人員，如有妨礙程序進行之行爲者，訴願審議委員得中止其意見陳述或制止之（陳述意見要點第9點第1項）。

(F)作成書面附卷：承辦人員應就陳述意見進行程序及內容，作成書面要旨附卷，並得以錄音輔助（陳述意見要點第10點）。

.訴願審理

(1)財政部訴願審議委員會

A. 組成

(A)相關法據：a.訴願法第52條規定：「各機關辦理訴願事件，應設訴願審議委員會，組成人員以具有法制專長者爲原則（Ⅰ）。訴願審議委員會委員，由本機關高級職員及遴聘社會公正人士、學者、專家擔任之；其中社會公正人士、學者、專家人數不得少於二分之一（Ⅱ）。……」b.納稅者權利保護法第17條規定：「中央主管機關依訴願法設置訴願審議委員會之委員，其中社會公正人士、學者、專家不得少於三分之二，並應具有法制、財稅或會計之專長。」

B. 現況[56]

爲辦理訴願事件，財政部依上開規定，設有「財政部訴願審議委員會」審理訴願案，目前訴願會委員共計15人，由財政部次長擔任主任委員，部內之法制處處長、部屬之賦稅署、關稅署亦推派代表（通常爲署長或副署長）擔任委員，並外聘法制、財稅、會計等領域之專家學者11人，藉由提高外部委員比例，希冀強化訴願案件審議結果之公正客觀及周延性。

C. 性別占比

行政院及各級行政機關訴願審議委員會組織規程第4條規定：「訴願會置委員五人至十五人，其中一人爲主任委員，由機關首長就本機關副首長或具法制專長之高級職員調派專任或兼任；其餘委員由機關首長就本機關高級職員調派專任或兼任，並遴選社會公正人士、學者、專家擔任；其中社會公正人士、學者、專家不得少於委員人數二分之一。委員應有二分之一以上具有法制專長（Ⅰ）。**前項委員任一性別人數不得少於三分之一**（Ⅱ）。」目前財政部訴願審議委員會訴願委員共計15人，男性9人，女性6人，女性占比未少於三分之一，已符合上開規定，應可兼顧案件審議不同性別之觀點，

---

[56] 111年7月1日。

落實性別平等。

D. 委員之迴避

(A) 自行迴避之事由

a. 委員對訴願事件有利害關係：訴願法第 55 條規定：「訴願審議委員會主任委員或委員對於訴願事件有利害關係者，應自行迴避，不得參與審議。」所謂「訴願委員會委員對訴願事件有利害關係」，以該訴願委員對訴願事件具有法律上、倫理上、情感上、職務上及經濟上之利害關係，客觀足認其執行職務作成訴願決定，將有偏頗之可能性而言。至於各別訴願委員對案件所持之法律見解，縱令不符當事人之意，亦難指該各別訴願委員爲對案件有利害關係，而存在偏頗可能[57]。

b. 有公務員「應自行迴避」及「申請迴避事由」之情形：訴願法第 55 條所定「利害關係」，其範圍如何，於適用上有不明確之處，則依行政程序法第 3 條第 1 項，訴願法未規定者，應適用行政程序法第 32 條及第 33 條有關公務員在行政程序中之迴避規定[58]。行政程序法第32條及第33條，係分別規定行政程序中公務員「應自行迴避」及「申請迴避事由」；該法第 32 條因僅明列四款應自行迴避之事由，惟其規範目的既在使行政程序之進行力求公正、公平，從而公務員處理行政事務時有可能使行政程序「發生偏頗之虞」時，即應自行迴避，故同法第 33 條第 1 項第 2 款有關「有具體事實，足認其執行職務有偏頗之虞者」，**當事人得「申請迴避」之規定，於實務執行上，宜認係公務員自行迴避之事由之一，俾達確保當事人權益之立法意旨**。是以訴願會委員對於訴願事件是否有利害關係，宜本於上開意旨，就個案認定是否有行政程序法第 32 條各款及第 33 條第 1 項第 2 款之具體事實足認其於執行職務有偏頗之虞而定[59]。

---

57 最高行政法院 108 年度判字第 104 號判決。

58 行政程序法第 32 條規定：「公務員在行政程序中，有下列各款情形之一者，應自行迴避：一、本人或其配偶、前配偶、四親等內之血親或三親等內之姻親或曾有此關係者為事件之當事人時。二、本人或其配偶、前配偶，就該事件與當事人有共同權利人或共同義務人之關係者。三、現為或曾為該事件當事人之代理人、輔佐人者。四、於該事件，曾為證人、鑑定人者。」第 33 條第 1 項規定：「公務員有下列各款情形之一者，當事人得申請迴避：一、有前條所定之情形而不自行迴避者。二、有具體事實，足認其執行職務有偏頗之虞者。」

59 行政院 92/05/18 院台規字第 0930000835 號書函：「主旨：有關函請釋示『訴願法第 55 條自行迴避規定之適用疑義』一案，復如說明二。說明：二、按訴願法第 55 條『訴願審議委員會主任委員或委員對於訴願事件有利害關係者，應自行迴避，不得參與審議』所定『利害關係』，其範圍如何，於適用上既有不明確之處，則依行政程序法第 3 條第 1 項，訴願法未規定者，應適用行政程序法第 32 條及第 33 條有關公務員在行政程序中之迴避規定。次按行政程序法第 32 條及第 33 條，係分別規定行政程序中公務員『應自行迴避』及『申請迴避事由』；該法第 32 條因僅明列 4 款應自行迴避之事由，惟其規範目的既在使行政程序之進行力求公正、公平，從而公務員處理行政事務時有可能使行政程序『發生偏頗之虞』時，即應自行迴避，故同法第 33 條第 1 項第 2 款有關『有具體事實，足認其執行職務有偏頗之虞者』，當事人得『申請迴避』之規定，於實務執行上，宜認係公務員自行迴避之事由之一，俾達確保當事人權益之立法意旨。是以訴願會委員對於訴願事件是否有利害關係，宜本於上開意旨，就個案認定是

(B) 未迴避之效果

訴願委員應自行迴避而未爲迴避，參與作成訴願決定，該具有程序瑕疵之決定，其效力爲何，法無明文，惟此程序瑕疵並非行政程序法第 111 條[60]所列行政處分無效之情形，故應解爲屬得撤銷之情形。實務上有認「難期待其參與訴願決定無偏頗之虞，勢將有損於訴願程序行政救濟之功能，而影響當事人於訴願審級之利益。……訴願決定有程序違法之重大瑕疵[61]」而予撤銷訴願決定，亦有認「程序確有重大瑕疵，然其結論既係以程序不合而爲不受理決定，與本院認原告不得就原處分提起行政爭訟相同[62]」乃仍予維持。

(2) 審理方式

A. 書面審理原則

訴願法第 63 條第 1 項即規定：「訴願就書面審查決定之。」

B. 例外—言詞辯論

(A) 發動與拒絕

a. 依職權或依申請進行言詞辯論：訴願法第 65 條規定：「受理訴願機關應依訴願人、參加人之申請或於必要時，得依職權通知訴願人、參加人或其代表人、訴願代理人、輔佐人及原行政處分機關派員於指定期日到達指定處所言詞辯論。」訴願審議規則第 14 條規定：「受理訴願機關應依本法第六十五條規定，依訴願人、參加人之申請或認有必要時，得依職權審酌後，通知訴願人、參加人或其代表人、訴願代理人、輔佐人及原行政處分機關派員於指定期日到達指定處所爲言詞辯論，並得通知其他人員或有關機關派員到場備詢（Ⅰ）。依前項規定通知參加人、輔佐人時，應附具答辯書影本或抄本（Ⅱ）。言詞辯論應於訴願會會議中進行（Ⅲ）。」財政部爲處理上開規定之言詞辯論業務，訂有「財政部訴願案件言詞辯論處理要點」（以下簡稱「言辯要點」），依該要點第 2 點、第 3 點規定，訴願審議委員會於審理案件認有必要時，得依職權通知訴願人、參加人或其代表人、訴願代理人、輔佐人及原行政處分機關派員於指定期日、處所爲言詞辯論。訴願人或參加人，亦得敘明理由，以書面申請到部爲言詞辯論。

b. 拒絕進行言詞辯論：實務上，申請言詞辯論而有言辯要點第 4 點[63]所列情形之一

否有行政程序法第 32 條各款及第 33 條第 1 項第 2 款之具體事實足認其於執行職務有偏頗之虞而定。」

60 行政程序法第 111 條規定：「行政處分有下列各款情形之一者，無效：一、不能由書面處分中得知處分機關者。二、應以證書方式作成而未給予證書者。三、內容對任何人均屬不能實現者。四、所要求或許可之行為構成犯罪者。五、內容違背公共秩序、善良風俗者。六、未經授權而違背法規有關專屬管轄之規定或缺乏事務權限者。七、其他具有重大明顯之瑕疵者。」

61 臺北高等行政法院 106 年度訴字第 609 號判決。

62 臺北高等行政法院 110 年度訴字第 127 號判決。

63 財政部訴願案件言詞辯論處理要點第 4 點規定：「申請言詞辯論而有下列情形之一者，本部得以書面

者，通常即認無必要進行言詞辯論而予拒絕，並於作成訴願決定時，在決定理由欄末併予指明「因……參據行政院及各級行政機關訴願審議委員會審議規則第 14 條第 1 項規定，經依職權審酌後，認定所請尚無必要」。

c. 通知到場陳述意見：如無言辯要點第 4 點所列情形且認有進行言詞辯論之必要者，即通知訴願人、參加人或其代表人、訴願代理人、輔佐人及原行政處分機關派員於指定期日到達指定處所為言詞辯論，並得通知其他人員或有關機關派員到場備詢。

(B) 言詞辯論之進行

a. 進行地點：訴願會會議（訴願審議規則第 14 條第 3 項）。

b. 進行順序：(a) 受理訴願機關陳述事件要旨。(b) 訴願人或其代理人就事件為事實上及法律上之陳述。(c) 原行政處分機關就事件為事實上及法律上之陳述。(d) 訴願人或原行政處分機關對他方之陳述或答辯，為再答辯（辯論未完備者，得再為辯論）。(e) 受理訴願機關對訴願人及原行政處分機關提出詢問。(f) 言詞辯論結束，到場人員應即退席，不得逗留會場（訴願法第 66 條、言辯要點第 9 點第 4 項、第 7 項）。

c. 進行及發言時間：言詞辯論之進行，以 30 分鐘為原則，每人每次發言以三分鐘為限（言辯要點第 9 點第 6 項）。

d. 國語舉行：言詞辯論以國語舉行，使用其他語言者，得向本部申請翻譯人員，本部視語言通曉難易情形，酌情提供通譯服務（言辯要點第 9 點第 5 項）。

e. 指揮會場及必要處置：言詞辯論於委員會議中舉行，由主席指揮之，原處分機關應指派熟悉案情及有關人員出席，不得無故缺席。參與言詞辯論人員，應遵守會場秩序，聽從主席指揮；其有妨礙程序進行或會場秩序之行為者，主席得為必要之處置；情節重大者，並得命其退場（言辯要點第 9 點第 1 項、第 2 項）。

(C) 製作書面紀錄附卷

訴願法第 54 條第 2 項規定：「訴願審議經言詞辯論者，應另行製作筆錄，編為前項紀錄之附件，並準用民事訴訟法第二百十二條至第二百十九條之規定。」訴願審議規則第 16 條規定：「本法第五十四條第二項所定言詞辯論筆錄，應記載下列事項：一、辯論之處所及年、月、日。二、出席委員及承辦人員姓名。三、訴願事件。四、到場之訴願人、參加人或其代表人、訴願代理人、輔佐人、原行政處分機關人員及其他經通知到場人員之姓名。五、辯論進行之要領（Ⅰ）。以錄音機、錄影機等機器記錄言詞辯論

敘明理由通知拒絕或於決定理由中指明拒絕言詞辯論之理由：（一）訴願提起程序不合並無從補正者。（二）訴願顯無理由，無辯論實益者。（三）申請言詞辯論陳述事項與訴願標的或案情無關者。（四）案情已臻明確，無言詞辯論之必要者。（五）無故未於指定期日到部，且未申請核准改期，而事後重複申請者。（六）依現有資料，已足認定原處分有違法、不當，或足為申請人有利之訴願決定者。（七）行政程序法第一百零九條免除訴願程序之案件。（八）其他經本部訴願會依職權審酌，認無辯論之必要者。」

進行者，其錄音帶、錄影帶等，應與言詞辯論筆錄編為審議紀錄之附件（II）。」實上，言詞論進行程序及內容，均以錄音輔助並作成書面要旨附卷。

撤回訴願

)訴願法第60條規定：「訴願提起後，於決定書送達前，訴願人得撤回之。訴願經撤回後，不得復提起同一之訴願。」訴願審議規則第9條規定：「訴願事件經依本法第六十條規定撤回者，訴願審議委員會（以下簡稱訴願會）無須審決，應即終結，並通知訴願人及參加人。」訴願及撤回訴願皆訴願人得行使之權利。訴願人撤回訴願得於訴願決定送達前向原處分機關或訴願管轄機關為之。

)依上開規定，實務上，對於訴願人之撤回訴願，係以公文書函復「本案應予結案」並副知原處分機關，該訴願案即不再審決，亦不作成訴願決定而告程序終結。

0.訴願決定

(1)決定之作成

A.作成期間

訴願法第85條規定：「**訴願之決定，自收受訴願書之次日起，應於三個月內為之；必要時，得予延長，並通知訴願人及參加人。延長以一次為限，最長不得逾二個月**（I）。前項期間，於依第五十七條但書規定補送訴願書者，自補送之次日起算，未為補送者，自補送期間屆滿之次日起算；其依第六十二條規定通知補正者，自補正之次日起算；未為補正者，自補正期間屆滿之次日起算（II）。」訴願審議規則第27條規定：「本法第八十五條第一項所定之三個月訴願決定期間，自訴願書收受機關收受訴願書之次日起算（I）。前項規定，於本法第八十五條第二項補送、補正訴願書時，準用之（II）。訴願人於訴願決定期間續補具理由者，訴願決定期間自收受最後補具理由之次日起算（III）。訴願人於延長決定期間後再補具理由者，訴願決定期間自收受補具理由之次日起算，不得逾二個月（IV）。」

B.作成程序

訴願法第53條規定：「訴願決定應經訴願審議委員會會議之決議，其決議以委員過半數之出席，出席委員過半數之同意行之。」

(2)審議範圍

訴願決定之審議範圍並非僅限於復查決定，亦包括原處分（即原核定稅捐或罰鍰、沒入處分）；實務上不乏同時撤銷復查決定及原處分之案例[64]。

---

64 參考案例：財政部99/05/26台財訴字第09900137060號訴願決定書、107/03/05台財法字第10613957840號訴願決定書。

(3)訴願決定之類型

A. 不受理決定

(A) 單純不受理決定

a. 訴願法第 77 條規定：「訴願事件有左列各款情形之一者，應爲不受理之決定
一、訴願書不合法定程式不能補正或經通知補正逾期不補正者。二、提起訴願逾法定期
間或未於第五十七條但書所定期間內補送訴願書者。三、訴願人不符合第十八條之規定
者。四、訴願人無訴願能力而未由法定代理人代爲訴願行爲，經通知補正逾期不補正
者。五、地方自治團體、法人、非法人之團體，未由代表人或管理人爲訴願行爲，經通
知補正逾期不補正者。六、行政處分已不存在者。七、對已決定或已撤回之訴願事件重
行提起訴願者。八、對於非行政處分或其他依法不屬訴願救濟範圍內之事項提起訴願
者。」實務上常見訴願不受理之情形，例如逾期始提起訴願（訴願法第 77 條第 2 款）
非屬利害關係人（如受處分人之配偶、父、母）而提起訴願（同條第 3 款）；原處分機
關已重新審查作成「重審復查決定」而撤銷或變更原處分（同條第 6 款）；對已決定
之訴願事件重行提起訴願（同條第 7 款）；對觀念通知或事實行爲提起訴願（同條第
款）；對依法不屬訴願救濟範圍之事項（如海關所爲之扣押、扣留）提起訴願（同條第
8 款）；對欠缺權利保護必要之事項（如重審復查決定已撤銷復查決定及原處分，當事
人權益已無受損，並無爭訟實益[65]）提起訴願（同條第 8 款）。

b. 另，訴願法第 80 條第 1 項本文規定：「提起訴願因逾法定期間而爲不受理決定
時，原行政處分顯屬違法或不當者，原行政處分機關或其上級機關得依職權撤銷或變更
之……。」對於逾期始提起訴願之情形，受理訴願機關依上開規定仍應審核原處分是否
「顯屬違法或不當」。實務上，原處分如未有明顯之違法或不當情事，財政部將於訴願
決定理由欄末併予指明「另核本案並無訴願法第 80 條第 1 項所定原行政處分顯屬違法
或不當之情事」以表已踐行應爲之程序。

(B) 決定理由中指明原處分機關撤銷或變更原處分

a. 訴願法第 80 條規定：「提起訴願因逾法定期間而爲不受理決定時，原行政處分
顯屬違法或不當者，原行政處分機關或其上級機關得依職權撤銷或變更之。但有左列情
形之一者，不得爲之：一、其撤銷或變更對公益有重大危害者。二、行政處分受益人之
信賴利益顯然較行政處分撤銷或變更所欲維護之公益更值得保護者（Ⅰ）。行政處分受
益人有左列情形之一者，其信賴不值得保護：一、以詐欺、脅迫或賄賂方法，使原行政
處分機關作成行政處分者。二、對重要事項提供不正確資料或爲不完全陳述，致使原行
政處分機關依該資料或陳述而作成行政處分者。三、明知原行政處分違法或因重大過失

65 參考案例：財政部 106/03/06 台財法字第 10613905740 號訴願決定書。

不知者（II）。行政處分之受益人值得保護之信賴利益，因原行政處分機關或其上級關依第一項規定撤銷或變更原行政處分而受有損失者，應予補償。但其補償額度不得過受益人因該處分存續可得之利益（III）。」

b. 訴願審議規則第 25 條規定：「提起訴願因逾法定期間應爲不受理決定，而原行處分顯屬違法或不當者，受理訴願機關得於決定理由中指明應由原行政處分機關撤銷變更之。」

c. 依上開規定，受理訴願機關對於逾法定期間始提起訴願之案件，如審認原處分顯屬違法或不當」時，得依職權撤銷或變更原處分，或仍爲不受理決定而於決定理由指明應由原處分機關撤銷或變更。然原處分有「顯屬違法或不當」之情形並不容易，由財政部依職權撤銷或變更原處分者，亦亟爲罕見。惟如經審認原處分有「違法或不當之虞」者，財政部訴願實務上，通常於決定主文仍諭知不受理，並於理由欄末附帶指明原處分機關應如何處理[66]。

B. 無理由之駁回決定

訴願法第 79 條規定：「訴願無理由者，受理訴願機關應以決定駁回之（I）。原行政處分所憑理由雖屬不當，但依其他理由認爲正當者，應以訴願爲無理由（II）。」

C. 有理由之撤銷或變更決定或命速處分決定

(A) 撤銷或變更決定

a. 訴願法第 81 條規定：「訴願有理由者，受理訴願機關應以決定撤銷原行政處分之全部或一部，並得視事件之情節，逕爲變更之決定或發回原行政處分機關另爲處分。但於訴願人表示不服之範圍內，不得爲更不利益之變更或處分（I）。前項訴願決定撤銷原行政處分，發回原行政處分機關另爲處分時，應指定相當期間命其爲之（II）。」實務上，訴願有理由而應爲撤銷或變更原處分者，大多爲撤另處（撤銷原處分[67]，由原處分機關另爲處分）、部分撤銷、單撤（通常撤銷復查決定及原處分）等型態。

b. 若受理訴願機關認定原處分從輕處置違法，但受限上開不利益變更禁止之規定，僅能駁回訴願，於理由中指明本應撤銷或變更原處分，但受禁止不利益變更條款之拘束，而決定駁回[68]。

c. 行政院訴願審議委員會 105 年度第 28 次會議結論：「訴願決定將原處分撤銷，由原處分機關於二個月內另爲適法之處分，但經提起行政訴訟時，基於行政監督、保障

66 參考案例：財政部 101/02/02 台財訴字第 10000433730 號訴願決定書。

67 指復查決定。

68 吳庚、張文郁，行政爭訟法論，105 年 9 月修訂 8 版，第 143 頁。

人民權益，原處分機關仍應依訴願決定意旨為適法之處分，不待訴願決定確定。」是訴願決定將原處分撤銷者，不待訴願決定確定，原處分機關即應依訴願決定意旨，另為適法之處分。

(B) 命速處分之決定

訴願法第 82 條規定：「對於依第二條第一項提起之訴願，受理訴願機關認為有理由者，應指定相當期間，命應作為之機關速為一定之處分（Ⅰ）。受理訴願機關未為前項決定前，應作為之機關已為行政處分者，受理訴願機關應認訴願為無理由，以決定駁回之（Ⅱ）。」

(4) 訴願決定書應記載事項

訴願法第 89 條規定：「訴願決定書，應載明左列事項：一、訴願人姓名、出生年月日、住、居所、身分證明文件字號。如係法人或其他設有管理人或代表人之團體，其名稱、事務所或營業所，管理人或代表人之姓名、出生年月日、住、居所、身分證明文件字號。二、有法定代理人或訴願代理人者，其姓名、出生年月日、住、居所、身分證明文件字號。三、主文、事實及理由。其係不受理決定者，得不記載事實。四、決定機關及其首長。五、年、月、日（Ⅰ）。訴願決定書之正本，應於決定後十五日內送達訴願人、參加人及原行政處分機關（Ⅱ）。」第 90 條規定：「訴願決定書應附記，如不服決定，得於決定書送達之次日起二個月內向行政法院提起行政訴訟。」

(5) 訴願決定書之送達

訴願法第 47 條規定：「訴願文書之送達，應註明訴願人、參加人或其代表人、訴願代理人住、居所、事務所或營業所，交付郵政機關以訴願文書郵務送達證書發送（Ⅰ）。訴願文書不能為前項送達時，得由受理訴願機關派員或囑託原行政處分機關或該管警察機關送達，並由執行送達人作成送達證書（Ⅱ）。訴願文書之送達，除前二項規定外，準用行政訴訟法第六十七條至第六十九條、第七十一條至第八十三條之規定（Ⅲ）。」

(6) 效力

訴願法第 95 條規定：「訴願之決定確定後，就其事件，有拘束各關係機關之效力；就其依第十條提起訴願之事件，對於受委託行使公權力之團體或個人，亦有拘束力。」訴願法第 96 條規定：「原行政處分經撤銷後，原行政處分機關須重為處分者，應依訴願決定意旨為之，並將處理情形以書面告知受理訴願機關。」

11.再審

(1) 意義

按訴願法第 97 條所定再審，係就已確定之訴願決定所為之非常救濟程序。

(2)再審期間

訴願法第 97 條第 2 項、第 3 項規定：「聲請再審，應於三十日內提起（II）。前期間，自訴願決定確定時起算。但再審之事由發生在後或知悉在後者，自知悉時起算III）。」

(3)再審事由

申請人僅得以法所明定之再審事由，據爲再審之申請，倘申請人所提之再審事由與條所定各款事由不符者，即無再審理由。訴願法第 97 條第 1 項所列各款再審事由如：

A. 適用法規顯有錯誤者。

B. 決定理由與主文顯有矛盾者。

C. 決定機關之組織不合法者。

D. 依法令應迴避之委員參與決定者。

E. 參與決定之委員關於該訴願違背職務，犯刑事上之罪者。

F. 訴願之代理人，關於該訴願有刑事上應罰之行爲，影響於決定者。

G. 爲決定基礎之證物，係僞造或變造者。

H. 證人、鑑定人或通譯就爲決定基礎之證言、鑑定爲虛僞陳述者。

I. 爲決定基礎之民事、刑事或行政訴訟判決或行政處分已變更者。

J. 發見未經斟酌之證物或得使用該證物者。

所稱「發見未經斟酌之證物或得使用該證物」，係指該項證物在作成訴願決定前已存在，因當事人不知有此證物，或雖知其存在而不能使用，致未經斟酌而言，且須經斟酌可受較有利益之決定者爲限。

（三）提起行政訴訟

1.起訴期間

(1) 行政訴訟法第 106 條規定：「第四條及第五條訴訟之提起，除本法別有規定外，應於訴願決定書送達後二個月之不變期間內爲之。但訴願人以外之利害關係人知悉在後者，自知悉時起算（I）。第四條及第五條之訴訟，自訴願決定書送達後，已逾三年者，不得提起（II）。」

(2) 訴願法第 92 條規定：「訴願決定機關附記提起行政訴訟期間錯誤時，應由訴願決定機關以通知更正之，並自更正通知送達之日起，計算法定期間（I）。訴願決定機關未依第九十條規定爲附記，或附記錯誤而未依前項規定通知更正，致原提起行政訴訟之人遲誤行政訴訟期間者，如自訴願決定書送達之日起一年內提起行政訴訟，視爲於法定期間內提起（II）。」

(3) 視爲起訴，訴願法第 91 條規定：「對於得提起行政訴訟之訴願決定，因訴願決定關附記錯誤，向非管轄機關提起行政訴訟，該機關應於十日內將行政訴訟書狀連有關資料移送管轄行政法院，並即通知原提起行政訴訟之人（Ⅰ）。有前項規定情形，行政訴訟書狀提出於非管轄機關者，視爲自始向有管轄權之行政法院提起政訴訟（Ⅱ）。」

2. 起訴程式

行政訴訟法第 105 條規定：「起訴，應以訴狀表明下列各款事項，提出於行政法院爲之：一、當事人。二、起訴之聲明。三、訴訟標的及其原因事實（Ⅰ）。訴狀內宜記載適用程序上有關事項、證據方法及其他準備言詞辯論之事項；其經訴願程序者，並附具決定書（Ⅱ）。」

3. 管轄法院

(1) 原處分機關所在地之高等行政法院

行政訴訟法第 24 條規定：「經訴願程序之行政訴訟，其被告爲下列機關：一、駁回訴願時之原處分機關。二、撤銷或變更原處分時，爲撤銷或變更之機關。」第 13 條第 1 項規定：「對於公法人之訴訟，由其公務所所在地之行政法院管轄。**其以公法人之機關爲被告時，由該機關所在地之行政法院管轄**。」依上開規定，經駁回訴願之撤銷訴訟，即以原處分機關所在地之行政法院管轄，如原處分機關爲基隆關或臺北關，則撤銷訴訟之管轄法院爲臺北高等行政法院；如爲臺中關或高雄關，則分別爲臺中高等行政法院或高雄高等行政法院管轄。

(2) 智慧財產及商業法院

A. 智慧財產及商業法院組織法第 3 條第 4 款規定：「智慧財產及商業法院管轄案件如下：……四、其他依法律規定或經司法院指定由智慧財產及商業法院管轄之案件。」

B. 司法院 110/04/27 院台廳行三字第 1100012656 號公告：「主旨：『司法院指定智慧財產法院管轄事件』（名稱並修正爲『司法院指定智慧財產及商業法院管轄之智慧財產事件』）並自中華民國 110 年 7 月 1 日生效。」「司法院指定智慧財產及商業法院管轄之智慧財產事件依智慧財產及商業法院組織法第 3 條第 4 款規定，指定下列訴訟事件由智慧財產及商業法院管轄，並自智慧財產及商業法院組織法施行之日起實施。壹、民事事件部分：一、不當行使智慧財產權權利所生損害賠償爭議事件。二、當事人以一訴主張單一或數項訴訟標的，其中主要部分涉及智慧財產權，如係基於同一原因事實而不宜割裂者，均爲智慧財產權訴訟。貳、行政事件部分：一、不當行使智慧財產權妨礙公平競爭所生行政訴訟事件。二、**海關依海關緝私條例第 39 條之 1 規定，對報運貨物進出口行爲人侵害智慧財產權標的物之行政處分，所提起之**

行政訴訟事件。」

(3)地方法院行政訴訟庭→地方行政法院（高等行政法院地方行政訴訟庭）

原行政訴訟法第229條規定：「適用簡易訴訟程序之事件，以地方法院行政訴訟庭爲第一審管轄法院（Ⅰ）。下列各款行政訴訟事件，除本法別有規定外，適用本章所定之簡易程序：一、**關於稅捐課徵事件涉訟，所核課之稅額在新臺幣四十萬元以下者**。二、**因不服行政機關所爲新臺幣四十萬元以下罰鍰處分而涉訟者**……（Ⅱ）」

111年5月31日修正之行政訴訟法第229條規定：「適用簡易訴訟程序之事件，以**地方行政法院**爲第一審管轄法院（Ⅰ）。下列各款行政訴訟事件，除本法別有規定外，適用本章所定之簡易程序：一、關於稅捐課徵事件涉訟，所核課之稅額在新臺幣**五十**萬元以下者。二、因不服行政機關所爲新臺幣**五十**萬元以下罰鍰處分而涉訟者。……（Ⅱ）」第3條之1規定：「本法所稱高等行政法院，指高等行政法院高等行政訴訟庭；所稱地方行政法院，指高等行政法院地方行政訴訟庭。」

4.調查證據提出攻防方法

(1) 行政機關於人民違法事實之存在負有舉證責任，故行政機關不論在作成行政處分前、後，均應依職權調查證據，並依論理及經驗法則判斷調查結果之眞僞。

(2) 調查證據與行政處分之補正行爲不同，行政處分之補正行爲依行政程序法第114條第2項規定，僅得於訴願程序終結前爲之，調查證據則未限制應於訴願程序終結前爲之。向行政法院提呈新證據或聲請調查證據，屬於攻擊防禦方法，應注意行政訴訟法第132條準用民事訴訟法第196條規定，於言詞辯論終結前適當時期提出之。倘意圖延滯訴訟，或因重大過失，逾時始行提出攻擊或防禦方法，有礙訴訟之終結者，法院得駁回之。

5.辦案期限

(1)各級行政法院

各級行政法院辦案期限規則第5條第2項第1款及第2款規定：「事件自分案之日起，逾下列期限尚未終結者，由行政法院研究發展考核科查明列冊，報請院長核閱後，以院長名義通知承辦法官及其庭長促請注意：一、**通常訴訟程序**及都市計畫審查程序第一審事件，逾一年六個月。二、**簡易訴訟程序**第一審事件，逾九個月；稅務及土地徵收簡易訴訟程序第一審事件，逾一年一個月。」

(2)智慧財產及商業法院

智慧財產及商業法院辦理智慧財產案件期限規則第3條規定：「智慧財產民刑事訴訟案件自收案之日起、行政訴訟事件自分庭之日起，逾下列期限尚未終結者，除由院長負責督促迅速辦理外，並應由承辦書記官按月塡具遲延案件月報表（附件），經法官、庭長核閱，會統計人員送請院長核定後，於翌月十五日前以電子檔傳送司法院：…
八、通常行政訴訟事件，逾二年。……」

6.判決之拘束力

行政訴訟法第216條規定：「撤銷或變更原處分或決定之判決，就其事件有拘束
關係機關之效力（I）。原處分或決定經判決撤銷後，機關須重爲處分或決定者，應
判決意旨爲之（II）。前二項判決，如係指摘機關適用法律之見解有違誤時，該機關
應受判決之拘束，不得爲相左或歧異之決定或處分（III）。前三項之規定，於其他訴
準用之（IV）。」

（四）緝私案件救濟程序之比較

	申請復查	提起訴願	提起行政訴訟
救濟期間	收到處分書之翌日起 30日內	處分達到之次日起 30日內	訴願決定書送達後 2個月內
計算期間之準據	行政程序法	民法	
申請／提起時點	原則：到達主義 例外：掛號，採發信主義	到達主義	
扣除在途期間	無	有	
格式	復查申請書	訴願書	起訴狀
申請人／原告	受處分人 利害關係人		
管轄機關	原處分機關	財政部	高等行政法院 智慧財產及商業法院
決定／判決期間	2個月內 復查決定 （必要時，得延長2個月）	收受訴願書次日起 3個月內決定 （必要時，得延長2個月）	1年6個月（高—通常程序案） 9個月（高—簡易程序案） 2年（智）
審理範圍	原處分之 合法性、妥當性	原處分、復查決定之 合法性、妥當性	原處分、復查決定、 訴願決定之合法性
送達準據	行政程序法	1. 訴願法第47條第1項、第2項規定 2. 訴願法第47條第3項準用行政訴訟法第67條至第69條、第71條至第83條之規定	行政訴訟法

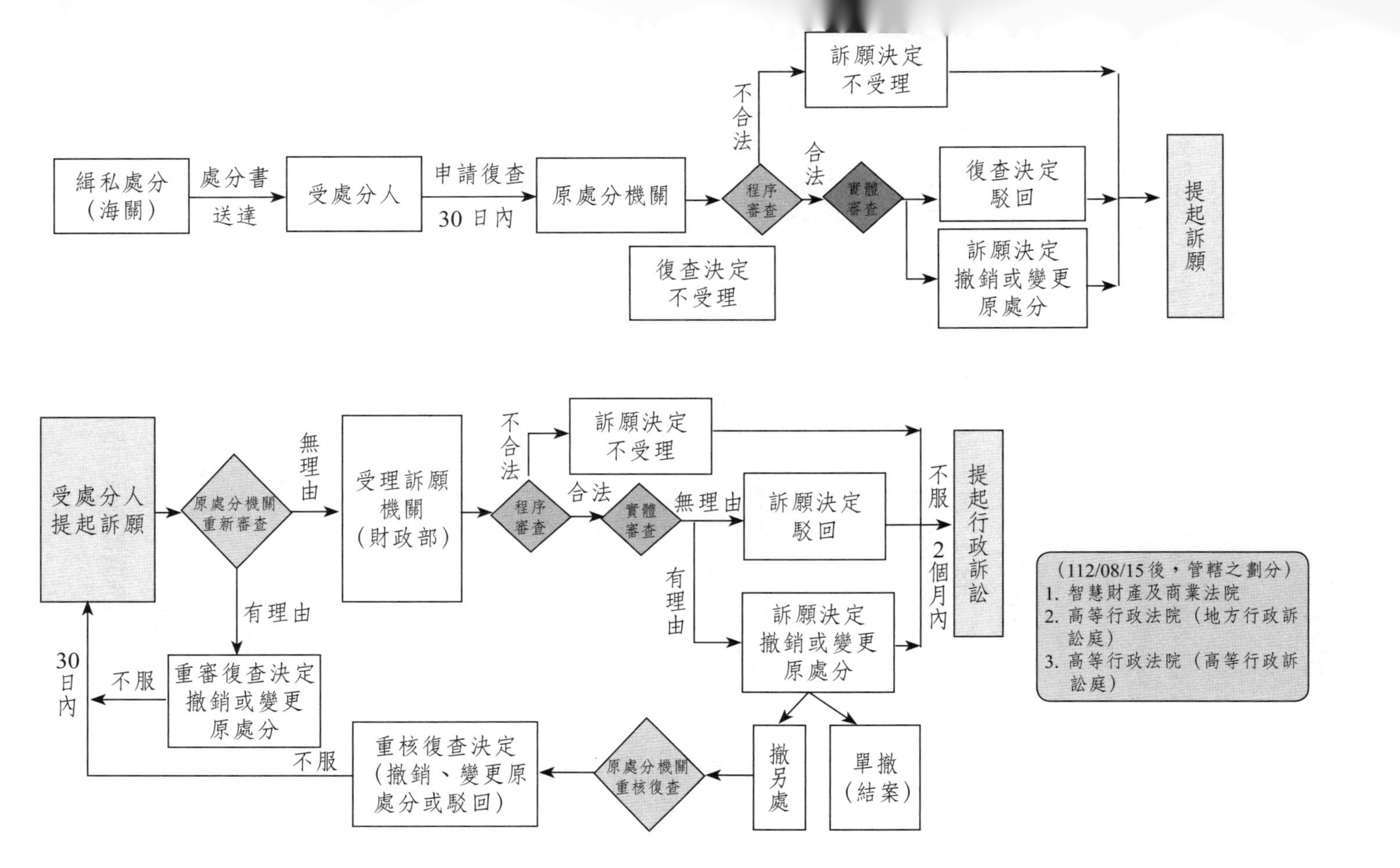

緝私案件行政救濟流程圖

二、第2項（加計利息退稅）

（一）規定內容

經依復查、訴願或行政訴訟確定應退還稅款者，海關應於確定之翌日起算 10 日內，予以退還；並自受處分人繳納該項稅款之翌日起，至填發收入退還書或國庫支票之日止，按退稅額，依繳納稅款之日郵政儲金一年期定期儲金固定利率，按日加計利息，一併退還。

（二）立法緣由

1. 經行政救濟程序確定應退稅款者，本條例本無應按日加計利息一併退還之規定，對於已繳納稅款之受處分人權益之保護，尚欠周延，基於同一租稅事實及處理一致公平之考量，爰於 102 年參照關稅法第 47 條第 2 項內容，增訂本項規定，以期保障受處分人權益。
2. 另，依據本條例第 50 條第 1 項及第 51 條規定，依本條例處分案件之稅款及罰鍰，受處分人只要於處分確定後接獲海關通知之 30 日內繳納，即無逾期繳納之問題；其與關稅法第 43 條第 1 項規定關稅之納稅義務人須於稅款繳納證送達之翌日起 14 日內繳納之情形有間，故對於依本條例規定處分所應繳納之關稅，尚無從發生處分確定前逾期繳納之情事，故於 102 年增訂本項規定時，並未參照關稅法第 47 條第 3 項增訂處分確定後應加計利息一併徵收之必要。

（三）加計利息退稅

1. 要件

案件確定應退還稅款。

2. 退還範圍

(1) 稅款

(2) 稅款之利息

A. 計息標的：以稅款爲限，不包括罰鍰及保證金。本項係參照關稅法第 47 條第 2 項規定訂定，該法之立法理由略以「……對於其繳納之異議保證金，並無加計利息退還之規定……」可知，旨揭規定所稱「稅款」，解釋上並不包含「保證金」。復依現行司法實務見解[69]，有關公法上不當得利事件，法無明文應加計利息退還者，受處分人即不得請求給付，爰受處分人爲避免遭海關實施保全措施而繳納之保證金，自不得加計利息

---

[69] 法務部 100/01/20 法律決字第 099057470 號函、104 年度高等行政法院法律座談會提案及研討結果提案六意旨。

退還[70]。

B. 計息期間：自受處分人繳納該項稅款之翌日起，至塡發收入退還書或國庫支票之日止。

C. 利息之計算：(A) 以「郵政儲金一年期定期固定利率」計算利息；如有牌告大額存款利率時，一律按非大額存款之固定利率計息[71]。(B) 日利率之計算，應按一年作 365 日爲計算日利率基礎[72]。(C) 利息計算式：應退還稅額 * 繳納之翌日起至塡發收入退還書或國庫支票止之日數 /365* 郵政儲金一年期定期固定利率。

D. 退還日：經依復查、訴願或行政訴訟確定應退還稅款者，海關應於確定之翌日起算 10 日內，予以退還。

❖判解釋示❖

《第 1 項 / 訴願、行政訴訟 / 提起》

1. 命令瑕疵而非處分之瑕疵無提起行政爭訟之理由

按行政處分違法者，固得依訴願或行政訴訟之程序，請求救濟，若行政處分所依據之行政法規（包括行政命令及法律），形式上確已成立，縱令實質上非毫無審究之餘地，亦僅能依請求或其他普通呈請方式向該管官署請求廢止或變更。所謂命令之瑕疵而非處分之瑕疵，自無提起行政爭訟之理由（最高行政法院 37 年判字第 48 號判例）[73]。

2. 原處分不存在無許提起訴願

人民以處分違法請求救濟者，須其處分之效果仍存續中，若原處分已撤銷而不復存在，則訴願之標的即已消失，自無許其提起訴願之餘地（最高行政法院 62 年判字第 467 號判例）。

3. 對更正之新處分不服，應依限另行提起訴願

人民對官署所爲更正之新處分，如有不服，祇能於法定期限內，另行提起訴願，不得對於已不存在之前行政處分，請求行政救濟（最高行政法院61年裁字第92號判例）。

---

70 財政部關務署 106/10/06 台關緝字第 1061013604 號函。

71 財政部 99/07/01 台財稅字第 09904057930 號令。

72 財政部 83/07/29 台財稅字第 831603143 號函。

73 本則判例無裁判全文可資參考，依據民國 108 年 1 月 4 日修正，108 年 7 月 4 日施行之行政法院組織法第 16 條之 1 第 1 項規定，應停止適用。

《第 1 項 / 訴願、行政訴訟 / 訴願之程序審核》

4. 訴願之受理，應先審核程序而後實體

人民不服官署之處分，固得循訴願程序以求救濟，但處分如已確定，而仍對之提起訴願，即爲法所不許。官署於受理訴願時，應先從程序上加以審核，合於法定程序者，方能進而爲實體上之審理。其不合法定程序而無可補正者，即應予以駁回（最高行政法院 49 年判字第 1 號判例）。

5. 處分書未合法送達生效，訴願期間無從起算，自不發生訴願逾期問題

人民不服官署之處分而提起訴願，依訴願法第 4 條第 1 項規定，固應於官署之處分書達到之次日起 30 日之期間內爲之。但所謂達到，係指將該處分書送達於應受送達人而言，若未經合法送達，或雖曾送達而無法證明應受送達人係於何時收受，則訴願期間，即無從起算，自不發生訴願逾期之問題（最高行政法院 55 年判字第 159 號判例）。

《第 1 項 / 訴願、行政訴訟 / 訴願當事人不適格》

6. 合夥團體所短欠之稅款未清理完結者，合夥組織仍屬存在 / 合夥人以個人名義提起訴願者屬當事人不適格

被告官署所爲補徵營業稅及營利事業所得稅之處分，係以大眾鴻記棉織廠爲處分之對象，其後亦係由大眾鴻記棉織廠申請復查及提起訴願，原告縱爲大眾鴻記棉織廠之負責人，但與合夥組成之大眾鴻記棉織廠究非一事，其權利義務之歸屬各別，不能混爲一談。原告雖主張該廠業已註銷登記解散，合夥人間之權利義務，亦經清算交割完畢，但合夥團體所短欠之稅款，亦爲合夥債務之一種。本件自該廠所補徵之營業稅及營利事業所得稅，既尚未清理完結，該合夥組織向應認爲仍屬存在（參照最高法院 18 年上字第 2536 號判例）。原告非訴願人，乃於訴願決定駁回訴願後，竟由其個人提起再訴願，自難認爲適格之再訴願人（最高行政法院 52 年判字第 49 號判例）。

《第 1 項 / 訴願、行政訴訟 / 欠缺訴之要件－原處分不存在》

7. 原處分既經撤銷，在另爲處分前並無行政處分之存在

行政訴訟之提起，以有官署之行政處分存在爲前提，若官署之處分已因訴願之結果而撤銷，則此項前提要件即不存在，遽行提起行政訴訟，本院自屬無從受理。本件被告官署之原處分既經臺灣省政府訴願決定予以撤銷，在被告官署重行查核另爲處分之前，並無行政處分之存在，則原告提起本件訴訟，即屬欠缺訴之前提要件，自非本院所得受理審判（最高行政法院 60 年裁字第 49 號判例）。

《第1項／訴願、行政訴訟／適用法律之見解，應受判決之拘束》

撤銷原決定及處分之判決，若係適用法律見解有誤，則該機關應受拘束

行政訴訟法第4條「行政法院之判決，就其事件有拘束各關係機關之效力」[74]，乃本於憲法保障人民得依法定程序，對其爭議之權利義務關係，請求法院予以終局解決之規定。故行政法院所爲撤銷原決定及原處分之判決，如係指摘事件之事實尚欠明瞭，應由被告機關調查事證另爲處分時，該機關即應依判決意旨或本於職權調查事證。倘依重爲調查結果認定之事實，認前處分適用法規並無錯誤，雖得維持已撤銷之前處分見解；若行政法院所爲撤銷原決定及原處分之判決，係指摘其適用法律之見解有違誤時，該管機關即應受行政法院判決之拘束。行政法院60年判字第35號判例謂：「本院所爲撤銷原決定及原處分之裁判，如於理由內指明由被告官署另爲復查者，該官署自得本於職權調查事證，重爲復查之決定，其重爲復查之結果，縱與已撤銷之前決定持相同之見解，於法亦非有違」，其中與上述意旨不符之處，有違憲法第16條保障人民訴訟權之意旨，應不予適用（司法院釋字第368號解釋）。

《第1項／訴願、行政訴訟／不服重核決定》

9. 訴願撤銷原處分重查案件，如有不服，可逕行提起訴願

納稅義務人不服稽徵機關核定之所得額及應納稅額者，依法申請復查及提起訴願，經訴願決定「原處分撤銷發還原處分之稽徵機關重行查核課徵」者，納稅義務人對於稽徵機關重行核課之稅額如仍有不服時，應如何申請行政救濟一節。**查訴願決定「原處分撤銷」係指撤銷復查決定之處分而言**，復查決定既因訴願決定而撤銷，則原處分之稽徵機關應依照訴願決定意旨就原核定之所得額及應納稅額「重行查核」，此項**重行查核即係踐行另一「復查」程序，故所作之「復查決定」處分已屬另一新處分，訴願人對此項新處分如仍有不服，得逕依法提起訴願及行政訴訟**（財政部50/05/25台財稅發字第03497號函）。

《第1項／訴願、行政訴訟／再審》

10. 得提起再審之訴的證物，限於事實審言詞辯論終結前已存在者

最高法院29年度上字第1005號判例：「民事訴訟法第492條第1項第11款（現行法第496條第1項第13款）所謂當事人發見未經斟酌之證物，係指前訴訟程序事實審之言詞辯論終結前已存在之證物，因當事人不知有此，致未經斟酌，現始知之者而言。若在前訴訟程序事實審言詞辯論終結前，尚未存在之證物，本無所謂發見，自不得

---

[74] 原第4條已修正改列第216條。

以之爲再審理由。」乃爲促使當事人在前訴訟程序事實審言詞辯論終結前，將已存在或已知悉而得提出之證物全部提出，以防止當事人於判決發生既判力後，濫行提起再審之訴，而維持確定裁判之安定性，與憲法並無牴觸。至事實審言詞論終結後始存在之證物，雖不得據爲再審理由，但該證物所得證明之事實，是否受確定判決既判力之拘束，則應依個案情形定之，併予說明（司法院釋字第 355 號解釋）。

11. 再審裁判前仍應受行政法院原判決之拘束

納稅義務人不服行政法院之判決提起再審之訴，如貴局經答辯後始發覺原核定、訴願均值斟酌，可於行政救濟程序終結前向行政法院提出補充答辯，於再審裁判前，依法仍應受行政法院原判決之拘束，未便自行撤銷（財政部 70/02/24 台財稅字第 31422 號函）。

《第 2 項／加計利息退還稅款》

12. 海關緝私條例第48條第2項所稱稅款，不包含保證金

主旨：海關緝私條例第 48 條第 2 項及關稅法第 47 條第 2 項、第 3 項所稱「稅款」，不包含「保證金」。

說明：二、按海關緝私條例第 48 條第 2 項係參照關稅法第 47 條第 2 項規定訂定，另關稅法第 47 條第 2 項係於 75 年 6 月 29 日修正增訂，依該次修正同法第 23 條（現行關稅法第 45 條）之立法理由：「……對於其繳納之異議保證金，並無加計利息退還之規定…… 」可知，旨揭規定所稱「稅款」，解釋上並不包含「保證金」。復依現行司法實務見解，有關公法上不當得利事件，法無明文應加計利息退還者，受處分人即不得請求給付（法務部 100/01/20 法律決字第 099057470 號函及 104 年度高等行政法院法律座談會提案及研討結果提案六意旨參照），爰受處分人爲避免遭海關實施保全措施而繳納之保證金，自不得加計利息退還。另納稅義務人依關稅法第 95 條第 3 項規定申請暫緩移送強制執行而繳納之保證金，亦應爲相同解釋。三、爲期保障受處分人權益，各關嗣後辦理是類案件，如遇受處分人就其所繳現金款項係屬保證金或稅款有疑義時，得敘明本條例第 48 條第 2 項計息退稅之規定，於確認受處分人眞意後，依其繳納目的係清償或提供擔保，分別按「稅款」或「保管款—罰鍰保證金」登帳，抑或輔導受處分人改以銀行定期存單設定質權之方式提供擔保，以避免日後肇生所繳現金款項得否計息退還之爭議（財政部關務署 106/10/06 台關緝字第 1061013604 號函）。

13. 經行政救濟程序確定應增加退稅部分，亦應加計利息一併退還

稅捐稽徵法第 38 條對於經行政救濟確定應行退補之本稅，應加計利息一併徵收或退還之規定，旨在彌補徵納雙方因行政救濟程序而延緩徵收或退還本稅所生之損失。

○信託投資股份有限公司 69 年度營利事業所得稅結算申報案，經貴局初查核定應退稅額爲 10,756,176 元，該公司對原處分不服，依法提起行政救濟，經確定應再退還稅額 3,423,025 元，其退還稅額雖非補徵稅款，惟係溢繳而退還者，原處分退還之金額，既經行政救濟確定應予增加退還，則該增加退還部分，應自貴局初查退還稅額 10,756,176 元之日起，至塡發收入退還書或國庫支票之日止，按退稅額按日計息一併退還（財政部 74/04/21 台財稅字第 14819 號函）。

14. 行政救濟確定退稅加息起算規定

營利事業所得稅及綜合所得稅經行政救濟程序確定應退還之溢繳稅款，不論原核定爲退稅、補稅或免徵免退，均應加計利息一併退還。如原核定爲退稅，經行政救濟確定增加退稅者，應依本部 74 年台財稅第 14819 號函規定，自稽徵機關初查退還稅款之日起算。原核定爲補稅，經行政救濟確定應退稅者，其退還補徵稅款部分，應依稅捐稽徵法第 38 條第 2 項規定，自納稅義務人繳納二分之一稅款之日起算；其退還暫繳或扣繳稅款部分，則自原核定後 10 日起算；原核定爲免徵免退，經行政救濟確定應退稅者，亦以原核定後 10 日起算。以上並均以截至塡發收入退還書或國庫支票之日爲止計算利息（財政部 74/09/11 台財稅字第 21882 號函）。

15. 遺產稅及罰鍰因行政救濟核減稅額之退稅，於續行行政救濟確定前得否加計利息退還釋疑

二、納稅義務人未就復查決定之遺產稅應納稅額繳納半數或提供擔保即提起訴願，經移送法務部行政執行署所屬行政執行處[75]執行徵起部分稅款，嗣經多次重核復查決定變更應納稅額後，產生溢繳稅款情事，繼承人對重核復查決定仍有不服，續行行政救濟並於行政救濟確定前申請退還溢繳稅款，雖仍處於行政救濟未確定階段，惟基於行政救濟不利益變更禁止原則，重核決定後之溢繳稅款確定不再減少，參照本部 79/11/10 台財稅第 790706609 號函意旨，得依稅捐稽徵法第 38 條第 2 項規定加計利息一併退還，以保障納稅義務人權益並減輕國庫利息負擔；至重核復查決定應納稅額所應加計之利息，於提起訴願時，已失其效力，依同條文第 3 項規定，應俟行政救濟確定時始計算補徵，毋庸預爲扣除。三、遺產稅係繼承人之連帶債務，如經個別繼承人以其固有財產繳納，依民法第 281 條規定，得向其他繼承人請求償還各自應分擔部分，繼承人間有其內部法律關係，故全體繼承人已協議退稅款之受領人者，仍應依其協議辦理；本部 98/08/28 台財稅字第 09800233500 號函說明三所述按「個別繼承人繳納之比例」退還，係指全體繼承人未協調受領人之情形（財政部 99/04/28 台財稅字第 09804134120 號函）。

---

75 現已改由行政執行署各執行分署辦理強制執行。

16. 適用郵政儲金利率利息者，其日利率以一年365日爲基礎

依稅法規定應適用郵政儲金一年期定期存款利率按日加計利息者，其日利率之計算，自 83 年 7 月 1 日起，應按一年作 365 日爲計算日利率基礎（財政部 83/07/29 台財稅第 831603143 號函）。

17. 依稅捐稽徵法及各稅法規定，退補稅款應行加計利息之利率標準

依稅捐稽徵法及各稅法規定應適用郵政儲金一年期定期儲金（或存款）利率（或固定利率）按日加計利息者，該項一年期定期儲金利率如有牌告大額存款利率時，一律按非大額存款之固定利率計息（財政部 99/07/01 台財稅字第 09904057930 號令）。

《其他／依職權撤銷原處分》

18. 上級機關對已確定之處分發現錯誤，不妨自行更正另爲處分／訴願決定確定後原處分如有錯誤，相關機關得另爲處置

訴願之決定，有拘束原處分或原決定官署之效力，訴願法第 12 條定有明文。除不服之原處分或原決定，有合於訴願法第 4 條規定情形，得由不服者提起再訴願或行政訴訟外，其原處分或原決定即屬確定。該原處分或原決定之官署，均應受拘束，不得由原決定官署自動撤銷其原決定。至其直接上級官署，除依法受理再訴願外，亦不得本其監督權作用，命原決定官署更爲決定。至受理再訴願之官署，對於已決定之再訴願，自亦不得自動撤銷更爲決定。惟訴願再訴願，均爲人民之權利或利益因官署之違法或不當處分致受損害而設之救濟方法，苟原處分原決定或再訴願官署，於訴願再訴願之決定確定後，發見錯誤或因有他種情形，而撤銷原處分另爲新處分，倘於訴願人、再訴願人之權利或利益並不因之而受何損害，自可本其行政權或監督權之作用另爲處置，不在該條應受拘束之範圍（司法院院字第 1557 號解釋）。

19. 僅發現新證據，原處分及原決定仍受其拘束

再訴願決定有拘束原處分及該決定官署之效力者，係指已訴願之事實業經決定者而言。若另發生新事實，當然得由該管官署另爲處分；倘僅發現新證據，在現行訴願法，並無再審之規定，原處分及原決定官署，自仍應受其拘束（司法院院字第 1461 號解釋）。

20. 新事實及新證據用語之解釋

本院第 1461 號解釋內，關於新事實及新證據之用語，一係指訴願或再訴願決定確定後，另行發生與原處分原因不同之事實而言；一係指處分當時該證據已經存在，至訴願或再訴願決定確定後始行發現者而言。兩者意義各別，來問所舉事例，再訴願人於再訴願官署撤銷原處分之決定確定後，忽就原處分認定之事實，向官署自白，此係表明詐爲之事實，原處分官署基於該事實另爲處分，仍無不可（司法院院字第1629號解釋）。

1. 行政處分有違法不當，應由原處分或其上級機關依職權撤銷變更之

一、行政院台42訴字第4618號令發監察院糾正政府機關辦理人民訴願案件，尚多違法失當，未能發揮行政救濟精神案節開：「對於未確定之行政處分，當事人如有不服，固可依訴願及行政訴訟程序請求救濟，但對於僅具形式上確定力之行政處分，既逾法定期間而未提起訴願或曾經提起訴願，但因程序上不合法經決定駁回者，當事人既不能再依行政救濟程序請求救濟，若原處分確有違法失當，當事人之損害亦無法補救，殊有未允，自應於訴願法規定，凡行政處分之確有違法不當者，縱形式上業已確定，亦應由原處分機關或其上級機關，爲保護人民權益之理由，依職權撤銷變更或以命令撤銷變更之」等由。二、查行政官署所爲之行政處分，如未經訴願決定者，原處分官署若自覺其原處分爲不合法，本於行政上之職權作用，原得自動撤銷或另爲處分。至業經提起訴願者，除原處分官署於收到訴願書副本後，認訴願爲有理由者，得自行撤銷原處分，爲訴願法所規定外，受理訴願之行政官署，固應先就程序上加以審核，合於法定程序者，方能進而爲實體上之審理，其不合者，即應從程序上予以駁回，不能逾越範圍而爲實體上之審定。惟原處分如經訴願行政訴訟程序上之理由決定維持者，雖已具有形式上之確定力，但尚未具實際上之確定力，如果原處分官署或其上級官署認爲該項原處分確有違反法令之規定，則爲公益上之理由，未嘗不可再依職權糾正。又訴願之決定有拘束原處分或原決定官署之效力，訴願法定有明文。惟訴願爲人民之權利或利益因官署之違法或不當處分致受損害而設之救濟方法。苟原處分原決定官署，於訴願之決定確定後發現錯誤，或因有他種情形而撤銷原處分另爲新處分，倘於訴願人之權利或利益並不因之而受何損害，自可本其行政權或監督權之作用，另爲處置，不在該條應受拘束之範圍。至若發生新事實，當然得由該管官署另爲新處分，曾經行政院命令釋示、行政法院著有判例及司法院解釋有案。三、爲確切保護人民權益，對於僅具形式上確定力之行政處分，原處分及其上級官署，自仍應就實體上注意查核，如確有違法或不當，致損害人民權利或利益者，即應依職權撤銷變更。又於訴願之決定確定後，如發現錯誤，有損害訴願人權利或利益者，亦應依職權予以糾正（財政部47年台財參發字第8326號令）。

第 49 條（刪除）

~~聲明異議案件，如無扣押物或扣押物不足抵付罰鍰或追徵稅款者，海關得限期於十四日內繳納原處分或不足金額二分之一保證金或提供同額擔保，逾期不為繳納或提供擔保者，其異議不予受理。~~

❖立法（修正）說明❖（102/05/31刪除）

一、本條刪除。

二、原條文聲明異議案件須繳納保證金或提供同額擔保之規定，業經司法院釋字第439號解釋，係對人民訴願及訴訟權利所爲不必要之限制，應不再援用，爰予刪除。

第 49 條之 1（處分之保全及罰鍰之徵收期間）

I 受處分人未經扣押貨物或提供適當擔保者，海關為防止其隱匿或移轉財產以逃避執行，得於處分書送達後，聲請法院假扣押或假處分，並免提擔保。但受處分人已提供相當財產保證者，應即聲請撤銷或免為假扣押或假處分。

II 關稅法第九條及第四十八條規定，於依本條例所處之罰鍰準用之。

❖立法（修正）說明❖（102/05/31修正）

一、配合現行關稅法條文之條次變更，爰修正第 2 項所引關稅法條次，並作文字修正。

二、第 1 項未修正。

❖法條沿革❖

原條文	說明
（67/05/19 增訂） 第 49 條之 1 受處分人未經扣押貨物或提供適當擔保者，海關為防止其隱匿或移轉財產以逃避執行，得於處分書送達後聲請法院假扣押或假處分，並免提擔保。但受處分人已提供相當財產保證或覓具殷實商保者，應即聲請撤銷或免為假扣押或假處分。	若干受處分人雖自知顯無理由獲得行政救濟，惟仍一再依第 48 條規定聲明異議乃至提起訴願、再訴願、行政訴訟，其目的在延緩案件之確定，以便進行隱匿或移轉財產，及至處分確定，已無執行效果，對緝私政策之遂行，實有嚴重之影響，爰參照所得稅法第 110 條之 1 及稅捐稽徵法第 24 條規定，增訂本條，以資確保。
（72/12/13 修正） 第 49 條之 1 受處分人未經扣押貨物或提供適當擔保者，海關為防止其隱匿或移轉財產以逃避執行，得於處分書送達後，聲請法院假扣押或假處分，並免提擔保。但受處分人已提供相當財產保證者，應即聲請撤銷或免為假扣押或假處分。 關稅法第四條之二及第二十五條之一之規定，於依本條例所處之罰鍰準用之。	一、公司不得為任何保證人（公司法第 16 條第 1 項），以自然人為保證人，顯欠穩妥，故將現行條文中「或覓具殷實商保」字樣刪除，以免滋生糾紛。 二、參照關稅法第 25 條之 1 第 1 項、第 3 項及第 4 條之 2 之規定，增訂第 2 項。使海關對於欠繳應繳罰鍰之受處分人，得限制其出境、財產移轉或設定他項權利；其為營利事業者，並得限制其減資或註銷；其為法人、合夥或非法人團體者，亦得限制其負責人或代表人出境，以利追繳。又現行條例第 44 條僅有追

原條文	說明
	徵稅款之規定，對於已處罰鍰確定之案件，並無執行追繳期間之規定，宜準用關稅法第4條之2「五年」之期限，俾利案件之處結。

❖條文說明❖

一、第1項

（一）說明

依本條例處分追徵稅款、罰鍰或沒入處分者，於案件確定前，爲確保公法債權於確定時得以實現，在受處分人未經扣押貨物或提供適當擔保之前提下，海關爲防止其隱匿或移轉財產以逃避執行，得於處分書送達後，聲請法院假扣押或假處分，並免提擔保，爰訂有第1項規定，以資適用。至於海關依其他法律規定（如洗錢防制法第12條第4項後段規定[76]）裁處之罰鍰，則非本條之適用範圍[77]。

（二）保全制度概論

1.意義及目的

保全制度係爲確保債權人進行民事訴訟結果能獲實現爲目的之權宜制度。債權人因私權糾紛對債務人提起民事訴訟以前或起訴後，在獲得法院之確定終局判決，須有相當之時日，如債務人卻逃避強制執行，將其責任財產爲隱匿或處分，致債權人日後取得終局判決之執行名義後，於強制執行時，其債權無從實現，立法者爲避免此種情形，因而設保全程序，俾以確保債權人之權利[78]。公法上債權之保全，即承襲上述私權保護而來，於各公法領域上亦訂定相關「保全」制度性規定（如稅捐稽徵法第24條、關稅法第48條及本條例第49條之1），用以防止受處分人隱匿或移轉財產，逃避日後之強制

---

[76] 洗錢防制法第12條第1項至第4項規定：「旅客或隨交通工具服務之人員出入境攜帶下列之物，應向海關申報；海關受理申報後，應向法務部調查局通報：一、總價值達一定金額以上之外幣、香港或澳門發行之貨幣及新臺幣現鈔。二、總面額達一定金額以上之有價證券。三、總價值達一定金額以上之黃金。四、其他總價值達一定金額以上，且有被利用進行洗錢之虞之物品（Ⅰ）。以貨物運送、快遞、郵寄或其他相類之方法運送前項各款物品出入境者，亦同（Ⅱ）。前二項之一定金額、有價證券、黃金、物品、受理申報與通報之範圍、程序及其他應遵行事項之辦法，由財政部會商法務部、中央銀行、金融監督管理委員會定之（Ⅲ）。外幣、香港或澳門發行之貨幣未依第一項、第二項規定申報者，由海關沒入之；申報不實者，其超過申報部分由海關沒入之；**有價證券、黃金、物品未依第一項、第二項規定申報或申報不實者，由海關處以相當於未申報或申報不實之有價證券、黃金、物品價額之罰鍰**（Ⅳ）。」

[77] 臺北高等行政法院108年度抗字第74號裁定。

[78] 陳榮宗、林慶苗合著，民事訴訟法，85年7月，第879頁。

執行，進而確保處分內容於確定後得以實現。

2.行政訴訟上之保全程序

(1)假扣押

係指就金錢請求或得易為金錢請求之請求或公法上之金錢給付，對於債務人或受處分人之財產先予暫時扣押，禁止其處分以確保債權人或原處分機關於案件確定後得以實現債權為目的之權宜制度。本條規定之「假扣押」，即係債權人（即處分機關）為保全其因公法上關係而生之金錢請求（如稅捐、罰鍰）將來得以強制執行為目的，聲請管轄行政法院裁定暫時查封債務人之財產或權利，而禁止債務人（如本條例之受處分人）處分之程序。

(2)假處分

行政訴訟法第 298 條第 1 項規定之「假處分」，係對「公法上權利」因現狀變更，有不能實現或甚難實現之虞，「為保全強制執行」而為之強制處分。所稱「公法上之權利」，係指請求之標的為公法上權利之給付或其他行為，而非公法上金錢給付之請求之謂；上開所稱「權利」，專指聲請人之權利而言，必係聲請人個人之權利有保全之必要，始具備權利保護要件。又「假處分」乃保全強制執行方法之一種，原為在本案請求尚未經判決確定前，預防將來債權人（聲請人）勝訴後因現狀變更，有日後不能實現或甚難實現之虞而設，故債權人聲請假處分，必以自己對於債務人，現在或將來有訴訟繫屬之本案請求為前提要件。另所謂「現狀變更」，則指公法上權利之請求標的，其從前存在之狀態現在已有變更或將有變更，且因此變更而日後有不能強制執行或甚難執行之虞者而言[79]。

(3)定暫時狀態之處分

行政訴訟法第 298 條第 2 項所謂爭執之公法上法律關係，有定暫時狀態之必要者（下稱「定暫時狀態之處分」），係指因防止發生重大之損害或避免急迫之危險情事，有就爭執之法律關係，定暫時狀態之必要者而言，此必要之情事，即為定暫時狀態處分之原因，行政法院就定暫時狀態假處分必要性為判斷時，應依利益衡量之原則，就聲請人因未假處分致本案判決勝訴時所生損害與相對人因假處分所生損害衡量比較決定之，是債權人聲請假處分，亦以自己對於債務人現在或將來有訴訟繫屬之本案請求為前提；所稱公法上法律關係，凡適於為行政訴訟標的，而有繼續性者，皆屬之。申言之，**定暫時狀態處分之最終目的，雖亦在保全將來判決之實現，惟聲請人於得有定暫時狀態處分裁定後，在本案執行前，即可依該裁定所定暫時狀態實現其權利，相對人亦應暫時**

79 最高行政法院 101 年度裁字第 1091 號裁定。

履行其義務；苟合於上開條件，並經聲請人提出釋明，行政法院即得爲定暫時狀態之處分，至聲請人起訴主張之實體上理由是否正當，則非屬保全程序之假處分裁定所能審究[80]。例如對應考資料有爭議，於確定前定應暫時准予參加考試之假處分[81]、就駁回長期居留延期申請部分，於本案爭訟確定前定得暫時居留之假處分[82]；就否准發給證書申請部分，於本案爭訟確定前定應暫先發給取得學士學位證書之假處分[83]；對於議會通過停止出席會議之停權處分，於裁判確定前，定得出席會議之假處分[84]。

（三）本條適用之訴訟法上保全程序

1. 本條第 1 項明確規範實施保全之措施爲「假扣押」及「假處分」二種，而實施假扣押，用以保全依本條例處分追徵稅款及罰鍰之執行固無疑問，然「假處分」之實施，既係爲保全日後之強制執行，就海關之處分而言，應指保全沒入物之執行；惟沒入處分送達生效後，沒入物即歸屬國家所有，並無保全執行問題，故應無需於處分確定前再實施假處分以禁止受處分人就沒入物予處分或移轉之必要。是以，實務上，海關亦無基於防止受處分人隱匿或移轉沒入物以逃避執行之原因，依本條規定聲請假處分之紀錄。
2. 另，定暫時狀態之處分，非本條明文所列，且其性質非屬保全強制執行，自非本條所得聲請之範圍。

（四）本條為特別規定

1.本條爲行政處分得聲請假扣押之特別規定

(1) 公法上之金錢給付請求，在行政機關爲請求權人之情形，可分爲因行政處分而生之公法上金錢給付請求（例如稅捐、罰鍰），與非因行政處分而生之公法上金錢給付請求（例如公法契約）。前者之公法上金錢給付請求，以行政處分作爲執行名義，屬行政執行法領域之範疇；後者之公法上金錢給付請求，則須經向行政法院提起一般給付訴訟，取得行政法院確定給付判決，以判決作爲執行名義，屬行政訴訟法領域之範疇。

(2) **行政訴訟法第 293 條至第 297 條所規定之假扣押，即屬於行政訴訟法領域之假扣押，基於行政處分所生之公法上金錢給付，尚不得據此聲請假扣押**。蓋行政處分合法送達後，受處分人若未於法定期間內爲訴願或其他不服之表示，行政處分即告確定

---

80 同前註。

81 臺北高等行政法院 111 年度全字第 12 號裁定、111 年度全字第 8 號裁定。

82 臺北高等行政法院 110 年度停更一字第 3 號裁定。

83 臺北高等行政法院 109 年度全字第 41 號裁定。

84 臺北高等行政法院 104 年度全字第 123 號裁定。

而有執行力，即得強制執行，若受處分人合法提起訴願或行政訴訟，依現行訴願法（第 93 條）及行政訴訟法（第 116 條以下）之規定，亦不生停止執行之效力，倘受處分人有脫產或其他難於執行之事由時，該管機關應速依行政執行法相關規定處理。

(3) **至於海關緝私條例第 49 條之 1 及稅捐稽徵法第 24 條第 2 項等規定，允許行政機關為保全稅款或罰鍰，得聲請法院就債務人之財產實施假扣押，並免提供擔保，核屬法律有明文規定之例外情形**，除此之外，其他因行政處分而發生之公法上金錢給付，如法無明文，仍不得依行政訴訟法之規定向行政法院聲請假扣押[85]。

2. 其他特別規定

(1)假扣押原因不限「非有日後不能強制執行或甚難執行之虞」

依行政訴訟法第 297 條[86]準用民事訴訟法第 523 條規定：「假扣押，非有日後不能強制執行或甚難執行之虞者，不得為之（Ⅰ）。應在外國為強制執行者，視為有日後甚難執行之虞（Ⅱ）。」依上開規定，假扣押本應有日後不能強制執行或甚難執行之虞，始得為之；惟因本條為特別規定，僅需符合「為防止受處分人隱匿或移轉財產以逃避執行」之法定要件，毋庸有「日後不能強制執行或甚難執行之虞」之原因。

(2)無須釋明假扣押原因

依行政訴訟法第 297 條準用民事訴訟法第 526 條規定：「請求及假扣押之原因，應釋明之（Ⅰ）。前項釋明如有不足，而債權人陳明願供擔保或法院認為適當者，法院得定相當之擔保，命供擔保後為假扣押（Ⅱ）。請求及假扣押之原因雖經釋明，法院亦得命債權人供擔保後為假扣押（Ⅲ）。……」因本條乃假扣押之特別規定，故海關聲請假扣押僅需符合「受處分人未經扣押貨物或提供適當擔保」「處分書送達」之要件，尚無須符合「日後不能強制執行或甚難執行之虞」之要件[87]，遑論釋明。

(3)毋庸提供擔保

本條第 1 項已明文規定假扣押聲請「免提擔保」，自無須再依行政訴訟法第 297 條準用民事訴訟法第 526 條第 2 項、第 3 項規定提供擔保。

(4)不適用限期起訴之規定

行政訴訟法第 295 條雖規定：「假扣押裁定後，尚未提起給付之訴者，應於裁定送達後十日內提起；逾期未起訴者，行政法院應依聲請撤銷假扣押裁定。」惟本條規定限於得提起給付之訴者方得適用，而依本條例規定追徵稅款及罰鍰係由海關以行政處分之

---

85 臺北高等行政法院 108 年度抗字第 74 號裁定。

86 行政訴訟法第 297 條規定：「民事訴訟法第五百二十三條、第五百二十五條至第五百二十八條及第五百三十條之規定，於本編假扣押程序準用之。」

87 最高行政法院 106 年度裁字第 2220 號裁定、106 年度裁字第 1567 號裁定。

方式即可達成目的，無起訴之必要，故無該條限期起訴規定之適用，如假扣押之相對人（即受處分人）以海關未於期限內起訴為由而依本條後段規定聲請撤銷假扣押裁定者，依司法實務見解[88]，仍應為駁回之裁定。

（五）假扣押之聲請

1.聲請要件

(1)為防止受處分人隱匿或移轉財產以逃避執行（本條第1項）

應視個案有無「隱匿或移轉財產以逃避執行」之虞，以判斷應否聲請法院就其財產實施假扣押或假處分；倘認行政救濟中之罰鍰案件經受處分人分期提供擔保，已足供認定無隱匿或移轉財產以逃避執行之意圖，自得免為聲請假扣押[89]。

(2)受處分人未經扣押貨物或提供適當擔保（本條第1項）

A.未經扣押貨物

指受處分人所有之貨物已遭扣押，無再施以假扣押之必要而言，如涉案貨物已處分沒入者，並非本條所稱扣押貨物[90]。

B.提供適當擔保

(A) 擔保種類

所稱「適當擔保」，本條例並未規定其項目及種類，亦無準用關稅法第 11 條之明文，惟但書既已規定「相當財產保證」得作為撤銷或免為假扣押之事由，則所稱適當擔保，應作相關解釋。**海關實施假扣押或其他保全措施裁量基準及作業辦法**第 5 條規定，即將「適當**擔保**」及「**相當**財產保證」合併稱為「相當擔保」，指除現金外，相當於欠繳應繳關稅、滯納金、滯報費、利息、罰鍰或應追繳之貨價金額之下列擔保：a. 政府發行之公債。b. 銀行定期存單。c. 信用合作社定期存單。d. 信託投資公司一年以上普通信託憑證。e. 授信機構之保證。「授信機構」指營業項目中列有保證業務之銀行及信託投資公司[91]。銀行等授信機構立於第三人之地位保證繳納海關處分之追徵稅款及罰鍰。實務上，海關為確保擔保效力，通常會要求保證銀行應放棄先訴抗辯權[92]，並於出具保證

---

[88] 89 年第 1 次高等行政法院法律座談會第 16 號提案。

[89] 財政部 98/11/03 台財關字第 09800538060 號函。

[90] 最高行政法院 95 年度裁字第 1284 號裁定。

[91] 財政部 84/10/03 台財關字第 841727223 號函釋：「『關稅法施行細則』第 24 條之 2（已納入關稅法第 11 條規範）及『進口貨物先放後稅實施辦法』第 3 條（即現行第 4 條）所稱『授信機構』，指營業項目中列有保證業務之銀行及信託投資公司。至可否受理授信機構之保證，由各地區關稅局本於職權逕行審核，毋須申請本部核准。」

[92] 民法第 745 條規定：「保證人於債權人未就主債務人之財產強制執行而無效果前，對於債權人得拒絕清償。」

函予海關，完成對保程序確認無誤後，保證始告完成。f. 其他經財政部核准，易於變價及保管，且無產權糾紛之財產。此處之其他財產，應包括動產及不動產，惟如提供擔保係不動產，應爲確得自由轉讓，並無產權糾紛，及無設立抵押權、地上權等任何權利，足以影響變價或變價後之求償者爲限，並設定第一順位之抵押權登記，及將他項權利證明書交付海關保管[93]。

(B) 擔保之提供

a. 設定擔保物權：依海關實施假扣押或其他保全措施裁量基準及作業辦法第 5 條第 2 項規定，前述之公債、銀行 / 信用合作社定期存單、信託憑證及其他財產，應依法設定抵押權或質權於海關。

b. 占有質物或債權證書：民法第 885 條規定：「質權之設定，因供擔保之動產移轉於債權人占有而生效力（Ⅰ）。質權人不得使出質人或債務人代自己占有質物（Ⅱ）。」第 904 條規定：「以債權爲標的物之質權，其設定應以書面爲之（Ⅰ）。前項債權有證書者，出質人有交付之義務（Ⅱ）。」是以提供動產或債權設定質權之方式擔保追徵之稅款及罰鍰者，應由海關占有質物及債權證書。另，應併注意者，通知質權標的物（如銀行定期存款債權）之債務人（如銀行）設定質權時，應同時聲明請其於質權消滅前不得對標的物行使「抵銷權」，並獲同意後，設質程序始稱完備，如此方能確保擔保效力。

(3)處分書送達（本條第1項）

指處分書已依行政程序法有關送達之規定，送達受處分人而對外發生效力而言。實務上，海關依本條例製作之處分書，通常先以雙掛號（附回執或送達證書）之方式郵寄予受處分人，經受處分人（或其他依法有權收受送達文書之人）於回執或送達證書簽章後寄回回執或送達證書，憑此證明完成送達作業（有關送達之說明，詳本條例第 46 條之說明）。

(4)應繳金額單計或合計在新臺幣50萬元以上

依海關實施假扣押或其他保全措施裁量基準及作業辦法第 4 條本文規定：「納稅義務人或受處分人於稅款繳納證或處分書送達後，應繳金額單計或合計在新臺幣五十萬元以上者，海關得就納稅義務人或受處分人相當於應繳金額部分，聲請法院就其財產實施

---

[93] 財政部 69/09/17 台財關字第 21509 號函：「主旨：依海關緝私條例規定，海關受理當事人申請以不動產提供擔保案件，處理發生疑義乙案。說明：二、凡申請以不動產提供擔保案件，經查明當事人以現金提供擔保確有困難者均應受理，毋須規定最低擔保金額，惟其所提供擔保之不動產應為確得自由轉讓，並無產權糾紛，及無設立抵押權、地上權等任何權利（編者註：現行民法他項權利尚有不動產役權、農育權及典權），足以影響變價或變價後之求償者為限，可於設定第一順位之抵押權登記，並將他項權利證明書交付海關保管後，作為擔保。三、至不動產擔保品價值之計算，土地以公告現值為準，建築改良物以計稅用之評定標準價格為準。」

「扣押或其他保全措施，並免提供擔保。」海關聲請假扣押有金額限制，必以應繳金額單計或合計達 50 萬元以上，方有聲請假扣押之必要。

假扣押聲請之管轄法院

依行政訴訟法第 294 條規定，假扣押之管轄法院如下：

(1) 假扣押標的所在地

假扣押標的所在地之地方行政法院（行政訴訟法第 294 條第 1 項），假扣押標的如係債權，以債務人住所或擔保之標的所在地，爲假扣押標的所在地（行政訴訟法第 294 條第 3 項）。

(2) 債務人之住、居所、公（事）務所、營業所所在地

扣押物所在不明者，由債務人之住、居所、公務所、事務所、營業所所在地之地方行政法院管轄。

3. 聲請假扣押之步驟

(1) 審查聲請要件

即審查「爲防止受處分人隱匿或移轉財產以逃避執行」、「未經扣押貨物或提供擔保」、「處分書送達」、「應繳金額單計或合計在新臺幣五十萬元以上」等假扣押聲請要件。

(2) 鍵入電腦控管

A. 意義

聲請假扣押案件，海關實務上向依規定[94]，將受處分人應繳金額資料鍵入電腦控管，使受處分人於各關所報運之貨物標註「查扣」而不能正常放行（俗稱「擋關」），俾作爲假扣押執行標的。

B. 類此假扣押執行前查扣之適法性

(A) 類推自助行爲：a. 或曰得類推民法有關「自助行爲」之規定[95]，作爲執行依據，即爲保護稅捐或罰鍰債權，對於受處分人之財產施以及時之押收。b. 惟參據法院向來見解：「課徵人民稅捐之稽徵機關，乃基於行政權之作用向人民課稅，納稅義務人未繳納

---

94 海關實施假扣押或其他保全措施裁量基準及作業辦法第 2 條規定：「納稅義務人或受處分人應繳關稅、滯納金、滯報費、利息、罰鍰或應追繳之貨價，單計或合計在新臺幣五十萬元以上，且稅款繳納證或處分書送達後尚未取得繳納擔保者，海關應將納稅義務人或受處分人之應繳金額資料鍵入電腦控管。」

95 民法第 151 條規定：「為保護自己權利，對於他人之自由或財產施以拘束、押收或毀損者，不負損害賠償之責。但以不及受法院或其他有關機關援助，並非於其時為之，則請求權不得實行或其實行顯有困難者為限。」第 152 條規定：「依前條之規定，拘束他人自由或押收他人財產者，應即時向法院聲請處理（Ⅰ）。前項聲請被駁回或其聲請遲延者，行為人應負損害賠償之責（Ⅱ）。」

之稅捐，屬於公權之範疇，該機關並非納稅義務人在私法上之債權人，究其本質仍與民法所規範之私法債權有其迥然不同之處，自不得援用民法專爲保全私法債權而設之規定。[96]」申言之，公法債權原則上不得援用民法上專爲保全私法債權而設之規定，而民法上之自助行爲亦爲保全私權之目的，應不得援引而用於稅捐、罰鍰等公法債權之保全上才是。

(B) 應視爲辦理假扣押行爲之一部：a. 考量假扣押之移送執行，應查報受處分人之財產，以爲執行標的，而受處分人所申報之進出口貨物既屬其財產，予以適當留置，以待執行，應屬合理且必要。b. 復參酌高等法院判決略以：「本件台中關稅局於 95 年 4 月 28 日即爲系爭註記……，**高雄關稅局遲至 96 年 2 月 7 日函台中關稅局辦理相關保全程序，台中關稅局於 96 年 5 月 8 日始聲請假扣押裁定，致使系爭二批貨物於 96 年 7 月 4 日才遭假扣押查封**，則系爭貨物於高雄關稅局查證產地無誤應予放行後，歷經數月，台中關稅局始依法完成保全程序，被上訴人二機關對於**應速進行保全程序**一節，不得諉爲不知，……[97]」之意旨，該判決係就已否「速行保全程序」作爲判斷查扣是否違法之準據，並未非難查扣註記本身，基此，本文以爲，假扣押執行前之查扣註記，並非不得爲之，似宜解爲辦理假扣押整體行爲之一部，且其執行因屬假扣押之細節性及技術性事項，故亦無法律保留原則之適用，無須以法律或法律授權之命令訂立規範，僅須於查扣貨物後已速行辦理假扣押程序（聲請及執行）者，即得謂爲適法。

(3)撰具聲請狀

假扣押之聲請得以言詞或書狀爲之，實務上均以撰具「行政訴訟假扣押聲請狀」提出於法院之方式聲請假扣押裁定。

---

96 最高法院 103 年度台上字第 586 號判決：「按民法第 244 條規定之撤銷權，係為回復債務人之責任財產，以保全債權人在『私法上之債權』而設。**課徵人民稅捐之稽徵機關，乃基於行政權之作用向人民課稅，納稅義務人未繳納之稅捐，屬於公權之範疇，該機關並非納稅義務人在私法上之債權人，究其本質仍與民法所規範之私法債權有其迥然不同之處，自不得援用民法專為保全私法債權而設之規定**（參看本院 62 年台上字第 2 號判例意旨）。故就公法上稅捐債權之行使或保全，自無由適用該條規定而行使撤銷權之餘地，此與私法上所表現於一般法律思想之誠信原則，在公、私法上有其共通之法理，而得適用於公法者，未盡相同，且不生依舉輕明重或舉重明輕法則而得適用民法第 244 條規定之問題。」最高法院 103 年度台上字第 586 號民事判決、臺灣高等法院 103 年度重上字第 591 號民事判決亦有同旨。

97 臺灣高等法院高雄分院 100 年度重上國字第 2 號民事判決：「本件台中關稅局於 95 年 4 月 28 日即為系爭註記，可見斯時台中關稅局對上訴人之系爭第 1 次罰鍰債權已發生而上訴人未依限繳納；**高雄關稅局遲至 96 年 2 月 7 日函台中關稅局辦理相關保全程序，台中關稅局於 96 年 5 月 8 日始聲請假扣押裁定，致使系爭 2 批貨物於 96 年 7 月 4 日才遭假扣押查封**，則系爭貨物於高雄關稅局查證產地無誤應予放行後，歷經數月，台中關稅局始依法完成保全程序，被上訴人 2 機關對於**應速進行保全程序**一節，不得諉為不知，其應注意、能注意而不注意，皆有過失，共同造成上訴人之損害。被上訴人抗辯其係依法行政云云，尚有未合。」

(4)向管轄法院遞狀

向行政訴訟法第 294 條規定之管轄法院遞狀聲請。

(5)繳納裁判費

依行政訴訟法第 98 條之 5 第 6 款規定[98]，聲請假扣押裁定，應繳納之裁判費為新臺幣 1,000 元。

（六）假扣押之移送執行及救濟

1.移送執行之流程

(1)製作移送書並載明應記載事項

依行政執行法第 11 條第 2 項及第 13 條規定[99]，假扣押之執行將由移送機關（即海關）以移送書（實務上以「財政部關務署○○關行政執行案件移送書」名之）並載明義務人、義務發生原因及日期、應納金額等相關資料，移送行政執行署所屬各分署執行。

(2)檢附裁定書

依行政執行法第 13 條第 1 項第 2 款規定，應檢附法院核發之假扣押裁定書。

(3)檢附財產資料

依行政執行法第 13 條第 1 項第 3 款規定，亦應檢附義務人之財產目錄，以作為假扣押之執行標的。實務上，海關將利用稅務電子閘門，查得受處分人財產（包括不動產、動產）、所得（如銀行利息收入），及依查扣註記暫不放行之貨物資料，檢送各地行政執行分署，以利執行。

(4)效期內移送執行

A. 假扣押裁定效期

依行政訴訟法第 306 條第 2 項準用強制執行法第 132 條第 3 項規定[100]，海關（即債

---

98 行政訴訟法第 98 條之 5 第 6 款規定：「聲請或聲明，不徵收裁判費。但下列聲請，徵收裁判費新臺幣一千元：……六、聲請假扣押、假處分或撤銷假扣押、假處分之裁定。」

99 行政執行法第 11 條規定：「義務人依法令或本於法令之行政處分或法院之裁定，負有公法上金錢給付義務，有下列情形之一，逾期不履行，經主管機關移送者，由行政執行處就義務人之財產執行之：一、其處分文書或裁定書定有履行期間或有法定履行期間者。二、其處分文書或裁定書未定履行期間，經以書面限期催告履行者。三、依法令負有義務，經以書面通知限期履行者（Ⅰ）。法院依法律規定就公法上金錢給付義務為假扣押、假處分之裁定經主管機關移送者，亦同（Ⅱ）。」第 13 條規定：「移送機關於移送行政執行處執行時，應檢附下列文件：一、移送書。二、處分文書、裁定書或義務人依法令負有義務之證明文件。三、義務人之財產目錄。但移送機關不知悉義務人之財產者，免予檢附。四、義務人經限期履行而逾期仍不履行之證明文件。五、其他相關文件（Ⅰ）。前項第一款移送書應載明義務人姓名、年齡、性別、職業、住居所，如係法人或其他設有管理人或代表人之團體，其名稱、事務所或營業所，及管理人或代表人之姓名、性別、年齡、職業、住居所；義務發生之原因及日期；應納金額（Ⅱ）。」

100 行政訴訟法第 306 條第 2 項規定：「執行程序，除本法別有規定外，應視執行機關為法院或行政機關而

權人）收受假扣押裁定後逾 30 日者，即不得再聲請執行[101]。

B. 執行機關

(A) 依行政執行法施行細則第 20 條規定[102]，原則上以假扣押標的物之所在地定其執行機關，如標的物所在不明，再由義務人住居所、公（事）務所、營業所所在地之行政執行處[103]執行，標的物如分屬不同轄區者，則利用囑託方式執行。

(B) 實務上，爲便利執行，海關向依查得之受處分人財產資料，移送財產所在地之執行分署辦理假扣押作業。如受處分人有多項財產分屬不同地點（如於不同銀行開立帳戶），而不在同一行政執行分署之轄區者，則移送主要財產所在地（如利息收入較多之銀行帳戶）之該管執行分署執行；至於受處分人所有不在同一轄區之財產則由該分署依法囑託其他執行分署執行。

C. 具體執行行爲

假扣押裁定經移送法務部行政執行署所屬各分署執行後，該署將發函或執行命令予相關機關或機構（如銀行），查封受處分人所有不動產（土地、房屋）、動產（車輛）、銀行帳戶，使其無法再爲移轉或設定負擔。

2. 假扣押之救濟

(1) 對於裁定得爲抗告

抗告乃當事人不服法院所爲之裁定，向其上級審聲明不服之救濟制度。依據行政訴訟法第 297 條[104]準用民事訴訟法第 528 條第 1 項規定：「關於假扣押聲請之裁定，得爲抗告。」對於假扣押裁定不服者，得爲抗告，至於抗告有無理由，應以假扣押之聲請有無符合法定要件爲斷；實務上，對於海關依本條規定所聲請之假扣押裁定，相對人（即受處分人）抗告時通常主張已提起行政救濟[105]、爭執本案處分之適法性[106]、處分沒入之

分別準用強制執行法或行政執行法之規定。」強制執行法第 132 條第 3 項規定：「債權人收受假扣押或假處分裁定後已逾三十日者，不得聲請執行。」

101 高等行政法院 89 年度第 1 次法律座談會提案第 17 號。

102 行政執行法施行細則第 20 條規定：「公法上金錢給付義務之執行，應以**執行標的物所在地之該管行政執行處**為執行機關；其不在同一行政執行處轄區者，得向其中任一行政執行處為之（Ⅰ）。應執行之標的物所在地不明者，由義務人之住居所、公務所、事務所或營業所所在地之行政執行處管轄（Ⅱ）。受理公法上金錢給付義務執行事件之行政執行處，須在他行政執行處轄區內為執行行為時，應囑託該他行政執行處為之（Ⅲ）。」

103 現由法務部行政執行署所屬各分署辦理行政執行。

104 行政訴訟法第 297 條規定：「民事訴訟法第五百二十三條、第五百二十五條至第五百二十八條及第五百三十條之規定，於本編假扣押程序準用之。」

105 最高行政法院 104 年度裁字第 1058 號裁定。

106 最高行政法院 104 年度裁字第 1077 號裁定。

物已先扣押[107]、假扣押致其生計中斷[108]、顯不符比例原則[109]或因海關未提供擔保，受損害時，將無以填補損害[110]等理由，惟該等主張均非假扣押准否之要件，其抗告屬無理由，是以法院依法均裁定駁回其抗告。

(2) 對於執行聲明異議

行政執行法第 9 條第 1 項規定：「義務人或利害關係人對執行命令、執行方法、應遵守之程序或其他侵害利益之情事，得於執行程序終結前，向執行機關聲明異議。」公法上金錢給付義務行政執行事件，行政執行處係依據移送機關所檢附之執行名義強制執行，而聲明異議程序係行政執行之特別救濟程序，異議人之聲明異議應於執行程序終結前為之，且僅限於對該執行機關之執行命令、執行方法、應遵守之程序或其他侵害利益等行政執行程序上違法或不當之行政執行行為（如執行已構成超額查封[111]或就法定不得查封之物為查封[112]等），始得主張不服；至於移送機關實體請求權之有無或其行政處分適當與否，非異議人依聲明異議程序所能救濟。實務上聲明異議曾主張「處分尚未逾三十日申請復查期間」[113]或「假扣押所有帳戶存款會造成跳票、倒閉，執行方法顯然過當」[114]，均認非屬執行程序上違法或不當之事由而遭駁回其聲明異議。

（七）假扣押之撤銷

(1) 債權人聲請撤銷假扣押

海關遇有下列情事，即應依行政訴訟法第 297 條準用民事訴訟法第 530 條第 3 項規定[115]，向法院聲請撤銷假扣押，並於取得法院撤銷假扣押裁定後，通報該管之執行分署

---

107 最高行政法院 103 年度裁字第 1560 號裁定。

108 最高行政法院 100 年度裁字第 2789 號裁定。

109 最高行政法院 102 年度裁字第 1788 號裁定。

110 最高行政法院 105 年度裁字第 467 號裁定。

111 行政執行法第 26 條規定：「關於本章之執行，除本法另有規定外，準用強制執行法之規定。」強制執行法第 50 條規定：「查封動產，以其價格足清償強制執行之債權額及債務人應負擔之費用者為限。」第 113 條規定：「不動產之強制執行，除本節有規定外，準用關於動產執行之規定。」

112 行政執行法第 26 條規定：「關於本章之執行，除本法另有規定外，準用強制執行法之規定。」強制執行法第 53 條規定：「左列之物不得查封：一、債務人及其共同生活之親屬所必需之衣服、寢具及其他物品。二、債務人及其共同生活之親屬職業上或教育上所必需之器具、物品。三、債務人所受或繼承之勳章及其他表彰榮譽之物品。四、遺像、牌位、墓碑及其他祭祀、禮拜所用之物。五、未與土地分離之天然孳息不能於一個月內收穫者。六、尚未發表之發明或著作。七、附於建築物或其他工作物，而為防止災害或確保安全，依法令規定應設備之機械或器具、避難器具及其他物品（Ⅰ）。前項規定斟酌債權人及債務人狀況，有顯失公平情形，仍以查封為適當者，執行法院得依聲請查封其全部或一部。其經債務人同意者，亦同（Ⅱ）。」

113 法務部行政執行署 95 年度署聲議字第 658 號聲明異議決定書。

114 法務部行政執行署 96 年度署聲議字第 566 號聲明異議決定書。

115 民事訴訟法第 530 條規定：「假扣押之原因消滅、債權人受本案敗訴判決確定或其他命假扣押之情事變

撤銷假扣押執行：

A. 受處分人已提供相當財產保證（本條第 1 項但書及海關實施假扣押或其他保全措施裁量基準及作業辦法第 7 條第 1 款[116]）。

B. 經行政救濟撤銷原處分，或變更原處分後致應追補金額低於新臺幣 50 萬元（前揭辦法第 7 條第 2 款）。

C. 公司組織已依法解散、撤銷或廢止登記，並經合法清算完結，且無剩餘財產可資抵繳欠稅及罰鍰（前揭辦法第 7 條第 3 款）。

D. 已依破產法規定之和解或破產程序分配完結（前揭辦法第 7 條第 4 款）。

(2) 債務人聲請撤銷假扣押

A. 行政訴訟法第 297 條準用民事訴訟法第 530 條第 1 項、第 2 項規定：「假扣押之原因消滅、債權人受本案敗訴判決確定或其他命假扣押之情事變更者，債務人得聲請撤銷假扣押裁定（Ⅰ）。第五百二十八條第三項、第四項之規定，於前項撤銷假扣押裁定準用之（Ⅱ）。」所謂「假扣押之原因消滅」，係指已無日後不能強制執行或甚難執行之虞而言；所謂「**其他命假扣押之情事變更者**」，係指債權人假扣押保全執行之請求已經消滅或經本案判決予以否認，或已喪失其聲請假扣押之權利而言。

B. 鑑於本條爲假扣押之特別規定，承前所述，無需有「不能強制執行或甚難執行之虞」之假扣押原因，自無上開規定所稱「假扣押之原因消滅」之情形存在[117]；又海關依本條例所爲之追徵稅款及罰鍰處分，毋庸提起給付之訴而無「本案」之存在，自亦無所稱「本案敗訴判決確定」之情形；惟本條已規定「受處分人已提供相當財產保證」作爲聲請撤銷假扣押之事由，且債權人有前述得聲請撤銷假扣押之事由，爰本文以爲該等事由均屬上開規定所謂「其他命假扣押之情事變更」，債務人似亦得憑此依行政訴訟法第 297 條準用民事訴訟法第 530 條第 1 項聲請撤銷假扣押裁定。

更者，債務人得聲請撤銷假扣押裁定（Ⅰ）。第五百二十八條第三項、第四項之規定，於前項撤銷假扣押裁定準用之（Ⅱ）。**假扣押之裁定，債權人得聲請撤銷之**（Ⅲ）。第一項及前項聲請，向命假扣押之法院為之；如本案已繫屬者，向本案法院為之（Ⅳ）。」

116 海關實施假扣押或其他保全措施裁量基準及作業辦法第 7 條規定：「辦理假扣押或其他保全措施之案件，有下列情形之一者，應撤銷其假扣押或解除各項保全措施：一、已提供於應追補金額之相當擔保。二、經行政救濟撤銷原處分，或變更原處分後致應追補金額低於第四條規定。三、公司組織已依法解散、撤銷或廢止登記，並經合法清算完結，且無剩餘財產可資抵繳欠稅及罰鍰。四、已依破產法規定之和解或破產程序分配完結。」

117 司法實務上仍有就聲請撤銷假扣押案件，審查是否有「日後不能強制執行或甚難執行之虞」假扣押原因消滅之情形，請參閱最高行政法院 105 年度裁字第 1582 號裁定。

二、第2項／準用關稅法第9條規定

（一）說明

本條第 2 項規定，依本條例所處之罰鍰準用關稅法第 9 條規定。另，依稅捐稽徵法第 35 條之 1 規定：「國外輸入之貨物，**由海關代徵之稅捐**，其徵收及行政救濟程序，準用關稅法及海關緝私條例之規定辦理。」是以海關代徵之內地稅，其徵收期間亦準用關稅法第 9 條規定，即不適用稅捐稽徵法第 23 條[118]有關徵收及執行期間之規定。

（二）關稅法第9條

1.條文內容

關稅法第 9 條規定：「依本法規定應徵之關稅、滯納金、滯報費、利息、罰鍰或應追繳之貨價，自確定之翌日起，五年內未經徵起者，不再徵收。但於五年期間屆滿前，已移送執行，或已依強制執行法規定聲明參與分配，或已依破產法規定申報債權尚未結案者，不在此限（Ⅰ）。前項期間之計算，於應徵之款項確定後，經准予分期或延期繳納者，自各該期間屆滿之翌日起算（Ⅱ）。關稅、滯納金、滯報費、利息、罰鍰或應追繳之貨價，於徵收期間屆滿前已移送執行者，自徵收期間屆滿之翌日起，五年內未經執行者，不再執行；其於五年期間屆滿前已開始執行，仍得繼續執行，但自五年期間屆滿之日起已逾五年尚未執行終結者，不得再執行（Ⅲ）。本法中華民國一百零五年十月二十一日修正之條文施行前已移送執行尚未終結之案件，其執行期間依前項規定辦理（Ⅳ）。前四項規定，於依本法規定應徵之費用準用之（Ⅴ）。」

2.與行政執行法第7條之關係

(1) 行政執行法第 7 條第 1 項、第 2 項規定：「行政執行，自處分、裁定確定之日或其他依法令負有義務經通知限期履行之文書所定期間屆滿之日起，五年內未經執行者，不再執行；其於五年期間屆滿前已開始執行者，仍得繼續執行。但自五年期間

---

118 稅捐稽徵法第 23 條規定：「稅捐之徵收期間為五年，自繳納期間屆滿之翌日起算；應徵之稅捐未於徵收期間徵起者，不得再行徵收。**但於徵收期間屆滿前，已移送執行，或已依強制執行法規定聲明參與分配，或已依破產法規定申報債權尚未結案者，不在此限**（Ⅰ）。應徵之稅捐，有第十條、第二十五條、第二十六條至第二十七條規定情事者，前項徵收期間，自各該變更繳納期間屆滿之翌日起算（Ⅱ）。依第三十九條暫緩移送執行或其他法律規定停止稅捐之執行者，第一項徵收期間之計算，應扣除暫緩執行或停止執行之期間（Ⅲ）。稅捐之徵收，於徵收期間屆滿前已移送執行者，自徵收期間屆滿之翌日起，五年內未經執行者，不再執行；其於五年期間屆滿前已開始執行，仍得繼續執行，但自五年期間屆滿之日起已逾五年尚未執行終結者，不得再執行（Ⅳ）。本法中華民國九十六年三月五日修正前已移送執行尚未終結之案件，自修正之日起逾五年尚未執行終結者，不再執行。但截至一百零六年三月四日納稅義務人欠繳稅捐金額達新臺幣一千萬元或執行期間有下列情形之一者，仍得繼續執行，其執行期間不得逾一百二十一年三月四日：一、行政執行分署依行政執行法第十七條規定，聲請法院裁定拘提或管收義務人確定。二、行政執行分署依行政執行法第十七條之一第一項規定，對義務人核發禁止命令（Ⅴ）。」

屆滿之日起已逾五年尚未執行終結者，不得再執行（I）。前項規定，法律有特別規定者，不適用之（II）。」

(2) 相關釋示：

A. 法務部 102/02/08 法律字第 10203501480 號函釋：「主旨：有關關稅、海關緝私條例之罰鍰及海關代徵稅捐之執行案件，有無本部 101/06/22 法令字第 10103104950 號令之適用，復如說明二、三。說明：二、按行政執行法（下稱本法）第 7 條規定：『行政執行，自處分、裁定確定之日或其他依法令負有義務經通知限期履行之文書所定期間屆滿之日起，五年內未經執行者，不再執行；其於五年期間屆滿前已開始執行者，仍得繼續執行。但自五年期間屆滿之日起已逾五年尚未執行終結者，不得再執行。前項規定，法律有特別規定者，不適用之。』故如其他法律基於事件之特性，對於行政執行之時效期間或其起算日有特別規定者（例如稅捐稽徵法第 23 條），宜依其規定（立法院公報第 87 卷第 42 期，頁 180 至頁 181 參照）。三、次按**關稅法第 9 條第 1 項規定**：『依本法規定應徵之關稅、滯納金或罰鍰，自確定之翌日起，五年內未經徵起者，不再徵收。但於五年期間屆滿前，已依法移送強制執行尚未結案者，不在此限。』**海關緝私條例之罰鍰及海關代徵稅捐執行案件分別依海關緝私條例第 49 條之 1、稅捐稽徵法第 35 條之 1 準用本條規定**。查本條立法理由略以，關稅法原無徵收期間之規定，故未經徵起之案件，久懸未結有達十起年者，既無實益且易生困擾，爰參考稅捐稽徵法第 23 條規定增訂（立法院第一屆第 64 會期第 25 次會議議案關係文書參照），是以，**上開規定係就旨揭案件之執行期間爲特別規定**（本部 100/02/21 法律字第 1000002567 號函參照）。至上開執行案件經移送本部行政執行署所屬分署而核發執行憑證之效果，海關緝私條例、關稅法及稅捐稽徵法則未有特別規定，因此，本部行政執行署所屬執行分署就執行案件核發執行憑證者，自有本部 101/06/22 法令字第 10103104950 號令之適用，即上開執行憑證並無中斷徵收期間（執行期間）之效果，亦不生執行程序終結之效果。」

B. 法務部 102/04/09 法律字第 10203503150 號函釋：「……依**關稅法第 9 條第 1 項規定**：『依本法規定應徵之關稅、滯納金或罰鍰，自確定之翌日起，五年內未經徵起者，不再徵收。但於五年期間屆滿前，已依法移送強制執行尚未結案者，不在此限。』**海關緝私條例之罰鍰及海關代徵稅捐執行案件分別依海關緝私條例第 49 條之 1、稅捐稽徵法第 35 條之 1 準用本條規定，上開規定係就旨揭案件之執行期間，爲行政執行法第 7 條第 1 項之特別規定，自應優先適用**……。」準此，關稅法第 9 條除係就徵收期間爲規定外，亦爲執行期間之特別規定，即屬行政執行法第 7 條第 2 項所稱之特別規定，自應優先適用而不適用行政執行法第 7 條第 1 項執行期間規定。

三）徵收與執行

概念

(1) 徵收期間

係指稅捐稽徵機關依法得以徵收所核課之稅捐之一定期間（如稅捐稽徵法第23條、稅法第9條）。稅捐稽徵機關於核課期間內核予課稅處分並合法送達納稅義務人後，得開始徵收稅捐並起算「徵收期間」；而徵收期間屆滿而未經徵起者，其效果爲「**不徵收**」，該稅捐債權（務）即歸消滅，既已消滅，自無再許強制執行之餘地。另，概上容易混淆者係核課期間。「核課期間」係指稅捐稽徵機關得以核課稅捐之期間。課事實（如繼承、贈與、進口貨物等）發生後，在稅法規定之一定期間內（如稅捐稽徵第21條第1項[119]、關稅法第13條第1項[120]、關稅法第18條第1項[121]、海關緝私條例第44條但書[122]），稅捐稽徵機關得作成課稅處分，該期間即爲核課期間，若超過此期而未予核課者，即不得再行核課。

(2) 執行期間

執行期間，其目的在求法律秩序之安定，性質宜解爲係法定期間，其非時效，亦非除斥期間，而與消滅時效之本質有別。執行期間經過後，法律效果爲不得再執行或免予執行，並非公法上債權當然消滅，而謂其公法上債權不存在[123]。

2. 不再徵收及繼續徵收

(1) 徵收期間屆滿，不再徵收

A. 關稅法規定

依關稅法第9條第1項本文規定：「依本法規定應徵之關稅、滯納金、滯報費、利

---

119 稅捐稽徵法第21條第1項規定：「稅捐之核課期間，依下列規定：一、依法應由納稅義務人申報繳納之稅捐，已在規定期間內申報，且無故意以詐欺或其他不正當方法逃漏稅捐者，其核課期間為五年。二、依法應由納稅義務人實貼之印花稅，及應由稅捐稽徵機關依稅籍底冊或查得資料核定課徵之稅捐，其核課期間為五年。三、未於規定期間內申報，或故意以詐欺或其他不正當方法逃漏稅捐者，其核課期間為七年。」

120 關稅法第13條第1項規定：「海關於進出口貨物放行之翌日起六個月內通知實施事後稽核者，得於進出口貨物放行之翌日起二年內，對納稅義務人、貨物輸出人或其關係人實施之。**依事後稽核結果，如有應退、應補稅款者，應自貨物放行之翌日起三年內為之。**」

121 關稅法第18條第1項規定：「為加速進口貨物通關，海關得按納稅義務人應申報之事項，先行徵稅驗放，事後再加審查；該進口貨物除其納稅義務人或關係人業經海關通知依第十三條規定實施事後稽核者外，**如有應退、應補稅款者，應於貨物放行之翌日起六個月內，通知納稅義務人**，逾期視為業經核定。」

122 海關緝私條例第44條規定：「有違反本條例情事者，除依本條例有關規定處罰外，仍應追徵其所漏或沖退之稅款。但自其情事發生已滿五年者，不得再為追徵或處罰。」

123 最高行政法院99年度判字第1138號判決。

息、罰鍰或應追繳之貨價，自確定之翌日起，五年內未經徵起者，不再徵收。」本規定之徵收期間屆滿者，應徵或應追繳而未徵起之關稅、滯納金、滯報費、利息、罰鍰、貨價即「不再徵收」。

B. 期間之起算及末日

(A) 期間之起算：a. 確定之翌日：關稅法第 9 條第 1 項規定，自確定之翌日起算徵收期間。b. 分（延）期繳納期間屆滿之翌日：關稅法第 9 條第 2 項規定，如准分（延）期繳納者，徵收期間自各該期間屆滿之翌日起算。

(B) 期間之末日：即期間屆滿之日。另參照法務部對稅捐稽徵法之釋示[124]，關稅法第 9 條規定之徵收期間，如其末日爲星期日、國定假日或其他休息日者，以該日之次日爲期間之末日。

(2) 繼續徵收

A. 關稅法規定

關稅法第 9 條第 1 項但書規定：「……但於五年期間屆滿前，**已移送執行，或已依強制執行法規定聲明參與分配，或已依破產法規定申報債權尚未結案者**，不在此限。」本項之徵收期間雖已屆滿，惟於屆滿前如「已移送執行，或已依強制執行法規定聲明參與分配，或已依破產法規定申報債權尚未結案者」，即不受「徵收期間屆滿不再徵收」之限制，換言之，得繼續徵收[125]。

---

124 法務部 90/08/09 法律字第 23564 號函釋：「按稅捐稽徵法第 23 條第 1 項規定之稅捐徵收期間，係屬公法上請求權消滅時效期間，並非行政程序法第 48 條第 5 項所稱『涉及人民之處罰或其他不利行政處分』之期間，故該五年徵收期間之末日如為星期日、國定假日或其他休息日者，應逕行適用行政程序法第 48 條第 4 項規定，以該日之次日為期間之末日。三、另稅捐稽徵法第 23 條第 1 項但書所稱『已移送法院強制執行』者，前經該法主管機關財政部於 66 年 1 月 14 日以台財稅字第 30300 號函釋略以：『應以繫屬於法院者為限』，上開結論應不因 90 年 1 月 1 日起行政執行新制實施而有影響；換言之，上開規定所稱『已移送法院強制執行』，自 90 年 1 月 1 日行政執行新制實施後，應係指『已繫屬於行政執行處』而言。如貴署（註：法務部行政執行署）仍有疑義，建議逕洽財政部表示意見。」

125 財政部 81/03/09 台財稅字第 810047682 號函釋：「主旨：○○建設有限公司調協計畫經法院裁定認可後，因調協計畫中之變更公司組織未獲經濟部核准，破產人無法履行調協計畫，○○縣稅捐稽徵處已申報為破產債權之應徵稅捐，**依稅捐稽徵法第 23 條第 1 項但書規定，仍得繼續徵收**。說明：二、本案經轉據法務部 81/01/31 法 (81) 律 01538 號函以稅捐稽徵法第 23 條第 1 項但書規定：『但……，或已依破產法規定申報債權尚未結案者，不在此限。』所稱『已依破產法規定申報債權尚未結案』一語，於調協情形，如何認定『結案』乙節，查調協經法院裁定認可確定，破產程序雖已終結，惟須俟債務人履行調協條件，始得謂為『結案』。本件○○縣稅捐稽徵處如於徵收期間屆滿前，已依破產法規定申報債權，宜認於其債權獲得清償前，尚未結案，**仍得繼續徵收**。三、至已登記之破產債權應如何求償乙節，案經轉准司法院秘書長 80/12/31 (80) 秘台廳一字第 2420 號函略稱：『按調協經法院認可後，對於一切破產債權人，均有效力，破產法第 136 條定有明文。故破產債權人僅得依調協之內容行使其權利。如破產人不能履行調協計畫時，參照其不履行調協計畫之情形，除有破產債權人過半數及其所代表之債權額占無擔保總債權額三分之二以上者之聲請，依破產法第 137 條準用第 52 條第 1 項規定，經法院撤銷其調協之認可，回復已終結之破產程序外，破產債權人似不能再循調協以外之破產程序或其他程序求償。

B. 繼續徵收之要件

(A) 徵收期間屆滿前已移送執行：所稱「已依法移送強制執行」，參照法務部/08/09 法律字第 23564 號函[126]對稅捐稽徵法之釋示，應指已依法移送並繫屬行政執行所屬分署而言。

(B) 徵收期間屆滿前已聲明參與分配而尚未結案：

a. 參與分配之事由一不得重複查封：行政執行法第 16 條規定：「執行人員於查封，發見義務人之財產業經其他機關查封者，**不得再行查封**。行政執行處已查封之財，其他機關不得再行查封。」執行法院如對同一債務人（即本條例之受處分人）所有同一財產已爲查封者，行政執行署所屬各分署依強制執行法第 33 條之 2 第 1 項、第項規定[127]，亦不得再行查封，且應將執行事件連同卷宗函送執行法院合併辦理，並通移送機關。

b. 聲明參與分配：承上述，海關（即移送機關）於受通知後，得依強制執行法第4 條之 1 規定[128]聲明參與分配。所謂參與分配，係於有執行債權人依據金錢債權之執行名義，聲請就債務人之財產強制執行後，他債權人**向執行法院請求就執行所得之金額，同受清償之意思表示之意**。因債務人之總財產，係一切債權之總擔保，因此債權人聲請強制執行後，他債權人自得參加執行程序，就執行所得金額而受清償[129]。

c. 聲明參與分配之程式：應以**書狀**並**於執行程序開始後，執行程序終結前**爲之；若執行標的經拍賣或變賣者，並須**於拍賣或變賣終結之日一日前**爲之；若在上開法定期日後參與分配，僅能就他合法參與分配之債權人受償後之餘額受清償[130]。除有對於執行標

又認可調協之裁定確定時，破產程序即為終結，不得因調協日後或得撤銷，即為反對之論斷（最高法院28 年滬上字第 40 號、40 年台上字第 788 號判例參照）。』即將稅捐稽徵法第 23 條第 1 項但書情形，以『仍得繼續徵收』名之。」

126 法務部 90/08/09 法律字第 23564 號函釋：「……三、另稅捐稽徵法第 23 條第 1 項但書所稱『已移送法院強制執行』者，前經該法主管機關財政部於 66 年 1 月 14 日以台財稅字第 30300 號函釋略以：『應以繫屬於法院者為限』，上開結論應不因 90 年 1 月 1 日起行政執行新制實施而有影響；換言之，上開規定所稱『已移送法院強制執行』，自 90 年 1 月 1 日行政執行新制實施後，應係指『已繫屬於行政執行處』而言。……」

127 強制執行法第 33 條之 2 第 1 項、第 2 項規定：「執行法院已查封之財產，行政執行機關不得再行查封（Ⅰ）。前項情形，行政執行機關應將執行事件連同卷宗函送執行法院合併辦理，並通知移送機關（Ⅱ）。」

128 強制執行法第 34 條之 1 規定：「政府機關依法令或本於法令之處分，對義務人有公法上金錢債權，依行政執行法得移送執行者，得檢具證明文件，聲明參與分配。」

129 臺灣高等法院 109 年度抗字第 1040 號民事裁定。

130 強制執行法第 32 條規定：「他債權人參與分配者，應於標的物拍賣、變賣終結或依法交債權人承受之日一日前，其不經拍賣或變賣者，應於當次分配表作成之日一日前，以書狀聲明之（Ⅰ）。逾前項期間聲明參與分配者，僅得就前項債權人受償餘額而受清償；如尚應就債務人其他財產執行時，其債權額與前項債權餘額，除有優先權者外，應按其數額平均受償（Ⅱ）。」

的物有擔保物權或優先受償權者外，於聲明參與分配時，並須**提出執行名義正本**[131]；**納參加分配之執行費**[132]，以上爲聲明參與分配之必備程式。

d. 聲明參與分配效果：於關稅法第 9 條第 1 項本文所規定之徵收期間內，已依強執行法規定聲明參與分配者，同條項但書規定，即不受「徵收期間屆滿不再徵收」之制，亦即該參與分配之公法上債權仍得繼續徵收。

(C) 已依破產法規定申報債權而尚未結案：

a. 指已依破產法第 12 條或第 64 條規定[133]申報稅捐債權，以請求破產管理人分配產財團之財產且尚未結案而言。另，依破產法第 103 條第 4 款規定：「左列各款債權不得爲破產債權：……四、罰金、**罰鍰**及追徵金。」是依本條例裁處之罰鍰，應無從用關稅法第 9 條第 1 項但書所稱「已依破產法規定申報債權」之繼續執行要件。

b. 至於「結案」，應指破產程序終結且已無待履行之條件而言。於破產財團之財產最後分配完結之情形，應以法院裁定終結爲結案[134]；於破產財團之財產不敷清償財團費用及財團債務時，法院裁定宣告破產終止爲結案[135]；而於法院裁定調協情形，破產程序雖已告終結，惟仍須俟債務人履行調協條件，始得謂爲「結案」[136]。

---

131 強制執行法第 34 條第 1 項規定：「有執行名義之債權人聲明參與分配時，應提出該執行名義之證明文件。」

132 強制執行法第 28 條之 2 第 1 項、第 2 項規定：「民事強制執行，其執行標的金額或價額未滿新臺幣五千元者，免徵執行費；新臺幣五千元以上者，每百元收七角，其畸零之數不滿百元者，以百元計算（Ⅰ）。前項規定，於聲明參與分配者，適用之（Ⅱ）。」

133 破產法第 12 條規定：「法院許可和解聲請後，應即將左列事項公告之：一、許可和解聲請之要旨。二、監督人之姓名、監督輔助人之姓名、住址及進行和解之地點。三、申報債權之期間及債權人會議期日（Ⅰ）。前項第三款申報債權之期間，應自許可和解聲請之日起，為十日以上二個月以下。但聲請人如有支店或代辦商在遠隔之地者，得酌量延長之，債權人會議期日，應在申報債權期間屆滿後七日以外一個月以內（Ⅱ）。對於已知之債權人及聲請人，應另以通知書記明第一項各款所列事項送達之（Ⅲ）。對於已知之債權人，應將聲請人所提出和解方案之繕本，一併送達之（Ⅳ）。」第 64 條規定：「法院為破產宣告時，應選任破產管理人，並決定左列事項：一、申報債權之期間。但其期間，須在破產宣告之日起，十五日以上，三個月以下。二、第一次債權人會議期日。但其期日，須在破產宣告之日起一個月以內。」第 65 條規定：「法院為破產宣告時，應公告左列事項：一、破產裁定之主文，及其宣告之年、月、日。二、破產管理人之姓名、住址及處理破產事務之地址。三、前條規定之期間及期日。四、破產人之債務人及屬於破產財團之財產持有人，對於破產人不得為清償或交付其財產，並應即交還或通知破產管理人。五、破產人之債權人，應於規定期限內向破產管理人申報其債權，其不依限申報者，不得就破產財團受清償（Ⅰ）。對於已知之債權人、債務人及財產持有人，仍應將前項所列各事項，以通知書送達之（Ⅱ）。第一項公告，準用第十三條之規定（Ⅲ）。」

134 破產法第 145 條規定：「破產管理人於最後分配完結時，應即向法院提出關於分配之報告。」第 146 條第 1 項規定：「法院接到前條報告後，應即為破產終結之裁定。」

135 破產法第 148 條規定：「破產宣告後，如破產財團之財產不敷清償財團費用及財團債務時，法院因破產管理人之聲請，應以裁定宣告破產終止。」

136 財政部 81/03/09 台財稅字第 810047682 號函釋：「……所稱『已依破產法規定申報債權尚未結案』一語，於調協情形，如何認定『結案』乙節，查調協經法院裁定認可確定，破產程序雖已終結，惟須俟債

(3)繼續徵收之執行期限（已移送執行者）

A.徵收期間屆滿之翌日起，五年內未經執行者，自徵收期間屆滿之翌日起逾五年，不再執行（追繳期10年）

依關稅法第9條第3項前段規定：「關稅、滯納金、滯報費、利息、罰鍰或應追繳之貨價，於徵收期間屆滿前已移送執行者，**自徵收期間屆滿之翌日起，五年內未經執行者，不再執行**」，關稅法第9條第1項所定之徵收期間，於屆滿前已移送執行者，如於屆滿之翌日起，五年內未經執行者，即不再執行。至於所稱「未經執行」，參照行政執行法第7條第3項各款「已開始執行」情形，應指未有該條所稱「通知義務人到場或自動清繳應納金額、報告其財產狀況或為其他必要之陳述、已開始調查程序」之情形。

B.徵收期間屆滿之翌日起，五年內已開始執行者，自五年期間屆滿之日起已逾五年者，不得再執行（追繳期15年）

(A)依關稅法第9條第3項後段規定：「其於五年期間屆滿前已開始執行，仍得繼續執行，但自五年期間屆滿之日起已逾五年尚未執行終結者，不得再執行。」關稅法第9條第1項徵收期間屆滿前已移送執行者，如於屆滿之翌日起，五年內已開始執行者，即得繼續執行，**直至執行終結**或**五年繼續執行期間屆滿之日起已逾五年**者，始不得再執行。

(B)所稱「已開始執行」，參照行政執行法第7條第3項規定：「第一項所稱已開始執行，如已移送執行機關者，係指下列情形之一：一、通知義務人到場或自動清繳應納金額、報告其財產狀況或為其他必要之陳述。二、已開始調查程序。」應指已通知義務人到場或自動清繳應納金額、報告其財產狀況或為其他必要之陳述，或已開始調查程序之情形。

(C)所稱「執行終結」，參照法務部101/01/19法律字第10103100420號函對行政執行法[137]之釋示：「……（二）有關本法第7條第1項『執行終結』之意涵：按民事強制執行程序中，有執行法院、債權人及債務人之三面關係，執行法院係立於第三者之中立客觀立場，其辦理執行事件，採當事人進行原則，債權人聲請執行並查報財產，執行法院始據以執行。至於公法上金錢給付執行事件，其本質為行政機關之自力執行，原處分機關，本應具有自為執行之權限，僅因考量事權統一及民眾權益之保障等因素，故法律規定公法上金錢給付義務之執行由主管機關移送本部行政執行處執行。因此，在執

務人履行調協條件，始得謂為『結案』。本件○○縣稅捐稽徵處如於徵收期間屆滿前，已依破產法規定申報債權，宜認於其債權獲得清償前，尚未結案，**仍得繼續徵收**。」

[137] 行政執行法第7條第1項規定：「行政執行，自處分、裁定確定之日或其他依法令負有義務經通知限期履行之文書所定期間屆滿之日起，五年內未經執行者，不再執行；其於五年期間屆滿前已開始執行者，仍得繼續執行。但自五年期間屆滿之日起已逾五年尚未**執行終結**者，不得再執行。」

行事件之程序中，執行機關與移送機關間，乃同屬行政權之作用，共同追求公權力之現，僅係不同機關在不同階段當中之角色分工不同，故執行機關受理案件後，爲確保法債權之實現，採職權進行原則，主動積極調查義務人之財產及執行。基於上述民強制執行與行政執行本質上之差異，**執行機關雖參考強制執行法第 27 條規定核發執憑證，其亦僅係執行機關對移送機關用以證明執行結果及尚未實現公法債權內容之件，不生執行程序終結之效果**。因此，執行機關核發執行憑證對於移送機關而言，由**國家公法債權仍未完全滿足、實現**，是執行機關核發執行憑證者，自行政處分或裁定定之日起算之十年執行期間屆滿前，移送機關自得以憑證再移送執行。……」應指國公法債權因執行而獲完全滿足、實現之狀態，至於行政執行分署核發執行憑證交由行政機關收執之情形，因公法債權未獲完全滿足及實現，即屬「尚未執行終結」，自亦不生執行程序終結之效果[138]。

（四）徵收期間及執行期間屆滿之效果

1. 不再徵收及不（得）再執行

(1) 不再徵收

徵收期間屆滿，應徵（追繳）而未徵起之關稅、滯納金、滯報費、利息、罰鍰、貨價，依關稅法第 9 條第 1 項本文規定，即「不再徵收」。所稱「不再徵收」，指該等未徵起之公法上債權（務）歸於消滅。公法上債權（務）既已消滅，自無再許強制執行之餘地；另對受處分人（或其負責人）尚存之禁止處分、限制減資處分、執行扣押及限制出國等保全措施，亦應予以解除[139]。

---

138 法務部 104/04/08 法律字第 10403501820 號函釋：「主旨：檢送本部 104 年 1 月 23 日召開『研商行政執行機關查無財產或所得致無法續行執行案件之處理方式』會議紀錄乙份，並說明如後。說明：二、按本部行政執行署所屬各分署（下稱分署）就查無財產或所得致無法續行之執行案件，係依行政執行法第 26 條規定準用強制執行法第 27 條規定以核發執行憑證方式處理。由於該執行憑證係屬強制執行法第 4 條第 1 項第 6 款規定：『其他法律之規定，得為強制執行名義者』之執行名義，已為司法實務所肯認（臺灣高等法院 102 年度抗字第 1458 號裁定及臺灣臺北地方法院 103 年度事聲更一字第 2 號裁定參照），是移送機關依強制執行法第 34 條第 1 項規定，以分署核發之『執行憑證』向執行法院聲明參與分配，亦為現行民事執行實務所接受（最高法院 101 年度台再字第 39 號民事判決及臺灣臺中地方法院 98 年度訴字第 2666 號民事判決參照），合先陳明。三、次按本部 101/06/22 法令字第 10103104950 號解釋令略以：**核發執行憑證並無中斷執行期間之效果，亦不生執行程序終結之效果**。**是分署核發執行憑證僅係用以證明移送機關所移送執行案件中，尚未實現之債權金額，不生稅捐稽徵法第 23 條第 1 項但書所定是否『結案』之問題**。移送機關於執行期間（例如：行政執行法第 7 條、稅捐稽徵法第 23 條第 4 項、第 5 項規定）屆滿前，如發現義務人有可供執行之財產，得依行政執行法施行細則第 19 條規定以『執行憑證』再移送執行，併具體指明義務人可供執行之財產，俾利執行。」

139 關稅法第 48 條第 9 項第 4 款規定：「納稅義務人、受處分人或其負責人、代表人、管理人經限制出國後，具有下列各款情形之一者，財政部應函請內政部移民署解除其出國限制：……四、依本法限制出國時之欠稅及罰鍰，已逾法定徵收期間。」

(2) 不（得）再執行

A. 關稅法第 9 條第 3 項前段規定：「關稅、滯納金、滯報費、利息、罰鍰或應追繳之貨價，於徵收期間屆滿前已移送執行者，自徵收期間屆滿之翌日起，五年內未經執行者，『**不再執行**』。」同項後段規定：「其於五年期間屆滿前已開始執行，仍得繼續執行，但自五年期間屆滿之日起已逾五年尚未執行終結者，『**不得再執行**』。」依本項前段及後段但書規定，對於**已移送執行案件而於五年內未經執行者**，其法律效果爲「不再執行」；對於五年內已開始執行且自五年期間屆滿之日起已逾五年尚未執行終結者，其法律效果爲「不得再執行」。

B. 前揭「不（得）再執行」因與同條第 1 項本文規定之「不再徵收」使用不同用語，是否應解爲同義而認公法債權（務）消滅，恐非無疑。目前實務上海關對此似認所稱「不（得）再執行」與「不再徵收」同義，原公法債權已因不（得）再執行而屬徵收期間屆滿，故而依規定程序[140]辦理註銷欠稅。

C. 惟參照關稅法第 9 條於 105 年修法說明：「……三、本條有關案件徵收期間之規定，解釋上屬行政執行法第 7 條第 2 項所稱其他法律關於『**執行期間**』之特別規定，應優先適用，惟本條僅有徵收期間而無執行期間之規範，致海關移送強制執行後，於債權未受償前，納稅義務人恐將被無限期追償，實有未妥，爰參考稅捐稽徵法第 23 條第 4 項規定，增訂第 3 項『**執行期間**』，以保障人權。」已明確指出第 3 項規定爲「執行期間」，又基於最高行政法院 99 年度判字第 1138 號判決闡釋「執行期間經過後，法律效果爲不得再執行或免予執行，並非公法上債權當然消滅」，本文以爲，所稱「**不（得）再執行**」，係指執行期間屆滿不得再予強制執行或免予執行之意，原應繳（追繳）而未徵起之關稅、滯納金、滯報費、利息、罰鍰或應追繳之貨價，依第 9 條第 1 項但書規定，仍處於「**繼續徵收**」之狀態，並未罹於「徵收期間」之規定，從而於執行期間屆滿後如有徵起，亦不構成公法上不當得利，實務上憑此註銷欠稅，似值商榷[141]。

2. 擔保物之處理

徵收期間屆滿，稅捐或罰鍰之擔保物及所爲之保全措施應如何處理，茲說明如下：

---

140 財政部關務署 105/10/17 台關政緝字第 1056002951 號函訂定「海關辦理行政執行案件結案作業要點」、「中央政府各機關註銷應收款項、存貨及存出保證金會計事務處理作業規定」第 2 點第 4 款規定：「二、各機關對其經管之各項債權，應積極收繳，不得積壓延誤。如有下列各款情事，依其規定辦理：……（四）各機關依法取得之債權憑證，如屆滿法定收繳期限而有辦理註銷之必要時，應檢同有關證件，報經主管機關查核其管理及催繳程序確屬妥適後，函轉審計部核定，並副知行政院主計總處，據以辦理註銷。」

141 為根本消除此一疑慮，似可修法將「不（得）再執行」一語修正為「不（得）再徵收及執行」，同時規範徵收及執行期間，以解決註銷欠稅及無限追償問題。

(1)質權擔保

依現行函釋[142]，由第三人提供銀行定期存單設定質權予稅捐稽徵機關擔保欠繳之鍰，惟於罰鍰徵收期間內，未及時行使質權，致所欠罰鍰已逾徵收期間者，因對該罰鍰徵收權已消滅，該供擔保之質權，亦應歸於消滅，不得再依民法第145條第1項規定就該質物取償。

(2)票據擔保

A.依現行函釋[143]，按營利事業負責人為擔保稅捐債務所為票據背書行為，在性質上係擔保票款之給付，與民法保證之性質不同，且票據乃無因證券，依票據法第5條第1項之規定：「在票據上簽名者，依票上所載文義負責。」又按同法第13條規定：「票據債務人不得以自己與發票人或執票人之前手間所存抗辯之事由對抗執票人。但執票人取得票據出於惡意者，不在此限。」營利事業滯欠關稅及罰鍰如已逾關稅法第4條之2[144]規定之徵收期間而依法不再徵收，惟營利事業負責人為擔保關稅債務所為票據背書行為，**依票據法上開規定既仍須負背書人責任，則債權人在票據債權消滅時效期間完成前，自可依法繼續向背書人求償**。

B.票據雖因票據之無因性而有獨立求償基礎，惟鑑於所擔保之稅捐或罰鍰債權已於徵收期間屆滿而歸消滅，故縱行使票據上權利而求償有果，所受稅捐及罰鍰之利益，恐仍將構成公法上不當得利，是以本文以為，本則釋示，似有檢討修正必要。

（五）溯及既往

關稅法第9條第4項規定：「本法中華民國一百零五年十月二十一日修正之條文施行前已移送執行尚未終結之案件，其執行期間依前項規定辦理。」亦即應徵（追繳）關稅、滯納金、滯報費、利息、罰鍰或貨價，於徵收期間屆滿前已移送執行者，自徵收期間屆滿之翌日起，五年內未經執行者，不再執行；其於五年期間屆滿前已開始執行，仍得繼續執行，但自五年期間屆滿之日起已逾五年尚未執行終結者，不得再執行。藉由本項訂定之溯及既往規定，以解決105年修法施行前案件仍被無限期追償之不合理現象，同時保障賦稅人權。

---

142 財政部84/10/19台財稅字第840598731號函。

143 財政部80/10/17台財關字第800408407號函。

144 即現行第9條。

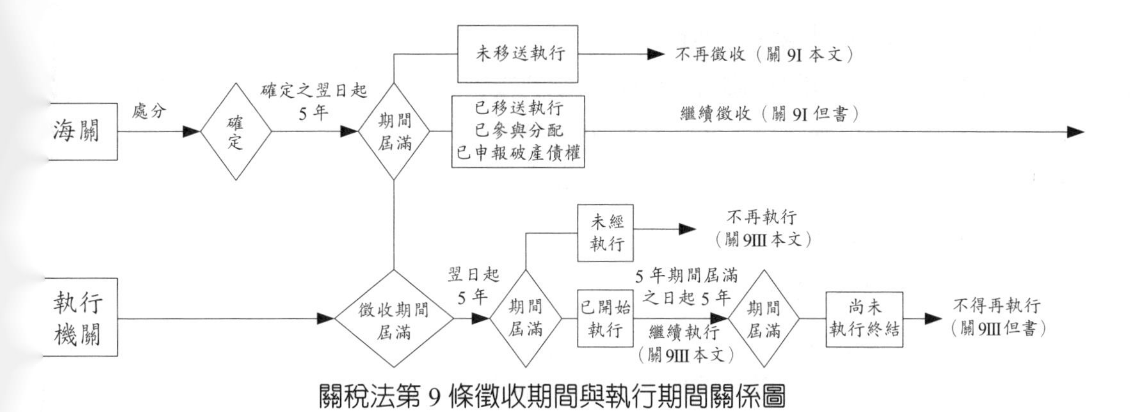

關稅法第 9 條徵收期間與執行期間關係圖

三、第2項／準用關稅法第48條規定

（一）依本條例所處之罰鍰準用關稅法第48條規定

1.通知有關機關不得爲移轉或設定他項權利

(1) 欠繳罰鍰者，海關得通知有關機關不得爲移轉或設定他項權利（第 49 條之 1 第 2 項準用關稅法第 48 條第 1 項前段）。所謂「欠繳」，參照財政部 95/12/31 台財稅字第 38474 號函[145]對稅捐稽徵法第 24 條第 1 項規定[146]之釋示，應指依法應由納稅義務人繳納之罰鍰，**未於規定期限內繳納者之謂**。

(2) 實務上，海關向以公文通知地政或車輛監理機關，禁止受處分人名下所有之不動產及車輛，辦理移轉或設定他項權利，以達到保全債權之目的，並參照稅捐稽徵法施行細則第 9 條規定[147]，同時以書面敘明理由並附記救濟程序通知納稅義務人，依法送達。

---

[145] 財政部 65/12/31 台財稅字第 38474 號函釋：「稅捐稽徵法第 24 條規定，旨在稅捐之保全，故該條第 1 項所稱『納稅義務人**欠繳**應納稅捐者』一語，係指依法應由納稅義務人繳納之稅捐，**未於規定期限內繳納者之謂**。」

[146] 稅捐稽徵法第 24 條第 1 項規定：「稅捐稽徵機關得依下列規定實施稅捐保全措施。但已提供相當擔保者，不適用之：一、納稅義務人**欠繳**應納稅捐者，稅捐稽徵機關得就納稅義務人相當於應繳稅捐數額之財產，通知有關機關，不得為移轉或設定他項權利；其為營利事業者，並得通知主管機關限制其減資之登記。二、納稅義務人有隱匿或移轉財產、逃避稅捐執行之跡象者，稅捐稽徵機關得於繳納通知文書送達後，聲請法院就其財產實施假扣押，並免提供擔保；其屬納稅義務人已依法申報而未繳納稅捐者，稅捐稽徵機關得於法定繳納期間屆滿後聲請假扣押。」

[147] 稅捐稽徵法施行細則第 9 條規定：「稅捐稽徵機關依本法第二十四條第一項第一款規定就納稅義務人相當於應繳稅捐數額之財產，通知有關機關，不得為移轉或設定他項權利時，應同時以書面敘明理由並附記救濟程序通知納稅義務人，依法送達。」

2. 通知主管機關限制其減資之登記

欠繳罰鍰者，海關得通知主管機關限制其減資之登記（第49條之1第2項準用關稅法第48條第1項後段）。實務上，海關係以公文通知公司登記機關，限制受處分人爲減資之登記，以防其藉由減資損害公法債權。

3. 行使代位權及撤銷權

(1) 民事之債之保全

A. 代位權、撤銷權

(A) 民法第242條規定：「債務人怠於行使其權利時，債權人因保全債權，得以自己之名義，行使其權利。但專屬於債務人本身者，不在此限。」第243條規定：「前條債權人之權利，非於債務人負遲延責任時，不得行使。但專爲保存債務人權利之行爲，不在此限。」

(B) 民法第244條規定：「債務人所爲之無償行爲，有害及債權者，債權人得聲請法院撤銷之（Ⅰ）。債務人所爲之有償行爲，於行爲時明知有損害於債權人之權利者，以受益人於受益時亦知其情事者爲限，債權人得聲請法院撤銷之（II）。債務人之行爲非以財產爲標的，或僅有害於以給付特定物爲標的之債權者，不適用前二項之規定（III）。債權人依第一項或第二項之規定聲請法院撤銷時，得並聲請命受益人或轉得人回復原狀。但轉得人於轉得時不知有撤銷原因者，不在此限（IV）。」

B. 公法債權本不得援用民法保全規定

參照司法實務見解，「公法人或政府機關爲確定公法上權利依民事訴訟程序請求救濟，即與民事訴訟以解決當事人間私法上爭執之意旨不符，自非法之所許；民法第244條之撤銷權，乃以回復債務人之責任財產以保全債權人『私法上之債權』之受清償爲目的，故撤銷權人應爲私法上之債權人，參照最高法院62年台上字第2號判例意旨，政府向人民徵稅，乃本於行政權之作用，屬於公權範圍，納稅義務人所負擔之稅捐並非其私法上債務、稅捐機關並非納稅義務人之私法上債權人甚明，究其本質與民法所規範之私法債權非無相當差異，自不得援用民法專爲保全私法債權而設之規定，故就公法上債權之行使或保全，自無由適用該條規定而行使撤銷權之餘地，此與私法上所表現於一般法律思想之誠信原則，在公、私法上有共通之法理而得適用於公法者，未盡相同。[148]」公法債權原則上不得援用民法上專爲保全私法債權而設之規定。

C. 關稅法及海關緝私條例訂有明文準用民事保全規定

(A) 關稅法第48條第4項規定：「民法第二百四十二條至第二百四十四條規定，

148 臺灣高等法院103年度重上字第591號民事判決。

於關稅之徵收準用之。」本條第 2 項規定：「關稅法……第四十八條規定，於依本條例所處之罰鍰準用之。」因關稅法及本條例已訂有明文規定，是以，依本條例所處之罰鍰，其徵收依本條第 2 項規定準用關稅法第 48 條第 4 項規定，即得再準用民法第 242 條至第 244 條規定，以民事程序保全公法債權。

(B) 另，爲避免納稅義務人或受處分人怠於行使權利或有詐害債權人行爲，影響稅捐之徵起，稅捐稽徵法第 24 條業於 110 年 11 月 30 日參酌關稅法第 48 條第 4 項規定，增訂第 5 項規定：「關於稅捐之徵收，準用民法第二百四十二條至第二百四十五條、信託法第六條及第七條規定。」定明稅捐稽徵機關因保全債權，得以自己之名義，行使非專屬於納稅義務人之財產上權利，或聲請民事法院撤銷詐害債權行爲，併此說明。

(2) 行使代位權

A. 債務人怠於行使其權利時，債權人因保全債權，得以自己之名義，行使其權利（第 49 條之 1 第 2 項準用關稅法第 48 條第 4 項再準用民法第 242 條）。

B. 實務案例：臺灣基隆地方法院 102 年度訴字第 94 號民事判決。

(3) 行使撤銷權

A. 債務人所爲之無償行爲，有害及債權者，或債務人所爲之有償行爲，於行爲時明知有損害於債權人之權利者，以受益人於受益時亦知其情事者爲限，債權人得聲請法院撤銷之（第 49 條之 1 第 2 項準用關稅法第 48 條第 4 項再準用民法第 244 條第 1 項或第 2 項）。

B. 實務案例：臺灣高雄地方法院 94 年度簡上字第 200 號民事判決。

❖釋示函令❖

《第 1 項／聲請假扣押》

1. 以中央銀行發行之儲蓄券充作關稅擔保之處理原則

主旨：貴司署函報中央銀行發行之儲蓄券，可否充作關稅之擔保乙案，核復如說明。

說明：以中央銀行儲蓄券充作關稅擔保，應依下列原則辦理：（一）中央銀行發行之儲蓄券縱經設立質權，質權人亦不得於期前提取本息。（二）以儲蓄券爲關稅之擔保，對於所擔保之稅款、罰鍰，由於不能適時變現，如其到期日後於納稅期限，除就應納之稅款繳稅外，仍應依規定加徵滯納金。海關並應於到期前將上情通知納稅義務人。（三）中央銀行發行之儲蓄券可作爲擔保關稅之範圍，暫以進口機器設備分期繳納案件及外銷品沖退原料進口稅捐記帳案件爲限。（四）中央銀行發行之儲蓄券充作關稅擔保時，其設質手續須向原經售機構辦理，有關詳情，請逕洽經售機構（財政部 76/10/28 台財關字第 761053000 號函）。

2. 授信機構指營業項目列有保證業務之銀行及信託投資公司

「關稅法施行細則」第24條之2[149]及「進口貨物先放後稅實施辦法」第3條[150]所稱「授信機構」，指營業項目中列有保證業務之銀行及信託投資公司。至可否受理授信機構之保證，由各地區關稅局本於職權逕行審核，無須申請本部核准（財政部84/10/03台財關字第841727223號函）。

3. 以浮沉臺船作爲稅款及罰鍰之債務擔保應否准許

主旨：所報○○公司申請以其所有「榮○號」浮沉臺船作爲貴關處分稅款及罰鍰債務之擔保應否准許乙案。

說明：二、依來文資料顯示，○○公司擬供擔保之船舶尚未鑑價，縱依保險單所載約定價值新臺幣（以下同）1億元作爲現值，惟經扣除已設定動產抵押權8,640萬元後，所餘價值對本案應擔保之債權（逾3,000萬元），未具相當性。三、又擬供擔保之船舶，其屬動產並有耐用年限之折舊問題，日後拍賣變價恐非易事，且其體積及重量甚鉅，保管困難，參考關稅法第11條第1項第7款之規範旨意，宜認非屬海關緝私條例第49條之1第1項規定之「適當擔保」或但書所稱之「相當財產保證」，故本件申請，不宜允准（財政部關務署103/01/28台關緝字第1031001853號函）。

4. 核釋以不動產提供擔保之條件及其估價

主旨：依海關緝私條例規定，海關受理當事人申請以不動產提供擔保案件，處理發生疑義乙案。

說明：二、凡申請以不動產提供擔保案件，經查明當事人以現金提供擔保確有困難者均應受理，無須規定最低擔保金額，惟其**所提供擔保之不動產應爲確得自由轉讓，並無產權糾紛，及無設立抵押權、地上權等任何權利，足以影響變價或變價後之求償者爲限**，可於設定第一順位之抵押權登記，並將他項權利證明書交付海關保管後，作爲擔保。三、至不動產擔保品價值之計算，土地以公告現值爲準，建築改良物以計稅用之評定標準價格爲準（財政部69/09/17台財關字第21509號函）。

5. 不動產估價應減除土地增值稅及海關可逕就擔保品變價取償之處理

主旨：關於受處分人或貨物或運輸工具之所有人、管理人或持有人依海關緝私條例第49條[151]、第49條之1或第21條等規定，申請提供保證金或其他擔保案件，海關在處理上發生疑義一案。

---

149 已納入關稅法第11條。

150 現行辦法第4條。

151 本條例第49條規定業經司法院釋字第439號解釋宣告違憲，不再適用，並於102年修法刪除。

說明：二、茲核示如次：（一）海關受理當事人依海關緝私條例規定申請以土地提供抵押之案件，應否先將土地增值稅扣減及其扣減標準如何訂定一節，按土地增值稅之徵收優先於一切債權及抵押權[152]，故以土地作擔保之案件，其擔保金額應以該土地提供擔保時之公告現值減除預計土地增值稅後之餘額為準。至於土地增值稅之預計，可將提供擔保土地之地籍資料，洽請各該地主管稽徵機關估算。（二）海關就擔保品取償或向保證人追償時，是否應核發處分書？有無海關緝私條例第 50 條及第 51 條規定之適用各節，查本部 69 台財關第 10895 號函曾指明沒入處分與就保證金或擔保品取償或向保證人追償之法律基礎各不相同，本應分別作行政處分，為簡化手續，於海關處分沒入確定後，可逕以所納保證金抵充貨價，繳歸國庫，故海關就擔保品取償時，可逕予變價。惟仍應依海關緝私條例第 50 條第 2 項之規定通知受處分人，如係抵押擔保，海關亦得逕予實行抵押權，於聲請法院裁定後，移送強制執行，並通知受處分人及抵押物所有人。**至向保證人追償時，則應另為行政處分，此一追償貨價之處分確定後，現行海關緝私條例尚無移送法院強制執行之依據。如係追償應納稅款及罰鍰之案件，於追償處分確定後，自仍有海關緝私條例第 50 條及第 51 條規定之適用，其不據以繳納者，仍可移送法院強制執行**。因此，依該條例第 21 條規定提供擔保申請撤銷扣押者，宜以現金或物保為限，不宜接受人保，以免發生執行上之困難。至於就該擔保品變價取償後仍有不足者，對不足部分應否追徵。按**提供擔保品或以不動產設定抵押權，原則上，其保證責任僅以擔保品或抵押權之標的物為限，如有不足時，應不得再行向提供擔保品或不動產之人追徵。其屬擔保稅款或罰鍰之繳納者，海關則仍得向納稅義務人或受處分人追徵**。（三）有關依照海關緝私條例第 21 條規定提供保證金以外之擔保撤銷扣押之案件，如受處分人或提供擔保者不願其所提供之擔保品被執行，而另行申請分期繳納貨價或運輸工具之價金者，可同意其分期清償。惟已提供或設定之擔保，仍不予解除（財政部 72/04/07 台財關字第 14721 號函）。

6. 未確定且未能終局強制執行之案件，准予分期提供擔保免除相關保全措施之要件及相關規範

主旨：所報有關就未確定且未能終局強制執行之案件，准予申請分期提供擔保免除相關保全措施之要件及相關規範一案。

說明：二、按「受處分人未經扣押貨物或提供適當擔保者，海關為防止其隱匿或移轉財產以逃避執行，得於處分書送達後，聲請法院假扣押或假處分，並免提擔保。但受處分

[152] 稅捐稽徵法第 6 條第 2 項規定業修正為：「土地增值稅、地價稅、房屋稅之徵收及法院、法務部行政執行署所屬行政執行分署（以下簡稱行政執行分署）執行拍賣或變賣貨物應課徵之營業稅，優先於一切債權及抵押權。」現已改由行政執行署各執行分署辦理強制執行。

人已提供相當財產保證者，應即聲請撤銷或免為假扣押或假處分。」為海關緝私條例第49條之1第1項所明定，爰海關對於未經扣押貨物或提供適當擔保之案件，應視個案有無「隱匿或移轉財產以逃避執行」之虞，判斷應否聲請法院就其財產實施假扣押或假處分；倘海關認為行政救濟中之罰鍰案件經受處分人分期提供擔保，已足供認定無隱匿或移轉財產以逃避執行之意圖，自得本於職權依上開規定辦理（財政部98/11/3台財關字第09800538060號函）。

7.受處分人提供保證金申請撤銷扣押之貨物，海關得再為假扣押

主旨：依海關緝私條例處分之緝私案件，受處分人可否提供相當之保證金或其他擔保申請撤銷該貨物或運輸工具之扣押？如准其所請，海關是否得再依海關緝私例第49條之1規定，就該撤銷扣押之貨物或運輸工具聲請法院予以假扣押？處理疑義乙案。

說明：二、依海關緝私條例由海關扣押之貨物或運輸工具，在案件處分未確定前，受處分人如為繫案貨物之所有人、管領人或持有人，自得依該條例第21條之規定申請撤銷扣押。三、復查該條例49條之1前段規定：「受處分人未經扣押貨物或提供適當擔保者，海關為防止其隱匿或移轉財產以逃避執行，得於處分書送達後聲請法院假扣押或假處分，並免提擔保。」乃屬經由法院之假扣押或假處分，以保全將來強制執行之程序，其適用與同條例第21條無涉，即凡合於首開規定之要件者，均得聲請法院假扣押或假處分。四、受處分人依海關緝私條例第21條提供保證金申請撤銷扣押後，於海關處分沒入確定時，即將原扣押物交回者，此項保證金依本部69台財關第16165號函說明三、應予退還，惟如受處分人經科處罰鍰，且該罰鍰處分業已確定，海關自可依本部69台財關第19693號函辦理扣抵，免再聲請法院就該應退還之保證金予以執行清繳罰鍰（財政部70/01/28台財關字第11061號函）。

8.進口貨物經擔保放行後准免就該貨物再為假扣押

關於「建議若於海關向法院聲請假扣押期間，經欠稅人或受處分人提供與貨價同額擔保請求放行時，准依關稅法第25條之1[153]第2項但書及海關緝私條例第49條之1第1項但書規定免就已提供與貨價同額擔保部分，再為假扣押。俾資便捷，兼裕庫收」一節，准予照辦（財政部76/02/25台財關字第7583556號函）。

9.為保全債權對廠商進口貨物設定假扣押所衍生貨櫃延滯費，由國庫支付

海關為保全債權，對廠商進口貨物設定假扣押所衍生之貨櫃延滯費，因屬公務需要應由國庫支付（財政部97/09/04台財關字第09700345990號函）。

---

153 即現行第48條。

第 2 項／準用關稅法第 9 條規定》

. 事業負責人擔保稅捐所為票據債權，逾徵收期間仍可行使票據債權

旨：甲興業股份有限公司滯欠稅捐及罰鍰已逾法定徵收期間，其負責人為擔保該稅捐為之票據債權，在求償時效未完成前，可否繼續追償乙案，請依說明二法務部意見辦。

說明：二、本案經函准法務部函復以：「按營利事業負責人為擔保稅捐債務所為票據背書行為，在性質上係擔保票款之給付，與民法保證之性質不同，且票據乃無因證券，依票據法第 5 條第 1 項之規定：『在票據上簽名者，依票上所載文義負責。』又按同法第 13 條規定：『票據債務人不得以自己與發票人或執票人之前手間所存抗辯之事由對抗執票人。但執票人取得票據出於惡意者，不在此限。』營利事業滯欠關稅及罰鍰如已逾關稅法第 4 條之 2[154]規定之徵收期間而依法不再徵收，惟營利事業負責人為擔保關稅債務所為票據背書行為，依票據法上開規定既仍須負背書人責任，則債權人在票據債權消滅時效期間完成前，自可依法繼續向背書人求償。」（財政部 80/10/17 台財關字第 800408407 號函）。

11. 罰鍰已逾徵收期間者，應不得就原提供擔保之質物取償

主旨：○○公司欠繳罰鍰，由第三人提供銀行定期存單作擔保，設定質權予○○市稅捐稽徵處，惟在罰鍰徵收期間內，該處未及時行使質權，致所欠罰鍰已逾徵收期間者，應不得再依民法第 145 條第 1 項規定，就該質物取償。

說明：二、本案經函准法務部函復略以：「按質權係屬擔保物權，其從屬於被擔保之債權而存在，亦隨該債權之消滅而消滅。又應徵之稅捐未於徵收期間徵起者，不得再行徵收；至於罰鍰逾徵收期間部分，除稅捐稽徵法另有規定外，準用該法有關稅捐之規定（稅捐稽徵法第 23 條第 1 項前段、第 49 條前段參照），此與民法有關消滅時效完成僅債務人拒絕給付之抗辯權發生，並非債權人請求權當然消滅者不同（民法第 144 條第 1 項參照）。本案納稅義務人欠繳罰鍰，由第三人提供銀行定期存單作擔保，設定質權予稅捐稽徵機關，惟在罰鍰徵收期間內，稽徵機關未向該納稅義務人催繳罰鍰，亦未及時行使質權，致所欠罰鍰已逾徵收期間，揆諸首開法條說明，稅捐稽徵機關對該納稅義務人之罰鍰徵收權已消滅，依首開說明，該供擔保之質權，亦應歸於消滅，故民法第 145 條第 1 項規定似無適用之餘地。」準此，本案罰鍰既已逾徵收期間，依法務部上項意見，應不得再依民法第 145 條第 1 項規定，就質物取償（財政部 84/10/19 台財稅字第 840598731 號函）。

---

154 即現行第 9 條。

12. 稅捐徵收期間之末日適爲假日及移送法院強制執行之定義釋疑

二、按稅捐稽徵法第 23 條第 1 項規定之稅捐徵收期間，係屬公法上請求權消滅時效期間，並非行政程序法第 48 條第 5 項所稱「涉及人民之處罰或其他不利行政處分」之期間，故該五年徵收期間之末日如爲星期日、國定假日或其他休息日者，應逕行適用行政程序法第 48 條第 4 項規定，以該日之次日爲期間之末日。三、另稅捐稽徵法第 23 條第 1 項但書所稱「已移送法院強制執行」[155]者，前經該法主管機關財政部於 6… 年 1 月 14 日以台財稅字第 30300 號函釋略以：「應以繫屬於法院者爲限」，上開結論應不因 90 年 1 月 1 日起行政執行新制實施而有影響；換言之，上開規定所稱「已移送法院強制執行」，自 90 年 1 月 1 日行政執行新制實施後，應係指「已繫屬於行政執行處[156]」而言（法務部 90/08/09 法律字第 23564 號函）。

《第 2 項 / 準用關稅法第 48 條規定、稅捐稽徵法第 24 條第 1 項規定》

13. 所稱欠繳應納稅捐之意義

稅捐稽徵法第 24 條規定，旨在稅捐之保全，故該條第 1 項所稱「納稅義務人**欠繳**應納稅捐者」一語，係指依法應由納稅義務人繳納之稅捐，**未於規定期限內繳納者之謂**（財政部 65/12/31 台財稅字第 38474 號函）。

14. 附條件買賣未取得所有權前，不得因欠繳而爲禁止處分登記

公司依動產擔保交易法附條件買賣而占有之車輛，在未依同法規定取得所有權前，稅捐稽徵機關不得因該公司欠繳應納稅捐而依稅捐稽徵法第 24 條第 1 項規定辦理該車輛之禁止處分登記（財政部 78/12/29 台財稅字第 780404991 號函）。

15. 稽徵機關不得就欠稅人已發生流當未辦過戶登記之車輛爲禁止處分登記

主旨：納稅義務人欠繳稅捐，稅捐稽徵機關得否就其依當舖業法規定已發生流當惟未辦理過戶登記之車輛，辦理禁止處分登記疑義乙案。

說明：二、欠繳稅捐之納稅義務人，其車輛依當舖業法規定發生流當情事，惟未辦理過戶登記，致車籍登記所有權人與實際所有權人不一致，該車籍登記是否爲車輛所有權移轉之對抗要件，經函准法務部 100/07/11 法律決字第 1000015334 號函復略以：「……汽車讓與雖依道路交通安全規則第 15 條第 2 項第 1 款應辦理過戶登記，惟此非汽車所有權移轉之生效或對抗要件，而僅爲公路監理機關之行政管理措施。本件 A 公司於 96 年 2 月 26 日已將所有車輛持向當舖業者典當，因逾當舖業法之法定贖回日期仍未取贖，

---

155 已修正文字為「已移送執行」。

156 現已改由行政執行署各執行分署辦理強制執行。

於96年5月31日即生該車輛所有權移轉於當舖業者之效力，至當舖業者於取得所有權後未向公路監理機關辦理過戶登記，僅屬有否違反行政管理措施之問題，尚難據謂非經登記即生不得對抗第三人之效力。」是旨揭情形，稅捐稽徵機關尚不得辦理禁止處分登記。三、檢附法務部100/07/11法律決字第1000015334號函影本供參（財政部100/07/20台財稅字第10000151440號函）。

附件：法務部100/07/11法律決字第1000015334號函

二、按民法第761條第1項前段規定：「動產物權之讓與，非將動產交付，不生效力。」據此，本條雖未如民法第758條表明係法律行為所生變動之要件，但所謂「讓與」乃指依物權人之意思表示，而移轉其物權於他人或使他人取得而言，故在解釋上應認為與民法第758條所定法律行為一語並無歧異。易言之，本條之適用亦係以法律行為使動產物權發生變動者為限。至動產物權非依法律行為變動之情形，諸如依法律規定而取得（民法第768條、第802條、第807條等參照），因繼承而取得動產物權，或因刑事沒收，由國家取得動產物權者，均依各該法律定其效力，無本條之適用（謝在全，民法物權（上）修訂四版，第136頁參照）。三、次按當舖業法第21條規定：「當舖業之滿當期限，不得少於三個月，少於三個月者，概以三個月計之；滿期後五日內仍得取贖或付清利息順延質當；屆期不取贖或順延質當者，質當物所有權移轉於當舖業。」是一有屆期不取贖或順延質當之情事發生，依當舖業法第21條後段之規定，即由當舖業取得質當物之所有權，此係依法律規定所生之物權變動，自無須踐行民法第761條有關動產物權之讓與方式。另汽車讓與雖依道路交通安全規則第15條第2項第1款應辦理過戶登記，惟此非汽車所有權移轉之生效或對抗要件，而僅為公路監理機關之行政管理措施。本件A公司於96年2月26日已將所有車輛持向當舖業者典當，因逾當舖業法之法定贖回日期仍未取贖，於96年5月31日即生該車輛所有權移轉於當舖業者之效力，至當舖業者於取得所有權後未向公路監理機關辦理過戶登記，僅屬有否違反行政管理措施之問題，尚難據謂非經登記即生不得對抗第三人之效力。

16. 不宜對欠稅人之股票通知發行公司禁止移轉或設定他項權利

按稅捐稽徵法第24條第1項前段規定「納稅義務人欠繳應納稅捐者，稅捐稽徵機關得就納稅義務人相當於應繳稅捐數額之財產，通知有關機關，不得為移轉或設定他項權利」。是項禁止必須稅捐稽徵機關之「通知」能夠發生影響實體法上權利義務關係之效力，始有適用上之實益。查股票之移轉，在記名股票須合法背書，並經交付，在無記名股票只須交付，即生移轉之效力；至於是否記載於股東名簿，只是得否對抗公司之效力問題（參照公司法第 165 條第 1 項），不影響轉讓之成立。至以股票爲質權之標的時，依民法第 908 條規定，無記名股票因交付其股票於質權人，記名股票因背書並交付其股票於質權人，即生設定質權之效力；均不以記載於股東名簿爲設定質權之生效要件。故稅捐稽徵機關對欠稅之股份有限公司股東，通知該公司禁止其股票移轉或設定他項權利，並不能發生法律上阻止財產權移轉及設定他項權利之效力。因此納稅義務人欠繳應納稅捐，稅捐稽徵機關不宜就納稅義務人持有之股票，通知發行公司禁止其移轉或設定他項權利（財政部 75/08/12 台財稅字第 7545302 號函）。

17. 納稅義務人欠繳稅捐或罰鍰者，尚不宜通知金融機構禁止其提領存款

主旨：納稅義務人欠繳應納稅捐或罰鍰，稅捐稽徵機關尚不宜依稅捐稽徵法第 24 條第 1 項前段規定，通知金融機構禁止納稅義務人提領其銀行存款。惟符合該條第 2 項規定者，仍得聲請法院就該存款實施假扣押，以資保全。

說明：二、查稅捐稽徵法第 24 條第 1 項前段規定之「有關機關」，係指政府機關，尚不包括金融機構在內。故納稅義務人欠繳應納稅捐或罰鍰，稅捐稽徵機關尚不宜依稅捐稽徵法第 24 條第 1 項前段規定，通知金融機構禁止納稅義務人提領其銀行存款（財政部 84/02/21 台財稅字第 841605136 號函）。

18. 稽徵機關不得就已信託登記之財產爲禁止處分，但有害及稅捐者得聲請法院撤銷該信託

本案經函准法務部 90/12/21 法 (90) 律字第 040486 號函復略以：「按信託法第 12 條第 1 項規定：『對信託財產不得強制執行。』核其立法意旨，係因信託財產名義上雖屬受託人所有，但受託人係爲受益人之利益管理處分之，故受託人之債權人對信託財產不得爲強制執行。至於委託人之債權人亦不得對信託財產爲強制執行，因信託財產移轉爲受託人所有後，該財產形式上已屬受託人財產而非委託人財產，是委託人之債權人當然不得對已登記爲受託人名義之財產聲請強制執行（臺灣高等法院 90 年度抗字第 2444 號裁定參照）。惟爲防止委託人藉成立信託脫產，害及其債權人之權益，信託法爰參考民法第 244 條第 1 項之規定，於該法第 6 條第 1 項規定信託行爲有害於委託人之債權人權利者，債權人得聲請法院撤銷之，以保障委託人之債權人，並期導引信託制度於正軌。本件納稅義務人欠繳稅捐，經稅捐稽徵機關通知繳納，繳款通知書業經合法送達，逾期未繳，於繳款期限屆至後，將所有土地乙筆信託於受託人，並已辦妥財產權移轉登記，似已符合上開撤銷權之行使要件，稅捐稽徵機關自得聲請法院撤銷此一信託行爲。至稅捐稽徵機關行使其撤銷權時，亦請一併注意同法第 7 條關於撤銷權行使除斥期間之規定。又上揭『對信託財產不得強制執行』，解釋上包括假扣押、假處分（『法務

部信託法研究制定資料彙編(一)』）」。依法務部上開意見，本案納稅義務人某開發科技股份有限公司、某建設股份有限公司欠繳印花稅及罰鍰，稅捐稽徵機關尚不得依稅捐稽徵法第 24 條規定，就其已辦妥信託登記之財產為禁止處分。惟本案納稅義務人之信託行為已害及稅捐債權，貴處可於信託法第 7 條規定期限內，依該法第 6 條規定，聲請法院撤銷該信託行為（財政部 91/03/15 台財稅字第 0910451698 號函）。

19. 不得就限定繼承人之固有財產為禁止處分及強制執行

對欠稅人財產為禁止處分係在確保稅捐債權可自該受禁止處分之財產受償，不得就限定繼承人之固有財產為強制執行，自亦不得對其固有財產為禁止處分。所滯欠之遺產稅既僅就遺產（物）範圍內為強制執行，受償標的即有限制，又對限定繼承人之固有財產，係不得為禁止處分，即在對人民之財產權不得有所限制之情形下，較之財產權影響人民權益更甚之限制居住遷徙自由，自亦不宜為之，從而應不宜對限定繼承人為限制出境（財政部 96/10/19 台財稅字第 09604550050 號函）。

20. 合夥事業欠稅禁止處分合夥人之財產，以合夥財產不足清償債務為前提

依最高法院 29 年上字第 1400 號判例：「合夥財產不足清償合夥之債務，為各合夥人連帶責任之發生要件，債權人請求命合夥人之一對於不足金額連帶清償，應就此存在要件負舉證之責」，是合夥組織營利事業欠繳稅捐，稽徵機關就合夥人之財產通知地政機關為禁止處分登記時，應以該合夥之財產不足清償合夥債務為前提要件方為適法。至該要件是否存在，應由稽徵機關蒐集證據證明之（財政部 75/07/30 台財稅字第 7549651 號函）。

21. 於禁止處分之土地建築房屋之處理

一、稅捐稽徵機關依稅捐稽徵法第 24 條第 1 項規定，就納稅義務人之土地，囑託地政機關為禁止處分之登記者，僅為不得移轉或設定他項權利，對於該土地為建築使用，並無禁止規定。二、前項土地之禁止處分登記，係為保全稅收及督促性質，其為禁止處分之登記後，納稅義務人於該土地上自建房屋或出具同意書供他人建築房屋，均將因土地之使用而減少其原有價值，地政機關於收受其建物登記時，應即通知原為囑託之稅捐稽徵機關，以便就納稅義務人之財產依法追繳其所欠稅款，或對其所建房屋併為禁止處分登記，或依法聲請法院就其財產實施假扣押等，以保全稅收（行政院 75/03/08 台(75) 內字第 4635 號函、財政部 75/04/10 台財稅字第 7539996 號函）。

22. 稅捐稽徵機關函請有關機關為禁止處分登記時，應同時以書面通知納稅義務人

一、稅捐稽徵機關依稅捐稽徵法第 24 條第 1 項規定，通知有關機關就納稅義務人之財產不得為移轉或設定他項權利時，應同時以書面敘明理由並附記救濟程序通知納稅

義務人，依法送達。二、廢止本部 71/05/21 台財稅字第 33628 號函（財政部 104/03/2
台財稅字第 10304044180 號令）。

23. 禁止處分通知送達登記機關後始生效力

稅捐稽徵機關限制欠稅人財產不得移轉或設定他項權利之通知送達登記機關後，登記機關始受該項規定之拘束。如通知未送達前，登記機關已對該項財產辦理移轉登記或設定他項權利者，自不能追溯（財政部 66/02/22 台財稅字第 31234 號函）。

24. 就同一土地可受理不同稽徵機關囑託禁止處分登記

同一土地經稅捐稽徵機關囑託禁止處分登記後，仍可再受理其他稅捐稽徵機關囑託禁止處分登記（財政部 82/10/14 台財稅字第 820481331 號函）。

附件：內政部82/10/01台(82)內地字第8212289號函

主旨：關於同一土地經稅捐稽徵機關囑託禁止處分登記後，可否再受理其他稅捐稽徵機關囑託禁止處分登記乙案，復請查照。

說明：二、案經本部函准財政部 82/09/13 台財稅第 820800151 號函略以：「（一）按土地登記規則第 127 條[157] 規定：『同一土地經辦理查封或假扣押或假處分登記後，法院再囑託爲查封、假扣押、假處分登記時，登記機關應不予受理，並復知法院已於某年某月某日某案號辦理登記』，乃因查封、假扣押、假處分等係屬進行強制執行程序，其擬再囑託爲查封、假扣押、假處分之債權人可以依強制執行法規定聲請債權參與分配，無須重複辦理之故，但**稽徵機關囑託禁止處分並非進行強制執行程序，僅係在防止欠稅人脫產並促其繳納，性質有別，似不宜類推適用**。（二）就稽徵實務而言，同一土地，不再受理其他稽徵機關辦理禁止處分登記，地政機關雖有復知該土地已於某年某月某日某案號辦理禁止處分登記，但嗣後欠稅人若欲移轉該土地時，只要向原辦理禁止處分之稽徵機關繳納欠稅即可迅速辦理移轉登記，滯欠其他稽徵機關之欠稅將無法獲得保全，有違稅捐稽徵法第 24 條第 1 項稅捐保全之立法旨意。如採互相通報後再辦理塗銷禁止處分登記，恐將緩不濟急且有損納稅人之權益。」三、本部同意上開財政部意見，**同一土地經稅捐稽徵機關囑託禁止處分後，仍可再受理其他稅捐稽徵機關囑託禁止處分登記**。

---

[157] 即現行土地登記規則第 140 條，文字並修正為：「同一土地經辦理查封、假扣押或假處分登記後，法院或行政執行分署再囑託為查封、假扣押或假處分登記時，登記機關應不予受理，並復知法院或行政執行分署已辦理登記之日期及案號。」

5. 函請監理機關限制欠稅人之汽車為處分登記，尚不及於報廢登記

主旨：稅捐稽徵機關依稅捐稽徵法第 24 條第 1 項規定，函請監理機關限制欠稅人所有汽車為移轉或設定他項權利登記者，尚不及於限制車主辦理汽車報廢登記。

說明：二、納稅義務人欠繳內地稅，稅捐稽徵機關依稅捐稽徵法第 24 條第 1 項規定，得就納稅義務人相當於應繳金額，通知有關機關不得為移轉或設定他項權利。上開法條所稱移轉，係指財產之所有權，依其原狀移轉給他人，所稱設定他項權利，係指於物上創設限制物權。道路交通安全規則第 29 條規定，汽車引擎、底盤、電系、車門損壞應即停駛修護，其不堪修護使用時應申請報廢。該項報廢申請，與汽車過戶登記為他人所有之移轉登記尚有不同，亦非屬設定他項權利性質。故稅捐稽徵機關依稅捐稽徵法第 24 條第 1 項規定，函請監理機關限制欠稅人所有汽車為移轉或設定他項權利登記者，尚不及於限制車主辦理汽車報廢登記。惟為落實道路交通安全規則第 29 條規定及避免稅捐債權無法獲償之流弊，建議經稅捐稽徵機關限制移轉或設定他項權利之汽車，申請報廢登記時，宜有符合申請報廢要件之證明（財政部 90/04/18 台財稅字第 0900450624 號函）。

26. 對車輛禁止處分之效力，不及於已登記動產抵押之拍賣移轉

稅捐稽徵法第 24 條第 1 項「不得移轉或設定他項權利登記」之規定，旨在防止納稅義務人藉移轉財產以逃避稅捐，係禁止納稅義務人之自由處分行為，是以如非納稅義務人之自由處分行為，應不在禁止之列。從而依動產擔保交易法被拍賣之動產，如拍賣已合法成立，稽徵機關似難拒絕解除移轉登記；至如拍賣所得價款於清償抵押債權、利息及費用後尚有餘額，而債務人未依應受清償債權順序清償債務者，應由稽徵機關另行向債務人追償，尚不能拒絕解除移轉登記而妨礙拍定人之權益（財政部 88/05/13 台財稅字第 881911582 號函）。

27. 禁止處分前業已設定之抵押權，得申請延長期限

抵押權人就業經登記之動產抵押權於契約存續期間內，會同債務人申請延長有效期限之登記，應不受稅捐稽徵法第 24 條第 1 項規定之限制。本部 66 台財稅第 31234 號函釋，依稅捐稽徵法第 24 條第 1 項規定，通知有關機關限制欠稅人財產不得移轉或設定他項權利，應以稅捐稽徵機關限制欠稅人財產不得移轉或設定他項權利之通知送達登記機關後，登記機關開始受該項規定之拘束；至該項通知未送達前，登記機關已對該項財產辦理移轉登記或設定他項權利者，自不得追溯。本案登記機關，在稅捐稽徵機關限制欠稅人財產不得移轉或設定他項權利之通知未送達前，業已對該項財產辦理移轉登記或設定他項權利者，如抵押權人就業經登記之動產抵押權，於契約存續期間內，會同債務人申請延長有效期限之登記時，應不受該條規定之限制（財政部 66/06/03 台財稅字第 33611 號函）。

28. 故意隱匿之欠稅不因破產和解而當然消滅，有關稅捐保全規定仍可適用

主旨：欠稅人向商會成立破產和解時，故意隱匿欠稅不予列入債權人名冊以內，而其財產已因和解成立報明由債權人代表接管者，稅捐稽徵機關仍可依照稅捐稽徵法第 24 條規定，通知有關機關暫時凍結其相當於應繳稅捐數額之財產不得移轉或設定他項權利。

說明：二、稅捐稽徵法第 24 條規定，旨在保全稅捐，其適用與各機關應如何配合，前經本部分別以 65 台財稅第 38474 號及 66 台財稅第 31234 號函釋在案。至本案欠稅人之債權債務雖經商會和解，但其所欠稅款並不因和解而當然消滅，稽徵機關自可依法通知有關機關限制其爲財產之移轉或他項權利之設定（財政部 66/08/12 台財稅字第 35386 號函）。

29. 車輛禁止移轉後發生流當之效力

主旨：○○公司違反稅法，○○縣稅捐稽徵處依稅捐稽徵法第 24 條規定，就該公司所有車輛函請監理機關限制其移轉，惟本案車輛在稽徵機關函請禁止移轉前，業已典當，其限制移轉，是否有其效力一案，函復如說明。

說明：二、查稅捐稽徵法第 24 條第 1 項納稅義務人欠繳應納稅捐者，稅捐稽徵機關得就納稅義務人相當於應繳稅捐數額之財產，通知有關機關，不得爲移轉或設定他項權利之規定，其通知之生效，應以稅捐稽徵機關限制欠稅人財產不得移轉或設定他項權利之通知送達登記機關後，登記機關始受該項規定之拘束。如上項通知未送達前，登記機關已對該項財產辦理移轉登記或設定他項權利者，自不能追溯，前經本部 66 台財稅第 31234 號函釋有案。本案○○公司違反稅法，○○縣稅捐稽徵處爲保全稅收，就該公司車輛通知監理機關限制移轉，係依據上開規定辦理，自有其效力。雖該處通知係在該公司車輛典當之後，嗣該典當車輛又發生流當情事，惟該處通知限制移轉時，該車輛仍屬○○公司所有，自仍應受限制移轉之拘束（財政部 68/05/16 台財稅字第 33209 號函）。

30. 欠稅人財產經禁止處分後，原抵押權登記之轉讓不影響稅捐保全

主旨：欠稅人財產經稅捐稽徵機關通知地政機關辦妥禁止處分登記後，原債權人申辦同額抵押權轉讓登記，應否同意辦理乙案。

說明：二、按稅捐稽徵機關依稅捐稽徵法第 24 條第 1 項規定，就納稅義務人相當於應繳稅捐數額之財產，通知有關機關不得爲移轉或設定他項權利，係爲避免納稅義務人藉移轉不動產所有權或設定抵押權等，規避執行，以收稅捐保全之效。又依本部 66/02/22 台財稅第 31234 號函示，上項禁止處分通知自送達登記機關後，始生效力，即於禁止處分通知送達後，登記機關即受該項通知拘束，不得任意爲財產移轉或設定權利登記。案內納稅義務人財產於禁止處分前業已設有抵押權登記部分，揆諸上揭函釋，應尚不受禁止處分效力所及，是於該抵押權存續期間內，其抵押權人就同額抵押權申辦轉讓登記，如未擴大原抵押權範圍或未延長抵押權存續期間，對稅捐保全尚無影響者，應得同意其辦理。三、又本部 66/06/03 台財稅第 33611 號函示：抵押權人就業經登記之動產抵押權於契約存續期間內，會同債務人申請延長有效期限之登記，應不受稅捐稽徵法第 24 條規定之限制，係以依動產擔保交易法於有關動產抵押權部分，設有期滿前 30 日內，債權人得申請延長期間一年之規定，本部爰配合函示：動產抵押權人申請延長動產抵押權有效期限之登記，不受稅捐稽徵法第 24 條第 1 項規定之限制，尚非一般抵押權案件皆有其適用（財政部 89/07/15 台財稅字第 890454820 號函）。

31. 已設定動產抵押或附條件買賣登記之車輛，仍可爲禁止處分登記

主旨：已依動產擔保交易法規定設定動產抵押或附條件買賣登記之車輛，應仍可再受理稅捐稽徵機關囑託禁止處分登記，請惠予轉知各監理機關配合辦理。

說明：二、稅捐稽徵機關依稅捐稽徵法第 24 條規定，對欠稅人所有車輛函請監理機關辦理禁止處分登記時，雖該車輛已依動產擔保交易法規定設定動產抵押或附條件買賣，惟如該車輛所有權仍屬欠稅人所有時，依貴部[158] 84/06/29 交路八十四字第 029626 號函規定，監理機關仍應予受理（財政部 84/11/23 台財稅字第 841660838 號函）。

32. 欠稅人已設定抵押權之不動產仍可禁止處分

（二）查稅捐於確定後移送法院[159]強制執行欠稅人之房地進行拍賣時，其拍賣之價格，未必等於土地之公告現值或房屋之評定價格，從而稅捐稽徵法第 24 條第 1 項所稱「相當於應繳稅捐數額之財產」，自不必以土地公告現值或房屋評定價格爲準，故對於欠稅人已設定抵押權之不動產，其所擔保之債權縱已超過土地公告現值或房屋評定價格，未必即無保全之實益，稽徵機關對此等不動產，仍可酌情爲禁止處分之保全程序。（三）若欠稅人每筆不動產之公告現值或評定價格，均遠超過其應納稅額，而又不能分割處理時，稽徵機關如認爲確有保全之必要，得選擇較爲接近應納稅額且較具有保全稅捐價值之一筆爲禁止處分（財政部 70/08/25 台財稅字第 37059 號函）。

33. 欠稅公司重整者，海關得解除對該公司財產所爲之禁止處分登記

主旨：海關對欠繳關稅公司之財產依法爲禁止處分登記後，欠稅公司經法院裁定准予重整，並認可重整計畫，海關可依該公司重整人之申請，解除該項財產之禁止處分登記。

---

158 指交通部。

159 現已改由行政執行署各執行分署辦理強制執行。

說明：二、查公司法第 296 條規定：「對公司之債權，在重整裁定前成立者，爲重整債權。……各該債權，非依重整程序，均不得行使權利。」又同法第 302 條、第 305 條及第 307 條復規定，重整計畫經重整債權人及公司股東組成之關係人會議可決，並經法院徵詢中央主管機關、目的事業中央主管機關及證券管理機關之意見，而爲裁定認可後，對於公司及關係人均有拘束力。準此，凡重整債權人均應受法院裁定認可之公司重整計畫之拘束。是以，公司欠繳之關稅如爲重整債權，自應受公司法上開規定限制，非依重整程序不得行使權利。從而海關所爲禁止處分之公司財產，如經重整計畫列爲應予處分，而以處分之價金作爲清償各種債權之資金來源，參照司法院秘書長 77/12/15 (77) 秘台廳 (一) 字第 02229 號函釋，該項財產即爲重整公司對各債權人之共同責任財產，公司重整人請求除去禁止處分，以利重整計畫之執行，海關准予解除該項財產之禁止處分登記，依法尚無不合（財政部 84/10/30 台財關字第 840627551 號函）。

34. 因欠稅被禁止處分之財產，經法院拍賣後應轉請塗銷登記

關於納稅義務人欠繳應納稅捐，經稅捐稽徵機關依稅捐稽徵法第 24 條第 1 項規定，就納稅義務人相當於欠繳稅捐數額之財產，通知有關機關爲禁止處分登記後，該受禁止處分之財產，在納稅義務人清繳稅捐前，法院可否逕行查封拍賣乙節，茲准法務部 69/07/29 法 (69) 律字第 1047 號函復略稱：「稅捐稽徵法第 24 條第 1 項『不得爲移轉或設定他項權利』之規定，其立法精神，在防止納稅義務人藉移轉財產以逃避稅捐，係禁止納稅義務人之自由處分行爲。但執行法院依國家公權力實施查封拍賣，應不在禁止之列。稅捐稽徵機關遇此情形，仍可參與分配，國家之租稅債權，仍可獲得充分之保障。」依**稅捐稽徵法第 24 條第 1 項爲禁止處分之財產，既經法務部認爲執行法院仍可查封拍賣，則受禁止處分之財產，其經法院拍賣後，自不宜繼續予以禁止處分。本案○○公司受禁止處分之不動產，稅捐稽徵機關應轉請有關機關塗銷其禁止處分登記**（財政部 69/11/04 台財稅字第 39116 號函）。

35. 欠稅得由第三人提供財產擔保以塗銷禁止處分登記

納稅義務人欠繳應納稅捐，經稅捐稽徵機關依稅捐稽徵法第 24 條第 1 項規定，就其不動產通知有關機關爲禁止處分登記後，欠稅人申請由第三人提供相當欠稅額之不動產作爲擔保，以塗銷原禁止處分登記者，如第三人提供之財產擔保，足以保全欠繳稅捐，可以照辦（財政部 71/01/19 台財稅字第 30397 號函）。

36. 禁止處分登記不因行政救濟撤銷重核而得予塗銷

主旨：納稅義務人欠繳應納稅捐經稅捐稽徵機關依稅捐稽徵法第 24 條第 1 項規定，就其相當於應繳稅捐數額之財產，通知有關機關不得爲移轉或設定他項權利後，復經行政濟撤銷重核者，原禁止處分登記，仍不予塗銷。

明：二、查行政救濟撤銷重核，其所撤銷者，依本部 50/05/25 台財稅發第 03497 號函 67/07/29 台財稅第 35047 號函釋，係指撤銷復查決定之處分，故原核定之處分仍然存，限制納稅義務人財產移轉或設定他項權利之原因並未消滅，原禁止處分登記自不應塗銷（財政部 82/11/26 台財稅字第 821503108 號函）。

7. 因欠稅就車輛禁止處分後，寄行車主繳清牌照稅之車輛得塗銷之

汽車運輸業因欠繳使用牌照稅，經就其車輛禁止處分後，如該禁止處分車輛中有屬寄行車輛，且該寄行車主已自行就該寄行車輛欠繳之使用牌照稅繳清者，准就該寄行車輛塗銷禁止處分（財政部 87/02/03 台財稅字第 871926263 號函）。

8. 公司車輛經行政機關依法沒入並拍賣，應予塗銷原禁止處分登記

主旨：已通知監理機關辦理禁止處分登記之公司車輛，因該公司違反水利法規定，經經濟部水利署第四河川局沒入並公告拍賣，應否塗銷該禁止處分登記乙案。

說明：二、本案經函准經濟部 97/01/07 經授水字第 09720200200 號函復略以：「財物如經沒入則其所有權已移轉於公法人，除沒入之物上有物權存在，須於拍賣後分配外，公庫即得居於所有權人之立場爲使用、收益。」及依司法院 76/08/14 (76) 秘台廳 (一) 字第 01628 號函規定：「國家行政機關依法律之規定，以沒入處分取得財產所有權者，係原始取得。」是以，旨揭車輛之禁止處分登記應予塗銷（財政部 97/01/21 台財稅字第 09704505720 號函）。

39. 經行政執行分署拍定之車輛，可依該處函塗銷原禁止處分註記

二、按「稅捐稽徵法第 24 條第 1 項『不得爲移轉或設定他項權利』之規定，其立法精神，在防止納稅義務人藉移轉財產以逃避稅捐，係禁止納稅義務人之自由處分行爲。但執行法院依國家公權力實施查封拍賣，應不在禁止之列。」爲財政部 69/11/04 台財稅第 39116 號函所明釋。準此，法務部行政執行署所屬行政執行處[160]依國家公權力所爲之車輛查封拍賣，亦不在禁止之列。四、車輛經行政執行處拍定後，除該車輛有滯欠使用牌照稅及罰鍰，依使用牌照稅法第 12 條第 2 項規定不得爲過戶登記之情事外，可逕依行政執行處塗銷查封登記並核准拍定人辦理過戶函，塗銷原囑託稅捐稽徵機關通知所爲之禁止處分註記，惟爲維護稅捐稽徵機關稅捐保全資料之正確性，請監理所（站）辦妥塗銷登記後通知原囑託稅捐稽徵機關釐正相關資料（財政部賦稅署 99/04/16 台稅六發字第 09904043940 號函）。

---

160 現已改由行政執行署各執行分署辦理強制執行。

40. 經依道交條例第85條之3規定所爲之車輛拍賣後，應即塗銷禁止處分登記

稅捐稽徵法第 24 條第 1 項前段規定，旨在防止納稅義務人藉移轉財產以逃避稅捐，係禁止納稅義務人之自由處分行爲，如非納稅義務人之自由處分行爲，應不在禁止之列。依道交條例第 85 條之 3 規定所爲之車輛拍賣，係依國家公權力所爲之拍賣，應不在禁止之列，經拍賣後，稅捐稽徵機關應即請監理機關塗銷原囑託之禁止處分登記（財政部 101/11/22 台財稅字第 10100678710 號函）。

41. 公司主管機關對欠稅人之限制減資登記，應配合辦理

主旨：關於函請建議經濟部對於稽徵機關依稅捐稽徵法第 24 條第 1 項後段規定，就欠稅之營利事業納稅義務人通知該部限制其減資或解散登記時，請予配合辦理乙案，復如說明二。

說明：二、本案經函據經濟部 69/10/04 經 (69) 商第 34417 號函復，對於稽徵機關通知該部或其所委託之地方主管機關限制欠稅營利事業納稅義務人減資登記乙節，該部已配合辦理。至於稽徵機關通知該部限制欠稅公司解散登記乙節，仍應依行政院 67/04/24 台 (67) 財第 3436 號函釋：「查稅捐稽徵法第 24 條第 1 項規定旨在保全稅收，按公司解散後必須進行清算，如有欠稅，稽徵機關可參與分配，公司主管機關於依公司法規定核准公司解散登記之同時，應以副本通知稽徵機關，俾能在清算時參與分配，以達成保全稅收之立法旨意。」之規定辦理（財政部 69/10/24 台財稅字第 38826 號函）。

42. 公司依證交法買回股份辦理減資變更登記，不在本法第24條第1項限制之列

公司依證券交易法第 28 條之 2 第 1 項規定買回其股份，並依同條第 4 項規定辦理減資變更登記，其辦理減資變更登記係屬法律強制規定，尚不在稅捐稽徵法第 24 條第 1 項限制之列（財政部 98/01/16 台財稅字第 09700530130 號令）。

43. 金控公司轉換股份屆期未轉讓或未賣出者，依法辦理減資變更登記，不在本法第24條第1項限制之列

主旨：○○金融控股股份有限公司與◎◎商業銀行股份有限公司進行股份轉換所取得之股份，屆期未轉讓或未賣出者，依金融控股公司法第 31 條第 2 項規定辦理減資變更登記，尚不在稅捐稽徵法第 24 條第 1 項限制之列。

說明：二、本案經函准行政院金融監督管理委員會 98/10/12 金管銀法字第 09800326480 號函復略以，金融控股公司法第 31 條第 2 項規定，係屬法律規定應依公司法辦理變更登記之事項；又該會業核准○○金融控股股份有限公司依金融控股公司法第 31 條第 2 項規定，辦理註銷股份並請其依規定辦理變更登記。準此，本案○○金融控股股份有限公司就屆期未轉讓或未賣出之股份辦理減資變更登記，係屬法律強制規定，參照本部

/01/16 台財稅字第 09700530130 號令規定意旨，尚不在稅捐稽徵法第 24 條第 1 項限之列（財政部 98/11/12 台財稅字第 09800277390 號函）。

《代徵準用關稅法第 48 條、海關緝私條例第 49 條之 1 規定》

4. 代徵之稅捐違章，應準用關稅法及緝私條例辦理保全

主旨：進口貨物由海關代徵之稅捐，如有違章罰鍰案件，應準用關稅法及海關緝私條例之規定辦理保全措施。

說明：二、貴總局[161]就審計部抽查中華民國 79 年度歲入決算暨徵課業務時，發現甲關稅局處理乙夾帶鑽石闖關逃漏營業稅認有待檢討改進之處，研提處理意見乙案，案經本部函准法務部 82/10/16 法 (82) 律決字第 21713 號函復略以：「國外輸入之貨物，由海關代徵稅捐之違章罰鍰案件，其徵收及行政救濟程序，亦應準用關稅法及海關緝私條例之規定辦理……故本件進口貨物由海關代徵稅捐之違章罰鍰案件之保全措施，似應依稅捐稽徵法第 49 條及第 35 條之 1 規定，準用關稅法及海關緝私條例有關保全之規定。」本案請依主旨辦理（財政部 82/12/08 台財稅字第 821503175 號函）。

> **附件：法務部82/10/16法(82)律決字第21713號函**
>
> **主旨**：關於進口貨物由海關代徵稅捐之違章罰鍰案件之保全措施，應否準用關稅法及海關緝私條例之規定辦理乙案。
>
> **說明**：二、按稅捐稽徵法第 49 條第 1 項規定：「滯納金、利息、滯報金、怠報金、短估金及罰鍰等，除本法另有規定者外，準用本法有關稅捐之規定。」復按同法第 35 條之 1 規定：「國外輸入之貨物，由海關代徵之稅捐，其徵收及行政救濟程序，準用關稅法及海關緝私條例之規定辦理。」依上開規定可知，國外輸入之貨物，由海關代徵稅捐之違章罰鍰案件，其徵收及行政救濟程序，亦應準用關稅法及海關緝私條例之規定辦理，合先敘明。三、至於第 35 條之 1 規定所謂「徵收程序」是否包含保全程序一節，雖貴部認有不同見解（如貴部來函說明二所述），惟從其立法理由係為明定國外輸入之貨物，由海關代徵稅捐之徵收及行政救濟程序之法律適用依據，並參考與其相似規定之營業稅法第 41 條規定之立法理由，係為簡化進口貨物應徵營業稅之稽徵手續可知，所稱「徵收程序準用關稅法及海關緝私條例之規定」之規定，應係泛指準用一切徵收程序規定而言；復自條文之編排體例觀之，稅捐稽徵法有關稅捐之保全係規定於第三章第三節「徵收」節中，而其他稅法有關稅捐之保

[161] 指 102 年改制前之財政部關稅總局。

全亦多規定於「稽徵程序」章中（關稅法、遺產及贈與稅法等參照），宜認所謂徵收程序，包含保全程序在內；再從其實務運作上言，準用海關緝私條例有關之規定，對保障國家稅款、罰鍰等之徵收亦較具實效性，故本件進口貨物由海關代徵稅捐之違章罰鍰案件之保全措施，似應依稅捐稽徵法第 49 條及第 35 條之 1 規定，準用關稅法及海關緝私條例有關保全之規定。

第六章
執行

第 50 條（保證金抵付或擔保品變價取償）

I 依本條例處分確定案件，收到海關通知之翌日起算三十日內未將稅款及罰鍰繳納者，得以保證金抵付或就扣押物或擔保品變價取償。有餘發還，不足追徵。

II 前項變價，應以拍賣方式為之，並應於拍賣五日前通知受處分人。

❖立法（修正）說明❖（102/05/31修正）

一、爲期稅款及罰鍰繳納之期間起算時點明確，修正第 1 項所定繳納期間之起算時點爲收到海關通知之翌日。

二、第 2 項未修正。

❖法條沿革❖

原條文	說明
（62/08/14 全文修正） 第 50 條 依本條例處分確定案件，收到海關通知後三十日內未將稅款及罰鍰繳納者，得以保證金抵付或就扣押物或擔保品變價取償。有餘發還，不足追徵。 前項變價，應以拍賣方式為之，並應於拍賣五日前通知受處分人。	一、本條新增。 二、民法第 936 條第 1 項規定：債權人於其債權已屆清償期間未受清償者，得定六個月以上之相當期限，通知債務人，聲明如不於其期限內為清償時，即就其留置物取償，本條即係比照上述民法條款訂定。 三、海關變價取償，訂明須以拍賣方式處理，並應於事前通知受處分人。

❖條文說明❖

一、說明

本條乃規定依本條例所爲之處分（包括追徵稅款及罰鍰）於確定後之處理方式。

二、確定之意義

（一）所謂「確定」，係指處分經過法定救濟期間而未提起救濟，或已窮盡通常救濟管道而言。換言之，對於處分如已不能再依循通常程序尋求救濟之狀態，該處分即屬「確定」。

（二）確定時點，參照法務部行政執行署 98/01/17 行執一字第 0970008590 號函：「說明：三、有關行政處分之確定日期，訴願法、行政訴訟法或其他相關行政法規均未設有明文規定，僅訴願法、行政訴訟法或其他法律有行政救濟期間之規定，如受處分人未於該期間內提起行政救濟者，行政處分即告確定。是行政處分於行政救濟期間屆滿而未提起行政救濟即告確定；至於確定時點，司法實務係計算至救濟期間屆滿日下午 12 時確定（最高法院 23 年抗字第 3247 號判例、司法院 76/10/16 (76) 秘台廳 (一) 字第 01854 號函、司法院 78/07/15 (78) 廳民一字第 77 號函參照）。

三、追徵稅款及罰鍰之執行

（一）限期繳納

依本條規定，處分確定後，海關應先通知受處分人繳納稅款及罰鍰，倘受處分人未於通知到達之翌日起 30 日內繳納，海關始得進行保證金抵付或扣押物、擔保品變價取償程序。

（二）保證金抵付或就扣押物、擔保品變價取償

1. 保證金、扣押物及擔保品

(1) 所稱「保證金」，依財政部 96/05/09 台財關字第 09500624380 號函釋，應包括下列三種保證金：A. 為擔保本條例可能科處之稅款、罰鍰而依關稅法規定提供之保證金。B. 業者依關稅法授權訂定之辦法所繳交之保證金。C. 其他關稅法規定之保證金。

(2) 所稱「扣押物」，指依本條例第 17 條第 1 項或第 18 條規定扣押之貨物或運輸工具而言，惟各該扣押之貨物或運輸工具，如已依法處分沒入者，其所有權已屬於國庫，並非本條所指之扣押物[1]。

(3) 所稱「擔保品」，指依本條例規定所提供之擔保物，如依本條例第 21 條規定提供擔保申請撤銷扣押或依本條例第 49 條之 1 提供擔保申請撤銷或免為假扣押。

---

1 洪啟清，緝私法規與緝案處理，財政部財稅人員訓練所編印，79 年 7 月修訂 3 版，第 402 頁。

抵付及變價取償

(1) 說明

受處分人未於規定期限內繳納稅款及罰鍰，海關得就其所提供之保證金辦理抵付欠款及罰鍰，或就扣押物或其提供之擔保品予以變價取償。

(2) 變價作業

A. 變價方式

(A) 依本條第 2 項規定，扣押物或擔保品之變價，應以拍賣方式為之，並應於拍賣五日前通知受處分人。

(B) 所稱「拍賣」，係指將扣押物或擔保品，以「公開競爭出賣」之方式，出賣予出價最高之應買人，取得價金，備供清償稅款及罰鍰債權之行為。拍賣為買賣之一種，以債務人為出賣人，拍定人為買受人，拍賣機關則代替債務人立於出賣人之地位。

(C) 本條之拍賣並非依據強制執行法所為，故無其規定之適用，惟其性質仍屬特種買賣，自有民法第 391 條至第 397 條相關規定之適用餘地。

B. 海關實務作業

海關實務上依本條規定所為之拍賣，通常係以「公開標售」之名為之。另依海關變賣貨物及運輸工具處理程序第 10 點規定：「依海關緝私條例第五十條第一項之規定，得予變價取償之扣押物或擔保品，其變賣作業程序，準用第三點、第五點至第八點之規定。」即區分扣押物或擔保品之性質，分別以適當之方式進行變價。

(3) 有餘發還，不足追徵

A. 所稱「有餘發還」，係指以保證金抵付或就扣押物或擔保品變價取償後，海關所追徵之稅款及罰鍰債權已獲完全滿足，並有剩餘（例如受處分人提供多種保證金，或扣押物、擔保品經變賣後，獲得高於應納稅捐及罰鍰之價金等），該剩餘之部分，自應返還其所有人。

B. 所稱「不足追徵」，係指以保證金抵付或就扣押物或擔保品變價取償後，海關所追徵之稅款及罰鍰債權未獲完全滿足，就不足之部分仍應辦理後續之追徵。至於所稱「追徵」，即繼續追討之意，並非指再行向提供擔保品或不動產之人追徵，而係向納稅義務人或受處分人追徵[2]。因原追徵稅款及罰鍰處分業已存在，自毋庸再另作同一內容之追徵處分，以免徒生重複處分之問題。

---

[2] 財政部 72/04/07 台財關字第 14721 號函釋：「……至於就該擔保品變價取償後仍有不足者，對不足部分應否追徵。按提供擔保品或以不動產設定抵押權，原則上，其保證責任僅以擔保品或抵押權之標的物為限，如有不足時，應不得再行向提供擔保品或不動產之人追徵。其屬擔保稅款或罰鍰之繳納者，海關則仍得向納稅義務人或受處分人追徵。」

（三）移送強制執行

（本條例第 51 條待敘）。

（四）停止報運進出口

（本條例第 51 條待敘）。

❖釋示函令❖

1. 本條例第50條所稱「保證金」之適用範圍

海關緝私條例第 50 條所稱「保證金」之適用範圍一節：（一）關稅法或海關緝私條例規定之擔保或保證金規定，係在於稅捐、罰鍰、其他稅費、貨物或運輸工具沒入等保全，故其保證金或其他擔保如何抵付欠繳款項，應依其個案擔保原因，或依各該法條規定而定。是以，**依關稅法規定繳交之保證金或繳付之擔保品，其擔保原因如包括觸犯海關緝私條例可能科處之罰鍰、稅款及貨價者，自有海關緝私條例第 50 條以保證金抵付或擔保品變價取償規定之適用**。（二）另業者依關稅法授權訂定之辦法所繳交之保證金，如業者觸犯海關緝私條例規定，遭海關處罰鍰而逾期未繳者，基於關稅法對於業者之管理及國課之稽徵與保全等目的，亦得以上開保證金受償。（三）至於其他關稅法規定之保證金，雖與海關緝私條例核處之應補稅款或罰鍰無涉，惟其擔保原因消失應予退還時，依關稅法第 66 條規定，不論關稅法或海關緝私條例之關稅、罰鍰、追徵、代徵稅費，均得據以抵繳（財政部 96/05/09 台財關字第 09500624380 號函）。

2. 提供擔保之行政救濟案件確定後，補稅逾期未繳可對擔保品行使權利

主旨：李君因土地增值稅事件行政救濟確定，可否就其提供之擔保品，先行抵繳部分本稅案，原處分機關既已填發補繳稅款通知書，通知納稅義務人限期繳納，納稅義務人李君逾期未繳，稽徵機關即可對其提供設定質權之擔保品，依法行使應有之權利。

說明：二、為加強便民服務，維護納稅人權益，嗣後是類行政救濟案件，已提供擔保品者，於行政救濟確定後，**填發補繳稅款通知書時，宜一併通知納稅義務人，應依限繳納稅款，逾期未繳納者，即對原提供之擔保行使應有之權利**（財政部 86/11/19 台財稅字第 861926524 號函）。

3. 行政救濟案件確定後，依法發單納稅人未依限繳納之處理方式

按本部 86/11/19 台財稅第 861926524 號函規定，行政救濟案件，已提供擔保品者，於行政救濟確定後，填發補繳稅款通知書時，宜一併通知納稅義務人，應依限繳納稅款，逾期未繳者，即對原提供之擔保品行使應有之權利。本案○○公司對貴處補徵其營業稅，提起行政救濟，經提供定期存單為擔保品，於行政法院判決確定後，貴處依

捐稽徵法第 38 條第 3 項規定發單通知繳納，納稅義務人逾期未繳，依上開規定，貴應即對原提供擔保之定期存單行使應有之權利，即行使質權，故於該定期存單足資清之範圍內，尚不宜加徵滯納金，如不足清償者，於滯納期滿後再就不足部分依稅捐徵法第 39 條規定移送執行，並依法加徵滯納金及利息（財政部 90/04/17 台財稅字第00452474 號函）。

就扣押物變價取償者，其自扣押之日起倉租由海關負擔

依海關緝私條例第 50 條規定以扣押物或擔保品變價取償欠繳之稅款或罰鍰時，該扣押物或擔保品如未扣存海關自有倉庫，其自扣押之日或向海關提供擔保品之日起，因存放倉庫所發生之倉租，由海關負擔（財政部 74/05/15 台財關字第 15969 號函）。

第 51 條（移送強制執行及停止報運措施）

未依前條規定繳納稅款及罰鍰而無保證金抵付，亦無扣押物或擔保品足以變價取償，或抵付、變價取償尚有不足者，移送強制執行；海關並得停止受處分人在任何口岸報運貨物進口、出口，至稅款及罰鍰繳清之日止。

❖立法（修正）說明❖（102/05/31修正）

行政執行法施行後，有關公法上金錢給付義務之強制執行已移由法務部行政執行署各分署辦理，爰予修正，俾符實際。

❖法條沿革❖

原條文	說明
（23/06/01 制定） 第 28 條 依本條例處罰案件，經過聲明異議期間，或聲明異議，於決定後，經過提起行政訴訟期間，或提起行政訴訟經判決後滿三十日，未將罰金照繳者，得停止該商在任何口岸報運貨物進口出口，至罰金繳清之日為止。 運輸貨物進口出口之船舶，航空機，車輛，有前項情事時，應停止其所運貨物在任何口岸報運進口出口，並得禁止該項船舶，航空機，車輛進口出口。	N/A

原條文	說明
（62/08/14 全文修正） 第 51 條 未依前條規定繳納稅款及罰鍰而無保證金抵付，亦無扣押物或擔保品足以變價取償，或抵付、變價取償尚有不足者，移送法院強制執行；海關並得停止受處分人在任何口岸報運貨物進口、出口，至稅款及罰鍰繳清之日止。	修正原條文第 28 條前段，以加強執行效果。並將其後段另列為第 5 條。

❖條文說明❖

一、說明

對於受處分人之欠繳稅款及罰鍰，如無從依本條例第 50 條規定，以扣押物或押物、擔保品變價取償而使稅款罰鍰債權獲得完全滿足者，即進入清理欠稅及罰鍰段，而有實施強制執行、保全債權及督促履行措施之必要。本條則爲欠稅案件移送強執行及停止受處分人報運之依據。

二、強制執行

（一）意義

強制執行係債權人依執行名義，聲請執行法院對債務人施以強制力，強制其履行務，以滿足債權人私法上請求權之程序。本條所稱之強制執行，則係爲滿足依本條例定追徵稅款及罰鍰等之公法上請求權。就受處分人而言，屬公法上金錢給付義務，如適期不履行之情形，依行政執行法第 4 條第 1 項規定，由法務部行政執行署所屬行政行處[3]執行之。

（二）移送強制執行之要件

1. 本條例規定部分

依本條例規定所爲之罰鍰及追徵稅款處分，於處分確定後經海關通知（實務上通稱爲「催繳函」）限期 30 日內而仍未繳清稅款及罰鍰，且無保證金足以抵付，亦無從就擔保品變價取償者，或抵付、變價取償尚有不足者，即得移送實施強制執行，實現國課。

---

3 現由法務部行政執行署所屬各分署辦理行政執行。

亍政執行法規定部分

(1)逾期不履行

依行政執行法第11條第1項規定：「義務人依法令或本於法令之行政處分或法院裁定，負有公法上金錢給付義務，有下列情形之一，逾期不履行，經主管機關移送，由行政執行處就義務人之財產執行之：一、其處分文書或裁定書定有履行期間或法定履行期間者。二、其處分文書或裁定書未定履行期間，經以書面限期催告履行。三、依法令負有義務，經以書面通知限期履行者。」

(2)符合移送程式

A. 依行政執行法第13條規定：「移送機關於移送行政執行處執行時，應檢附下列文件：一、移送書。二、處分文書、裁定書或義務人依法令負有義務之證明文件。三、義務人之財產目錄。但移送機關不知悉義務人之財產者，免予檢附。四、義務人經限期履行而逾期仍不履行之證明文件。五、其他相關文件（Ｉ）。前項第一款移送書應載明義務人姓名、年齡、性別、職業、住居所，如係法人或其他設有管理人或代表人之團體，其名稱、事務所或營業所，及管理人或代表人之姓名、性別、年齡、職業、住居所；義務發生之原因及日期；應納金額（II）。」

B. 依上開規定，海關將欠繳稅款及罰鍰案件移送強制執行時，均檢具上開移送書及檢附依本條例製作之處分書、限期繳納函（催繳函）及其送達證明、財產資料[4]，並於移送書載明受處分人（即義務人）之相關資料。

（三）執行機關

1. 行政執行法施行細則第20條規定：「公法上金錢給付義務之執行，應以執行標的物所在地之該管行政執行處[5]為執行機關；其不在同一行政執行處轄區者，得向其中任一行政執行處為之（Ｉ）。應執行之標的物所在地不明者，由義務人之住居所、公務所、事務所或營業所所在地之行政執行處管轄（II）。」
2. 依上開規定，執行標的物所在地不在同一轄區者，雖得向其中任一行政執行處為之，惟為提升公法上金錢給付義務案件之執行效能，各機關於移送執行時，宜向義務人主要（多數）財產所在地之行政執行處移送執行[6]。

---

4 財政部82/08/12台財稅字第820282825號函：「海關因執行關稅追繳需要，請稅捐機關提供欠稅人或受處分人之課稅資料，依稅捐稽徵法第33條第1項第7款規定，由海關逕洽有關稅捐機關提供毋須逐案報部核准，惟提供時應依稅捐稽徵法施行細則第9條規定辦理。」

5 現為法務部行政執行署各地行政執行分署。

6 財政部92/04/04台財規字第0920020016號函、法務部行政執行署92/03/27行執一字第092600250號函。

（四）強制執行之救濟—聲明異議

行政執行法第 9 條規定：「義務人或利害關係人對**執行命令、執行方法、應遵守程序或其他侵害利益之情事**，得於執行程序終結前，向執行機關聲明異議（Ｉ）。項聲明異議，執行機關認其有理由者，應即停止執行，並撤銷或更正已爲之執行行爲認其無理由者，應於十日內加具意見，送直接上級主管機關於三十日內決定之（II）行政執行，除法律另有規定外，不因聲明異議而停止執行。但執行機關因必要情形得依職權或申請停止之（III）。」行政執行法施行細則第 15 條規定：「義務人或利關係人依本法第九條第一項規定聲明異議者，應以書面爲之。但執行時得當場以言詞之，並由執行人員載明於執行筆錄。」依上開規定，義務人對執行命令、執行方法、遵守之程序或其他侵害利益之情事（如管收、限制出境、超額查封等），得以書面或執行當場聲明異議，以資救濟。

（五）執行期間

（詳本條例第 49 條之 1 說明）。

（六）終止執行

行政執行法第 8 條規定：「行政執行有下列情形之一者，執行機關應依職權或因義務人、利害關係人之申請終止執行：一、義務已全部履行或執行完畢者。二、行政處分或裁定經撤銷或變更確定者。三、義務之履行經證明爲不可能者（Ｉ）。行政處分或裁定經部分撤銷或變更確定者，執行機關應就原處分或裁定經撤銷或變更部分終止執行（II）。」

三、停止受處分人報運貨物進出口

本條後段賦權予海關得停止受處分人於各通商口岸報運貨物進出口，直至稅款及罰鍰繳清之日止，以督促受處分人履行公法上金錢給付義務。所稱「停止受處分人在任何口岸報運貨物進口、出口」，依其文義，應指暫時停止受處分人之報運行爲而言，亦即「不受理」其申報進出口貨物。實務上爲利徵起欠稅，並不停止受理受處分人之報運行爲，而係將其滯欠資料鍵入電腦控管[7]，對其於各通商口岸所報運之貨物，於通關程序進行中採「暫不放行」措施，藉由留置貨物，俾作強制執行之標的，如此更有促使受處分

---

7 海關清理欠稅及罰鍰作業要點第 6 點第 3 款第 2 目規定：「六、積極清理逾繳納期限案件：……（三）納稅義務人或受處分人依法應繳或補繳之款項，於繳納期限屆滿後仍未全部繳納且未提供足額擔保，除依下列方式處理外，應將滯欠資料鍵入電腦控管。……2. 依規定由電腦**停止**受處分人在任何口岸報運貨物進口、出口**放行作業**，至稅款及罰鍰繳清之日止或即行依法聲請查封。」

及時繳納欠稅之功效。

四、其他清理欠稅及罰鍰措施

（一）禁止處分

依本條例第 49 條之 1 第 2 項準用關稅法第 48 條第 1 項前段規定，欠繳罰鍰者，海關得通知有關機關不得為移轉或設定他項權利。實務上，海關向以公文通知地政或車輛監理機關，禁止受處分人名下所有之不動產（土地、房屋）及車輛，辦理移轉或設定他項權利，以達到保全債權之目的。

（二）限制減資處分

依本條例第 49 條之 1 第 2 項準用關稅法第 48 條第 1 項後段，欠繳罰鍰者，海關得通知主管機關限制其減資之登記。實務上，海關係以公文通知公司登記機關，限制受處分人為減資之登記，以防其藉由減資損害公法債權。

（三）限制出國及解除

1.相關法據

關稅法第 48 條第 5 項至第 9 項規定。

2.限制出國要件

(1)金額限制

A. 依關稅法第 48 條第 5 項規定：「**納稅義務人或受處分人已確定之應納關稅、依本法與海關緝私條例所處罰鍰及由海關代徵之應納稅捐，屆法定繳納期限而未繳納者，其所欠金額單計或合計，個人在新臺幣一百萬元以上，法人、合夥組織、獨資商號或非法人團體在新臺幣二百萬元以上者**；在行政救濟程序確定前，個人在新臺幣一百五十萬元以上，法人、合夥組織、獨資商號或非法人團體在新臺幣三百萬元以上，得由財政部函請內政部移民署限制該納稅義務人或受處分人或其負責人、代表人、管理人出國。」

B. 上開規定所稱「已確定之應納關稅」，應不包括關稅之滯納金在內[8]；在行政救濟程序確定前，應計入限制出國之欠繳金額，不包括依關稅法、海關緝私條例及海關依

---

[8] 財政部 76/06/11 台財關字第 7646853 號函釋：「主旨：『限制欠稅人或欠稅營利事業負責人出境實施辦法』（註：本辦法已廢止，現應依關稅法第 48 條規定辦理）第 2 條所稱之『**欠繳稅款**』，**應不包括關稅之滯納金在內**，……。」（本則釋示因關稅法第 48 條第 5 項已明文，爰未列入 107 年版之關稅海關緝私法令彙編內）。

法代徵稅捐中處分未確定之罰鍰[9]。

C. 另，獨資合夥商號雖無獨立人格，惟其欠稅金額依法仍同法人之標準，且其稅不得與獨資資本主或合夥人個人欠稅合併計算作爲出境限制[10]。

(2) 禁止、限制處分及假扣押先行（關稅法第48條第7項）

A. 除受處分人無財產可供執行外，海關如未執行通知有關機關不得爲移轉、設定他項權利或聲請假扣押者，即不得限制其出國。

B. 另，參照現行函釋[11]，海關如已就受處分人相當於欠繳稅款及罰鍰之財產禁止處分，即得免再對其爲限制出國處分。

(3) 分級適用限制條件

依據財政部 103/12/31 台財關字第 1031029761 號令訂定之「關務機關辦理限制出國案件規範」，關務機關辦理限制出國案件時，應按個人、法人、合夥組織、獨資商號或非法人團體已確定、未確定之欠繳金額，分級適用如下附表所示之限制出國條件：

個人			法人、合夥組織、獨資商號或非法人團體		
欠繳金額（新臺幣）		限制出國條件	欠繳金額（新臺幣）		限制出國條件
已確定	未確定		已確定	未確定	
100 萬元以上未達 300 萬元	150 萬元以上未達 450 萬元	納稅義務人或受處分人為個人，欠繳金額已達左列金額**且隱匿或處分財產，有規避執行之虞者**，限制其出國。	200 萬元以上未達 600 萬元	300 萬元以上未達 900 萬元	納稅義務人或受處分人為法人、合夥組織、獨資商號或非法人團體，欠繳金額已達左列金額**且隱匿或處分財產，有規避執行之虞者**，限制其負責人、代表人、管理人出國。
300 萬元以上未達 1,000 萬元	450 萬元以上未達 1,500 萬元	納稅義務人或受處分人為個人，欠繳金額已達左列金額**且有下列情形之一者**，限制其出國： （一）出國頻繁。 （二）長期滯留國外。	600 萬元以上未達 2,000 萬元	900 萬元以上未達 3,000 萬元	納稅義務人或受處分人為法人、合夥組織、獨資商號或非法人團體，欠繳金額已達左列金額**且有下列情形之一者**，限制其負責人、代表人、管理人出國：

9 財政部 99/11/04 台財關字第 09900430850 號函。

10 財政部 85/04/25 台財稅字第 851902368 號函。

11 財政部 87/08/27 台財稅字第 871958556 號函。

個人			法人、合夥組織、獨資商號或非法人團體		
欠繳金額（新臺幣）		限制出國條件	欠繳金額（新臺幣）		限制出國條件
已確定	未確定		已確定	未確定	
		（三）行蹤不明。 （四）隱匿或處分財產，有規避執行之虞。			（一）非屬正常營業者。 （二）法人、合夥組織、獨資商號或非法人團體其負責人、代表人、管理人出國頻繁。 （三）法人、合夥組織、獨資商號或非法人團體其負責人、代表人、管理人長期滯留國外。 （四）法人、合夥組織、獨資商號或非法人團體其負責人、代表人、管理人行蹤不明。 （五）隱匿或處分財產，有規避執行之虞。
1,000萬元以上	1,500萬元以上	納稅義務人或受處分人為個人，有下列情形之一者，限制其出國： （一）欠繳金額已達左列金額。 （二）出國頻繁。 （三）長期滯留國外。 （四）行蹤不明。 （五）隱匿或處分財產，有規避執行之虞。	2,000萬元以上	3,000萬元以上	納稅義務人或受處分人為法人、合夥組織、獨資商號或非法人團體，有下列情形之一者，限制其負責人、代表人、管理人出國： （一）欠繳金額已達左列金額。 （二）非屬正常營業者。 （三）法人、合夥組織、獨資商號或非法人團體其負責人、代表人、管理人出國頻繁。

個人			法人、合夥組織、獨資商號或非法人團體		
欠繳金額（新臺幣）		限制出國條件	欠繳金額（新臺幣）		限制出國條件
已確定	未確定		已確定	未確定	
					（四）法人、合夥組織、獨資商號或非法人團體其負責人、代表人、管理人長期滯留國外。 （五）法人、合夥組織、獨資商號或非法人團體其負責人、代表人、管理人行蹤不明。 （六）隱匿或處分財產，有規避執行之虞。

3.限制出國之對象

(1)納稅義務人或受處分人或其負責人、代表人、管理人

A.納稅義務人或受處分人

指屬自然人之納稅義務人或受處分人。

B.納稅義務人或受處分人之負責人、代表人、管理人

(A)公司組織：公司負責人應依公司法第8條[12]所定，即在無限公司、兩合公司爲執行業務或代表公司之股東；在有限公司、股份有限公司爲董事，並以公司登記資料爲認定依據。換言之，公司負責人係經公司董事會或股東會議合法授權之董事長或執行業務而代表公司之股東。

又，公司法第334條及第84條規定[13]，清算人爲執行清算職務，有代表公司爲訴訟

---

12 公司法第8條第1項、第2項規定：「本法所稱公司負責人：在無限公司、兩合公司為執行業務或代表公司之股東；在有限公司、股份有限公司為董事（Ⅰ）。公司之經理人、清算人或臨時管理人，股份有限公司之發起人、監察人、檢查人、重整人或重整監督人，在執行職務範圍內，亦為公司負責人（Ⅱ）。」

13 公司法第84條第2項規定：「清算人執行前項職務，有代表公司為訴訟上或訴訟外一切行為之權。但將公司營業包括資產負債轉讓於他人時，應得全體股東之同意。」第334條規定：「第八十三條至第八十六條、第八十七條第三項、第四項、第八十九條及第九十條之規定，於股份有限公司之清算準用之。」

之或訴訟外一切行爲之權，是以清算期間，應以清算人爲法定代理人；如有限制負責人出境必要時，應以清算人爲限制出境對象[14]。至於清算公司未規定及選任清算人，則以全體董事爲限制出境對象[15]。

另，股份有限公司董事長死亡後，未選任新董事長，原則上應由全體常務董事或全體董事代表公司。

(B) 獨資商號或合夥事業：非公司組織之獨資或合夥營利事業，亦可參照商業登記法第 10 條所稱之負責人爲限[16]；合夥事業未辦營利事業登記者，則以全體合夥人爲負責人而限制出境[17]。

(C) 非法人團體：以其負責人、代表人、管理人爲限制出國之對象。

(2) 依現行釋示，下列之人，不得限制出國

A. 公益社團或財團法人之負責人[18]。

B. 法院依公司法選任之臨時管理人[19]。

C. 股份有限公司經法院裁定重整後之公司重整人[20]。

D. 公司破產程序未終結或終止前之破產管理人或原負責人[21]。

E. 由股東選任之律師或會計師擔任清算人[22]。

F. 法院依公司法規定選派之公司清算人（但經法院選派公司清算前實質負責業務之人擔任清算人者，仍應限制出境[23]）。

4. 限制出國之程序

實務上係由各關函報財政部關務署，再由關務署代擬財政部函請內政部移民署辦理限制出國作業；函請辦理限制出國時，應同時以書面敘明理由並附記救濟程序通知當事人，依法送達（關稅法第 48 條第 6 項）。

---

14 財政部 83/12/02 台財稅字第 831624248 號函。

15 財政部 94/04/21 台財稅字第 09404522480 號令。

16 財政部 68/07/18 台財稅字第 34927 號函。

17 謝○○等四人因未辦營利事業登記（註：現為稅籍登記），自無法認定何人係該合夥組織之負責人，依據民法第 668 條：「各合夥人之出資及其他合夥財產，為合夥人全體之公同共有。」第 671 條第 1 項：「合夥之事務，除契約另有訂定外，由合夥人全體共同執行之。」（註：現行條文已修正）之規定，可以謝君等四人為限制出境對象，至得否限制出境，應依限制欠稅人或欠稅營利事業負責人出境規範辦理（財政部 74/09/23 台財稅字第 22598 號函、財政部 104/09/04 台財稅字第 10404625180 號令）。

18 財政部 88/09/27 台財稅字第 881125900 號函。

19 財政部 97/03/04 台財稅字第 09704513380 號函。

20 財政部 91/11/15 台財稅字第 0910455931 號令。

21 財政部 97/07/10 台財稅字第 09704033310 號令。

22 財政部 86/04/11 台財稅字第 861892549 號函。

23 財政部 102/10/31 台財稅字第 10204597880 號令。

5.限制出國之效力

即限制欠稅人或其負責人出國之權利，惟不包括「限制出海作業」[24]。

6.限制出國之期間

限制出國之期間，自內政部移民署限制出國之日起，不得逾五年（關稅法第 48 條第 8 項）。

7.限制出國之救濟

(1)限制出國之合憲性

司法院釋字第 345 號解釋：「行政院於中華民國 73 年 7 月 10 日修正發布之『限制欠稅人或欠稅營利事業負責人出境實施辦法』，係依稅捐稽徵法第 24 條第 3 項及關稅法第 25 條之 1 第 3 項之授權所訂定，其第 2 條第 1 項之規定，並未逾越上開法律授權之目的及範圍，且依同辦法第 5 條規定，有該條所定六款情形之一時，應即解除其出境限制，已兼顧納稅義務人之權益。上開辦法爲確保稅收，增進公共利益所必要，與憲法尙無牴觸。」嗣 97 年、99 年陸續修正稅捐稽徵法第 24 條、關稅法第 48 條規定，將限制欠稅人出境修正爲法律保留。依修正後規定，欠稅達一定數額以上及依規定對納稅義務人財產實施保全措施，仍無確保稅收者，得限制欠稅人出境。

(2)限制出國屬行政處分

行政程序法第 92 條第 1 項規定：「本法所稱行政處分，係指行政機關就公法上具體事件所爲之決定或其他公權力措施而對外直接發生法律效果之單方行政行爲。」財政部爲確保公法上稅捐及罰鍰債權之執行，所作對欠稅人限制出國之決定，並對其直接發生限制出國之效果，性質上即屬上開規定所稱行政處分。

(3)提起訴願及管轄機關

訴願法第 1 條第 1 項規定：「人民對於中央或地方機關之行政處分，認爲違法或不當，致損害其權利或利益者，得依本法提起訴願。但法律另有規定者，從其規定。」同法第 4 條第 7 款規定：「訴願之管轄如左：……七、不服中央各部、會、行、處、局、署之行政處分者，向主管院提起訴願。」如上所述，限制出國處分爲行政處分，如認處分有違法或不當而有所不服，自得依上開訴願法規定，向主管院（即行政院）提起訴願，以資救濟。

8.解除出國限制（關稅法第48條第9項）

解除事由如下：

---

24 財政部 80/12/16 台財關字第 800473225 號函。

(1) 限制出國已逾五年。
(2) 已繳清限制出國時之欠稅及罰鍰，或向海關提供欠稅及罰鍰之相當擔保。
依關稅法第 11 條第 1 項規定：「依本法提供之擔保或保證金，得以下列方式爲之：一、現金。二、政府發行之公債。三、銀行定期存單。四、信用合作社定期存單。五、信託投資公司一年以上普通信託憑證。六、授信機構之保證。七、其他經財政部核准，易於變價及保管，且無產權糾紛之財產。」
(3) 經行政救濟程序終結，確定之欠稅及罰鍰合計未達第 5 項所定之金額。
(4) 依本法限制出國時之欠稅及罰鍰，已逾法定徵收期間。
(5) 欠繳之公司組織已依法解散清算，且無賸餘財產可資抵繳欠稅及罰鍰。
(6) 欠繳人就其所欠稅款已依破產法規定之和解或破產程序分配完結。

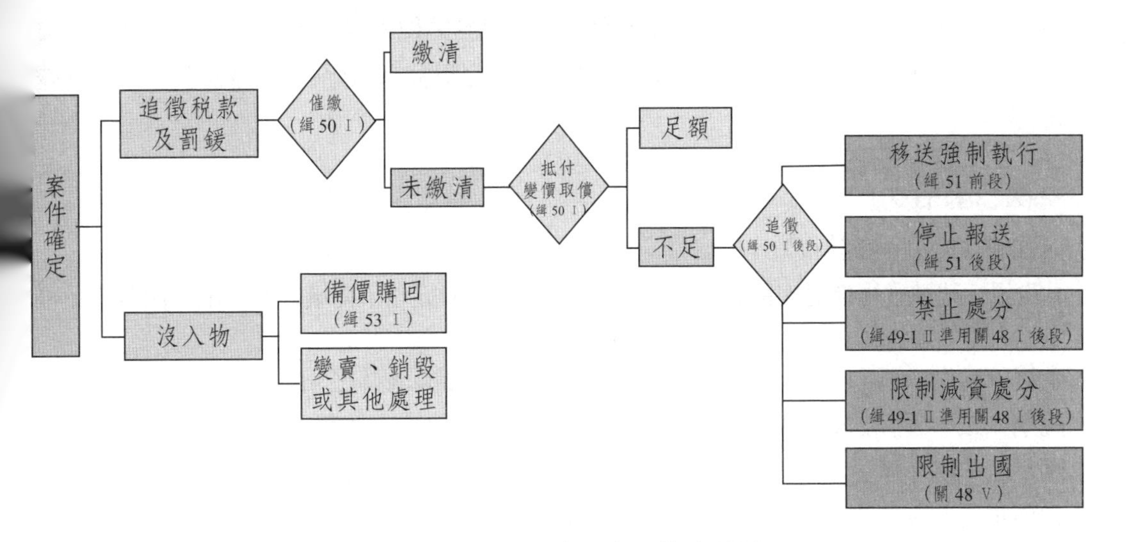

清理欠稅／罰鍰及處理沒入物流程圖

❖精選案例❖

限制出境處分之效力具有持續性，此種處分所需要之法定構成要件不只應於處分作成時具備，亦應於其效力存續期間保持符合之狀態，故法院在判斷限制出境處分違法與否時，其判斷之基準時自不以處分作成時爲已足，尚應包括事實審言詞辯論終結時（最高行政法院 102 年判字第 298 號判決）。

❖司法判解❖

1. 罰鍰處分之執行以義務人之遺產爲限

行政執行法第 15 條規定：「義務人死亡遺有財產者，行政執行處得逕對其遺產強制執行」，係就負有公法上金錢給付義務之人死亡後，行政執行處應如何強制執行，所為之特別規定。罰鍰乃公法上金錢給付義務之一種，罰鍰之處分作成而具執行力後，義務人死亡並遺有財產者，依上開行政執行法第15條規定意旨，該基於罰鍰處分所發生之公法上金錢給付義務，得爲強制執行，其執行標的限於義務人之遺產（司法院釋字第621號解釋）。

2. 第三人與稅捐機關約定納稅人不依限繳稅時，由其繳納屆時不履行之處理

第三人與徵稅機關約定納稅義務人不依限繳納稅款時，由該第三人繳納者，屆時該第三人固有按照稅款數額支付金錢之義務，惟此係依契約所負之私法上給付義務，非公法上之納稅義務。所得稅法第20條所稱之納稅義務人，不包含此項第三人在內，此項第三人不履行其給付義務時，自無同條之適用。如無確定之給付判決，或其他之執行名義，不得對之爲強制執行。至於營業稅等無論對於納稅義務人，是否得請法院追繳欠稅，對於此項第三人非別有執行名義，亦不得對之爲強制執行（司法院院字第2599號解釋）。

❖釋示函令❖

《強制執行／不予執行》

1. 稅捐行政執行事件每案待執行金額合計在新臺幣300元以下而續行執行確有困難者，可不予執行

主旨：檢送法務部100/11/16法律字第10000031930號函影本乙份。

說明：二、旨揭法務部函說明二略以：「稅捐行政執行事件免予執行限額300元之範圍，除本稅、滯納金、利息、滯報金、怠報金及罰鍰外，請納入『執行必要費用』。」爰稅捐行政執行事件行政執行機關免予執行之範圍，應依該函規定辦理，並自100年11月16日起不再適用法務部行政執行署90/12/10行執一字第012043號函之規定（財政部賦稅署104/07/31台稅稽徵字第10404033010號函）。

附件：法務部100/11/16法律決字第10000031930號函

主旨：效益，對於財稅行政執行事件之本金、滯納金、利息、滯報金、怠報金及罰鍰，每案待執行金額合計在新臺幣300元以下而續行執行確有困難者，建請同意不予執行一案，已獲行政院原則同意，並請依說明二辦理。

說明：二、本案所報建議稅捐行政執行事件免予執行限額300元之範圍，除本稅、滯納金、利息、滯報金、怠報金及罰鍰外，請納入「執行必要費用」。

《強制執行／查調財產》

海關為追繳關稅，得逕洽有關稅捐機關提供資料

海關因執行關稅追繳需要，請稅捐機關提供欠稅人或受處分人之課稅資料，依稅捐稽徵法第 33 條第 1 項第 7 款規定，由海關逕洽有關稅捐機關提供無須逐案報部核准，惟提供時應依稅捐稽徵法施行細則第 9 條規定辦理（財政部 82/08/12 台財稅字第 820282825 號函）。

《強制執行／留置》

3. 欠稅公司之貨物經建檔留置後，公司經重整者得解除留置

主旨：關於甲關稅局函為海關對欠繳關稅公司之進出口貨物予以建檔留置後，欠稅公司經法院裁定准予重整，海關可否依該公司重整人之申請，解除對其貨物之留置，於執行時發生疑義乙案。

說明：二、查「海關執行追繳欠稅及罰鍰注意事項」第 6 項後段[25]：「……且得就其所報運進口或出口貨物，依法予以留置，……。」係海關對欠稅公司得採取之保全措施。本案甲關稅局雖依法對乙企業股份有限公司建檔控管，使其進出口貨物均無法通關，然該公司既經法院裁定准予重整，其欠繳之關稅依法屬重整債權，則**本案宜依司法院秘書長 77/12/15 (77) 秘台廳 (一) 字第 02229 號函意旨辦理，即受理該公司重整人之申請，解除對其貨物之留置處分，以維持該公司之營運，俾利其清償債務**（財政部關稅總局 83/11/18 台總局徵第 3673 號函）。

《強制執行／移送》

4. 欠稅執行應移送納稅義務人主要財產所在地之行政執行分署執行

為提升公法上金錢給付義務案件之執行效能，各機關於移送執行時，請向義務人主要（多數）財產所在地之行政執行處[26]移送執行（財政部 92/04/04 台財規字第 0920020016 號函）。

> **附件：法務部行政執行署92/03/27行執一字第092600250號函**
>
> **主旨**：為提升公法上金錢給付義務案件之執行效能，各機關於移送執行時，應依行執行法施行細則第 20 條規定及說明二辦理。

---

[25] 即現行「海關清理欠稅及罰鍰作業要點」第 6 點第 3 款第 2 目，且文字已修正為：「依規定由電腦停止受處分人在任何口岸報運貨物進口、出口放行作業，至稅款及罰鍰繳清之日止或即行依法聲請查封。」

[26] 同上註。

說明：二、按行政執行法施行細則第 20 條規定公法上金錢給付義務之執行，應以執行標的物所在地之該管行政執行處爲執行機關；其不在同一行政執行處轄區者，得向其中任一行政執行處爲之。應執行之標的物所在地不明者，由債務人之住居所、公務所、事務所或營業所所在地之行政執行處管轄。受理公法上金錢給付義務執行事件之行政執行處，須在他行政執行處轄區內爲執行行爲時，應囑託該他行政執行處爲之。是以移送機關原則上應向義務人財產所在地之行政執行處移送執行，如義務人之財產所在地分布於二個以上之行政執行處，爲免嗣後執行無實益或因囑託執行致延誤執行時效，甚或滋生各行政執行處之管轄爭議，**請向義務人主要（多數）財產所在地之行政執行處移送執行**。

《強制執行／停止執行》

5. 釋憲聲請有無停止海關執行之效力釋疑

主旨：有關甲國際股份有限公司於 89 年 6 月 22 日向司法院提出之釋憲聲請有無停止海關執行之效力乙案。

說明：二、依訴願法第 93 條第 1 項規定：「原行政處分之執行，除法律另有規定外，不因提起訴願而停止。」又依行政訴訟法第 116 條第 1 項規定：「原處分或決定之執行，除法律另有規定外，不因提起行政訴訟而停止。」準此，行政處分或訴願決定之執行，除有訴願法第 93 條第 2 項規定由受理訴願機關或原行政處分機關依職權或依申請停止執行及行政訴訟法第 116 條第 2 項、第 3 項規定由行政法院依職權或依聲請裁定停止執行之情形外，原則上不因行政救濟而停止。另依行政訴訟法第 213 條規定：「訴訟標的於確定之終局判決中經裁判者，有確定力。」本案警政署否准該公司申請進口許可之行政處分，既已經最高行政法院終局判決確定，則該否准其申請進口許可之行政處分合法性即受確認在案。又依行政訴訟法第 273 條第 2 項規定：「確定終局判決所適用之法律或命令，經司法院大法官依據當事人之聲請解釋爲牴觸憲法者，其聲請人亦得提起再審之訴。」亦即上開經行政訴訟終局判決確定之合法行政處分，縱使該判決所適用之法律或命令經大法官解釋爲牴觸憲法，在當事人據以提起再審之訴，並進而經原行政法院廢棄或變更原判決之前，尚不影響原行政法院確定終局判決之確定力。三、本案於該公司對於警政署作成否准其申請進口許可之行政處分提起行政救濟期間，雖由海關准其延長退運時限，惟該行政處分及對該行政處分不服所爲之行政救濟對象均爲警政署，而非海關，海關准其延長退運時限，應屬依關稅法第 55 條之 1[27]第 1 項規定，本於職權斟

---

27 即現行第 96 條。

警政署否准該公司申請准許進口處分之不確定性考量所作退運之適當「期限」。惟警署行政處分之合法性，既經行政法院確定終局判決確認在案，海關基於依法行政之原則，宜即依關稅法第 55 條之 1 規定處理。惟海關如認爲該公司所提出之釋憲理由有合法確信之依據者，參照上述關稅法該條規定，得本於職權爲適當之退運「期限」（財政部 90/08/10 台財關字第 0900550434 號函）。

《強制執行／分期》

核示無法一次繳清關稅及罰鍰者，准予放寬分期繳納之條件

查欠繳之關稅及罰鍰，依法應係一次繳納爲原則，僅例外並經核准始得分期繳納，故所報建議授權海關延長分期繳納期間及放寬核准條件一案，爲便利滯欠稅款及罰鍰案件之徵起，對於天災、事變或遭受重大財產損失，或確有客觀事實發生財務困難，不能於法定期間內一次繳清罰鍰或追徵所漏稅款，經當事人同意加計利息分期繳納者，授權海關准予辦理分期繳納，並依貴總局所報原則辦理（財政部 86/03/20 台財關字第 860022958 號函）。

附件：財政部關稅總局86/01/11台總局緝字第86100266號函

爲增進海關執行追繳欠稅（罰鍰）績效及加強爲民服務，謹建議鈞部准將現行滯欠稅款及罰鍰案件授權海關准予分期繳納之規定修訂如下：「爲便利滯欠稅款及罰鍰案件之徵起，對於無法一次繳清罰鍰或追徵所漏稅款之案件，授權海關准予分期繳納之辦法准依下列原則辦理：（一）對於一般欠稅及滯欠罰鍰案件，准其按月分期繳納期間不得逾三年，其分期期數視欠繳人償還能力及實際狀況由各關稅局依職權審酌核定，且分期繳納期間應在法定徵收期間之內。（二）經海關核准分期繳納之欠稅（罰鍰），納稅義務人或受處分人應依海關核准分期繳納期數向海關一次提出欠繳全額之分期本票作爲擔保，該本票應以銀行爲擔當付款人。如欠稅（罰鍰）人爲公司組織者，其負責人並應在本票上背書與公司負連帶清償責任。（三）上項分期本票如有一期到期不能兌現或未能如期繳納時，應即重新採取移送執行或（及）辦理依法拍賣措施。（四）如欠繳稅款或罰鍰已移送法院[28]強制執行始申請分期繳納者，納稅義務人或受處分人並應先繳清強制執行費用。

---

[28] 現已改由行政執行署各執行分署辦理強制執行。

7.欠稅案件於執行時准予分期繳納者，其相關保全措施應予解除釋疑

主旨：關於納稅義務人或受處分人欠繳應納稅捐或罰鍰，經法院或海關核准分期繳納後，其原定各項限制及保全措施應否併予解除乙案。

說明：二、本案核復如次：（二）已移送法院[29]強制執行之欠繳應納稅捐或罰鍰案件如擬同意分期繳納，海關應同時核明或向法院聲明，納稅義務人或受處分人如另有應由海關退還之款項時，仍應先予扣抵所欠。又納稅義務人或受處分人爲公司組織者，應由負責人於納稅義務人或受處分人開具之支票背書或出具擔保書狀，載明該支票屆時不能兌現時，由其負清償責任。（三）已移送法院強制執行之欠繳應納稅捐或罰鍰案件後經海關同意分期繳納者，**除對納稅義務人、受處分人或其負責人出境之限制，對納稅義務人或受處分人所有不動產之保全措施及對應退還納稅義務人或受處分人之款項應先予扣抵所欠之措施，仍應繼續維持外，其他各種限制或保全措施，均應予解除**。惟解除後，其支票如有一期到期不能兌現或未能如期繳納時，應即重新採取限制措施。至未經海關同意而由執行法院逕予核准分期繳納案件，則一律不解除各項限制措施（財政部71/12/31 台財關字第 27550 號函）。

《強制執行／義務人／共同處分》

8.共同受處分人對其罰鍰應負連帶責任

經查本案甲與乙等共同私運匪貨黑棗進口高雄關係以甲、乙二君爲共同受處分人，處以罰鍰，私貨並予沒入，全案既經確定，有關罰鍰即應由甲、乙二君共同負連帶責任，海關可對其中任何一人選擇執行全部罰鍰金額[30]（財政部 67/06/14 台財關字第 16233 號函）。

《強制執行／義務人／變更組織》

9.公司變更組織前有欠稅或罰鍰如何強制執行釋疑

主旨：公司組織之營利事業，在變更組織前，有應納稅捐或罰鍰逾期未繳，執行法院[31]可否對改組後之新公司強制執行等問題，經本部邀請貴（財政）部及臺灣高等法院等單位會商，獲有結論如後。

說明：二、前開問題經會商獲致結論如附件：（一）公司在變更組織前，應納稅捐或罰

---

29 同上註。

30 本釋示僅限行政罰法施行前共同處分案件適用。行政罰法 95 年 2 月 5 日施行後之案件，依該法第 14 條第 1 項規定：「故意共同實施違反行政法上義務之行為者，依其行為情節之輕重，分別處罰之。」採分別處罰之方式，即無連帶責任之問題。

31 現已改由行政執行署各執行分署辦理強制執行。

鍰逾期未繳，執行法院可否對變更組織後之新公司強制執行？研商結論：公司之變更組織，依法無需經清算程序，即不失其**法人之同一性**，其變更組織後之新公司對變更組織前舊公司應納之稅捐或罰鍰，解釋上亦應負繳納之義務，公司在變更組織前，有應納稅捐或罰鍰逾期未繳時，執行法院當可對變更組織後之新公司強制執行。（二）稅單經合法送達後，公司始完成變更組織之登記者，稽徵機關應否對改組後之新公司再行發單催徵，如無庸再行發單催徵或更正者，移送執行時其移送書應如何爲詳細明確之記載？研商結論：1. 稅單經合法送達後，公司始完成變更組織之登記者，稅捐稽徵機關無庸對改組後之新公司再行發單催徵或更正。2. 前項情形，於移送執行時應由稅捐稽徵機關於移送書內詳細載明公司變更組織之情事，並附具經濟部核准變更組織之文件影本。（三）稅單送達時，公司已完成變更登記，惟爲稽徵機關所不及知，而收受送達係蓋用改組後新公司印章或由新公司負責人或受僱人簽名或蓋章，可否由稽徵機關以「函」敘明「更正事由」，送達取證後以改組後新公司名義移送法院強制執行？研商結論：此種情形應由稽徵機關對變更登記後之新公司重新催徵，改訂限繳日期發單送達，俟滯納期滿後始可移送執行。（四）稅單送達時公司已完成變更登記，而稽徵機關尚不及知，收受送達者係蓋用改組前公司印章或由原負責人或受僱人簽名或蓋章者，應否重新發單送達，並改訂限繳日期，俟滯納期滿後始可移送執行？研商結論：此種情形亦應由稽徵機關對變更登記後之新公司重新催徵，改訂限繳日期，發單送達，俟滯納期滿後始可移送執行（司法行政部 68/02/15 台函民字第 01417 號函）。

《強制執行／義務人／死亡》

10. 納稅人違法於裁處確定後死亡者，仍得就遺產執行

主旨：納稅義務人違反稅法規定，於裁處罰鍰確定後死亡者，得否就其遺產或繼承人之固有財產強制執行乙節，請確實參照法務部 92/08/27 法律字第 0920030676 號函辦理。

說明：二、關於旨揭問題經轉據法務部前開函略以：「按『法院依財務法規科處罰鍰之裁定確定後，未執行前被罰人死亡者，除法令有特別規定外，自不能向其繼承人執行……。』司法院院解字第 2911 號解釋有案。另司法院秘書長於 92 年 7 月 14 日以 (92) 秘台廳家二字第 13693 號函復本部略以：『行政罰乃爲維持行政上秩序，達成國家行政之目的，對違反行政上義務者，所科之制裁，具有一身專屬性，除法律另有規定外，非屬繼承標的；本院院解字第 2911 號解釋之見解迄未變更。』準此，如法律有特別規定，自仍得向其繼承人執行。又行政執行法第 15 條規定：『義務人死亡遺有財產者，行政執行處[32]得逕對其遺產強制執行。』其立法說明：『按公法上金錢給付義務之執行，主

32 現已改由行政執行署各執行分署辦理強制執行。

要係對義務人之財產爲執行，如義務人死亡而遺有財產者，爲貫徹行政目的、迅速執行
起見，自得對其遺產強制執行，爰參照財務案件處理辦法[33]第37條訂定之。』該規定係
上開解釋之『特別規定』，準此，於義務人死亡後而遺有財產者，行政執行處自得逕對
其遺產強制執行。」依法務部上開見解，納稅義務人違反稅法規定，於裁處罰鍰確定後
死亡者，稅捐稽徵機關不就繼承人之固有財產移送執行，惟仍依行政執行法第 15 條規
定，就其遺產移送執行（財政部 92/09/23 台財稅字第 0920456111 號函）。

《強制執行／義務人／破產》

11. 清算人未依法聲請宣告破產及按序繳清稅捐者，應負繳納義務

二、稅捐稽徵法第 13 條第 1 項規定：「法人……解散清算時，清算人於分配賸餘財產前，應依法按稅捐受清償之順序，繳清稅捐。」該條規定所稱之稅捐，係指分配賸餘財產前公司所應納之稅捐而言。又依同法第 49 條規定，罰鍰準用有關稅捐之規定，故公司於分配賸餘財產前有應行繳納之罰鍰者，清算人亦應依同法第 13 條第 1 項規定辦理。倘清算人違反上述規定者，應依同條第 2 項規定，就未清繳之罰鍰負繳納義務。三、公司解散依公司法規定進行清算時，清算人對於公司欠繳之稅捐，應通知稽徵機關報明欠稅及罰鍰數額，稽徵機關應於清算人通知後依限報明其數額，依法受償。如公司解散清算時尚有財產，清算人未依法通知稽徵機關報明欠稅及罰鍰數額，或雖經稽徵機關報明數額而未就公司之財產按稅捐受清償之順序繳清稅捐及罰鍰，即應負稅捐稽徵法第 13 條第 2 項所定之義務；如公司於解散清算時，其財產不足清償其債務及欠稅時，清算人即應依公司法規定聲請宣告破產，並將其事務移交破產管理人時，其職務即爲終了，清算人應不發生負責清繳稅捐之問題。故清算人未依公司法規定聲請宣告破產而又未依法按稅捐受清償之順序繳清稅捐者，即應負稅捐稽徵法第 13 條第 2 項規定繳清稅捐之義務（財政部 68/12/03 台財稅字第 38584 號函）。

12. 公司破產或倒閉時欠稅案件處理方式

主旨：關於甲股份有限公司等虛報出口，經關依法科處罰鍰並追繳沖退稅各案。

說明：二、關於甲股份有限公司等或已倒閉，或已破產，其欠繳海關之稅款及罰鍰，無法追繳清償一節，以在法律上破產與倒閉之意義不同，自應分別處理。已破產之公司如已依破產法規定分配完畢並經法院爲破產終結之裁定，而又無其他保證或擔保可供取償者，依現行法律既無其他可資取償之道，始能予以結案。至於僅有倒閉之事實，而未辦公司解散登記，亦未宣告破產者，在法律上其所具人格仍屬存在，他日能否執行，尚難以預測，不宜就此報結（財政部 62/08/02 台財關字第 17895 號函）。

---

[33] 本辦法業於 83 年 1 月 14 日廢止。

《強制執行／義務人／解散清算》

3. 有限公司不得以未成年之股東爲清算人

有限公司負責人死亡後經廢止登記，公司仍有股東 4 人，因公司章程未規定清算人，亦未經股東決議選任清算人，可否以未成年之股東爲法定清算人並代表公司疑義乙案，請依經濟部 100/03/29 經商字第 10002406650 號函釋辦理（財政部 100/07/06 台財稅字第 10000157310 號函）。

> **附件：經濟部100/03/29經商字第10002406650號函**
>
> **主旨**：1 人股東有限公司業經廢止，其負責人死亡時，該公司章程未指定清算人，其唯一股東繼承人爲未成年人，可否爲該公司之法定清算人一案。
>
> **說明**：二、按公司法第 79 條規定：「公司之清算，以全體股東爲清算人；但本法或章程另有規定或經股東決議，另選清算人者，不在此限」；同法第 80 條規定：「由股東全體清算時，股東中有死亡，清算事務由其繼承人行之……」（公司法第 113 條規定，有限公司清算準用無限公司規定）。關於有限公司股東死亡，該股東繼承人如爲未成年人可否爲該公司法定清算人一節，鑒於清算人職務重要，職司公司了結現務之相關業務，執行清算業務均涉及法律行爲，應以有行爲能力人者爲之，未成年人無法充任；復按清算人亦爲公司負責人，應忠實執行業務並盡善良管理人之注意義務，如有違反致公司受有損害者，負損害賠償責任（公司法第 8 條、第 23 條參照），且公司法第 192 條亦規定董事應有行爲能力。準此，公司法第 80 條執行清算事務之法定清算人，應由有行爲能力之繼承人方得進行清算事務。

14. 公司欠稅負責人未循法定清算程序逕將財產變賣朋分之處理

主旨：公司組織之營利事業滯欠鉅額稅款或罰鍰尚未繳清，即私自解散，公司負責人未循公司法所定之清算程序，逕將公司全部財產變賣朋分，此種情形，可否適用稅捐稽徵法第 13、24、39 條之規定辦理乙案，復如說明二。

說明：二、茲就各項疑義，逐一核復如次：（一）依主旨所述之公司負責人，在未循公司法規定進行清算前，尚非清算人，自不能依稅捐稽徵法第 13 條規定由公司負責人負清算人之責任。惟公司之全部財產既被變賣朋分，則該公司之營業應無法繼續，稅捐稽徵機關自可以利害關係人之身分，依公司法第 10 條規定，申請公司之中央主管機關命令其解散，使依同法第 24 條之規定進行清算。如公司未另選清算人，依公司法第 79、113、127、322 條規定，應由各該條所定之股東或董事爲清算人。如上述股東或董事未依稅捐稽徵法第 13 條第 1 項及第 49 條之規定繳清稅捐及罰鍰時，依同法第 13 條第 2

項規定，自應由各該股東或董事就未清繳之稅捐及罰鍰負繳納義務。（二）清算人違反稅捐稽徵法第 13 條第 1 項之規定，應依同法條第 2 項規定就未清繳之稅捐負繳納義務者，稅捐稽徵機關移送執行時，得對清算人之財產爲強制執行，故公司之股東或董事依前述規定爲清算人時，稅捐稽徵機關自得對其財產依稅捐稽徵法第 24 條規定爲禁止處分，實施扣押或依同法第 39 條規定移送法院[34]強制執行。（三）公司在依法解散清算前，其法人人格仍然存續，稅捐稽徵機關對於該公司滯欠之稅款或罰鍰，自得依稅捐稽徵法第 24 條第 3 項之規定，限制其負責人出境，以保全稅捐（財政部 70/02/13 台財稅字第 31069 號函）。

15. 違章漏稅未通知稽徵機關申報債權逕向法院聲請清算完結之處理

主旨：關於營利事業違章漏稅，而未於清算程序中通知稽徵機關申報債權，逕向法院聲請清算完結，致應補徵之稅款及罰鍰無法受償，應如何補救疑義乙案。

說明：二、查民法第 40 條第 2 項規定：「法人至清算終結止，在清算之必要範圍內，視爲存續」。是清算人如依法定程序辦理清算完結，依公司法第 92 條或第 331 條第 3 項規定，將結算表冊等項送經股東或股東會承認，而解除其責任後，即生清算完結之效果。其嗣後向法院聲報清算完結，不過爲備案性質，法律並無應由法院核准之規定，法院受理此類事件，無須以裁定准予備查或駁回其聲請（參考最高法院 67 年度台抗字第 416 號裁定）。三、反之，清算人如有不法行爲，明知公司尚有違章漏稅情事，爲逃避納稅義務，於造具表冊時故爲虛僞之記載，或違背公司法第 88 條或第 327 條規定之清算程序，怠於通知稽徵機關申報債權，則縱已辦理清算完結手續，將表冊送經股東或股東會承認，並向法院聲報備查，依同法第 92 條但書及第 331 條第 3 項但書規定，清算人之責任並未解除，自亦不生清算完結之效果，其公司法人人格仍視爲存續，此際稽徵機關似可聲請法院本於對法人之監督職權，命令清算人重新將欠稅列入清算，清算人如不遵守法院命令，法院可依民法第 43 條規定科清算人以罰鍰之處分，並得依民法第 39 條規定將之解任，及依同法第 38 條另選清算人辦理清算。四、法院對於聲報清算完結事件，既無爲任何處分之必要，臺灣○○地方法院前受理○○企業有限公司聲報清算完結事件時，縱承辦推事在其聲請狀上爲「附卷備查」之批示，亦不能認爲法院之意思表示（裁定），稽徵機關自無從對之聲請撤銷或提起抗告。惟爲防止營利事業假藉清算手段規避應補徵之稅款及罰鍰，本部[35]已另函臺灣高等法院轉知所屬各法院重申本部 67/12/11 台 (67) 函民字第 10817 號函意旨，於受理聲報清算完結事件時，務必行文有關稽徵機關，查明有無違章欠稅情事，以便依法處理（司法行政部 68/06/22 台 (68) 函民

---

34 現已改由行政執行署各執行分署辦理強制執行。

35 指司法行政部，該部已於 69 年 7 月 1 日改制現在之法務部。

字第 05991 號函、財政部 68/07/31 台財稅字第 35267 號函）。

16. 公司財產不足清償債務逕聲請清算終結，其法人人格仍視爲存續

主旨：公司清算時，其財產不足清償債務，清算人不依公司法第 89 條之規定聲請宣告破產，逕向法院聲報清算終結者，其解散清算爲不合法，不生清算完結之效果，其公司法人人格仍視爲存續。

說明：一、根據法務部 70/08/05 法 (70) 律字第 9787 號函辦理（財政部 70/08/18 台財關字第 19896 號函）。

附件：法務部70/08/05法(70)律字第9787號函

主旨：公司清算時，其財產不足清償債務，清算人不依公司法第 89 條之規定聲請宣告破產，逕向法院聲報清算終結，其解散清算是否合法案。

說明：二、公司辦理清算時，其財產不足清償債務（包括欠繳稅款、罰鍰），清算人不聲請宣告破產，即將有關表冊送經股東會承認，並向法院聲報備查者，清算人即有公司法第 92 條但書及第 331 條第 3 項但書規定之不法行爲，前司法行政部 68/06/22 台 (68) 函民字第 05991 號函「說明三」曾有同一之說明，認清算人之責任並未解除，亦不生清算完結之效果，其公司法人人格仍視爲存續之。

17. 公司清算未通知稽徵機關申報債權，屬清算不合法，公司人格自不消滅

法人至清算終結止，在清算之必要範圍內視爲存續，爲民法第 40 條第 2 項所明定。公司亦爲法人組織，其人格之存續，自應於合法清算終結時始行消滅。公司解散清算時，明知公司尚有應行繳納之稅款，卻怠於通知稽徵機關申報債權，即難謂該公司業經合法清算完結，公司人格自未消滅，稽徵機關可不待法院撤銷准予備查之裁定，即對該公司追繳欠稅或補徵稅款及處罰（財政部 84/07/12 台財稅字第 841634470 號函）。

附件1：司法院秘書長84/03/22秘台廳民三字第04686號函

主旨：關於清算之公司何時始生清算完結效果等疑義乙案，貴部徵詢意見，復如說明二、三，請查照參考。

說明：二、查公司於清算完結，將表冊提請股東會承認後，依公司法第 93 條第 1 項、第 331 條第 4 項之規定，尚須向法院聲報備查，惟向法院聲報，僅爲備案之性質，法院所爲准予備案之處分，並無實質上之確定力，是否發生清算完結之效果，應視是否完成「合法清算」而定，若尚未完成合法清算，縱經法院爲准予清算完結之備查，仍不生清算完結之效果。三、按法人至清算終結止，在清算之必要範圍內視為存續，民法第 40 條第 2 項定有明文，公司亦為法人組織，其人格之存續，自應於合法清算終結時始行消滅。來文所述公司解散清算時，明知公司尚有應行繳納之稅款，卻怠於通知稽徵機關申報債權乙節，倘屬實在，即難謂該公司業經合法清算完結，公司人格自未消滅，稽徵機關不待法院撤銷准予備查之裁定，即對該公司追繳欠稅或補徵稅款及處罰，於法應無不合。

附件2：司法院秘書長84/06/22秘台廳民三字第10876號函

主旨：關於清算之公司何時始生清算完結法人人格消滅之效果等疑義乙案，復如說明，請查照參考。

說明：二、查民法、非訟事件法及公司法雖分別設有關於法人或公司解散、清算之規定，惟公司亦為法人之一種，僅民法及非訟事件法係針對一般法人而為規定，而公司法則係民事特別法，針對公司組織之法人為規範，如此而已，故應依實際情形適用各該不同之法律。至於所用「清算終結」與「清算完結」之用語雖異，實質上均係指合法清算之程序結束而言，意義上並無不同。又法人人格之消滅，依民法、公司法等有關規定，均以完成合法清算為前提，如尚未完成合法清算，縱經法院為准予清算完結之備查，仍不生清算完結之效果，法人人格即仍未消滅。公司之所以於完成合法清算後，應依公司法第 93 條第 1 項、第 331 條第 4 項之規定向法院聲報備查，係公司之清算屬於法院監督，因其聲報，使法院得能及時行使監督權，此項聲報備查為清算人之責任，亦屬法院監督清算程序之必要事項，清算人依法為此聲報後，其責任方告終了，法院亦方能知悉清算之結果。

18. 清算人繳清稅捐不以被清算人有賸餘財產為前提

稅捐稽徵法第 13 條第 1 項規定所稱：「於分配賸餘財產前」一語，係就繳清稅捐之時序，應於分配賸餘財產前為之，加以規定。至清算人應依該條規定，按稅捐依法應受清償之順序繳清稅捐，並不以被清算之法人、合夥或非法人團體有賸餘財產為前提。如被清算者在清算時之財產不足清償其債務及稅捐時，則應就稅捐之種類，依稅法規定優先清償之順序予以清償（財政部 70/09/25 台財稅字第 38237 號函）。

《強制執行／義務人／解散清算／清算完結》

19. 公司解散已向法院聲報清算完結，事後續行清算可予處理

公司解散，清算人已向法院聲報清算完結，並經法院准予備查，事後該清算人再行弋表該公司辦理建物所有權移轉監證[36]，如係屬於該清算人職務之內，可予受理（財政部 75/05/19 台財稅字第 7549045 號函）。

附件：司法院秘書長75/04/30秘台廳一字第01267號函

主旨：公司解散，清算人已向法院聲報清算完結，並經法院准予備查，事後該清算人再行代表該公司辦理建物所有權移轉監證，如係屬於該清算人職務範圍之內，似可受理。

說明：二、按解散之公司，於清算範圍內，視爲尚未解散，又清算人之職務爲：(1) 了結現務；(2) 收取債權、清償債務；(3) 分派盈餘或虧損；(4) 分派賸餘財產，清算人執行此項職務時，有代表公司爲訴訟上或訴訟外一切行爲之權，公司法第 25 條、第 84 條、第 113 條、第 115 條及第 334 條，分別定有明文。雖公司法另定清算人應於清算完結，將結算表冊送經股東或股東會承認後 15 日內，向法院聲報（公司法第 92 條、第 93 條第 1 項、第 113 條、第 115 條、第 331 條第 1 項、第 4 項參照），惟僅屬備案性質，公司仍應於清算人依法定程序辦理清算完結，將結算表冊等文件送經股東或股東會承認，解除其責任後，法人資格始歸於消滅。**倘清算人之職務在實質上尚未終了（例如已將公司不動產變價而尚未辦理產權登記）而先向法院聲報清算程序終結**[37]**，縱經法院准予備查，亦應認清算程序尚未終結，清算人仍有代表公司，在清算範圍內，爲訴訟上及訴訟外一切行爲之權**。三、本件公司解散，清算人已向法院聲報清算完結，並經法院准予備查，事後該清算人再行代表該公司辦理建物所有權移轉監證，如可認係屬於清算人之職務行爲，則公司不生清算完結之效果，人格仍視爲存續，清算人代表該公司辦理建物所有權移轉監證，似應予以受理。

20. 清算人負第二次繳納義務之執行，應另行取得執行名義

主旨：清算人違反稅捐稽徵法第 13 條第 1 項[38]，依同法條第 2 項規定，應就未清繳之稅捐負繳納義務者，稅捐稽徵機關於移送法院[39]就清算人財產爲強制執行時，應另行取得執行名義。

說明：二、案經函法務部轉准司法院秘書長 86/02/22 秘台廳民二字第 2616 號函略以：

---

36 現行已無監證制度。

37 現無須辦理清算終結登記。

38 稅捐稽徵法第 13 條規定：「法人、合夥或非法人團體解散清算時，清算人於分配賸餘財產前，應依法按稅捐受清償之順序，繳清稅捐（Ⅰ）。清算人違反前項規定者，應就未清繳之稅捐負繳納義務（Ⅱ）。」

39 現已改由行政執行署各執行分署辦理強制執行。

「按稅捐稽徵法第 13 條第 1 項規定：『法人、合夥或非法人團體解散清算時，清算人於分配賸餘財產前，應依法按稅捐受清償之順序，繳清稅捐。』同條第 2 項規定：『清算人違反前項規定者，應就未清繳之稅捐負繳納義務』。該條第 2 項並無得逕行移送法院強制執行之規定，稅捐稽徵機關因清算人違反該項規定而移送法院強制執行時，似應另行取得執行名義。」準此，爲利此類案件之執行，宜另行取得執行名義（財政部 86/03/26 台財稅字第 861889645 號函）。

21. 所稱應另行取得執行名義，係指以清算人之名義另行發單

主旨：本部 86/03/26 台財稅第 861889645 號函所稱應另行取得執行名義，係指稽徵機關應就清算人未依稅捐稽徵法第 13 條第 1 項規定清繳之稅捐，以清算人名義，另行發單（應另訂限繳日期），通知其繳納。

說明：二、清算人依稅捐稽徵法第 13 條第 1 項規定所負繳納義務，與納稅義務人本身所負稅捐繳納義務尚有不同，且無主從之關係，因此稅捐稽徵機關依稅捐稽徵法第 13 條第 2 項規定對清算人發單後，並不受發單後納稅義務人該項應納稅捐已逾徵收期間之影響。又清算人此一繳納義務因屬獨立，故其核課期間，應依稅捐稽徵法第 21 條及第 22 條規定，自清算人違反稅捐稽徵法第 13 條第 1 項規定時起算五年，其徵收期間則依同法第 23 條規定，自清算人該項繳納義務繳納期間屆滿之翌日起算五年（財政部 87/07/15 台財稅字第 871954429 號函）。

22. 清算人未依規定清繳公司稅捐應負繳納義務之範圍

主旨：有限公司清算人違反稅捐稽徵法第 13 條第 1 項規定，應依同條第 2 項規定就該公司未清繳稅捐負繳納義務之應納稅捐數額疑義。

說明：三、清算人負繳納義務之範圍，應僅限於倘不違反同條第 1 項規定義務，稅捐稽徵機關原本可受清償之範圍；而非謂清算人只要有違反稅捐稽徵法第 13 條第 1 項未依規定清償稅捐行爲，即應就該法人、合夥或非法人團體未清償之全部稅捐負清償之責。四、因公司原用以支付稅捐之財產及有關之證據方法等均在清算人管領範圍內，當清算人有未依法清算情形時，除非清算人能就縱經合法清算，所欠稅捐亦無法繳清部分提出反證，否則應就該公司未繳清之全部稅捐，負繳納責任（財政部 99/11/25 台財稅字第 09904144960 號函）。

23. 經履行清算程序無賸餘財產可供分派，應視爲已解除清算人責任

主旨：所報公司解散清算時，其清算人已依公司法第 89 條規定聲請宣告破產，惟因公司已無財產或其債權人僅有一人不能進行破產程序，法院認無宣告破產之必要而駁回破產之聲請者，該公司踐行法定清算程序後，其法人人格是否消滅乙案，復如說明。

明：二、有限公司或股份有限公司解散清算時，公司財產不足清償其債務，其清算依公司法第 113 條或第 334 條準用同法第 89 條第 1 項規定聲請宣告破產，法院以公已無財產或債權人僅有一人，無宣告破產之必要而裁定駁回，清算人依公司法第 113 或第 334 條準用同法第 84 條規定執行該條第 1 項各款職務，並將結算表冊依公司法 113 條準用第 92 條或第 331 條第 3 項規定送經股東或股東會承認，除有各該條項但規定之不法行爲外，如對公司債務已爲清償之行爲，公司已無盈餘或剩餘財產可供分，不論公司債務是否全部清償，應視爲公司已解除清算人之責任，清算程序應屬完。公司於清算程序完結後，經向法院聲報並辦理清算終結登記[40]後，其法人人格即歸消滅。惟清算人如違反稅捐稽徵法第 13 條第 1 項暨關稅法第 4 條之 1[41]第 1 項之規定者，依各該條第 2 項之規定，仍應就未清償之款項負繳納義務（財政部 72/12/20 台財關字第 28846 號函）。

24. 公司雖依法清算完結，其未獲分配之欠稅仍得向保證人求償

主旨：○○公司滯欠稅款，於強制執行程序中，經保證人向法院出具擔保書，嗣後該公司雖依法清算完結，並經法院准予備查，惟其未獲分配之欠稅仍得向保證人請求履行。

說明：二、本案經函准法務部 84/03/28 法 (84) 律決字第 07126 號函復：「按保證契約係保證人與債權人間成立之契約，除因主債務之清償、代物清償、提存、免除、混同、抵銷及契約解除等原因而消滅外，並不因主債務人之死亡而歸於消滅（民法第 739 條、最高法院 48 年台上字第 557 號判例意旨參照）。準此，主債務人爲股份有限公司而依法喪失法人人格者，猶如自然人之死亡，僅債權人無從向其請求履行，其主債務仍屬存在，從而保證債務亦不消滅（史尚寬著，債法各論第 866 頁參照）。本件某公司滯欠稅款之主債務，既未因依法清算完結而消滅，則保證債務仍有效存在，債權人自得依法向保證人請求履行。」（財政部 84/04/26 台財稅字第 841619595 號函）。

25. 遺產管理人清理遺產所欠稅捐，經參與分配未受清償者，准予註銷

欠稅人死亡，其遺產繼承人拋棄繼承，由遺產管理人依法清理遺產，所欠稅捐，如經參與分配，未受清償部分，准予註銷（財政部 62/11/19 台財稅字第 38626 號函）。

26. 納稅人死亡時尚未發單課徵之綜所稅，得否以其繼承人之固有財產爲強制執行及禁止處分標的釋疑

主旨：納稅義務人○君死亡時尚未發單課徵之綜合所得稅，得否以其繼承人之固有財產爲強制執行及禁止處分標的等疑義。

---

40 現無須辦理清算終結登記。

41 即現行第 8 條。

說明：二、本案○君於 96 年 7 月死亡，其 94 年度綜合所得稅，本即應由○君自行
95 年 5 月結算申報期間辦理申報，尚無所得稅法第 71 條之 1 第 1 項由繼承人在遺產
圍內代負申報納稅義務規定之適用。三、○君及其配偶漏報 94 年度財產交易等之應
稅捐，依司法院釋字第 622 號解釋及稅捐稽徵法第 14 條第 1 項規定，應以繼承人為
繳義務人發單補徵，由繼承人於被繼承人遺有財產範圍內，代為繳納，尚不得逕以繼
人之固有財產為強制執行及禁止處分標的，亦不得對繼承人為限制出境處分；繼承人
違反該項規定，依同條第 2 項規定，應就其未代為繳納之稅捐，負繳納義務；未依限
納時，稽徵機關自得以繼承人固有財產為強制執行及禁止處分標的，並對繼承人為限
出境處分。四、由繼承人依法負責代繳綜合所得稅案件，稽徵機關發單補徵時，於繳
書「納稅義務人」欄位應填載為「○○○（歿）代繳義務人○○○、○○○」，代繳
務人為數人時，應全部載明，並註明「依司法院釋字第 622 號解釋以遺產為執行標的」（財政部 98/10/08 台財稅字第 09800377270 號函）。

27. 公司依法清算終結其未獲分配之欠稅得予註銷

○○公司於解散清算時，其清算人已依公司法第 89 條規定聲請宣告破產，經法院調查認定該公司已無財產，破產財團不能構成，無從依破產程序清理其債務，而駁回其宣告破產之聲請，清算人踐行法定清算程序後，業經依法清算完結，並向法院辦理終結登記[42]，其未獲分配之欠稅得予註銷（財政部 80/02/21 台財稅字第 801241743 號函）。

28. 欠稅人死亡其繼承人全部拋棄繼承而無財產可供執行者，欠稅註銷

欠稅人死亡，如經查明其各順序繼承人（含配偶）均確已依法拋棄繼承，且該欠稅人亦確無財產可供執行，其滯欠之稅捐，同意予以註銷（財政部 88/07/27 台財稅字第 881096803 號函）。

《強制執行／執行標的》

29. 欲就納稅義務人已被查封之財產執行者，應聲明參與分配

主旨：檢送法務部行政執行署 90/12/19 行執一字第 012128 號函釋乙份。

說明：二、前揭來函表示，各機關待移送執行之公法上金錢給付義務案件，發現義務人之財產已經法院查封者，如欲就該同一財產強制執行，請逕向法院聲明參與分配，以爭取時效（財政部 90/12/27 台財規字第 0900072895 號函）。

---

42 現無須辦理清算終結登記。

附件：法務部行政執行署90/12/19行執一字第012128號函

主旨：貴機關待移送執行之公法上金錢給付義務案件，發現義務人之財產已經法院查封者，如欲就該同一財產強制執行，請逕向法院聲明參與分配，以爭取時效。

說明：一、行政執行處於查封義務財產時，發現同一財產已經民事執行事件查封者，應將該執行事件連同卷宗函送該管執行法院合併辦理（強制執行法第33條之2、行政執行與民事執行業務聯繫辦法[43]第3條參照），行政執行處依前開規定將公法上金錢給付義務執行事件函送法院合併辦理時，是否應受強制執行法第32條參與分配時間之限制（應於標的物拍賣、變賣終結或依法交債權人承受之日一日前爲之）雖不無疑義，惟司法院秘書長函認爲「……經徵詢各地方法院執行法官意見結果，多數法官認應受強制執行法第32條第1項之限制。惟本件疑義核屬具體個案法律問題，移送機關若有不服，得依強制執行法第12條向執行法院聲明異議，由執行法院視個案情形裁判之。……」是以爲爭取時效並確保公法上債權之實現，宜請逕向法院聲明參與分配。

《強制執行／受償順序》

30. 關稅債權應優先於重整債權受償

查關稅爲對國外進口貨物所課徵之進口稅，依36年司法院院解字第3578號解釋「欠稅，由破產法第103條第4款規定推之，非不得爲破產債權，此類破產債權，如法律別無優先受償之規定，自應與其他破產債權平均分配」。又公司法第296條第2項重整債權準用破產法破產債權節之規定，本案欠繳關稅，應屬重整債權。又依關稅法第55條第3項[44]規定，關稅較普通債權優先清償，故其歸類，依公司法第296條第1項規定，應屬優先重整債權，本案該公司重整計畫書將其與普通債權並列爲無擔保債權，自與規定不合。二、本案滯納金與滯報費，係因納稅義務人違反關稅法規定應受之行政制裁，依公司法第296條第2項規定重整債權準用破產法破產債權節之規定，應屬無擔保重整債權，與民法上之違約金、遲延利息之性質顯有不同，依法不能同意免除。三、進口原料記帳關稅，在裁定重整前已逾外銷期限者，依關稅法規定，應即補繳稅捐並加徵滯納金，自應列入重整債權。四、同順位重整債權，其清償本應按債權之比例爲之，此爲法律誠信公允原則，且依公司法及破產法有關規定，並無「主要債權」優先「非主要債權」償還之根據（財政部67/12/12台財關字第23189號函）。

43 現為「行政執行與民事執行業務聯繫要點」。

44 即現行第95條第4項。

31. 應繳或補繳之關稅應否優先於工資受償釋疑

主旨：關於稅捐與工資何者優先受償問題，請依說明二辦理。

說明：二、本案經法務部會商行政院勞工委員會[45]及本部等有關機關獲致結論如左「按勞動基準法第 28 條第 1 項規定：『雇主因歇業，清算或宣告破產，本於勞動契約所積欠之工資未滿六個月部分，有最優先受清償之權。』係指該工資優先於普通債權及無擔保之優先債權而言。上開工資與稅捐，何者優先受償？端視該稅捐就其受償順序有無特別規定以為區別。例如土地增值稅之徵收，就土地之自然漲價部分，優先於一切債權及抵押權（稅捐稽徵法第 6 條第 2 項）；應繳或應補繳之關稅，就應繳關稅而未繳清之貨物優先於抵押權（參見關稅法第 31 條[46]第 2 項、第 3 項及司法院大法官會議釋字第 216 號解釋）等，自當依其規定優先於上開工資而受償。至於受償順序未有特別規定之稅捐，自當依稅捐稽徵法第 6 條第 1 項規定，優先於普通債權而受償。惟該稅捐債權與上開同屬優先於普通債權之工資債權並存時，基於保障勞工之基本生存權及維護社會安定，以工資（勞動基準法第 28 條第 1 項）較無特別規定之稅捐優先受償為宜。」（財政部 80/07/27 台財稅字第 800259657 號函）。

32. 拍賣價款先抵關稅再抵罰鍰，而關稅則依處分確定先後抵繳

主旨：關於甲公司欠繳臺中關之關稅及罰鍰案件，其已拍賣價款經扣除應納關稅及必要費用後，餘額之抵繳順序應如何處理乙案。

說明：二、依照關稅法第 4 條之 1[47]第 1 項及同法第 55 條第 3 項[48]之規定，本案自應先抵繳滯欠之關稅，有餘額時再抵繳罰鍰，應無疑義。至抵繳關稅之順序，因牽涉徵收期限，應依據處分確定先後予以抵繳（海關總稅務司署 76/03/03 台總署緝字第 0848 號函）。

《強制執行／其他》

33. 拍定物經撤銷拍賣並回復原狀，可退還拍定人已繳相關稅費

關於業經行政執行處[49]拍定之汽車如經撤銷拍賣，海關可否退還拍定人已繳稅費乙案，原拍定人如向法務部行政執行署○○行政執行處聲請撤銷拍賣獲准並回復原狀，拍定人即不具進口貨物持有人身分，同意退還其已繳相關稅費（財政部 98/03/25 台財關字第 09805007310 號函）。

---

45 現為勞動部。

46 即現行第 95 條。

47 即現行第 8 條。

48 即現行第 95 條第 4 項。

49 現已改由行政執行署各執行分署辦理強制執行。

. 行政執行分署執行被繼承人不動產，如該不動產有欠繳地價稅或房屋稅之處理原則

法務部行政執行署所屬各行政執行處[50]因公法國稅租稅債權執行被繼承人之不動
，移送機關代辦繼承登記時，如該不動產有欠繳地價稅或房屋稅者，稽徵機關應視
等稅捐發生之時間，依下列方式辦理：（一）96 年 1 月 12 日稅捐稽徵法第 6 條第 2 項
定修正公布生效後發生者：稽徵機關得以記帳方式處理並核發同意移轉證明書，俟拍
後，由行政執行處依稅捐稽徵法第 6 條第 3 項規定代爲扣繳。（二）91 年 12 月 13 日
方稅法通則公布生效後至 96 年 1 月 11 日間發生且依稅捐稽徵法第 39 條規定應移送
制執行者：稽徵機關得核發同意移轉證明書，並依法移送強制執行或聲明參與分配，
依地方稅法通則第 7 條規定主張優先受分配，其未受分配部分，另行向納稅義務人追
。（三）91 年 12 月 12 日以前發生且依稅捐稽徵法第 39 條規定應移送強制執行者：
徵機關得核發同意移轉證明，並依法移送強制執行或聲明參與分配，其未受分配部
，另行向納稅義務人追索（財政部 97/06/02 台財稅字第 09700091800 號令）。

《限制出國／欠繳金額》

5. 本法第48條第5項應計入限制出國之欠繳金額，不包含未確定之罰鍰

主旨：關稅法第 48 條第 5 項限制出國之欠繳金額是否包含未確定之罰鍰一案。

說明：二、依關稅法第 43 條第 2 項及海關緝私條例第 50 條第 1 項規定，科處罰鍰案件係於處分確定後始通知限期繳納，爰處分未確定之罰鍰案件，不符關稅法第 48 條第 5 項所稱「屆法定繳納期限而未繳納者」，尚非屬「欠繳」案件，不宜計入限制出國之欠繳金額。四、綜上，關稅法第 48 條第 5 項後段有關在行政救濟程序確定前，應計入限制出國之欠繳金額，不包括依關稅法、海關緝私條例及海關依法代徵稅捐中處分未確定之罰鍰（財政部 99/11/04 台財關字第 09900430850 號函）。

36. 獨資合夥商號欠稅，不得與獨資資本主或合夥人個人欠稅合併計算作爲出境限制

主旨：屬於獨資及合夥組織營利事業之欠稅，對於其負責人之出境限制，應按規定之營利事業欠稅標準辦理。

說明：各稽徵機關對於先前所報請限制出境之獨資或合夥營利事業欠稅案，希逐案檢視並依下列原則清理：一、獨資或合夥商號之欠稅，不得與獨資資本主或合夥人個人之欠稅合併計算（財政部 85/04/25 台財稅字第 851902368 號函）。

50　同上註。

37. 原欠稅金額未達修正後限制出境金額標準而解除出境限制者，免再與其他未受限制出境之欠稅案合併計算

納稅義務人欠繳應納稅捐未達 97 年 8 月 13 日修正公布稅捐稽徵法第 24 條規定之限制出境欠稅金額標準而解除出境限制之案件，不論其受限制出境之期間有無逾五年，嗣後均免再與其他未受限制出境之欠繳應納稅捐案件合併計算首揭規定之限制出境欠稅金額標準（財政部 97/10/29 台財稅字第 09700424330 號函）。

38. 欠稅金額變更解除出境限制案件，原限制出境案之欠稅免再與其他未函報受限制之欠稅合併計算限制出境金額標準

稅捐稽徵機關已函報限制出境之欠稅個人或欠稅營利事業負責人，經變更欠稅金額致未達限制出境金額標準而解除出境限制者，該欠稅個人或欠稅營利事業如有其他尚未函報限制出境之欠稅，應俟其他欠稅金額累計達限制出境金額標準時，再依規定辦理限制出境，原函報限制出境列管之欠稅，免予併入計算（財政部 102/09/12 台財稅字第 10200113860 號令）。

《限制出國／免予限制》

39. 已就應繳稅捐數額之財產禁止處分者，得免再限制出境

納稅義務人欠繳應納稅捐，經稽徵機關就其相當於應繳稅捐數額之財產禁止處分，且該禁止處分財產，其價值相當於納稅義務人欠繳之應納稅捐者，得免再對其爲限制出境處分，惟該禁止處分之財產，其價值如不足欠繳之應納稅捐者，則仍得依有關規定限制其出境（財政部 87/08/27 台財稅字第 871958556 號函）。

40. 公益社團或財團法人如有欠稅不適用限制出境之規定

依法成立以公益爲目的之社團法人及財團法人，如有欠繳稅捐，無須限制其負責人出境（財政部 88/09/27 台財稅字第 881125900 號函）。

《限制出國／限制對象／負責人》

41. 限制營利事業負責人出境所稱負責人之意義

依限制欠稅人或營利事業負責人出境實施辦法[51]規定限制出境之營利事業負責人，係指以依法得代表該營利事業之法定代理人爲限。其爲公司組織者，係經公司董事會或股東會議合法授權之董事長或執行業務而代表公司之股東。至非公司組織之獨資或合夥營利事業，亦可參照商業登記法第 9 條第 2 項[52]所稱之負責人爲限（財政部 68/07/18 台

51 本辦法業已廢止，現改依稅捐稽徵法第 24 條第 3 項、關稅法第 48 條第 5 項規範。

52 即現行第 10 條。

稅字第 34927 號函）。

. 獨資負責人死亡遺有財產者，其欠稅執行及限制出境釋疑

○○藥行負責人蘇君應繳納之 71、72 年度營利事業所得稅共計新臺幣 2,718,857 ;，因蘇君已死亡，自無從限制其出境，亦不得逕爲限制其配偶出境。又依稅捐稽徵法 ; 14 條第 1 項規定，其繼承人應依法按稅捐受清償之順序，繳清稅捐後，始得分割遺 產或交付遺贈，繼承人違反此項規定者，依同條第 2 項規定，繼承人應負繳納義務，稽 徵機關自得改向繼承人發單徵收。如逾期未繳者，可以蘇君**繼承人爲限制出境對象**，至 得否限制出境，應依限制欠稅人或欠稅營利事業負責人出境規範辦理（財政部 74/10/02 台財稅字第 22864 號函、財政部 104/09/04 台財稅字第 10404625180 號令）。

3. 合夥未辦營利事業登記，以全體合夥人限制出境

謝○○等四人因未辦營利事業登記，自無法認定何人係該合夥組織之負責人，依據 民法第 668 條：「各合夥人之出資，及其他合夥財產，爲合夥人全體之公同共有」，第 671 條第 1 項：「合夥之事務，除契約另有訂定外，由合夥人全體共同執行之」之規定， 可以謝君等四人爲限制出境對象，至得否限制出境，應依限制欠稅人或欠稅營利事業負 責人出境規範辦理（財政部 74/09/23 台財稅字第 22598 號函、財政部 104/09/04 台財稅 字第 10404625180 號令）。

44. 董事長死亡或因故不能行使職權如何限制出境釋疑

主旨：股份有限公司董事長死亡或因故不能行使職權，且未指定代理人，董事會又未依法推選新董事長，而公司欠稅在新臺幣 100 萬元[53]以上，並已停業，可否限制其常務董事或董事出境乙案，復如說明。

說明：二、股份有限公司董事長死亡或因故不能行使職權，依據經濟部經 (72) 商字第 40519 號函釋，股份有限公司之董事長因故不能行使職權時，應依公司法第 208 條第 3 項規定，由副董事長代理之；無副董事長或副董事長因故不能行使職權時，由董事長指定常務董事一人代理之；未設常務董事者，指定董事一人代理之；董事長未指定代理人者，由常務董事或董事互推一人代理之。至董事長死亡者，應即依法補選董事長，惟在董事長未及選出之前，得由常務董事互推一人暫時執行董事長職務（非代理人）。三、如公司未依前項規定辦理時，可依公司法第 8 條規定，限制常務董事或董事出境（財政部 72/06/20 台財稅字第 34283 號函）。

---

[53] 現已改為 200 萬元。

45. 公司負責人死亡未補選而限制董事出境，嗣經補選並登記者，應改以新負責人爲限
對象

對於欠稅之營利事業有辦理限制出境必要者，以其負責人爲限制出境對象；而所
負責人，於公司組織之營利事業，依本部 68/07/18 台財稅第 34927 號函釋，係指依法
代表該營利事業之法定代理人，亦即依公司法登記之負責人而言。惟股份有限公司
事長死亡，在董事長未選出之前，依本部 72/06/20 台財稅第 34283 號函規定，可依公
法第 8 條規定，以常務董事或董事爲限制出境對象。四、貴局原函報限制出境，係
公司原登記負責人死亡，故依前開本部 72/06/20 台財稅第 34283 號函規定，限制其董
出境；惟嗣後公司既已依法補選負責人，並向經濟部辦理變更登記在案，貴局即應
該負責人爲限制出境對象，並解除原董事之出境限制，始符前揭本部 68/07/18 台財稅
34927 號函釋規定意旨。至得否限制該變更登記後之負責人出境，應依限制欠稅人或
稅營利事業負責人出境規範辦理（財政部 95/11/28 台財稅字第 09504532170 號函、財政
部 104/09/04 台財稅字第 10404625180 號令）。

46. 公司欠稅負責人喪失股東資格，其受限制出境對象之核示

○○公司之登記負責人因股份轉讓，喪失股東資格，致使公司董事及法定代理人資
格亦當然解任，如經法院判決確定者，有關該公司原有欠稅之限制出境對象及爾後對該
公司補稅處罰時其繳款書及處分書上負責人之記載，得依本部 72/06/20 台財稅第 34283
號函釋規定辦理。至於前所核發繳款書及處分書上依公司登記及營業登記所記載之負責
人，尚無需更正（財政部 86/01/27 台財稅字第 861879720 號函）。

47. 公司在解散清算前滯欠稅款或罰鍰，自得依法限制其負責人出境

主旨：公司組織之營利事業滯欠鉅額稅款或罰鍰尚未繳清，即私自解散，公司負責人未循公司法所定之清算程序，逕將公司全部財產變賣朋分，此種情形，可否適用稅捐稽徵法第 13、24、39 條之規定辦理乙案，復如說明二。

說明：二、茲就各項疑義，逐一核復如次：（一）依主旨所述之公司負責人，在未循公司法規定進行清算前，尚非清算人，自不能依稅捐稽徵法第 13 條規定由公司負責人負清算人之責任。惟公司之全部財產既被變賣朋分，則該公司之營業應無法繼續，稅捐稽徵機關自可以利害關係人之身分，依公司法第 10 條規定，申請公司之中央主管機關命令其解散，使依同法第 24 條之規定進行清算。如公司未另選清算人，依公司法第 79、113、127、322 條規定，應由各該條所定之股東或董事爲清算人。如上述股東或董事未依稅捐稽徵法第 13 條第 1 項及第 49 條之規定繳清稅捐及罰鍰時，依同法第 13 條第 2 項規定，自應由各該股東或董事就未清繳之稅捐及罰鍰負繳納義務。（二）清算人違反稅捐稽徵法第 13 條第 1 項之規定，應依同法條第 2 項規定就未清繳之稅捐負繳納義務

，稅捐稽徵機關移送執行時，得對清算人之財產爲強制執行，故公司之股東或董事依述規定爲清算人時，稅捐稽徵機關自得對其財產依稅捐稽徵法第 24 條規定爲禁止處，實施扣押或依同法第 39 條規定移送法院[54]強制執行。（三）公司在依法解散清算，其法人人格仍然存續，稅捐稽徵機關對於該公司滯欠之稅款或罰鍰，自得依稅捐稽法第 24 條第 3 項之規定，限制其負責人出境，以保全稅捐（財政部 70/02/13 台財稅第 31069 號函）。

8. 公司清算期間應以清算人爲限制出境對象

主旨：公司清算期間，稅單應向清算人送達；如有限制負責人出境必要時，應以清算人爲限制出境對象。

說明：二、查公司法第 334 條及第 84 條規定，清算人爲執行清算職務，有代表公司爲訴訟上或訴訟外一切行爲之權，是以清算期間，應以清算人爲法定代理人；復依稅捐稽徵法第 13 條規定，法人解散清算時，清算人於分配賸餘財產前，應依法按稅捐受清償之順序，繳清稅捐；又參照本部 (68) 台財稅第 34927 號函釋，限制出境之營利事業負責人應以依法得代表該營利事業之負責人爲限。準此，清算期間稅單應向清算人送達；如有限制負責人出境必要時，應以清算人爲限制出境對象（財政部 83/12/02 台財稅字第 831624248 號函）。

49. 公司經廢止登記後未選任清算人，仍不得以法人董事爲負責人爲限制出境對象

主旨：公司經主管機關廢止登記後，未選任清算人，稽徵機關得否以法人股東代表人爲繳款書之營利事業代表人及限制出境對象疑義乙案。

說明：二、查公司組織有應行清算事由，惟未依規定進行清算，且公司章程未規定清算人，公司股東會亦未選任清算人時，有關繳納文書之負責人應如何塡載、如何送達及以何人爲限制出境對象等疑義，前經本部 96/04/16 台財稅字第 09604522400 號函釋有案。三、關於公司有以法人股東或法人股東之代表人爲董事之情形，按公司法第 27 條第 1 項及第 2 項[55]分別規定「政府或法人爲股東時，得當選爲董事或監察人。但須指定自然人代表行使職務。」及「政府或法人爲股東時，亦得由其代表人當選爲董事或監察人，代表人有數人時，得分別當選之。」另按經濟部 94/05/10 經商字第 09402059270 號函略以，上述第 1 項規定，公司登記之董事爲法人股東，而不涉及指定之自然人，該自然人僅爲代表法人行使職務；至第 2 項規定，公司登記之董事爲該法人股東所指派之代表人。又准據該部 96/05/09 經商字第 09600068450 號函說明三略以，公司之清

---

54 現已改由行政執行署各執行分署辦理強制執行。

55 現行條文已修正。

算，以董事爲法定當然之清算人，該清算人即係上開公司登記之董事。綜上，本案仍依本部 96/04/16 台財稅字第 09604522400 號函規定辦理。又現行按稅捐稽徵法第 24 第 3 項規定，限制營利事業負責人出境者，尚無得對其法人負責人之負責人限制出之規定，故尚不得以法人董事之負責人爲限制出境對象（財政部 96/05/22 台財稅字 09604518240 號函）。

50. 公司登記狀況爲命令或裁定解散而尚未撤銷或廢止者，其稅捐文書送達及限制出境對象依清算期間相關規定辦理

本案經函准經濟部 96/12/27 經商字第 09602170080 號函復略以：「按公司之解散一經解散即生效力，其向主管機關登記，僅生對抗要件……。依公司法第 24 條規定『解散之公司除因合併、分割或破產而解散外，應行清算』。是以，公司之解散，不論係命令解散或裁定解散，均應行清算。」準此，公司登記狀況爲命令解散或裁定解散而尚未撤銷或廢止者，既應依公司法第 24 條規定進行清算，有關稅捐文書送達及辦理限制出境之對象，即應依本部關於公司清算期間之相關規定辦理（財政部 97/01/02 台財稅字第 09600527460 號函）。

《限制出國／限制對象／免限制》

51. 法院依公司法選任之臨時管理人不宜爲限制出境對象

本案經函准經濟部 96/12/18 經商字第 09602163950 號函復略以：公司法第 8 條規定之負責人，尚不規範同法第 208 條之 1 規定之臨時管理人。復按公司法第 208 條之 1 規定……旨在因應公司董事會不爲或不能行使職權時，藉臨時管理人之代行董事長及董事會職權，以維持公司運作。至於該部 93/11/09 經商字第 09300195140 號函釋後段：「在執行職務範圍內，臨時管理人亦爲公司負責人」一節，意指公司臨時管理人係代行董事長及董事會職務，故在執行職務範圍內，亦如公司負責人，得對外代表公司。次依經濟部 95/01/19 經商字第 09502005850 號函規定，法院選任之臨時管理人，雖代行董事長及董事會職權，惟與「代表公司之董事」，尚屬有間。準此，尚不宜以臨時管理人爲限制出境之對象（財政部 97/03/04 台財稅字第 09704513380 號函）。

52. 股份有限公司經法院裁定重整後，得免限制重整人出國

股份有限公司經法院裁定重整後，於重整完成前或法院裁定終止重整前，得免依稅捐稽徵法第 24 條第 3 項規定辦理限制出境[56]（財政部 91/11/15 台財稅字第 0910455931 號令）。

---

56 現用語改為「限制出國」。

53. 公司經宣告破產而程序尚未終結前，不宜對破產管理人或原負責人限制出境

公司經宣告破產而於破產程序尚未終結或終止前，不宜對該公司破產管理人或原負責人爲出境限制；其已於公司破產程序中對該公司原負責人辦理限制出境者，除於破產程序終止後，仍有欠稅達限制出境之金額標準且原負責人依法仍爲應限制出境之對象而應繼續限制出境外，應即解除其出境限制（財政部 97/07/10 台財稅字第 09704033310 號令）。

54. 法院選派公司清算人，除公司清算前實質負責業務之人外不予限制出境

一、欠繳應納稅捐符合稅捐稽徵法第 24 條第 3 項應限制負責人出境之公司，於清算期間，法院依公司法第 81 條及第 322 條第 2 項規定，因利害關係人聲請選派之公司清算人，不予限制出境。但經法院選派公司清算前實質負責業務之人擔任清算人者，仍應限制出境。二、本令發布前，依本部 83/12/02 台財稅第 831624248 號函規定，已限制法院選派之公司清算人出境者，不論該限制出境處分是否經行政救濟確定，應即依本令規定辦理。三、本部 86/03/12 台財稅第 861885313 號函，自即日廢止（財政部 102/10/31 台財稅字第 10204597880 號令）。

55. 清算人係股東選任之律師或會計師擔任者，不予限制出境

根據本部 83/12/02 台財稅第 831624248 號函規定限制清算人出境時，如該清算人係經股東選任之律師或會計師所擔任者，不予限制出境（財政部 86/04/11 台財稅字第 861892549 號函）。

56. 清算公司未規定及選任清算人者，以全體董事爲限制出境對象

有解散事由應行清算之股份有限公司，倘其欠稅達規定之限制出境金額，如公司法或該公司之章程對於清算人未有規定，其股東會亦未選任清算人者，應以全體董事爲限制出境對象，至得否限制出境，應依限制欠稅人或欠稅營利事業負責人出境規範辦理（財政部 94/04/21 台財稅字第 09404522480 號令、財政部 104/09/04 台財稅字第 10404625180 號令）。

57. 公司應清算而未規定或選任清算人如有限制出境必要，應以全體股東或董事爲對象

主旨：公司組織有應行清算事由，惟未依規定進行清算，公司章程未規定清算人，公司股東（或股東會）亦未決議選任清算人，有關繳納文書之負責人應如何塡載、如何送達及以何人爲限制出境對象等疑義乙案。

說明：二、公司組織之營利事業應行清算，未以章程規定或選任清算人者，於無限公司及有限公司，係以全體股東爲清算人（公司法第 79、113 條參照）；於股份有限公司，係以董事爲清算人（公司法第 322 條參照），是於塡發稅捐繳納文書時，關於負責人部分，應載明全體清算人（即全體股東或董事）之姓名。又按行政程序法第 69 條第 3 項規定：「法定代理人、代表人或管理人有二人以上者，送達得僅向其中一人爲之」，而，上述稅捐繳納文書得僅向其中一位清算人送達，即爲合法送達。另依本部 83/12/0 台財稅第 831624248 號函規定，公司清算期間，稅單應向清算人送達；如有限制負責人出境之必要時，應以清算人爲限制出境對象（財政部 96/04/16 台財稅字第 0960452240 號函）。

58. 核示清算人應否就解散前原已限制負責人出境時之欠稅再限制清算人出境釋示

主旨：公司解散後，應否就解散前原已限制負責人出境時之欠稅，再限制清算人出境疑義乙案。

說明：二、本案有關公司原負責人（A 君）及清算人（B、C、D、E 君）之出境限制問題，查限制出境辦法第 5 條第 1 款[57]規定，繳清依該辦法限制出境時之全部欠稅及罰鍰者，即得解除出境限制；又本案據貴局函稱，B、C、D、E 君僅因法定清算人身分（該公司之全體董事），經貴局函報本部於 94 年 8 月 4 日辦理限制渠等出境，故經繳清該限制出境案之全部欠稅或罰鍰後，即得解除出境限制。至 A 君（公司負責人），除本部 94 年 8 月 4 日辦理之限制出境案外，尚有 89 年 6 月 9 日及同年 9 月 4 日辦理之限制出境等二案，故於繳清各該等限制出境案之全部欠稅及罰鍰前，尚不得解除其出境限制（財政部 96/01/30 台財稅字第 09604500670 號函）。

59. 公司已限制負責人出境者，經核准解散應行清算應繼續限制該負責人出境，毋庸再就該欠稅限制清算人出境

依本部 95/11/28 台財稅字第 09504532170 號函及 96/01/30 台財稅字第 09604500670 號函規定，所稱「營利事業負責人」於公司組織係指依法得代表該營利事業之法定代理人，亦即依公司法登記之負責人，清算人之就任或變更非屬營利事業負責人變更，是公司清算期間以清算人爲限制出境之對象時，應符合規定之限制出境金額及限制欠稅人或欠稅營利事業負責人出境規範，方可限制清算人出境；至公司解散前之欠稅原已限制負責人出境者，應繼續限制該負責人出境，毋庸再就該欠稅限制清算人出境（財政部 99/11/05 台財稅字第 09900415020 號函、財政部 104/09/04 台財稅字第 10404625180 號令）。

60. 限制出國之公司負責人變更時，限制出國對象之處理方式

依據關稅法第 48 條第 5 項規定限制出國之公司負責人變更時，限制出國對象依下列方式處理：一、於公司解散進入清算程序前限制出國者，應以變更後之負責人爲限制

---

[57] 該辦法業已廢止，現改依稅捐稽徵法第 24 條第 4 項第 2 款、關稅法第 48 條第 9 項第 2 款規範。

國對象。惟倘該公司嗣後解散進入清算程序，非由原負責人而係他人任清算人者，繼續限制原負責人出國，無須再就相同欠稅款項限制清算人出國。二、於公司解散入清算程序後始限制出國者，應以變更後之清算人為限制出國對象。但清算人係由司股東選任之律師或會計師擔任者，或係由法院依公司法第 81 條及第 322 條第 2 項定，因利害關係人聲請而選派，且非公司清算前實質負責業務之人者，不予限制出。三、本令發布前，依本部 101/02/17 台財關字第 10105502290 號令規定已限制法院派之公司清算人出國者，不論該限制出國處分是否經行政救濟確定，應即依本令規定辦理。四、廢止本部 101/02/17 台財關字第 10105502290 號令，並自即日生效（財政部 03/07/11 台財關字第 1031015294 號令）。

《限制出國／效力範圍》

1.「限制出國」不包括「限制出海作業」

漁民因欠繳稅款及已確定之罰鍰而限制出境[58]，是否包括限制出海作業疑義一案，經函准內政部函復略以：「限制出境」並未視為「限制出海作業」（財政部 80/12/16 台財關字第 800473225 號函）。

《限制出國／解除》

2. 限制出境之營利事業負責人變更時，限制出境期間之計算方式

一、已函報限制出境之欠稅營利事業清算人變更時，該欠稅營利事業符合限制欠稅人或欠稅營利事業負責人出境規範，稽徵機關應按原限制出境案已列管之欠稅，改限制新任清算人出境，免併計其他尚未函報限制出境之欠稅，且限制新任清算人出境之期間加計原限制出境案已經過之期間不得逾五年。該營利事業倘有其他尚未函報限制出境之欠稅，應俟欠稅金額累計達規定之限制出境金額且符合限制欠稅人或欠稅營利事業負責人出境規範，再另案依規定辦理限制出境。欠稅營利事業負責人經限制出境後死亡，稽徵機關對新任負責人限制出境時，亦同。二、已函報限制出境之欠稅營利事業清算人變更時，倘新任清算人為多位法定清算人，且原清算人為新任清算人之一時，原受限制出境清算人為該營利事業清算人之身分並未變更，無須解除其出境限制，應繼續限制其出境至五年期間屆滿，至得否限制其他法定清算人出境，應依限制欠稅人或欠稅營利事業負責人出境規範辦理；應為限制出境者，應另行函報限制出境至前述五年期間屆滿。三、原限制出境案已經過期間之計算，應自入出國管理機關限制原負責人或清算人出境之日起至該機關註銷或解除原限制出境案之日止（財政部 99/01/04 台財稅字第

58 現用語為「限制出國」。

09800511490 號令、財政部 104/09/04 台財稅字第 10404625180 號令）。

63. 行政救濟未確定前，限制欠稅人出國因已逾五年予以解除，不應因同一案件部分確定後再次限制其出國

主旨：有關行政救濟程序終結前所為之限制出國處分，因逾五年予以解除，得否因同案件部分確定之欠繳金額，仍達關稅法第 48 條第 5 項之限制出國標準，再次限制當人出國一案。

說明：二、關稅法第 48 條第 8 項及第 9 項第 1 款既已明定限制欠稅人出國之期限不逾五年，如逾該規定期限者，應解除出國限制。則同一欠稅案件之欠稅金額不論是符行政救濟尚未確定前或確定後之限制出國標準，而限制欠稅人出國，其限制出國期限計不得逾五年。據此，本案因同一案件於行政救濟未確定前已依法限制欠稅人出國且逾五年，依第 48 條第 8 項規定，不應於行政救濟確定後再依同條第 5 項前段為限制國之處分（財政部 101/09/05 台財關字第 10100629430 號函）。

64. 所稱已繳清全部欠稅及罰鍰，不包括未函報限制出境之欠稅及罰鍰

稅捐稽徵法第 24 條第 7 項第 2 款所稱「已繳清全部欠稅及罰鍰」，係指依該條第 3 項規定函報限制出境列管之全部欠稅及罰鍰，**不包括未函報**限制出境之欠稅及罰鍰（財政部 98/06/11 台財稅字第 09800243530 號令）。

65. 合夥事業在繳清全部欠稅或提供相當擔保前，不得分單並解除合夥人之出境限制

主旨：所報有關納稅義務人鄧君與他人因未依法辦理營業登記而共同出資對外營業，補徵營業稅及科處罰鍰案件，申請依合夥出資額比例開立稅單並解除出境限制疑義乙案。

說明：二、依民法第 681 條規定，合夥財產不足清償合夥之債務時，各合夥人對於不足之額，連帶負其責任。上開所稱合夥之債務，包括合夥事業欠繳之營業稅款在內。對該項欠繳之營業稅，現行加值型及非加值型營業稅法，尚無分單繳納之規定，且依該法第 2 條第 1 款規定，營業稅之納稅義務人為銷售貨物或勞務之營業人本身，尚無分單繳納問題，有關建議准按出資額比例，予以分單繳納乙節，於法無據。又依民法第 273 條第 2 項規定：「連帶債務未全部履行前，全體債務人仍負連帶責任。」故在繳清全部欠稅或提供相當擔保前，尚不得解除合夥人鄧君之出境限制（財政部 93/12/30 台財稅字第 09304567610 號函）。

66. 公司滯欠稅款，其法定清算人經限制出境後主張其遭冒名登記為股東，申請暫先提供擔保品以解除出境限制可否受理釋疑

主旨：甲有限公司滯欠稅款，其法定清算人 A 君經限制出境後，主張其遭冒名登記為公司股東，申請暫先提供擔保品以解除出境限制，俟其取得股東資格不存在確認判決後還其擔保品，稅捐稽徵機關可否受理乙案。

明：二、旨揭案例，倘經衡酌無逾徵收期間、執行期間之虞，且依具體個案情形訂附條件之擔保具結書，有助於租稅債權之確保者，可予受理。三、旨揭情形於擔保結書上應載明提供擔保者之身分、解除擔保責任及返還擔保品之條件及期限，以及限屆至而條件未成就時，擔保品不予返還並轉爲營利事業欠稅之擔保。又該擔保品爲營利事業欠稅之擔保前，稅捐稽徵機關不得就該擔保品移送行政執行，且同一滯稅款案倘有其他被限制出境者，尚不得解除出境限制（財政部 100/10/06 台財稅字第000336980 號函）。

7. 爲解除出國限制提供之擔保，在未繳清結案前不得退還

凡經限制出境之欠稅人或欠稅營利事業負責人，如依規定向稅捐稽徵機關或海關提相當財產擔保後，解除出境限制者，因所提供之財產擔保係依法提供繳納欠稅及罰鍰之相當擔保，爲確實達成保全目的，在其欠稅或罰鍰未繳清結案前，不得退還，第三人代欠稅人或欠稅營利事業負責人提供相當擔保者，亦仍應依上述規定辦理（財政部2/10/26 台財稅字第 820485688 號函）。

8. 實施假扣押與提供擔保不同，不得作爲解除出國限制之原因

納稅義務人或受處分人應繳之關稅或罰鍰已逾繳納期限而未繳納時，即得依關稅法第 25 條之 1 第 3 項[59]規定函報本部轉請內政部入出境管理局[60]限制其出境[61]，俾追繳欠稅或罰鍰工作之有效達成。至假扣押僅係保全程序之一種，經假扣押後，對扣押標的物並無物權擔保之效力，故與提供相當擔保者不同，自不能因已假扣押欠繳關稅納稅義務人或欠繳罰鍰之受處分人之財產，而解除其出境限制（財政部 69/10/07 台財關字第22228 號函）。

69. 禁止處分財產之價値，因塗銷原設定抵押權致與欠繳稅捐之金額相當者，其出境限制得予解除

主旨：納稅義務人林君欠繳應納稅捐，其財產因設定抵押權致禁止財產處分不相當，經限制出境後方塗銷抵押權設定以致禁止財產處分相當，得否解除其出境限制疑義乙案。

說明：二、本案林君之出境限制，如係依本部 87/08/27 台財稅第 871958556 號函規定，以其禁止處分財產之價値，不足欠繳之應納稅捐，乃依有關規定限制其出境者，則如其原被禁止處分財產之價値，於限制出境後，因塗銷原設定之抵押權，致已與欠繳之應

---

59 即現行第 48 條第 5 項。

60 現已改為「移民署」。

61 現用語改為「限制出國」。

納稅捐金額相當者，依該函之意旨，其出境限制得予解除（財政部 96/03/02 台財稅字
09604500850 號函）。

70. 原依行為時規定限制變更前之負責人或清算人出境者，應即解除其出境限制

已函報限制出境之欠稅營利事業負責人或清算人變更時，稅捐稽徵機關應以變更
之負責人或清算人為限制出境對象。原依行為時規定繼續限制變更前之負責人或營業
記負責人或變更前之清算人出境者，應即解除其出境限制（財政部 99/06/23 台財稅字
09904042590 號令）。

71. 公司董事經法院判決確認委任關係不存在者，應解除其出境限制

按依公司法第 8 條第 1 項規定，所稱公司負責人，在有限公司為董事。又董事與
公司之關係，係屬民法之委任關係，案內吳○○與 ×× 建設有限公司，既經法院判決
確認其基於董事之委任關係不存在，業已確定在案，是本案原以吳君為 ×× 建設有限
公司登記之負責人，而函報限制其出境，已失所據，應解除該君之出境限制（財政部
89/08/25 台財稅字第 0890454832 號函）。

72. 解除出國限制得依據刑事確定判決認定之事實

關於甲能否據臺灣高等法院刑事確定判決認定之事實，申請解除其出境限制[62]乙
案，請參照法務部意見辦理（財政部 83/04/30 台財關字第 830189246 號函）。

附件：法務部83/04/18法律字第7601號函

主旨：關於乙公司董事甲可否依據臺灣高等法院刑事確定判決認定之事實，申請解除其出境限制疑義乙案。

說明：二、按「公司登記，除設立登記為公司之成立要件外，其他登記，皆屬對抗要件（公司法第 6 條、第 12 條參照），變更董事、監察人，固屬應登記之事項，但此事項之有效存在，並不以登記為其要件」（最高法院 67 年台上字第 760 號判例參照）。復依公司法第 192 條第 3 項[63]及第 216 條第 2 項[64]規定，公司與董事、監察人之關係，係適用民法關於委任之規定，故公司成立後改選董事、監察人時，當選之董事、監察人只須依照民法第 528 條規定接受公司之委託於就任時起，即生民法委任之效力，至於有無依照公司法規定申請董事、監察人變更登記，僅生可否對抗

62 現用語改為「出國限制」。
63 即現行第 4 項。
64 即現行第 3 項。

第三人之效力（經濟部 64/04/24 商字第 08937 號函參照），合先敘明。三、依上開說明可知，公司與董事間之關係，始自當選之董事接受公司之委託就任時起，而非以變更登記與否為認定標準。本件甲得否申請解除其出境限制，應以其有無擔任公司董事之事實為前提，其提出之臺灣高等法院刑事確定判決認定之事實「記載甲當選連任為董事之股東臨時會紀錄係屬偽造」乙節，如足以證明甲確無當選並就任為董事之事實，縱「變更登記事項卡」記載其為董事，甲自始亦非該屆之董事，主管機關似得依據上開刑事確定判決認定之事實，准許其解除限制出境之申請。四、至於本部 78/08/23 法 (78) 律字第 14952 號函釋意見係指公司經解散或撤銷其登記後，除於清算目的之必要範圍內，仍視為存續外，其人格已不復存在，故原已核准登記之處分縱有瑕疵，亦因設立登記被撤銷而失所附麗，似無待於再為撤銷登記。本案應否准許解除甲之出境限制，似宜參考說明二、三之意見，而非以撤銷董事登記為要件。惟為求登記與事實相符，如前開「變更登記事項卡」仍予保存，登記主管機關似宜予以更正或於其旁加註。五、關於來函說明三後段所詢「是否須經清算程序，方得向主管機關申請撤銷或變更董事之登記」疑義乙節，本部同意經濟部 78/08/12 經 (78) 商字第 208519 號函釋之意見。

73. 法院宣告公司破產後又裁定終止者，仍不得解除其負責人之出國限制

甲股份有限公司經法院宣告破產後，因破產財團之財產不敷清償財團費用及財團債務，又經法院裁定破產終止，核與「限制欠稅人或欠稅營利事業負責人出境實施辦法」[65]第 5 條第 5 款、第 6 款規定不符，應不准解除該公司負責人之出境限制[66]（財政部 85/06/18 台財關字第 850314063 號函）。

74. 在臺大陸人民確無法繳清罰鍰或提供擔保且經治案機關強制出境者，可解除出境限制

大陸漁工張○○因與林 ××、徐◎◎共同私運大陸物品及未稅仿冒香菸案，欠繳罰鍰，依規定原應繳清全部罰鍰金額或提供相當擔保始得解除其出境限制，惟如其確實無法繳清全部罰鍰或提供相當擔保，於稅捐徵起復無助益，且有依「臺灣地區與大陸地區人民關係條例」第 18 條第 1 項規定，治安機關強制出境者，本部同意解除其出境限制。嗣後類此案件，為簡化行政作業程序，同意比照辦理（財政部 92/02/25 台財關字第 0920004637 號函）。

---

65 本辦法已廢止，現改依關稅法第 48 條規定辦理。

66 現用語改為「出國限制」。

75. 外籍人士經裁定驅逐出境且無法繳清罰鍰者，可解除出境限制

主旨：愛爾蘭籍假釋出獄人○○○因法院裁定應予驅逐出境，可否撤銷出境限制乙案

說明：二、滯欠海關緝私條例罰鍰，依規定原應繳清全部罰鍰金額或提供相當擔保始解除其出境限制。惟如經法院裁定應予驅逐出境且確實無法繳清全部罰鍰或提供相當擔保者，本部同意解除其出境限制並驅逐出境（財政部 87/03/03 台財關字第 870101041 號函）。

76. 限制出境案列管之部分欠稅已繳清或已逾法定徵收期間註銷列管得否解除出境限制疑義

主旨：欠稅營利事業負責人於限制出境後，部分限制出境案列管之欠稅已繳清或已逾法定徵收期間註銷列管，致其餘限制出境案原列管之欠稅金額合計未達限制出境標準者，可否解除出境限制乙案。

說明：二、依 97 年 8 月 13 日修正公布稅捐稽徵法第 24 條第 7 項第 2 款規定：「納稅義務人或其負責人經限制出境後，具有下列各款情形之一，財政部應函請內政部入出國及移民署解除其出境限制：……二、已繳清全部欠稅及罰鍰，或向稅捐稽徵機關提供欠稅及罰鍰之相當擔保者。」上開規定已臻明確，是以，限制出境案列管之欠稅及罰鍰須全部繳清始得解除出境之條件，於修法前、後並無二致，且爲防杜取巧，避免發生納稅義務人藉由繳納部分稅款方式，以達解除出境限制目的，請依上開規定辦理。又租稅債權倘逾法定徵收期間而未徵起，該債權即消滅，納稅義務人毋庸再爲清償，此與上述「繳清」之情形並無不同。惟旨揭情形倘符合本部 98/05/19 台財稅字第 09800171130 號函規定，應依該規定辦理（財政部 99/09/01 台財稅字第 09900156850 號函）。

77. 關稅法第48條修正公布後，欠稅人限制出國處分之實務處理原則

三、海關代徵之稅捐倘依本辦法[67]及關稅法規定辦理限制出國，將發生同一稅目（營業稅、貨物稅），由海關代徵案件之限制出國規定較由國稅局稽徵案件不利之情況，爰爲使欠繳內地稅及關稅案件爲一致之處理，並兼顧納稅義務人及受處分人之權益，原則上同意關務案件比照內地稅案件追溯適用。四、有關如何適用新法，貴總局[68]參照本部 97/08/18 台財稅字第 09704531890 號函說明二、97/10/29 台財稅字第 09700424330 號函及 97/11/24 台財稅字第 09700438020 號函釋之意旨所擬意見，同意照辦。五、另該法修正條文第 48 條第 7 項明定海關未執行該條第 1 項前段或第 2 項規定者，不得依第 5 項規定函請內政部入出國及移民署限制出國，但經查納稅義務人或受處

---

[67] 指廢止前之「限制欠稅人出國實施辦法」。

[68] 指 102 年改制前之財政部關稅總局。

人無財產可供執行者，不在此限。因此，納稅義務人或受處分人如確無財產可供執行全或財產價值不足執行保全，始得依該條第 5 項規定予以限制出國（財政部 99/05/19 財關字第 09900073520 號函）。

附件：財政部關稅總局99/02/12台總局緝字第0991000060號函

主旨：關於鈞部預告之「限制欠稅人或欠稅營利事業負責人出境實施辦法」修正草案於報院修正發布後，實務執行上可能衍生之問題，謹遵示研議處理意見，請鑒核。

說明：二、有關採行保全措施部分：（一）按修正草案第 4 條第 1 項係爲配合稅捐稽徵法第 24 條第 5 項而增訂限制出國應先執行保全措施之規定，審其意旨，係爲明定對物之保全優先性原則，期於發動限制出國處分前，應先調查欠稅人有無可供保全之物，俾得發動保全處分課予義務；如無，始發動限制出國處分，以符比例原則。是以，欠稅人若確無財產可供執行保全，或海關申請禁止處分或實施假扣押而無效果，或保全處分之財產不足清償所有欠款時，海關似仍應報請限制出國處分，以符規定意旨。惟該條文所稱「未執行」，其文義恐有爭議。（二）按關稅法第 11 條明定，關稅法所稱之擔保不包括不動產擔保，復按鈞部 98/09/28 台財關字第 09800434730 號函釋：「有關違反海關緝私條例所處罰鍰案件，如依限制欠稅人或欠稅營利事業負責人出境實施辦法第 5 條規定提供擔保而解除出境限制者，其擔保方式，準用關稅法第 11 條規定辦理。」故欠稅人提供不動產擔保後，仍不得解除出國限制。惟實務執行上，海關依關稅法第 48 條規定爲禁止處分之標的僅及於欠稅人之汽車或不動產，非屬同法第 11 條擔保品範疇；申請爲假扣押執行時，雖可能扣得現金，惟亦可能因其他債權機關參與分配，致海關得受償之金額未能確定，因此，修正草案第 4 條第 1 項所定之物之保全優先性原則恐將無法落實。基於限制出境處分本質上乃屬手段，其最終目的則在促使及確保稅捐之徵起及罰鍰之繳納，與保全措施之執行殊途同歸，故若海關就欠稅人相當於欠繳金額之不動產爲禁止處分，且該不動產符合鈞部 69/09/17 台財關字第 21509 號函釋，得自由轉讓，無產權糾紛，及無設立抵押權、地上權等任何權利，並設立第一順位之抵押權予海關等條件，該不動產擔保既可爲執行標的，且可因執行而清償欠款，似得依鈞部 96/03/02 台財稅字第 09604500850 號函意旨，不報請爲限制出國處分，欠稅人亦得以該不動產作爲修正草案第 6 條第 1 款所定之擔保，申請解除出國限制。（三）至於鈞部 73/07/14 台財關字第 19836 號函釋[69]，海關得採行之各項保全措施，並無一定先後次序，應可同

---

[69] 本函業經財政部 99/05/19 台財關字第 09900073520 號函核釋停止適用。

時辦理，與修正草案規定不符。修正草案施行後，該函於限制出國處分案件，似不宜再行援用。三、有關如何適用新法部分：由於草案修正前，相關法令並未規定限制出國期間，且依據鈞部 76/05/11 台財關字第 7641366 號函[70]，有關經限制出境後，再發生欠稅者，須將全部滯欠之稅款繳清或逾法定徵收期間，始得解除出境限制，故海關現行做法與內地稅機關不同，對於欠稅人被限制出國後，雖因另案欠稅案件達限制出境標準，除另屬不同營利事業之負責人外，均不再陳報鈞部函請內政部入出國及移民署併案列管。是以，依現行規定已辦理限制出國且尚未解除限制之案件，以及因前案已辦理限制出國而未再報請限制之後案，應如何適用新法？（一）查稅捐稽徵法第 24 條修正草案經立法院三讀通過後，已同時作成溯及適用之附帶決議。鑒於修正草案之修法重點在於使欠繳內地稅及關稅案件爲一致之處理，故爲使欠繳內地稅及關稅兩者之限制出國標準及其後續處理方式趨於一致，關務案件自宜比照溯及適用。（二）就已爲限制出國處分而尚未解除限制之案件，於修正草案生效後應如何處理，研議意見如下：1. 參照鈞部 97/08/18 台財稅字第 09704531890 號函說明二、97/10/29 台財稅字第 09700424330 號函及 97/11/24 台財稅字第 09700438020 號函釋之意旨，修正草案生效前，欠稅人原受限制出國時之欠稅金額未達修正草案規定之金額標準者，修正草案生效後，解除其出國之限制，嗣後並免再與其他未受限制出國之案件合併計算修正草案規定之限制出國欠稅金額標準。2. 修正草案生效前，欠稅人原受限制出國時之欠稅金額達修正草案規定之金額標準，修正草案生效後，其限制出國期間逾五年者，解除其出國之限制；未逾五年者，應繼續限制。3. 若欠稅人原受限制出國處分後，復發生欠稅且其金額單計或合計已達修正草案第 3 條所定之標準，若其自原得再限制出國之時起未逾五年期間，於修正草案生效後，應予另案限制出國，若原案已得予解除出國限制，應同時於解除出國限制函中一併敘明。至於修正草案第 4 條第 2 項所定五年期間，應自另案原得再限制出國之時起算，而非另案限制時起算，以維欠稅人之權益。又爲求周延，海關就該另案應先執行修正草案第 4 點規定之各項保全措施後，始得報請限制出國處分。

78. 限制欠稅人出境規範生效日仍受限制出境者之處理原則

一、欠稅人或欠稅營利事業負責人於「限制欠稅人或欠稅營利事業負責人出境規範」104 年 1 月 1 日生效日仍受限制出境處分者，不論該限制出境處分是否經行政救濟確定，均有該規範之適用。二、前點案件以欠稅人或欠稅營利事業原受限制出境之欠

---

[70] 本函已因關稅法第 48 條修正而停止適用。

稅金額（含已確定之罰鍰）及截至 104 年 1 月 1 日之滯納利息合計金額，適用上開規範第 4 點附表各級距之欠繳金額。三、稅捐稽徵機關就第 1 點案件查明已無限制欠稅人或欠稅營利事業負責人出境之必要者，應解除其出境限制（財政部 103/12/31 台財稅字第 10304656721 號令）。

❖其他釋示❖

1.執行案件經移送行政執行署分署而核發執行憑證，無中斷徵收期間（執行期間）效果，亦不生執行程序終結效果

（節錄）

主旨：有關所詢關稅、海關緝私條例之罰鍰及海關代徵稅捐之執行案件疑義乙案。

說明：二、按本部 102/02/08 法律字第 10203501480 號函，及 100/02/21 法律字第 1000002567 號函（均諒達）業已敘明，依關稅法第 9 條第 1 項規定：「依本法規定應徵之關稅、滯納金或罰鍰，自確定之翌日起，五年內未經徵起者，不再徵收。但於五年期間屆滿前，已依法移送強制執行尚未結案者，不在此限。」海關緝私條例之罰鍰及海關代徵稅捐執行案件分別依海關緝私條例第 49 條之 1、稅捐稽徵法第 35 條之 1 準用本條規定，上開規定係就旨揭案件之執行期間，為行政執行法第 7 條第 1 項之特別規定，自應優先適用；至旨揭執行案件經移送本部行政執行署所屬分署而核發執行憑證者，仍有本部 101/06/22 法令字第 10103104950 號令之適用，即上開**執行憑證並無中斷徵收期間（執行期間）之效果，亦不生執行程序終結之效果**。故於徵收期間（執行期間）屆滿前，移送機關自得以憑證再移送執行（法務部 102/04/09 法律字第 10203503150 號函）。

2.「移送行政執行」之中斷事由並未終止，故公法上請求權消滅時效不因發給執行憑證而重行起算

（節錄）

主旨：有關行政罰鍰案件公法上請求權消滅時效因移送行政執行而中斷，並於執行程序終結後重行起算之適用疑義乙案。

說明：二、查本件所詢疑義，涉及行政機關於裁處權期間（行政罰法第 27 條）裁處罰鍰後，就罰鍰所生公法上請求權之消滅時效因「移送行政執行」而中斷者，如何認定「整個執行程序終結」（即「中斷之事由終止」）時而重行起算其時效乙節：按行政執行與民事執行有本質上之差異，行政執行分署於執行期間內核發執行憑證交由行政機關收執者，僅係用以證明移送執行案件尚未實現之公法債權金額，不生執行程序終結之效果（本部 101/01/19 法律字第 10103100420 號函、101/06/22 法令字第 10103104950 號令參照），其**「移送行政執行」之中斷事由並未終止，故公法上請求權消滅時效不因發給**

執行憑證而重行起算。準此，有關貴府來函說明二所述行政罰鍰案件經移送行政執行仍未完全受償之情形，倘依個案事實審認確無其他「視爲不中斷之事由」（類推適用民法第136條第2項規定）或使「整個執行程序終結」之事由（例如行政執行法第8條）者則不論是否核發執行憑證，其因「移送行政執行」而中斷之公法上請求權消滅時效，均應自「執行期間屆滿日」（行政執行法第7條）重行起算。至於貴府來函說明二（三）所述情形，因執行期間屆滿後已不得再移送執行，行政執行分署自無必要再核發執行憑證，併予敘明（法務部103/09/01法律字第10303510020號函）。

第52條（刪除）

~~進出口之船舶、航空器、車輛或其他運輸工具之服務人員欠繳各項進口稅捐或罰鍰而無保證或其他擔保足以取償者，海關得停止該船舶、航空器、車輛或其他運輸工具在任何口岸結關出口，至取得清繳保證之日止。~~

❖立法（修正）說明❖（107/04/13刪除）

一、本條刪除。

二、原法僅因服務人員單純之欠稅及罰鍰等義務，即禁止與該義務不相干之服務人員任職之運輸工具結關出口，亦即海關所欲達成執行欠稅及罰鍰之目的，與所採取禁止運輸工具結關出口之手段，並不具備正當合理之關聯，顯然違背不當聯結禁止原則。

三、本條規定迄今逾40年，時空環境已有所變遷，且目前依行政執行法已有專責有效之行政執行機關，故上開不合時宜且限制人民基本權利之條文，自有檢討之必要，爰予刪除。

第53條（備價購回）

I 沒入處分確定後，受處分人得依法繳納稅捐，申請依核定貨價備款購回下列貨物或物品：

一、准許進口或出口者。

二、經管制進口或出口貨價在新臺幣四十五萬元以下者。但體積過巨或易於損壞變質，或其他不易拍賣或處理者，得不受貨價新臺幣四十五萬元以下之限制。

II 違禁物品或禁止進口或出口貨物，不適用前項規定。

❖立法（修正）說明❖（107/04/13修正）

修正第1項第2款貨幣單位，依現行法規所定貨幣單位折算新臺幣條例第2條規定，將「元」改以「新臺幣元」之三倍折算之，並酌作文字修正。

❖法條沿革❖

原條文	說明
（62/08/14 全文修正） 第53條 沒入處分確定後，受處分人得依法繳納稅捐，申請依核定貨價備款購回左列貨物或物品。 一、准許進出口者。 二、經管制進出口貨價在五萬元以下者。但體積過巨或易於損壞變質，或其他不易拍賣或處理者，得不受貨價五萬元以下之限制。 違禁品或禁止進出口貨物，不適用前項之規定。	一、本條係新增。 二、海關沒入貨物或物品，向依拍賣程序，洽商審計機關處理。 三、基於各項特殊因素常有不能按照前述正常程序處理者： （一）體積過巨或易於損壞變質，倉儲處理均感不便者。 （二）貨物種類、品質、規格特殊，或非市場常見，不適於一般銷售者。 （三）事業銷售而非一般人願意承購貨物，常無法照公平底價公開拍賣，遷延時日，被迫巨幅降價求售，徒損庫收者。 （四）其他因素無法公開拍賣處理者。 四、政府遷臺以還，財政部即曾依據海關業務處理成例，核准受處分人（原主）備價購回沒入貨物之案件。茲加具體規定列入本條例修正草案。
（72/12/13 修正） 第53條 沒入處分確定後，受處分人得依法繳納稅捐，申請依核定貨價備款購回左列貨物或物品： 一、准許進口或出口者。 二、經管制進口或出口貨價在十五萬元以下者。但體積過巨或易於損壞變質，或其他不易拍賣或處理者，得不受貨價十五萬元以下之限制。 違禁物品或禁止進口或出口貨物，不適用前項之規定。	一、查現行條文第1項第2款對經管制進口或出口貨物在5萬元以下者，得由原主申請備款購回之規定，係於62年8月27日修正公布，現因國際物價普遍上漲，該限額已不切實際，爰將備款購回之貨價限額提高為15萬元，以利私貨之簡易處理。 二、酌作文字修正。

❖條文說明❖

一、說明

依本條例規定沒入貨物或物品後，該貨物或物品所有權即歸國家，並以處分機關（即海關）為管理機關，由其依相關規定處理。

二、備價購回沒入物

（一）意義

指受處分人就依本條例規定處分沒入之貨物或物品，向海關申請繳納貨價及相關稅捐，買回物之所有權之意。關務作業上，備價購回貨物之情形有二：一爲關稅法施行細則第 61 條[71]「購回變賣貨物」之情形；另一則爲本條「購回沒入物」之情形。

（二）適用範圍

得購回之貨物或物品，以依本條例處分沒入者爲限，如係依其他法律規定（如菸酒管理法[72]）沒入者，即無本條之適用。

（三）購回申請人

依本條規定，僅受沒入處分之受處分人始得購回沒入物。至於**實際貨主**尚非本條所定得申請備價購回之主體，不得申請購回。

（四）購回客體之限制

除限於購回之客體應屬處分沒入之貨物或物品外，亦應積極符合一定之要件，且不得具有一定之消極要件。

1. 積極要件（二擇一）

(1) 准許進口或出口者

A. 所稱「准許進口或出口」者，原指進出口貨物「簽審代號」爲 BLANK 空白（免除簽發許可證）、121 准許（由國貿局簽發許可證）、122 准許（由授權簽證單位簽發許可證）之准許進出口類貨物。

B. 嗣於 83 年間進出口貨品分類改制，我國貨品輸出／入管理採取「原則准許，例外限制」之方式，亦即原則上准許自由輸出／入，至於因國際條約、貿易協定或基於國防、治安、文化、衛生、環境與生態保護或政策需要而限制輸入者，採行負面列表制度，並編訂「限制輸出／入貨品表」及「海關協助查核輸出／入貨品表」，並將原簽審代號已改爲「輸出／入規定」，據以執行。準此，**「限制輸出／入貨品表」外之貨品，**

---

71 關稅法施行細則第 61 條第 1 項、第 2 項規定：「依本法第九十六條第一項規定將貨物變賣，其變賣方式，以公開拍賣或標賣為原則（Ⅰ）。前項變賣貨物，報運進口人得依法繳納進口稅款，並自行負擔倉租、裝卸費等費用，申請海關依核定之完稅價格備款購回有關貨物，其所得價款，悉數繳歸國庫（Ⅱ）。」

72 參考案例：財政部 103/12/08 台財訴字第 10313967220 號訴願決定書、110/05/27 台財法字第 11013913140 號訴願決定書。

非屬限制輸出／入，輸出／入時可免除輸出／入許可證，得逕向海關申請報關出口，此類貨物即屬本款所定「准許進口或出口」。

(2)經管制進口或出口貨價在新臺幣45萬元以下者。但體積過巨或易於損壞變質，或其他不易拍賣或處理者，得不受貨價新臺幣45萬元以下之限制

A. 貨價在新臺幣 45 萬元以下之管制物品

(A) 管制進口或出口之物品，即財政部 112/11/10 台財關字第 1121027391 號令所稱「管制」涵義所及之不得進口或出口或管制輸出入之物品（詳本條例第 3 條說明），而其貨價在新臺幣 45 萬元以下。

(B) 上開備款購回新臺幣 45 萬元以下限額之計算基礎，應以緝案受處分人（包括共同受處分人）於同一案件內一次被緝獲之全部管制進、出口物品貨價總額爲準，不應因同案有一種以上管制品即得任意割裂，予以分別核計，以逃避法令限額規定；亦不應因所據以科罰之法條有異，而得予以分別考慮，從而受處分人向海關申請備價購回沒入管制貨品，有無超逾法定限額，自應以整體計核始爲適法[73]。

B. 體積過巨、易於損壞變質，或其他不易拍賣或處理之管制物品

所稱「體積過巨」，係指單一物件之體積巨大，非經拆解不能適於正常倉儲及運輸之作業者而言。所稱「易於損壞變質」，係指生鮮易腐貨物（不包括冷凍者）或活生動植物等，在三天內未立刻拍賣處理，即有損壞變質之虞者而言。所稱「不易拍賣或處理」，係指經三次公開拍賣或標售仍無法售出者而言[74]。

2. 消極要件

依本條第 2 項規定：「違禁物品或禁止進口或出口貨物，不適用前項規定。」即違禁物品或禁止進口或出口貨物，海關不得准許受處分人備價購回已處分沒入之貨物或物品。

(1)違禁物品

A. 原指當時關稅法所稱之「違禁品」

本條例於 62 年全文修正時新增本條規定，參酌當時關稅法第 45 條規定：「左列違禁品，除法令另有規定外，不得進口：一、僞造之貨幣、證券、銀行鈔券及印造僞幣印模。二、賭具及外國發行之獎券、彩票或其他類似之票券。三、有傷風化之書刊、畫片及誨淫物品。四、宣傳共產主義之書刊及物品。五、侵害專利權、圖案權、商標權及著作權之物品。六、依其他法律規定之違禁品。」將「違禁品」排除備價購回之適用。

---

73 海關總稅務司署 68/07/10 台北緝字第 1259 號函。

74 財政部 69/01/16 台財關字第 10517 號函。

B. 本條酌作文字修正為「違禁物品」

本條例於 72 年修正時，將原「違禁品」修正為「違禁物品」。惟當時關稅法第 4
條規定，仍以「違禁品」稱之，並無修正。

C. 關稅法修正「違禁品」用語及範圍

嗣關稅法於 93 年全文修正，將原第 61 條所稱「違禁品」移列第 15 條規範，除用語修正逕以「物品」稱之外，亦調整其範圍，並將原第 6 款所稱「依其他法律規定之違禁品」修正為「法律規定不得進口或禁止輸入之物品」。

D. 關稅法施行細則闡釋「法律規定不得進口或禁止輸入」

關稅法施行細則 94 年 3 月 24 日全文修正時，於第 5 條規定：「本法第十五條第三款所稱法律規定不得進口之物品，指法律規定不得輸入或禁止進口之物品。」

E. 違禁物品範圍

(A) 本條所稱違禁物品，應指「不得進口之物品」，參照關稅法第 15 條及關稅法施行細則第 5 條規定，其範圍應包括：a. 偽造或變造之貨幣、有價證券及印製偽幣印模。b. 侵害專利權、商標權及著作權之物品。c. 法律規定不得進口（即不得輸入或禁止進口）或禁止輸入之物品。(B) 另，刑法第 38 條第 1 項規定：「違禁物，不問屬於犯罪行為人與否，沒收之。」復依最高法院見解[75]，刑法上所謂違禁物，係指「法令禁止私自製造、持有及販賣之物品」，是刑法上之「違禁物」既為禁止持有、販賣之物品，解釋上亦應屬本條所稱「違禁物品」而不得由受處分人備價購回。

關稅法有關不得進口物品規定之沿革

原條文	說明
（56/07/25 制定） 第 45 條 左列違禁品，除法令另有規定外，不得進口： 一、偽造之貨幣、證券、銀行鈔券及印造偽幣印模。 二、賭具及外國發行之獎券、彩票或其他類似之票券。 三、有傷風化之書刊、畫片及誨淫物品。 四、宣傳共產主義之書刊及物品。 五、侵害專利權、圖案權、商標權及著作權之物品。 六、依其他法律規定之違禁品。	N/A

75 最高法院 76 年度台上字第 2859 號判決。

關稅法有關不得進口物品規定之沿革（續）

原條文	說明
（90/10/12 全文修正） 第 61 條 下列違禁品，除法令另有規定外，不得進口： 一、偽造之貨幣、證券、銀行鈔券及印製偽幣印模。 二、賭具及外國發行之獎券、彩票或其他類似之票券。 三、有傷風化之書刊、畫片及誨淫物品。 四、宣傳共產主義之書刊及物品。 五、侵害專利權、圖案權、商標權及著作權之物品。 六、依其他法律規定之違禁品。	一、條次變更。 二、配合法制作業將「左」修正為「下」列。
（93/04/13 全文修正） 第 15 條 下列物品，不得進口： 一、偽造或變造之貨幣、有價證券及印製偽幣印模。 二、侵害專利權、商標權及著作權之物品。 三、法律規定不得進口或禁止輸入之物品。	一、本條為原條文第 61 條移列。 二、為期與懲治走私條例附之管制物品用詞一致，且目前已無銀行鈔券，爰修正第 1 款。 三、賭具及外國發行之獎券、彩票或其他類似票券之進口管制，宜由彩券發行、管理之相關法規規範，爰刪除原條文第 2 款。 四、進口之出版品是否有傷風化，執行認定上有其困難，復按刑法第 235 條已明定散布、播送或販賣猥褻物品之處罰，相關有傷風化書刊或誨淫物品，宜回歸刑法規範，爰刪除原條文第 3 款。 五、原條文第 4 款刪除；理由如下： （一）依新聞局規定，宣揚共產主義或從事統戰之「大陸地區」出版品，不予許可進入臺灣地區。但對於其他地區出版之書刊及物品並無限制規定。 （二）國家安全法等雖規定人民集會、結社不得主張共產主義，但對於宣傳共產主義之書刊及物品並無禁止之明文。 （三）該等書刊或物品雖屬懲治走私條例之管制物品，惟該條例係懲罰行為人之「私運行為」，並非因該書刊或物品本身具有非法性而予以管制。 （四）海關僅係配合各主管機關政策執行邊境管制，故本法對於物品之管理不宜較其他法律嚴格。 六、鑑於智慧財產中已無圖案權，爰將原條文第 5 款所定「圖案權」等文字刪除，並改列至第 2 款。

關稅法有關不得進口物品規定之沿革（續）

原條文	說明
	七、將原條文第 6 款有關「違禁品」之用語，修正為「不得進口或禁止輸入」，並移列至第 3 款。

(2)禁止進口或出口貨物

A. 本條第 2 項所稱「禁止進口或出口貨物」，原指進出口貨品分類表中「禁止進／出口」類貨物（例如，禁止進口之大陸物品[76]），惟現行貨品分類表已無「禁止進／出口」類，應如何解釋，不無疑義。

B. 依關稅法施行細則第 5 條規定，禁止進口之物品屬關稅法第 15 條第 3 款所稱「法律規定不得進口之物品」，從而爲「違禁物品」範圍所涵蓋；至於禁止出口部分，關稅法及其施行細則並無規定，惟參照關稅法第 15 條不得進口物品之體例，解釋上法規有規範[77]「禁止出口」、「禁止輸出」、「不得出口」、「不得輸出」之物品等亦應包括在內。

(3)走私出口鰻苗

依財政部 102/02/06 台財關字第 1021000300 號令釋：「依海關緝私條例規定沒入之走私出口鰻苗（包括鰻線、鰻苗及幼鰻三種品項），不准備價購回，應交行政院農業委員會或其同意之機構、機關、團體作爲公共利益目的使用。」沒入之走私出口鰻苗，亦不得准許申請備價購回

（五）購回時機

本條規定沒入處分確定後，始得申請購回。實務上，若受處分人急於購回沒入物，

---

76 已廢止之取締匪偽物品辦法第 3 條第 1 項規定：「匪偽物品除供醫療用之中藥，在未有代用品以前，經由經濟部國際貿易局核准進口者外，一律禁止進口。」

77 例如文化資產保存法施行細則第 32 條規定：「自然紀念物，除依本法第八十五條但書核准之研究、陳列或國際交換外，一律禁止出口（Ⅰ）。前項禁止出口項目，包括自然紀念物標本或其他任何取材於自然紀念物之產製品（Ⅱ）。」事業廢棄物輸入輸出管理辦法第 3 條第 4 項規定：「事業、非事業及家戶產生之一般生活垃圾及其焚化灰渣，禁止輸入及輸出。」空氣污染防制法第 31 條第 1 項規定：「中央主管機關得禁止或限制國際環保公約管制之易致空氣污染物質及利用該物質製造或填充產品之製造、輸入、輸出、販賣或使用。」食品安全衛生管理法第 54 條第 1 項規定：「食品、食品添加物、食品器具、食品容器或包裝及食品用洗潔劑，有第五十二條第一項第一款或第二款情事，除依第五十二條規定處理外，中央主管機關得公告禁止其製造、販賣、輸入或輸出。」資源回收再利用法第 17 條第 1 項規定：「為有效回收再利用國內再生資源，中央主管機關得會商中央目的事業主管機關限制或禁止再生資源之輸入或輸出。」藥事法第 22 條第 1 項規定：「本法所稱禁藥，係指藥品有左列各款情形之一者：一、經中央衛生主管機關明令公告禁止製造、調劑、輸入、輸出、販賣或陳列之毒害藥品。二、未經核准擅自輸入之藥品。但旅客或隨交通工具服務人員攜帶自用藥品進口者，不在此限。」

得於申請時表明放棄救濟權利，沒入處分即爲確定，俾儘速進行購回程序。惟沒入處分送達生效後，物之所有權即歸屬國家，應毋庸待其確定，即可本於所有權爲使用、負擔或處分；況人民之訴願權、訴訟權爲憲法保障之基本權，令其放棄救濟權利，始得行使購回權，似有過多干預之虞；又沒入物久占倉容，甚至發生滅失或減損價值，皆非利國之經濟做法；且如准購回，日後沒入處分縱經撤銷，亦得減輕賠償或補償範圍，職是，本文以爲，裁處沒入處分確定前，似屬立法疏漏而宜「類推適用」本條規定，得於符合其他要件後，准受處分人備價購回沒入物。

另，本條第 1 項僅規定於「沒入處分確定後」得備價購回，惟應於何時前申請，法無明文，解釋上應於變賣、銷毀或其他處理前爲之，否則，已標售開標、銷毀完畢，或已作其他處理者，購回之目的即難達成，是應以此爲申請備價購回之期限。另，本文以爲，爲維護受處分人權益，於沒入處分確定後似由海關自動通知受處分人得備價購回沒入物並限期表示意見爲宜。

（六）購回程序

1. 提出購回申請

因本條例無限制申請之方式，原則上以言詞或書面提出申請皆可，惟爲利行政簽陳作業，實務上多請申請人以提出書面（備價購回申請書）方式爲之。

2. 審查申請要件

即審查申請人資格、是否爲本條之適用範圍、是否屬得購回之客體、貨物，或物品是否仍完好狀態等，並憑此爲准駁之決定。

3. 申請之准駁

(1) 否准申請

A. 有無否准之裁量權：依最高行政法院判決[78]意旨，倘已符合法定要件，受處分人申請備價購回即屬權利，海關並無否准之裁量權。

B. 否准之救濟：海關否准備價購回之申請，係就公法上之具體事項所爲之決定而對外發生法律效果之單方行政行爲，屬行政處分，如有不服，得於收受否准函之次日起30日內，依訴願法第1條第1項、第14條第1項規定[79]，繕具訴願書向財政部提起訴願。

---

[78] 最高行政法院87年度判字第381號判決（本判決已收錄於「最高行政法院裁判要旨彙編」第18輯，89年12月版，第315-318頁）。

[79] 訴願法第1條第1項規定：「人民對於中央或地方機關之行政處分，認為違法或不當，致損害其權利或利益者，得依本法提起訴願。但法律另有規定者，從其規定。」第14條第1項規定：「訴願之提起，應自行政處分達到或公告期滿之次日起三十日內為之。」第58條第1項規定：「訴願人應繕具訴願書經由原行政處分機關向訴願管轄機關提起訴願。」

(2)核准申請

經審查符合購回之資格、要件者，即應核准其申請，並依下列程序辦理：

A. 核定購回價格：由海關以緝獲當時之核估貨價加稅捐為購回價格[80]。

B. 備價及完稅：由受處分人繳納海關核估之貨價及依法應繳納相關稅捐（包括應計入營業稅[81]，但不包括原案兼科罰鍰[82]）。

C. 提領貨物：申請人於備價及完稅後，即可取得海關「扣押／逾期貨物放行通知」，並得持憑逕至私貨倉庫提領貨物。

（七）購回後之輸入及限制使用區域

1.除未開放之大陸物品免經國貿局同意外，仍應符合其他輸入規定

備價購回之貨物或物品，除屬未開放之大陸物品，依海關變賣貨物及運輸工具處理程序第3點第1項第2款第8目規定，**得免經經濟部國際貿易局同意**外，其輸入仍應符合相關輸入規定，例如應施檢驗之商品（輸入規定代號：C01[83]、C02[84]），應完成商品檢驗，始得輸入，否則應辦理報關出口。

2.於金門地區購回沒入之大陸物品

(1)無需要向金門縣政府申請許可

准許金門地區輸入大陸地區物品經海關依處理程序變賣者，已非屬專案申請輸入未開放之中國大陸物品，無再向金門縣政府申請許可之需要。

(2)准許金門地區輸入之大陸物品，限供當地使用

A. 依據經濟部98/12/31經貿字第09804607390號公告准許金門、馬祖或澎湖地區輸出入物品項目及相關規定，准許金門或馬祖地區輸入之大陸物品限供當地使用，不得轉運至臺灣地區。

B. 在金門地區變賣或備價購回之未開放大陸地區物品，在臺灣仍屬未開放大陸地

---

80 海關變賣貨物及運輸工具處理程序第8點第2款第2目。

81 財政部關稅總局91/05/10台總局徵字第91103191號函釋：「查相關貨物不論係限或未限退運出口，既係向海關備價購回或經海關標售，要難謂非係在中華民國境內銷售貨物，自應依法徵收或於底價中計入營業稅。至於貨物退運出口後，可否依營業稅法第39條第1項第1款規定，向稅捐主管稽徵機關申請退還溢付之營業稅，則屬另一問題，在法令規定未有變更前，仍不得免徵。」

82 財政部71/11/15台財關字第25218號函釋：「按『海關緝私條例』第53條第1項規定：沒入處分確定後，受處分人得依法繳納稅捐，申請依核定貨價備款購回左列貨物或物品……。從而，受處分人其依該條規定申請備價購回被處分沒入確定之貨物或物品時，僅需依法繳納稅捐，並無同時繳納原案兼科罰鍰之必要，就該法條文義觀之，應無疑義。惟受處分人如有欠繳稅款及罰鍰業經海關移送法院強制執行者，仍得申請法院就其購回之物品予以查封拍賣，以資取償。」

83 輸入規定代號：C01（經濟部標準檢驗局公告應施進口檢驗商品）。

84 輸入規定代號：C02（本項下部分商品屬於經濟部標準檢驗局公告應施進口檢驗商品）。

品物品，應限金門當地使用始屬合理，爰本案貨物依處理程序於金門變賣後，應限金門當地使用[85]。

❖釋示函令❖

1.備款購回限額之計算基礎，應以緝獲之全部管制物品貨價總額爲準

受處分人依海關緝私條例第 53 條規定，申請備價購回沒入貨品，其貨品如屬管制品時，除有體積過巨或易於損壞變質，或其他不易拍賣或處理情事外，應受貨價 5 萬元[86]之限制，此項限額之計算基礎，應以緝案受處分人（包括共同受處分人）於同一案件內一次被緝獲之全部管制進、出口物品貨價總額爲準，不應因同案有一種以上管制品即得任意割裂，予以分別核計，以逃避法令限額規定；亦不應因所據以科罰之法條有異，而得予以分別考慮，從而受處分人向關申請備價購回沒入管制貨品，有無超逾法定限額，自應以整體計核始爲適法（海關總稅務司署 68/07/10 台北緝字第 1259 號函）。

2.核釋體積過巨、易於損壞變質不易拍賣或處理之認定標準

海關緝私條例第 53 條第 1 項第 2 款但書規定情形之認定標準，同意照辦，即所稱「體積過巨」，係指單一物件之體積巨大，非經拆解不能適於正常倉儲及運輸之作業者而言。所稱「易於損壞變質」，係指生鮮易腐貨物（不包括冷凍者）或活生動植物等，在三天內未立刻拍賣處理，即有損壞變質之虞者而言。所稱「不易拍賣或處理」，係指經三次公開拍賣或標售仍無法售出者而言，請轉知各關今後處理有關依該條項第 2 款但書規定申請備價購回貨物或物品之案件，應切實把握上述標準逕予核定（財政部 69/01/16 台財關字第 10517 號函）。

3.備價購回案件僅繳納稅捐即可，並不以繳納同案之罰鍰爲條件

按「海關緝私條例」第 53 條第 1 項規定：沒入處分確定後，受處分人得依法繳納稅捐，申請依核定貨價備款購回左列貨物或物品……。從而，受處分人其依該條規定申請備價購回被處分沒入確定之貨物或物品時，僅需依法繳納稅捐，並無同時繳納原案兼科罰鍰之必要，就該法條文義觀之，應無疑義。惟受處分人如有欠繳稅款及罰鍰業經海關移送法院[87]強制執行者，仍得申請法院就其購回之物品予以查封拍賣，以資取償（財政部 71/11/15 台財關字第 25218 號函）。

---

85 財政部關務署 110/04/06 台關緝字第 1101001049 號函。

86 現已提高為新臺幣 45 萬元。

87 現已改由行政執行署各執行分署辦理強制執行。

4. 屬於管制進口之大陸地區物品得備款購回

主旨：關於經濟部業於 83 年 7 月 4 日以經 (83) 貿字第 018664 號令將「臺灣地區與大陸地區貿易許可辦法」第 7 條第 1 項「禁止輸入」修正為「不得輸入」，其涉及海關業務部分，核釋如說明。

說明：二、根據經濟部表示：依現行進出口貨品分類已無「禁止進口」之類別，此類未開放准許間接進口不得輸入之大陸地區物品係屬「管制進口」類貨品。故此類物品若屬違章遭沒入處分確定者或涉及依「關稅法」第 55 條之 1[88]第 1 項規定可由海關變賣者，依「海關緝私條例」第 53 條及「關稅法施行細則」第 72 條之 1[89]規定得由受處分人或報運進口人申請備款購回。三、另該等「管制進口」物品屬「關稅法」第 55 條之 1 規定可由海關變賣者，應比照經濟部 82/03/16 經 (82) 貿字第 082521 號函送之「研商經海關沒入非准許進口類之大陸物品，因數量龐大銷毀易造成二次公害之通案處理原則」會議紀錄決議事項，由海關視物品特性依「海關變賣貨物及運輸工具處理程序」之規定辦理，如物品特性不明確者，則由海關函詢相關主管機關意見後辦理。另依「海關緝私條例」第 53 條規定得由受處分人購回之案件，亦比照此原則辦理（財政部 83/07/19 台財關字第 831000465 號函）。

5. 私貨及逾期貨物備價購回或標售時，相關稅費應依法徵收或於底價中計入營業稅

查相關貨物不論係限或未限退運出口，既係向海關備價購回或經海關標售，要難謂非係在中華民國境內銷售貨物，自應依法徵收或於底價中計入營業稅。至於貨物退運出口後，可否依營業稅法第 39 條第 1 項第 1 款規定，向稅捐主管稽徵機關申請退還溢付之營業稅，則屬另一問題，在法令規定未有變更前，仍不得免徵（財政部關稅總局 91/05/10 台總局徵字第 91103191 號函）。

6. 沒入之走私出口鰻苗不准備價購回，應交農委會或其同意之機關（構）團體作公益使用

依海關緝私條例規定沒入之走私出口鰻苗（包括鰻線、鰻苗及幼鰻三種品項），不准備價購回，應交行政院農業委員會或其同意之機構、機關、團體作為公共利益目的使用（財政部 102/02/06 台財關字第 1021000300 號令）。

7. 金門地區進口之未開放大陸地區物品，經變賣或備價購回，得標人或進口人是否免取具輸入許可文件

主旨：金門地區進口之未開放大陸地區物品，因逾期不退運及不報關，經海關變賣或由

---

88 即現行第 96 條。

89 即現行細則第 61 條。

進口人備價購回，得標人或進口人是否免取具輸入許可文件一案。

說明：二、旨案經本署參酌國貿局上開函及「海關變賣貨物及運輸工具處理程序」（下稱處理程序）相關規定，說明如下：（一）准許金門地區輸入大陸地區物品，經海關變賣後，買受人無向金門縣政府申請專案許可之需要：1. 國貿局函復略以，依處理程序第 3 點第 1 項第 8 款規定「備價購回」無須經該局同意，海關可逕行處理。惟本案海關就未開放進口大陸物品所爲之「變賣」，除買受人不同（變賣買受者爲不特定人；備價購回買受者爲進口人或受處分人）外，性質上與備價購回相同，應可比照備價購回，由海關依上開規定逕行處理。2. 國貿局函復略以，准許金門地區輸入大陸地區物品經「沒入」者，所有人已喪失所有權且經公開變賣，已非專案申請輸入未開放之中國大陸物品，無再申請許可之需要。惟本案准許金門地區輸入大陸地區物品爲逾期不退運、不報關貨物，依關稅法第 96 條第 1 項、第 73 條第 2 項規定應予變賣，變賣後所有人亦喪失所有權，所得價款逾期不退運者繳歸國庫，逾期不報關者納稅義務人得申請發還，變賣上開逾期貨物程序，除價款歸屬與沒入貨物不同外，所有人均喪失所有權且經公開變賣，爰宜比照上開函意旨，無再申請許可之需要。3. 綜上，准許金門地區輸入大陸地區物品經海關依處理程序變賣者，已非屬專案申請輸入未開放之中國大陸物品，無再向金門縣政府申請許可之需要。（二）在金門經海關變賣後取得准許金門地區輸入大陸地區物品，限在金門當地使用：1. 依據經濟部 98/12/31 經貿字第 09804607390 號公告准許金門、馬祖或澎湖地區輸出入物品項目及相關規定，准許金門或馬祖地區輸入之大陸物品限供當地使用，不得轉運至臺灣地區。2. 至貨物變賣後是否限當地使用一節，國貿局函復略以，在金門地區變賣或備價購回之未開放大陸地區物品，在臺灣仍屬未開放大陸地區物品，應限金門當地使用始屬合理，爰本案貨物依處理程序於金門變賣後，應限金門當地使用（財政部關務署 110/04/06 台關緝字第 1101001049 號函）。

第七章
附則

第 54 條（施行日期）
本條例自公布日施行。

❖立法（修正）說明❖（62/08/14全文修正）

條文次序變更。

❖法條沿革❖

原條文	說明
（23/06/01 制定） 第 35 條 本條例自公布日施行。	N/A

❖條文說明❖

一、本條係規範本條例之施行日期。

二、依中央法規標準法第 13 條規定：「法規明定自公布或發布日施行者，自公布或發布之日起算至第三日起發生效力。」又司法院釋字第 161 號解釋：「中央法規標準法第十三條所定法規生效日期之起算，應將法規公布或發布之當日算入。」亦即本條例自立法院三讀通過而總統公布[1]之日（當日算入）起之第三日即開始發生效力。

三、本條例歷次通過及公布日如下表所示：

---

1 中華民國憲法第 72 條規定：「立法院法律案通過後，移送總統及行政院，總統應於收到後十日內公布之，但總統得依照本憲法第五十七條之規定辦理。」立法院職權行使法第 7 條規定：「立法院依憲法第六十三條規定所議決之議案，除法律案、預算案應經三讀會議決外，其餘均經二讀會議決之。」中央法規標準法第 4 條規定：「法律應經立法院通過，總統公布。」

制定或修正條文	立法院三讀通過日	總統公布日
制定全文 35 條		23/06/19（國民政府制定公布）
修正公布全文 54 條	62/08/14	62/08/27
修正第 3、8、16、23、27、29、31、37、39、40、49 條；並增訂第 16-1、49-1 條條文	67/05/19	67/05/29
修正第 3、6、7、11、20、23、25～27、29～37、40～42、48、49-1、53 條條文；並增訂第 31-1、41-1、45-1 條條文	72/12/13	72/12/28 總統 (72) 台統 (一) 義字第 5178 號令
修正第 27 條條文	83/12/29	84/01/18 總統 (84) 華總 (一) 義字第 0249 號令
修正第 47、48 條條文	89/12/22	90/01/10 總統 (90) 華總一義字第 9000001400 號令
修正第 37 條條文；增訂第 39-1 條條文	93/12/24	94/01/19 總統華總一義字第 09400004881 號令
修正第 41、41-1、45-1 條條文	96/03/02	96/03/21 總統華總一義字第 09600034681 號令
修正第 41、45-1 條條文	99/05/18	99/06/15 總統華總一義字第 09900146481 號令
修正第 27、41、45-1、46～48、49-1～51 條條文；增訂第 45-2 條條文；並刪除第 49 條條文	102/05/31	102/06/19 總統華總一義字第 10200113881 號令
修正第 23～28、31、35～37、39-1、40、42、43、53 條條文；增訂第 45-3、45-4 條條文；並刪除第 29、30、32～34、41、52 條條文	107/04/13	107/05/09 總統華總一義字第 10700049171 號令

❖司法判解❖

中央法規標準所定法規生效日之起算，應將公布或發布當日算入

中央法規標準法第 13 條所定法規生效日期之起算，應將法規公布或發布之當日算入（司法院釋字第 161 號解釋）。

建議代結語

應如何適法、妥當地執行緝私及辦理處分爲本書之重點，筆者已將所知備載於前，並於相關條文提供淺見。而本條例除個別條文值得探討外，本文以爲，法律之主體架構更有檢討改進空間，茲說明如下：

一、關稅法未具一般稅法樣貌

綜觀國內稅法，莫不以租稅主體、租稅客體、稅基、稅率、違反行爲義務及漏稅罰則爲主要規範內容，唯獨「關稅法」不然，該法雖亦有「納稅義務人」（第6條）、「稅款之優待」（第三章）、「特別關稅」（第四章）等租稅事項之規範，惟多數條文厥爲通關秩序及邊境貨物相關業者之管理規定，尤有甚者，除於第76條第2項：「不依第五十五條規定補繳關稅者，一經查出，除補徵關稅外，處以應補稅額一倍之罰鍰。」對於查獲減免關稅之進口貨物予以轉讓或變更用途之情形，有處罰規定外，竟缺少漏稅相應之罰則，僅於第94條訓示：「進出口貨物如有私運或其他違法漏稅情事，依海關緝私條例及其他有關法律之規定處理。」此立體例上亟爲特殊鮮見，恐不易爲外人所知悉，實非友善之法律環境，亦封閉關稅制度精進之路，

二、緝私之名已不合時宜

本條例依名稱便可知，以查緝走私爲主要規範事項，然本條例罰則中仍有虛報、以不正當方法逃漏稅（第37條第1項、第43條）、虛報出口（第37條第2項）、報運進出口仿冒品、盜版品（第39條之1）等處罰規定，與一般通念所認之「走私」概念並不相同，概以本條例走私之罪名相繩，殊非允當，尤於跨國公司誤罹漏稅違章而依本條例（Customs Anti-smuggling Act）處罰之情形，極易使人誤解其從事不法走私行爲（smuggling），除名不符實而有污名化之嫌外，亦顯我國法制之落後與保守。

關稅法及海關緝私條例爲海關依法課稅及緝私最重要之法典，不論內容及名稱，均宜與時俱進，爰在此提出建議，似可參考現行菸酒分設「菸酒稅法」及「菸酒管理法」規範之立法例，整編新「關稅法」，規範課徵關稅之事實、要件、納稅義務人、免稅、保稅、退稅、徵收程序及漏稅罰則等租稅事項，使之單純化，確實符合「稅法」之概念；至於貨物之進出口、通關秩序之維護（包括相關業者之管理）及查緝走私等事項，則以「海關緝私條例」爲基本藍圖，形塑新「海關法」加以統籌規範，眞正落實法規合理化，並開創關務法規之新氣象。

圖書館出版品預行編目資料

闗緝私條例逐條釋義與實務見解／曾正達
著. ——初版. ——臺北市：五南圖書出版
股份有限公司, 2024.02
面； 公分
N 978-626-366-836-2（平裝）

CST: 海關緝私 2.CST: 緝私法規

3.719 112020410

1RD6

海關緝私條例逐條釋義與實務見解

作　　者— 曾正達（281.4）
發 行 人— 楊榮川
總 經 理— 楊士清
總 編 輯— 楊秀麗
副總編輯— 劉靜芬
責任編輯— 呂伊真、吳肇恩
封面設計— 封怡彤
出 版 者— 五南圖書出版股份有限公司
地　　址：106台北市大安區和平東路二段339號4樓
電　　話：(02)2705-5066　　傳　　真：(02)2706-6100
網　　址：https://www.wunan.com.tw
電子郵件：wunan@wunan.com.tw
劃撥帳號：01068953
戶　　名：五南圖書出版股份有限公司

法律顧問　林勝安律師

出版日期　2024年2月初版一刷
定　　價　新臺幣780元